《真相》系列(四十)

林彪

畫傳

舒雲著

明鏡出版社
www.mirrorbooks.com

A Photo Biography of Lin Biao

Published in 2007 by Mirror Books

© Copyright by Mirror Books

International Standard Book No 1-932138-55-2

by Shu Yun

Chief Coordinator Ho, Pin
Cover by Yi Hua

P. O. Box 366, Carle Place, NY11514-0366, U .S. A.
TEL:(516)338-6976 FAX: (516)338-6982

Web: http://www.mirrorbooks.com/
E-mail: mirrorpublishing@yahoo.com

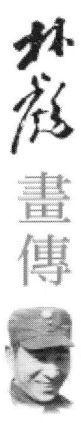

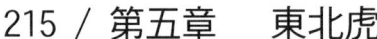

285 / 第六章　遼瀋戰役

353 / 第七章　打到海南島

401 / 第八章　隱退十年

目
錄

目
錄

還原一個真實的林彪

——喜讀舒雲的新著《林彪畫傳》

王年一

　　我的好友舒雲女士寫成了新著《林彪畫傳》。我得以先睹為快。我十分敬重林彪。我向所有為林彪立傳的人致敬。

　　在九一三事件發生以後，中國第二號“神”成了中國第一號“鬼”。一切污泥濁水潑向林彪。三人成虎，眾口鑠金，何況是官方故意為之？中華民族最優秀的兒子成了不齒於人類的狗屎堆。被顛倒的歷史應該顛倒過來！

　　我收藏了我能得到的林彪的傳記。其中有《林彪全傳》、《林彪的一生》、《林彪與毛澤東》。這些著作，各有所長。以我看來，最精彩的是《林彪畫傳》。我讀這本書的過程，是感動的過程，是受教育的過程，是與偉人親密接觸的過程。我對林彪並非全不瞭解，而我在讀本書時幾次情感不能自制，潸然淚下。

　　本書好在哪裏呢？

　　一是真實。舒雲是紀實文學家，她以真實為生命。核對一個史實，她不惜千辛萬苦。從本書中可以看出，她訪問了許多人，其中有林彪在四野的老部下，有眾多的林彪身邊工作人員，有林彪的家人，少說有幾十人。她又廣採博收，搜集有關林彪的史料，去粗取精，去偽存真。一反眾說，如實說明：林彪在平型關大戰後被晉軍擊中時並未穿日本人的軍大衣，而是穿了八路軍的絲棉大衣，他的隨從有人穿了日本人的軍大衣。如此細節，舒雲也從當事人處弄明白了。舒雲寫出了一個活生生的、可親可敬的功勳蓋世的“一代名將”。林彪能夠成為“常勝將軍”，是偶然的嗎？容易嗎？舒雲以史實回答：決非偶然！很不容易！林彪率大軍解放全東北，為新中國的成立奠了基。他在兩年多的時間裏，指揮百萬大軍從東北打到海南島，有大智慧和大勇敢，克服了常人難以想像的困難。林彪總結出的“六個戰術原則”，雖經中共中央發文批判過，但因其植根於戰爭的實踐，經過戰爭的考驗而永垂不朽。一個人的歷史是他自己用一生的言行寫成的，一切言行都是客觀存在，所以歷史不容更改。舒雲處處讓事實說話，因而真實可信。本書是一部信史。

二是深刻。舒雲寫史不平鋪直敘，而是針對 30 年來對林彪的污蔑敘述。她針對林彪"不讀書，不看報"的宣傳，專寫了"林彪的讀書"，說明林彪酷愛讀書，而且善於讀書。古今中外有大成就者，無一不愛讀書。林彪讀過"兵法六書"，而且潛心研究"三論"（《天演論》、《進化論》、《資本論》），反復閱讀克勞塞維茨的《戰爭論》。林彪嗜書成癖，愛書如命。這一切，舒雲在本書中都有詳盡的描述。

三是忠於歷史。歷來人云亦云，說羅瑞卿被打倒，是林彪、葉群搞了鬼，又說什麼劉少奇、賀龍的垮臺也由於林彪的誣陷。這些重大是非，不能不辯。舒雲忠於歷史，不為尊者諱，秉筆直書，她明明白白、詳詳細細地說明了是毛澤東而不是林彪要打倒羅瑞卿，打倒劉少奇和賀龍也與林彪無涉。詳情請看本書。這裏只說一點常識，在個人專斷的政治體制下，如果不是毛澤東下決心，一個書記處書記（羅瑞卿），一個元帥（賀龍），是打不倒的。賀龍到了周恩來也保不住的地步，這就充分地說明了問題。舒雲是專家型的紀實文學家，她在 20 年中潛心研究林彪問題，搜集了大量的林彪資料，大有助於本書的寫作。

四是生動。傳記能寫得生動，真非易事。文筆的流暢，材料運用的得當，說明的巧妙，文學筆調的運用，都使本書極富可讀性。更重要的是感情的投入，筆尖上帶感情。本書寫到林彪之母，在逃難途中，在彌留之際，想念她老人家的兒子林彪（林彪也正因抗戰的槍傷而飽受折磨），讀了能不心動嗎？本書又寫到林彪之父，在北平和平解放後，才在北平見到整個解放戰爭都未見到的兒子林彪，讀者能不心動嗎？林彪愛國家、愛人民的偉大人格，由此躍然紙上。

舒雲是多產作家，她參加了《聶榮臻傳》的寫作，出版過《大將羅瑞卿》、《百戰將星楊勇》，寫過《林彪事件完整調查》。觸類可以旁通，水到則渠成，憑她多年對軍旅的瞭解和研究，成就了本書。

我預祝本書成為經得起時間考驗的佳作。

2006 年 4 月 16 日寫於北京西郊國防大學第二幹休所

第一章

從黃岡到黃埔

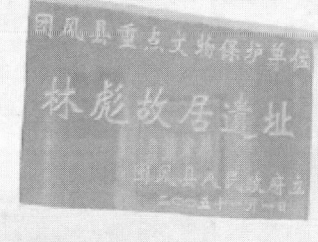

林彪是林則徐的後代

　　林家大灣的後山海拔300米，草木茂盛，相傳是一隻神羊，故名白羊山。

　　1907年12月5日（陰曆11月初二），羊年的這一天，林家大灣出生了一個男嬰，起名林育蓉。白羊山飛來無數的喜鵲，父親林明卿大宴賓客，感謝林家第八代孫帶來了百年不遇的大喜。這個男嬰就是後來的林彪。傳說林彪是他報考黃埔軍校時改的名字，意思是小老虎。

　　林彪的家鄉在湖北省東部的黃岡[1]，地處長江中游的北岸，是著名的東坡赤壁所在地。蘇東坡被貶這裏，寫下了他一生中最重要的作品《赤壁懷古》、《大江東去》等詩篇，至今黃州附近還留著東坡赤

遠處的山是林彪故居背後的白羊山

林彪故居從這裏進入

壁等古跡。

　　大概就是這個緣故吧，林彪父親林明卿愛看古典小說，影響到林彪，林彪從小就喜歡讀《三國志》、《三國演義》。1960年林彪上盧山，仍不忘帶一本《三國志》，反復研讀。包括後來他說的"不要騎上去"，也是從曹操那裏拿來的[2]。當然"三國"更激發了他對軍事的濃厚興趣，使他一直以軍人爲職業。縱觀林彪一生，除了軍事，任何事情都不能讓他的生命擦出火花。

　　林家大灣位於黃岡縣城東北30里處。說起來不遠，但那時沒有公路，又沒有河道，全靠兩條腿，就顯得很遠了，村裏人到縣城要走上大半天。若去近百公里外的武漢，更是麻煩，先要走到團風，然後乘船逆長江而上，7個多小時後才能到達。解放後106國道修到了回龍山鎮，再往前3公里，路邊的小村子就是松竹飛綠，小河流香的林家大灣了。

　　林家的祖籍在福建，在林家族譜中，記載著唐宋時期林家從福建遷到安徽，又遷到湖北麻城，晚宋時定居黃岡縣的林家大灣，至今已

林彪故居 2005 年被列為團風縣重點文物，但至今仍未修復

林彪故居前的小水塘，文革初因為參觀的人多，塘裏的水都喝光了

有600多年。著名學者蔡元培先生在《黃岡林氏三修族譜序》的開頭說：黃岡林氏以素封之家，守儒之禮教，自晚宋以來傳世20餘代。

在林家祖輩中，有一個中國近代史上很有名的禁煙英雄，那就是林則徐。也就是說，林彪是林則徐的後代。縱觀林彪的命運，比起晚年被貶新疆的林則徐，似乎更是一個悲劇。

林家男孩子居多。林彪爺爺林時朗有五個孩子，四個男孩，一個

林則徐畫像

林彪曾祖父林大靜畫
像，現存林彪故居

林彪大祖父林時諧畫
像，現存林彪故居

林彪二祖父林時
丹畫像，現存林
彪故居

女孩。

　　林氏三兄弟中，林育英遠一點，林育南的父親
是林彪爺爺林時朗的老三林協甫。林彪的父親林明
卿排行老四，人稱林四爹。他生於1877年(清光緒
三年)12月20日，平時不愛說話，但在四兄弟中脾
氣最暴躁。

　　林家是個大家族，幾十間房子用走廊連在一
起，各房的媳婦輪流做飯。到林彪出生這一年，林
家才分家。有人說林明卿分到兩畝水田，一塊菜
園、三間瓦房和六分之一的祖傳老堂屋。但陳慕琳[3]
回憶：分家時只分了三分菜地和半間房。另外三間
半房是林育南的父親三爺爺的。

　　林明卿的妻子林陳氏也是黃岡人，生於1876
年7月22日，比林明卿大半歲，1944年9月19日
病故在逃難路上。林陳氏生在農村，到林家後，一
直從事手工紡織。她很會過日子，就是家裏的生活
有了改善，還是很節儉。她養了很多雞鴨，雞蛋賣
了，鴨蛋醃起來，留幾個蛋給孩子們吃，還要一個
蛋分成四半。母親的勤儉也使林彪從小養成了不講
吃不講穿的習慣。

林彪祖父林時朗畫
像，1929年去
世，享年90歲，
畫像現存林彪故居

林彪父親林明卿畫
像，現存林彪故居

文革初到林家大灣參觀的人，多得無計其數

　　林明卿不會種田，他從小在外闖蕩，見多識廣。因爲學會了打算盤，林明卿曾在村裏的雜貨鋪當店員，也曾在往返於浠水、鄂城、大冶一帶的小火輪上當賬房先生。隨著家裏人口越來越多，日子過得很艱難。1921年林彪姐夫病逝，姐姐林寶珠帶著兩個還很小的孩子回到娘家。林家本來六口人，又平添三口，更負擔不起。好在林寶珠帶回一些錢財，在父母建議下買了兩台織布機。

　　回龍鎮這裏是丘陵，地很薄，收穫不了多少糧食，所以歷史上就有染織的傳統，幾乎家家都靠織布機糊口。林明卿從父親林時朗和母親龔氏那裏學過織布，有了自己的織布機，他辭了外面的工作，把田送給二哥林新駿，還叫回大兒子林慶佛。家裏老少誰都要幹活，雖時有挫折，但也占過便宜。30年代初，林家發了大水財，窮苦的日子才有了起色，蓋了新房。努力數年，林明卿終於辦成一家中等規模的精益布廠。生意滾雪球般越做越大，招收了40名工人，成爲林家大灣遠近聞名的大戶。元帥徐向前回憶：一走到山頭上，就能聽見林家的機子響，可見規模之大。斯諾[4]在延安採訪過林彪。林彪告訴他：

林彪父親林明卿，拍攝於 20 世紀 30 年代

林彪母親林陳氏，林陳氏生前最喜歡林彪. 拍攝於 20 世紀 30 年代

他是湖北省一個工廠老闆的兒子，他的父親被苛捐雜稅弄得破敗了。這也間接證明林家曾經輝煌過。

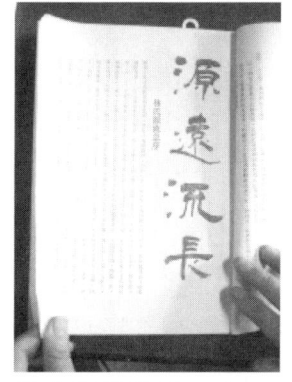

林氏家譜源頭

林明卿有六個孩子，除了長女林寶珠[5] 和次女，中間幾個都是男孩子。小妹 1911 年底出生，因為養不起，兩歲送到竹林灣當了童養媳，所以家裏只算五個孩子。農村都按男孩子排，老大林慶佛[6] 比林彪大三歲。老二林育容（林彪）、老三林育菊[7]、老四林向榮[8]。林明卿是個大個子，老大林慶佛和老四林向榮個子都高，而老二林彪個子瘦小，不過他遺傳了林明卿不愛說話的性格。

林彪出生時，爺爺林時朗已經有了 20 多個孫子孫女，多一個少一個也就那麼回事。因為家境不好，林彪不到 8 歲就開始幫家裏幹活，打草挑水什麼的。他個性好強，挑不動大桶，就挑小桶。林彪還跟母親學了一手織布的技術，林陳氏常向村人誇他懂事。在幾個孩子中，老二林彪和老四林向榮長得像母親，也都非常聰明。但林向榮和林彪性格不

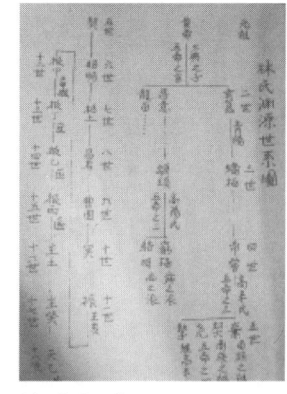

林氏祖先

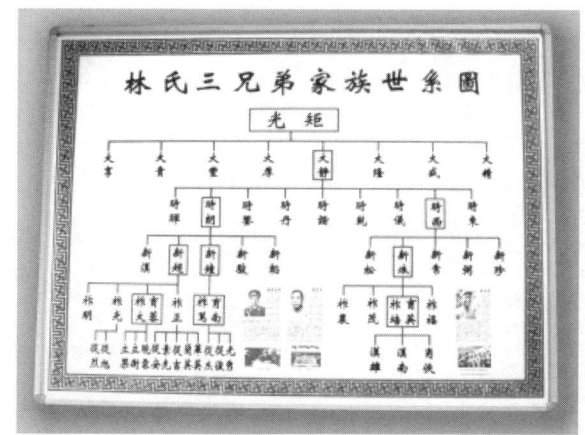

林氏三兄弟家譜

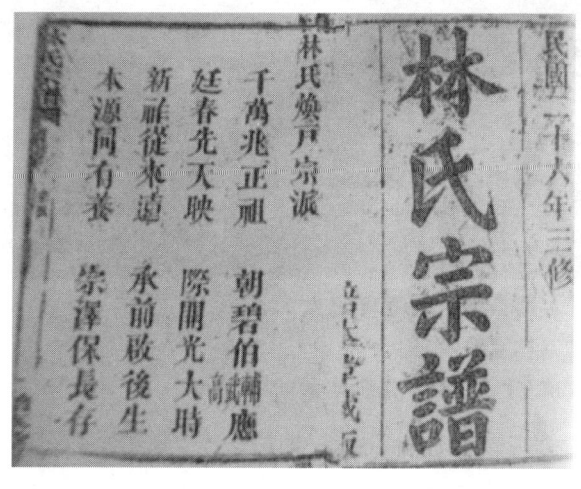

林氏宗譜

林氏家譜

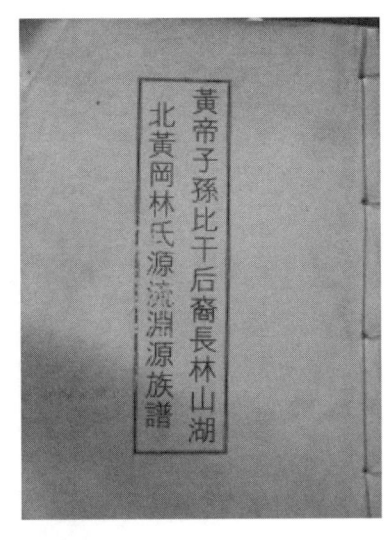

林彪（右二）讀中學時與家人的合影

同，林彪好靜，而林向榮好動，非常活潑。林陳氏最喜歡這兩個兒子，尤其是林彪，她臨死時這兩個兒子都不在身邊。母子情深，林豆豆說：父親每每回憶起奶奶，都要傷心落淚。

　林家堂屋掛著孔子的聖像和林家的古訓：一等人忠臣孝子，二件事讀書耕田。林明卿雖然沒有讀過書，但靠自學能看報紙。書法在當地也小有名氣，是林家大灣公認的先生。林明卿闖蕩江湖，深知讀書識字的好處，所以除了早早送人的小妹外，他的五個孩子不管男女，全都送去讀書。就是抗戰時

林氏族譜

全家逃難，流浪到一個地方停得長一些，林明卿還是讓孩子們插班讀書。

少年林彪對讀書有自己的看法，他曾用毛筆寫了一副對聯送給遠房姐姐林春芳：讀書處處有個我在，行事椿椿少對人言。這成了林彪一生的座右銘。

在浚新學校，林彪接受了革命的薰陶

林彪五歲時，因家裏房子擠，他住在小閣樓上。起夜怕吵醒父母，就打通一根長竹竿，伸到屋外導尿。可以看出，林彪從小就與眾不同，能想出一般人想不出的點子。同學林仕植回憶：林彪平時不大說話，但很有心計，因為他善於用腦，成了孩子王。不管玩什麼，他的水準都比別人高。雖個頭不大，別人卻很難摔倒他。比賽爬樹，幾丈高的樹，他總是第一個爬到頂，時常贏得過節時才能吃到的炒黃豆。林彪膽子大，跳水溝、捉水蛇、摔跤、爬樹。平時上山打柴，林

林彪堂兄林育南

林育南母親的遺像

彪常和小夥伴玩打仗的遊戲，每次他都爭當司令。因為玩打仗，鞋子破得快，遭到父親的責備。他又要玩，又不想被父親罵，很快就有了主意。像釘馬掌一樣，他釘了幾塊鐵皮在鞋底上，照樣玩打仗的遊戲。

　　林彪很小便開始識字，1916年秋，林明卿把他送到私塾讀書。自從讀了書，林彪的心就被書拴住了。他在課堂上非常老實，放學後就關在屋裏看書，晚上也點著油燈看。過年別人放鞭炮，他把門窗關嚴，還是看書。一家人圍著織布機忙得團團轉，他充耳不聞，甚至一

林育南父親林協甫

1920年，林育南和夫人汪秀芝合影

1926年林育南和第二
位夫人李蓮珍合影，
證婚人林育英

位於林家大灣的林育南故居

林育南與黨的一大代表劉仁靜合影　　　　林育南全身像

邊吃飯還一邊看書，被人稱作書呆子。父親林明卿有時大罵，也有時打他，甚至餓他，但林彪不聲不響，還是讀書。剛學《三字經》，他就能一字不差地默寫下來。在同學中，他是挨打最少的一個。他的老師李卓侯[9] 常對人說：我教了十多年的書，沒見過這麼聰明又這麼刻苦的伢子，將來一定能成大器。

五四運動[10] 爆發後，林彪堂兄林育南[11] 被推舉爲武漢學聯負責人，他給家鄉寫信，動員林家子弟在鄉下也幹起來，堅決不當亡國奴。林育南1915年考進武昌中華大學附中，受陳獨秀[12]、李大釗[13] 以及《新青年》的影響，1917年10月，他加入好友惲代英[14] 創建的進步社團"互助社"，並成爲骨幹。中國共產黨成立一個月後，經"一大"代表董必武[15]、陳潭秋[16] 介紹，林育南加入共產黨。

林彪另一個堂兄林育英（張浩）給鄉親們讀了林育南的來信，組織林家子弟遊行集會，小小年紀的林彪也熱血沸騰舉著小旗。

1919年7月，林育南回家鄉辦起了浚新學校，並說服林明卿，

林育英在共產國際

讓林彪和他的兩個弟弟林育菊、林向榮來讀書。

13歲的林彪轉到離家兩里地的浚新學校。浚新學校校長胡銀亮[17]和惲代英對林彪走上革命道路有很大影響。林彪與同學演過一台話劇《九頭蛇》。諷刺地主對佃農的剝削像毒蛇一樣。這個志向高遠的男孩子似乎知道天將降大任，每天上學都綁上沙袋，一路爬山，練出了耐久的腳力。不僅在學校賽跑、爬山他是第一，從軍以後長途跋涉，他也從未感到吃力。

在浚新學校帶動下，黃岡又辦起了兩所新式學校，其中一所是陳潭秋和兄弟一起辦的。這三所新式學校成為黃岡地區早期的革命策源地。1920年，陳潭秋、林育南等人在浚新學校成立了馬克思演說研究會，組織進步青年學習馬列著作和《新青年》等。林彪在浚新學校如魚得水，學到了國文、算術、地理、歷史、圖畫、音樂等課程，也半懂不懂地接觸到了一點點馬克思主義。

但好景不長，浚新學校因經費緊張，加上反動勢力的極力反對，不得不停辦。林彪吵著要上學，林明卿將他送到武漢商業學校。林彪不願意學商，但也沒有辦法。1920年寒假，林育南返回家鄉，重新開辦了浚新學校，林彪也回來復了學。

林彪讀書的教室旁是一座小廟。平時，他總愛問和尚一些古怪問題。父母信佛，經常到廟裏燒香磕頭。和尚來家裏告狀，父親林明卿很生氣，用竹條子把林彪狠抽了一頓。林彪恨死了廟裏的和尚和菩薩。放學後，他拿鋤頭打碎了大菩薩，又把小菩薩扔進門前的水塘，由此又挨了一頓狠打。

因林彪等學生砸菩薩，浚新學校被縣長下令關閉。

20世紀20年代，林育南與林彪在武漢合影

小學沒畢業，林彪考入共進中學

1921年6月，一直在武漢從事革命活動的林育南寫信給林彪等人，動員他們到武漢共進中學讀書。林彪小學沒有畢業，按規定不能報考中學。林育南向校董事會提議，這是他家鄉來的進步青年，希望破例。共進中學董事會同意林彪參加入學考試。苦苦復習了一個多月，林彪考入共進中學一年級一班。共進中學是進步人士利用官錢局倉庫創辦的一所私立中學，教學方法和內容在當時都很先進。

那時，林彪借住在利群毛巾廠。這裏是湖北地區革命者的活動點，藏有一批進步書刊，如《新青年》、《嚮導週刊》、《湘江評論》等。林彪非常喜歡讀陳潭秋、林育南等人的文章。他還通讀了《唯物史觀淺釋》、《資本論入門》、《社會進化史》、《共產黨初步》等書籍。林彪經常接觸陳潭秋、董必武、惲代英、林育南、林育英等共產黨人，聽他們談論國家大事，終於走上了革命的道路。

這年夏天，林彪出席由惲代英發起在黃安召開的青年聯合大會，參加黨的外圍組織。他創辦了《共進學生》半月刊，1922年夏他和幾位同學捐錢買了一批進步書籍，辦起共進圖書社，輪流管理，每天到這裏讀書的同學達到百人。林彪還聯絡同學辦起共進販賣部，盈利用於購買圖書，以及進步團體、自治新村的活動經費。

1922年秋，林明卿的布廠陷入困境，無錢供林彪繼續讀書，托人帶信叫他回家種田。林彪當然不想回家務農，他選擇了打工，賺錢後再讀書。堂哥林育南介紹林彪到武昌草席門外的粵漢鐵路工人子弟小學代課。教師的收入高，也不累。同時林彪還開辦了工人夜校，並經常到工廠接觸工人。在林育南的介紹下，林彪認識了工人運動的先驅施洋[18]、項英[19]等人。

1923年初春，共進中學開學。代了半年課的林彪插進二年級。這

位於林家大灣的林育英故居

龍華 24 烈士之墓，其中之一是林育南

時他的兩位堂哥林育南、林育英正在武漢領導工人運動。林彪在他們的影響下，對國家大事、民族前途十分關心，成為共進中學的學生運動領袖。他多次組織同學到武昌閱馬場、大東門一帶遊行示威、散發傳單，開展反帝愛國運動。

　　1925 年五卅慘案[20] 後，共進中學和武漢的學生紛紛遊行、罷課，支持上海的鬥爭。林彪在共進中學進步同學集會上發表演說，一鳴驚人。在此期間，林彪加入了共產主義青年團，被共青團武昌地委指定為共進中學團支部書記。

　　由於林彪在武漢學生運動中表現突出，1925 年夏，他被湖北省學生聯合會推選為全國學聯七大代表，赴上海出席了學聯七大會議。

　　1925 年 7 月，林彪從共進中學畢業。

　　畢業後幹什麼呢？林明卿認為：林家大灣和回龍山一帶讀到中學畢業的人很少，鄉下正缺教師，兒子可以回鄉辦學校。當教師既受人尊重，又不愁吃穿。林彪沒有給父親回信，他的理想是當兵，為國家打天下。

自己決定報考黃埔軍校

1925年底，黃埔軍校計劃招生3000人。根據陳獨秀、毛澤東[21]的提議，中共中央通知各省迅速選派共產黨員、青年團員或進步青年投考廣州黃埔軍校，為中國共產黨培養軍事人才。

林彪從小就喜歡讀《三國演義》之類的書，他想投考黃埔軍校，他將自己的想法寫信告訴了已調到上海的林育南。林育南與林育英商量，他們一致認為，林彪應該報考黃埔軍校。

林育南給林彪的信中說：你這個考慮很對，每個人的一生都有很關鍵的一兩步，這個步子如邁對了，就可受用無窮。中國革命最終要

黃埔軍校大門

靠軍事解決問題，共產主義事業需要大批軍事人才。我和你八哥（林育英）搞黨務、工運，你搞軍事。我們林家三兄弟各有所長……

黃埔軍校帶眼鏡的政治教官惲代英

得到兩位堂兄的支持，林彪馬上給父親寫信，準備到上海投考黃埔軍校。

林明卿嚇了一跳。這個清瘦秀氣，性格內向的老二，像個女孩子，平時又整天關在屋裏念書，教書嘛，還像回事，怎麼能去打仗？林明卿認為這是兒子的戲言，他馬上趕到武漢，但沒有說服被《三國演義》迷住了的林彪。他只得叫長子林慶佛帶來一些錢，代他送行。

林彪從團風上了船，從此離開家鄉。

1926年1月，林彪考入黃埔軍校第四期伍生團。林育南寫信給在黃埔軍校任職的惲代英[22]和蕭楚女[23]，請他們關照林彪。

星期日林彪常去惲代英、蕭楚女那裏。

在黃埔軍校，林彪不是一個突出人物。他平時沒有什麼話，但在公開集會上他的發言有條有理，甚至滔滔不絕。生活上林彪不注重衣著，穿過的襪子常放枕頭下。有一次，他把槍也藏到枕頭下，差點兒傷了同學。

同是黃埔四期的文強回憶[24]：開學的那一天，我們團員集中起來轉為黨員，其中有林彪，有周恩壽[25]。我和林彪、周恩壽、李運昌[26]等編在一個班，我是班長。一次打靶後，吃完晚飯，大家洗完澡就上床休息了。林彪睡在下鋪，我看見林彪翻來覆去，手在枕頭下面摸。我這個班長要管事呀，可是我又不敢管，怕同學說我為什麼人家都睡著了你還沒睡。猛然間，啪一聲槍響。執行官拿著手電筒跑進來，急

問誰在打槍？我說沒看到誰打槍，就是看到林彪的手老在枕頭下面摸。執行官走過去把林彪枕下的槍拿起來一聞，還有火藥味呢。再用手電筒往地下一照，子彈殼還在那裏。林彪小聲說：我下操時，沒把槍交回去，我睡不著覺，老記得有這麼回事，我一摸槍，就響了。執行官非常生氣，上鋪的枕頭被打了一個大洞。上鋪的林爲州[27] 呢？這時林爲州拿著一個杯子跑進來了，他正好喝水去了。執行官松了一口氣：你命大，你要是睡在這裏呀，這一槍就把你打死啦！執行官說：好了，大家睡覺，林彪明天執行禁閉！

執行官剛走，林彪的火騰地就起來了，捏起拳頭說：文強，你這個傢夥，怎麼落井下石呀？你這個湖南騾子！我說：林彪，不要罵人呀。我也沒說是你打的槍，我只說你睡得不好嘛。林彪說：你還要說？我揍你！林彪越說越激動，跑到我的鋪前。我說：林彪啊，你要是跟我打架，我估計你三個也打不了我一個，來打吧！林彪二話不

黃埔軍校校舍

說，一巴掌掄上來，打得我的火也起來了，我啪地一下把他掀到地上，大家也起來幫我的忙。……

林彪的意志力很強，以後很少這樣衝動了。他曾在臥室寫過一個條幅：匹夫見辱，拔劍而起，挺身而鬥，此不足爲勇也。驟然臨之不驚，無故加之而不怒。

1926 年 3 月底，經過甄別考試，林彪升入第四期學生隊步兵科第 2 團 2 營 2 連，他是少數幾個公開的共產黨員之一，擔任該連的中共黨支部書記。

10 月，林彪從黃埔軍校第四期畢業，被分配到著名的國民革命軍第 4 軍葉挺獨立團 3 營 7 連任見習排長，參加北伐戰爭。

林彪最初的軍事生涯

南昌起義領導人之一、前敵總指揮兼代11軍軍長葉挺

黃埔軍校展館裏的林彪蠟像

1926年11月，林彪所在部隊乘船東下圍攻南京，給孫傳芳[28] 主力以毀滅性打擊。月底回師武昌擴編，林彪所在的獨立團成爲73團，團長是中共黨員周士第[29]。因爲作戰勇敢，也就兩個月，林彪就去掉了見習兩個字，擔任了排長。

1927年3月，北伐戰爭開始，葉挺獨立團是北伐軍的先遣部隊，被譽爲鐵軍。排長林彪跟著葉挺獨立團，從廣東出發，連續打勝了平江、醴陵、嶽州、汀泗橋、賀勝橋戰役。

曾與林彪在同一個連隊的易水秋回憶：林彪年輕，聰明。連長組織士兵訓練時，他常常幫連長出點子。一些人對射擊沒興趣，林彪把靶子換成裝上石灰的洋鐵桶，一打中就冒一股白煙，由此調動了士兵打靶的積極性。

1927年四一二政變[30] 後，林彪所在部隊作爲二期北伐的先頭部隊於4月20日出發，順利到達河南駐馬店，掩護後續部隊集結。5月的一次戰鬥中，雙方拉鋸，追擊奉系軍隊，潰軍逃過渭河，連長命令停止追擊。林彪氣壞了，問爲什麼吹停止令？連長說上級有交代，窮寇莫追，以免孤軍深入，受敵夾擊。

要等友鄰來了再一起追。林彪說：戰機瞬息萬變，指揮官要見機行事，如果敵軍炸了橋或在北岸設防，再追就來不及了。連長還在猶豫，林彪一揮手沖啊，帶著一個排沖向北岸。敵軍立足未穩，紛紛繳械。這一仗，北伐軍共俘虜８００名敵人，林彪受到嘉獎，提升為７３團３營７連連長。接著又連打了幾仗。

５月１４日，林彪奉命圍攻上蔡城。打了一天，入夜林彪提著駁殼槍巡視陣地，戰士們議論：新兵怕大炮，老兵怕機槍。林彪說：說得有道理，敵人的炮彈雖然殺傷力大，但炸後的彈坑就成了我們的工事，第二發炮彈不會落到彈坑裏。對付機槍也要學一點竅門，先要觀察好敵人的火力方向，注意利用地形，抓住他們換子彈的機會，猛打猛衝，還要掌握好掩護，他就沒有那麼凶了。林彪讓戰士們把槍擦好，明天還會有一場惡戰。……打退奉軍援兵後，奉軍投降。

２０多年軍旅生涯後，林彪對葉挺將軍的印象仍然極深。

１９４７年４月１９日，林彪在講戰術時說[11]：戰鬥作風看不見摸不著，但卻是客觀存在，每個部隊都有它自己的一套作風。打起仗來怕疼怕癢是作風，不怕走路、不怕傷亡、能強攻能死守也是作風。那個部隊作風好，新成分進去亦能變好，那個部隊作風不好，老成分進去

文強年輕時

文　強

葉 挺

葉 挺

亦能學壞。……優良作風的建立主要靠打仗。打幾次大仗惡仗後就學會了。林彪說：我們軍隊勇猛果敢迅速頑強的作風來源於葉挺的獨立團。中央蘇區和鄂豫皖區紅軍，也都受了葉挺獨立團的影響。北伐時期，從廣東一直打到武昌，是一貫的急行軍打先鋒，打死仗打硬仗，葉挺在紀律上是很嚴格的。記得當時在武昌打楊森，學生請他指揮。學生當然不能打仗，凡有退下來的，當時他都嚴格地執行了紀律，逼得大家往前沖，所以隊伍拿上去就很猛，結果把敵人沖垮了。這樣幹下去，就逼出作風來了。所以部隊領導人的作風，對於部隊作風是有直接影響的，部隊指揮員的性格怎樣，他的隊伍的作風亦會怎樣。

林彪在自己的偶像言傳身教下，邁出了他軍事生涯的第一步。

8 月，作為特務連連長的林彪參加了周恩來[32]、賀龍[33]、朱德[34] 等領導的南昌起義。南昌起義打響了中國人民武裝反抗國民黨反動派的第一槍。新中國成立後這一天被定為中國人民解放軍建軍節。

文強[35] 回憶：南昌起義失敗了，我問周恩來怎麼辦？他說到潮州去，那裏有蘇聯軍艦接應我們。路過會昌時，與守軍打了一場遭遇戰，敵人很快就縮回去了。部隊休息時，我坐在路邊到處看，心想上面怎麼還沒有命令我們追擊啊？這時有人對我說：你看到沒有？林彪在路邊。自從打架後，林彪就不搭理我了，那時我們不到 2 0 歲嘛，

文強與兒子文定中

文強兒子（左一）與林豆豆合影

我要去見見他。有人對林彪說：你看你背後是什麼人呀？他回過身，看見我，有點不大高興。我上前拉了拉他的手：老林哪，你是湖北佬，我是湖南佬，我們有兩年不見面了嘛。大敵當前，不要再鬧小孩子脾氣了。林彪望著我笑了笑，舉起手給我敬了一個禮。我說：你這個人還很近人情啊，還給我敬禮呀。林彪笑了：我不是給你敬禮，我是給你的官階敬禮，我是個上尉，你已經是個少校了。我說：不管是什麼官階，我看見你有笑臉了！林彪哈哈笑起來。真是不打不成交，我到潮州看朱德時，又遇到林彪。他說：老文啊，咱們又見面啦，我招待你吃點東西吧。我說：你也不要招待我，我也不招待你，很短的時間我們就要過三河壩，另有任務。這次分手後，我和林彪就再也沒有見過面

當年參觀林家大灣的紀念印章

1968 年燒製的林彪磁片

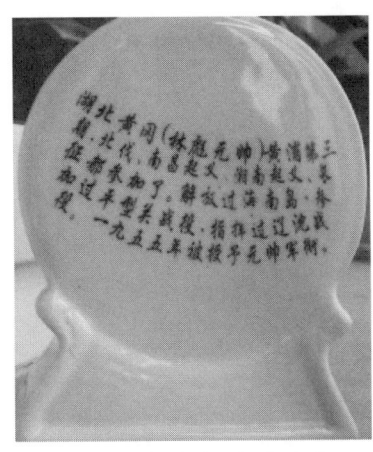

這是林彪磁片的背面

林家大灣複製出售的毛林茶杯

文革時的宣傳畫，至今仍存在林家大灣

注釋：

1　黃岡，解放後改名為黃州。

2　官偉勳《我所知道的葉群》，中國文學出版社1993年5月版，202頁。

3　陳慕琳，林彪姐姐林寶珠的女兒。

4　斯諾，美國記者，1936年赴延安採訪，著有《西行漫記》一書，生活・讀書・新知三聯書店1960年2月版，82頁。斯諾1960年、1964年、1971年又三次來中國。

5　林寶珠，陳慕琳的母親，解放後居住在長沙。

6　林慶佛，林吉的父親，一直在老家。

7　林育菊，又名林程。

8　林向榮，1938年到延安抗大，1949年解放太原時犧牲，時任團政委。

9　李卓侯，著名地質學家李四光的父親。

10　五四運動，在俄國十月革命影響下爆發中國人民反帝反封建的革命運動。1919年1月，北洋軍閥在巴黎和平會議上收回日本奪去的德國在山東的權利，取消喪權辱國的“二十一條”等要求被帝國主義拒絕，而北洋軍閥政府卻準備在和約上簽字。消息傳出，舉國震怒。5月4日，北京的數千名學生匯集在天安門廣場，舉行遊行示威，受到軍閥政府軍警的鎮壓，30多名學生被捕。第二天，北京學生總罷課，並通電全國。全國各地的學生也紛紛遊行示威，聲援北京學生。6月初，軍閥政府又捕北京學生近千人，激起全國人民的更大憤怒。從6月5日起，上海、天津等20多個省、100多個城市的工人階級政治罷工，商人也相繼罷市，形成全國範圍的愛國運動。在人民的壓力下，軍閥政府被迫釋放被捕的學生，撤銷曹汝霖等三個賣國賊的職務，並拒絕在巴黎合約上簽字。五四運動取得重大勝利，標誌著中國新民主義革命的開始。

11　林育南，卓越的工人運動領袖，與惲代英齊名。曾任中共中央候補委員、中華全國總工會常委兼秘書長、湖北省委代理書記，1931年在上海龍華被國民黨反動派秘密殺害。

12　陳獨秀，五四新文化運動的領導人之一，中國共產黨的主要創始人。1921年7月中國共產黨第一次代表大會被選為中央局書記。

13　李大釗，中國最早的馬克思主義者，中國共產黨創始人之一，1927年4月在北京英勇就義。

14　惲代英，中國共產黨早期著名的青年運動領導人之一。五四運動時，是武漢地區學生運動的領導者和組織者之一。

15　董必武，中國共產黨創始人之一，1920年，在湖北建立共產主義小組，擔任過中共武漢地方委員會書記，湖北省委委員。

16　陳潭秋，湖北黃岡人，1920年10月，在武漢參加組織共產主義小組，隨後負責建立武漢的中國社會主義青年團。擔任過中共武漢地方委員會組織委員，全力從事工人運動。

17　胡海亮，中共黃岡縣委書記。

18　施洋，二七大罷工領導人之一，1920年參加馬克思主義研究會，積極從事工人運動。1922年加入中國共產黨，1923年2月被殺害于武昌。

19　項英，湖北黃陂縣人，1922年加入中國共產黨，六屆一中全會當選為中央政治局委員，中央書記處書記。1926年，擔任湖北省總工會黨組書記，全力領導工人運動。

20　五卅慘案，中國共產黨領導的反對帝國主義的運動。1925年5月15日，上海日本紗廠關閉，工人要求廠方發工資，日本資本家不給，反而槍殺了工人代表顧正紅，打傷十餘名工人。在中國共產黨領導下，工人罷工，學生支援，號召收回租界。租界巡捕連續逮捕演講的學生一百多人，引起萬名群眾上街遊行，集中在英租界巡捕房前，要求釋放學生。英國巡捕開槍屠殺，死十餘人，傷無數。

21　毛澤東，時任中國共產黨中央委員、中央組織部長；國民黨中央候補委員，國民黨宣傳部代理部長。

22 惲代英，時任黃埔軍校的政治總教官，兼中共黨團書記。

23 蕭楚女，兼黃埔軍校政治教官。

24 參見《文強口述自傳》，文強口述，劉延民撰寫，中國社會科學出版社，2003年版

25 周恩壽，周恩來的弟弟。

26 李運昌，李大釗的侄子。

27 林為洲，解放天津時，擔任國民黨守備天津的軍長、中將。

28 孫傳芳，自稱浙、閩、蘇、皖、贛五省聯軍總司令。

29 周士第，1924年畢業於黃埔軍校，同年加入中國共產黨。

30 四一二政變，1927年初，北伐戰爭節節勝利，工農運動猛烈發展，3月，上海工人第三次武裝起義勝利，成立了臨時革命政府。4月12日，蔣介石藉口工人內訌，解除了工人糾察隊的武裝。工人罷工和遊行請願遭到鎮壓，死百餘人，傷者無數。之後蔣介石封閉了上海總工會和一切革命團體，大批捕殺共產黨人和群眾。4月18日，蔣介石在南京成立"國民政府"。

31 《林彪選集·關於攻堅戰的戰術問題》231頁

32 周恩來，時任中央前委書記。

33 賀龍，時任起義總指揮兼第20軍軍長。

34 朱德，時任起義軍第九軍副軍長。

35 文強，時任少校連長兼黨支部組織委員。

第二章

紅軍中的明星

井岡山初顯軍事天才

　　或許，林彪天生就是爲戰爭而生。如果戰爭是"水"，他就是"水"中最活躍的"魚"。部隊向廣州轉移時，林彪擔任後衛。途中打了一個勝仗，受到團嘉獎。在廣州潮汕地區沒有站住腳，林彪隨朱德、陳毅的餘部轉戰閩粵贛湘地區。

　　1928年1月，林彪參加湘南起義，任工農革命軍第1師2營2連連長。2月初，在前往井岡山的途中，林彪連一直打頭陣。他肯動腦筋，又帶頭衝鋒陷陣，大仗小仗皆奪頭功，多次受到朱德和陳毅的口頭嘉獎。打敖山廟時，林彪用豬肉、糧食做誘餌，500多名敵人全上了鉤。打耒陽，正規軍只有林彪的2連，他召集3000多名赤衛隊員，從東南西三面佯攻，而他帶2連從西北攻擊。敵人不知虛實，丟下60多具屍體，飛快地逃走了。

　　1928年4月，朱德、陳毅陪毛澤東巡視部隊，見一個年輕的"娃娃"正在給連隊講話：這個土匪那個軍閥，只要有槍，就有塊天下。我們紅軍也有槍，紅軍也能坐天下！陳毅向毛澤東介紹：這是連長林彪，他指揮敖山廟和耒陽城之戰，都打勝了。毛澤東對林彪說：你這麼年輕，既敢打，又巧打，很不錯啊！

紅軍時期的林彪

紅軍第28團團長王爾琢

第二天，毛澤東讓林彪作報告，題目就叫《紅軍能夠坐天下》。

1928年5月4日，紅軍主力部隊紅4軍在井岡山成立，軍長朱德，黨代表毛澤東。28團是紅4軍的主力，前身是葉挺獨立團。林彪所在的1營是28團的主力。國民黨贛軍向井岡山發起第二次"會剿"，28團到距離井岡山25公里的五鬥江迎擊。敵人已經佔據制高點長岡山，情況危急。紅4軍主力28團團長王爾琢命令強攻。

1營2連黨代表唐天際回憶：我們被包圍了，林彪迅速集合隊伍，帶著我們2連先上，1、3連配合。我們冒著槍林彈雨沖上山，乘勝追擊到夏場，第二天又追到永新，這是紅軍第一次佔領永新城。5月中旬，敵人重新佔領永新縣城，第三次對井岡山"會剿"。在奔襲永新的途中，林彪與敵人遭遇。他下令猛攻敵人指揮部，配合側後迂回的31團3營。兩小時後，全殲敵79團，擊斃敵團長劉鬍子。紅軍乘勝向永新進攻，第二次佔領永新城。

6月中旬，湘贛敵人五個團第四次對井岡山"會剿"，紅軍主動撤出永新城。敵人佔領永新後，向寧岡進犯，分別進至龍源口和白口。在寧岡新城的軍事會議上，因為地形不利，林彪不主張打，但上邊堅持打，只好打吧。28團在老七溪嶺迎擊敵人，沒想敵軍搶先上了山，幾次強攻都沒拿下來。林彪建議：挑骨幹編成四個衝鋒隊，輪番猛衝猛打。團長王爾琢採納。林彪把自己編在第一隊。營長犧牲了，林彪說不要慌，聽我指揮！終於拿下了老七溪嶺。林彪代理營長，在新七嶺戰鬥中殲敵一個團，接著取得龍源口大捷。第二天乘勝

井崗山時期，毛澤東非常欣賞林彪。這是他們兩個人合影

毛澤東和林彪在井岡山會師油畫。這是文革初林彪正紅
的時候畫的，實際上在井岡山會師的是毛澤東和朱德。

擊潰敵人兩個團，第三次佔領了永新城，消滅了楊池生、楊如軒的部
隊。這就是江西民歌中唱的"不費紅軍三分力，打敗江西兩隻羊"。
在這一系列戰鬥中，年輕的林彪顯示了他傑出的軍事才能，被任命為
28團1營營長。

7月中旬打郴州，這是一次大的軍事行動。29團快到郴州時遭到
敵兩個團的阻擊，無法前進。上級命令後面的28團趕上來，林彪率
1營跑在最前面，很快將敵人衝垮，率先殺進城裏。8月18日，林彪
營佔領沙田北邊的桂東縣城，8月22日毛澤東率31團來了。湘軍分
兩路攻來，林彪率1營在南山阻擊，而敵人跟著且戰且退的3營從北邊
插進城裏。還在開會的毛澤東、朱德等前委委員匆忙向城南轉移。林
彪立即派人接應，毛澤東等脫了險，而林彪在掩護中負了傷。之後團
長王爾琢在追擊逃兵時犧牲，毛澤東和朱德不約而同提議林彪繼任。

短短一年，21歲的林彪一路上升，由連長到營長到主力28團團
長。

林彪剛擔任團長，就提出在坳頭壟擺下口袋陣，打掉寧岡新城的
敵尖子營。林彪主動要求28團擔任正面伏擊。這一仗殲滅敵人六個
連，活捉了敵營長。

1928年的多天格外寒冷。井岡山由於敵人嚴密封鎖，經濟十分困
難，所有的人都要下山挑糧。28團一營連長楊至誠回憶：黃洋界山

高15里，從山腳挑糧到山上的五井，大約有30多里山路。一天挑兩次，累得汗流浹背。我和連長粟裕等挑糧到半山上休息。不一會兒，就看見林彪和我們營長胡少海橫扛著整麻袋糧食走上來。……林彪看到有人光著脊樑，關心地叫他們快穿上衣服，說走熱了，脫了衣服容易生病。

為減輕井岡山的壓力，1929年1月4日，毛澤東在聯席會議上提出圍魏救趙，部分紅軍由內線轉到外線作戰。林彪表示支持，說現在邊界困難，只有紅米南瓜不行，一定要打出去，不然的話，就沒有辦法維持。1月14日凌晨，林彪率28團隨毛澤東、朱德由茨坪、小荇洲下山。當時並沒有告別的意思，但以後因為情況變化，紅軍主力沒有重返井岡山。

林彪再次上井岡山，已經是40年以後的事情了。

林彪的常勝將軍不是偶然的

1929年1月底，紅4軍連夜從大餘城突圍，林彪叫號兵吹號和部隊保持聯繫。到了烏徑，毛澤東等軍部領導和31團也來了。半夜敵人追來，部隊再次急行軍。一夜走了60公里，幾次險入重圍。敵人突然插進來，把中間的軍部包圍了，只得利用拂曉前的濃霧撤退。林彪擔任後衛，他看見部隊被打散，把紅旗豎到山頭上，收攏部隊。

挺進贛南後的這種被動局面直到紅4軍在大柏地打了大勝仗，殲

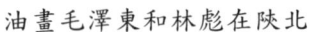

油畫毛澤東和林彪在陝北

油畫毛澤東和林彪在井岡山

敵兩個團後才扭轉。紅軍乘勝佔領寧都，然後經黃陂、君埠、龍岡向東固前進。途經葛坳時，28 團遭敵截擊，敵人不僅占了有利地形，還從側後迂回，林彪當即命令前衛變後衛，掩護突圍。由於指揮迅速，敵人的迂回包抄落了空。

　　3 月 14 日，紅 4 軍兵分三路攻打長嶺寨，28 團和 31 團擔任主攻。三小時後，敵主力 2000 余名全部被殲。當天下午，紅軍開進汀州城整編。紅軍戰士第一次穿上統一的新軍裝，頭戴八角帽。28 團改為 1 縱隊，林彪擔任縱隊長，不久改稱縱隊司令員，陳毅擔任黨代表。

　　1931 年夏，中央蘇區有了一塊比較鞏固的地盤，紅軍大多的戰鬥是在內線打"土圍子"。"土圍子"易守難攻，林彪仔細研究，很短時間就拔掉了許多"土圍子"。11師33團負責打紅石寨，很長時間沒有打下來。林彪圍著紅石寨轉了兩天，終於發現南牆外有一個不引人注意的土坎，直通高牆頂。林彪命令戰士連夜借這個不到一尺寬的小土坎攀上高牆，放下繩索，很快攻克了紅石寨。

林彪的常勝將軍就是這樣一仗一仗打出來的。

似乎還找不到像林彪這樣對打仗鑽得這麼深的將帥。戰後林彪善於總結，他隨身帶個小本子，不管是經驗，還是教訓，都仔細記錄下來。時任第4軍連長的蕭克回憶：林彪是從見習排長逐級提拔起來的，平時注意訓練，管理也嚴格，臨陣有決心，而且靈活。他欣賞黃埔軍校的一套，熟悉軍校的教程和條令。我們打下龍岩，繳到國民黨政府在1928年頒佈的軍隊操典，他看，我也看。他對我說，這個操典好。選一部分由我刻蠟板，印發給大家。他把幹部集合起來，自任連長操演，我感到林彪軍事上還行。

曾任紅七軍及江西中央蘇區留守處參謀長的龔楚回憶：林彪待人和順，做事認真，並勤於學習，平日他對部隊管理很嚴，而又得士兵的愛戴，訓練亦有辦法而積極，他的部隊特別整齊而又有朝氣。作戰時林彪身先士卒，勇敢善戰。給他的任務，雖艱險而不辭，且均能徹底執行。

時任紅4軍第12師35團黨代表的黃克誠回憶：紅軍時期，毛主席和朱總司令手下有幾個著名戰將，一個是彭德懷，一個是林彪，一個是黃公略[1]。成立紅一軍團後，紅4軍就由林彪指揮，戰鬥力最強，戰功也最大。據我瞭解，林彪的確有指揮作戰的能力。在我們的軍隊中，他可以說是一員戰將。

毛澤東連連寫詩盛讚林彪

可是，林彪的"井岡山紅旗能打多久"是怎麼回事？

1985年3月，黃克誠在審查《軍事百科》林彪條目時說：在黨內來說，一個下面的幹部，向黨的領導反映自己的觀點，提出自己的意見，現在看來是個好事情。……由於林彪提出這個問題，毛主席寫了《星星之火，可以燎原》。

現在看來，"井岡山紅旗能打多久"並不一定是林彪的思想，而是林彪從部隊調查來的思想。他回答不了，寫信請毛澤東從理論上解答。否則幾十年後他重上井岡山，就不會寫出"豈疑星火燎原"的詩句來。

那時有一股勢力要毛澤東離開軍隊，支持毛澤東的人很少。在白沙召開前委擴大會議前，1 縱司令員林彪給毛澤東寫信，表示不贊成他離隊，並堅決支持他和前委的工作。1929 年 6 月 8 日，在白沙會議上，林彪和反對毛澤東留在軍隊的紅四軍軍委書記劉安恭爭執不下。毛澤東提出辭職，林彪提議投票表決。林彪請毛澤東留下的意見得到多數人的贊同，以後劉安恭被調到 2 縱擔任司令員。

林彪當晚給毛澤東寫了一封急信。信中說：現在 4 軍裏實有少數

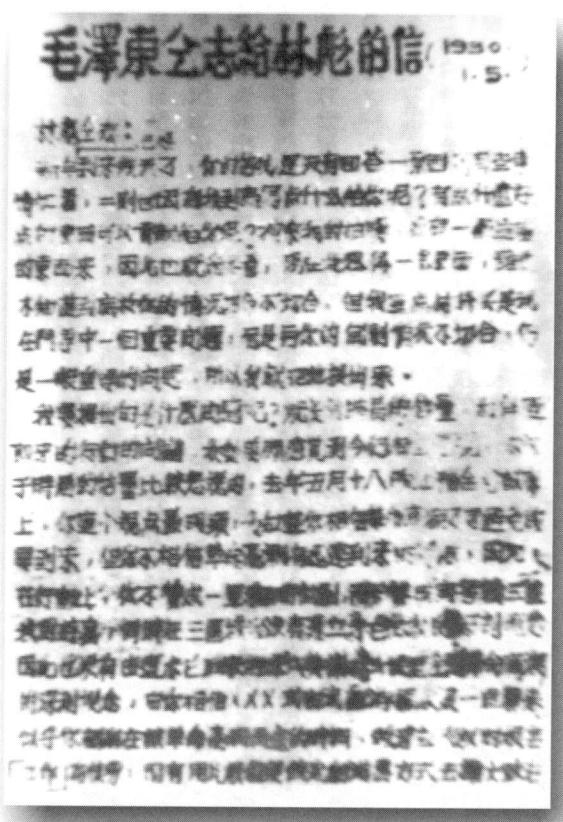

同志的領袖欲望非常高漲，虛榮心極端發展。這些同志在群眾中是比較有地位的。因此，他們利用各種封建形式，專門吹牛皮攻擊別的同志。這種現像是破壞黨的團結一致的，是不利於革命的。但是許多

1930 年月 1 月 5 日，毛澤東給林彪的信（油印件）

黨員還不能看出這種錯誤現象，並且被這些少數有領袖欲望的同志所蒙蔽陰謀，並附合，這是一個可歎息的現象。林彪明確說：你今天提出的個人要離開前委的意見，我非常不贊成。黨內要有錯誤的思想發生，你應毅然決心去糾正，不要以不管了事。在中央未派人代理你以前，你不應離開前委。我希望你以後應該有決心來糾正一切同志的錯誤思想。時任前委秘書長的江華回憶：我當即將林彪的信送給毛澤東。第二天得知，毛澤東一夜未眠。

中國共產黨紅軍第四軍第九次代表大會決議案

一九三〇，四，六印。

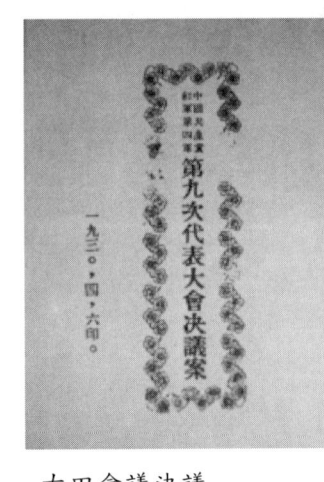

古田會議決議

6 月 1 4 日，毛澤東給林彪寫了長達數千字的信，講了辭去前委書記的原因，希望中央同意他到莫斯科去留學兼休息一個時期。毛澤東說：你的信給我很大的感動，因爲你的勇敢的前進，我的勇氣也起來了。我一定同你及一切謀求有利於黨的團結和革命的前進的同志們，向一切有害的思想、習慣、制度

古田會議舊址

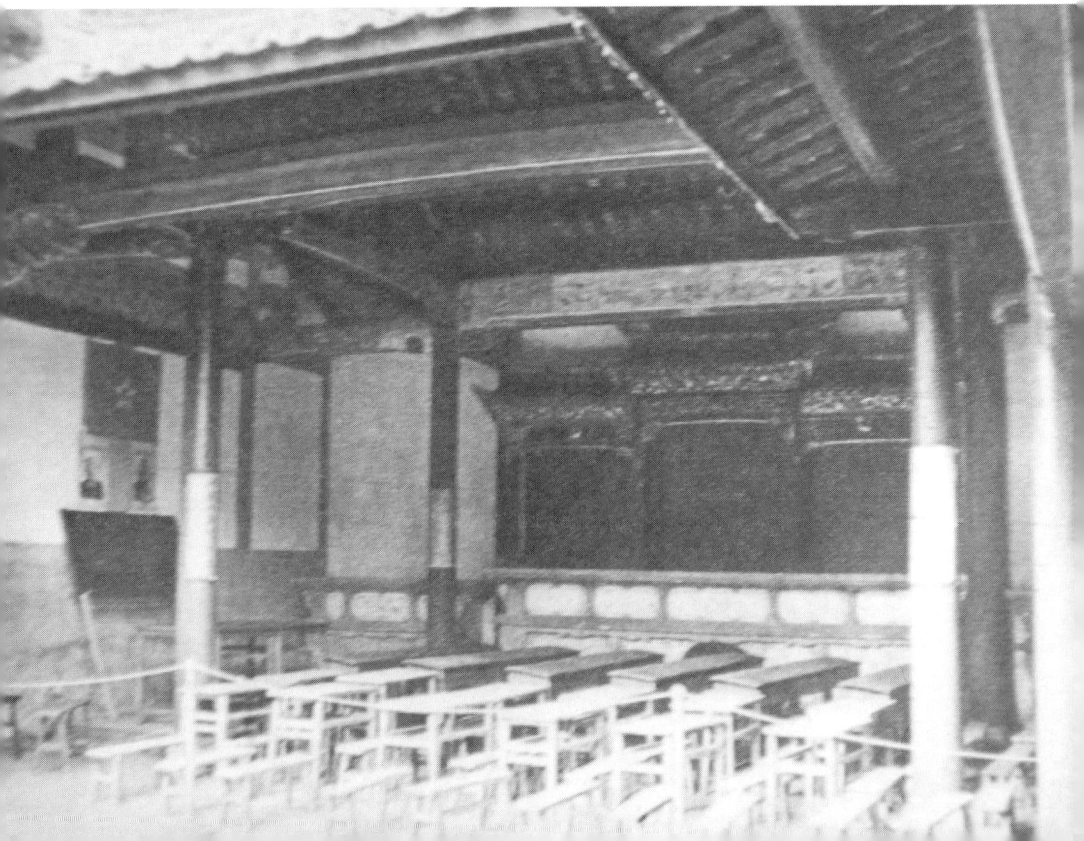

1930 年 12 月，林彪率部活捉敵師長張輝瓚，圖為龍崗戰鬥舊址

奮鬥。

朱德也寫了《答林彪現場談前委黨內爭論的信》。

《前委通訊》將他們三人的信刊登出來。

毛澤東在大洋壩養病，林彪和譚震林去看望。去前林彪說：毛澤東同志可能一分錢也沒有了，他離開部隊時身上只有五塊錢。要吃藥，還得吃飯。從我們公積金裏撥一點。他們商定，1 縱人多，出200 元，4 縱人少，出 100 元。這筆錢毛澤東沒要，但心裏卻感激不盡。

12 月 28 日，紅 4 軍第九次代表大會在古田召開，毛澤東出任前委書記，代表前委作報告，通過了著名的古田會議決議，奠定了黨對軍隊的絕對領導。毛澤東以後多次說：在福建，有幾次遭到內部同志的不諒解，把我趕出紅軍，當老百姓了。那時林彪同志在朱德領導的隊伍裏，他的隊伍擁護我，我自己秋收暴動的隊伍卻撤換了我。

1930 年 6 月，23 歲的林彪升任紅 4 軍軍長。10 月率部參加第一次反"圍剿"，活捉國民黨軍 18 師師長張輝瓚，毛澤東寫詩讚揚。

1931 年 2 月，林彪率部參加第二次反"圍剿"，擔任右路攻擊的

紅軍時期的林彪（右二）

第一梯隊，首戰告捷，紅軍主力會師富田。半個月林彪的部隊橫掃
７００里，連打五仗，打敗了數倍於我的敵人，毛澤東又寫詩讚揚。

　　第三次反“圍剿”，蔣介石親自指揮３０萬大軍，還出動了空軍，
不斷偵察轟炸。紅軍僅３萬餘人，又分散在閩西，遠離老根據地。毛
澤東制定“避敵主力，打其虛弱”的磨盤戰術。紅軍主力從福建西部
大迂回，繞過整個根據地南部，連續十餘天長途行軍，千里回師到贛
南的瑞金、興國。

　　林彪率紅４軍再創三戰三捷。

　　林彪對紅４軍副大隊長陳士榘說：他對毛主席的指揮藝術衷心佩
服。

　　１９３１年１１月，第三次反“圍剿”勝利結束後，中華蘇維埃第一
次全國代表大會在瑞金召開，林彪當選爲中央執行委員會委員，他領
導的紅４軍被授予“英勇衝鋒”的大紅錦旗。林彪還和毛澤東、朱
德、彭德懷等被授予紅星獎章。

　　毛澤東當選爲中央執行委員會主席，卻又一次被迫離開軍隊。

第四次反"圍剿"，林彪功不可沒

　　1932年3月，紅軍整編成紅一、三、五軍團。紅一軍團包括紅4、紅15軍，還不到25歲的林彪升任軍團長。剛到蘇區不久的聶榮臻擔任政委。朱德宣佈命令後，毛澤東講了話，林彪也說了幾句：我個人擔子重一些，承擔吧。

　　這時前方無戰事。臨時中央命令紅軍沿贛江北上，奪取南昌、九江等大城市。毛澤東堅決反對，主張經閩西向閩南進攻，直取龍岩、漳州，但被中央局多數人否定。北上寧都時，周恩來在長汀基督教堂二樓大廳主持作戰會議，大長方桌上擺著一張毛澤東帶來的地圖。林彪、聶榮臻支持毛澤東打龍岩、漳州的計劃，最後會議也同意了。

　　東征漳州，是紅軍歷史上遠離根據地主動出奇制勝的一次重要行動。1932年4月7日，紅一軍團佔領龍岩，殲滅張貞的一個多團。4月20日佔領漳州，繳獲大量布匹和糧食、食鹽、槍彈，還繳獲了一座設備完好的小型兵工廠和兩架飛機。這是紅軍第一次繳獲到敵人飛

紅軍時期合影，站立第一排左三是林彪

機，其中一架飛到龍岩偵察，被紅軍擊壞，另一架完好，漳州工人為部隊表演了飛行。林彪很感興趣，拉上聶榮臻在飛機前照了一張合影，這張照片被軍事博物館收藏。

解放後，林豆豆陪林彪到漳州，林彪說：我在這一帶負過傷。

此後，紅軍決定返回江西，也還是盡走山路。由林彪擔任總指揮，連打幾仗，打國民黨先頭部隊，打樂安，殲敵一個團。接著打宜黃，又殲敵一個團。一周內連著打了兩個大勝仗，連克三城[2]。再之後打南城，沒打好。後來轉轉轉，國民黨軍從北面進來，第四次反"圍剿"開始了。

1933年1月，蔣介石親自組織第四次"圍剿"。這次反"圍剿"是朱德和周恩來指揮的，毛澤東雖然離開了紅軍，但還是按照他的"誘敵深入，積極防禦"的思想去打仗。林彪任紅一方面軍左翼總指

1932年，紅一軍團攻打漳州，繳獲一架飛機。這是紅軍繳獲的第一架飛機，林彪（左）和聶榮臻在飛機前合影

揮，這是他首次指揮大兵團作戰。紅軍四天裏取得金溪、滸灣兩戰的勝利，殲敵4000餘名。

時任紅4軍第10師29團連指導員的潘峰回憶：戰鬥正激烈時，忽然南面公路揚起煙塵，我們的軍團長林彪和政委聶榮臻帶著幾個警衛員來了。林彪快到陣地前時，尾隨的敵人沖了上來，我們甩開駁殼槍和花機關槍，一陣猛打，把敵人打得連滾帶爬退了回去。林彪下了馬，像往常一樣鎮靜，說同志們，你們打得很好。前面的情況怎麼樣？我們詳細地報告了戰鬥經過，林彪隨手拿起掛在胸前的望遠鏡，走上山崗，專注地觀察。林彪在任何時候都鎮靜的特性和認真、細緻指揮作戰的特點，是人所共知的。我心想，林彪親赴前線指揮我們，還怕消滅不了這幫白狗子？過了一會兒，林彪放下望遠鏡，環視我們，戰士們也都望著他，好像在說：首長，下命令吧，保證完成任務！林彪看透了我們的心，他用手指著前面公路旁的一個小山頭說：佔領那個山頭，就是勝利！然後喊了　聲同志們，跟我來！他首先向山頭沖去。遠處傳來衝鋒號聲，紅7師和紅9師狂風暴雨似地掃了過來，我們會合了主力，像趕鴨子似的追擊所謂的“鐵軍”，敵人終於舉起了雙手，寫著“鐵軍”標記的斗笠和槍械彈藥丟了一片。

紅軍猛攻南豐三日後，向廣昌以西轉移，敵人集中十個師的兵力向南豐馳援。事先得到情報，當敵人兩個師到永豐、樂安至宜黃一線時，林彪在黃陂佈置了包圍圈。天還沒亮，林彪就到了蛟湖以北11師的指揮所，聽取師長劉海雲、政委劉亞樓的匯報，指示要把敵人放進來打。這一天大霧，在山上不能直接觀察敵情，林彪攤開地圖研究。這時小龍坪方向傳來急促的槍聲，林彪說糟了，打早了。他馬上拿起電話，原來紅9師一個連與敵先頭部隊遭遇，就搶佔山頭打起來。林彪嚴厲命令他們馬上撤退，以免暴露我軍意圖。那個連迅速撤下來，直到全部敵人裝進口袋，林彪才發出總攻的命令。敵52師師長李明負傷被俘，敵師部和一個旅加輜重部隊全部被殲，繳到了一批輕機槍。

這種武器在當時是新式武器，以前紅軍都沒見過，國民黨也剛剛裝備。以後打了漳州，又繳到歪把子機槍，大家都很高興。新式武器不會用，就辦了個機槍訓練班，從部隊中抽調優秀戰士集中培訓，請

俘虜當教員。軍團長林彪、政委聶榮臻、參謀長徐彥剛都出席了開學典禮。

林彪對朱德很尊重,每次開會都要請他來講話。機槍訓練班開課前,也請朱德來講了話,時任紅一軍團司令部作戰參謀的蘇靜給他照了一張相,林彪讓多洗幾張。蘇靜的照相機是林彪給他的,那是在黎川的天主教堂繳到一架小照相機,送到軍部。照相在那時算一門科學,因為知道蘇靜在緬甸跟華僑學過照相,林彪就把蘇靜叫去,這個照相機給你照吧,也有些膠捲。於是蘇靜成了紅軍中第一個有照相機的人。朱德在機槍訓練班講話照的那張照片蘇靜給了林彪,被保存了下來,後來蘇靜還拍了林、聶指揮平型關戰鬥的照片。

紅一軍團是中央蘇區的突擊部隊。1933年3月20日,軍委下令在草台崗地區打一仗。四處是山的草台崗交上火了,紅9師和紅7師才趕到。這時奪取黃柏嶺的戰鬥已經打響,林彪詢問他們遲到的原因後,叫他們當預備隊。黃柏嶺是草台崗南面的制高點,易守難攻。仗打得很苦,紅一軍團的三個師長都負了傷,紅5軍第1師師長彭紹輝抬下去時,胳膊已經被打殘。林彪坐在山坡上寫作戰命令,聶榮臻回憶:敵機開始扔炸彈,一顆炸彈在附近爆炸,氣浪把林彪掀到山坡下,他爬起來,拍拍身上的土,又走上山,繼續指揮戰鬥[3]。

林彪說:打仗沒什麼妙法,就是使用第二梯隊。至於第一梯隊不能太密,密了就當了敵人的靶子。二梯隊什麼時候上,掌握好火候,一上去就解決問題。只要突擊,部隊跑得快,號兵一吹號,還有紅白旗語一揮,部隊追上去,把敵人消滅,才算結束戰鬥。下午3點,林彪把作為預備隊的紅9師師長李聚奎叫到指揮所,說從拂曉打到現在了,還沒有拿下來。林彪指著地圖,現在命令你們9師從這個山埡口突進去,限你們兩個小時拿下來……李聚奎沒有說話,他考慮了整個作戰計劃,思忖片刻說,從山埡口正面強攻不利,敵人有兩挺機槍就可以把山埡口封住,我們就攻不上去。林彪說,那怎麼辦?李聚奎建議以一個團向山埡口佯攻牽制敵人,兩個團從埡口左邊的山上進攻,爭取不超過兩個小時解決戰鬥。林彪同意,說一個小時內解決戰鬥更好。因為是從下往上打,越往上越難打,敵人扔下一捆捆手榴彈,紅軍傷亡較大。李聚奎心中很著急,因為他改變了林彪的作戰部署,如

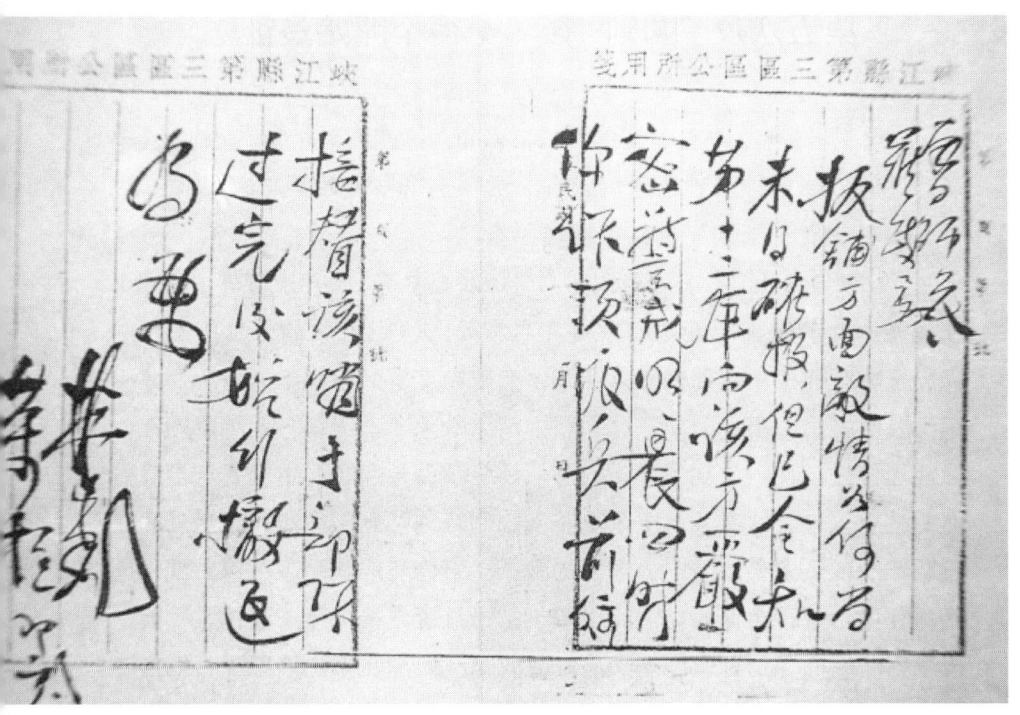

紅四軍軍長林彪、政委羅榮桓關於部隊警戒問題給11師師長曾士
峨、政委羅瑞卿的手稿

果一個小時拿不下來，回去不好交代。於是他脫去軍裝，光著膀子，
舉著駁殼槍就要衝，被團長劉華香攔住。正在爭執，兩個參加過寧都
暴動的老戰士說，不能這樣攻了，從山凹爬過去，兜他們的屁股。果
然奏效，這時耿飆的２７團也衝上來了。戰後林彪笑了，說不到一小
時，你們的軍令狀沒有白立。黃柏嶺戰鬥我軍傷亡較大，但消滅了蔣
嫡系１１師大部和９師一部，敵師長蕭乾及敵參謀長、三個團長被擊
斃，打死敵人２０００多，俘虜１７００多人[4]。

　　草台崗戰鬥宣告了蔣介石第四次"圍剿"的徹底失敗，創造了紅
軍作戰史上前所未有的大兵團伏擊戰。總參謀長劉伯承高度評價了紅
一軍團在第四次反"圍剿"中的作戰，說紅一軍團在決戰方面作用很
大[5]。蔣介石在給參謀總長陳誠手諭中說：此次挫敗，淒慘異常，這
是沒有料到的……

第二章　紅軍中的明星

第五次反 "圍剿" 後，不得不開始長征

1933 年 9 月，蔣介石調集了 100 萬軍隊，開始第五次 "圍剿"。這時毛澤東被派到福建搞調查，實際上是被流放了。

第五次反 "圍剿" 越打越糟糕。

1934 年 2 月 10 日，林彪、聶榮臻致電中革軍委，反映紅一軍團在建寧西北的守備陣地防線太寬，處處設防，處處薄弱，工事不堅固，又缺乏彈藥，容易被敵人突破，突破後工事又會爲敵人所用。建議不要處處修工事，力求在運動戰中消滅敵人。五天後，紅一軍團在鳳翔峰打仗，又一次吃了堡壘的虧。林彪和聶榮臻認爲重復了三岬嶂血的教訓，一天兩次致電中革軍委：我們時刻感到，從敵人堡壘外的近距離內或敵堡壘間隙中去求運動戰，結果仍變成堡壘戰。以大部隊在這種場合想行短促而突然的突擊，結果打響之後仍然不易拉脫，而成了對峙局面。這種戰鬥辦法最好的成績只能消滅敵之一部，否則僅僅將敵擊潰，而不能消滅，但我們的傷亡和彈藥的消耗都很大。因此我們覺得，須儘量避免這樣的戰鬥，在距敵人半天或一天行程處隱蔽，在敵前進時於敵之運動中和初到時消滅之。

2 月 24 日 22 點，林、聶再次給中革軍委電報，不同意 "堡壘對堡壘" 的戰術，直言對作戰原則的建議，無人理睬。

4 月 3 日，林彪以《關於五次反 "圍剿" 之戰術問題》[6] 爲題連夜給中革軍委寫了一封長信。信中重申了他和聶榮臻在電報中的意見，對中革軍委指揮上的缺點提出批評，包括決心遲緩，喪失了不少可以取得勝利的機會；決心下後，對時間的計算極不精確；對部隊任務的規定及執行的手段規定得過於瑣細，使下級無所適從。林彪認爲：關於敵人在五次 "圍剿" 中所用的戰略戰術，是非常值得我們研究的問題。敵人並沒有完全採取三四百米一推的方法，而是在發現我軍行蹤後採取緩進法，以吸引我軍，而別的方面卻在急進，形成包圍或夾擊態勢。林彪舉了近 40 天以來的例子，直言軍委對作戰的指揮有不少缺點，最大的缺點是決心遲緩，以致失了不少的可以取勝的機會。譬如五都寨戰後，14 日晨 4 點及以前即知敵要進太寧，卻不下決心東移，反硬要我們把部隊放在朱坊附近，放在敵人監視下不前不退，等

紅四軍軍部

軍委17日下午定下來東移消滅敵人的決心後，部隊移動到建寧時太寧已經失守。還有像軍委要三軍團繞道廣昌的處置上，像6日9點電令一、三軍團洽村繞山一帶集結。軍委在電令的字句及部署上都沒有表現有立即消滅該敵的決心，似乎要待敵到三溪、三坑以後再等其向廣昌前進時才打它的樣子。如果立即包抄，我們是可以消滅敵人的。

　　林彪說：決心定下後，在對時間的計算上是極不精確的。如五都寨之役，軍委9日12點電，要一軍團9日24點到達蕭家溝、里州，我們9日12點部隊尙在洽村、黃沙之線，下午接電後就出發，但走到10日7點部隊尙在寶石寺前之線。軍委14日3點要一軍團6點前經過村頭、寶石到達兆溪堡，其時一軍團尙在高石、上石、里州一帶，接電已經 6 點半了，高石距軍委指定地點尙有３５里，該日我們１２點才到兆溪堡附近，像這樣的事實多得很。因爲時間計算的錯誤，當然動作上就不能協同，如軍委 9 日１４點半電，規定一、三軍團１０日拂曉攻擊五都寨，結果一軍團天亮才到山腳。三軍團更遲，一軍團打了三四點鐘還不見三軍團，三軍團其實尙在木泥坑附近運動中。

林彪說：軍委憑極不可靠的地圖去規定部隊位置，指揮戰略的部署則勉強夠用，如像過去和現在一直干涉到很多小的戰術部署，則是無論如何不適用的。在敵情方面軍委所知的只是敵人大的部署，其小的部署、臨時的變動和動作也是軍委所不知道的，還有其他許多主客觀的條件都需要部隊指揮員根據軍委的基本意志和總的部署機斷專行，軍委只應在戰術原則上及動作上提出些必要的供指揮員參考的意見，軍委應集中自己的精力去不斷判斷情況，抓緊每一情況變動的每一個時機予以周到的思慮和迅速的決斷去定下當時的決心。這個決心或者是繼續執行原定的計劃或者需要立即敏捷變動原計劃，或者定下預備的決心和進行預先的準備。軍委沒有靈活地運用戰術原則，而是老一套，有時因時間上來不及和地形上爲大山所阻，不能以主力迂迴也用迂迴，如三溪、三坑之役，如果以一部急速繞到三溪西北，主力將三坑之敵突破，向三溪東北猛進，截斷三溪敵歸路而消滅之，是可取得勝利的。又如有些時候，事實上不可能行短促突擊，但軍委也要行此種突擊。敵人如知我軍主力在其附近，它的前進是不敢脫離它後面堡壘的火力掩護的，我軍突擊它時，它以強烈的火力壓迫我軍，如形勢不利時又退入堡壘。它見我軍尾進到它堡壘附近，或乘我有傷亡、隊形混亂時，反向我來個短促的反突擊，我們就要吃不少的虧。因爲敵人雖是進攻，而在戰術上屬於攻勢防禦或爲固守防禦。防禦主要靠火力、有利地形、反突擊，而它的編制不適應這個要求，所以多加火器。每連有多至六挺輕機槍，少至一挺，我們除非不接近，一接近一沖就是傷亡一大堆。因此如敵人出來不遠，我軍短促反突擊，往往收不到好的效果，不易消滅敵人，反而受些傷亡和消耗彈藥。軍委常喜用誘敵出擊的戰法，如打資溪橋之役，如打坪上圩、乾昌橋之役，如下羅泊港之役等，但敵人因屢經慘敗在我軍主力與之對峙而以一部佯攻它時，它偏不出來，即使出來也不脫離其堡壘的機槍掩護，所以這種戰法沒有一次收效，失掉了敵到後的第一、二天可打敵的機會。如下羅泊港之役，我們到中和圩曾電軍委敵人工事不堅，但軍委一連幾日命令部隊早出晚歸地擺在敵陣面前眼睛鼓得很大做工事，一天到晚都熱望著敵人送給我們消滅，但敵人絲毫也不理我們，結果我們成了守株待兔。

最近有幾次戰役都是在得到敵進的消息不立即下打的決心，等以後決心下去了，我們到時敵已先到，我們見敵先到了二日就不打了（其實敵此工事尚未做好還可以打）。而用誘敵出擊，但敵卻不出擊，此時我軍等得不耐煩了又下命令硬打。……軍委對於以支撐點對支撐點的戰法，我們覺得有很多不適當的地方，沒有很好地估計到我軍防守的兵力、彈藥，以及每個支撐點所需要的工程，而最主要的缺點是沒有確定某些地點是必須頑強固守，必須支撐到若干日子（使得主力紅軍趕得上），而某些地點則勿須做工事。……因為要到處做工事，到處配備守兵，這樣就分散了守兵和做工事的力量，所以處處工事不堅固，處處守兵薄弱，敵一攻即下，一攻下就有現成陣地，一到就立穩了腳。新橋戰役如無１３師所構被敵不攻而占的工事，則當日敵第４師全部有不被我們消滅的道理麼？倘無此工事敵樊縱隊一到該地我們豈不很好打他麼？九軍團如不到處做工事，敵６７師有不被一軍團趕到後之次日拂曉消滅的道理麼？其他還有許多例子不說了（如樟橫村、丘家隘等）。林彪越寫越氣憤：我並不是說工事無用，我的意見是說應估計我們的兵力、彈藥，估計某地戰略上的作用，估計到我們的堡壘要能抵抗敵飛機、炮火的襲擊，不應到處修，而應有所選擇地修。

對於其他點阻滯敵人時須用運動防禦和襲擊敵人側後的方法以遲滯敵人前進，假使３４師以運動防禦和襲擊敵人，然後再退守堡壘，則太寧也許不致失得如此之快。軍委對有生力量的顧及也不夠，對三、五軍團或一、三軍團很多沒有把握的戰鬥，也隨便令部隊投入，沒有估計到傷亡和消耗彈藥，把短促突擊和打堡壘（如打立壁嶺、文峰山等）看成很容易達到目的。在五次戰役中，部隊的疲勞實為空前所未有（接連餓飯、露營、夜行軍、急行軍是常事），這當然是最主

要的。因爲五次戰役是更殘酷的鬥爭，許多新條件使我們一定不可避免這些疲勞，但部分的也由於指揮上有缺點而增加了可以避免的疲勞。無益的疲勞也是會削弱我們的戰鬥力的。如３月１７日２４點以前尙未決心東移，一軍團受畢羅寨敵威脅而撤至明詳，已到達駐地時才接到東移命令馬上又走，如軍委早點下決心則不致多走明詳的一段冤枉路，早點東移，太寧也不會失守的。

林彪說：敵人步步爲營，我們已經失去運動戰的機會。想以堡壘對堡壘，積小勝爲大勝，就此粉碎敵人的五次“圍剿”，這種意見我是不同意的。事實上我們並沒有失去運動戰的機會，並沒有失去過一回消滅敵人幾個師的機會，因此我覺得我們主力通常應隱蔽集結於機動地點（判斷敵人將向某地前進則位於某附近），有計劃地盡可能造成求得運動戰的機會，於運動戰中以我主力軍大量地消滅敵人，每次消滅它數個師，只有這樣的仗才能以小的代價取得大的勝利，只有這樣的仗才能轉變戰略形勢，才能粉碎敵人的“圍剿”而徹底解決問題，如專靠零敲碎打是不能解決問題的。因爲這樣的戰法雖能削弱敵人，但略有損失的敵人不久後仍可得到補充和恢復。同時在我們方面，雖能爭取到一些零碎的、局部的勝利，但我們仍要付出不少代價才能取得勝利。在目前從敵我軍隊的質量說來，在運動戰裏，我軍與相等之敵或與優勢之敵作戰，利用我偵察技術的進步、群衆條件的良好和部隊質量的優良，再加上活潑的指揮，則我們是一定能以小的代價取得大的勝利。敵人在運動中或初到時它雖數師集團行動，但在大的戰場上我軍只要沖垮它一部而乘勝猛烈擴張，其他之敵則會動搖，則會被擠垮，只要追擊得好，迂回得好，就能把它完全消滅。

林彪還談到了一些具體的戰術原則。

此信８０００多字，一氣呵成。在當時頻繁的戰爭環境下，不是到了忍無可忍，是根本不可能做到的。最後林彪說：這封信是專門寫給

龍源口半源橋

軍委作參考的，所以我說的都是毫不避諱的話，信上所提到的問題也只是談問題的一部。在五次反“圍剿”中敵我的戰略戰術，以及政治上、經濟上許許多多的問題，在《戰鬥》、《紅星》[7] 上、軍委文件上都前後說了許多，那些已說過的問題我這信上當然用不著也來說一遍了。……至於數月來各部隊在戰鬥中的許多錯誤和缺點在這信上也沒有寫，如寫來當然很多很長，如以後有機會時也可以寫給你們作教育部隊的實際材料。

　　但是林彪這封長信還是等於零。大羅山之役、廣昌之役仍是像過去那樣以主力逼近敵人或與敵對峙。1934 年 5 月 4 日，本來林彪打算寫個電報，講講對大羅山等戰鬥的意見，沒想到一寫又寫多了，又

成了一封長信[8]。林彪說：此信所提出的問題有些在過去曾簡單提過，這信不過重新詳細的說明，以補充上次給軍委信上的意見。

林彪看了蔣介石所作的戰鬥計劃，並結合最近的作戰，認爲除我軍有大的勝利外，這個計劃是不會有變動的。從蔣介石規定各路軍出動時間、地點和到達時間，敵每次前進通常要走十幾里甚至 30 里，在這種距離內完全允許我們進行運動戰。6 月是決戰關頭，戰爭勝利的條件充分具備著，但勝利的取得還要靠在戰爭中各級在各種情況中有正確的決心和動作，要做到這一點就要首先統一作戰指揮的原則，這樣才能保障在戰鬥的經過中，上級的決心能爲卜級瞭解，下級的機斷才能合乎上級的企圖，各部之間才能有很好的協同動作，在戰鬥中，雖通信聯絡不好，亦不致發生動作決心上的不一致。

林彪指揮的紅一軍團在第五次反"圍剿"中仍然是擔任主攻，像 1934 年 2 月的山岬嶂戰鬥、8 月底 9 月初的溫坊戰鬥等，還是打了一些局部的勝仗，但更多的是擊潰戰。紅軍指揮者的戰略指揮錯誤，以堡壘對堡壘，和敵人硬拼。……我們的戰士一夜不睡做了一個碉堡，敵人一炮就打翻了。而敵人的堡壘，我們要用牙去咬去啃。林彪在《憶左權[9] 同志》的文章中說：多少次險惡的戰鬥，只差一點我們就要同歸於盡。好多次我們司令部投入了混戰的漩渦，不但在我們的前方是敵人，在我們的左右後方也發現了敵人。我們曾各自拔出手槍向敵人連放，攔阻潰亂的隊伍向敵人反撲。子彈、炸彈、炮彈在我們前後左右縱橫亂落，殺聲震徹了山谷和原野。炮彈、炸彈的塵土時常落在身上，我們屢次從塵土中濃煙裏滾了出來……

一、二、三、四次反"圍剿"，林彪跟著毛澤東，有著勝仗接著勝仗的美好回憶，所以對博古[10]、李德[11] 等人指揮的第五次反"圍剿"相當不滿，他以個人名義或與聶榮臻向中革軍委提出許多建議，要求改變目前的戰略戰術，不要再同敵人硬拼下去了，改用紅軍最擅長的運動戰，打擊和消耗敵人，以打破敵人的"圍剿"。《林彪文選》收入林彪在紅軍時期寫的兩篇文章，都是五次反"圍剿"中向軍委的建議。

斯諾說：林彪擔任紅一軍團總指揮，這一軍團當時有兩萬支步槍，成了紅軍最可怕的一部分。多半由於林那非凡的軍事才能，這一

五次反"圍剿"後的于都河紅軍橋，紅軍就是從這裏開始長征

軍團把一切奉派來剿的政府軍擊破，打敗，或解除武裝，而本身從未潰敗。據說南京軍往往只消一發覺在跟紅軍第一軍團作戰就潰退了。同許多有能力的紅軍指揮官一樣，林彪從未到過外國，除了本國語以外，他不能讀不能講任何語言。然而，不到３０歲的年紀，他就已博得了紅區以外的讚許。他在中國共產黨軍事雜誌上的文章，在南京以及日本、蘇聯的軍事雜誌上都轉載過，批評過。他被稱作"突擊"戰術的創始者，紅軍第一軍團的許多勝利據說都可歸因於其"突擊"戰術的巧妙運用[12]。

李德說：林彪是軍團總指揮中最年輕的……自１９３１年以來他一直指揮紅一軍團。這個軍團的兩個師以行動迅速而聞名，因此特別擅長包圍戰和迂回戰。林彪無疑是一個卓越的遊擊戰和運動戰的戰術家，他不贊成其他作戰方式。

毛澤東認為林彪在指揮作戰上與自己是相通的，他在１９５８年軍委擴大會議上用讚賞的語氣說：林彪是進過軍事學校的內行，但卻不贊成資產階級軍隊裏的那一套，而是要另搞一套新花樣，並為此受到批評。

如果按照林彪的戰法，五次反"圍剿"未必會輸，紅軍也未必非要長征。可惜歷史沒有如果，林彪的正確意見沒有被採納，中央蘇區

長征第一渡全景

根據地在堡壘對堡壘中越打越小。李聚奎回憶：我
們紅一師在興國西北的高興圩、獅子嶺打了第五次
反"圍剿"的最後一仗。這仗打得很艱苦，我們在
這裏堅守了一個月左右，許多同志都犧牲了。有一
天林彪來到師部，他簡單瞭解了一下戰況，然後小
聲地對我說，你回去馬上佈置一下，把陣地交給五
軍團的 13 師，你們撤下來，把隊伍帶到興國的東南
地區集結，可能有大的軍事行動。我問什麼行動，
林彪說以後再說。之後我才明白，這個"大的軍事
行動"就是長征[13]。

　　1934 年 9 月下旬，紅軍奉命脫離陣地，集結在
于都一帶休整。當時幾乎沒人知道要走上整整一
年，更沒有想到要走那麼遠，但種種跡象表明要有
大的行動。上邊不斷通知領棉衣，領銀元，領彈
藥。還發了很多鞋子，有布鞋、有草鞋。林彪、聶
榮臻到瑞金，周恩來單獨與他們談話，說中央紅軍
要進行戰略轉移，要他們秘密做好準備，但沒有說
轉移方向。

　　聽說毛澤東從于都回來了，林彪和聶榮臻專門

長征第一渡

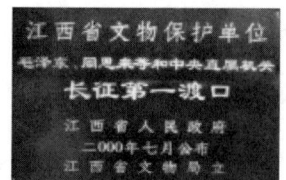

長征第一渡

去看他[14]。

1934年10月15日，林彪、聶榮臻向部隊發出絕密信，其中有中央軍委關於主力紅軍撤出中央蘇區的命令和行軍路線圖[15]。地圖上沒標明敵情，只標著方向，說明這個命令是臨時做出的。

湘江血戰，傷亡過半

1934年10月16日，月亮很大很圓，林彪率紅一軍團離開瑞金以西的寬田、嶺背，跨過于都河，與紅三軍團共同擔任開路先鋒。這是萬里長征的第一步，隊伍擁擠到一條窄路上，走走停停。

紅一軍團從左翼突圍，第一仗選在安遠與信豐之間。10月21日，紅一軍團1師1團攻佔新田，2師6團攻佔金雞。10月22日，版石圩一仗將敵人擊潰，長征首仗告捷，紅軍主力安全通過第一道封鎖線。

敵人第二道封鎖線在湖南桂東、汝城至廣東城口一線，是個一字長蛇陣。雖地勢險要，但蔣介石沒料到紅軍來得這麼快，還沒有來得及布兵，只有一些民團守著碉堡。紅一軍團決定以前衛2師6團奇襲廣東境內的城口，很快突破。

湘江界首渡口

　　李聚奎回憶：通過第二道封鎖線後，才正式通知，紅一方面軍到湘西與紅二、六軍團會合，在那裏建立新的根據地。

　　敵人第三道封鎖線設在湖南良田到宜章之間，敵人放了２０萬兵力，除第一、二道封鎖線的殘敵外，又調來一些粵軍、湘軍。蔣介石沒料到第二道封鎖線垮得那麼快，兵力還在頻頻調動中。本來這一帶山險林密，紅軍完全可以突出去。但由於紅軍大搬家，中央縱隊有時一天只能走二三十里。而湖南和廣東的敵軍從兩側壓來，蔣介石的嫡系也在後面迫近。一軍團領受的任務是佔領粵漢鐵路東北２０多里的制高點九峰山，掩護中央縱隊從九峰山以北通過。林彪不想占九峰山，下令前衛部隊沖過樂昌。正巧偵察員在麻坑圩發現敵人一條電話線，林彪裝出中央軍的口氣，罵賴田的民團團長。民團團長保證堅守防務，說我們沒有見到紅軍，也不知道紅軍到了什麼地方。林彪說你們還不快聯絡正規部隊，以備阻擊。民團團長趕快報告，粵軍鄧龍光三個團已佔樂昌，其中一個團正向九峰山開進。林彪摔下電話，直接對紅２師師長陳光和４團團長耿飆下命令，快！連夜走，要不惜一切代價上九峰山。九峰山如果不拿下來，紅軍就全堵在這狹長山谷裏了。這時下起大雨，比紅軍早到九峰山的敵軍還慢騰騰地沒找好陣地，就被紅軍像趕鴨子一樣趕下了山[16]。

界首光華鋪紅軍烈士墓

湘江烈士紀念碑

　　在敵人三面進逼的危急時刻，林彪電話命令李聚奎帶一個團開路，要快，掩護整個部隊通過粵漢路。李聚奎帶 1 師正在粵漢路以東同廣東敵軍作戰，他留下 1 團、2 團繼續打，帶領黃永勝的 3 團撤出陣地，趕到全軍的前面。毛澤東親自佈置任務，大方向就是向嘉禾、藍山前進。大路能走就走大路，不能走就走小路，再不行就爬山。總之由你們決定，不要等指示，以免耽誤時間[17]。

　　這時瀟水和湘江還很空虛，紅軍如果乘勝推進，完全可以像闖前三道封鎖線一樣，從敵人的縫隙中闖過去。但中央縱隊還沒有甩掉又笨又大的輜重，像七八個人抬的 X 光機，一天挪不了幾里地。加上大批非戰鬥人員，擠成一團，走也走不動。等到紅軍挪到湘江，敵我態勢發生了很大變化，湘江成了敵人嚴密防守的第四道封鎖線。紅軍三面受敵，明知湘江是虎口，也只能硬著頭皮往前闖，歷史就這樣留下一場湘江大血戰。

　　中央軍委把渡湘江的地點選在界首和鳳凰嘴之間，紅一軍團在右，紅三軍團在左，紅八、九兵團殿后，共同掩護中央縱隊過湘江。本來紅一軍團的部署是 1 師在左，2 師在右，同時搶佔界首和全州，但 1 師的兩個團還在瀟水西岸與紅五軍團對付尾隨的敵人，只有 2 團隨紅一軍團本部前進。這樣，1 師要獨當一面就不太可能。林彪臨時調整，把本來由兩個師完成的任務全部交給了 2 師。林彪交代：兵貴神速，不能等，由你們4團先把左翼的界首搶下來，然後再向右翼全州方向歸還2師建制。

同時，林彪又與紅三軍團的彭德懷重新部署了兩個軍團的行動。

11月27日晨，4團涉水過了湘江。湘江寬約百米，深約五尺，水流平穩。同時到達東岸的還有5團、1團和6團。東岸是山地，平緩的山脊一直伸到江邊，地形對紅軍凶多吉少。4團一過江，就奔上湘桂公路，離敵人尖兵只有十里地了。血戰了一天，敵人越打越多。第二天天一亮，15個團的敵人開始行動。林彪和聶榮臻帶一部電臺，指揮趕來的1師佔領米花山、抱子嶺一線。1師的後衛還沒有完全進入陣地，敵人的炮擊就開始了。11月30日的戰鬥更是空前，十數萬敵人從南北兩側、湘江東西兩岸進攻，地面山炮、天上飛機密集轟炸，紅軍修好的工事全被炸碎，團一級的幹部也都赤膊上陣，耿飆拿馬刀與敵人肉搏，全身都糊滿了血漿。4團政委楊成武也負了傷，差點兒被敵人捉住，5團5連指導員陳坊仁救了他。

血戰好幾天，中央縱隊才渡過去一半。滿江的紅軍都在拼命往西岸遊，黑壓壓的炮彈肩並肩地落進江中，炸起一根根紅色的水柱，全州方向的敵人像螞蟻一樣湧來。紅一軍團指揮所也處在混亂之中，前一分鐘是後方，後一分鐘就成了前沿。林彪乾脆把命令直接下達到靠近他們的部隊，他守在譯電員身邊，一封來電還沒有譯出，他已經在下第二道命令了。所有的電報都十萬火急，無一不要求全力阻擊，保證時間。耿飆回憶：當時的戰鬥情況，已經無法回憶出確切的層次。

貴州烏蒙山區

因爲敵人太多，幾乎是我們的 10 倍 20 倍。林彪和聶榮臻直接給朱德發電報，要求軍委命令湘水以東的各軍星夜兼程過河。半夜，朱德下達緊急命令，要求紅一軍團無論如何要頂住。

12 月 1 日一早，耿飆的瘧疾剛剛發作完，敵人的進攻就開始了。紅一軍團保衛局長羅瑞卿帶著執行小組到陣地來了。他用大張機頭的駁殼槍點著耿飆的頭：爲什麼丟了陣地？耿飆說戰士全部犧牲了，我們正在組織突擊隊，每分鐘都在拿血換。後來耿飆才知道，羅瑞卿氣勢洶洶是因爲敵人竟迂回到紅一軍團指揮所。當時林彪、聶榮臻、左權正在吃早飯，敵兵端著刺刀就上來了，幾個人都沒有發覺，警衛員邱文熙報告，聶榮臻還說會不會是我們的部隊？你沒看錯吧？再細一看，果然是敵人，一部分人就地抗擊，其餘的人趕快收電臺向山口轉移[18]。快中午，中央縱隊總算全部渡過了湘江。在湘江渡口的大路上，到處是丟棄的印刷機、炮架、兵工廠的機器零件和紙張。

湘江之戰最艱苦的是腳山鋪地區，這是敵軍進入湘江渡口的要道。紅 1 師從瀟水戰場撤下，又連續長途行軍，來到腳山鋪，和血戰了一天的紅 2 師一起投入了戰鬥。黃永勝的 3 團由先鋒變成後衛，直到所有部隊都過了湘江才最後撤下陣地。他們在下坡田打了四天四夜，全團 3000 多人只剩下 1000 多人，黃永勝的團部幾次被敵人包圍，又幾次端著刺刀衝殺出去，不少陣地是在戰士全部陣亡後才被敵人奪去的。黃永勝的大兒子黃春光曾問起這一仗，黃永勝只說了一句，死的人多喲。

血戰湘江五天五夜，每分每秒都在流血，有的部隊被整團整營打散。這是中央紅軍離開根據地以來打得最激烈也是損失最大的一仗，紅軍由出發時的 8．6 萬人銳減到不足 4 萬。

長征中的重要戰鬥大多是林彪指揮的

紅一方面軍渡過湘江後，蔣介石發現他們要到湘西與紅二、六軍團會合，便重新調集兵力，佈置口袋形封鎖線。紅軍此時元氣大傷，再也沒有力氣與敵人硬拼了。在湖南通道會議上，毛澤東堅決主張紅軍轉向西南，到敵人力量薄弱的貴州去。紅一方面軍在大山裏轉了幾天，進入貴州境內，貴州兵逃得飛快。

在黎平召開的中央政治局會議上，正式決定中央紅軍改向遵義方向前進。

1934 年底，中央紅軍到達馬場，在這裏過了除夕夜。政治局開會，經過爭論，決定由紅 4 團強渡烏江。軍團長林彪親自下命令，他要求立即進行攻擊。耿飆堅持說要給準備時間，林彪考慮一下同意了，但強調要搶在敵人三個師之前渡過烏江，否則可能成爲湘江第

林彪在遵義會議時的照片

遵義會址

遵义会议参加者名单

中共中央政治局委员

毛泽东	朱德	陈云
周恩来	张闻天	泰邦宪

政治局候补委员

王稼祥	邓发	刘少奇	何克全

红军总部和各军团主要负责人

刘伯承(中国工农红军总参谋长)	李富春(中国工农红军总政治部代主任)
林彪(红1军团军团长)	聂荣臻(红1军团政治委员)
彭德怀(红3军团军团长)	杨尚昆(红3军团政治委员)
李卓然(红5军团政治委员)	邓小平(中共中央秘书长)
伍修权(翻译)	李德(军事顾问)

遵義會議參加者名單

遵義城全景

二。總參謀長劉伯承命令架橋，但烏江水急，又沒有架橋的材料。工兵連一排長提出可以用竹排渡江，耿飆立即組織紮竹排。有戰士說把竹排連起來，不就是浮橋嗎？耿飆立刻用電臺向林彪匯報，受到林彪表揚。耿飆正在最後檢查浮橋，毛澤東走上浮橋，用腳踩了幾下，連連說真了不起啊。第二天當地老鄉傳紅軍有"水馬"相助。

　　林彪指揮前衛師強渡烏江，接著智取遵義，沒有損失一兵一卒。

　　1935年1月15日到17日，中央政治局擴大會議在貴州遵義召開，由博古主持。參加會議的有政治局委員周恩來、張聞天、毛澤東、朱德、陳雲、林彪等 20 人。會議免去李德、博古的指揮權，成立張聞天、周恩來、毛澤東新三人團來領導中央紅軍。張聞天主持中央工作，毛澤東協助周恩來指揮紅軍。

時任紅一軍團偵察科長的劉忠回憶：1935 年 1 月 8 日，紅一方面軍第一次佔領遵義城。敵人以爲我們要東去湖南，立即調兵堵截。而我們卻在遵義城休整 11 天後主動撤出遵義，準備從瀘州、宜賓間北渡長江，與川北的紅四方面軍會合。可是剛到桐梓，就發現 36 個團的敵軍擺在長江邊上。紅軍改變計劃，西出雲南又突然折回遵義。當時我跟著軍團長林彪來到前沿指揮所，林彪坐在山坡上的突出部，兩手舉著望遠鏡，全神貫注地觀察。情況萬分嚴重，槍炮聲一陣比一陣緊，子彈就在林彪身邊飛，但他一動不動地觀察。我急得直建議，林彪取下望遠鏡吩咐：你去傳達我的命令，告訴 1 師、2 師，敵人的二梯隊正在向前面山上運動，趁敵人還沒有站穩腳跟，要他們立即向正面的敵人攻擊。我沒有完全領會他的意圖，又問三軍團那邊的敵人

三渡赤水的茅臺渡

貴州茅臺鎮

呢？林彪說你不用管，快去！也就幾分幾秒，戰鬥的中心突然起了變化，敵人的飛機大炮一下子陷入混亂，側後攻擊紅三軍團的敵人潰敗下來，亂如黃蜂。很明顯，如果照我的想法打，敵人的兩個縱隊就會把我們紅一軍團夾在山溝的公路上，那戰局該是多麼的危險啊！然而在林彪指揮下，我軍驟然轉危爲安，敵人的敗局註定了。林彪提著望遠鏡，大步走來，老遠就喊我，你來！我連忙跑過去。他順手把望遠鏡往山坡上一放，撕下兩片紙，拿出紅藍鉛筆，先畫了兩個箭頭，標出1、2師，又畫了一根藍橫線表示烏江，再畫出一根紅直線表示公路。然後寫了一個“追”字，指示了各師的集合地點，下面寫了一個“林”字。接著又畫了同樣的一張，一起遞給我，囑派人跑步送去。紅軍十幾路縱隊沿著公路，爭先恐後地猛追，一口氣追了30多里，追到烏江邊。

　　攻下遵義後，軍團長林彪住一間很大的木板房，他有個習慣，喜歡在住的地方掛滿地圖，整整一面牆都是拼接起來的軍用地圖。因爲地圖都是繳獲的，空缺處由參謀在白紙上畫簡圖代替。左權看見耿飈

四渡赤水的二郎灘

巧渡金沙江的渡口皎平渡

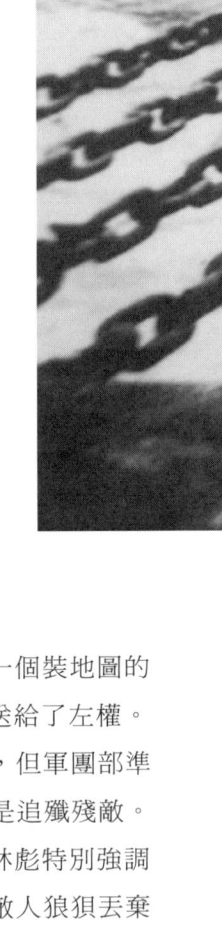

進來，知道他隨身帶著地圖，就 "借"。耿飆繳獲敵人一個裝地圖的卡車，都是五萬分之一的軍用地圖，留了幾套，其餘全送給了左權。

軍團部命令各師長來開會。雖然是臨時的作戰會議，但軍團部準備得很充分，看樣子要打大仗，林彪給1師下達的任務是追殲殘敵。軍團司令部弄了些學生裝，把大家化裝成野遊的學生。林彪特別強調不准帶警衛員，不准騎馬，我們 "探險" 去。沿途都是敵人狼狽丟棄的破爛，還有一兩個煙癮犯了的兵痞。從敵人留下的路標，大體判斷

當年，紅軍就是從這裏飛奪瀘定橋

了敵人逃跑的方向和兵力，林彪決定：以烏江爲界，2 師向南，1 師向西，沿鴨溪、白臘坎方向猛打猛掃。耿飆說你給個具體范圍，林彪說可以追出100里。當晚，遵義外的大追擊開始了，之後用了三四天時間才把俘虜處理完。

遵義大捷是紅軍離開江西中央蘇區以來的第一個大勝仗[19]。

林彪根據毛澤東的意圖，指揮紅一軍團四渡赤水後，再渡烏江。1935 年3 月29 日夜，狂風卷來暴雨，黃永勝率紅3 團從手扒岩乘竹

大渡河

大渡河安顺场渡口

閱渡到烏江南岸,迅速擊潰了敵江防部隊,並活捉了一名敵營長,為中央紅軍渡過烏江開闢了道路。

紅軍兵臨貴陽,又直逼昆明,5月初來到金沙江畔。金沙江是長江上游,江面寬,水流急,地勢極為險要,軍委指定紅一軍團在龍街渡江。沒有船,李聚奎的紅1師負責架橋。水流太急,橋架到江面的三分之一就垮了。試著讓騾子拉著鐵絲過去,幾次也失敗了。李聚奎正準備報告,林彪來電話了,說你不要講情況,乾脆回答我,隊伍什麼時候能過江?李聚奎折騰了兩天,本來就很煩,林彪又不願聽情況匯報,他就急了,說要是乾脆回答的話,那橋架不起來,什麼時候也過不了江。這下惹怒了林彪,在電話裏罵起來,罵完林彪的口氣緩和了,你說,為什麼橋架不起來?李聚奎說了困難,能不能換個渡口,轉到軍委縱隊過的皎平渡、林彪說,你們再想想辦法,我向軍委請示。部隊剛回村裏,司令部就來電話,橋不要架了,部隊吃飯休息兩個小時,然後出發到皎平渡,從那裏渡江[20]。

渡過金沙江後,紅軍終於擺脫了數十萬敵軍的圍追堵截,取得了戰略轉移中具有決定意義的勝利。

紅軍在會理休息五天,1935年5月12日中央政治局擴大會議召開,林彪被擴大進去了。索爾茲伯里[21]說:林彪是紅軍中年輕的鷹。在紅軍這道星河中,沒有比林彪更為燦爛的明星了。林彪打仗穩重、靈活,擅長出其不意打敵人的伏擊。從演戲上,也可以看出林彪的性格。紅軍最"紅火"的是開聯歡會,每次演出,都有領導上臺,有時一個節目清一色全是領導。1933年春節,時任紅一軍團政治部副主任的李卓然趕寫了一出戲《廬山雪》[22],大意是蔣介石派兵"圍剿"紅軍,結果敗了,情節和對話由演員現編。林彪當學生時演過戲,大家動員林彪演林彪。他嫌演對手的敵官太小,不吭氣。最後把敵人改成蔣介石,林彪這才上台演林彪。

林彪擔任28團團長以來,除了作戰,別的工作從不過問,所以同黨代表大都搞不好關係。紅4軍政委空缺,毛澤東建議羅榮桓擔任,羅榮桓和林彪團結得很好。林彪比彭德懷年輕十歲,但看上去卻沒有彭德懷精力充沛。彭德懷常和部下交談,而林彪生性靦腆,與部下保持著距離,一開口就談正事。除了打仗,林彪很少批評部下。他

红军翻越第一座雪山夹金山

喜歡傾聽，從不輕易打斷對方，有什麼不對，也總是商榷。有人說林彪不關心部下，其實不是那麼回事。陳士榘回憶：長征到彝族區，林彪找我談話，部隊減員太多，要執行紀律，禁閉一個月。我急忙說關在這裏，怎麼走啊？林彪幾乎笑起來，說你還要走，但不能騎馬，馬交給警衛員。不指揮，不查哨，自帶乾糧袋，警衛員到時給你熱飯。我想，這"處分"也太舒服了。

黃永勝先佔瀘定城，策應22名勇士沖過瀘定橋

中央紅軍順利通過彝族區，當時的戰略計劃是到川西北創建根據地。5月24日，紅1師冒雨行軍，一天一夜走了140多里，來到大渡河西岸的安順場。大渡河寬200多米，水流比紅軍渡過的所有河流都急，所有的渡船都被敵人弄到東岸，蔣介石叫嚷要把朱、毛變成石達開[23]第二。但敵軍沒想到紅軍這麼快就到了大渡河邊，從東岸劃過來的兩條辦事的小船。紅1師就靠這兩條小船，分批渡到東岸。可是後面的追兵越來越近，幾萬大軍什麼時候才能渡完？

1935年5月27日，毛澤東來到渡口，和林彪商量，決定奪取上

紅軍翻越的雪山之一夢筆山

游的瀘定橋。

軍史上說紅 4 團的 2 2 個勇士沖過瀘定鐵索橋，才使紅軍轉危爲安。但是人們總有一個很大的疑問，只要橋頭堡放上兩挺機槍，不要說 2 2 個勇士，就是 2 2 0 個勇士，恐怕也要倒在在亂槍下。這 2 2 個勇士怎麼就能沖過瀘定橋的呢？

這裏有一個鮮爲人知的重要情節。在紅 4 團 2 2 個勇士從西岸沖過瀘定橋前，黃永勝率領的紅 3 團已經佔領了東岸的瀘定城。原來大渡河兩岸齊頭並進，同時向瀘定橋進發。東岸由聶榮臻和劉伯承指揮，以 1 師 3 團爲先鋒，西岸由林彪指揮，以 2 師 4 團爲先鋒。軍委下達了死命令，必須兩天趕到。

李聚奎回憶：大渡河東岸左邊是大河，右邊是大山，敵人憑藉隘口，節節抵抗。我們背水仰攻，克服一切困難，不顧一切往前沖 2 4 。兩天兩夜，黃永勝率領紅 3 團不停地打仗，趕路，口號是要橋不要命。 5 月 2 9 日天還沒亮，紅 3 團趕到離瀘定橋 2 公里的安樂壩，全殲守敵一個營，繳獲敵人的口令 "雅安" 。然後黃永勝率紅 3 團乘天黑鑽進瀘定城，消滅了守橋敵軍，佔領了瀘定橋東岸的橋頭堡。這時守橋敵軍已經點燃了炸橋的導火索，如果瀘定橋被炸，紅軍真有成為石達開第二的危險。紅3團總支書記蕭鋒帶兩名戰士沖上去，用手掐，掐不滅，拽也拽不動，眼看導火索一寸寸燃燒。千鈞一髮之際，蕭鋒看見敵人埋炸藥時丟棄的一把鐵鎬，舉起來一頓亂砸，砸滅了導火索，保住了瀘定橋。大渡河西岸的紅4團強行軍240里，5月29日早晨也來到瀘定橋邊。在黃永勝紅3團的有力配合下，紅4團的22個勇士順利沖過了瀘定橋。隨後，毛澤東、周恩來、朱德和紅軍大隊人馬也從瀘定橋走過了天險大渡河。

　　川康地區鐵索橋很多，翻過二郎山，又遇到一個小的鐵索橋。鐵索橋是活的，人走上去像打秋千一樣左右直晃。紅2師沒過瀘定橋，不會走，林彪跟著紅1師行軍，他走過瀘定橋的鐵索，大家想看看他怎麼過。不料林彪雙腳剛踏上鐵索，瘦弱的身子就整個都晃起來，差一點摔倒。前面的警衛員趕快用手拉他，越有人拉，他越邁不開步，第一次也沒過去。後來不知道他是怎麼走過瀘定橋的[25]。

過草地林彪關照三位嚮導

　　1935年6月，紅一方面軍翻過幾座大雪山，與紅四方面軍勝利會師。林彪出席了中央政治局在毛兒蓋舉行的會議，討論紅軍的行動方向，決定繼續北上。

　　耿飆那匹從瑞金帶出來的騾子走失了，他帶幾個戰士找馬。翻了好幾座山，在草原上發現漢人寄存的幾個馬群。耿飆制服了頭馬，十幾匹馬跟了過來。朱德、

紅軍翻過的主要雪山

紅軍長征過的草地

林彪和聶榮臻都來要馬[26]。

　　8月21日，林彪率2師向班佑進發，這中間要經過數百公里的茫茫草地。

　　劉忠回憶：長征中林彪經常有病，進入草地時，他的身體更加虛弱。但為了部隊順利通過草地，他仍堅持繁重的準備工作。部隊進入草地邊沿的黑水、蘆花地區，林彪來到擔任全軍前衛的2師前衛團，我和偵察隊也隨他一起行動。當地藏族同胞都跑到山裏去了，部隊的糧食遇到極大的困難。林彪說：現在是在草地邊沿，應該積極想辦法解決一點。等進入草地，糧食將更加困難。你們偵察隊全體出動，去偵察能吃的草葉子或草根，要認真仔細，找它幾百種幾千種，越多越好。你們一定要認識到，找野草是中國革命歷史上最偉大最光榮的一件工作，要千方百計地努力去完成它。這幾句囑咐，深深地刻在我的腦海中。自從接受了"偵察草糧"的任務，我每天都領人去找野草。糧食是過草地最大的問題。林彪抓住這個關鍵，讓野草來為紅軍提供千萬斤的糧食。這確實是"一件最偉大最光榮的工作"啊！草地上的野草雖然多，但並不是都能吃，有些草很難下嚥，有些草吃了還會中毒。所以我們無論是找到苗苗菜、野蔥、野蒜頭以及不知名的野草，大部分都拿給林彪看。凡是沒人吃過的野草，林彪都要親自嘗嘗，並且他自己也騎上騾子親自到野外找，找到能食用的野草，就拿來推廣。

紅一軍團在長征中總是擔任一側的開路先鋒，林彪每天都要看自繪的路線圖，有時行軍走到路上，還有多遠都要問。偵察參謀蘇靜專管繪製行軍路線圖。每天到哪裏，都要事先畫好，形成制度。在沒有軍用地圖的情況下，順利解決了前進道路的難題。

劉忠回憶：林彪跟著前衛師進入草地，他對我說：你們又要擔任新任務了，交給你三位嚮導，一路上要負責照顧他們。他怕我不當回事，又加重語氣說：你過去是 5 團政委，對這三位嚮導要多做政治工作，團結他們，讓他們好好完成帶路的任務。這就是你們當前的主要工作。老實說，當時我的確把嚮導當作一件小事，帶三位嚮導有什麼問題，軍團長何必這樣擔心！林彪說：日常生活中有些事不要認為是小事，有時它會成為部隊工作的主要環節。作為一個領導幹部，必須要緊緊抓住。當時我並沒有理解，以後我才深刻認識這是保證全軍通過草地的非常重要的事情。這三位

天險臘子口

嚮導，一個是本地藏民，他知道路線，但不會說漢語。一個是從山東
來的回民，不知道路線，當翻譯。再一個是在這一帶經商的漢人，他
既知道路線，又懂一點藏語，這是我們最需要的一個人，可是他對紅
軍有一些抵觸情緒。如此說來，這三個人一個也不能少，他們是紅軍
進入草地的“上帝”。林彪不僅向我親自交代，還給三位嚮導一人一
匹馬，以及足夠的酥油、糌粑、鹽、肉等，此外還給了他們毛
毯……。可以說，這三個人是過草地時生活最優越的人。

行軍途中，林彪見到他們，總要問東問西，非常關心。進草地第
一天，在分水嶺露營，這裏有七八棵一丈多高的濃葉樹，給三位嚮導
分了兩棵樹。剛安置好，林彪就來了，他坐在草地上，和嚮導們聊
天。你們辛苦了，有什麼問題嗎？身體吃得消嗎？我們共產黨和紅軍
主張民族平等。你們給我們帶路，也就是幫助我們為全國貧苦人民謀
解放。……林彪雖然走了一天，很累了，還是和他們談了一個多小
時。這樣的談話有過好幾次。

草地舉目蒼蒼，灰暗的天空常常是風雨冰雹，很難說清正確的方
向。偵察隊走在最前邊，拿著指北針掌握方向。三位嚮導邊走邊研
究，有時找到一塊石頭，有時找出一個野牛的頭骨。只有找到帶有神

紅一、二方面軍會師的將台堡

話傳奇式的記號，經過研究對證，才能定出前進的路線。有一天遇到一條河，猛一看三位嚮導也愣了，誰也不知道這是什麼河……林彪來了，他對著地圖和嚮導核實，原來是白龍江。快出草地時，迎面碰上陡峭的石壁，前後都找不到路，三位嚮導也暈頭轉向了。七繞八彎，終於發現一座很多圓木排起來的懸空木橋。幸虧找到這座讓人望之生畏的橋，否則不知道要耽誤多少時間呢！

由於紅軍的真誠，三位嚮導也真心實意地把紅軍帶出了草地。臨別時他們眼含熱淚，說中國有了工農紅軍，我們就得救了！其實，是他們救了紅軍。

1935年9月，林彪出席在俄界召開的中央政治局擴大會議，決定紅1軍、3軍和軍委縱隊編為中國工農紅軍陝甘支隊，彭德懷任司令員，毛澤東任政治委員，林彪任副司令員兼第1縱隊司令員。同時由毛澤東、周恩來、彭德懷、林彪、王稼祥組成五人團，領導紅軍的工作。

9月13日，紅一方面軍繼續北上。

休息了幾天，生活好一些，能吃到白麵了。毛澤東親自到紅一方面軍指揮北進，蘇靜還是每天晚上去找林彪匯報行軍路線。林彪說：不要找我了，每天的行軍路線直接向毛主席報告。出臘子口到吳起鎮，蘇靜差不多天天給毛澤東送行軍路線圖。圖上標著一天以上的路程，讓毛主席決定第二天怎麼走。大概是林彪講的，毛澤東看圖後問到天水多遠，到蘭州有多遠，問得十分詳細。給蘇靜的印象是毛主席比較實際，知道太遠的地方，在當時是調查不清的，說附近的路線要搞清楚，遠的地方可以試著問一下。

紅軍有了自己的騎兵

紅軍進入隴東高原。蔣介石為了阻止他們與陝北紅軍會合，急調國民黨第八戰區副司令長官胡宗南的部隊以及西北軍和東北軍主力，憑藉六盤山天險阻攔，其中好幾路是善於在西北高原作戰的騎兵。劉忠回憶：當時風傳騎兵如何"厲害"，林彪很注意，親自向部隊進行

各路紅軍長征里程表

紅一方面軍長征25000里

紅二方面軍長征20000餘里

紅四方面軍長征10000餘里

紅25軍長征近10000里

各路紅軍長征總里程約為65000里

紅軍長征里程表

打騎兵的教育。記得出草地後，他講了一次話：我們一直和兩條腿的敵人作戰，現在可要和六條腿的敵人作戰了。其實這"六條腿"並不可怕。打起仗來，騎兵的目標大，容易瞄得准。騎兵只要下了馬就少了幾條腿，大大削弱了戰鬥力，比步兵還好打。騎兵宿營下了馬鞍子，最怕受到襲擊。我們要發揮紅軍勇猛機智、出奇制勝的特長，來消滅敵人的騎兵。

通過六盤山那一天，情況十分緊張，國民黨24師進到隆德、靜寧，馬鴻賓部進到了會寧附近。我們前進路上的平涼、固原等地有東北軍、西北軍。林彪走在前衛部隊的前面，親自掌握敵情。劉忠帶著偵察隊向六盤山搜索前進。由於我軍行動敏捷，敵人還沒有佈置好，紅軍已經順利通過六盤山。

行至青石嘴以南的山窪時，偵察員抓到兩個"便衣"，得知青石嘴有敵人的騎兵7師19團，500多人，500多匹馬，20多輛馬車，剛從平涼趕到，還不到兩個鐘頭。劉忠正在盤問俘虜，林彪趕來，問了俘虜幾個問題，一個殲滅這股騎兵的戰鬥方案就形成了。林彪叫劉忠迅速到前面去，進一步弄清敵情和地形，同時命令作戰參謀馬上通知各大隊首長來接受任務。

林彪跟著偵察隊也到了前面，他拿起望遠鏡仔細觀察。這時大約10點多鐘，太陽照著青石嘴，可以清楚地看見敵人正在起火做飯，馬都下了鞍子，按馬的顏色一隊一隊站在村外。馬車也仰起車轅，分散在村裏村外。三三兩兩的敵人，有的鍘草，有的打水，……林彪喜形於色，放下望遠鏡，說這正是我們打騎兵的好時機，敵人很驕傲，面對我們這一面連警戒都沒有放，我們要用突然的動作，消滅這個騎兵團，向陝甘蘇區前進。下達命令後，林彪說：動作一定要快、要猛，

直羅鎮

爭取在兩小時之內解決戰鬥！

　　劉忠回憶：部隊立即隱蔽行動，林彪坐在一棵小樹下，依然是那麼平靜，微風吹動著他身上的灰舊軍衣和他長久未剪的頭髮。突然，前面的機槍像颶風似地響起來，青石嘴周圍的山上到處冒出火星和煙霧，敵人亂成一窩蜂。幾十分鐘後，槍聲慢慢稀疏下來。紅軍戰士拉著一匹匹高頭大馬，神氣十足。這時我想起一件事：前幾天，林彪曾囑咐過，要我們挑一些繳來的馬槍，給偵察隊換上。我向林彪報告，我到前面去，找幾支好馬槍來。這時林彪又有了新計劃。他用興奮而肯定的口氣說：這次搞到幾百匹馬，立即把你們的偵察隊改成騎兵偵察連。將來你們要以騎兵連為基礎，建立我們紅軍的騎兵隊伍。現在你快到前面通知各個單位，把俘虜裏面的釘掌工人、修理鞍具的工人，還有馬術教官和馬醫生等，都清查出來，對他們做做政治工作，讓他們到紅軍來為革命服務。

　　青石嘴戰鬥後，紅軍行列中就出現了騎兵。

　　自從到吳起鎮，打了一次騎兵後，屁股後面再沒人追了。

從一張報紙上發現陝北根據地

　　或許紅軍進駐陝北是一個改寫紅軍歷史的偶然事件。

　　長征以來，紅軍幾次改變戰略計劃。渡過湘江後，政治局黎平會議決定放棄與紅二、六軍團在湘西會合，改向敵軍力量薄弱的黔北前進。到了1935年1月的遵義會議，再次決定放棄以遵義為中心的黔北地區，北渡長江，在川西北建立蘇區。到了2月，北渡長江不能實現，改以川、滇、黔邊境為發展地區，爭取由黔西向東發展。紅一、紅四方面軍會師後，6月政治局兩河口會議決定創建川陝甘根據地。

　　關於在哈達鋪發現那張神奇的報紙，有幾種說法。

　　1935年9月19日，林彪指揮攻打臘子口的戰鬥勝利後，立即和聶榮臻趕往哈達鋪。指導員曹德連奉命去郵局購買報紙，他從一大摞過期的《山西日報》上看到山西地方軍閥閻錫山進攻陝北紅軍的消息。這支紅軍就是劉志丹率領的陝北紅軍和先期到達的紅25軍合編的紅十五軍團。毛澤東看到林彪派人送來的舊報紙，說沒想到陝北還有一塊紅色區域。

1936年5月，毛澤東（後排右三）和參加
井岡山鬥爭的幹部合影. 林彪（前排右一）

1937 年春，毛澤東、朱德和抗大部分幹部合影。左
二起：毛澤東、朱德、林彪。後排左五是賀子珍。

　　耿飆回憶：到哈達鋪，借宿在農民家，主人騰出給兒子辦喜事的
新房。我躺在土炕上，看牆上新糊的報紙，無意中看見一條消息，共
軍進攻直羅鎮，未克而逃……我大喜過望，陝北有紅軍！我要買這張
報紙，老鄉不解，舊報有甚用？我說這個可比金娃娃還寶貴呢。我給
了老鄉一塊銀元，用小刀從牆上挖下那塊巴掌大的報紙，寫上信，派
人送到軍團部，由林彪轉送中央[27]。

　　聶榮臻警衛員楊家華回憶：紅軍到哈達鋪，聶政委讓我買點吃
的。我買了四塊燒餅，老鄉隨手拿報紙一包。聶政委他們吃了三塊燒
餅，還剩一塊，林彪和聶政委互相推讓，最後聶政委硬把燒餅塞到我
手裏，然後他看那張《山西日報》。聶榮臻興奮地對林彪說：陝北還
有塊根據地，劉志丹帶著一支隊伍在陝北！林彪也很高興，叫通信員
趕快騎馬把這張報紙送給毛主席[28]。

　　不管誰發現的，在哈達鋪的敵人報紙上發現陝北有一塊紅色根據
地是不爭的事實。紅軍走了快一年，一直沒有一個很好的落腳點，部
隊減員很多，體質和裝備都極差，急需休整補充。現在終於有 "家"
了。第三天，毛澤東在哈達鋪的關帝廟召開幹部大會，宣佈我們到陝
北去。

　　1935 年 10 月 19 日，紅軍進入陝北蘇區的大門吳起鎮。歷時一
年、縱橫 11 個省的二萬五千里長征結束。

1935 年 10 月，長征到達陝北，井崗山的部分同
志合影。林彪（第一排左六），毛澤東（左七）

11 月 3 日，西北革命軍事委員會成立，林彪爲委員。恢復了第一
方面軍的番號，林彪仍任紅一軍團軍團長。

11 月 5 日，毛澤東致電林彪、聶榮臻，請他們來象鼻子灣研究直
羅鎮戰役。剛到陝北，地形還不熟，到處是高原，路在溝裏，兩邊是
山。11 月 7 日，毛澤東、彭德懷電示紅一方面軍第 1 、2 縱隊原地休
息一天，加緊戰術教育及政治鼓動，同時要林彪對直羅鎮附近的地
形、道路、住戶詳細調查。

11 月 8 日，林彪復電毛澤東，報告了直羅鎮附近的地形等情況。

紅軍在直羅鎮打了一仗。兩邊埋伏好，一沖，敵人一字隊形就亂
了套。仗打得差不多了，有大約一個排的敵人向山上沖，林彪、羅榮
桓、聶榮臻都在山上，眼看著敵人爬上來，司令部的警衛都開了槍，
蘇靜也開了槍，那一次真緊張。

打完直羅鎮，下午 3 、4 點鐘，蘇靜找的嚮導帶錯了路，拐了個
彎，又回到原來的地方。部隊到了指定位置，本來可以繼續追下去再
打一仗。司令部沒上來，部隊沒有指揮，只得停下。林彪找蘇靜談
話，以後要小心。毛澤東沒有批評蘇靜，當著他的面寫電報：由於大
雪，有的部隊迷了路，仗不再打了。

直羅鎮戰鬥的勝利爲紅軍把大本營放在陝北奠基。

漫天大雪中悄悄訪黃河

　　紅軍有了"家"，但"家"太窮。陝北經濟落後，人煙稀少，當地老鄉吃飯穿衣都成問題，根本無力供養大批的軍隊。而且當時除瓦窯堡外，陝北的大小城鎮，甚至包括惟一通往外界的延安到西安的公路，都在敵人手中。陝北回旋的餘地又不大，紅軍一定要向外發展。東西南北，向哪個方向呢？

　　1935年12月，中央政治局召開瓦窯堡會議，林彪出席。

　　陝北東邊是黃河，西邊、北邊都是沙漠，只有南邊是平原。向南？要與張學良的部隊打仗。周恩來正在爭取張學良抗日，不宜採取軍事行動。而且紅軍向南運動，會把蔣軍大量引進西北。有人主張向西，向敵人力量薄弱的寧夏、甘肅等地區，也有人主張向北發展，出兵綏遠、內蒙古、察哈爾等地，向蒙古靠攏，以便打通去蘇聯的道路，取得國際支援。毛澤東主張不能向西，也不能向北，只能東征黃河，向山西去，開闢呂梁山根據地，把抗日的地盤直接擴大到華北，

抗日戰爭時期的延安城

93

再進一步通過河北或察哈爾開赴抗日前線。山西比較富足，通過籌款、擴軍，既可以使我軍兵強馬壯；也可以把閻錫山的晉軍拉回山西，還有助於和張學良的東北軍建立統一戰線。瓦窯堡會議通過了毛澤東起草的《中央關於軍事戰略問題的決議》，提出主攻方向放在東面的山西和北面的綏遠，先渡過黃河東征山西，再視情況北進。

時任紅一軍團偵察參謀的曾思玉回憶：我護送林彪去開會，他要求帶上清漳、延川、延長三個縣的五萬分之一的軍用地圖。雖然我早有所聞林彪喜歡地圖，可到中央開會帶上軍用地圖幹什麼，還要偵察參謀護送，恐怕有大文章。我準備好軍用地圖，並親自到偵察連挑了11名精幹的偵察兵組成騎兵班，除了人手一支駁殼槍外，還配了四支衝鋒槍。會議一結束，林彪就叫我打點行裝，明天出發到延長。林彪說話簡潔而果斷，只告訴幹什麼，不解釋為什麼。

12月29日大雪不止。這是紅軍到達陝北的第一個冬天，陝北高原很少下這麼大的雪。林彪好像不知道一樣，照常出發，半路也不休息，到了吃飯時間，就在馬背上啃幾口乾糧。冒雪趕了百里地，當天到了延長縣，由蘇維埃政府安排住下。第二天傍晚，到了離黃河十來里的一個小村住下，林彪決定明天早飯後到黃河岸邊勘察。

夜裏西北風卷著鵝毛大雪又來了，曾思玉檢查完警戒和馬匹，看林彪的屋子還有燈光，推門進去。林彪坐在炕上正埋頭看地圖，炕邊放著半碗炒黃豆。他沒有抬頭，說這麼晚了，怎麼還不睡？曾思玉說，首長，雪下得很大，明天……林彪說照常去，找個好嚮導就行。他思索了一下，又說找兩個，一個放羊的，一個搖船的，最好年

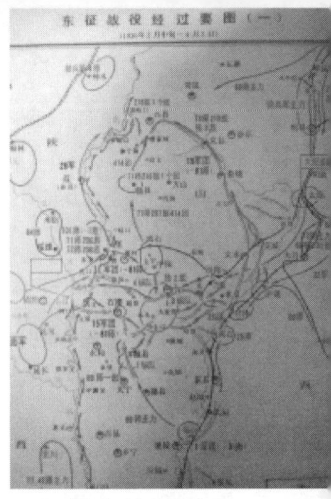

紅軍東征要圖

1936年毛澤東給林彪的信

1936年，毛澤東給林彪的信第二頁

林彪同志：

　　你的信我完全同意。还有一點，就是三科的文化教育（識字，作文，看书报等能力的养成），是整个教育計划中最重要最根本的部分之一。如你所説的实际与理論幷重，文化工具就是"实际"的一部分。如你所説的实际与理論連系，文化工具乃是能夠而且必须用了去把二者連系起来的。如果学生一切课都学好了，但不能看书作文，那他們出校后的发展仍是很有限的。如果一切课学了許多，但不算很多，不算很精，但学会了看书作文，那他們出校后的发展就有了一种常用得的基础工具了。如果你同意此意見，那我想应在二三两科，在后的四个月中，把文化课（識字，看书，作文三門）更增加些，我把他增加到全学習時間（包括自修時間）的四分之一或三分之一，你考慮这个問題。定期檢查時文化应是重要的檢查标准之一。

　　敬礼！

　　　　　　　　　　　　　毛　澤　东　廿六日十四時

毛主席1936年给林彪同志的信

　　　　　　　　　　　　　　　　　　　　　　　　見抗大校史展覽

1936 年毛澤東給林彪的信打印件

　　紀大一些。曾思玉連夜找村蘇維埃主席，挨戶敲門，不僅找好了嚮導，還搜集了十多件光板羊皮襖。

　　天一亮，兩個40多歲的嚮導來了，放羊的年紀稍大一些。他們身材粗壯，臉膛黑紅，額上的皺紋很深。林彪笑著與他們打招呼。偵察班長盧迪挑了五名偵察員，反穿老羊皮襖，或把棉衣翻過來，腰裏系一條繩子，頭上紮羊肚子手巾，渾身上下雪白。不要說隔條黃河，就是遠個十來步也看不清。戰士把軍大衣拿來，林彪反著套上，也攔腰系了條繩子。看慣了他平時那整齊的著裝，倒覺得不怎麼習慣了。林彪四下看看，大家都準備好了，高興地揮揮手說出發。

　　八九個人踏著齊膝深的雪，向黃河邊走去。雪還在不停地下，從黃河邊吹來的東北風，卷著大把的雪花直往脖子裏鑽，冷得人直打寒顫，有時甚至連氣也喘不上來。嚮導小聲地問：大雪天不在窯洞貓著，到黃河邊作甚？曾思玉說：俗話說不到黃河不死心嘛，我們這些南方人，只聽說黃河是母親河，可從來沒見過，難得有這麼一次機會，不管天氣好壞，都想來看一看，黃河到底有多麼大多麼黃。林彪看了曾思玉一眼，點點頭，說光看可不行喲，還得認真記，把每個要素都標在圖上。

到處白茫茫，一眼望不到邊。林彪一大步一大步慢吞吞地走在深雪中，不時抬起頭，四下裏觀望，還伸出手接雪花，顯得很悠閒，真像是來黃河賞雪。終於聽到呼呼的聲音，１０點左右，林彪一行到了河口附近的辛關渡口。渡船倒扣在河灘上，蒙著厚厚一層雪，河床兩側凍成冰板，只有主河道還有活躍的河水，巨大的冰塊在水裏緩緩浮動，一陣急浪卷來，發出驚心動魄的聲音。這時雪停了，四野安靜極了，只有長嘴的白鳥飛臨冰面。放羊的老鄉拉著林彪的衣服，指著對面的渡口：同志，你們得注意點，這河是紅白交界，那邊有閻老西的白狗子，晴天有時還打過槍來。林彪點點頭，立即繞到河岸崖頭的後面，伏在雪堆上，用望遠鏡觀察東岸。他看得那樣專注，賞雪的神情頓時消失。曾思玉也學著掏出望遠鏡，對面渡口兩側的懸崖十分清

1937 年春，左前方是林彪

1937 年 5 月，在陝西織田鎮合影。前排左起：樂少華、楊尚昆、聶榮臻、林彪，後排左起：周子昆、陳賡、羅瑞卿、周昆

楚，有十幾個張著黑口的雪堡，每個底部都有三四個長方形的冰洞。渡口碉堡旁邊，敵人的哨兵在活動。

　　林彪放下望遠鏡，回頭問船工：老鄉，看年齡，你在河裏搖船有年頭了吧？船工說：不長，也就 20 多年，有人過就擺擺渡，沒人過就打打魚。林彪問：擺渡一個來回要多長時間？船工說兩三頓飯的功夫吧，若遇上漲水頂風，就稍長一點。曾思玉邊聽邊記，心想兩三頓飯，大約個把小時。林彪繼續問：你的船有多大？平時停泊在什麼地方？船工說：我的船大得很，能載 2000 斤貨物。他邊說邊指右側的河灣，那裏水深。林彪點著頭，繼續沿河向渡口上游走去，雪更深

東征回來的林彪

了，有的地方把整條腿都埋上了，林彪好像忘記了下雪，走一陣停下來看，然後再走。前面的路更加難走，不時陷進沒過臀部的雪窩。大家都喘著粗氣，瘦小的林彪更是吃力，他提議在背風處休息一下。林彪指著左邊的一片山，隨便劃了一個圈問：這些山你都上去過吧？放羊的老鄉說：我給財主放了20多年羊，大小溝坎都走了個遍。林彪好奇地問：崖這麼陡，人怎麼上得去呀？放羊的老鄉說：只要羊能上去，人就能上去，羊上不去，我還要推它一把哩。林彪興奮極了：對對對，羊能上去，人就能上去。

當天晚上回到住處，曾思玉整理筆記，又畫了張草圖，林彪非常滿意。

第二天，林彪叫曾思玉帶上三位偵察員和兩位嚮導，對黃河兩岸的地形敵情，特別是渡口再偵察一次[29]。林彪不僅親自看地形，選渡口，還帶著劉亞樓、梁興初等師團幹部沿黃河偵察[30]，從黃河邊的溝口到五堡縣，所有的河邊全看過了，還有人在夜間偷偷過河，到對岸偵察敵人據點，前後搞了兩個星期。

1936年1月15日，毛澤東、周恩來、彭德懷共同簽發了紅軍東進抗日的命令。1月底，毛澤東在延長縣城主持軍委會議，進一步研究了東征的路線和作戰方針，正式成立中國人民紅軍抗日先鋒軍，彭德懷任司令員，毛澤東任政委。下轄林彪的紅一軍團和徐海東的紅十五軍團。

渡黃河前，毛澤東分別把師團幹部召去，講了兩個多小時，再次強調了東征的偉大意義，鼓勵他們一定要打好這一仗，完成好這次任務。毛澤東說：這在政治上、戰略上、國際形勢和國內形勢上都很重要。

2月5日，紅一軍團向清澗方向前進。

2月18日，毛澤東和彭德懷在袁家溝下達東征作戰命令。紅一軍團的作戰任務是東渡黃河，消滅東岸之敵，佔領呂梁山脈各縣，在東岸造成臨時的作戰根據地。2月21日20點爲渡河時間。紅一、十五軍團分別從陝西省綏德縣溝口、清澗縣河口等地強渡黃河，一舉突破晉綏軍的防線。原來偵察的進軍路線是一條大路，老鄉也沒說還有一條捷徑。蘇靜發現了，立即報告林彪。林彪當即決定抄小路接近敵人，提前幾小時到達，突然進攻，殲滅敵人一個團，首戰告捷。

2月28日，毛澤東和彭德懷電徐海東、程子華並告林彪、聶榮臻，通報了紅一軍團在關上村作戰勝利的情況，指示紅一、紅十五軍團由林、聶統一指揮。

3月8日，中央政治局在交口縣大麥郊召開會議，林彪參加。會議分析了紅軍東渡黃河後的政治、軍事形勢，調整了部署。

正當紅一、十五軍團分別南下和北上時，蔣介石調集了10個師開進山西，企圖封鎖黃河，消滅紅軍。4月下旬，紅軍決定撤回陝北。

東征歷時75天，雖因軍事形勢變化沒能達到預期的目的，但無論軍事上還是政治上都取得了重大成功。不僅取得了渡河作戰的經驗，提高了部隊的戰鬥力，還擴大了8000多人，籌款30多萬元，在山西20多個縣展開了群眾工作，宣傳黨的抗日主張，建立了一批抗日遊擊隊和遊擊區，爲以後開闢晉察冀抗日根據地打下了基礎。

毛澤東提議林彪出任紅軍大學校長

　　紅一方面軍到達陝北後，毛澤東提議開辦紅軍大學，說黃埔軍校在國民革命中起了很大的作用，我們辦紅軍大學，就要像黃埔一樣完成革命的歷史使命。

　　1936 年 5 月 14 日，毛澤東在大相寺會議上，提出應利用抗日高潮到來之前，抽調大批幹部，從軍團領導到連排幹部，進紅軍大學學習。5 月 20 日，中央政治局常委會議，討論建立紅軍大學的問題。決定以原工農紅軍學校爲基礎，在瓦窰堡的米糧山創辦中國抗日紅軍大學。辦學校最重要的是選擇校長和教員，紅一軍團作風雷厲風行，很能打仗，校長就選林彪。

　　在紅軍大學開學典禮上，毛澤東說：辦紅軍大學是爲了提高幹部的水準，是爲了儲備幹部，準備迎接新任務；目前全國形勢大好，就要大聯合了，紅軍大學培養好幹部到抗日最前線，就像鐵掃帚一樣，把反動派一掃而光。第一次大革命有個黃埔，它的學生成爲當時革命的主導力量，進行了北伐戰爭，但到現在它的任務還未完成。我們紅軍大學要繼承黃埔的精神，要完成黃埔未完成的任務，要在第二次大革命中成爲主導力量，即爭取中華民族的獨立解放。林彪在會上宣讀了彭德懷代表紅一方面軍全體指戰員給紅軍大學的賀信。

　　雖然林彪當了紅軍大學校長，但他還是念念不忘打仗，經常帶上

　　1937 年 5 月，林彪到延安出席中國共產黨代表會議期間的部分紅軍幹部合影，圖片上的 "3" 爲鄧小平，鄧小平左邊是林彪

1937 年 4 月 23 日，紅軍大學一期學員合影，左四是林彪

蘇靜外出看地形。有一次，林彪和參謀長左權到瓦窰堡以北勘察地
形，進入沙漠一二十里。返回時迷了路，誰也不知道該怎麼走。左權
認爲蘇靜熟悉地形，長征那麼遠都偵察出路線來了，這沙漠也不應該
在話下，所以包括林彪都迷信他。其實，蘇靜面對茫茫沙海也是兩眼
一抹黑。如果亂走，走到沙漠腹地，不是渴死就是餓死。但蘇靜沒有
驚慌，他想起以前讀書時看到過 "老馬識途" 這句成語，這恐怕有一
定道理。蘇靜什麼也沒有說，讓大家跟著他走。他夾緊馬肚子，放鬆
馬韁，任馬自己走，林彪、左權騎馬跟在後面。老馬果然識途，沿著
來路把他們帶出迷宮。

　　1936 年 3 月 15 日，東北軍分三路向瓦窰堡進攻。紅軍決定搬空
瓦窰堡市，準備作戰。3 月 21 日夜間，林彪率紅軍大學的學員掩護
中央機關撤退。天亮林彪去看地形，被敵人在遠處發現了，一排冷槍
打來，林彪應聲倒在馬下，好在沒有負傷。如果負重傷，可能就沒有
後來的平型關大捷了。

　　林彪帶紅軍大學一科、二科來到保安。紅軍大學一科學員中，有

劉亞樓、張愛萍[31]、楊成武、蘇振華[32]、莫文驊[33]等戰將。

保安是個小縣城,傳說是北宋、西夏時的古戰場,滿目荒涼,連一條像樣的街道也沒有。紅軍大學的新址選在距保安城兩里路的野山坡上,所有的學員都上山挖"房子"。紅軍大學一無所有。還在轉移途中,林彪給左權、聶榮臻寫了一封信,要馬匹和馬夫馱一些綠豆黃豆，爲學員做豆芽豆腐，再帶些臉盆和日用品。還說一軍團的學員中有些沒帶錢，請部隊的幹部從友誼出發贈給一些。另外請他們給丟了騾子和衣物的羅瑞卿選一匹騾子和布料。

　　林彪經常到毛澤東那裏去請示工作。8月26日，毛澤東致函林彪，強調紅軍大學要加強文化教育，說識字、作文、看書報的能力是整個教育計劃中最重要最根本的部分之一。林彪提出實際與理論並重的教學方針，他致信紅一、十五軍團首長，要求提供前線的紅軍報紙，指出這是理論聯繫實際的必要工具，同時便於學員及時瞭解前線的情況。

　　1936年12月，西安事變爆發，紅軍大學第一期畢業。楊成武回憶：即將奔赴前線，林彪找我談話，給我留下很深的印象。我過去當政委，還想幹老本行。但軍委經過全面考慮，確定我當師長。林彪說毛主席要我和你談一次話，講一下怎樣當好師長的問題[34]。談話時羅瑞卿也在場，楊成武認眞作

1937年春，紅一軍團領導林彪（右二）、聶榮臻（右一）、左權（右四）、鄧小平（右六）與民主人士在甘肅宮河鎭合影

了記錄。林彪講了九條，這也是他自己在戰爭中的體會。林彪說：首
先是勤快。應該自己幹的事情一定要親自動手，應該上去的山頭就要
爬上去，應該瞭解的情況，應該檢查的問題，要不惜走路、不怕勞
累、多用腦子，做到心到眼到口到腳到手到。切忌懶惰，懶會帶來危
險，帶來失敗。一個軍事指揮員，到了宿營地就進房子，搞水洗臉洗
腳，搞雞蛋煮面吃，吃飽了就睡大覺。他對住的村子有多大，在什麼
位置，附近有幾個山頭，周圍有幾條路，敵情怎麼樣，群眾條件怎麼
樣，可能發生什麼情況，部隊到齊了沒有，哨位在什麼地方，發生緊
急情況時處置預案如何，都不過問，都不知道。如果半夜三更發生了
情況，敵人來個突然襲擊，就沒辦法了。到那種時候，即使平時很勇

1937 年 6 月，抗大幹部在延安合影。左起：莫文
驊、羅瑞卿、林彪、羅榮桓

紅軍十周年紀念章

敢的指揮員，也會束手無策，只好三十六計跑為上計，結果變成一個機會主義者。其次對上級的意圖要真正理解，真正瞭解自己所受領的任務在戰役、戰鬥全局中的地位和作用。這樣才能充分發揮主觀能動性，才能有大智大勇，有決心，有強烈的吞掉敵人的企圖和雄心。第三，沒有調查研究就沒有發言權。調查研究要貫穿在每一次戰役、戰鬥的整個過程中，對於敵情、地形、部隊情況和社會情況要經常做到心中有數，要天天摸，天天琢磨，不能間斷。這樣做，不是重復，而是不斷深化，不斷提高的過程。平時積累掌握的情況越多越系統，在戰時，特別是在緊張複雜的情況下就越沈著，越有辦法，才有急中生智的基礎，才能不打莽撞仗、糊塗仗。第四，要經常讀地圖。熟讀地圖可以產生見解、智慧、辦法、信心。在熟讀地圖的基礎上，要親自組織有關指揮員和參謀對作戰地區和戰場進行實地勘察，核正地圖，把戰場的地形情況和敵我雙方的兵力部署都裝到腦子裏，做到閉上眼睛，面前就有一幅鮮明的戰場圖景，離開地圖也能指揮作戰。第五，要把各方面的問題想夠想透。每一次戰役、戰鬥的組織，要讓大家提出各種可能出現的問題，要讓大家從最壞最嚴重的情況出發來找答案。問題回答完了，戰役、戰鬥的組織才算完成。這樣打起仗來才不會犯大錯誤，萬一犯了錯誤，也比較容易糾正。第六，要及時下達決心。指揮員必須以最大努力組織戰役、戰鬥的準備工作，力求確有把握才動手，不打無把握之仗。一般說有70%左右的把握，就要堅決地放手去打。不足的條件，要通過充分發揮人的因素，依靠人民群眾的力量，充分發揮軍隊特有的政治優勢、指戰員的智慧和英勇頑強的戰鬥作風來彌補，以主觀努力來創造條件，化冒險性為創造性，取得勝利。第七，要有一個很好的、很團結的班子，領導班子思想認識要一致，行動要協調，要雷厲風行，要有革命英雄主義的氣概，要千方百計地完成任務。第八，要有很好的戰鬥作風，首先是不叫苦，搶最艱巨的任務，英勇頑強，不怕犧牲，猛打猛衝猛追，要敢於打硬仗、打惡仗。第九，要重視政治，親自做政治工作，部隊戰鬥力的提高要靠平時黨的堅強領導，深入細緻的政治工作。最後林彪著重指出：當好師長最根本的一條就是按中央軍委和毛主席的指示去指揮作戰，處理問題。林彪囑咐楊成武把毛主席關於《中國革命戰爭的戰略問題》的講稿帶在身邊，經常讀反復讀，遇到問題就從那裏找答案找辦法。

1937年1月，林彪奉命到延安籌建紅軍大學第二期。這時紅軍大學改稱中國人民抗日軍政大學，林彪繼任校長兼政治委員，並兼抗大第一分校校長和政治委員。林彪說：同志們在學習中、在工作中、在生活中，切切實實養成團結緊張嚴肅活潑四大校風。我們的任務是光榮偉大的，時間是比較短促的。以短促的時間學習一些更中心更具體的東西，必須認真做到"理論聯繫實際"，"少而精"的兩大原則[35]。

"七七事變"第二天，中共中央向全國發出全民抗戰的號召，並派周恩來等飛赴廬山，同蔣介石談判共同抗日。蔣介石拖到8月中旬，眼看日軍要打進南京城，才勉強同意紅軍改編為國民革命軍第八路軍的四個師，師長依次是林彪、賀龍、徐向前、劉伯承，但又很快變卦，只給了紅軍三個師的番號。林彪被任命為115師師長。

注釋:

1 黃公略，1931年犧牲時任紅三軍軍長。

2 參見《聶榮臻回憶錄》，解放軍出版社1986年3月版，159-160頁。

3 《聶榮臻回憶錄》解放軍出版社1986年3月版，176頁。

4 《李聚奎回憶錄》解放軍出版社1986年9月版，109-111頁。

5 《聶榮臻回憶錄》解放軍出版社1986年3月版，178頁。

6 《林彪選集·關於五次反"圍剿"之戰術問題》1-15頁。

7 《戰鬥》、《紅星》均是紅軍中的小報，鄧小平曾編過《紅星》。

8 《林彪選集·關於作戰指揮問題向軍委的建議》26-31頁。

9 左權，曾任紅一軍團參謀長，1942年犧牲時任八路軍副總參謀長。

10 博古，即秦邦憲。為準備紅軍長征，成立領導機構，由周恩來、李德、秦邦憲組成"三人團"。

11 李德，德國人，1931年被共產國際派往中國，1933年到中央蘇區擔任軍事顧問。著有《中國紀事》。

12 斯諾《西行漫記》，生活·讀書·新知三聯書店1960年2月版，83頁。

13 《李聚奎回憶錄》解放軍出版社1986年9月版，114頁。

14 《聶榮臻回憶錄》解放軍出版社1986年3月版，213-214頁。

15 《李聚奎回憶錄》解放軍出版社1986年9月版，115頁。

16 《聶榮臻回憶錄》，解放軍出版社1986年3月版，219-220頁。

17 《李聚奎回憶錄》解放軍出版社1986年9月版，118-121頁。

18 《耿飆回憶錄》，解放軍出版社1991年7月版，228-241頁。

19 《耿飆回憶錄》解放軍出版社1991年7月版，284-285頁。

20 《李聚奎回憶錄》解放軍出版社1986年9月版，141-143頁。

21 哈里森·索爾茲伯里《長征前所未有的故事》，解放軍出版社1986年5月版。

22 舒雲《羅瑞卿大將》，解放軍文藝出版社2005年5月版，354-355頁。

23 石達開，太平天國翼王，西征到大渡河，全軍覆沒。

24 《李聚奎回憶錄》解放軍出版社1986年9月版，145-149頁。

25 《李聚奎回憶錄》解放軍出版社1986年9月版，151頁。

26 《耿飆回憶錄》解放軍出版社1991年7月版，300-302頁。

27 《耿飆回憶錄》，解放軍出版社1991年7月版，309頁。

28 《聶榮臻回憶錄》，解放軍出版社1986年3月版，290頁。

29 李榮欣等《名將曾思玉》，作家出版社1998年12月版，94-97頁。

30 《吳法憲回憶錄》香港北星出版社2006年9月版131頁。

31 張愛萍，曾任軍委騎兵團政治委員、代團長。

32 蘇振華，曾任紅4師12團政治委員。

33 莫文驊，曾任紅軍幹部團政治處主任。

34 張子申《楊成武將軍訪談錄》，中國文聯出版公司1994年10月版，119-20頁。

35 《林彪選集·在抗大第二期開學典禮上的講話》，第23頁。

第三章

平型關大捷

歷史是怎樣選擇的平型關

　　平型關,位於山西東北部的古長城上,自古就是長城南端山西和河北兩省的重要隘口,更因林彪指揮的平型關大捷打破了"日軍不可戰勝"的神話而名揚天下。1961年,平型關遺址被列爲第一批全國重點文物保護單位。平型關的名字是和林彪連在一起的,林彪也念念不忘平型關。1969年國慶前夕,林彪坐飛機視察華北一帶的地形,指明要先看平型關。雖然在空中,但他仍看得很仔細,說平型關這個地方是可守的[1]。

　　1937年8月22日,中共中央在洛川召開政治局擴大會議。雖然紅軍還沒有改編完,會議還是決定由八路軍總部率115師和120師急赴山西作戰。林彪和115師副師長聶榮臻開完會,冒著大雨騎馬到了西安,滿身泥水來到八路軍辦事處。周恩來叫聶榮臻和他一起先去太原,林彪則帶著警衛員坐火車到潼關,然後再坐木船渡黃河北上[2]。

洛川會議遺址陝西洛川馮家村

林彪（左）、任弼時（中）、聶榮臻（右）在抗日前線。

閻錫山方面派了小火車在山西的風陵渡等著。

八路軍開上前線，第二戰區司令長官閻錫山一路開綠燈，這裏有老蔣的交代，也有老閻的如意算盤，借刀殺人嘛，借八路軍把日本人趕跑，他再把八路軍趕出山西也不遲。

日軍選擇不利進攻的平型關，是考慮到那裏兵力薄弱，而戰略地位又十分重要，佔領了平型關可以儘快實現"三個月滅亡中國"的計劃。9月20日，日軍21旅團兩個大隊南下，佔領靈丘縣城，逼近平型關。形勢已經到了不打一仗就不能建立根據地的地步，閻錫山制定了將日軍放進平型關內加以圍殲的決戰計劃。國民黨第二戰區主力分別部署在平型關、茹越口、雁門關一線，企圖憑藉山地阻止敵人進攻，保衛山西腹地。但閻錫山深知他的軍隊沒有戰鬥力，所以要求八路軍先頭部隊迅速挺進晉東北，協同其堅守長城防線。

八路軍總部命令115師進至平型關以西的大營鎮待機。115師

沒有修復前的平型關　　　　　　　　平型關大捷紀念碑

　　685團團長楊得志在介休車站接到通知，林彪要見他。半夜楊得志帶
著兩個警衛員冒雨進了太原城。林彪住在閻錫山的招待所裏，因為前
一天日軍炸壞了太原發電廠，他正用蠟燭照著地上的地圖。看見楊得
志進來，先問了部隊的情況，交代要加快北上的速度，把部隊開到平
型關一線去。

　　戰事緊急，已經到了大營的林彪沒顧上休息，馬上發電報報告了
行動計劃。毛澤東9月16日回電，不主張硬拼，還是應該以遊擊戰為
主。林彪在北上途中，就在軍用地圖上研究了內長城沿線的地形，也

115師師長林彪　　　　115師副師長聶榮臻　　　115師政治部主任羅榮桓

研究了友軍。林彪三次到伏擊地點觀察地形。他一到部隊，就帶著343旅的軍事幹部到靈丘以南偵察。

林彪警衛員楊興桂回憶：第二次看地形，林師長帶著團幹部和偵察員，大家都化了裝。林師長穿著老鄉的破褂子，隨便紮根布腰帶，頭上戴著氈帽，活像當地的農民。他和大家一樣徒步，吃生地瓜。偶爾搞到幾塊烙油餅，也和大家分著吃。看地形回來很累，我倒頭就睡

朱德（前）林彪（後排左一）、任弼時（後排中）、
聶榮臻在山西五臺山

了，半夜醒來，看見林師長鎖著眉頭還在看地圖。這些天來，他每天都早起晚睡，眼睛都熬紅了，想請他去睡覺吧，又不敢驚動他。

9月17日，林彪致電毛澤東，提出殲敵為主的理由：（1）地形、友軍都是求山地戰的良好機會。倘過此時機，敵擊破友軍，通過山地並進佔主要城市，再打就困難了。（2）如我參戰兵力過少，則有失眾望，也不能以絕對優勢兵力消滅敵之一部以上。（3）目前須以打勝仗捉俘虜，提高軍民抗戰信心，提高黨與紅軍威信。（4）目前第一仗以集中約一師的兵力為好，待爾後再分散作群眾工作和遊擊。

毛澤東當天發出改變八路軍戰略部署的長電，徵求前方各將領的意見。

9月19日，閻錫山要求八路軍和閻軍共同防守平型關。毛澤東給彭德懷回電表示同意，說林彪同志來電完全同意我17日的判斷與部署，他只想集中陳旅相機給敵以打擊，暫時不分散。這種一個旅的暫時集中，當然是可以的，但如許久還無機可乘時，仍以適時把中心轉向群眾工作為宜。

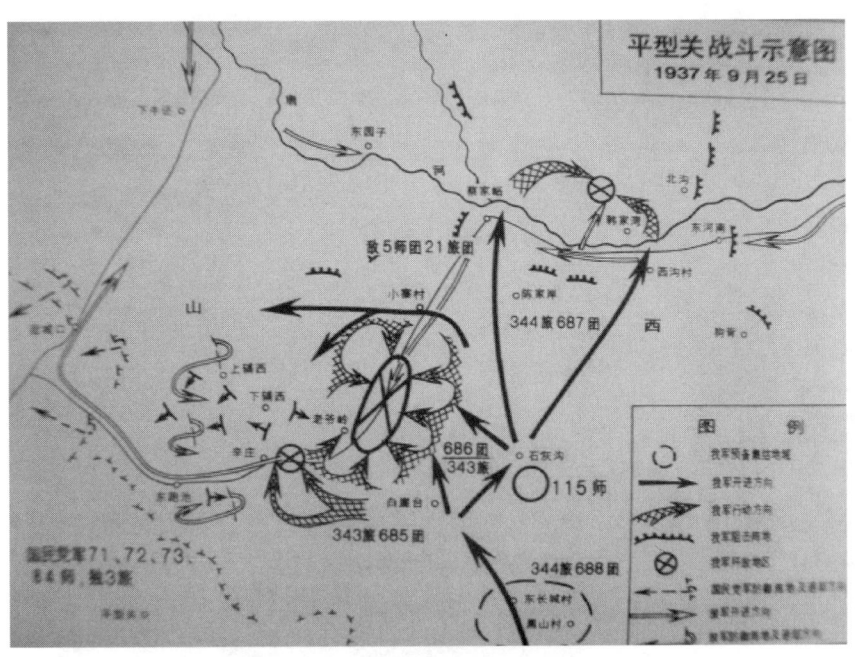

平型關作戰圖

平型關戰鬥打響後，林彪（跪立者）、
聶榮臻（站立者）在前沿觀察敵情

115師獨立團團長楊成武帶著獨立團到了大營鎮，馬上直奔師部領受任務。林彪讓他先看總部的通報，林彪說：黃河北面的重鎮有全部淪陷的危險，115師原準備搶佔飛虎口、九宮口和蔚縣、廣靈以南一帶，可是日軍板垣征四郎率領的第5師團已經迫近，我們來不及了。

獨立團連夜出發，跑了100多里路，淩晨到達上寨鎮。剛與師部接通電線，就接到林彪的命令，派一個精幹的偵察參謀到靈丘以南的太白山偵察敵情。9月23日中午，偵察參謀從松鼠嶺發來電報，日軍第5師團的先頭部隊已經進佔靈丘城，正在大抓民夫和牲口。種種跡象表明，平型關危在旦夕。

這時接到閻錫山的平型關作戰計劃，總指揮是時任國民黨第7集團軍總司令傅作義，用八個團的兵力側擊日軍右側背，以一個師加兩個旅作為總預備隊。115師由平型關東邊的山地夾擊日軍，斷敵後路。

八路軍向平型關進軍

八路軍總部命令115師進行戰鬥動員，24日拂曉進入陣地。

9月23日，聶榮臻率344旅和師司令部從五臺山繞小路插到平型關東南的上寨鎮。先到的林彪早已等不及，再次乘汽車出平型關到靈丘偵察。

從地圖上看，平型關內外群山疊嶂，關前惟一的公路僅能通過一輛汽車，從喬溝通向靈丘。北山坡陡，溝深數十丈，極難攀登，只有老爺廟前有一個缺口通往山上。路南山低坡緩，易於出擊，是設伏的理想地形。林彪攤開地圖，對聶榮臻說：敵人大隊人馬正向平型關方向運動，這裏地形不錯，可以打一仗。他介紹平型關的地形和作戰設想，當日軍攻擊平型關正面友軍陣地時，我們由東北山地側擊。

林彪和聶榮臻在上寨小學的土坪召開連以上的幹部會議，進行戰鬥動員。686團團長李天佑回憶：我們來時，林彪師長早在這裏等候了。他和各團幹部親切地握手。在他那兩道濃黑的眉毛下面，一雙眼睛閃著異常鎮靜的光芒，這使我們更加堅定了勝利的信心。我們的林師長從不打無準備無把握之仗，就在昨天日寇佔領靈丘時，他還親自到前線看過地形。

林彪簡要介紹了敵情，分析了首次與日軍作戰可能出現的各種情況。正在這時，國民黨第二戰區發來電報，說日軍先頭部隊已接近平型關。此時已經是9月23日15點，距離24日發起攻擊的時間只有十多個小時了。林彪詳細講解了作戰分工，獨立團和騎兵營插到靈丘、淶源和靈丘、廣靈之間，截斷敵人交通線，阻止敵人增援；以343旅兩個團主攻，344旅一個團到平型關北面斷敵退路，一個團作師預備隊。林彪隨即結束了會議，命令各團連夜出發，向平型關外設伏地區冉莊一線開進。

李天佑回憶：動員會最後，林彪激動而有力地說：同志們，中華民族正在經歷著巨大的考驗！我們共產黨人應該擔當起，也一定能夠擔當起救國救民的重任！他揮著拳頭，聲音高昂，一字一句都像鋼鐵。

林彪說：我們要利用這一帶的有利地形，從側後猛擊一拳，打一個大勝仗。給敵人一個打擊！給友軍一個配合！給人民一個震奮！

戰鬥發起時間不得不推遲了一天

　　9 月 23 日傍晚，閻軍送來"平型關出擊計劃"，林彪在破舊的馬燈下攤開軍用地圖，又作了一番研究。根據多方情報，尤其是靈丘下午傳回的情報，日軍明天淩晨出發，因此我們必須在天亮前進入陣地，而這時已經是 19 點了。

　　白崖台一線距離日軍預計經過的汽車路僅兩三里。爲了隱蔽進入陣地，115 師選擇了最難走的毛毛道。老天爺也來湊"熱鬧"，大雨引發了山洪，戰士們手拉手，或者拽著馬尾巴，涉過了激流。水勢越來越大，走在後面的 344 旅才過去一個多團，有幾個戰士被洪水卷走。聶榮臻和林彪商量，沒有過來的不要硬過了，以減少不必要的犧牲，過來的 344 旅一部分作爲預備隊，林彪同意了。

　　115 師的電臺正要關機出發，忽然收到八路軍總部的特急電報。據第二戰區電報，他們準備出擊的部隊，今日未能按時抵達平型關地

抗戰中的林彪

抗戰中的林彪

區，傅作義將出擊時間順延到２５日晨。而此時，１１５師正在開進中，林彪只好派騎兵通信員傳達命令。當夜，１１５師主力進至離平型關３０餘里的冉莊待命。

　　在平型關戰役的作戰計劃中，林彪只是一個小小的師長，上面的大官多著呢。不要說第二戰區司令長官閻錫山，平型關作戰負全責的是第六集團軍副司令孫楚。９月１６日，孫楚召見剛到大營的林彪。雖然原來是你死我活，拿著"上級"架子的孫楚還是和林彪商談了兩軍的配合。９月２０日，林彪提出要到平型關去看地形，孫楚把他的車借給林彪。沒想到吉普車半天才打著火，林彪心裏很不高興，心想

抗戰中的林彪

就拿這破東西搪塞。現在115師頂著大雨緊急出發了，國民黨軍卻還在磨蹭。可是人家是"上級"，你有什麼辦法？林彪只好命令部隊在冉莊抓緊時間休息，自己帶軍事幹部第三次察看了平型關的地形。

喬溝正面路口由國民黨一個軍防守，115師佈置在由平型關到東河南鎮約十多里的東南山地上。缺口處的高地架四挺重機槍，兩翼各架三挺輕機槍，封鎖惟一的出口。林彪在現場攤開地圖，確定了各部隊的陣地：左面"蛇頭"是團長楊得志、副團長陳正湘率領的685團，右面"蛇腰"是團長李天佑、副團長楊勇率領的686團。位於"蛇尾"的是115師344旅旅長徐海東率領的687團，他們奉命穿過喬溝，佔領了東河南鎮以北的高地，以便切斷敵人的後路。688團作為預備隊，楊成武的獨立團和劉雲彪的騎兵營分別向平型關東北和平型關東邊開進，負責打援。

在斷斷續續的炮聲中，前沿部隊報告，敵人有可能翌日大舉進攻。也該著板垣師團的末日，閻軍推遲了一天，還歪打正著了。如果115師在23日進入平型關伏擊區，白白等一天不說，很可能在上陣地的路上與日軍不期而遇，使伏擊平型關的美好設想付之東流。

楊興桂回憶：從陣地回來，大雨傾盆，林師長渾身上下淋得透濕。但他不管這些，立即用電話下達命令，343旅於當晚12點出發，天明以前進入白崖台一線的設伏陣地，344旅隨後開進，24日拂曉完成各種戰鬥準備。林師長再三囑咐，暴露與否，是勝敗關鍵！

　　李天佑回憶：原想抓緊時間睡一覺，但卻無法平靜下來。楊勇開玩笑，呵，老戰將了，怎麼還這麼緊張？不是緊張，頭一回和日本鬼子交手，生怕哪裏想不到，誤了事！也難怪我們那時才20多歲，還“嘴上沒毛”呢。大約21點了，我仍合不上眼，決定到林師長那裏，問問有無新情況。林師長已經睡了，說明他已經把戰鬥細節都想好了，紅藍筆跡描畫的軍用地圖已經決定了敵人失敗的命運。林師長身體很弱，又用腦過度，睡眠非常困難。我剛想走，但笨重的腳步聲驚醒了林師長。他坐起來考慮了一下，說按原計劃執行，有情況一定會通知你們。只是一句簡單的話，我的心情平靜多了。林師長要留我坐一坐，我感到打擾了師長，心裏很是不安，他很多天沒好好休息了，多麼需要寶貴的睡眠啊。

林彪（左一）、聶榮臻在平型關指揮作戰

平型關戰鬥八路軍本不是主角

　　楊興桂回憶：師指揮所設在溝東南的一個小山頭上，用望遠鏡可以觀察到全溝的情況。天色微明，林師長趴在指揮所裏，兩手舉著望遠鏡在觀察，旁邊是一架電話機，胸前放著攤開的地圖。時間一分一秒地過去，戰鬥前的寂靜是多麼難耐啊！近8點鐘鬼子來了！我們順著師長的視線看去，只見右前方出現一個小紅點，後面黑壓壓一片，還聽見轟隆隆的馬達響聲。師長拿起電話，要部隊等待命令出擊，他兩眼仍然盯著右前方。紅點越來越大，我們的肉眼也能看得真真的了，那是20多個尖兵圍著的太陽旗。後面是三路縱隊，映著陽光的刺刀閃閃發亮。再後面是好多輛汽車，有拉山炮的大車，也有一些騎洋馬的，晃晃蕩蕩，毫不在意地來了。林師長一動不動地看著鬼子的先頭部隊走過去，我們的心繃得緊緊的，心想怎麼還不打呢？時間過了10分鐘，卻比一年還要長似的。當敵人的指揮所快接近老爺廟時，師長喊發信號彈！叭叭兩顆紅綠信號彈劃過長空，685團打響了第一

抗戰中的林彪

槍。接著槍聲像炒豆似的響起來，所有的兵器一起吼叫，一輛汽車中彈起了火。大搖大擺的日軍懵了，往近點說"九一八"，往遠點說甲午海戰，日軍在中國哪遭到過這樣如雷轟頂般的打擊！鬼子們頓時亂了套，前後的路都被截斷，公路狹窄，車撞車人碰人，馬嘶嘶叫著往人身上亂踩。好一陣鬼子們才清醒過來，趴在車下還擊。他們的"八八"小炮只能朝天打，炮彈落下來落在自己的頭上。這時，林師長命

楊得志（左）和楊成武

令吹衝鋒號，堅決抵抗，不准撤退！

戰鬥一打響，林彪就舉著望遠鏡盯著685團和686團。

李天佑回憶：我正在緊張觀察戰鬥的進展，林彪叫我去一下。師指揮所就在我們右後側的山坡上，有里把路，我從谷地裏一氣跑了過去。師長披著雨衣，正在觀察前面的戰鬥。他看見我跑得氣喘喘的，便說沈著些，敵人比較多比較強，戰鬥不會馬上結束。然後他指著戰場對我說：看到了嗎？敵人很頑強。我順著師長的手看去，公路上的日軍正利用汽車頑抗，並組織兵力搶佔有利地形。師長接著說，我們包圍了一個旅團，有4000多人，塊太大，不好一口吃掉。你們一定要衝下公路，把敵人切成幾段，並以一個營搶佔老爺廟。拿下這個制高點，我們就可以居高臨下，把敵人消滅在溝裏！我指著山溝對師長說：看！有幾個鬼子正在往老爺廟爬呢！師長說：是啊，你們動作要快，慢了是不行的。他把手一揮，狠狠打！一定要狠狠打！

進入伏擊區的日軍很快被"砍"成三段，最前面是百餘輛坐滿日軍的汽車，後面是200多輛騾馬大車，車上滿載棉衣、行李和彈藥，只有一小隊騎兵押車。因為敵人還未完全進入包圍圈，戰鬥就開始了，這對687團來說，任務就重了，除了打輜重部隊，還要對付那一小隊騎兵。不過，他們畢竟是對付後勤部隊，怎麼也好說，打得最艱

抗戰中的林彪

苦的是686團。尤其是在老爺廟的廝殺。我們的武器差，射程短，戰士們撲向敵人，展開肉搏。大刀向鬼子們的頭上砍去，那個著名的抗戰歌曲就是由此而來。戰鬥的激烈程度連許多身經百戰的老戰士也是第一次經歷。日軍單兵作戰的頑強大大超出林彪的估計，板垣21旅團是支很有戰鬥力的部隊。在與敵人白刃格鬥反復爭奪制高點時，日軍來了兩架飛機，一看雙方"膠"在一起，沒法扔炸彈，轉了兩圈悻悻飛走了。國民黨的飛機也來過，閻錫山事先給了對空聯絡信號，林彪怕國民黨飛機"高興"起來扔個炸彈，馬上叫人把當作信號的布板擺開。

佔領老爺廟後，115師從兩面打得日軍無處躲藏，勝利在望了。

楊得志、陳正湘戰後寫了一份《平型關戰鬥詳報》：我軍參加作戰的部隊……均歸林師長指揮。可惜林彪只能指揮八路軍，指揮不動閻錫山的部隊。在毫無遮擋的師指揮所裏，沒有紮綁腿的林彪站起來，無可奈何地用望遠鏡向東望去。林彪知道，單靠他的115師，要想吃掉4000多日軍不太可能，只盼著閻軍能迅速出擊。可是眼看戰鬥快結束了，他們那邊怎麼還是一點動靜都沒有？

林彪派時任115師偵察科長的蘇靜以特派員的身份去了閻軍兩次。蘇靜帶過去林彪的話，請他們出擊，配合一下八路軍作戰（本來是八路軍配合他們作戰）。閻軍指揮官的意思是上邊不許"輕舉妄動"。不過還算不錯，閻軍還堵著北面的山嶺，沒腳底板抹油。林彪抬頭向左側平型關古長城的方向瞭望，什麼也沒說。人家是上級，人家不動，你也不可能下命令，只能乾生氣。看來只能靠我們自己了，林彪又把目光"埋"進地圖裏，他在東跑池一帶用紅筆畫了三個重重的紅圈。國民黨軍戰前的計劃是多麼好啊，在他們戰前送來的平型關出擊計劃上，平型關前畫著五支紅箭頭，分別射向東面和北面，除了擔任正面防禦外，第二戰區要五路出擊。可是別說五路，一路也沒有出擊。

到下午，喬溝的戰鬥已近結束，對面的閻軍還在坐山觀虎鬥。林彪命令部分部隊開始打掃戰場，其餘部隊向東跑池的日軍發動攻擊。李天佑回憶：當我們完全控制了喬溝以後，馬上按照林師長戰前的指示，向西面的東跑池方向發起進攻。那裏大約有2000個敵人，國民黨晉綏軍放棄了團城口陣地，任憑大部分煮熟的"鴨子"飛走。

平型關戰鬥後，日軍給林彪寫了一封信，偷偷摸摸地打，這不算，應當公開佈置一個陣地，從正面來打。這封信被林彪送到延安黨中央[3]。

時任115師作戰科長的王秉璋回憶：按照林彪的作戰計劃，平型關戰役本來不算結束的，第二天還準備打個大仗。可閻軍放棄了平型關正面的制高點團城口大山。當時第二戰區指揮115師在同一時間分兩路向平型關前的東河南鎮及蔡家峪兩地出擊。幸好115師是一翼側擊。如果四面圍攻，日軍強行突圍，那我們的傷亡就大了。林彪的"胃口"再好，但此時已經不可能狼吞虎嚥。

戰後統計，斃傷日軍1000餘人，我方傷亡500餘人。

對於被包圍的日軍板垣第5師團的情況，林彪並不清楚。日軍的番號和進攻意圖，是在平型關戰後從繳獲的戰利品和作戰地圖上才瞭解到的。林彪對閻軍也不很清楚，明明八路軍是配角，在平型關配合國民黨軍作戰。但真正打起來，閻軍"熊"了，一槍不發，作為配角的八路軍不得不成為平型關戰役的主角。如果國民黨軍隊也同時發動攻擊，那消滅的日軍恐怕就不會是1000餘人，戰果肯定會更大更輝煌。

林彪寫了一篇戰鬥經驗

14 點許，林彪對孫毅[4] 說：你辛苦一趟，到山下電臺去，給八路軍總部和延安的毛主席發個電報，除報告目前戰果外，告知我部隊仍在積極圍殲中。孫毅說好，就隨手拿起一根棍子準備出門。林彪說：你同聶榮臻一樣，怎麼也愛拿根棍子？孫毅說：我從長征開始就拿的。林彪好奇地問：長征到現在拿到第幾根了？孫毅說：至少七八根吧。有根棍，上山下山，等於增加了一條腿。

順著羊腸小路，"三條腿"的孫毅一路小跑，到山下的土地廟發了電報。

黃昏時 115 師遺憾地撤出了戰鬥，計劃之內的仗沒打成。可是你打不成敵人，敵人可能要打你。林彪交代王秉璋，要安全把部隊撤出作戰地區。林彪來到 687 團 3 營前面的山頭，拿著望遠鏡向山下望著，叫人喊來 3 營的張營長，說現在我們的任務完成了，你們營掩護部隊撤退，戰鬥要打得激烈一些，不要讓敵人發現我們撤走。林彪一口湖北話，講話不快不慢，講到關鍵地方，還要提高點嗓音重復一句。然後他提出問題，很注意地聽張營長的回答。講完林彪又帶著張營長到附近看地形，指示撤退的道路，一直談了 20 多分鐘。時任 3 營文書的韓明曾回憶：他們好像是在和平的山野裏進行談話，而不像在激烈的戰場上。等林彪走後我問張營長，才知道是師長。如果不是親眼所見，誰能相信林彪深入到營的前邊。我不禁又向林彪的背影望去，他是多麼威武、年輕啊。

孫毅回憶：平型關大捷的晚上，我們住在距平型關幾里路的一個只有三四戶人家的小山村。進屋時已是 21 點多了，我和林彪、聶榮臻睡在一個土炕上。一向安靜的林彪竟一直聊到雞叫。林彪說：今天打了勝仗，精神好，睡不著覺。聶榮臻也說：是呵，我也睡不著。林彪說：我原來還想多抓些俘虜拉到太原街上示眾，結果一個也沒抓到。其實當地農民還是抓了一個俘虜，綁住他的雙手，想把他送到八路軍去。可這個日本兵見人就踢就咬，像個瘋狗。農民們氣壞了，把他拉到山梁上，一頓鎬頭打死。

此前，日軍在中國如入無人之境，突然在平型關被狠狠地"當頭一棒"，不要說日軍，就是日本國內也昏了頭。其實平型關戰役擊斃的最大的日軍軍官是個營級，可第二天日本報紙竟然登出板垣征四郎的"死訊"，這真是一個極大的諷刺。戰前不要說國民黨軍，就是當地沒見過世面的老鄉也不相信"土八路"。要槍沒槍，要子彈沒子彈，就靠三顆手榴彈，還想打敗日本人？平型關戰鬥轟動了全國，賀電賀信雪片一樣飛來。蔣介石也興奮得一天連發兩封電報，先來電祝賀，接著發來嘉獎電。似乎還不夠，又令閻錫山派慰問團敲鑼打鼓，抬著豬羊祝賀。大批的記者，國民黨的文藝團體也都來了，還拍了電影。老百姓更是絡繹不絕，一批接一批，

抗戰中的林彪

連五臺山的和尚也加入了歡慶的隊伍。

　　林彪卻沒有沈浸在狂歡中，面對過去從未遇到過的敵人，在撤出戰鬥時，他就在思考以後這仗該怎麼打？思考成熟了，10月17日，林彪用毛筆寫《平型關戰鬥的經驗》[5]：八路軍終於在9月中旬開到了晉北前線，它開始執行它在抗日戰爭中的神聖任務了！在全國同胞熱烈的期望下，我們於9月25日在平型關與日軍接觸。不負全國民眾與友軍的期望，不負八路軍十年來的榮譽，我們第一次交戰獲得了很大的勝利！這一仗的確給了日寇以重創，提高了全國軍民抗戰的信心，特別是更加提高了八路軍的威信！在這次初步與日寇交鋒的戰鬥中，我們更獲得了不少抗戰的經驗。這不但值得八路軍全體指揮員與戰鬥員學習，我也願意把它貢獻於全國抗戰的友軍與一切抗日的民

眾，作為對今後抗戰的認識。

林彪總結了12點，（1）到山地戰，敵人的戰鬥力與特長均要大大降低，甚至於沒有。步兵穿著皮鞋爬山，簡直不行，雖然他們已爬到半山，我們還在山腳，但結果我們還是搶先上去，給他一頓猛烈的手榴彈，他們只好像滾蘿蔔一樣地滾下去了。炮兵則難於運動與找陣地。坦克車呢？有些地方致使它英雄無用武之地，飛機的作用也不大。（2）敵人輕視中國軍隊，成了習慣，便由驕矜而疏忽，不注意偵察警戒，不愛做工事。打起仗來，先讓飛機大炮顯神通，等到

林彪在抗日戰爭時期

猛攻時，他們的步兵連陣地也不愛佔領，只隱蔽在溝裏休息。這樣的敵人，當然便利我們襲擊，所以我們這次一切佈置得妥妥當當，向他們開槍了，衝鋒了，他們才知道。（3）敵人不僅是彈藥要靠後方輸送，連糧食也要靠日本送來。他們的後方線已扯長有千多里。在這樣的情況下，把他們的後方線切斷，他們的困難就可想而知了，可以弄得他們進退維谷。所以發展遊擊戰，在敵人後方活動是非常重要的。此次平型關戰鬥，我們正是派了一部分人在敵後路上阻滯其增援部隊及糧食供給。（4）利用敵人攻擊友軍陣地時，襲擊敵人側後方，這是最好的戰法，比其在行動中和剛到陣地而未站住腳時去襲擊還要好些。這次就是利用敵以全部兵力注意對付友軍時，突然在他們的後方

大打起來。（5）爲了避免他們的炮兵和飛機，戰鬥開始後要迅速接近敵人，投入肉搏，連續衝鋒，使敵人的炮不好放，要放就連自己的隊伍也遭了殃。（6）友軍在戰鬥中的配合實在是太差了，他們自己定的出擊計劃，卻未能遵守。你打，他旁觀，他們時常吹牛要決戰，但卻決而不戰；說向敵人打，而又不堅決打。他們的部隊本來就不充實，在一個突擊中，卻以區區 8 個團的兵力分成三大路，還留了總預備隊，而每路又相隔 10 多里或 20 多里。這樣不僅缺乏出擊力，而且連被我們打敗了而退下的敵人，他們碰著了，竟不但不能消滅之，反而被這些突圍的敵人衝垮。他們的指揮真是笨極了，特別是不能真正瞭解與運用在戰役上於決戰的地點與時機集中絕對優於敵人的步兵、炮兵、飛機以猛攻敵人。（7）敵人實在有許多弱點可爲我乘。但敵人確是有戰鬥力的。也可以說，我們過去從北伐到蘇維埃戰爭中還不曾碰到過這樣強的敵人。我所說的強，是說他們的步兵也有戰鬥力，能各自爲戰，雖打敗了負傷了，亦有不肯繳槍的。戰後只見戰場上敵人屍體遍野，卻捉不到活的。敵人射擊的準確，運動的隱蔽，部隊的掌握，都頗見長。對此種敵人作戰，如稍存輕敵觀念，作浮躁行動，必易受損失。我們的部隊仍不善作疏散隊形之作戰，特別是把敵人打垮後，大家攏在一團，喧嚷老鄉！繳槍呀！——其實對日本人喊老鄉繳槍，不但他們不懂，而且他們也不是老鄉——這種時候，傷亡往往很多。在抗大的軍事教育中，特別要教育幹部瞭解正規戰鬥中的戰鬥隊形之運用。（8）日兵到死也不肯繳械，一來因日本之武士道教育，法西斯教育，同時也因他們對中國軍民太殘暴，恐怕中國人報復。故我們今後須加緊對日本士兵的日文日語的政策宣傳與優待俘虜。……

王秉璋回憶：這個戰鬥總結是林彪自己寫的，草稿曾給我們看過，修改稿和最後定稿我也看過。完全是他自己寫的，勾勾畫畫，有三四頁紙。記得第二條上有一個字，林彪反復改了很多遍，勾了換了一個字，回頭又劃掉，用最初的字。每一條經驗都不是馬馬虎虎，而是經過深思熟慮。不講也不宣揚自己，沒有花言巧語，完全是講實在事。直到現在，看這些經驗，也是寫得很好的。定稿之後，林彪上報，據說蔣介石看後也很讚揚。

蔣介石在洛陽接見八路軍將領

平型關戰後，山西戰場相對平靜。1938年1月15日，蔣介石在洛陽召開第一、第二戰區師以上軍官會議。1月13日，八路軍總司令朱德、副總司令彭德懷和三位師長，115師師長林彪、120師師長賀龍、129師師長劉伯承從山西洪洞縣出發，先到臨汾，再坐火車到洛陽。會議提出反攻太原，第二戰區為此編了西路軍、南路軍和東路軍。東路軍以朱德、彭德懷為正副總指揮，堅持晉東南和敵後抗戰。

1月17日蔣介石單獨召見八路軍將領。房間不大，蔣介石叫他們一個一個進去。按序列編制，林彪第一個，蔣介石因平型關大捷非常欣賞林彪，稱讚他平型關打得好。還很親切地說：你是黃埔的嘛，應好好合作，又說了一些要把抗戰進行到底的話。蔣介石私人醫生熊丸回憶：為蔣介石保健40年，我惟一看見蔣總統流淚，是他聽到林彪死的消息，蔣介石身邊的要員陶希聖證實。蔣總統多次說：他最大的遺憾是未能利用林彪。

在民間，林彪的威信也非常高。曾思玉回憶：平型關戰後，部隊分兵進至晉察冀邊界、晉東南和呂梁地區，籌款擴兵。羅榮桓[6] 給我一盒印著"國民革命軍第十八集團軍115師師長林彪"的名片，讓我打著林彪的旗號，號召有錢出錢，有力出力，有人出人。因為有林彪的名氣，籌款和擴軍都是大豐收[7]。

自平型關大捷後，115師又連著打了幾個勝仗。林彪打仗打得巧，從來不硬碰硬，通常都是包圍迂回，從後面或者側面打，這樣往往戰果大而傷亡小。往遠說，如果解放戰爭的東北戰場不是林彪指揮，也許不會勝得那麼快。如果抗美援朝是林彪指揮，傷亡也許不會那麼大。

因為罩著平型關的光環，後來林彪又與日軍打了一些仗，似乎無人知曉。其實那幾仗也打得很好，小寨村戰鬥中的馮家溝、馮家莊、南閣崖、馬道嶺這幾個小仗加起來，也消滅日軍1000餘人。11月4日，115師343旅在平定縣廣陽與西進的日軍20師團40旅團的主力一部和日軍的輜重部隊相遇，林彪抓住機會打了一仗，斃傷日軍1000餘人。廣陽戰鬥並不亞于平型關大捷，甚至打得更好更輕鬆，抓到10

1938年10月，延安合影，左起，鄧小平，譚政，陳雲，林彪，
王稼祥，羅瑞卿，羅榮桓，楊尚昆，滕代遠，賀龍，李富春

多個日軍俘虜，繳獲300多支長短槍，還繳獲了700多匹大洋馬。而
且我軍的傷亡也比平型關少得多。面對赫赫戰果，林彪很高興。

　　115師先後收復10座縣城，切斷了張家口至山西代縣的交通線。
到10月中旬，情況發生變化，日軍主力轉向正太路，向晉東娘子關
一帶進攻，娘子關、龍泉關告急。八路軍總部命令115師協同閻軍扼
守娘子關。但115師剛離開台懷鎮，娘子關就失守了。日軍佔領太原
後繼續往西走，根據八路軍總部指示，聶榮臻帶115師一部分留在五
臺山地區，創建晉察冀根據地，林彪帶115師主力穿過正太路，向晉
東南太嶽山脈和晉西南呂梁山脈轉移。

　　呂梁山延伸在晉西黃河與汾河間，既是晉西北高原的骨幹，又是
陝甘寧邊區的天然屏障，戰略意義十分重要。這時日軍因津浦線作戰
受挫，由太原大舉向南，兵分兩路，一路沿同蒲路繼續南下，另一路
西犯蒲縣、隰縣，追擊向西撤退的閻軍，直逼大寧，企圖佔領馬鬥關
黃河渡口，進而佔領陝甘寧邊區。大寧縣城距黃河只有20多公里，

距黃河西邊的延安不過100多公里，毛澤東對115師向呂梁山進軍的部署急如星火。可是閻軍"霸"著呂梁山南，不讓115師去呂梁山。那時還是統一戰線，閻錫山是上級的上級，林彪歸閻錫山下邊的一個軍長指揮，不讓去只能不去。

12月，115師進抵趙城、洪洞地區。日軍佔領太原兩個月後，115師過了正太路，暫住在太原南邊的洪洞縣馬牧集，這是一個大村，有1000多人口。部隊宣傳抗日，搞擴軍。林彪也住在村裏，他喜歡吃南瓜，一路上只要有南瓜就買。次年1月進至兌九峪一線。在那裏過的舊曆年，直到日軍一個旅團向西進攻，閻錫山騎條小毛驢，和部隊慌慌退過黃河，才空出了呂梁山。廣陽戰鬥後，1937年底，115師向呂梁山運動，沒走大路，走沁源，往東繞了繞才拐過去。

王秉璋回憶：在呂梁山時他和林彪在一起。本來是讓林彪到晉東南發展的，八路軍總部讓徐海東旅和115師一起到太行山。日軍占太原後，為防止日軍過黃河占陝北，毛澤東在太原失守當天，指示周恩來、朱德、彭德懷和林彪等：呂梁山脈是八路軍的主要根據地，不但徐海東旅須立即迅速轉移，林彪率陳光[8]旅亦不應在東邊戀戰，亦以立即轉移為宜。11月9日又指示，林師應即移至呂梁山脈，進行長期的遊擊戰爭，防止敵人進攻陝北。11月13日，毛澤東指示：林師師部、陳光旅速到汾西隰縣地區，準備打幾個小勝仗。

孤零零一槍，林彪應聲栽下馬來

2月3日，林彪建議派小組赴各戰區考察，以此瞭解國民黨作戰的真實情況，研究和利用他們作戰的經驗和教訓，同時介紹八路軍的抗戰經驗。時間暫定一個月，每小組2至5人。他自告奮勇第一批去。另由延安和總部各派一兩個人。林彪說部隊正在照計劃進行工作，他正好可以乘機到別的戰區走走，在外面沒有什麼人認識他，可用八路軍總部參謀的名義，如果軍委和總部抽不出人，他一人也可先去試試。毛澤東沒有同意，說去遠地友軍參觀原則上是好的，有意義的，但須取得國民黨的同意，你出去還須顧到作戰情況，此刻不能同

林彪率 115 師向平型關前進

意你去。如果林彪到各戰區考察，也就躲開一劫，可惜隰縣這一槍使林彪永遠不再健康。

2 月 26 日，日軍第 20 師團一部南下佔領隰縣，第二天西犯軍渡、磧口，嚴重威脅陝甘寧地區的黃河河防。綏德、風陵渡、潼關告急。2 月 28 日，毛澤東緊急指示林彪：你率陳旅全部應即改變作戰計劃，日軍在山西省離石縣軍渡、臨縣、磧口準備渡河，綏德危急。343 旅應迅速以一部控制隰縣。……3 月 2 日，毛澤東又要求 115 師 344 旅立即北移。……

115 師立即向隰縣方向前進，準備到午城去。這天的行軍路線是 80 里，走到還剩 20 多里的地方，大部隊在中途休息，林彪聽見沿途有炮聲，就讓偵察科長蘇靜帶一個騎兵班到前邊偵察。蘇靜到前面沒發現什麼，回來向林彪報告。林彪心急，說我們先走，先到了，可以看看地形。說著騎馬就走，他只帶著個騎兵通信班，前後 12 匹馬，作戰科長王秉璋跟在林彪後面。

林彪是擔心毛澤東和延安的安全。

王秉璋回憶：3月2日清晨，師指經過隰縣以北的千家莊，我們都騎著馬，林彪騎著在羅曲戰鬥中繳獲的日軍戰馬，走在最前面，我在第二。

這裏有這麼一個情況，在八路軍進入山西前，周恩來和閻錫山交涉八路軍在山西活動的區域共21個縣。閻錫山實在是一個"小氣鬼"，又想讓八路軍替他賣命，又不想讓八路軍"盤踞"他的地盤。所以精打細算，只允許八路軍在21個縣裏活動，有的是全部，有的是部分。毛澤東要求把這些縣確定下來，由南京及閻錫山通令各縣縣政府，並下達友軍及地方，否則會因區域不明、任務不定發生糾紛。在允許八路軍活動的縣中間，沒有隰縣，所以林彪率直屬隊路過隰縣以北的千家莊，囑咐事先與駐防此地的閻軍第19軍的警戒部隊取得聯絡。晉軍通知了連哨兵，但連哨兵沒有及時通知班哨兵，這就埋下了"禍根"。而這一路上，林彪的隊伍一直是跟在日軍的後面走。閻錫山的班哨兵看見日軍的大部隊過去，沒敢放槍。後面又來了一支穿日軍黃呢大衣騎大洋馬的小隊伍，這位"神槍手"以爲還是日軍，壯著膽子，瞄準最前面的騎馬人放了一槍。

就這孤零零的一槍，林彪當即栽下馬來。

以後說林彪中彈是因爲他穿著日軍的黃呢大衣，其實林彪穿的是灰布面絲棉裏的八路軍幹部大衣。平型關戰後的繳獲如山，林彪選了一件特大號的黃呢大衣和一匹最好的洋馬，送給延安的毛主席。官兵們也拿了很多黃呢大衣，天正在變冷，穿在身上很暖和。所以，這支小隊伍裏有穿黃呢大衣的，但不是林彪。

115師剛到呂梁山就打了一仗，繳獲了很多走馬。王秉璋選了一匹走馬，林彪不要走馬，他認爲走馬不顛。在長期的戰爭環境中，林彪養成了喜歡顛簸的習慣。解放後，不可能在大城市騎馬了，他就出去轉車，專走不平的路，越顛睡得越好。因此林彪選了一匹雜交的紅色大洋馬，跑得很快，當然不如走馬快。走馬經過專門的訓練，甚至能和開著的火車平行前進。如果林彪當時騎走馬的話，恐怕也不會遇上那顆罪惡的子彈。

"黃呢子大衣"和"雜交大洋馬"湊到一起，危險就發生了。

當時閻軍並不知道他們打中的是被蔣介石親自嘉獎的師長林彪。

第二天得到消息，閻錫山部隊驚動了，旅長、團長什麼的全都來了，直哎呀，表示歉意，晉軍的參謀長還當面向林彪道歉並表示慰問，並把他們住的房子讓給林彪住。蔣介石、國民黨軍參謀總長何應欽、副總長白崇禧等也給林彪發來慰問電，由戰地記者帶到山西。

閻軍要處理那個開槍的哨兵，林彪說算了吧。

少將谷廣善

羅榮桓向延安的毛澤東和八路軍總部的朱德、彭德懷報告林彪受傷的消息，並告陳光：林彪傷及肺部後脊骨，明日經羌正堡、永和後送休養。毛澤東大為震驚。當日零點，毛澤東與軍委參謀長滕代遠致電羅榮桓：已令交口鎮派醫生兩天內趕至永和救林（彪）傷，並由你指派妥當人員送林（彪）來延安。師長職務暫由你兼代。但幾個小時前朱德、彭德懷已致電蔣介石：115師師長林彪在隰縣以北負重傷，該師師長職以陳光暫代。蔣介石很快批了。所以，115師代師長是陳光，但實際主持全面工作的是羅榮桓。1938年底，羅榮桓正式被任命為115師政委。

林彪從此離開115師，但直到抗戰結束，師長一職仍掛在他的名下。

護送林彪到延安的醫院

林彪栽下馬後，跟在林彪後面的王秉璋趕緊下馬，把他抱到路邊的溝裏躺下。林彪一句話也沒說，但還清醒。血流得很多，王秉璋的衣服上也弄了很多血。大家七手八腳從隨身的藥箱裏翻出雲南白藥，給林彪敷在傷口上。

按行軍序列，是司令部、政治部、供給部，最後才是衛生部。等到115師衛生部部長谷廣善帶著看護長趕到林彪身邊，林彪的傷口已經被衛生科長彭芸生包紮好了。因爲是貫通傷，子彈沒有留在身體內，不需要動手術。戰地也沒有手術條件，只能是止血消毒包紮了。對於戰傷，谷廣善很有經驗，他1931年參加紅軍，一直搞衛生工作，在115師改編前，他就是紅一軍團衛生部副部長。

平型關戰役下來，谷廣善忙得夠嗆，他帶著七八個醫生，不多的幾個看護，不到20人，收了將近400名傷兵。傷員不全是115師的，

已經90多歲的谷廣善

抗戰中的林彪

還有其他師的。紅軍改編成八路軍，不僅正規部隊被大量壓縮，野戰醫院也被撤銷，只在八路軍總部設有兵站醫院。谷廣善送走了三批傷員歸隊，重傷處理後還有100多人，轉兵站醫院。好不容易忙過這一陣，還沒喘口氣，師長林彪又負了重傷。

林彪躺在擔架上，神智清醒，身邊圍著很多人，有羅榮桓、陳光，還有115師保衛部部長朱滌新等。谷廣善看暫時也沒有什麼要處理的，就告訴看護長開個藥單子。他返身到槍擊現場，想看看子彈是從什麼地方射過來的。經過仔細觀察，他確定子彈是從側後打過來的，穿過肺部，從胸前透出，打斷了林彪半寸長的一塊肋骨。地上只有不多的血，大部分血都流到絲棉襖裏了。

等谷廣善從槍擊現場回來，林彪才看見他。林彪搞不清自己的傷到底有多重，他當時最需要的是衛生部部長，而衛生部部長這麼晚才來，林彪很不滿意，說關心關心同志嘛。谷廣善也沒有更多解釋，給林彪仔細檢查了傷口。林彪很痛，又給他打了一針止痛，並鋪好了鋪草，讓他睡了。

林彪負傷後，羅榮桓立即致電朱德、彭德懷並報毛澤東：直屬隊到達隰縣以北之千家莊，已與十九路軍警戒部隊最前線取得聯絡，未及通知後面陣地哨，林騎馬獨在前頭走，即遭受射傷，從右側進由右側背穿出，幸未中要害，須移至妥當地點休養。毛澤東立即決定接林

抗戰中的林彪

彪到延安養傷。

林彪受傷後，當天就離開了師部，送往延安。因爲野戰醫院條件所限，只能採取保守療法，好在林彪的左上肺看樣子沒有大的問題。但光憑肉眼，谷廣善也不知道林彪的傷到底有多重，傷肺傷到什麼程度。他怕萬一林彪在路上有個三長兩短，說不清楚，就要求朱滌新也跟著去。羅榮桓也認爲師長傷得太重，同意朱滌新和谷廣善一起護送林彪，帶上兩名醫護人員和一名勤務兵，還派了個警衛連抬著林彪。

到了宿營地，谷廣善就忙著給林彪換藥，傷口長得很好。當夜，谷廣善和林彪同住一屋，林彪睡在炕上，谷廣善在地上搭了個草鋪。半夜林彪醒了，看見谷廣善在屋裏，他很滿意。林彪似乎不知道自己負傷了，而且負了那麼重的傷，連問了兩句：我負傷了嗎？谷廣善說：你負傷了，傷得很重。林彪說：我怎麼不覺得？谷廣善說：我給你打了嗎啡。這時林彪想坐起來，谷廣善說：現在還不能動，不能坐起來，一動怕引起出血。林彪不相信，但還是聽話，沒坐起來。

對於外傷，谷廣善有經驗，外傷主要是怕感染，消毒好了，不發炎不發燒，就好辦。第二天，林彪出現了新情況，神經有些障礙，尿不出尿來。谷廣善不慌不忙拿出隨身帶的導尿管，消好毒，抹上甘油，插進去。馬上尿出來了，林彪很舒服，高興地說：你這個東西好，這個"小長蟲"，一下就把尿"咬"出來了。林彪還特意囑咐：你要好好保存這個"小長蟲"，不要掉了。

第三天，林彪自己坐起來了。一使勁，已經封口的傷口又出了很多血。谷廣善說：這是血的教訓，再不能坐了。林彪也看到很多血，老實地躺在擔架上，很聽話。小勤務兵好奇地問：是部長官大，還是師長官大？谷廣善說：當然是師長官大。那爲什麼師長老聽部長的話？林彪和谷廣善都笑了。

一路上林彪吃飯還可以。能吃，又不活動，新問題又來了。幾天解不下大便，肚子漲得厲害，也不想吃飯了。谷廣善知道給高級領導看病，必須說服他們，才能實施自己的治療方案。他說便秘好辦，我給你洗洗腸子，林彪同意了。可林彪不能坐起來，怎麼洗腸子？谷廣善想法在擔架上挖了個洞，再插塊板，抱著林彪，慢慢扶他坐起來，給他揉肚子，增加腸蠕動，終於解出了大便。

　　林彪很高興，說今天痛快了，我穿衣服起來，站一站，行不行？這時負傷已經六七天，前後傷口都快癒合了，谷廣善說可以試一試。林彪從擔架上坐起，谷廣善扶他站了起來。林彪小心地走了好幾步，然後長舒一口氣：謝天謝地，真的沒事！我懸了好幾天的心總算放下了。只是右側還有些痛，一壓就不痛了。谷廣善說還是傷了神經，痛和神經有關係。也沒有其他東西，就用棉花、繃帶加壓包紮，疼痛就緩和一些。這時115師管理科長石新安也來了。他從廣和縣城買了三帖祖傳秘方配的狗皮膏藥，比繃帶好。林彪問：從哪裏弄來的？石新安說買的。林彪笑著說：我以為賣狗皮膏藥是罵人的話，還真有狗皮膏藥。谷廣善說：狗皮膏藥對你的病很有效。他馬上取出兩張，用火烤烤，給林彪貼在前後兩個傷口上，固定住。效果很好，傷口一點也不痛了，吃飯也行了。

　　林彪負傷的地方離黃河只有六七十里，過了黃河，就是延安，很近。林彪受傷第二天，毛澤東派江一真[9]和一個外科博士來接林彪。延安的條件雖然說不上更好，但那裏有蘇聯專家，而且沒有敵人，環境比較穩定。到延安給林彪檢查後，江一真說：差一點打到動脈，要打到動脈，那很快就不行了。也很僥倖，差半寸就打到脊柱。如果打中脊柱，那下半身肯定癱瘓。

　　到了黃河邊，他們沒有急著過黃河，又住了幾天。這時林彪負傷

1938年9月29日，林彪（左一）
張浩（左二）與毛澤東在延安合影

衛立煌看望平型關
戰鬥後負傷的林彪

林彪（左一）和林伯渠（中），葉劍英在延安交談

已經七八天了，傷口癒合得很好，甚至能自己走動了，精神也很好。
林彪躺在床上回憶負傷的情況，說子彈是從右前方射來的。谷廣善
說：不是前面，是從後面打進去的。子彈從後面右胸打進去，從前面
左胸出來，還打斷了一根肋骨，從前胸出來的。林彪不相信，明明是
從前面打進去的嘛。谷廣善說：我到現場看過。而且傷口有個規律，
進口小，出口大。你後面的傷口小，前邊的傷口大。林彪還不相信，
怎麼能從後面打進去呢？谷廣善取出從現場拾到的一小截肋骨，說如
果從前面打進去，肋骨就會進到肺裏，那就要動大手術了。幸好掉到
體外，說明確實是從背後打進去的。林彪還是有些不信。谷廣善又
說：可以看看你當時穿的衣服。林彪把隨身穿的絲棉襖脫下來，看了
半天，絲棉襖後面的絲果然往裏帶。林彪說：真是從後面打進去的，
還是你們醫務人員有經驗。

　　從此，林彪對谷廣善非常感激。谷廣善以後在四野任後勤部參謀
長，解放後任七機部副部長、顧問，林彪一見他總是很親熱。１９５５

年授銜谷廣善被授了個少將,有人說你找找林彪,還能再增加一顆
星。谷廣善說治病是我的職責,我不能用這個謀私利,他沒有去找,
後來九一三事件也沒有他的事。

　　3月的黃河,堅冰開始分裂,裂縫中可以清楚地看見混濁的黃河
水,再晚幾天就走不過去了。大概是從交口北邊一點的馬渡關,林彪
被抬過黃河。谷廣善和朱滌新沒跟到延安,他們歸隊了。

林彪在養病期間，研究軍事

林彪住在二十里鋪的八路軍總醫院。

每天都有軍政要人來，延安各機關、學校也來慰問。

毛澤東騎馬３０里，專門去看林彪，囑其安心養傷。朱德、張聞天等中央領導人也多次到醫院看望，林彪的堂兄張浩[10]每隔一兩天就來一次。

衛立煌[11]路過延安去中條山，也專門來看望林彪。車到半路，衛立煌忽然想起，也沒帶點慰問品，馬上停車，讓隨從湊錢，口袋翻遍，才湊了６００元。按國民黨軍的習慣，一個師長受傷，起碼要送數千元的禮，這點錢哪裏拿得出手？衛立煌只好兩手空空去慰問林彪。他覺得很不好意思。秘書說：給八路軍彈藥，比送幾千元錢強得多。衛立煌回到西安的第二天，以第二戰區副司令長官兼前敵總指揮的身份，批准撥給八路軍步槍子彈１００萬發，手榴彈２５萬枚以及牛肉罐頭

抗日軍政大學

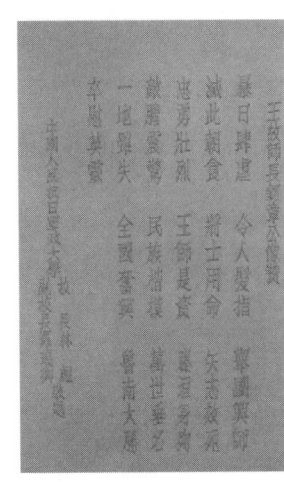

林彪 畫傳

王故師長銘章公輓辭

暴日肆虐　令人髮指　荼讀舆卿
減此賴食　稽士同命　矢志毅深
忠勇壯烈　王飾是賓　滿江戈名
獻贈蒼鶯　民族洲模　萬世芳名
一坭擴矢　全國蓄英　殿南大厲
卒既垂竪

中國人民抗日軍政大學校　校長　林　彪　題詞

1938 年 3 月，抗大校
長林彪與副校長羅瑞
卿一起為台兒莊戰役
滕縣戰鬥中殉國的國
民黨第 122 師長王銘
章寫的輓詞

180 箱。

　　林彪的傷勢仗著年輕，很快好轉。

　　養病期間，他並沒有閑著。就在負傷的當月，林彪回想十多年來打的大仗小仗，在平型關作戰經驗的基礎上，寫出抗日戰爭的 15 點經驗[12]。

　　毛澤東仍要林彪擔任抗大校長。

　　5 月 2 日林彪到任，在抗大講《抗大的教育方針》[13]。毛澤東為他的講演記錄稿作了修改，將 "我們要無條件的進攻，有條件的防禦" 一句，改為 "我們作戰要以進攻為主，防守為輔"。當晚毛澤東寫信給林彪，指出無條件的進攻一語不妥，進攻也是有條件的，但進攻是主要的，基本的，中心的。

　　說是抗大教育方針，實際上是林彪在養病期間研究日軍和國民黨軍的成果。他分析了日本和中國在戰爭中的長處和弱點，認為在軍事上，應該採取進攻戰法，失利的基本原因是採取了消極防禦。後來改

抗大合影，林彪（後排左一），羅瑞卿（後排左二）

林彪正在給抗大學員講課

變了這個戰法，就有了台兒莊的勝利。中國地域遼闊，我們有幾千萬萬個山頭，有幾萬萬條路，怎麼去守呢？南口的天險，娘子關的天險，我們曾經是守過的，日軍不攻，繞過去了。本來我們的長處因為防禦戰反而變成了弱點。如果我們採取進攻的戰法，我們作戰的迂回地區廣大，我們可以隨意選擇有利的機會消滅敵人，敵人想要包圍我們是辦不到的，這樣一來我們就發揮了"地大"的優點，而戰勝敵人。

　　林彪認為：歷史上的一切天險，在今天立體戰爭中，已大大地減弱了其價值，甚至失去其作用了。今天的戰爭要想防禦，必須建立鞏固的要塞，可是我們中國過去沒有注意這個問題，只是依靠歷史上遺留下來的城，根本就不能抵禦強大的火力。現在如果全靠造新要塞，錢也沒有，時間也來不及，在這種情況下，如果我們採取單純的防禦，便是要暴露我們的弱點，而必然地要失敗。要實現防禦，必須要有強大的火力網，但我們的火力不行，要採取防禦更暴露我們的弱點。另外我們的步兵多，這是突擊的力量，是衝鋒肉搏的力量，對於

林彪在抗大作報告

林彪在抗大講課

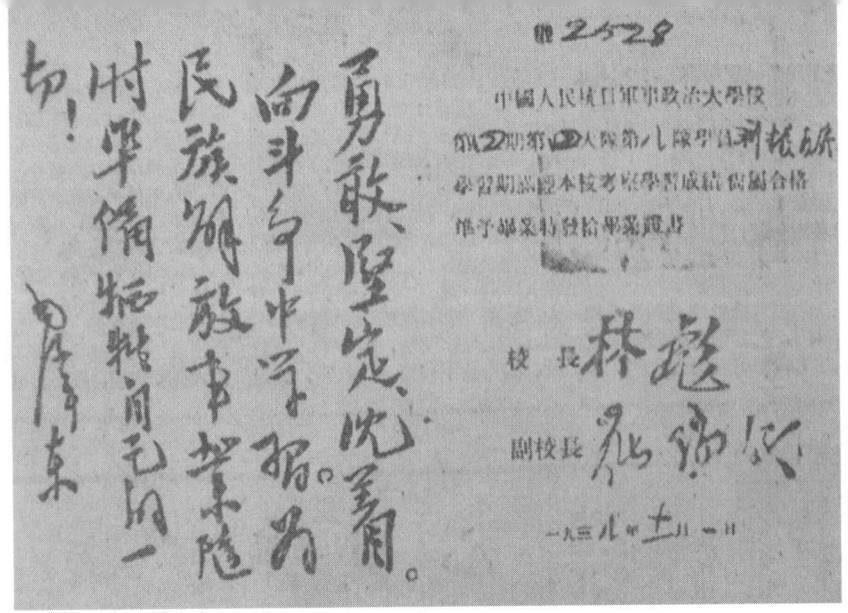

1938 年 11 月由林彪，羅瑞卿簽署的抗大畢業證

進攻是有利的，這是我們的長處。如果採取防禦，這個優點便不能發揮。相反地，日軍可以調動幾十門大炮向我們轟擊，可以調動一個師進攻我們一個團，還有飛機配合。在南口和上海戰鬥中我軍損失很大。目前在我軍火力比不上敵人的情況下，單純防禦，只能更增加敵

時任抗大校長的林彪正在訓話

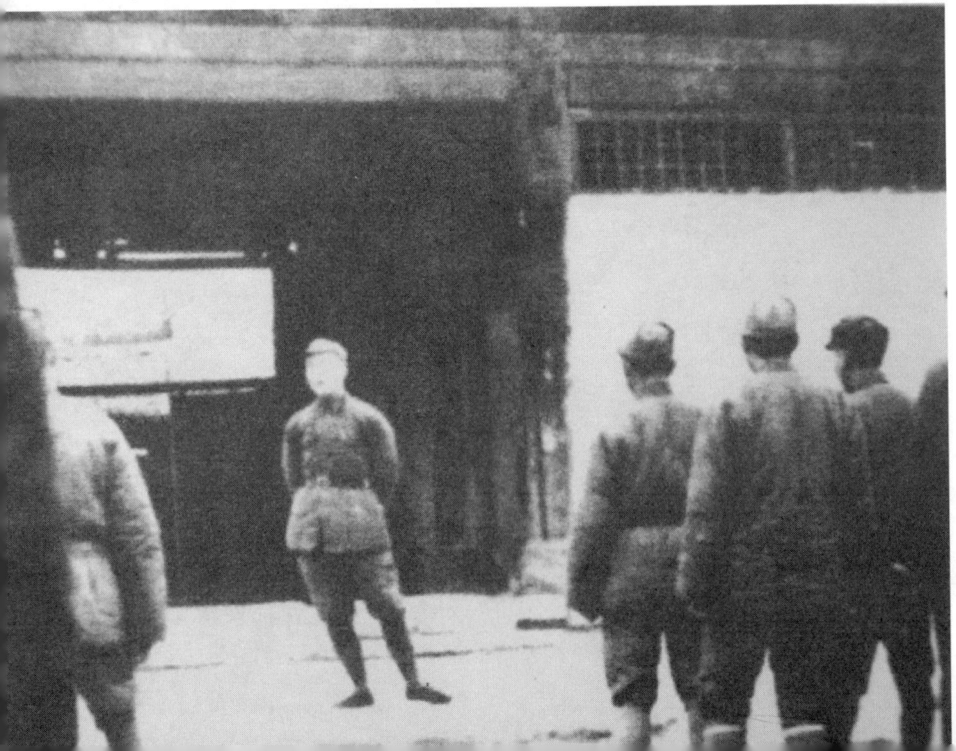

抗日軍政大學師生集會

人的長處，掩蓋敵人的弱點。同時更加暴露我們的短處。

　　林彪列舉了九條，證明防禦的壞處和進攻的好處。那爲什麼中國軍隊過去很少採取進攻，而多採取防禦呢？因爲錯誤理解"防禦戰"、"持久抗戰"、"守土抗戰"、"焦土抗戰"等名詞的意義和內容，錯誤地把政治鼓動口號（如"不失一寸土地"）運用到軍事行動中，防禦成了他們當時的觀念。

　　國民黨某師師長對林彪說：我們本來可以向敵人進攻，消滅敵人的，但是因爲吃了"守土抗戰"的虧。如果不是"守土"二字，那麼我老早會攻擊前進，就會消滅敵人了。

　　5月22日，林彪又在抗大三期全校幹部會上，作了長達數小時的報告[14]，還是三句話不離軍事本行。林彪說：在保安的時候，我們的教員只有三個，也沒有專門的職員。那時我是校長，同時也是學生。

但在第三期我們培養了許多教職員，學生的數量也大大增加了。今天我們已經有300多教職員和4000多名學生。我們的學校是一部機器，學生是原料，加上我們的努力，就可以產生許多堅強的抗日幹部來。我們在第三期造好了這一部機器，這對於抗大的發展是有很偉大意義的。我們建立和創造了教育的理論和教育的制度與方法，這一個成績不是一下子得來的，而是經過我們教職員在無數次的會議中討論、檢討，經過我們在實際鬥爭中得來的。教育的理論、制度和方法是一期比一期發展，到了今天，我們無論在行政與教育各方面都有一套的章程、原則和方法，而且成為制度，成為行動，成為習慣。因此，今後我們抗大已不是首創的，不是在黑暗中摸索的，而是已經有了一個很鞏固的基礎。我們的教育計劃能夠有組織有規律地進行。

林彪說：第四期更擴大了，有4000多學生。……我們肯定地提出，我們要把他（她）們造就成為初級的軍政幹部。我們應該給他

林彪在抗大既當先生，又當學生，這是他和毛澤東在抗大聽課

抗日軍政大學校長林彪

（她）們一些本領，一切的學習和動作我們要求正確，不是淺淺的，而是深入的，不是大概的，而是詳細的，特別是進攻戰鬥，我們要打下一個基礎。要將他（她）們從老百姓變成軍人，除了學習理論之外，還要學習實際的動作，軍人的姿勢，習慣、紀律，要完全學會。我們要有禮節，要整理內務，要做制式教練，要搞緊急集合，要服從命令，這些都是與老百姓不同的，都是老百姓所不注意的，但我們要注意，我們要完全練成軍人！……我們的學校是空前沒有的學校，我們要使他（她）們懂得由"抗大"交來出去之後，將來便可以創造出許多小的"抗大"。

　　這一篇講話很長，講了教育的內容，計劃、方法以及教員、教材、經濟、黨的問題，以及領導的原則。林彪著重講了經濟問題：我們學校的人是增加了，我們學校的錢並不可能增加，而且我們現在正處在戰爭的情況，物價一天天漲，這裏也說明了我們學校的經費是很困難的，而且一天比一天困難。我們必須動員全體同志的力量來克服這個困難。在前線作戰的隊伍經費也很困難，但是物價是比較便宜的，而且還可以沒收漢奸的財產。我們後方就沒有這些條件。不過我們也有我們好的條件，這就是時間和人力，我們可以利用這些時間和人力來辦理許多事。第一，可以種菜、養豬、養羊、養雞，我們有許多人力，還有許多的肥料，所以這些完全可以辦到的。這些東西不但可以供給現在吃，而且可以供給多天吃；不但自己吃，而且可以出賣。第二，我們可以做生意。大批地買進貨物是比較便宜的，我們可以派人專門做這件事，起碼我們不受商人的過分剝削，而且我們除了自己用之外，還可賣給別人。我們還可以開被服廠。所用的衣服自己做，而且能夠代辦八路軍的被服，爲八路軍而建設。第三，利用學生

毛澤東（右二）和抗大校長林彪（右三）、副校長羅瑞卿（右一）

毛澤東和林彪在延安合影

的許多關係去開展廣大的募捐活動，這一點全校的學生已經在開始熱烈地進行。第四，賣講義，賣文章。第五，節省經費。我們自己可以成立工作隊，做椅子、桌子，蓋房子，比用錢去僱工人好得多。這些就是我們開源節流的辦法。同志們還可以想出更多更好的辦法來解決我們的經費問題。

在抗大第四期開學典禮上，林彪講話[15]：我們學校裏，還有一個沒有列在課程表上的課目，這課目沒有很多書本子，也沒有很多大名鼎鼎的教授，這課就是叫艱苦奮鬥，克服困難。因為學校發生許多缺乏，要與這些缺乏作鬥爭，雖然缺乏，還是要幹要學。這課目通常是人們所不容易看到的，然而我們這裏有這一套，這對於戰勝日寇是非常重要的，我們應該學會克服困難的精神。同志們，日寇正在那裏慘殺我們的同胞，侵佔我們的國土，炸毀我們的家園，這是敵人欠我們的一筆血債，我們要向敵人要回這筆血債，驅逐日寇，解放中國！

在養傷期間，林彪還寫了很多關於作戰的論文。１９３８年７月，林彪寫了《論華北正規戰的基本教訓與遊擊戰爭的發展條件》[16]。在這篇一萬餘字的論文中，林彪總結了華北抗戰的教訓，並談了華北地區向遊擊戰爭轉變的有利條件及不利條件，林彪認為自盧溝橋開始的正規戰，到臨汾失陷後，即一般地宣告結束，而轉入了以遊擊戰爭為主的（正規戰則極少）新的時期。

8月，林彪寫了《關於軍隊領導問題的報告》[17]。他認為基本有三點：一是軍隊戰鬥力的提高，二是鞏固部隊，三是擴大部隊。軍隊的基本目的是戰鬥，軍隊在任何方面離不開此點。軍隊的數量和質量是不同的，同樣一個部隊，雖數量、武器、裝備、歷史方面都是一樣，可是作用上有極大的差別，有的表現很強的戰鬥力，有的就完不成作戰任務，攻也攻不上，守也守不住，退也退不了。有的人家不能繳槍它能繳槍，人家不能戰勝它能戰勝。我們所講的是要軍隊質量之提高，能以少勝多，以一當十。譬如軍隊在進攻上往往幾千人不能攻下，因為是烏合之眾，但有幾百人能攻得下，或幾千人不能守得住，但有幾百人能守得住。首先是政治自覺。第二是提高戰鬥力的教育，指揮員要有很好的戰術素養，戰士有很好的技術鍛煉。第三紀律，要

1938年底，在西安八路軍辦事處合影，左起：
謝覺哉、李天佑、林彪、趙品三、鄧小平。

林彪擔任抗大校長時經常請毛澤東來抗大講課

使老百姓變成軍人，非經種種制式教練不可，還有就是整理內務。這非我們採用，在最進步的蘇聯紅軍中亦用，而其他帝國主義國家更注意。

　　1938 年 8 月 26 日，林彪給抗日前線將士寫了一封慰問信[18]：前線英勇抗戰的將士們：為著驅除日寇，為著復興民族，你們英勇頑強

155

地戰鬥已一年多了，已把日寇三月滅亡中國的幻想粉碎了。中國的國際地位空前地提高了！盼望你們繼續堅持戰鬥下去，把獸性的侵略者葬埋下去，把中華民族在地球雄偉地站立起來，使中華民族成為獨立自由平等的樂土！祝你們健康。

　　林彪經常請毛澤東等黨的領導人來抗大作報告。毛澤東在抗大講過26次，除1945年的一次講話外，全是在1938年至1939年林彪擔任抗大校長期間來抗大的講話。毛澤東在講演中說：全國只要有500個林彪，就能打敗日本。他還以林彪為例，說明到抗大來最主要的是學習一種革命精神，林彪是黃埔畢業生，只是學習了四個月，比你們多兩個月，學到了什麼呢？四大教程一條也沒記住，但是有一件東西是得到的，就是那時的革命精神。

林彪認為蘇聯把他的病越治越壞

　　那一段，林彪邊養傷，邊工作。雖然槍傷恢復得相當不錯，但還是有比較明顯的後遺症。主要是神經方面，延安的醫生 "山窮水盡" 了，黨中央決定送林彪到蘇聯進一步治療。1938年5月14日，毛澤

林彪（左四）在蘇聯時的合影

東給林彪的信中提到動身之日。但直到年底，蘇聯的飛機來，林彪和妻子張梅（劉新民）才一同到達莫斯科，住在莫斯科共產國際宿舍，這一去就是三個年頭。

林彪一生在蘇聯治過兩次傷。除了這一次，還有一次是１９５０年，兩次都是越治越重。李文普回憶：林彪在平型關負傷後，醫生診斷為交感神經受損，因而導致他對冷熱的敏感。林彪第二次去蘇聯治傷，洗含硫量很高的

1940年林彪（左）和李天佑在蘇聯

溫泉，使他的汗毛孔張開不能迅速閉合，容易感冒，所以林彪非常怕出汗。林彪曾說：我身體不好，一見人敬禮，就容易緊張出汗。出汗在別人是好事，在林彪卻是"大病"，以至於他怕"出汗"怕到了極點。在雙城時，他一出汗就什麼事都不能幹了，面孔沒有一點血色。

張清林[19]回憶：林彪對蘇聯專家非常不滿意，甚至罵他們。林彪這個人，除了葉群惹怒他，連打帶罵外，對外人都是文質彬彬，從不說一句粗話。他能破口大罵蘇聯醫生，肯定是忍無可忍了，反正中國話他們也不懂。

有一次聚會，有人說將來中國會和蘇聯一樣好，林彪馬上否認：將來中國會比蘇聯更好。毛澤東很驚奇，是這樣麼？林彪說：中國肯定會超過蘇聯的。解放後不久，林彪對毛澤東說：中國只要２０年就能超過蘇聯。

張雲生回憶：林彪對蘇聯沒有什麼好感。我給他當了四年秘書，只聽他提過一次蘇聯人，而且只有一句，說羅托夫當過蘇聯派駐中國

斯大林

莫斯科

的專家組長，這個人我認識。

　　據說林彪在蘇聯出席斯大林的宴會，斯大林向
他敬酒，他無論如何也不喝。當然林彪不喝酒，但
至少應該意思意思呀。斯大林都有些生氣了，林彪
仍然不喝。

　　從林彪嘴裏，從來沒有說過蘇聯好。他憎惡斯
大林的大國沙文主義，以及專制殘暴。蘇聯1935年
第一次授了五位元帥，三位在衛國戰爭前夕被斯大
林槍決[20]。林彪在蘇聯接觸過被斯大林迫害的元帥
和將軍，對蘇聯的制度極端失望。但斯大林對林彪
的印象極好，稱他是"天才戰將"，有人曾當面問林

彪：是不是斯大林要用兩個師換您？林彪笑了，說不是。

1939 年春，德軍佔領丹麥和挪威後，集結重兵，準備進攻法國。盟軍擬用馬其諾防線抵擋。蘇聯雖是中立國，但密切關注戰局的發展。在一次酒會上，斯大林問如何判斷德軍的意圖和部署。大多的蘇聯元帥估計德軍會攻擊馬其諾防線的中段，將傷亡慘重。林彪卻獨樹一幟，說不要過於看重馬其諾防線，工事是死的，人是活的，如果德軍繞開，馬其諾防線將成為一堆垃圾。幾個月後，果然如林彪所料，希特勒命令德軍繞道，以閃電的速度直插法國腹部。

1939 年 8 月下旬，時任蘇聯紅軍少校的劉亞樓說蘇聯和德國簽定互不侵犯條約了，希特勒不會再打蘇聯。林彪說這是希特勒沒有準備好。一旦他準備好了，一定要打蘇聯的。1940 年 9 月，蘇軍統帥部召集軍事會議，邀請林彪參加。蘇聯元帥全認為，德國將先攻佔最富饒的烏克蘭。林彪沒有說話，斯大林一定要聽聽他的意見。林彪認為：希特勒如果攻打蘇聯，不是要掠奪蘇聯的財富，而是要消滅蘇聯，所以他不會從烏克蘭打，他將從西線進攻，從波羅的海到喀爾巴阡山，全線向蘇聯進攻，佔領莫斯科。與會者都搖頭，蘇聯的主要兵力仍部署在烏克蘭。但不幸被林彪言中，1941 年 6 月 22 日，德國對蘇聯不宣而戰，進攻的線路完全如林彪所料。斯大林熱情地說：林彪同志，你參加我們的衛國戰爭吧。1941 年底，林彪發電報回國請示。很快毛澤東回電，讓他立即回國。

毛澤東拉著林彪的手，久久不放

1941 年 12 月 29 日，林彪坐蘇聯軍用飛機回到新疆。一到新疆迪化[21]，新疆長官盛世才就電告了蔣介石。蔣介石令蘭州和西安等地一律不許留難，所以林彪從迪化到延安一路順風。

1 月 5 日，林彪飛抵蘭州，受到國民黨軍政要人的宴請。

1942 年 1 月 31 日，專門從前方趕來的胡宗南與林彪長談。林彪根據毛澤東的指示談了國共合作的必要，並談了兩黨的分歧。胡宗南當即表示願意重新調整與陝甘寧邊區的關係，可以考慮為八路軍補充

毛澤東迎接從蘇聯治病歸來的林彪，與他親切握手

武器，並讓八路軍幹部到戰區醫院看病。以後胡宗南專門派軍醫處長到八路軍西安辦事處出診。胡宗南還親自押車爲林彪送來大批的軍事書籍，毛澤東如獲至寶。

2月，重病的張浩托人帶口信給逗留西安的林彪，叫他趕快來延安見最後一面。2月14日，林彪乘西安八路軍辦事處的卡車回到延安。

時任中央書記處辦公室主任的師哲回憶：毛澤東聽說林彪回來了，一大早就去接。朱德和周恩來回延安毛澤東沒接過，他不明白爲什麼去接比他們地位低得多的林彪？

毛澤東拉著林彪的手走進窯洞，滿面笑容，邊走邊說。還親自吩咐伙房爲林彪搞飯吃，讓林彪住在楊家嶺，離他近一些。

那些天，黨中央機關報《解放日報》用了大量篇幅報導林彪的消息。

2月13日三版《平型關大捷指揮者林彪師長傷癒返國》。

2月14日三版《林彪師長返延，沿途備受熱烈招待，與地方當局晤談甚歡》。

2月16日三版《115師全體指戰員致電歡迎林彪師長》。

2月17日晚，延安機關幹部1000多人在中央禮堂舉行歡迎晚會，歡迎傷癒返國的林彪和從前線回來的120師師長賀龍，許多人站在門外，等著看一眼抗戰名將林彪。毛澤東和朱德都來了，主持會議的謝覺哉請林彪先講話，林彪說該受歡迎的不是我，而是從前方歸來的賀師長。林彪說：我們黨的領導機關，不但應該是戰爭的堡壘，而要成爲要塞。蘇聯的黨能把俄國建立成一個強國，我國的建國條件強於蘇聯，我們應該建立世界更強大更幸福的國家。我們的黨在正確的指導下，一步一步去做，才可以正確執行統一戰線的任務，我們要忠於我們的民族，忠於我們的黨，忠於我們的領袖。

2月18日三版報道：昨晚幹部歡迎晚會，林彪同志暢談蘇聯已獲得戰爭主動權。

林彪師長返回延安

幹部歡迎晚會上，林彪暢談蘇聯獲得戰爭主動權

115師全體指戰員熱烈歡迎林彪師長

毛澤東讓林彪當"談判大使"

毛澤東認爲林彪具備多方面的才幹，而不僅僅是軍事天才。他在談判方面也很有作爲，不光是他有平型關這塊金字招牌，他還很有統戰工作的口才。毛澤東在給劉少奇[22]、彭德懷的電報中專門讚揚林彪，說林彪返回延安時身體好了許多，惟尚須休養。他在蘭州、西安的統戰工作做得很好，與胡宗南諸人曾有深談。據林彪說，國民黨的統戰工作很可開展，要我告你注意。

1941年皖南事變，國共關係降到抗戰以來最低點。在國內外輿論的壓力下，1942年7月21日和8月14日，蔣介石兩次約見周恩來，先提出派代表去延安談判，後又說到西安約見毛澤東。周恩來分析：看不出蔣有何惡意，但爲了毛主席的安全，還是不見好，由林彪爲代表，到西安見蔣。毛澤東採納了周恩來的建議。但僅隔一天，毛澤東改變主意，他要親自見蔣。周恩來認爲時機不成熟，中央政治局決定先派林彪探探路再說。毛澤東再次電告周恩來，蔣到西安後，先派林彪去見，然後我去見，有益無害。周恩來第三次表示不同意，提議林彪不將話說死，看蔣的態度及要解決的問題，再定毛主席是否出來。

周恩來力薦林彪，是因爲林彪是蔣介石的學生，又是國內外名氣很大的抗日將領，再加上他回國後在烏魯木齊、蘭州、西安做的統戰工作頗有成效，由他見蔣介石比較有利。蔣介石不敢輕易把林彪扣起來。如果扣林彪，說明蔣不抗日，美英等方面也會幫著中共說話。但對毛澤東就不同了，蔣介石極有可能像對待張學良一樣，把毛澤東長期扣留。

司馬璐[23]回憶：蔣介石一度不願意接見周恩來，國共談判幾乎中斷，毛澤東改派林彪爲代表，林蔣會談十分愉快，中共獲益不少。蔣介石曾對白崇禧、李宗仁[24]、何應欽說：黃埔軍校數千名教官和學生，都是灌注了我畢生心血而培養出來的，爲什麼有才華的都跑到共產黨那裏去了呢？

1942年9月初，中共中央得到國民黨方面的通知，林彪可於日內赴西安見蔣。9月14日林彪在伍雲甫[25]陪同下，前往西安，同行的還有國民黨軍駐延安聯絡參謀。因陝北下了一場數十年不遇的大雨，山洪暴發，路面被水沖壞，走得很慢。林彪9月17日到西安時，蔣介石已經回到重慶。他留話讓林彪到重慶來面談，又說9月沒時間，要林彪等一段時間再去重慶。

9月17日，林彪給毛澤東發電，告知蔣介石已走，並詢問他是否到重慶去。9月18日，毛澤東回電，囑他在西安等待，並利用此機會與各界多交談，然後再赴重慶見蔣介石。林彪在西安住了下來，登門拜訪了李宗仁及黃埔同學胡宗南、范漢傑等。還與國民黨談判代表張治中[26]見了面。

9月29日，林彪坐國民黨的軍用卡車走了十多天，10月7日到達重慶。10月13日，林彪在周恩來陪同下見蔣介石。林彪說：毛澤東非常願意與校長見面，但他近來患感冒，身體不適，又怕耽誤國事，特地命學生前來與校長洽談。蔣介石開始對林彪的談話還有興趣，但一聽到內戰危險，便不耐煩起來，頻頻看表，遂約林彪再談。

10月16日，周恩來和林彪應約會見張治中，林彪提出"三停三發兩編"，即停止全國軍事進攻，停止全國政治壓迫，停止對《新華日報》的壓迫；釋放新四軍被俘人員，發餉，發彈藥和允許中共軍隊編兩個集團軍。張治中將話頭打斷，建議林彪先同各方面多談，然後再同他談。以後周恩來和林彪同劉為章[27]會談，劉表示一切都可以談，但要周恩來和林彪先與張治中談。

林彪的重慶談判基本沒有什麼進展，但是看了不少戲和電影。

《伍雲甫日記》中記載：1942年10月18日：晚餐後8點半至戲院（精神堡壘附近），電影尚未散場（因是借用影院舞臺），等至9點餘才入場，我們一路有恩來、小超[28]同志及邀請之二客人，林（彪）師長與餘共6人，因系榮譽票，故座位較前列。劇名《法西斯細菌》，夏衍作劇，洪深導演。

10月26日，周恩來致電毛澤東，認為林彪此行可以完成兩個任務，一是緩和雙方的表面關係，二是重開談判大門。《伍雲甫日記》記載：林彪到重慶後，活動比較多，除國民黨一些要人不斷來看他

林彪（右一）和駐在延安的美軍觀察組一起研究敵情

外，他也常出去訪友，還遊覽了朝天門、歌樂山等風景名勝。

11月8日：晚餐後，曉梅邀至曾家岩同董老、林（彪）師長、徐冰、飛虎等一路至國泰觀漢劇，有《楊襄教槍》、《探花》、《二進宮》、《轅門斬子》等節目，頗精彩。須生吳天保扮楊六郎，唱工做工都好，該劇隊主角云。

11月15日：下午1點與林（彪）師長、龍飛虎等在第一劇場觀平劇，有《寶蓮燈》等鬧劇。下午8點回紅岩嘴。

1943年4月10日：下午進城，在曾家岩晚餐後，與董老、小超、林（彪）師長、子正等赴抗建堂看話劇《小主人》，描寫海濱漁家被日寇破壞，兒童流浪，遭受摧殘。編劇陶行知，導演董林肯。

1943年4月17日：（下午）2點同董老、林（彪）師長至道門口看《家》，原著巴金，編劇曹禺，導演章泯，中國藝術劇社公演。

《伍雲甫日記》中記載看戲（電影）有18次，林彪只去過五次。看來林彪在鬧市重慶，仍不喜歡熱鬧。

林彪在蘇聯潛心讀兵書

林彪剛到重慶時，國民黨中的黃埔同學包括戴笠[29] 多次宴請他和周恩來[30]。

10月17日，唐縱[31] 等國民黨官員以黃埔同學的名義專程去看林彪，並請林彪吃飯。唐縱問林彪：聽說你在蘇聯住了多年，是否在學習？林彪說：我在蘇聯主要是治傷，傷勢好轉後，便主動向蘇聯方面要求學習機械理論，以備將來建設國家之用。蘇方根據我的要求，安排我到莫斯科一所大學旁聽機械化方面的課程。唐縱在日記中寫道：據林（彪）說在蘇聯學習機械化。

林彪對他的黃埔同學說：中國共產黨對國共合作甚有誠意，對蔣介石領導抗戰，也是擁護的。現在最要緊的是兩黨要加強團結，不能搞磨擦，也不能搞內戰。團結搞好了，就可贏得抗戰的勝利。蘇聯的工業和農業機械化在迅速發展，軍事現代化的步伐也很快。過去中國的農民拿菜刀、土槍可以造反，現在就不行了。要贏得戰爭的勝利，非得有飛機大炮不可，而要造飛機大炮，就必須大搞工業，建設好國家，國家有一個和平的環境，才能造得出機器、飛機、大炮。

但實際上，林彪在蘇聯從未學習過什麼機械化，而是潛心研究古今中外的軍事理論、蘇德戰爭以及學習俄文。

從林彪到蘇聯治病後，一直到東北解放戰爭，整整六年，林彪基

中國共產黨領導人和美軍觀察組合影，林彪（左一）、周恩來（左二）、朱德（左三）、毛澤東（左六）

本上沒寫文章。尤其是他在蘇聯這一段，是他一生中的空白。幾乎所有的林彪傳記中，都極少談到林彪在蘇聯的歲月。但是林彪在他以後的文章中，時不時地"掉書袋"。對比他去蘇聯前後的講話，像變了一個人，引經據典，說蘇軍如何如何，西方軍隊如何如何，由此露了"馬腳"。

林彪如饑似渴地閱讀古今中外的兵書，還經常到蘇聯伏龍芝軍事學院去聽課，參加軍事學術討論會。十多年的戰爭實踐，又經過蘇聯的"軍事大學"，林彪的指揮水準怎麼可能不更上一層樓？這也就不難解釋東北解放戰爭為什麼林彪打得如此漂亮。

40 年代，周恩來和林彪在重慶合影

12 月 16 日，蔣介石再見周恩來和林彪，談了 45 分鐘。蔣介石說：對統一和團結問題，國民黨是有誠意的，還對林彪說：如果你不離開重慶，有時間可以去找他；離開重慶後，如果再來也可以。當林彪再提新四軍問題時，蔣介石很不高興，打斷了林彪的話頭，指定張治中繼續與林彪商談。費了半天口舌，蔣介石只辦了一件具體事，答應給八路軍藥品。

12 月 18 日，毛澤東致電周恩來、林彪，提出與國民黨交涉的幾點意見。周恩來和林彪很快擬好與國民黨談判的四個條件，主要是共產黨合法化，擴編 4 個軍 12 個師，邊區依現有區域改成行政區，戰後原則上接受開往黃河以北的規定。如果國民黨方面認為可談，即請委員長指示林師長留下繼續談，如認為相差太遠，則請委員長指示他的具體方針交林師長帶到延安商量。蔣介石認為條件相差太遠，仍以皓電為基礎談判，而皓電直接導致皖南事變的發生。毛澤東下了很大決心，最後同意以皓電為基礎。林彪在重慶的談判沒有取得任何進展，國民黨已決意不再談，林彪在重慶除了會會老同學，再無事可做。

　1943 年 3 月 30 日，毛澤東致電林彪和周恩來，提出周恩來回來，林彪留下，或周、林均回，但仍需向蔣介石提出見一面。蔣如不見，則林彪獨回延安，留在八路軍辦事處和新華日報社的工作人員愈少愈好。

　6 月，張治中正式通知周恩來：由於前方磨擦繼續，情況不明，談判須擱一擱。周恩來提出：林彪回延安，如要談時可再來，他自己也擬回延安一趟。並希望蔣再見林彪一次。

　6 月 7 日，蔣介石接見周恩來和林彪，表示允許周恩來回延安，這是自皖南事變兩年半來蔣介石第一次答應周恩來回延安。毛澤東接到周恩來的電報，指示他們速回，盼他們 7 月 1 日趕回延安，共商七七宣言。

　6 月 20 日，周恩來和林彪在重慶卡爾登飯店宴請黃埔同學，算是告別。

一九四三年六月底，林彪和周恩來乘車由重慶返回延安，這是離開延安前的合影

1938年10月，中共六屆六中全會部分代表合影。最後一排：毛澤東（右一）、張浩（右二）、林彪（右三）

中共六屆六中全會舊址——延安橋兒溝天主堂

6月28日，林彪與周恩來等一行坐車從重慶返回，繞道寶雞到達西安，毛澤東電報囑咐他們在西安與胡宗南交涉該部可能進攻邊區的事宜。延安舉行三萬人紀念抗戰六周年大會，並緊急動員，通過了反對內戰的通電。本來胡宗南預定進攻延安的日期是7月9日，因7月4日胡宗南收到朱德揭露國民黨軍有進攻邊區意圖的電報後，蔣介石同意罷兵。

周恩來和林彪在7月9日這一天到達西安，分別會見胡宗南、鄧寶珊[32] 等。7月13日，周、林致電毛澤東：根據連日接洽及研究結果，蔣令胡宗南準備進攻尚未到行動階段，中央考慮戒備有必要，但延安民眾大會通電刺激太甚，重慶、西安暫緩印發。

當天周恩來、林彪離開西安，7月16日安全返回延安。毛澤東、朱德、劉少奇、任弼時[33] 等人前往迎接，中共中央專門舉行了一次盛大的歡迎晚會。

林彪在七大強調群眾工作

直到抗戰勝利，林彪再也沒有出去。毛澤東特別關照他好好休息，只給他一個掛名的中央黨校副校長，並不過問具體工作（此時延安除整風、審幹外，沒有任何緊急工作）。因爲對蘇聯冤假錯案的深刻瞭解，林彪在延安時與大搞"搶救運動"的康生[34] 一直保持距離，對審幹、"搶救"持沈默態度，完全置身於運動之外，這成了他以後的一貫作風。

在這一段，有關林彪的消息極少。

但虎臥深山的林彪仍在關注和研究軍事問題，他深知"天"將降大任。

1944年9月26日，林彪與毛澤東、賀龍、高崗[35]、陳毅、聶榮臻以及美軍觀察組的包瑞德等，在延安東關大操場觀看八路軍留守兵團模範學習代表舉行的投彈、射擊、刺殺等七項軍事技術表演。11月，林彪在陝甘寧邊區部隊高級幹部會議上作《今年怎樣練兵》[36] 的

在中國共產黨第七次代表大會上，林彪當選為中央委員

報告。

　　林彪說：大家看過蘇聯那一本書吧！這樣厚，就是講的普通步兵
戰術。根據什麼東西來教戰術呢？我想三個方面：一是指揮員的意
見，一是書本上的意見，一是戰鬥員的意見。不能完全照搬書本，但
很多可用，蘇聯的操典也好，日本的也好，法國的也好，很多是可以
參考的。書也是各種經驗的總結，我們應當採取其中有用的經驗，去
掉沒用的。戰鬥員的意見，也很重要。他們常有很寶貴很實際的經
驗。至於指揮員的經驗，那是更寶貴的了。我們要從這三樣中選擇好
的，去掉壞的。林彪說：過去的仗和將來的仗，是不同的。拿抗日幾
年的經驗來說，過去打的是襲擊仗、遊擊仗，即是說很多的小仗，打
大仗有沒有？有！但是不多。將來是要打大仗。過去我們的官長、士
兵誰都有一些戰鬥經驗，但僅靠這種戰鬥經驗用到將來的戰鬥中那是
不夠的，我們還要學習過去經驗上沒有的而將來會遇到的新情況與新

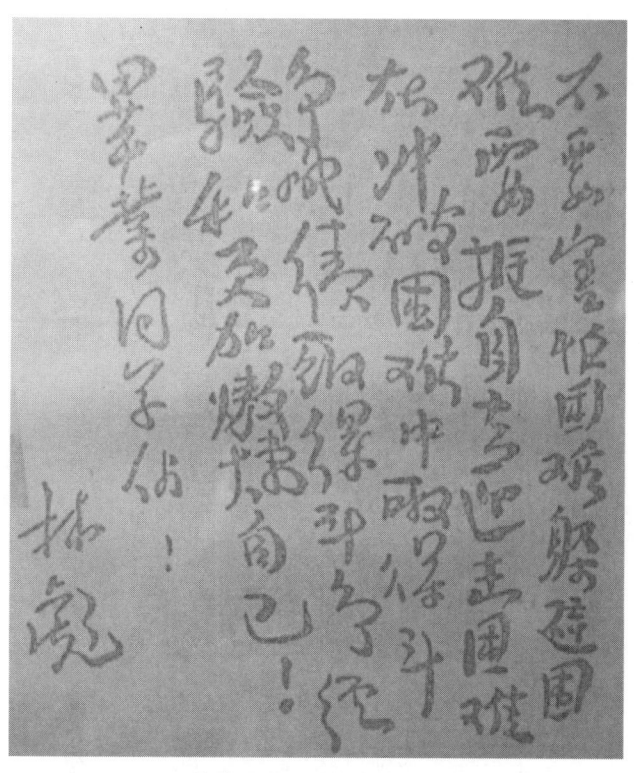

林彪題詞：不要害怕困難

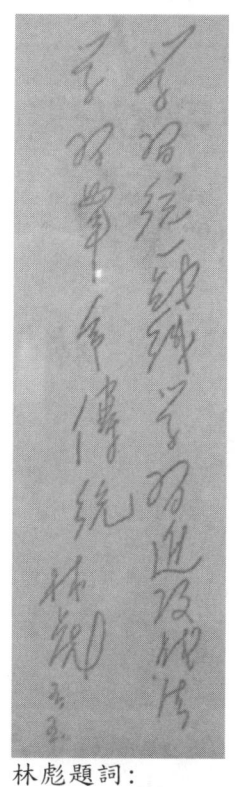

林彪題詞：
學習統一戰線

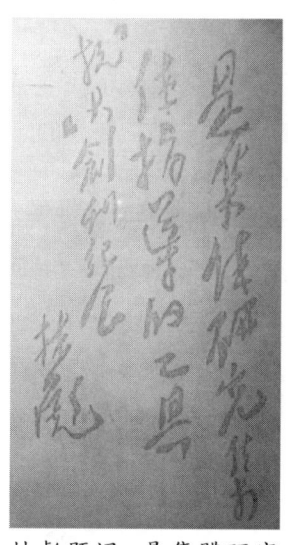
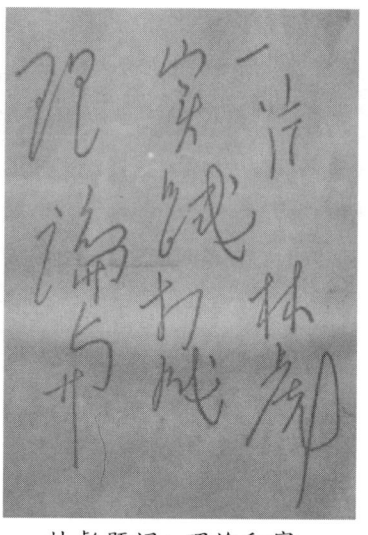
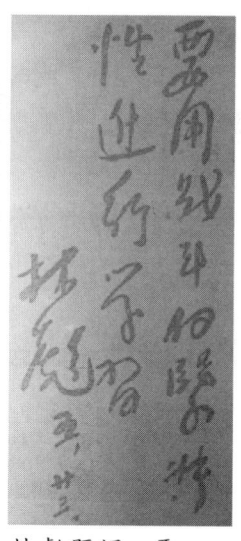

林彪題詞：是集體研究集體指導的工具，抗大創刊號紀念

林彪題詞：理論和實踐打成一片

林彪題詞：要用戰鬥的緊張性進行學習

任務。幹部學習應該是以打小仗、打遊擊仗為主呢？還是以打大仗為主呢？應該以打大仗的課目為主。特別是團級、旅級幹部，要學打大仗的指揮，學習戰術知識、學新武器的知識和起碼的數學知識。這些東西必須要抽一點時間來學，因為這些東西不是三幾天可以學會的，而是要有比較長期的修養才行。團級、旅級幹部要採取自學的方法，自己讀書。自己再學不會時，可以請人教一點。我們要知道將來的作戰，必然要轉入打大仗的，轉為大兵團行動的正規戰，這是客觀的需要，是必然要實現的。現在德國垮得差不多了，日本在太平洋也正在垮著，反攻的形勢是一定要到來的。所以我們一定要有準備，不然就要落後。目前這個問題，雖然在行動上尚未成為現實的東西，但在思想上，應該把這種準備擺在面前。假使我們沒有準備，將來就要發生困難，所以我們每個人都要提高，特別是高級幹部。我們要知道由小的戰鬥到大的戰鬥，這是一個轉變，這不僅是觀念上的轉變，而是客觀行動的轉變，單一的步兵作戰要變成聯合兵種作戰，簡單的武器作戰要變成複雜的新武器作戰，無後方的作戰，變為有後方的作

1945年4至6月，七大在延安舉行。圖為七大會場

在黨的七大會議上，右起：林彪、聶榮臻、劉少奇、毛澤東、朱德

時任129師政委的張浩（林育英）　　　　林彪堂兄張浩（林育英）

朱德為張浩守靈

戰。我們過去作戰，一般是進攻敵人，但是在打大仗的時候，又要有進攻，又要有防禦。防禦指揮比進攻還複雜，要發生許多困難。我們打小仗時，往往是獨立作戰，要打就打，不打就走，想怎樣幹就怎樣幹，也用不著什麼聯絡，就沒有聯絡這一條。但是打大仗就不同，局部戰鬥要服從整個戰鬥任務。整個戰局不需要你那樣打的時候，就是你能打也不要你打。如果整個戰鬥需要你打的時候，就是你情況怎樣惡劣，不能打也要打。假使不這樣，那就破壞了整個的作戰。……

這番講話也洩露了林彪六年養病的部分秘密。

1945年4月10日，林彪出席中國共產黨第七次全國代表大會，當選為中央委員，票數名列第七，僅比五大書記和林伯渠少一兩票。

5月22日，林彪在大會上作了長達1萬6千字發言[37]。著重談了對群眾工作的認識問題。林彪認為軍隊裏面最缺乏的是群眾觀點，而這恰恰是我們軍隊最需要的，所以他專門作了研究。林彪說：群眾工作是黨的一切工作的基礎。我黨活動的基本特點之一是武裝鬥爭。由於掌握了軍隊，我們才能在過去抗擊蔣介石的鬥爭中勝利地堅持下來；後來在抗戰時期，我們才能保持軍力，並從而增強我們的戰鬥力。……抗戰開始華北情況是如何？我們可以想一想，自從減租減息以後，這個情況又是如何？前後一比，這個原因何在？……十年內戰時期，分了土地的地方，農民拼命作戰，當紅軍當赤衛隊，當擔架隊很積極。沒有分土地的農民就不積極，彆彆扭扭。分了土地的地方，人民對革命堅決，沒有分土地的地方，人民對革命就冷淡。……你們看老百姓天天在幹什麼？老百姓天天不是在談抗日，在談共產黨這一套。他們談的是他們本身的事情，怎樣種田，年成好，每天怎樣做工流汗，怎樣做生意。整天男女大小全在幹這一套，這是老百姓最關心的事情，他們做的是這一套，想的是這一套，說的是這一套。你看中國人見了面說，你吃飯了沒有？蒙古人見了面說，牲口好不好？就是講生活問題。過了年見面時說："恭喜發財"，寫對子時寫一個大"財"字，"招財進寶"貼在門上。老百姓的腦筋思想裏就是這樣的東西，是老百姓的思想，是社會的思想，這是大問題。老百姓最關心這個東西。因此抓住這個東西，就能夠解決問題。……老百姓關心與他們的生活有直接間接關係的政治。我們是共產黨，講共產，我們過

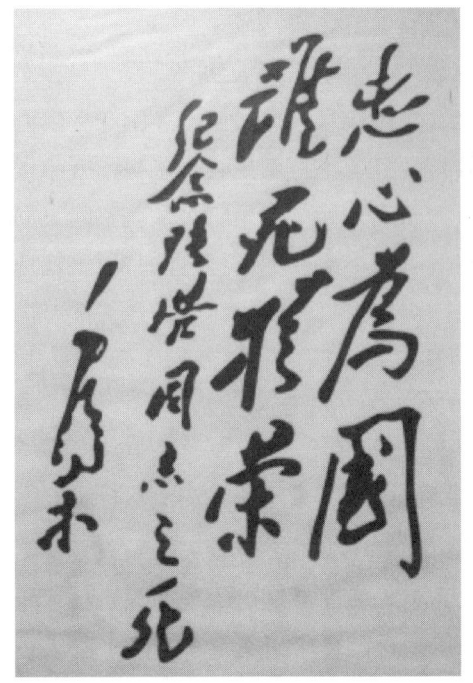

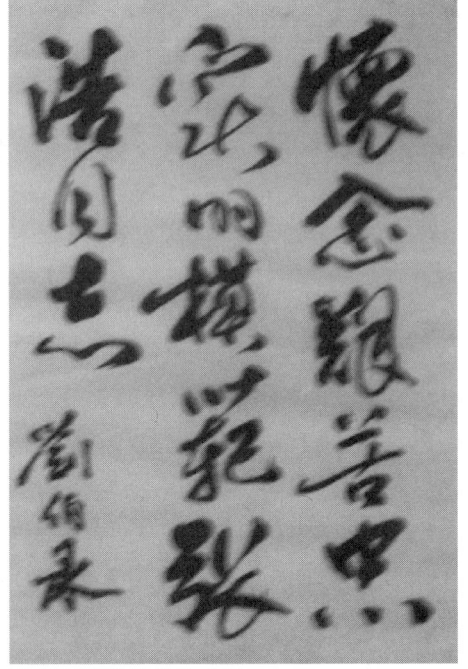

毛澤東為張浩之死的題詞　　　　　　劉伯承為張浩題詞

去在江西分過田，這最合他們的口味。……黨的名字是從"共"字起，主義中有個"產"字，"共產主義"社會是從"產"字起的。黨、主義、社會都有個"產"字，我們談政治談黨，首先就是經濟問題，我們是拿"產"字作旗幟，我們有的同志，實際上不注意"產"字，忘了本。共產黨員不注意"產"字，那就大大不合格。這是不是馬克思起名字時把名字起錯了？不該起個"產"字，我們不是為了"產"，別有目的？其實沒有錯，我們就是為了"產"。本來可以起其他的名字，中國人民黨，革命黨，解放黨，都可以，但是無論如何我們還是要解決"產"的問題。我們奮鬥的集中目的是作什麼呢？是要"產"，不是私產是公產，大家發財，大家生活過得好。為什麼要革命呢？因為很多人的生活過不下去，要使大家的生活過得好，所以要革命。

林彪說：我在重慶住了八個月，在辦事處周圍就有三四個人吊死，在辦事處的茅屋裏就吊死一個，他們都是勞苦群眾。老百姓生了小孩養不起，丟在街上，有天早晨，辦事處一開門，門外就有一個小孩子。老百姓不能忍受這種生活的痛苦，因而發生騷動的事情是很多的。所以人民是最痛苦的，他們真正是"民不聊生"，處在水深火熱之中。我們為了人民，就是為了拯救人民的痛苦，解放人民，使人民創造世界的力量更大。比如在蘇聯，過去很多人都是沒有知識的，現在都變成了知識份子或工程師，成為有知識的人了。把那樣一個落後的俄國變成了今天的蘇聯，第一次世界大戰時，俄國打了最大的敗仗，日俄戰爭時，俄國也打了敗仗。那時人口比現在多得多，版圖也大，可是還是打了敗仗。這次蘇德戰爭就不同，人口比那時少，版圖也沒有那時大，但是由於人民解放了，就創造了無限大的力量，全世界沒有一個國家能夠趕得上它，在政治上、在經濟上、在軍事上等等各方面的發展，它能夠把所向無敵的德國打垮，一直打到了柏林，把希特勒打死。可見人民獲得了解放，他們的力量有多大、雄厚。蘇聯人口比我們少一半，我們是四萬萬五千萬，他們只二萬萬，如果我們的人民解放了，經過二三十年，比兩個蘇聯還要大，也是所向無敵。而這種創造力可以說是打破人類有史以來的記錄。所以，我們的奮鬥有很大的意義。

林彪說：人民痛苦的事實教育了我們，使我們熱愛人民。

為什麼要依靠人民？單依靠黨自己及軍隊不行嗎？拿我們的力量和敵人的力量比較一下，是不是可以戰勝敵人？不能的。因為敵人力量很強大，現在我們有外國帝國主義的民族壓迫和國內封建勢力的壓迫，這兩個敵人雖然它們中間有矛盾，但在某種時期他們會團結一起來進攻革命的。不管帝國主義也好，封建勢力也好，都比我們的力量大。因為人家有財權，有政權，有傳統的思想統治，過去的學說都替它說話。……幫助我們說話的很少。它們佔有一切，掌握一切，我們的力量打得過打不過它們呢？打不過。怎麼辦呢？只有依靠人民。……毛主席在共產黨內第一個有本事的，能夠發現主要問題。我們在大革命時喊口號"農工商學兵聯合起來"，毛主席就看到中國是個農民國，主要是農民，他就搞農民運動，他搞農民運動講習所，他自己穿著草鞋到農村裏去。

這也是以後林彪在東北努力建立根據地的理論基礎。

毛澤東親自為張浩抬棺材

在中國現代史上，林氏三兄弟非常著名，林彪的兩個堂兄林育南和張浩（林育英）都是中國共產黨早期的創建人。張浩曾對林彪說：我們林家三兄弟，最早去世的是林育南，他實際是被王明[38]迫害死的，我曾向120師政治委員關向應[39]同志談過這件事，也向毛主席和其他同志反映過，中央已經在考慮他的平反問題，你要把這件事再向中央談一下。他是你我的革命領路人，他的冤屈，不是他個人的事情，關係到黨的路線和大是大非問題，我們不為他說話，對不起黨，也對不起他。林彪答應了。林育南早就平反了，而林彪至今仍沒有高層人士為他說話。

1922年，張浩經林育南與惲代英介紹，加入中國共產黨，他曾參加過香港海員大罷工。1924年，張浩去莫斯科共產主義勞動大學學

毛澤東為張浩守靈

毛澤東、朱德、楊尚昆等中央領導人親自為張浩抬棺

習，1926年回國。中央考慮他長期從事工人運動，又曾去過蘇聯，懂俄文，決定派他擔任全國總工會駐赤色職工國際代表、中共中央駐共產國際代表團成員。在莫斯科期間，張浩廣交朋友，並多次與季米特洛夫、斯大林交談，討論國際共產主義運動和中國革命的問題。1935年，張浩回國。

毛澤東正和林彪在直羅鎮指揮作戰，聽說張浩穿過蒙古大沙漠來到延安，迫不及待要見他。1935年12月13日，毛澤東徑直趕到瓦窰堡，這是1927年大革命失敗他們在武漢分手後的第一次見面。毛澤東急於瞭解共產國際的最新情況，連續兩天與張浩長談。

張浩是中國共產黨的大功臣。1934年10月紅軍長征前夕，上海中央局的電臺被破壞，中央同共產國際的聯繫就中斷了。張浩帶回了與共產國際聯繫的電訊密碼。張聞天夫人劉英回憶：我曾聽聞天講，張浩回國對我們幫助很大，給我們打通了與共產國際的聯繫，幫助我們瞭解了許多情況。中共中央西北局宣傳部長吳亮平回憶：張浩回國

做的頭一件事，就是傳達了共產國際關於建立中國抗日民族統一戰線的意見，對我黨開展統一戰線起到了很好的推動作用。

1935年12月25日，中央政治局在瓦窯堡召開擴大會議，根據張浩傳達的共產國際"七大"會議精神和在莫斯科制定《八一宣言》的經過，制定和通過了《關於目前政治形勢與黨的任務決議》，決定建立最廣泛的民族統一戰線，及時糾正了"左"的政策。

1936年1月17日，中央政治局決定：張浩進入中央政治局，並由他出面做張國燾的工作。張浩利用共產國際代表的身份，多次與張國燾談話。最終配合中央促使張國燾率領紅四方面軍北上。張國燾在《我的回憶》一書中說他對張浩極為看重。

1937年8月20日，中央軍委發佈命令，將援西軍改編為八路軍129師，劉伯承任師長，徐向前任副師長，張浩任師政委。1938年1月，由於張浩患嚴重的腦病，回延安休養，他的職務由時任八路軍政治部副主任的鄧小平接任。

1938年9月29日至11月6日，中共六屆六中全會召開。在這次會議上，比較失意的毛澤東有兩個最堅定的支持者張浩和林彪。合影時，毛澤東把他們倆拉到自己身邊。

1942年3月6日，張浩在延安中央

毛澤東等中央領導人參加張浩的追悼會

延安黨中央機關報《解放日報》報導毛澤東為張浩執紼

醫院逝世。3月8日，延安各界人士萬餘人向張浩的遺體告別。毛澤東親自為張浩題寫挽聯：忠心為國，雖死猶榮。3月9日，黨中央公祭張浩，萬餘人參加出殯。毛澤東、朱德、任弼時、楊尚昆等中央領導人親自抬著張浩的棺材到楊家嶺對面的桃花嶺安葬。

為別人抬棺，這在毛澤東的一生中是惟一的一次。

毛澤東還親自題寫了"張浩同志之墓"的墓碑。

注釋：

1 《吳法憲回憶錄》下，香港北星出版社2006年9月版，764頁。

2 《聶榮臻回憶錄》，解放軍出版社1984年8月版，344頁。

3 《吳法憲回憶錄》香港北星出版社2006年9月版187頁。

4 孫毅，時任343旅代理參謀長，師參謀長周昆未到職。

5 《林彪選集·平型關戰鬥的經驗》

6 羅榮桓，先任115師政治部主任，後任115師政委。

7 李榮欣等《名將曾思玉》，作家出版社1998年12月版，117-118頁。

8 陳光，時任115師343旅旅長。

9 江一真，時任醫生，解放後曾任農業部部長。

10 張浩，即林育英，時任129師政委、中央委員、中央軍委委員。

11 衛立煌（1896-1960），時任國民黨第二戰區副司令長官，國民黨二級陸軍上將，安徽合肥人，保定軍官學校畢業。1949年秘密出走香港，1955年3月回到北京，曾任政協全國委員會常委。

12 《林彪選集•抗日戰爭的經驗》，29-34頁

13 《林彪選集•關於抗大教育方針的講話》，34-51頁。

14 《林彪選集》52-70頁

15 《林彪選集》71頁。

16 《林彪選集》79頁。

17 《林彪選集》100-115頁。

18 《林彪選集》115頁。

19 張清林，林彪女婿，時任廣州軍區總醫院外科醫生。

20 弗拉基米爾•卡爾波夫《被槍決的蘇聯元帥》，新華出版社2001年10月版。

21 迪化，即今天的烏魯木齊。

22 劉少奇，時任中共中央書記處書記、中央革命軍事委員會副主席。

23 司馬璐《中共歷史的見證》，明鏡出版社2004年版，565-566頁。

24 李宗仁，時任國民黨第五戰區司令長官，兼安徽省主席。

25 伍雲甫，伍紹祖之父，時任八路軍西安辦事處主任，解放後任中國人民救濟總會秘書長、黨組書記，中國紅十字會常務理事。原重慶紅岩紀念館的內刊《南方局黨史研究資料》曾部分選載他隨林彪從西安到重慶參加與蔣談判的日記，很有價值。

26 張治中，時任國民黨軍事委員會政治部部長兼三民主義青年團書記長。

27 劉為章，即劉斐，軍令部次長。

28 小超，即鄧穎超，周恩來夫人。

29 戴笠，國民黨軍統特務頭子，時任軍事委員會調查統計局副局長。

30 參見何蜀《林彪與蔣介石重慶談判》，載《文史精華》2006年第11期。

31 唐縱，時任國民政府軍事委員會委員長侍從室第六組（情報組）組長。

32 鄧寶珊，時任華北剿總副總司令兼榆林警備司令。

33 任弼時，時任八路軍總政治部主任，1940年後在中央書記處工作。

34 康生，1937年11月從蘇聯回國，歷任中央黨校副校長，政治局委員、中央 社會部部長、情報部部長、中央書記處書記。

35 高崗，時任中共中央西北局書記。

36 《林彪選集》122-136頁。

37 《林彪選集》137-169頁。

38 王明，抗日戰爭爆發後，從蘇聯回到延安，任中央統戰部部長。

39 關向應，抗日戰爭時任八路軍120師政治委員，1946年7月病逝延安。

附壽詩四首

八十仙翁蹲爾山中
浮意花回一瓢
室有佳兒威武紹
他日發當下困
軍中笳鼓鬧喧賀來祝
大難天上大雅仙
黃岡憶否竹樓記沙鳥回
事看南極老人星
丹青林老先生贈我
蒙囡作此以余。

第四章

父母逃難

十年後，林彪從延安寄回一封家信

林彪投考黃埔軍校後，黃岡地區農民運動高漲，林明卿應農會邀請，到漢口黨組織開辦的貧民工廠裏當代表，做了大量的革命工作。大革命失敗後，他不得不回到家鄉，仍以開布廠爲業。林明卿和大兒子林慶佛及全家一起努力，到了1934年，建起了有37台機子的織布廠，生意紅火。

1936年底，林明卿突然接到林彪從陝西保安寄來的信，這是林彪離家十年後寫的第一封家信。他祝父母花甲大壽，並說他當了紅軍大學的校長，現在國共合作，全國一致抗日。林明卿高興極了，決定讓老三林育菊到延安看看，探個虛實。在林家兄弟中，林育菊是最老實的一個。

1937年初，林育菊千辛萬苦尋到延安，見到了分別十年的哥哥林彪。兄弟倆徹夜長談，林彪詳細詢問家人，尤其反復詢問父母的身體

林彪父親林明卿和母親林陳氏，攝於30年代

林彪侄子林欣然正在看林氏家譜

林欣然和妻子梁蒿

林欣然

狀況，也問了家鄉政治、經濟、軍事的情況，最後談到自己，則輕描淡寫。林育菊要回家報信，林彪說：你可以動員家鄉的有志青年來延安投考紅軍大學，並給了他幾張紅軍大學的招生簡章。

聽林育菊說延安怎麼怎麼好，親戚中的年輕人都熱

林彪侄子林欣然參加了八路軍

血沸騰，尤其是林彪的二弟林向榮更是積極。林向榮在武漢讀完了初中，要考高中，家中沒錢，哭了好幾回，最後還是回到家裏。這回有了讀書的機會，他堅決要到延安。很快林向榮和林彪的侄子林欣然、外甥陳得之等9人結伴前往延安，1938年他們成爲抗大第四期的學員。

在他們走後，1937年10月初，林明卿收到三哥林協甫從漢口寄來的一封信和一張《漢口國民日報》，上邊登著一條新聞，9月25日，林彪率八路軍115師在平型關殲滅日軍板垣師團1000餘人。

消息很快傳遍家鄉，鄉親們紛紛來林家祝賀，縣城的官紳也趕來賀喜。至此，林彪的神話在家鄉就流傳開來。林彪哥哥林慶佛的兒子林吉那時才五六歲，經常聽到人說，你叔叔了不得，是個大將軍，當大官，又去過蘇聯。林吉從小對林彪就很崇拜，在他心目中，林彪是個高大的形象。

林彪的幾次婚姻

據說，林彪聽說父親林明卿要把汪氏送到延安，所以才急急忙忙與米脂姑娘張梅結婚。1914年，父母給還在上學的林彪找了大三歲的童養媳汪氏。汪家有錢，有兩家商號，還有幾十畝田。林彪堅決不同意。

1927年春節前，林彪隨部隊進駐武漢。父親來信說病了，讓他抽空回家一趟，其實父親是讓他完婚。家裏給林彪辦了婚禮，但當夜林彪就不辭而別，連洞房的門也沒進。從此他再也沒回過林家大灣。回部隊後林彪寫了一封信：我已投身革命，不知何時喪命，請汪氏另尋人家，請父母原諒我的不孝。

汪氏沒有再婚，以做鞋維持餘生。

1959年秋，林彪到武漢參加中央工作會議，問起汪氏，留下3000元錢。汪氏每月由政府發給生活補助，1967年去世，林彪給的3000元分文沒動。

林彪妻子張梅是陝北一支花，活潑開朗。林彪第一次到蘇聯治病時，由她陪著。張梅在蘇聯生下一個女兒，起名林小林。

1942年林彪回國，張梅和林小林留在蘇聯。

和林彪一起去蘇聯的妻子張梅

林彪和張梅性格各異，據說在蘇聯經常有矛盾。但林彪從來沒有說過，張梅後來另嫁，對這一段往事絕口不談。

林彪在蘇聯的後一段有時到紅色救濟會大樓找孫維世。當時追求孫維世的人不少，劉亞樓就公開追求她。林彪也喜歡孫維世，但他很隱蔽，邀孫維世逛馬路或公園，同時也邀請孫維世的女友林利一起去。所以林利一點也沒有想到林彪也在追求孫維世。1941年林彪回國前，要孫

40 年代初莫斯科合影，前左：孫維世，鄧穎超，
任弼時，蔡暢，後左：周恩來，陳琮英，張梅

維世和他一齊走，孫維世拒絕了，說學習還沒有完。林彪說，不管孫維世態度如何，他都準備和妻子張梅分手[1]。孫新世[2] 曾問過姐姐，是不是林彪給你寫過求婚信？孫維世說：我是搞藝術的，我要爲很多人服務，我不可能專爲一個人服務。

　　林彪回到延安，經毛澤東、朱德撮合，認識了葉群。在葉群看來，所謂組織動員，實際上是包辦。不久林彪和葉群舉行婚禮，一向不參加婚禮的毛澤東到場祝賀。

　　葉群是福建閩侯人，比林彪小 13 歲，曾就讀於師大男附中。葉群上學時功課很好，給別的同學打過小抄。師大男附中就那一年收了一個女生班，葉群和王光美都考上了，成了同學。葉群經常到王光美家做作業，講後媽如何欺負她，她又如何氣後媽，後來葉群轉學到漢口，她們才分開。葉群在北京時參加過一二九運動，並參加民族解放先鋒隊。抗戰爆發葉群到了延安，在延安女子大學政治處當青年幹事。

林豆豆回憶：葉群和幾個同學是延安有名的"集團"，眼眶都很高，追她們的人很多。其實葉群那時並不很願意跟林彪，她當時喜歡的是另幾位知名的知識分子出身的幹部。葉群曾說：跟林彪這樣的幹部談戀愛，閒話很多。什麼找大幹部啦，想當官太太啦，誹謗攻擊很多，她都沒理睬。在她懷孕期間，還有人造謠說林彪在重慶另有所愛什麼的，千方百計打擊破壞。唉，不容易啊 [3] 。

林彪家人被搶，不得不走上逃難之路

平型關大捷後，林彪家人都以家鄉出了抗日大英雄而驕傲。但飽經滄桑的林明卿心裏明白，這下壞了，兒子林彪指揮平型關大捷在全國名聲大振，惹翻了日本人。日本人早晚會瘋狂報復，決不會放過林彪家人，看樣子在家鄉是呆不住了。

陳慕琳記得，那時台兒莊戰鬥還沒打，家裏就被搶了。方圓幾十里都知道，林四爹被搶了，本來還勉強算小康的林家幾乎破產。

林豆豆和林彪大哥林慶佛的兒子林吉

林彪的侄子林吉一家

四、五歲的林吉記得有一天，家裏突然緊張起來，說日本鬼子來了，大人抱著他就往山上跑，等再回到家，家已經被燒掉了。

此時日本人的消息越來越近。1938年春天，林家就準備走了。留下大兒子林慶佛在家管理田地，大兒媳林黃氏帶著兒子林吉、女兒林華英和小妹也隨林家逃難。林彪哥哥林慶佛9歲起在村裏讀了五年私塾，因供不起他讀書，14歲時他就到漢口一家染織廠當學徒，

林彪姐姐林寶珠，攝於50年代

林彪大哥林慶佛，林吉的父親

林彪大弟弟林育菊，又名林程，曾任天津結核病院黨委書記

1921 年才和父親一起回到林家大灣。以後林慶佛在家鄉參加了抗日遊擊隊。

林明卿臨走，率全家老少在祖墳前焚香燒紙。據說林家祖墳是乞丐爲感謝林家給他熱飯吃，而指的一塊風水寶地。

林明卿跪地拜了又拜，並鏟了一包土帶走。

林明卿和妻子林陳氏、大兒媳林黃氏、大女兒林寶珠、三兒子林育菊夫婦以及幾個孩子林華英、林吉、小妹、陳慕琳、林從旭等，後來在衡陽又生了個男孩林從列。全家老老少少13口人，租了兩條木船。林明卿指揮全家將織布機從回龍山運到團風，再從團風沿長江往上，到了武漢。

背井離鄉帶著笨重的織布機幹什麼？

林明卿想得長遠，一家人在路上，老的老，小的小，吃喝是個大問題。兩手空空，只能靠勞動，不勞動哪來的吃喝？帶上織布機，是因爲全家人都會做，小孩子也會做，這樣路上就有了“鐵飯碗”。

林彪弟弟林向榮，現存世上的惟一照片

林寶珠女兒陳慕琳，攝於80年代

林彪弟弟林程（林育菊）的兒子林從旭，小名二林，為林彪說話坐牢七年，現雙目失明

林彪大哥林慶佛的女兒林蘭英，負責照顧林彪父親的起居

林明卿本想從武漢直奔延安，到了延安，一家人可以靠織布過活。去延安不愁不認路，三兒子林育菊去過。沒想到戰亂中通往延安的鐵路中斷，只好困在武漢。1938年10月，日軍進逼，武漢眼看也保不住了。與其坐以待斃，還不如繼續走。可是這時不能往北直奔延安了，火車不通不說，日本人佔了山西，一大家子老的老小的小，怎麼過封鎖線？只好掉頭向南，先保住性命再說。於是林彪一家經洪湖、監利，到了沅江草尾小鎮。不久，風傳日軍要進攻湖南，有些人受不了逃難的辛苦回家了。而林明卿一家沒有退路，只得跌跌撞撞再逃難。一路流浪，林家老老少少總算逃到湖南衡陽縣林湖鄉茶山坳，停頓下來。

在衡陽呆了不短的一段時間，大概三年吧，林吉記得還在那裏上了一年小學。林明卿安上織布機，織成棉布，再加工成軍用綁帶，賣給抗日軍隊。全家老少上陣，林明卿和女兒林寶珠都參加勞動，還僱了七八個人，漿紗紡紗，晚上點著麻油燈也幹。這個工作量很大，也不愁銷路，還多少賺了一點錢，糊住了一家老少的嘴巴。

從衡陽繼續逃難，林育菊跌斷了腿

　　在人生地不熟的異鄉衡陽，頭一年很難，第二年好了一點兒，到第三年，站穩了腳跟，就更好了。1944年是逃難的第四個春天，形勢又不穩起來，風傳日本人到了衡陽，林彪一家人在衡陽鄉下又呆不下去了。趕快走，往哪裏走？還是奔延安吧，二兒子林彪在延安，只有延安那裏還有全家的希望。一家人大眼瞪小眼，直接走肯定不行，還得繞路。林明卿弄了輛軲轆車，裝上簡單的行李。不管大小人，六七歲的孩子也一律走路，手也不能閑。整個的織布機肯定帶不動，每人都拿著織布機上的大大小小的零件。

　　就這樣，林明卿帶著一家人跟著難民逃向西南。11月走到貴州省的上司和下司，被日本人圍困在深山，不敢走了。一家人只得住進石洞，躲了兩天，要吃沒吃，要喝沒喝，看見公路上有了稀少的難民，才試探著繼續往前走，走一步算一步。夜裏沒辦法，就睡在馬路邊，

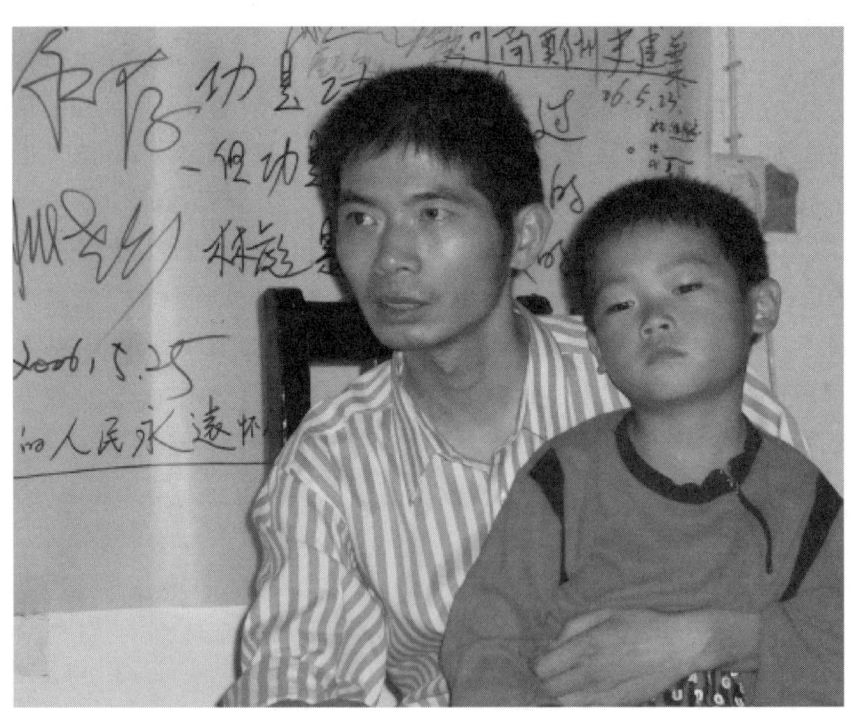

林彪侄子林從旭的兒子林建和孫子

林明卿和第四代孫子孫女，攝於６０年代

支個鍋或臉盆，燒一點兒米什麼的，再撿一點兒爛菜葉對付。常常吃了上頓沒下頓，幾個孩子的死因都是因爲太餓。

　　林彪的母親林陳氏此時快７０歲了，又是小腳，林彪的姐姐林寶珠也是小腳，幾個孩子都小，誰也走不快。林明卿那一年６７歲了，白鬍子老長，飄揚著。他不服老，在一家老老少少中走得最快，常常走到前頭，看後面拉得很遠，又走回來招呼大家。累死累活，林彪家人好不容易挪到了廣西桂林。這裏有山有水，更讓人高興的是貨車還通，但貨車不賣票。林育菊跟火車司機講好話，說一家老少實在走不動了，開開恩。火車司機挺同情，讓大家坐到火車棚子上。林明卿爬不上車頂，就在火車軲轆上邊弄兩塊木板，用鐵絲捆上，睡在那裏。底下地方很小，只能容一個人，林陳氏也只得和大家一起爬到車頂，行李也綁在車頂。正是夏天，南方的太陽毒得很，又是雨又是風，日曬雨淋，喝水也喝不上。全家只有林育菊一個壯勞力，車不走了，就靠他到車站買飯。一家老少分別在好幾個車頂上，林育菊老要爬上爬下。有一次他搬東西不小心，從車頂上跌下來，把腿跌斷了。

　　林育菊的妻子林黃氏從老家出來時，身體很好，一路雖然虛弱，但還挺得住。這回看見丈夫腿跌斷了，而兩個兒子，大的從旭四五歲，小的從列兩歲多，她的精神一下垮了，抱著兩個孩子痛哭，說你們爸爸這回可能沒命了。也是，逃難一路靠的就是兩條腿，兩條好腿就是"命"啊。腿跌斷了，"命"還能有嗎？兩個不懂事的孩子也不知道母親什麼時候就咽了氣。林育菊命大，雖然腿瘸了，沒死。為紀念妻子，林育菊改名林程。

林寶珠和外孫女楊小笳

林彪大姐林寶珠，攝於五十年代

林彪父親林明卿晚年，攝於50年代末

林彪母親救護病人染上霍亂，死在柳州

也不記得那列好心的貨車走了多少天，終於到了廣西柳州，貨車不走了。全家人只得從火車頂上爬下來，在路邊上找了些破木板，搭了個棚子。雖然一家人早就斷了頓，但富於同情心的林陳氏看見一位素不相識的婦女又吐又拉，十分可憐，還是將僅有的一點稀飯，嘴對嘴地餵給她吃。按現在說法那婦女得的是霍亂，林陳氏被傳染上，也又吐又拉。近70歲的人了，加上一路艱辛，又無醫無藥，很快死去。去世前，林陳氏已經講不出話，她淚流滿面，伸出兩個指頭。林明卿明白，這是想二兒子林彪。路上林彪家人曾看過無聲電影，上面有林彪指揮打仗的鏡頭，林陳氏百看不厭。本來一路吃苦就是投奔老二的，卻再也見不上了，一家人跪在地上哭作一團。

林明卿買了白布把林陳氏包裹起來。買了個破木板釘的棺材，請了幾個人抬，一家人哭著將林陳氏埋在柳州郊外。那時已經不那麼傷

心了，都覺得死了比活著有福氣，起碼不用受這份罪了。林明卿和家人商量，現在國共合作，這墓應該保留下來，就請人刻了個石碑，上面寫著"抗日將領林彪母親之墓"。解放後，林彪和姐姐林寶珠曾托林慶佛去柳州尋找母親的墓地，葉群也曾派秘書去柳州郊外找過，都沒有找到，碑和墓地都已經無影無蹤了[4]。

林彪父親林明卿，攝於50年代末

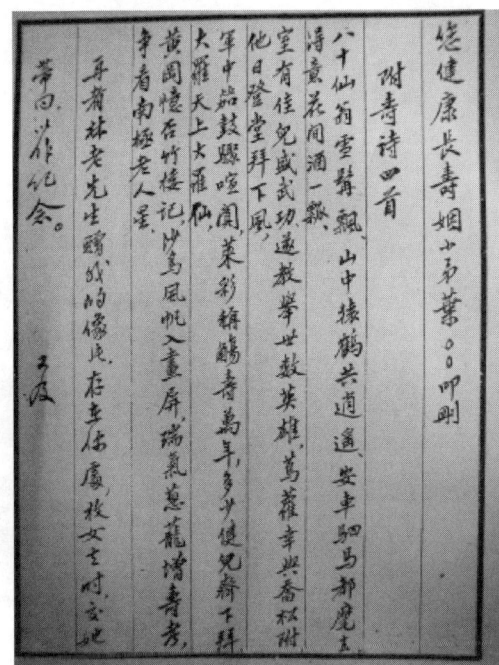

葉群父親為慶祝林彪父親林明卿八十大壽寫的信和詩

　　很快日軍打到柳州，林明卿一家又隨難民開始慢慢移動。日本鬼子在後面常常只隔幾十里路。有一天晚上，山窪裏響起槍聲，所有的人都在奔跑，一家人跑散了。幾天後，林吉碰上姐姐林華英，又找到媽媽，再後來林明卿、林育菊、林寶珠都找到了。除了死去的，就差了林吉的小妹妹和逃難路上出生的小兒子林從列沒有找到。

　　林育菊的妻子死了，2歲的從列坐在地上哭叫：我是林四爹的孫子，林四爹會感謝你們的。果然先後有兩家善良的人收養了他。全家人到處打聽，終於找到從列，一家人抱頭痛哭。林明卿帶頭，全家人跪下懇求，終於把從列要了回來。

　　出來逃難好幾年了，林彪家人先後死去五人。除了林彪的母親林陳氏，還有林吉的母親和小妹妹、林育菊的妻子和女兒也先後病死在路上。

林彪（右二），葉群（右一）夫婦與父親林明卿（中），林寶珠（左二），
女兒陳慕琳（左三），楊甫（左一）夫婦及孩子，攝于 50 年代末

林彪接到父親拍來的電報

林彪家人從湖北輾轉到湖南、廣西，又流落貴州獨山，已經是深秋 10 月了。獨山雖然比較平靜，但天越來越冷，不是餓死就是凍死。回家鄉呢？凶多吉少。再往前走，又不知道還有什麼兇險，而且逃到哪裏才是個頭呢？林明卿召集一家人商量怎麼辦？大家七嘴八舌說還是和延安聯繫吧。林明卿想起逃難前，1937 年 11 月 16 日他 60 歲時，正值平型關大捷不久，國民黨湖北省政府給他祝壽的情景。黃岡的國民黨要人都來家裏祝賀，湖北省政府還用政府的官印拼成 "壽" 字中堂贈給他，同鄉的名流紳士也製作了一張大匾。孩子們除了林彪都在，加上省裏鄉裏捧場，熱鬧極了。

林明卿想：現在不是國共合作嗎？林彪是赫赫有名的抗戰將領，總是會想辦法救全家老小的。於是 1944 年冬，林明卿讓三兒子林育菊到縣城給林彪拍了個電報：敵偽侵襲，故土淪陷，家人逃難在黔，亟盼援救。父。

林彪家人60年代初合影。

從左至右：第一排楊小筎（陳慕琳女兒）、林明卿（林彪父親），楊小苗（陳慕琳大兒子）；第二排林程（林彪大弟）、林寶珠（林彪姐姐）；第三排左起：趙寶銀（延安時期林彪警衛員。林彪去東北後，他負責照顧林彪父親林明卿，一直跟到北京）、林欣然（林彪侄子）、林華英（林彪哥哥林慶佛的女兒）、林從列（林彪大弟林程的二兒子）；第四排陳慕琳（林寶珠女兒）、姨媽陳若華（陳慕琳堂姐，早年離異，50年代起，先後服侍過林彪父親、林寶珠、陳慕琳一家，陳慕琳的三個孩子都是她帶大的，還帶過楊小苗的女兒。算起來前後40年，照顧了林家五代人，其間生活流離顛沛，她一直天涯相隨，有恩、有功于林家這個大家族的每一個人。陳若華1991年在陳慕琳家過世，享年僅71歲，沒有能享受到後人更多的報償）、林從化（林明卿大哥的孫子）（林從化在右最上角）。

這時林彪從蘇聯治病回到延安，已經聽說家人逃難，曾托人四處打聽，一直沒有音訊。突然接到父親的電報，林彪心急如焚，他在延安自產的草紙上寫了幾句詩：嚴父來電急，呼救難途中，慈母死荒郊，他人無消息。林彪曾把這首詩給朱德看過，朱德說太讓人感傷了。林明卿到延安後，林彪還曾掏出這首詩給他看。

有一天，外面下著雨雪，全家人又凍又餓，蜷在草堆裏發抖。這時破門簾突然掀開，進來兩個穿灰黃軍裝的高大軍人，頭上是青天白日的帽子，打著官腔，你們是哪裏來的？林明卿說湖北，我們是抗日將領林某人的親屬。兩位傲慢的軍官交頭接耳一陣，又問還有什麼

1970年，林彪弟弟林程（林育菊）從天津到北京來玩．左起：林彪侄媳梁嵩，林華英，林程妻子黃遠志，林程，林華英丈夫馬竹山

人？核實准了，兩位軍官的態度馬上轉變，親熱地拉著林明卿的手說：老人家，我們兩個都是林校長的學生，是專門來找你們的，我們找了好幾天。原來他們是國民黨第六戰區司令長官馮玉祥的副官，雖然穿著國民黨軍服，卻是我們黨的地下工作者。林明卿哭了，全家人都哭了。

接到林明卿的電報，毛澤東讓周恩來辦，周恩來批了幾個字：此事交（重慶紅岩辦事處的中共中央南方局交通處處長）劉少文辦理。劉少文對馮玉祥夫人李德全講了。李德全在國民黨救濟總署的紅十字會工作，專門負責搜集難民。馮玉祥派副官到獨山找了好幾天，總算找到了。兩位副官說：從現在起，你們不要向任何人透露家史，什麼也不要講。林明卿和林育菊都很奇怪，不是國共合作了嗎？怎麼還不能講？副官解釋說現在雖然是國共合作，但還有磨擦，要萬分小心。你們耐心等著，我們很快來接你們。

田漢夫人安娥派來接送難民的卡車。林明卿坐在駕駛樓裏，林彪姐姐林寶珠和侄子林吉等爬進車廂，到了貴陽，住進難民收容所，很快又把他們送到八路軍駐重慶辦事處。在這裏林明卿享受貴賓待遇，處處受人尊重，與逃難路上是天壤之別。

林彪家人在重慶度過了1944年的春節，到了6月，組織上安排他們去延安。林彪的父親林明卿還是坐在駕駛樓裏。同行的有200多人，路上走了兩三天。

林彪和葉群早早就騎馬趕了一二十里路，從王家坪趕到延安交際處門口等候。車隊一停，穿灰軍裝背草帽的林彪眼睛就紅了，迎上來把林明卿攙扶下車，又攙扶他到交際處的餐廳，坐下來。聽父親林明卿講一路的艱辛，林彪眼圈又紅了。聽到母親死時一直想著自己，林彪嘩嘩地流眼淚。他還問了大嫂、三弟媳和三個侄女是怎麼死的，全家人哭成一團。

林明卿說：我們倖存的人總算見了光明，生活有奔頭了。

毛澤東、朱德和夫人康克清、周恩來夫人鄧穎超等先後來交際處看望林彪父親林明卿。朱德還專門下命令，給林明卿特灶，想吃什麼就吃什麼。那時，在延安毛澤東也才吃小灶，特灶就是最高待遇了。

80 年代陳慕琳和楊甫的孩子與姨媽陳若華
合影。左起：李明（大兒子）、曹慎五（女
婿）、楊小笳（女兒）、楊小苗（二兒子）、
楊小萌（三兒子）

過平漢鐵路時，林豆豆丟了

1945 年 6 月，抗戰即將勝利，毛澤東得知山東黨政軍負責人羅榮桓得了嚴重的腎病，尿血不止，決定派林彪到山東接替他。中央正式通知山東分局，林彪出任山東軍區司令員，羅榮桓任山東分局書記、山東軍區政委。如羅榮桓因病休養，由林彪代理羅榮桓的職務。

那時從延安到山東，如果走路要一個月。為了儘快把林彪等各路將領送上前線，毛澤東派葉劍英[5] 與駐延安的美軍觀察組協商，用美軍飛機送他們到前線去。8 月 25 日，在毛澤東去重慶談判的當天，林彪、劉伯承、鄧小平、陳毅[6] 等 20 多人登上綠機身的道格拉斯運輸機。這種飛機有兩個螺旋槳，起飛要靠人推動。裏面的座位是短小的鐵架子，坐在上邊頭都抬不起來。但總比走路快多了。9 點多起飛，飛了四個多小時，通過日軍佔領區，順利到了太行腹地的黎城長寧機場，見到了地面的火把信號。太行軍區早就接到通知，平好了一大塊地，對外說是大操場，實際上是簡易機場。這是中共在敵後的惟一機場。

因機場太簡陋，飛行員轉了半小時才降落，不過總算安全。

林彪到太行八路軍總部後，和早幾天來的妻子葉群會合，住了一周左右，接著往山東走。9 月上旬，在河南滑縣地區越過平漢路時，把剛剛一歲的女兒林豆豆丟了。1962 年 1 月號的《解放軍文藝》刊登林豆豆的一篇回憶文章，使董叔叔救她的故事流傳很廣。

董叔叔叫董科生。山東人，膽大心細，老跟大首長，在 129 師，劉伯承、鄧小平、李達、李雪峰……他都跟過，從延安出來他分配給林彪當警衛員。

林彪對女兒林豆豆特別關心，專門讓董科生保護她。

一路上林豆豆由挑夫挑著，跟在隊伍後面。前頭的筐裏放衣物，後頭的筐裏放著她。林豆豆出生在 1944 年 8 月，此時剛一歲零一個月。由於不夠重，筐裏又加了一塊石頭。

夜裏過平漢路，林彪從前面回來三趟，交代又交代。第一趟離鐵路還有兩三里，林彪回來對董科生說：快到鐵路時把豆豆抱出來，別打響了，讓敵人把孩子拽走。董科生說：您放心，有我在就有孩子在。林彪點點頭到前面去了。沒一會兒,林彪又回來了,交代說別抱早了,到鐵路邊再抱,別閃了孩子的腰,或者弄感冒了。董科生又連連保證。林彪想想還是不放心,第三趟回來說:不打槍,就不要把孩子抱出來。

董科生全心全意給豆豆當"警衛員",絲毫不敢疏忽。平漢路到了,冀魯豫軍區來了一個班的戰士掩護。還好,沒發生什麼意外。走過平漢路七八里,董科生松了一口氣,他上了趟廁所,落在最後面,一路小跑往前趕。就這麼巧,火光忽啦一閃,緊接著手榴彈爆炸,前邊的人拼命往回跑。董科生愣了,忘了掏槍,只想著要找到林豆豆。他連跑帶爬鑽進了一片豆子地,天很黑,借著些許的月光,看見一顆手榴彈正在地上團團轉,他眼疾手快,抓起就扔了出去,手榴彈剛出手就響了。這時董科生被一條扁擔給絆倒了。他急了,索性就趴在地上摸,馬也踩人也踩,半人高的豆子稈倒了一大片。董科生兩隻手拼命地摸來摸去,一把抱住個筐子。謝天謝地,豆豆在裏邊一聲也沒哭。敵人就在附近,如果哭了,董科生再有三頭六臂,恐怕也難挽回

1945年,林彪(後排左8)、劉伯承、鄧小平、陳毅、薄一波、滕代遠、陳賡、蕭勁光、江華、鄧華、李天佑、聶鶴亭等20多人乘坐美軍運輸機到抗戰前線

董叔叔

林豆豆

我一放寒假，就从北京赶到广州，和亲人团聚。一九六〇年春节里的一天，我跟妈妈到广州岭南公园游玩。二月間的北方还是白雪皑皑，天寒地冻，但在这里却是一片郁郁葱葱、鸟語花香的景色。度假的人們三三两两在公园中漫步，其中有一些胸前戴着红色布条的先进工作者，他們满面春風地說笑着，人們不时地向他們投出敬佩的眼光。

我走到鱼池旁，立即被那色彩斑烂的热带鱼吸引住了。我看得高兴極了，抬起头来喊："媽媽，快来这兒看呀！"忽然听見一个陌生的声音："这是小豆豆嗎？！"我兼地

在一九四五年"八一五"日本鬼子投降后，正当全国人民从日本鬼子的铁蹄下解放出来，要过安居乐业的生活时，万恶的国民党反动派又在和平談判的幌子下發动了內战。形势急剧地变化着，党中央和毛主席早已估計到敌人的这套騙人的伎倆，立即领导解放区軍民奋起抗战；并从延安派出了成千上万經过一定鍛煉的革命干部，到全国各地农村中去，迅速發动群众，和国民党进行你死我活的斗爭。那时我媽媽已身怀五个月的弟弟，也接受了党交給的任务，随部队出發到遥远的东北去。由于准备長期和敌人進行

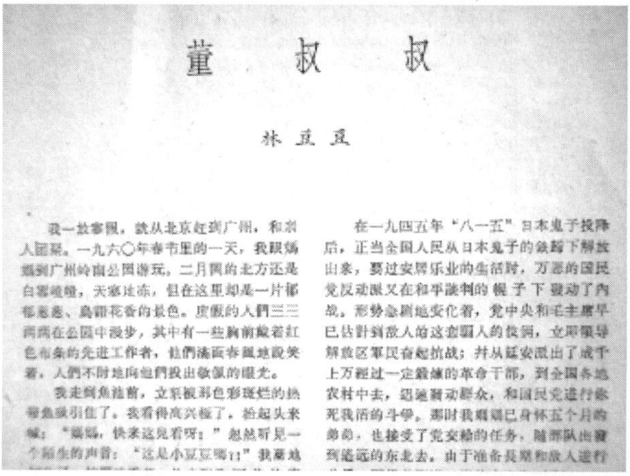

林豆豆的文章《董叔叔》

《解放軍文藝》1961年第2期刊登的林豆豆回憶董叔叔的文章

局面。也是林豆豆命大，始終沒哭，只是滿身屎尿。董科生顧不上那麼多了，三兩下把包著豆豆的大毛巾系在自己腰上，這才發現自己還有一支槍。他把槍拿在手上，踏著豆子稈大步向前，一口氣奔出去八里地。

這時候，大家正嚷嚷豆豆丟了，保護豆豆的董科生也不見了，陳毅正在佈置王參謀回去找。林豆豆是葉群的第一個孩子，聽說女兒丟了，葉群哭得昏天黑地。做個母親也不容易，豆豆生下來只有三斤半重，那時條件很苦，沒法帶，送到老鄉家。後來聽說那家成分不好，嚇得又趕快要回來。延安的條件很差，豆豆大病小病不斷，好不容易活過了周歲。

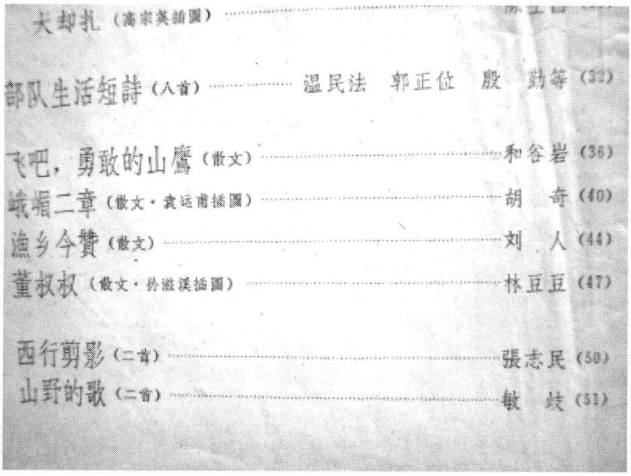

在女兒林豆豆丟之前，林彪的一支用了多年的金筆也丟在路上，大家都說返回去找，林彪只是緊鎖著眉頭，繼續向前走。現在林豆豆

林豆豆為重病的董叔叔聯繫住進中日友好醫院

丟了，林彪雖然還是什麼也沒說，但一用力，一路上當拐杖的樹棍折斷了。

　　現在看見林豆豆睜著大眼睛，好像什麼都知道似的，葉群笑了，林彪也非常高興。再不敢放在挑夫的擔子裏了，董科生抱著林豆豆走了一夜。第二天冀魯豫軍區派汽車來接，半路汽車陷住，又臨時找馬馱。到了冀魯豫軍區所在地濮陽，這才休息了幾天。

　　走了很長時間，將近兩個月吧。陳毅對林彪很關心，每天一住下，就來問林彪住的好不好，吃的什麼飯。有一天，林豆豆尿在桌子上，正好讓陳毅看見了，他對葉群發火：你們女同志真是太囉嗦，帶了個累贅。確實孩子太小，葉群也覺得是個累贅。不過她還是很感謝豆豆的，在本溪時老虎（林立果）一歲半，日本女護士要把他放到開水鍋裏煮，2歲多的林豆豆堅決不讓，抓住弟弟不放。葉群多少年後還表揚，還是豆豆好。

在去山東的路上，兩改林彪的任命

　　毛澤東說：如果我們把現有的一切根據地都丟了，只要我們有了東北，中國革命就有了鞏固的基礎。所以黨中央下最大的決心，調兩萬名幹部到東北，其中包括13名中央政治局委員中的4人，77名中央委員中的21人。

　　這是我黨歷史上前所未有的一次跨大區幹部調動。

　　9月12日，中央致電正在重慶的毛澤東，是否考慮派一個有名的軍事指揮員去東北。大家不約而同想到林彪。

　　9月19日，劉少奇在電報中說：成立冀熱遼中央局，並擴大冀熱遼軍區，以李富春為書記，林彪為司令員，羅榮桓到東北工作。毛澤東和周恩來致電中共中央轉山東軍區副司令員張雲逸、政委饒漱石：……同意陳毅、饒漱石去山東，羅榮桓、蕭華[7]去東北，林彪去

林彪，葉群和女兒林豆豆，攝於40年代中期

林彪，葉群和女兒林豆豆，兒子老虎，攝於解放戰爭時期

熱河，亦越快越好。

　　林彪在半路上接到中央電報，得知自己的新職務。還沒有到熱河上任，又被中央改赴東北，被任命爲東北民主聯軍總司令。

　　9月22日，林彪致電山東局、華中局並轉中央：爲堅決執行軍委的意圖，擬由此間經冀中、直到冀東，佈置冀熱遼一帶的地方工作，發動群眾，組織武裝，並準備和訓練軍隊，建設炮兵，以及進行佈置戰場等工作。因此我及蕭勁光[8] 等，爲爭取時間起見，擬不去山東。9月24日，林彪又致電軍委，表示將以最大努力來完成中央所給的重大任務，並說明動身的具體時間。林彪說：我與蕭（勁光）等現在濮陽軍區，擬25日動身經冀南、冀中、冀東，需時月餘可到。

　　在濮陽的幾天中，林彪已經開始思考爭奪東北的問題了。

　　林彪一行經河間、霸縣，10月18日越過北寧路，19日抵達香河以南。與林彪同行的還有警1旅、359旅長劉轉連、曹里懷[9] 部等。路上由曹里懷的一個團護送，路過冀南解放區南宮縣時，老百姓正連夜趕修公路，準備迎接大軍，可惜他們這支小部隊既無車也無炮。

　　10月20日，林彪在冀東接到劉少奇起草的中央電報：急至瀋陽協助彭真[10] 指揮作戰，越快越好。

　　10月25日，林彪抵達山海關，東北局派火車迎接。

注釋：

1 林利《往事瑣記》，中央文獻出版社2006年5月版，55頁。
2 孫新世，孫維世的妹妹，曾接受鳳凰衛視的採訪，談過這一段。
3 1996年10月11日，採訪林豆豆筆記。
4 林彪父親林明卿60年代在北京去世，象徵性地把林陳氏和他葬在福田公墓。九一三事件後林明卿的墓碑被砸成幾半，"文革"後被粘好，重新豎立起來。
5 葉劍英，時任八路軍參謀長，在南京、漢口、長沙、桂林、重慶等地做統一戰線的工作。
6 陳毅，時任新四軍軍長兼山東軍區司令員。
7 蕭華，時任遼東軍區司令員兼政治委員。
8 蕭勁光，時任東北民主聯軍副總司令兼參謀長。
9 曹里懷，時任冀魯豫軍區參謀長。赴東北後任東北人民自治軍逃東軍區司令員。
10 彭真，時任東北軍區政治委員，司令員是程子華。

下江南四保临江战役示意图
1946年12月17日—1947年4月3日

第五章

東 北 虎

毛澤東找不到林彪了

　　抗戰勝利似乎太"快"，蔣介石忙著接收中原，認爲東北這塊"大肥肉"已經燉在"鍋"裏。而打進東北的蘇聯紅軍在美國的壓力下，將很快退出。如此一來，東北成了"真空"。晉察冀、山東抗日根據地的八路軍捷足先登，大批湧進東北。

　　1945年10月19日，中共中央給東北局制定了《關於集中主力與國民黨爭奪遼寧、安東的方針》。10月23日，中央指示東北局：竭盡全力，霸佔東北。毛澤東甚至雄心勃勃地提出關上東北的大門，海上守住安東、營口，陸上守住山海關、錦州，不讓國民黨軍進瀋陽。萬一不成，亦造成對抗力量，以利將來談判，迫使蔣介石承認華北、東北的自治地位。

　　可是中央電令林彪速去瀋陽十多天了，林彪音訊全無。部隊陸續

中共中央決定向北發展，成立東北局，彭真任東北局書記，他在與林彪（左一）研究作戰計劃

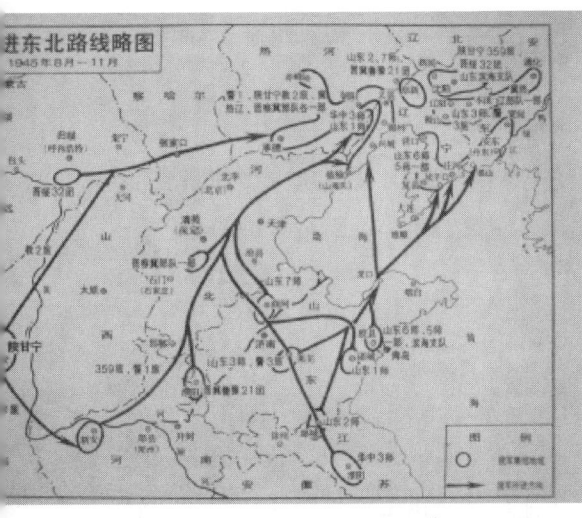

挺進東北略圖

都到了，群龍無首怎麼行？1945年10月30日，中央連發兩電，先是毛澤東問彭真，林彪現在何處？後來劉少奇致電林彪，你們現在何處？中央前電要你們即速趕到瀋陽，收到否？你們意見如何？久未得復，甚爲焦念。現美蔣軍急於在營口、葫蘆島登陸，蘇軍恐難以拒絕，我軍必須堅決阻止蔣軍進入東北。在此情形下，冀東戰略地位已不如瀋陽重要，望你們星夜趕去瀋陽指揮作戰。

其實，10月27日林彪已經乘火車到達錦州，第二大就到了瀋陽，與東北局的負責人彭真會合。只不過此時林彪還是光杆司令，沒有自己的司令部，更沒有電臺，所以無法與延安聯繫。

爲建立統一的指揮，黨中央決定撤銷東北軍區司令部，成立東北人民自治軍總部[1]。10月31日，毛澤東爲中共中央起草給東北局的命令：同意東北局10月22日提出的幹部配備方案。因爲蘇聯與蔣介石有條約，不允許八路軍在東北活動，進入東北的部隊以東北人民自治軍的名義，林彪爲總司令，彭真、羅榮桓爲第一、二政委。

這時候，中央和東北局都有些飄飄然，提出"禦敵於國門之外"，甚至喊出"最後一戰"的口號，似乎在北寧路打幾個好仗，和平就手到擒來了。表面看，東北的形勢對我們很有利，也確有獨佔東北的可能。華北根據地控制著通往東北的主要交通幹線，華東根據地也可以配合，而蔣介石卻遠在大後方重慶，鞭長莫及。但實際上，東北問題非常複雜，牽涉到"三國四方"[2]。國民黨和蘇聯有"交易"，又有美國幫助運輸美式裝備的打過硬仗的主力軍。

林彪還沒有到瀋陽，山海關一線就打上了。1945年11月1日，國民黨13軍被塞進31艘美國軍艦，在秦皇島登陸，開始進攻山海關。

而林彪所屬的部隊來自全國，長途疲勞不說，按新四軍3師師長黃克誠11月26日致毛澤東電報的說法：就是"七無"（無黨、無群眾、無政權、無糧食、無經費、無藥、無衣服鞋襪），有些主力部隊還缺槍少彈。原以為東北什麼都有，出發時按上級要求，槍彈儘量留在老根據地。但等部隊走到東北，倉庫裏的新槍都被新發展的部隊拿走了，什麼都沒有怎麼打大仗呢？

11月3日林彪專電毛澤東，提出第一期作戰的預定方針，即爭取時間，掩護主力在東北接收武器並裝備訓練部隊，進行地方工作，建立城鄉政權，以小部隊消耗登陸的頑軍，……11月5日，林彪再電毛澤東，提出第一期作戰擬四個環節：第一在海口（不知敵人攻哪個海口），無絕對把握使敵主力後撤；所以第二集中主力消滅其一路；第三對其他路敵人予以遲滯牽制；第四進行瀋陽大保衛戰，以一部守城，主力控制于適當地點打敵之攻城頑軍。

11月13日，國民黨52軍也在秦皇島登陸，配合國民黨13軍進攻。

11月15日，毛澤東致電林彪、彭真，要求堅守山海關、綏中線，節節抗擊，消耗、疲憊敵人。同時讓黃（克誠）、梁（興初）兩部開至錦州、錦西、興城三角地區，準備戰場，等敵人進至綏中、興城地區時，舉行反攻。分作幾次戰鬥，一次消滅敵人兩三個師，殲滅敵軍三個軍，以從戰略上解決問題。

11月16日，已經打了22天的山海關，終因敵眾我寡，被國民黨軍攻佔。我新編的三個旅還沒有整訓，即開赴前線，在興城、錦西一帶節節抗擊，但不能阻止敵人前進。東北九省保安司令杜聿明率13軍和52軍沿著北寧線向錦州、綏中撲來，後面還有國民黨的幾個軍跟進。

戰事緊急，東北局決定林彪到遼西前線就近指揮。11月19日，林彪離開瀋陽，帶著羅榮桓移交給他的情報處處長蘇靜、作戰處處長李作鵬等人組成的指揮班子和電臺，分乘兩輛敞篷車上了前線。在錦州附近的江家屯，給林彪開車的司機逃跑，林彪只好裹一件日本黃呢大衣騎馬繼續前進。

林彪不同意拒敵於東北之外

雖說歸在林彪名下的部隊有10萬至15萬，但來自山東、華中、冀中、冀東、冀魯豫、冀熱遼、陝甘寧、晉察冀、晉綏等抗日根據地，以及東北抗日聯軍，這"一盤散沙"要捏到一起，可不是三兩天的事情。

1945年11月21日8點，林彪在錦西前線急電中央軍委：連日來我在興城錦州一帶所見所聞，我部隊參加作戰者疲憊渙散，戰鬥力甚弱，新兵甚多缺乏訓練，梁（興初）師剛到，黃（克誠）師尚未到，遠落敵後。各部皆疲勞，武器彈藥不足，而未得到補充。衣鞋缺乏，吃不慣高粱。缺乏用費，自總部起各級缺乏地圖，對地理形勢常不瞭解，通信聯絡至今混亂，未能暢通。地方群眾則未發動，土匪甚多，故迂回包圍時，無從知道。敵人利用我以上弱點，向我推進，並採取包圍迂回。根據以上情況，我有一個根本意見，即目前我軍應避免被敵各個擊破，避免倉促應戰，準備放棄錦州以及以北二三百里，讓敵拉長分散後，再選弱點突擊。

這是林彪到東北後發的第一個比較重要的電報。

林彪認為此時在東北打大仗的條件不成熟，但黨中央和東北局仍幻想控制中長路和大城市。11月22日，中央要求林彪全力殲敵兩個軍。據報蔣兵無鬥志，如我以全力堅決打擊之，是能大部或全部加以消滅的，這是決定大局的鬥爭。

新四軍三師向東北進軍

此時林彪沒有大功率電臺，無法與延安聯繫。近一周積了一堆電報，就是發不出去，直到 12 月 3 日，才向中央彙報錦州戰況。林彪說：我因敵情不明，於 27 日占高橋、塔山，但卻撲了個空。旋即分三路向錦州西北追擊前進，於 30 日黃昏到達大茂堡一帶。得知敵一個師在錦州以北 30 里一帶，當即決定次日攻擊。但有的部隊未收到電報，故未能照計劃趕上參戰。只有不到四個團的兵力，戰場上缺乏電話聯絡，不能配合攻擊。顧慮到錦州增援，故脫離敵人。

黃克誠

但此舉嚇得杜聿明直出冷汗，窩在錦州 20 多天，沒敢再動。

這時林彪的電臺與各部隊還不通，他請軍委轉達，自己帶參謀前往錦西江家屯與黃克誠會合。黃克誠與東北局聯繫不上，便決定按原作戰命令與蔣軍打仗。他帶領各旅幹部察看地形時，碰上林彪派來聯絡的北滿軍區參謀長李天佑，才知道林彪被任命為總司令，就在離他們只有 20 里的村子。黃克誠當面向林彪陳述了建立根據地的建議：我軍遠道而來，又無根據地，還不是硬拼的時候。林彪當即採納，命令黃克誠師轉移到義縣、阜新一線發動群眾。不久，國民黨軍向義縣進攻，林彪帶著小指揮所和黃克誠乘悶罐車撤到阜新，國民黨軍又向阜新進攻。連打了幾仗，沒消滅多少敵人，林彪情緒很不好，悶悶不樂。他想了幾天，想在溝幫子伏擊敵人，黃克誠認為部隊從蘇北遠道過來，很疲勞，吃不慣高粱米。北寧路上的老鄉都跑了，又沒有彈藥和給養，傷員也沒有人抬，馬上戰鬥有困難，建議林彪先撤[3]。林彪遂率山東梁（興初）、羅（華生）兩師及新四軍 3 師 7 旅撤到康平、法庫一線。黃克誠留 10 旅和獨立旅分散在阜新以北、彰武東西一帶消滅土匪，發動群眾，建立根據地。

蘇靜回憶：剛進東北混亂到什麼程度，說了都不讓人相信。白天打仗，晚上也睡不成，林彪親自帶李作鵬和一個小分隊去打土匪。初來乍到，敵情也不瞭解，偵察員出去活動不了。在高橋打了一個小仗，抓了幾個俘虜，一問，才知道敵人跑到我們前面去了。當地老百姓歡迎國民黨，要下我們偵察員的槍。打上一小仗，一個團要留下一個營抬傷號，這怎麼可能有戰鬥力？而杜聿明連林彪和東北民主聯軍1 師2 團團長江擁輝的通話都搞到了。那時才深切體會到沒有根據地，軍隊不要說打仗，腳都站不住。

林彪說：軍隊離開地方就不能存在，不能存在，不能存在。兵員吃穿靠地方，打仗封鎖消息，抬傷兵都靠地方嘛。在座的同志們有不少是經過長征走過草地的吧，國民黨沒打倒幾個人，主要是沒有根據地餓死的。在江西一個連100 多人，後來只剩下十來個人。1945 年日本投降後，到了那些沒有群眾工作的地方，又重新吃了苦頭。我們就怕有傷兵，一個傷兵幾個人抬，士氣就不旺。我們中央蘇區那麼點隊伍，能夠抗擊幾十倍的敵人，可是一脫離根據地，困難就多啦。所以我們必須要搞好地方工作。毛主席有個老辦法，要打仗先要創造戰場[4]。

林彪初到東北沒有 "家"，而敵人的情況呢？抗日戰爭中蔣介石

美國軍用飛機空運國民黨軍到東北

調到緬甸打仗的軍隊全是他的主力，除戰鬥力最差的第 5 軍放在關內，全都調來了。蔣軍火力強，老兵大多是五年以上的軍齡，有的兵甚至是排長銜。殲滅他一個團，我們自己也將近一個團的傷亡。只有張麻子溝的戰鬥我傷亡才比較少，但那次戰鬥特殊。東北是新解放區，封鎖消息困難。而東北鐵路多，敵人控制著機動列車，增援迅速，如瀋陽、長春兩地雖隔千里，但一夜即到，且沒有行軍的疲勞。因此在東北打小仗就要準備打大仗，這就減少了孤立消滅敵人的機會。林彪仔細研究過東北敵情，認為東北的仗比較難打。

1945 年 11 月 24 日，上級通知：國民黨可能派兵襲擊瀋陽，我軍準備在瀋陽城與敵人展開巷戰，以保衛馬德里的精神保衛瀋陽。每個幹部都發了步槍、手槍和手榴彈，準備決一死戰。林彪堅決不主張保衛瀋陽。11 月 25 日，他兩次建議東北局和自治軍總部移到海龍，部隊絕大部分離開城市，以延吉、臨江、通化為中心建立根據地。但彭真仍要堅守瀋陽，最後林彪火了：誰要占瀋陽誰占，我可要把部隊撤

林彪和彭真在研究作戰問題

222

走了。

就在林彪離開瀋陽的那天，蘇軍將中長路沿線及城市全部移交給國民黨。

11 月下旬，林彪指揮部隊先後撤出綏中、興城、錦西等地。

本來林彪提出在錦西山地打一個大殲滅戰，但此時錦西決戰已經沒有意義。林彪放棄以瀋陽決戰為中心的第一期作戰計劃，採納黃克誠的意見，主動放棄錦州，撤到義縣、阜新一線，展開群眾工作。

11 月 26 日，蔣軍佔領錦州、義縣。毛澤東想全部控制東北的條件實際上已經不存在了。不能不承認，1945 年的冬天林彪就是打不過人家國民黨軍，部隊損失巨大，從山東來的一個連 120 多人，病的病、逃的逃，最後只剩下五六十人。林彪、黃克誠、張聞天、陳雲等都向中央提出放棄大城市的意見或建議。

11 月 28 日，毛澤東代表中共中央起草《建立鞏固的東北根據地》的指示：我黨現時在東北的任務是建立根據地，是在東滿、北滿、西滿建立鞏固的根據地。

但建立根據地的工作仍在紙上談兵

20 年後，1966 年 5 月 18 日，林彪在中央政治局擴大會議說：彭真在東北拒不執行黨中央和毛主席的指示，在炮火連天的時候，他幻想和平，幻想和國民黨蔣介石談判，沒有戰爭打算，幻想在談判桌上取得勝利。……他不把重點放在農村，不把幹部和主力派到農村去建立根據地，戀戀不捨大城市，不願意離開大城市。撤出瀋陽，還賴在郊區不走。搬到本溪，搬到撫順，又搬到梅河口，不肯在農村安家，不準備打，只準備和。在東北，他把主力孤注一擲，和敵人硬拼[5]……

1945 年 12 月 5 日，彭真、羅榮桓電報軍委並林彪，提出除北寧路作戰部隊外，我仍可以集中 3 至 4 萬主力爭奪瀋陽，並可集中 1 萬主力再奪長春[6]。

同一天，高崗和陳雲復電否定。表示我獨佔東北已經不可能，不

能再把屁股坐在瀋陽和長春這樣的大城市，而應該把目光轉向長春鐵路兩側的地區，建立根據地，利用多季整訓15萬野戰軍，建立20萬地方武裝，以準備翌年春天的大決戰。林彪電報部署以旅為單位，分散打土匪，做群眾工作，是對的。

12月7日，中央復電：我企圖獨佔東北，特別是獨佔東北一切大城市已經肯定不可能。我們目前不應以爭奪瀋陽、長春為目標佈置一切工作[7]。

12月11日，林彪發出關於今後工作方針的長電，建議對東北鬥爭須作長期與大規模的打算。以部隊現狀勉強打仗，則結果多不佳。準備度過整個冬天，在明春再集中打大仗。12月13日，林彪又兩次建議，殲滅土匪和建立根據地，並提出了建立根據地的重點地區和時間。12月19日，林彪又發一電，要求對他的前幾份電報予以研究，給予指示。

12月24日，國民黨軍進入瀋陽。

同一天，劉少奇給東北局的電報中說：東北情況我不會比你們更清楚，但我對你們的部署總有些不放心，覺得是有危險性的，你們主力部署在瀋陽、長春、哈爾濱三大城市周圍及南滿，似乎仍有奪取三大城市的態勢，你們屁股坐在大城市附近，背靠有很多土匪的鄉村，如果頑軍一旦控制大城市，你們在城市附近不能立足時，主力以至全局就不得不陷於被動。你們今天必須放棄爭取東北大城市的任何企圖。你們今天的中心任務，是建立可靠的根據地，站穩腳跟。否則恐有一時陷入被動之危險。

12月27日，蘇軍應中國政府請求，延期至1946年2月1日撤出中國。

12月28日，毛澤東代表黨中央起草給東北局的指示：讓開大路，佔領兩廂，建立鞏固的東北根據地。這是東北至關重要的戰略方針，就是說把大城市讓給國民黨，我們丟掉汽車脫下皮鞋到農村去，發動群眾，進行土地改革，建立根據地。

可是，林彪剛準備把部隊分散去創建根據地，中央又要他主動出擊。面對這個戰略性的轉變，林彪表示懷疑。幾個月來，蔣介石哪裏有半點停戰的意思？

1946 年 1 月 5 日，林彪電詢中央：國內和平是否完全可靠？如完全可靠，則我在東北主力目前應集中力量作最後一戰。如不可靠則仍分散建立根據地，準備應付敵今年之進攻，盼復。

1 月 6 日中央回電：國內和平有望，目前階段並可能是最後的一戰。

1 月 10 日林彪向中央報告，根據中央 8、9 日的情況，此間作戰部隊決定明天開始出動，向阜新、新立屯一帶前進，消滅留在該地之敵一個師。

1 月 12 日劉少奇以中央名義向林彪、黃克誠連下三道命令：你們對頑軍進攻務必於 1 月 13 日 24 點以前停止，否則違法。林彪很氣，蔣軍已經分散，我集中兵力很有把握取勝，現在卻要停止。

1 月 14 日林彪致電中央，提出一大堆疑問：我駐軍地區與城市，他是否有權進駐？如有權進駐，則我之後方即難設立。倘頑軍開入後，實行高度分散，以合法地位控制政權，限制群眾運動。則我既不能在軍事上打他，又無合法地位進行群眾工作。如我無政權、財權，則部隊衣食、供給如何解決？如我無一定的整塊立足地區，則頑軍一旦翻臉，我豈不無立足地區？

林彪堅決要打一仗。1 月 15 日，他請示軍委：以現在敵之分散情況，我們如配合熱河部隊採取各個擊破方法，消滅杜聿明全部，奪取錦州有充分把握。望中央速考慮，是否讓我們開始攻擊。我意最好利用國民黨對東北問題拒絕談判以前，我們開始攻擊。中央答復：國民黨在各方面已遵令停戰，15 日只個別地方有戰鬥。你們現在決不要攻擊。

秀水河子打了漂亮的一仗

杜聿明下令兵分三路，掃蕩鐵路沿線，北路向秀水河子等地進攻。林彪的電臺直接抄下敵人的電報並破譯。林彪很高興，決定在秀水河子打一仗。以前都是中央供給情報，現在我們自己也可以獲得情報了，打勝仗就有了把握。2 月 9 日，林彪在秀水河子的小學教室召

1946 年 3 月，秀水河子戰鬥勝利後的祝捷大會

集營以上幹部會議，說這一仗不能避免，這一戰的意義是爭取我軍在東北的地位。只有浴血奮戰與輝煌偉大的戰果，才能較多的分給我們以生存的根據地。

　　林彪念念不忘的仍然是建立根據地。

　　1946 年 2 月 10 日，林彪親自部署山東軍區 1 師和新四軍 7 旅。這兩支部隊都是 115 師的老底子，尤其是 7 旅，紅軍時期林彪曾在這支部隊當過連長。林彪對 1 師師長梁興初和 7 旅旅長彭明治說：這一仗關係重大，必須打得很藝術、很堅決，切不可魯莽草率。一向少言的林彪，一說起打仗的話題，就滔滔不絕。他講得特別仔細，反復談他琢磨出來的 "一點兩面" 的戰術。

　　2 月 11 日，敵 13 軍 89 師 266 團進至 500 戶的小鎮秀水河子，與敵 265 團會合，共有四個營及師屬山炮連、運輸連。林彪認為：該部遠離主力一天的路程，我軍在力量上佔絕對優勢。

　　2 月 13 日，林彪下令 1 師和 7 旅包圍秀水河子。

　　戰鬥正激烈，敵人增援來了，有人怕前後夾擊，要撤出戰鬥。林彪說：打了半生仗，怎麼還這麼沈不住氣麼？後面用不著你們考慮，我在這裏還沒動呢。飛蝗般的子彈常常從頭上或耳邊擦過，大家勸林彪躲一躲。林彪說：有什麼危險？你聽子彈的聲音嗚嗚的，離這還遠著呢。直到戰鬥到了尾聲，林彪才把指揮所搬到山邊的一間小屋子裏[8]。22 點總攻，2 月 14 日破曉將 1300 多敵人全部消滅，繳獲了 38 門炮、98 挺輕重機槍。

　　國民黨軍不敢再輕舉妄動，暫停了前進。杜聿明連夜給蔣介石發電報，認爲秀水河子一仗，表明共軍日益強大，戰略戰術機動神速，非增加兵力不可。

　　毛澤東發來電報：甚喜，在頑敵進攻下如能再打兩次這樣的戰鬥，國民黨將不得不承認我在東北的地位。可惜秀水河子的運氣不再，沙嶺子一仗失利。接著保衛撫順、本溪、丹東、遼陽，保衛一個丟一個。

四平保衛戰大傷了元氣

　　這個時候，建立根據地這個當務之急仍然提不到議事日程。延安老是想"和平民主新階段"，老是想與國民黨平分東北，這就要求林彪把國民黨軍阻在四平、本溪。1946 年 3 月 24 日，中共中央指示東北局：爲配合我黨同國民黨的談判，在蘇軍撤退的同時，不惜犧牲，奪取長春、哈爾濱、齊齊哈爾三市及中東路全線。爲此目的，我應力爭阻敵于四平以南。

　　這就有了四平保衛戰。

　　四平要不要守？守到什麼程度？毛澤東和林彪有重大分歧。事後看，毛澤東是錯的，林彪是

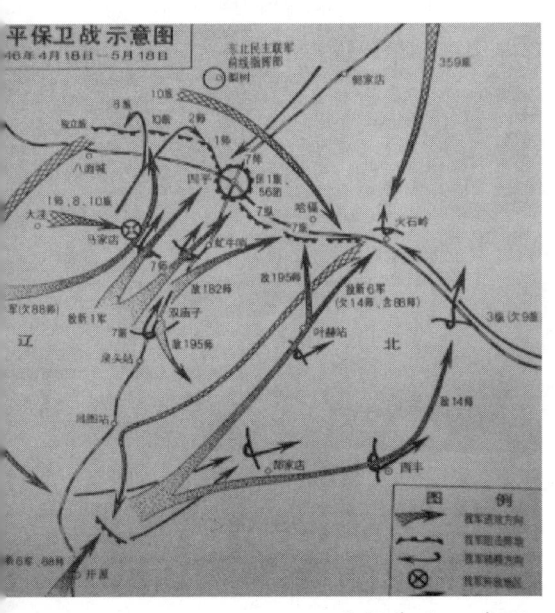

四平保衛戰示意圖

保衛四平

對的。要按林彪的意思，他決不會在四平這棵"樹"上吊死，但還是要服從全局。從1946年3月下旬到4月上旬，在鐵嶺至四平間，林彪指揮部隊運動防禦，節節抵抗，陸續向四平地區集結。4月初，林彪抵達四平北面的梨樹縣城。指揮所很簡單，只有一個小電臺，一個參謀，一個警衛員。4月4日，林彪致電中央：決心集中六個旅在四平地區作戰。

4月6日，毛澤東回長電，認爲非常正確。黨內如有動搖情緒，哪怕是微小的，均須堅決克服。希望你們在四平方面，能以多日反復肉搏戰鬥，殲敵北進部隊的全部或大部，我軍即有數千傷亡，亦所不惜。本溪方面，亦望能集中兵力，殲滅進攻之敵一個師。上述兩仗如能打勝，東北局面即可好轉。如我能在三個月至半年內，組織多次得力戰鬥，殲滅進攻之敵六至九個師，即鍛煉自己，挫折敵人，又開闢光明前途。爲達此目的，必須準備數萬人傷亡，要有決心付出此項代價，才能打出新局面。而在當前數日內，爭取四平、本溪兩個勝仗，則是關鍵。

戰略重鎮四平，是長春和哈爾濱的南大門，東北縱橫兩大鐵路的樞紐。1905年日俄戰爭最後一仗就是日軍拿下四平，俄國才乖乖在停戰協議上簽了字。林彪要保住北滿的半壁江山，就必須按毛澤東的意思死守四平。而蔣介石的手令也說沒有四平就沒有東北。只有林彪不這樣認爲。4月11日，他在給中央和東北局的電報中說：在蔣介石繼續增兵東北的情況下，我固守四平和奪取長春的可能性和東北和平迅速實現的可能性均不大，因此我軍方針似應以消滅敵人爲主，以免被迫作戰，其結果既不能保衛城市又損失了力量……故我意目前方針似應脫離被迫作戰，採取主動進攻。

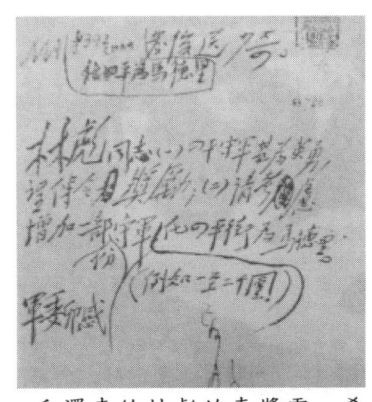

毛澤東給林彪的嘉獎電，希望把四平變成馬德里

4月13日，毛澤東急電林彪：美國總統特使馬歇爾到華後東北可能停戰，國方必於數日內盡力攻奪四平、本溪。望注意在可能的條件下，擊退其進攻，守住四平、本溪，以利談判。林彪無奈地對部下說，這是最後一仗，要不惜一切傷亡，打好這一仗。戰前，黃克誠在林彪徵求意見時提出：先打三路中較弱的一路，這樣可以打亂敵人的部署。林彪採納，以四平爲中心，組織三道防線，把主力放在城外，尋求運動中殲滅敵人。第二道防線在四平城邊堅守，城中只留少數兵力，準備迫不得已時打巷戰。

短短幾天，毛澤東連續給四平前線發來十幾封指示電。4月20日，連發三電，4月21日又連發三電。4月22日毛澤東致電林彪：

四平保衛戰中戰士用重機槍封鎖敵堡

望死守四平，挫敵銳氣，爭取戰局好轉。4月底，國共雙方都同意組織聯合政府接收長春。4月30日，毛澤東致電林彪：時局正在變化，明後日可能簽訂停戰協定。目前不要向敵人舉行大規模的進攻。但同時要求死守四平，寸土必爭。其實就在這一天，蔣介石拒絕馬歇爾和民主黨派的停戰方案，堅持打到長春。杜聿明決定先攻本溪，再攻四平。

四平前線固若金湯

像四平這樣大規模的陣地戰，林彪過去從來沒打過，在某種意義上這是一個政治仗。林彪雖然不同意四平大戰，但此時已經無可奈何。他提出在敵後開闢第二戰場，毛澤東同意，讚揚這是一個勇敢的計劃，提醒他多加兩個旅。但敵眾我寡，敵人還是占了本溪，向四平進攻。

黃克誠一連給林彪幾封電報，建議從四平撤退。林彪既不回電，也不撤退。黃克誠急了，5月12日他乾脆把電報發到中央，就四平保衛戰提出對東北局勢的意見，請中央考慮，還是石沈大海。解放後，黃克誠與毛澤東談起四平保衛戰，毛澤東說固守四平是他決定的，黃克誠說你決定也是不對的[9]。如果林彪在進東北之初，不按照中央的意見死守山海關，死守四平，而是一開始就"讓開大路，佔領兩廂"，林彪的部隊就不會元氣大傷，就會很快有自己溫暖的家，東北解放戰爭的大好形勢就會更快地到來。

可惜，歷史沒有如果。

5月15日，四平保衛戰到了你死我活的關鍵時刻。

四平保衛戰一月

中央還沒有下令，林彪已經撤出四平

雖然林彪的部隊成功地把敵新1軍阻在四平城外，但我軍一向不善於打正規戰的弱點也暴露無疑。火力配備上，不知道組織火力交叉網，防禦時只管眼前敵人，不知照顧友鄰。側翼吃緊時，不知側射和斜射進行火力支援。另外火力配備沒有層次和縱深，敵人上來亂打，有的開火過早，敵人接近時子彈沒有了，有的機槍筒因溫度過高而出故障。固定在黃昏換防，交班的想早下去，換班的遲遲才來，讓敵人摸到空檔，以至於打壞的工事沒修復就投入了戰鬥。而敵新1軍打慣了正規戰，善於步炮協同，又有機槍在側翼掩護，使我軍不易反衝擊。

戰爭是最好的教員，付出生命和鮮血的昂貴"學費"後，我們的戰士學會了反衝擊和刺刀見紅。在與飛機大炮的較量中，打退敵人多次衝鋒，直到戰至流盡最後一滴血。也正因為敵人是逐漸增兵，否則我軍不能守住四平一個月以上。雖然在戰術上有某些成功，但在戰略上極端失策。因為怕敵人迂迴，鋪開100多里的防禦正面，主力都"膠"在第一線，而林彪又沒有重武器，部隊打得相當苦，傷亡總數在8000人以上，而且都是經過長期戰爭考驗的"老骨頭"。此時林彪已經沒有足夠的力量組織強有力的反衝擊。

塔子山是四平左翼防線的要點，距四平20公里。山不大，但居高臨下，可以控制四平東北一線的陣地。如果失守，就等於抄了四平的退路。李作鵬回憶：至5月17日，敵已佔領我軍335高地，平崗以及哈神福屯等陣地。5月18日，敵新6軍在大量飛機、大炮和坦克配合下，付出重大傷亡後，佔領了塔子山。林彪

1955年修建的四平烈士紀念塔

本來想讓塔子山再支持一天，他沈思一會兒，是轉移的時候了，敵人在四平已碰得頭破血流，現在給他個包袱背上。我們已經大量消耗了敵人，並贏得了時間，……說到這裏，林彪長歎一聲：可惜我們後面沒有好好珍惜和利用這個時間。和平空氣，在我們今天的東北是最害人的！

再不撤退就被敵人"包餃子"了，林彪決定一邊撤一邊向中央報告：四平以東陣地失守數處，此刻敵正猛攻，情況危急，無法挽回，守城部隊處於被敵切斷的威脅，現正退出戰鬥。

5月19日上午，毛澤東回電：四平我軍堅守一個月，抗擊敵軍十個師，表現了人民軍隊高度頑強英勇精神，這一鬥爭是有歷史意義的。如果你覺得繼續死守四平已不可能時，便應主動地放棄四平，以一部在正面遲滯敵人，主力撤至兩翼休整，準備由陣地戰轉變為運動戰。前線一切軍事政治指揮同屬於你，不應分散。究應採取何項方針，由你根據情況決定。

毛澤東的電報飛來時，四平早已是一座空城。

韓先楚回憶：我們深夜悄悄退出四平。第二天一早蔣軍還不知道，又用大炮轟，到下午13點，他們才佔領四平。

歷時一個月的四平防禦戰悲壯結束。

這是位於四平火車站
對面的烈士塔背面

走出四平火車站，第一眼就能
看見英雄大路上的烈士紀念塔

林彪連哈爾濱也準備放棄

四平往北的公主嶺至長春一線無險可守。

羅榮桓拉著彭真到前線去找林彪。1946年5月19日，林彪與彭真、羅榮桓等在毓家屯會合，討論今後的作戰方針。彭真主張繼續堅守長春，不能再退。林彪不同意，主張撤到松花江以北。林彪說長春人口近９０萬，防線數百里，需要大量守軍，如敵人先圍城，同時集中飛機大炮掩護步兵攻一點，我則可能既不能守城市，又喪失運動戰的機會。

羅榮桓曾說：從退出瀋陽到企圖再進瀋陽，保衛四平和退出長春，一直沒有放棄全部控制東北的想法。彭真總是捨不得長春，我支持林彪撤退。如果當時敵人用兩個師在梅河口順吉奉線插到吉林，就會把我們全部後方打個稀爛，非退到西滿蒙古沙漠不可。這個問題直到哈爾濱，東北局開會（七七決議）才解決了[10]。

彭真的意見被否決。東北局最後決定，向松花江北岸撤退，退到哈爾濱。

但是，毛澤東並沒有認識到他錯了，仍要林彪像守四平一樣守長春。5月23日，毛澤東電令彭真、林彪：（1）望堅守公主嶺；（2）如公主嶺不能守，應堅守長春，以待談判；（3）立即部署公主嶺及長春的守備；（4）我們正在南京談判讓出長春，交換別的有利條件。但必須守住長春，方利談判，否則不利。

四平戰後，已經沒有可以守任何城市的"本錢"。林彪不再"下級服從上級"，他當日回電：我軍自四平防線撤出後，連日一面抗擊敵人，一面進行轉移，白天受敵機轟擊，行軍多在夜間，部隊甚疲憊，被敵人切斷掉隊的甚多，目前無法組織兵力進行戰鬥。已令各部

我軍自動撤出長春

如遇敵時，則向敵進路的側面轉移，避免單獨決戰。現具體敵情及各部具體情況均無法得知，我電臺正在轉移中。彭真也回電：長春方面幅員廣大，周圍地勢平坦，我兵力不足，不可能固守。為避免被迫作戰，我們決定撤出長春。昨夜退出，現已抵哈爾濱，林（彪）仍率主力在前線指揮。

如果真按毛澤東的意思，守了長春，那會是什麼局面？1948年7月，國民黨第四廳廳長蔡文治報告：1948年美國軍援1.25億，0.5億購買汽油。主要用於空投，被圍的長春每日約需糧食330噸，而空投只能保證三分之一，冬季的燃料更沒有辦法。只好送去十萬粒維他命，十萬國民黨官兵一人一粒。長春被圍，蔣介石還頭痛成這樣，如果林彪被圍，那只有死路一條。

民主聯軍進駐哈爾濱

1946年初夏，是東北戰局最困難的時候，四平、長春相繼失守。撤退時，林彪身邊的作戰科長王繼芳[11]帶整個部隊的實力統計表投敵，暴露了林彪的狼狽"逃竄"，國民黨軍乘"勝"猛追。

羅榮桓回憶：從長春撤到哈爾濱時思想很混亂，全軍無所措手足。這個仗，打得可真被動，我們一個勁撤，敵人在屁股後一個勁追，像拖了根尾巴。有的部隊跑不贏落到敵人後面，部隊幾乎喪失了戰鬥力。

林彪的"殘兵敗將"一路撤向哈爾濱，本來敵人很容易追上，為什麼沒有追上？國民黨軍打的是正規戰，追一陣，架起炮來轟，然後再追。我們派小部隊擋一陣，然後就跑，這就僥倖跑遠了。

從瀋陽、錦西、阜新、法庫、撫順、四平撤退到吉林，再到九台，林彪吃得少，睡得也少，身體徹底垮了，到舒蘭病倒，高燒不

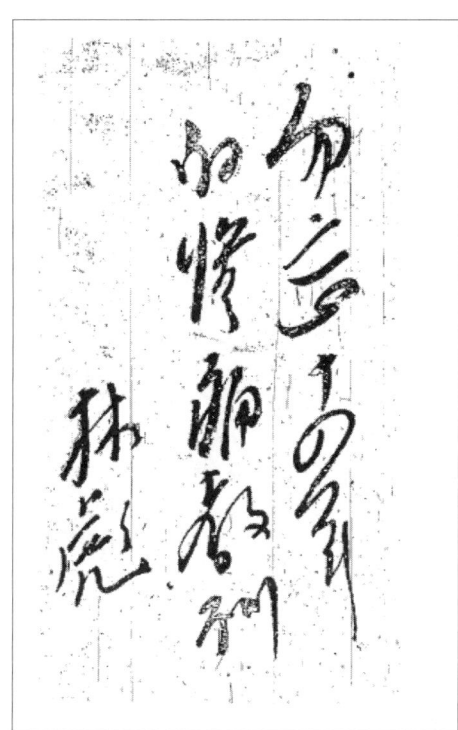

林彪為東北題詞：勿忘
14年的慘痛教訓

長期打算，為在中小城市及廣大鄉村建立根據地而鬥爭。

　　杜聿明佔領四平、長春、吉林後，確實想一鼓作氣拿下哈爾濱。哈爾濱當時很緊張，東西都裝上了火車，民主聯軍後勤部也轉移到佳木斯。林彪認為松花江以南的城市都可以給敵人。部隊應考慮向敵側後和後方運動，林彪一度甚至有南下到遼南打遊擊的設想。他對開展運動戰信心十足，敵人越前進，就越分散，對我越有利。占了就要守，這麼多"包袱"背起來，敵人兵力就分散

退。林彪認為敵人沒有不佔領哈爾濱的理由，以目前我軍之渙散狀態與北進之敵作戰，則可能造成敗仗，失去哈爾濱。所以他沒有進哈爾濱，而是住到了哈爾濱東南100公里的五常。

　　1946年6月2日，東北局致電中央：準備放棄哈爾濱，擺脫被動，休整部隊，並部署各地獨立堅持。6月3日，毛澤東回電同意，不再堅持保衛哈爾濱了。毛澤東要求林彪採取運動戰與遊擊戰的方針，實行中央1945年12月對東北工作的指示，作

東北民主聯軍司令員林彪

了，我們就可以各個擊破，一個一個地吃掉它，這才能造成東北大規模的勝利。

但蔣介石也不是傻子，他派白崇禧到瀋陽督戰，只要拿下四平，國共談判就有了面子，不必再占長春。而杜聿明堅持要打下長春。說現在停戰是對共軍有利，長春是東北首府，小豐滿水電站是東北最重要的電力來源，如果被共軍控制，整個東北的用電都成問題。杜聿明說有把握打下長春，白崇禧不得不同意。但杜聿明也只敢說占長春，不敢吹牛占哈爾濱。

東北的軍事鬥爭，有兩個最危險的時期。1945 年冬季沿北寧線的作戰，如果當時過早與敵人決戰，有全軍覆沒的危險。再就是這次四平撤退，如果敵人繼續增加兩個軍，那就很危險了。幸虧林彪跑得快，也幸虧山東大打起來救了東北，更幸虧杜聿明占長春後顧慮戰線太長，停了下來。

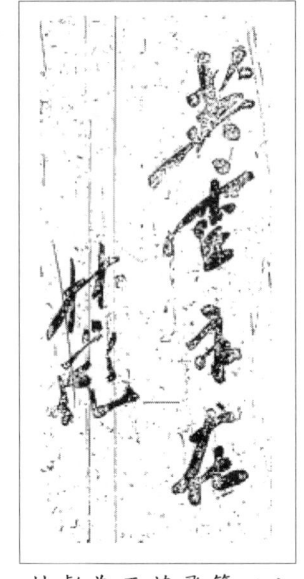

林彪為王若飛等四八烈士題詞：英靈永在

東北民主聯軍總算在哈爾濱站穩了腳跟。

陳雲在1947 年5 月的信中，把避免錦州以西的那次決戰和成功地指揮四平撤退，作為我軍進入東北前七個月中的兩件大事。陳雲說如果這兩件事當時沒有做對，東北就很難有以後發展的好形勢。

林總司令談東北戰局
國民黨軍正繼續違約向我進犯
祇有削弱反動派力量才有和平

北安
婦女會

林彪談東北戰局

林彪主持東北局研究軍事問題的會議．左起：蕭勁光，劉亞樓，羅榮桓，林彪，高崗，陳雲，張聞天（洛甫），呂正操

林彪說，我跑得還是太慢了

　　毛澤東轉告東北局和林彪：立即部署堅守哈爾濱１０天至要至要。並要林彪到哈爾濱主持。林彪剛到東北時，毛澤東的電報都是彭（真）前林（彪）後，後來就以林（彪）爲先了。這時毛澤東雖然沒有認錯，但他明確把東北大權交給了林彪。雖然東北有彭真、高崗、陳雲和張聞天四個政治局委員，彭真和陳雲還是中央書記處候補書記，但毛澤東仍把整個東北的重擔交給當時只是中央委員的林彪。毛澤東電告林（彪）並彭（真）等：東北停戰問題由林彪親自掌握，並決定應付策略。

　　１９４６年６月１６日，毛澤東在修改劉少奇爲中央起草的關於東北局主要領導分工的決定中指出：目前東北形勢嚴重，爲了統一領導，決定以林彪爲東北局書記、東北民主聯軍總司令兼政治委員，以彭真、羅榮桓、高崗、陳雲四同志爲東北局副書記兼副政委。並以林彪、彭真、羅榮桓、高崗、陳雲五人組織東北局常委。接到毛澤東指示，東北局派高崗和東北民主聯軍政治部主任譚政到五常，接林彪回哈爾濱主持工作。

　　林彪住在松花江邊的一幢老式小樓裏，四圍掛滿地圖，還掛著一個裝滿炒黃豆的布袋子。１９４６年下半年，林彪反復講莫斯科撤退的故事，講四平撤退的意義。林彪並不認爲這樣大踏步的撤退是失敗，他舉了毛澤東說過的一個例子：誰人不知，兩個拳師放對，聰明的拳師往往退讓一步，而蠢人則其勢洶洶，劈頭就使出全副本領，結果卻

往往被退讓者打倒。《水滸傳》上的洪教頭，在柴進家中要打林沖，連喚幾個來來來，結果是退讓的林沖看出洪教頭的破綻，一腳踢翻了洪教頭。

1946 年 6 月中旬，林彪在吉林附近舒蘭的小戲園子講話[12]：大家以爲我跑得太快了，丟的地方太多了。我說我跑得還慢了，丟得還少了。我講的是真話，講的是毛主席的軍事思想。東北的情況是敵強我弱，我們只有一個拳頭，敵人有好幾個拳頭，一個拳頭是打不過好幾個拳頭的。怎麼辦？就

林彪和高崗在東北

是要把敵人的拳頭變成手掌。怎麼變？就是把城市丟給他們。城市一丟，我們的包袱就沒有了，身子就輕了，敵人的拳頭也伸開了，我們就可以一個指頭一個指頭地吃掉。城市只能是旅館，暫住一時。把敵人拉散了，一股股吃掉了，城市自然是我們的了。如果我們現在捨不得城市，和敵人硬拼，那我們只有兩條路，或者被敵人吃掉，或者走抗聯的老路，退到蘇聯去。拿破崙的軍隊打到莫斯科時，也是很猖狂的，可他們的失敗在那時就決定了。今天也一樣。我們已經通過大規模地撤退換取了消滅敵人的有利條件。這並不是個新問題，我們當年在中央蘇區和敵後抗日根據地就是這麼做的。現在我們要把眼光轉一轉，從大城市轉到中小城市和廣大農村去，把大力氣用在建設根據地上。林彪望著大熱天還穿著棉衣的指戰員們，說有了根據地，我們就有了家。有了家，就會要兵有兵，要武器有武器，要糧食有糧食，要衣服有衣服。我們有了這些，我們就有了全東北。

林彪認爲：敵人現在比我們強大得多，我們要準備幾年艱苦的鬥爭，才能打敗敵人。要教育部隊克服和平麻痹思想，要準備長期鬥爭。東北電多，我們不依靠它，不靠電磨米，靠碓臼舂米。不依靠東北的大工業，我們發展手工業，要準備風餐露宿，戰勝東北的嚴寒。但最重要的是，我們要有勝利的信心。敵人的優勢是暫時的，我們一定能夠轉弱爲強，要不了多久，我們一定能夠打敗蔣介石。當前是要紮紮實實建立根據地，千萬不能漂浮，要把松花江以北好好鞏固起來。先把土匪搞光，派幾萬幹部下鄉。

　　1946年6月12日，東北局指出：切不可存僥倖的和平心理和企圖以一兩個惡戰解決問題的心理。6月16日，林彪與羅榮桓等向中央表示：我們的方針是99%準備戰爭，1%爭取和平。10月25日，林彪發佈《關於集中絕對優勢兵力，殲敵一個團的戰術指示》：過去很多仗打成對峙不決，或打成擊潰戰，就是戰役上沒有集中優勢兵力。只要每次集中兵力，各個殲滅敵人之小股，積小勝爲大勝。否則，我不僅失掉城市，而小城市和廣大鄉村亦將失掉，則兵源、糧源皆失，既無法擴軍與養軍，且無作戰的迴旋餘地，而必然形成嚴重困難。

　　就是在這種"小打小鬧"的情況下，林彪提出"等、忍、狠"的作戰原則。在目前形勢下，軍事行動要等待一下，等待土匪的肅清、群眾的發動和根據地的建立。對於敵人暫時的猖狂進攻，要忍耐對付，避免過早地使用主力進行決戰，讓敵人占去一些地方，讓他們高興去，只是他們不會高興多少天。

高　崗

張聞天　　　　　　　　　　陳雲，攝于解放戰爭的東北

"七七決議"為東北解放奠基

蘇靜回憶：初進東北時，東北局對和平與戰爭、城鄉關係以及敵我力量對比等都存在不少糊塗思想，普遍留戀城市，不願意過艱苦生活。雖然東北局發過不少文件指示，進行根據地建設，但還是把絕大多數力量放在南滿和瀋陽周圍，捨不得離開大城市，延誤了近半年的寶貴時間[13]。

林彪到哈爾濱後，首先統一常委思想。1946年7月上旬，東北局在哈爾濱召開擴大會議，7月7日通過由陳雲起草、東北局常委討論通過的《東北形勢和任務》，即著名的"七七決議"，這個決議經毛澤東修改後發表。中心思想是準備以長期艱苦的鬥爭來爭取和平，第一位的工作是創造根據地。在敵人進擊下，我們不能不進行自衛戰，作戰的原則不在於城市的得失，而是力求消滅敵人。而在停戰期間，則保持平靜，休整部隊，發動群眾，建立根據地。

東北戰略方針上的遊移不定終於一錘定音。

由於彭真和林彪在重大原則問題上的分歧，造成了工作上的不一致和損失。所以"七七決議"之後，彭真被調回中央。林彪、陳雲、高崗分別到松江省、西滿和合江省傳達東北局擴大會議的精神。

林彪為東北局的黨刊《群眾》題寫發刊詞：號召發動群眾，建立自己的家。

1.5 萬幹部脫掉皮鞋下鄉，穿農民衣，吃高粱米，和群眾打成一片。繼土改後，在"保家保田"的口號下，東北農村掀起支援前線的熱潮。

1947年1月1日，林彪致新年賀詞：1946年東北全黨全軍和東北解放區全體人民，打擊了蔣軍的進攻，肅清了大股的土匪，實行了土地改革，東北人民真正翻了身[14]。2月，林彪說：群眾工作是東北局規定的頭等任務。半年來，我們集中力量做發動群眾的工作，獲得了很大成績，給今後鬥爭奠定了主要基礎。軍隊作戰最需要根據地，我軍到東北後碰到很多困難，其中最主要的困難，而且是各色各樣困難的主要來源，就是群眾條件差，沒有根據地，這個問題包括了我們所遇見的一切問題[15]。林彪反復說：為什麼紅軍在江西能站住，而在長征時到處站不住？從江西退出來在湖南沒站住腳，在貴州沒有站住腳，在四川也沒有站住腳，一直到陝北才站住了腳。到了陝北為什麼又能站住呢？為什麼我們在北平附近的門頭溝能站住，在山海關、四平街這些地區我們反而站不住呢？就是群眾問題，有了群眾就能站住腳，這是個天大的問題。但常有人把戰爭看成孤立的事情，國民黨就不瞭解不能戰勝我們的主要原因是什麼？就是一個群眾問題。東北局把一切工作的中心放在群眾運動上，這是我軍進入東北後的頭等問題，沒有任何工作能超過群眾工作。我們現在有了家了，覺得較穩當了，不像過去一樣的一團糟了，這是東北最大的一個變化。部隊本身與過去也不同了，過去最充實的部隊只五六千人，現在一萬多。現在還有了炮，這就使戰爭有了新的力量。使我軍過去許多不能解決的問題，現在可以解決了[16]。

從1946年8月起，東北民主聯軍36萬人進行了整編。到1948年秋天，東北人民解放軍已擁有12個縱隊，100餘萬人。兵強馬壯，糧草充足。

地圖是林彪的命根子

哈爾濱雙城

1946年蔣介石忙於進攻中原，東北停戰了四個多月。國民黨計劃穩住東北，攻熱河。杜聿明提出想在長春會見林彪。毛澤東急電不能去，後又指示各戰略區負責人不要輕易離開隊伍，以免上當。

毛澤東和林彪都認爲，東北停戰時間越長越好。

1946年10月，林彪將日常事務交給高崗，帶作戰科、機要科等組成的前總，搬到哈爾濱以南50公里的雙城。

1947年5月，羅榮桓從蘇聯治病回來。他到哈爾濱的第二天來到雙城，和林彪談得很愉快。林彪馬上打電報給毛澤東：我見到了羅榮桓，我主張他在前面同我一起工作，他表示同意。毛澤東也表示同意。從此，部隊的政治、訓練、後勤保障等都由羅榮桓挑起來了。林

四野指揮部成了雙城的一個地名

雙城四野指揮部的大門

彪秘書譚雲鶴回憶，經常來找林彪的，除了高崗，就是羅榮桓和劉亞樓，他們工作互不干涉。

羅榮桓在大連養病時，劉亞樓就要求回來。劉亞樓１９３９年到蘇聯軍事學院學習，參加蘇聯衛國戰爭，又隨蘇軍到中國，是東北民主聯軍和駐旅大蘇軍的聯繫人。林彪、羅榮桓推薦劉亞樓擔任東北民主聯軍參謀長，劉亞樓一到，野戰軍的司令部建設、參謀工作立刻有了改觀[17]。

從此"林羅劉"成了專有名詞。

林彪仍和過去一樣，兩耳不聞窗外事，專管作戰。

軍事記者劉白羽寫道：林彪寡言少語，不愛活動，也從來不開扯。他有時看書，有時在會客室裏走來走去，更多的時間是面對地圖或坐在沙發上沈思。打仗前，林彪一天到晚倒騎木椅，雙肘伏在椅背上，面對滿壁紅紅綠綠的軍用地圖，甚至身邊的警衛員擦槍走火，他也一動不動。機要員送來土地改革的電報，林彪不看，囑咐有關戰鬥的電報，你們一收到就拿來給我。林彪滿腦子都是打仗，凡是打仗的事，他都細得像繡花，而別的事情他不管不問，被羅榮桓戲稱爲"林總的重點主義"。

紅軍時期，林彪就強調指揮員必須熟讀地圖。他自己更是愛圖如

雙城四野指揮部正在裝修，準備迎接紅色旅遊

命，從地區全貌到每一個地段，邊讀邊畫。林彪常說等到把地圖畫爛
了，也差不多刻在腦子裏了。而在東北最缺的就是地圖，劉亞樓摸透
了林彪的心思，他上任第一件事就是組建地圖科和印圖廠。兩個月
後，第一批地圖印出來了，結束了打仗沒地圖的歷史。隨後劉亞樓又
辦了一所測繪學校，從部隊中抽調一批有點文化的戰士，學習繪圖，
徹底解決使用軍用地圖的問題。

　　林彪高興地說：有了地圖，我們就有了得力的“司令員”。

　　林彪不僅埋頭在地圖裏，戰前他總要親自勘察陣地，最大可能地
瞭解敵情，核正地圖。直到閉上眼睛有一張鮮明的戰場圖形，他才認
為心中有數了。就是後來林彪成了百萬大軍的統帥，依然如故。特別
是1946年上半年，林彪經常帶幾個人跑到最前線。從錦西撤退到四
平保衛戰結束，林彪經常“泡”在前線，他曾兩次冒著炮火鑽進四平
城。開原阻擊新1軍時，炮彈在周圍爆炸，子彈在頭頂亂飛，林彪還
是跑到前沿陣地，一定要親眼看看這個“天下第一軍”是個什麼樣
子。大窪戰鬥中，林彪的指揮所距離前沿僅一里地，敵潰兵過來了，
警衛員趕快去抓。因為林彪的指揮所非常靠前，好幾次險些被敵人連

鍋端掉。打錦州時，林彪冒著炮火到前線觀察地形，差點被敵機的炸彈報銷。……

為什麼要這樣？為什麼置自己的生命而不顧？一個高級指揮員坐在屋子裏指揮不就行了嗎？而林彪一定要掌握第一手材料，他在當排長時就已經認識到偵察地形的重要，不能完全相信地圖。林彪說：我們的地圖不僅有很多地方未經過測繪，就是五萬分之一圖也有很多地方錯得一塌糊塗，特別是偏僻的地域或大山中更錯得厲害，因為那些畫圖的傢夥是很馬虎的，他遇著那種地方大概僅僅調查一下，並未實地測繪。1946 年 11 月 15 日，林彪對指揮員說：我們在敵佔區作戰時，各部應自動地特別注意些什麼呢？應該注意偵察。偵察中為什麼要強調地形的偵察呢？因為當我們決定打時，多半敵情已經弄清，大體已知道有多少敵人。那麼問題就是從那裏打？而攻擊點的選擇，主要是根據地形條件決定的。因為敵情和其他情況都是變動的，只有地形不變。而且無論敵我，都是從地形上決定作戰計劃，因此地形是雙方作

雙城指揮所外景

戰的共同基礎。比如你從右面攻，右面是斷絕地形，就無法攻。從左面攻，左面是河，也無法攻。我們還可以根據地形來判斷敵人的工事構築。《兵團作戰概則》在《攻擊戰鬥的組織與實施》一節中講到"當所得敵情不清時，攻擊戰鬥可依據地形實施之。"誰去偵察呢？戰場上各級司令部派參謀去，各級首長也要去，特別是對主要的方向要親自偵察。偵察的目的，主要是選擇敵人的弱點作爲我們的攻擊點。不能僅僅根據地圖，一定要指揮員的眼睛看過後才能決定。因爲每個山頭的高矮、房子的大小、工事的堅固與否及其形狀都具有重大的意義。而這種具體的東西，只靠地圖是無法知道的。要親自偵察，親眼看的與不親眼看的有很大不同，班長有班長的見識，連排長有連排長的見識，各人發現的問題不同，所以要親自偵察，否則要打糊塗仗。有時只聽報告覺得簡直沒有辦法打，但親自偵察後就認爲"大有可爲"；有時聽了報告之後，覺得很好搞，但親眼一看卻並不是那麼容易。……團營長去偵察之後，還要連排長、組長、射手去偵察，偵察之後，大家的信心就增高了。偵察不是一次能解決問題的，要三番五次地看，這邊看，那邊看，反復地看，反復地考查[18]。

1946 年 8 月的東北局會議，林彪預言：東北戰局大體要經過三個階段，先是敵人進攻，我們運動防禦並主動撤出一些地區；敵人占了城市，進攻遲緩下來，我們則在運動中乘機消滅敵人的有生力量，並開始局部反攻；最後我們全面反攻，大量殲滅敵人的有生力量，把剩餘敵人孤立在幾個點上，加以消滅。

後來的戰局發展果然如此。

三下江南，四保臨江

進入 1946 年 10 月，國民黨軍佔領張家口，東北局勢也像關內一樣緊張起來。國民黨在東北的兵力達到 7 個軍 25 萬人，加上地方部隊共 40 萬人。蔣介石專門派陳誠飛到瀋陽主持國民黨高級將領會議，制定"南攻北守，先南後北"的戰略方針，利用松花江阻止林彪主力渡江南進，控制南滿後再全力進攻北滿。

246

東北民主聯軍戰士冒著嚴寒向松花江以南進軍

林彪正在研究三下江南四保臨江的作戰問題

而林彪早就先敵一步想到了敵人的這一步棋。四平撤退後他不讓 3 縱過江，讓他們到長白山建立根據地。林彪的這個決定很有戰略眼光，只有經營長白山，才能有效地牽制和調動敵人，實現他南北呼應的戰略意圖。

三下江南四保臨江示意圖

按林彪的指示，3 縱從長春附近的雙陽、伊通掉頭奔輝南，奪路奔向長白山。移動中在黑石鎮消滅了國民黨新 6 軍 207 師一個營，隨即攻克樺甸縣城，這是我軍從四平撤退後的第一個勝仗。雖然規模不大，前後殲敵 1000 多人，但林彪很重視，他後來多次提到，攻克樺甸證明敵人越分散，越容易被我消滅。

3 縱留在南滿，很快就派上了用場。1946 年 9 月中旬，林彪來電：接軍委通報，蔣介石要進攻哈爾濱，你縱選擇有利的攻擊目標，牽制敵人。在兄弟部隊配合下，3 縱一舉攻克西豐。敵人沒想到一天兩夜就丟了一座堅固的縣城。於是改變戰略，調新 6 軍、52 軍南下。

10 月下旬，國民黨軍向南滿的安東、通化地區進攻。蔣介石說：要把共軍趕到鴨綠江喝水，長白山吃雪。南滿非常困難，東北民主聯軍只剩下四個小縣，實在堅持不下去了，多數人主張撤到北滿。部隊發了斧子和鋸，做扒犁，辣椒、酒也準備好了，只等一聲令下，就逃之夭夭。但南滿一撤，正中了敵人的下懷。在這個危機時刻，東北局副書記、東北民主聯軍副政委陳雲和副總司令兼參謀長蕭勁光請求到南滿去。

10 月底，林彪主持東北局會議，做出兩項重大決定：由陳雲和蕭勁光主持南滿，在長春、吉林以北尋機殲敵。在南滿的七道江會議上，陳雲提出"留在南滿，大鬧天宮"的口號。從 1946 年 12 月至 1947 年 4 月，南滿連續四保臨江。林彪電示南滿：打擊進犯之敵，有一個原則，望時刻把握住，就是目標寧可選小，一定能一舉殲滅。要打殲滅戰，而不是打平推戰，不打就不打，一打就要吃掉。

4 縱在新開嶺與號稱"千里駒"的敵 25 師對打，感覺頂不住，要

撤。副司令員韓先楚火了，要撤你們撤，把部隊留下！結果在韓先楚
指揮下，首創東北戰場殲敵一個整師的戰績，受到毛澤東的電令嘉
獎。之後的戰鬥中韓先楚和 3 縱司令員曾克林組成前指，發生了矛
盾。曾克林要先打弱敵，韓先楚要先打強敵，打掉敵 89 師，就等於
粉碎了敵人的進攻。雖然韓先楚是副司令員，但他當仁不讓，兩個方
案都上報。林彪很快回電，韓先楚是對的，決定由韓先楚統一指揮。
敵 89 師是蔣介石嫡系，最驕傲，誰也看不起，所以在國民黨軍中很
不得人心。這一回被圍上了，別人都幸災樂禍，很快敵 89 師 7000 餘
精兵強將就全部被殲。杜聿明要不是坐小車溜得快，也和坐大車的衛
隊一樣被俘了。

　　林彪高興地說：1946 年，東北解放區勝利不斷，秀水河子、大
窪、撫順、本溪、四平、長春、拉法，以及最近南滿戰鬥中，大量地
殺傷和殲滅了蔣軍的力量。

　　南滿的咬牙堅持，大大減輕了北滿的壓力。為了支援南滿，
1947 年 1 月 6 日，林彪乘國民黨主力圍攻南滿之際，突然集中 12 個

1947 年，遼東軍區負責人在通化合影，蕭華（前排左二）、陳雲（前
排左三），後排左三起：蕭勁光，韓先楚，吳克華

林彪傳令嘉獎

師的主力，冒著驟降到零下三四十度的嚴寒，越過松花江，向長春、吉林一帶出擊。敵新１軍戰鬥力強，增援快，林彪採取遠途奔襲、小伙當大伙打，以四個師圍殲其塔木敵一個營，調動吉林、九台、德惠的敵人來援，殲敵５０００餘名。

毛澤東高度評價了東北圍城打援的戰法。

１９４７年２月，軍事幹部會議開了三天。林彪說：目前必須打這一仗，必須準備以很大代價打這一仗，準備打他四五十天，打到天候、敵情及其他情況不許可時再罷手。要打破敵人首先解決南滿的企圖，我們南滿絕大部分城市失守，剛起來的根據地遭受很大損失，主力部隊很疲勞，地方部隊大部垮了。因此，他們是很困難的，而敵人為了進攻北滿，必須先搞掉南滿。如南滿被搞掉，東北形勢將發生很大變化，敵人即可將南滿的兵力抽到北滿來，進攻北滿的兵力即可增加，而敵人的兵源區、糧源區亦增加了。如果我們在南滿站住，敵人很大兵力被牽制在南滿，無法北進，使我們北滿有機會鞏固和加深根據地的建設。因此，南滿是否站住，是東北局勢好轉或劣轉的一個重要關鍵。應當把南滿和北滿看成一個有機的聯繫，為保存北滿根據地，就必須保存南滿根據地，所以，必須打這一仗來配合與支援南滿。其次北滿受天候與地形的限制很大，就是這個時期最好打，如果不在這時打，解凍以後敵人就能以河流牽制我們。為使敵人不能向我進攻，必須利用這一時機向敵進攻，必須殲滅敵人，才能使北滿根據地穩住。現在敵人尚有部分機動兵力，如將其打掉，就可以解決主動與被動的問題，就可以將敵人僅有的主動權轉到我們的手裏來。如果它不從關內增兵，就再無力量向我根據地內部作有重大意義的進攻。所以這一仗對東北形勢說來，能起這樣的變化。最後從全國範圍說，敵人正以各個擊破的辦法進攻山東，該地我軍的負擔是很重的，我們必須打這一仗，給他們以配合，且給整個關內形勢以配合，這對全國意義是很大的。根據以上客觀的需要，我們必須堅決大打。……在四平撤退時，我們不能再守公主嶺，再守長春，再守吉林，不能還手。一方面因為打得很疲勞，另一方面敵人兵力是集中的，而現在敵人分散了，我們可以各個擊破敵人。明知冷也要堅決打，現在不付出一定的代價，將來就會付出更大代價[19]！

蘇靜（左一）和韓先楚（左二），攝於1949年開國大典前

一下江南後，林彪策劃了二下江南，攻擊城子街。三下江南，攻擊靠山屯。仗越打越大，從一下江南殲敵一個營，到三下江南殲敵一個師。三個半月中，殲敵4.3餘萬，收復城鎮11座，粉碎了國民黨軍的戰略進攻計劃。此後東北的國民黨軍再也無力組織大規模的攻勢了。

在總司令兼政委林彪的神機妙算下，東北民主聯軍四保臨江、三下江南，徹底扭轉了自四平戰後的被動局面，粉碎了敵人"南攻北守，先南後北"的企圖，使東北民主聯軍由戰略防禦轉入戰略反攻。一個月後，林彪在雙城召開高幹會議，鄭重宣佈：現在是"狠"的時候了，我們東北已經可以集中兵力大打了！

在大戰間隙，林彪號召苦練技術

林彪指揮打仗，向來是傷亡小戰果大，這中間的秘訣是什麼？
早在抗日戰爭還沒有結束時，林彪就對大練兵的事情有深入的研究。

1944年10月18日，林彪在陝甘寧邊區部隊高級幹部會議上講話：……練兵的主要內容，有政治教育、軍事教育。軍事教育中又分戰術和技術，二者比較起來，那個更重要呢？在整個過程中間看，可以說是技術更重要。但在一定時間、一定程度上戰術也可以成爲主要的。……我們確定這個問題是以戰鬥實踐中間能夠給敵人最大的損失，是以戰鬥中間表現最重大作用的東西來作標準的。在戰鬥中技術最能直接打擊敵人，所以我們認爲技術是我們學習中的主要內容，……如投彈、刺殺、射擊。我們知道，短兵相接時，如果使用火力就會打了自己。另一方面，由於雙方戰鬥逼近，沒有多少火力可以發揚，主要是靠白刃戰。所以我們這種刺殺技術，應當特別熟練。而且我們過去和現在的戰鬥中間，最薄弱的一環就是刺殺，沖到敵人面前不會或缺乏信心向敵人進行白刃戰鬥。我們大家都知道，練過武術的人和沒有練過的人打起架來，那效果就顯然不同。假如兩個人全拿一把刀對殺，練過的能一個人對付幾個人，而沒有練過的，幾個人打一個人還打不過。所以我們要一個敵幾個就要好好練，要把這一技術打下堅固的基礎。……

不過練技術以前要注意一件事，就是要整頓軍容風紀，要進行制式教練，要恢復正規的軍事生活，要注意內務、禮節，要進行保管武器的教育。這一套要成爲今年練兵的第一課。操場制式教練，要嚴格整頓，不能馬馬虎虎地過去。但是現在發生了這樣的問題，就是這東西到底有無用處？我說這些東西是有用處的，不是白搞的，它能使我們由老百姓的習慣與動作變成軍隊的習慣與動作，這些辦法能使我們養成萬眾一心的精神，遵守命令的習慣與緊張迅速的動作；同時也爲學戰術學技術打下一些基礎。雖然這些東西在戰場上沒有直接的作用，但在無形中表現了很大作用。因此我們不能忽視這一套。世界各國的軍隊，連蘇聯紅軍在內，也都不忽視這一套的。我們每個指揮員，應該懂得兵是練得好的。譬如拿現在的世界大戰來說，蘇、美、英都有幾十年沒有打仗的。有些小國家，甚至幾百年也沒有打過仗。現在打起來，他們也會打。論戰鬥的經驗，他們並不比我們多，他們的兵都是練出來的。不但兵可以練出來，官也可以練出來。……大家看過《前線》這個戲，歐格涅夫在內戰時還是一個小孩子，還在桌子下面爬，並沒有什麼內戰經驗，但是他打起仗非常有本領。相反的，戈爾洛夫在內戰時受過幾次勳章，有很多內戰經驗，但是今天打起仗來，他反而不行了。這就是學與不學的不同結果。我們有實戰經驗，這非常寶貴，再加上學習，那就會更好了[20]。

林彪親自教連排長怎樣隱蔽接敵，怎樣選擇衝鋒目標與道路……。

在強調技術的同時，林彪也講到戰術。他認為：戰術教育可以減少自己的犧牲，增加敵人的死亡。我們要在變化的情況中想出適當的動作，主要練智，練心竅。這時候，林彪對戰術的研究還沒有系統化，還沒有上升到理論。

林彪發明六大戰術原則

雖然是指揮百萬大軍的統帥，但林彪仍然習慣抓"大"也抓"小"，尤其注重研究戰術。早在1931年第三次反"圍剿"後，為攻打贛州，林彪給各團軍事幹部講課，就教給他們幾個常用的戰術[21]。林彪邊講解，邊叫幾個戰士演示迂回包圍、中間突破和圍點打援。

到延安後林彪提出：我們的軍隊作戰愛成群地湧來湧去，勇氣雖好，但集團衝鋒目標太大，遭遇敵人的大炮和機關槍，損失就大了。因此，現在我們要教育戰士三五成群的戰鬥，一個兩個地去戰鬥。在

林　彪

林 彪

野外戰鬥，成群結隊似乎還算不上怎麼回事，何況那時敵人還沒有什麼威力巨大的重武器。到後來，尤其到東北，敵人縮在堅固的城中，戰鬥的形式全變了。在東北停戰令生效的幾天裏，敵人占了營口。我軍雖收復了營口，但因缺乏城市作戰的經驗，兩個連擠在一起向上沖，在敵人密集火力下，傷亡很大。

林彪多次給軍事幹部講戰術，說現在不同於抗戰打日本，敵人是美械裝備，火力猛，又是精銳，不能像過去那樣的人海戰術，一打一沖。在戰略上要集中兵力，戰術動作上卻要分散兵力。但是究竟怎樣在衝鋒時合理地分散兵力呢？林彪不顧連續幾天山地行軍的疲勞，冒著嚴寒跑到前線的主力團，觀察部隊的戰鬥動作。1945年12月1日，油印小報介紹錦州以北的上下汲台戰鬥中某班減少傷亡的經驗。林彪如獲至寶，用紅藍鉛筆畫了許多記號。他總結這次戰鬥和後來秀水河子戰鬥的經驗，提出一點兩面和三三制。

此時林彪已經在戰場上拼殺了20年，經過北伐戰爭、十年內戰和抗日戰爭，積累了豐富的戰爭經驗。1938年負傷後，他多年休養，又對軍事問題作了深入研究，赴蘇聯治傷，對蘇聯的軍事思想也有較深的體會。他根據部隊的實戰經驗，總結出六大戰術原則：用於攻城的一點兩面、三三制、四快一慢；解決城市巷戰的四組一隊；追擊的三猛戰術；三種情況三種打法。這些切實可用的戰術，都服從於"保存自己、消滅敵人"這一總的目的，同時也體現了"集中兵力、各個擊破"的基本原則。部隊用上這些戰術，如虎添翼，常常將敵人上自司令官下到普通士兵一網打盡。在東北戰場上，廖耀湘兵團所有的高級將領差不多都被活捉了，新6軍軍長李濤忿忿不平地說：你們共產黨打仗狡猾。

什麼是戰術？戰術是進行戰鬥的原則和方法。那麼這個關於打仗的戰術應該由誰來研究呢？恐怕不應該由統率幾十萬大軍的林彪來研究吧？1955年授銜的一千多位將帥中，除了元帥林彪，有誰如此細緻地研究過班排連以至士兵的戰術，並上升到理論呢？而林彪樂此不彼，他不恥下問，甚至向年輕的士兵討教，由此總結出六大戰術原則。林彪說：戰術原則太多，難懂難記，這幾條原則應當在各級幹部中平時完全打通。如平時不打通，臨時交代是來不及的，也來不及理解。這些戰術，只要所有指揮員都懂得，才能在戰場上互相提醒，才能不約而同地配合得起來。必須加強幹部對這幾條的戰術教育，每個指揮員和政委應使自己、使下級懂得並力求發揚與熟練，並繼續補充和修正這些要則。

　　爲了普及這些戰術原則，沈默寡言的林彪，突然變成了“婆婆嘴”。大會小會反復地講，手把手地教，六大戰術原則就這樣深入到東北每個指戰員的心中。

林彪反復推銷打仗的秘訣

　　林彪認爲：戰術這門東西，也容易懂，也不容易懂，寫了幾百條，主要的還是幾條。爲什麼仗越打越多，道理卻越來越少呢？因爲懂得了主要幾條，其他次要的不會也就會了，仗打多了，經驗多了，就知道原來就是那麼回事。但是不是就那樣簡單呢？不是簡單，要通過複雜的研究，個人的經驗，人家的經驗，搞通了後才能掌握主要的幾條道理。但證明這個道理的例子，越多就越深刻。抽出幾條道理，不是一兩次戰鬥就能抽出來，而是從千百次戰鬥抽出來的，所以要重視經驗。學習戰史的最好方法，是學很多戰例，戰後的檢討，整理自己的經驗，吸收人家的經驗，加上演習，好好掌握了幾條，正確應用到實際中去。

　　林彪說：行動中突然遇到敵人，怎樣對付？不要性急地馬上單獨衝垮了敵人，此時應以小部隊迅速偵察敵情和遲滯敵人，主力則集結準備作戰，等待查明情況，等待兵力集中，等待我主力迂迴到敵後，然後再正式開始全線進攻。爲什麼我們規定要把兵力集結到六倍至九倍時，才正式攻擊敵人呢？直接參加進攻的兵力，雖然只要三四倍就夠了，但爲了防止敵人垮時不致突圍跑掉，就需要把較多的兵力在旁邊等著敵人的崩潰。爲什麼將主力放在敵人後面突擊呢？擺在正面，很容易性急把敵人沖跑。敵人害怕後路被切斷，對正面偵察嚴密，對後面就疏忽得多。打敵增援也便於調動。

爲什麼在主攻點上需要採取狹窄的戰鬥正面和縱深的戰鬥配備，集中最大部分的火力呢？平分兵力，不能奏效，或奏效後也不能擴張戰果。突破口的敵人還在抵抗，後面的敵人已經跑了，還在抵抗的敵人也準備跑。從突破口湧進去所打的敵人是背向我們的敵人，所以要用縱深的配備，保證前面突破後，後面的部隊猛烈擴張戰果，使敵陷於全面崩潰。爲什麼要弄清情況呢？（剛到東北時）在彰武附近幾十個土匪就弄得我們無法動，因爲不瞭解情況，不知道是敵主力還是土匪。所以一定要弄清情況。

林彪舉出蘇聯的《兵團戰術概則》，說選擇攻擊點，一般書上沒有，就是蘇聯這本書上有，說了許多條件，最後說主攻方向主要根據地形選擇之。從我自己的體驗上也有這點，即地形條件是選擇攻擊點的最重要的一條。指揮員必須養成看地形的作風，否則一切都是空的。關於攻擊準備的時間，林彪說：在外國的一些軍事書上都有規定，如對倉促做起的工事，需六小時的準備時間，對第二天的工事，需一天的準備時間，對五天以上的工事，就必需兩天以上的準備時間等。國民黨的軍事教條中，亦是有這一條。

1947年4月19日，林彪在東北部隊師以上幹部會議上進行總結[22]：會議開了八九天，提了很多很好的意見，檢討的方面很廣，內容很多。同志們講得越多，我就可以講得越少，所以有些問題今天不講了。我今天主要講兩個問題：一個是戰術思想，其次是戰鬥作風。戰術思想講兩點，一點兩面戰術和不打莽撞仗。我今天講的這些，可以說是東北作戰的根本經驗。我們每一個戰役，每一個戰鬥，都有它特別的單個的經驗教訓，我所講的是總的根本的經驗教訓，是在許多大大小小的戰鬥中包括著的，但它又與一般的戰術有區別，它仍是帶有經驗性質的。這種經驗，是在一定的條件下產生的，因此，不是在任何時候任何條件下都可適用的；
在不同的條件下，就會產生不同
的規律。東北的鬥爭，在過去與
現在，都經過其變化的階段，而
且將來與全國的鬥爭會合在一起
的。……我們處在東北這種情況
下作戰，我們必須認識這種客觀
情況的特點，想出辦法對付。過
去很多戰鬥沒有打好，就是沒有
認識東北的客觀條件，以及主觀
上沒有想出辦法來對付客觀條
件，如果我們的指揮要有把握，
就必須有一套，就必須胸有成竹 林　彪
地來對付客觀情況，否則就懵懵
懂懂亂碰，有時碰好了，有時碰壞了，小部隊碰壞了還無關，大部隊
碰壞了就影響大局，就很危險。

　　戰爭的勝利決定於兩個條件，一是力量，一是力量的使用。前者
屬於物質性的，後者是屬於精神性的，即戰術問題。過去東北局所努
力的，是戰爭力量的建設，土匪的肅清，群眾的發動，部隊的整補。
到現在力量已經建立，這一任務已經解決了，但並不是說從今以後就
可不注意力量的建設，相反的，對這點仍應努力。但是今後主要的問
題，是善於使用力量，不是憑空想或書本上找辦法，而是從客觀的敵
我情況中找出一套辦法來。我們經過了這樣多的戰鬥實踐，已經形成
了一套辦法。

　　林彪詳細講解一點兩面、三三制戰術。三三制的編制是為了增強
部隊的管理教育與訓練，特別是加強班的戰鬥指揮力，使戰鬥能在班
長的指揮範圍內，發揮其機動靈活勇敢作戰的戰鬥效能與避免隊形的
擁擠增大傷亡的戰術組織。一個班內，劃成三四個小組，包括三角、
一字、一路、梯隊等小組的戰鬥隊形。

　　在敵佔區作戰，與在根據地內部作戰不同。東北遇到的敵人，也
不是過去一般的頑軍，而是蔣的遠征軍，是經過美國訓練與裝備的，

羅榮桓在東北

質量上較強。同時東北鐵路很多，調動很快，一個師可作幾個用。因此，我們提出不打主觀主義的仗，一點兩面戰術、三三制戰術。但直到現在，這一思想並未打通，並未成爲群眾性的思想，並未根據這一思想來配合，來行動。只有少數部隊研究了，開了訓練班，例如1師、5師、2師等。有的部隊滿不在乎，視若無睹，聽若無聞，結果打起仗來打得稀稀拉拉，一塌糊塗；有的搞了，但不積極；有的要下面搞，自己不懂。所以今天還是有必要把這一點再提起來講。

林彪說：我的腦子裏有一個總的印象，東北有許多仗未打好，就是由於戰場上口子拉得太寬了。也就是說，戰場上兵力分散了，沒有集中兵力在主要的一點——主攻方向上。進攻敵人時，最主要是首先要把敵人打破，在敵人陣地上開個門，然後從這個門裏沖進去，打到它堂屋與房間裏去，從這裏向外打。開門是困難的，因爲敵人是個完整的佈置，它的每一地方，都有其他地方的支援，你打這點，其他點會來支援。所以"開門"是不容易的。但又重要，所以要集中火力來打，打得敵人抬不起頭。以便我們的刀尖子——硬部隊鑽開一個洞，而用木棒，再使勁也不可能。但若我們同時想打開幾個門，分散了，那就打不開。德惠戰鬥是個典型，優勢炮火分散了，四個師的部隊分散，不是時間不夠，不是不該打，也不是其他許許多多的缺點，而是分散了力量。德惠戰鬥獨2師打開了門，但沒有力量向縱深，結果還是半途而廢。如果我們打開了門，附近的敵人是動搖的，就像打傷口，好打。所以必須要有充分的兵力擴張戰果。有人常常懷疑，一個縱隊幾萬人，一個師萬把人，一個團數千人，從一個狹窄的地段打，怎麼擺得開呢？這個數學算錯了，打開一個缺口，部隊三面受敵，又要向縱深發展，沒有更多的部隊是不夠用的。從突破口進去，正面戰線至少要擴大四倍。

任何一本軍事書籍上，都是強調集中兵力。無論在戰術上、戰役上、戰略上都是強調集中兵力。在敵佔區作戰，怕敵人以集中對我集中，於是以分散來對敵集中，結果分散了自己的力量。通常當我進攻敵人一路時，敵人無法立即集中其他兵力策應這一路的，因為從政治上說，敵人越是軍閥隊伍，越是雜牌隊伍，就越不團結，越有矛盾。從軍事上說，它亦不敢這樣做，當你打東時，它不會將西南北三面部隊集中來的。

怎樣避免擁擠呢？不是把兵力都堆到第一線上來，比如三個團，不是要你把三個團堆

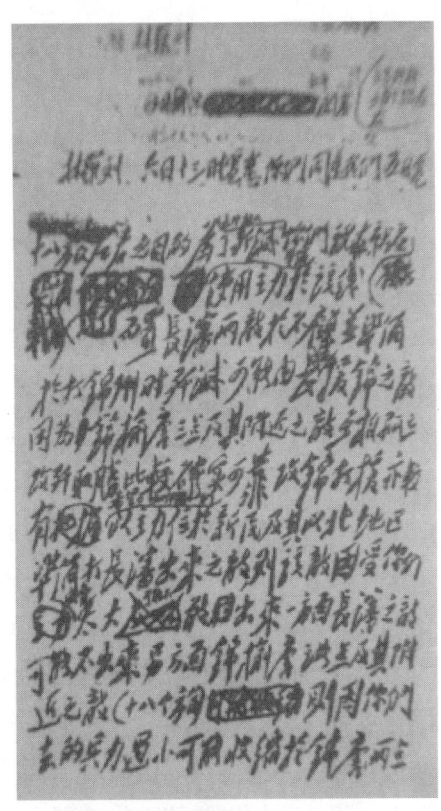

毛澤東親筆給東北前線的林彪、羅榮桓、劉亞樓的電報草稿

上來，而是把三個團的主要火力調到第一線上來。但也不是十個擲彈筒堆在一個陣地上，被敵一炮打掉七個那樣的火器集中辦法，而是根據射程的遠近適當地把火器排列起來。把部隊分成三個梯隊或兩個梯隊，向縱深擺開，使兵力既集中又不擁擠，各梯隊間的距離，一方面照顧到敵人打第一梯隊的炮火不致打到第二梯隊，另一方面又要使第一梯隊有進展時第二梯隊能不失時機地用得上。主攻方面可採取行動上的突然性與秘密性，如以其他次要方面的助攻，引敵注意到別的方面，亦可減少不必要的傷亡。

一個師"開門"時雖然只有一兩個連投入戰鬥，但火力是很大的，全師的重火器此時都應支援這一兩個連。如蘇聯作戰時，曾有過一個步兵營擔任主要點之攻擊時，有四個炮兵營，一個坦克營，一個工兵營，以及航空部隊的協同。

一點兩面戰術，"一點"的基本作用在於打垮敵人。要全部消滅敵人，還要靠"兩面"戰術。有時一場血戰白打了，敵人跑了，就是因爲沒有"兩面"。"兩面"除了保證消滅敵人外，同時促成更容易打垮敵人。因爲通常敵人遭受一面攻擊時仍能安心抵抗，但遭受兩面或三面四面的攻擊，就不行了，就動搖了，這就促成我主力的突破。"兩面"不僅僅是兩面，可以三面四面，但最起碼要兩面。兩面的擺法是不固定的。不要以爲一點是從正面打，相反的，應力求把一點用在敵人後面或側面，這是非常重要的。但性急或膽小的指揮者，通常不敢把主力指向敵人後方，這實在是可惜。當然兩面的具體擺法要看具體敵情、地形、時間等條件來規定。那一面先打，哪一面後打呢？通常是次要的方面先打，主要的方面後打。有時亦可同時打響，最好是次要的方向先打，但也不能打得過早，以免接不上氣。尤應極力避免主要方面的先打，以免把敵人打跑了。戰鬥正面的比例是恰恰相反的，次要方面打的地方應很寬，主要方面打的地方應很窄。特殊的情況下可有"點"無"面"。在左右都有友鄰部隊的情況下，你這個部隊可以無"面"，可以僅僅有一面的箝制方向與突擊方向。但這僅是你這一部分，如從整個戰役部署上說，依然必須有兩面。當你向局部敵人採取包圍迂回時，仍然要有一點兩面的。兩面過於靠攏，可能發生自己的炮火打自己的現象，這時就應注意不要打著自己人，但是這也是不可能完全避免的，不能因爲怕傷自己人不採取兩面戰術。

過去總部決定要打的仗通常是該打的，有的未打好，有的打成對峙，是由於沒有實行一點戰術，沒有集中力量突破敵人，或者突破後無力向敵縱深擴張。說起打過的戰鬥，林彪如數家珍：錦州以北 1 師與 7 旅打的一仗，未打好，口子張寬了。秀水河子戰鬥，原來的部署就是缺乏重點的，後來把兵力集中了，成爲一個刀尖子，打勝了。撫順戰鬥，是山地戰，運動戰，該打贏了吧？結果打成了夾生，口張大了。泉頭戰鬥（四平南），打敵 50 師和 38 師，也打夾生了，還是口張大了。大窪戰鬥打 87 師，打贏了，以 1 師和 19 旅並肩突擊（以後還有人批評太擁擠），結果打贏了，至於德惠戰鬥，原定 4 把尖刀，結果變成 8 把、16 把、32 把尖刀，如用一把尖刀的打法一定能打開。

什麼叫莽撞仗？敵情未弄清，地形未偵察，自己的兵力未集中，

林彪（右一）在院子裏召集軍事會議

未到達攻擊的準備位置，主力未趕到敵人後面，或一部未到達敵人後面，前方部隊冒冒失失地向敵人一沖，或者把敵沖跑或者沖不跑，自己傷亡一大堆，這就叫莽撞仗。

　　三種不同情況有三種處置：第一種情況，對於防禦的敵人，對於佔領了山頭、村莊、陣地、工事而且配備了火力的敵人，就不能冒冒失失地趕上去就是一沖，就不能打莽撞仗。第二種情況，對退卻的敵人，就要打莽撞仗。第三種情況，對要退而不退的敵人，例如城子街戰鬥與孤子庵戰鬥，完全打莽撞仗不對，完全不打莽撞仗亦不對，應當以一部先趕上，其他部隊隨後趕，先拿一部隊伍與它打上並斷其退路，等其他火力兵力全部到達再殲滅它。這是一種活的辦法。城子街戰鬥的錯誤不在因炮兵掉隊改爲第二天打，雖然總部要你們當天打，火力尙未到達，不打是對的。錯誤是敵突圍被截擊退回來進入工事時，前面部隊沒有迅速打。焦家嶺戰鬥，18 師並未按縱隊規定時間攻擊，而因準備來不及拖延了幾小時亦是對的，因爲需要是一回事，可能又是一回事，如果來不及，倒不如組織好了火力後再打。

龍門大廈夜景

　　強點也有兩種，打下來無關緊要，如松花江橋堡，可不理它，或以一小部監視它，解決了其他的敵人後，它就非繳槍不可。另一種強點至關重要，但也不一定首先要打，如果我們能一下可以拿下，那當然更好。但沒有這種條件就不要硬碰，而首先打足以破壞其強點的弱點。要知道每個戰鬥部署都是有機的組成，其中每個部分是靠其他的部分支撐著的，如果將與強點聯繫著的弱點破壞，那麼強點就因此失去扶持而失去作用。

　　弱點是包含兩重性的，缺一不可的；既是弱的，又是有關它整個要害的。《合同戰術》第二篇第三章《進攻的組織》中講到：主要的突擊應施之於敵人戰鬥隊形中最敏感最薄弱與有關要害的地點。所以攻擊點的選擇應是弱點，但又是有關要害的。這種地點的選定應依據於敵人的軍隊素質、地形條件和工事構築如何而決定之。如果敵人的部隊不甚堅強，政治情緒也不高，則其戰鬥力必弱；工事構築不能到處一樣，有些地段便於射擊和運動，如果突擊選定這類方向，可以出敵不意，擴張戰果，也可避免自己少受損害。

　　林彪說：在防禦中應表現頑強性，要使敵人無論怎樣攻也不動，要使敵人在我們工事面前屍橫遍野，血流成河。這一點，日本人是相當厲害的，我們必須大大提高這種頑強性。第一次世界大戰的凡爾登戰役，法國的隊伍守得極頑強，以死屍做工事，做障礙物，使凡爾登變成風磨。第二次世界大戰的斯大林格勒之戰，房子全打毀了，還守了幾個月。我們必須向這些頑強的範例學習。特別是對於國民黨這樣的隊伍，做點工事，敵人就打不下來。我們防禦的頑強性，不是稍抵抗一下就算，而要使敵人不知多少死在我們的陣地前，要使我們的陣地挨得起敵人成千成萬的炮彈。那時候我們一師人就可抵上敵人幾個師用。

　　這些戰爭經典早被林彪爛熟於心，如數家珍，隨口就能說出來。

林彪關於戰役指揮的問題

　　1947 年 9 月，林彪說：怎樣下決心？打呢，還是不打呢？在各種具體情況下，這是首先要解決的問題，對於這個問題，解決的基本

龍門大廈是解放戰爭時葉群在哈爾濱住過的地方

方法，是細心地冷靜地研究情況，不可粗枝大葉，不可冒冒失失，要由戰役的指揮員（單獨行動的指揮員）擔任主要的思索和負全責或主責來決定。他雖然應當採納好的意見，但不應受或左或右的未經充分思考的旁人的意見所波動。如果客觀情況確有勝利的把握（這裏須注意有時表面看來似乎沒有勝利把握，但過細研究時卻發現大有可爲）則應當大膽地果斷地決心打，切不可放過勝利的機會。如果缺乏戰鬥的積極性，害怕傷亡和過分慎重，過高地估計敵人，有能取勝的機會不打，這必然使所屬部隊失去勝利的機會，失去創造部隊光榮戰史的機會，不能使部隊逐漸成爲所向無敵的主力或主力中的主力。要知道由於不積極打勝仗而直接間接引起部隊中士氣的低落，它的損失往往大過於戰鬥中傷亡的損失。同時要知道，只要我殲滅敵人越多，它的放肆與前進就會越減少。否則如果我們不打它，它便越發放肆起來，就反而更麻煩了。所以光是遊擊或僅僅是擾亂，不給敵以嚴重打擊，橫豎不能解決問題。因此凡有勝利把握時，而對整個局面有利或無礙時，就應當堅決地打。在這種情況下，如果上級沒有命令，或上級因不明情況命令不打而不打，那就是機會主義了。另一方面，當然應當嚴格地估計情況（不僅看表面的情況，主要是看到情況的實質），如果當前的具體情況實實在在的，的確估計不能取得勝利時，那就索性不要打，而另待有利的機會再打，免得損傷士氣和反而助長敵人的放肆。如不認真地考慮，明知不能勝而亂打一陣，這就會把部隊士氣打下去了。以後碰到能打勝仗的機會反而不能打了，這就弄得兩頭都失陷。

在戰役上所使用的兵力，寧可感覺到多了，而不可感覺到不夠。如兵力多時可進行重重包圍，將餘下的或地方的新部隊放在戰場周圍，擔任打突圍敵人的任務，或置於適當地點擔任打增援敵人的任務。

對於所選定的主攻點上，應將各種機關槍各種大炮秘密地儘量接近敵人，適當地配備起來，以便統一向主攻目標射擊，這就是我們說的"猛打"。這種火力用法，它是反對零零碎碎打的，反對把火力到處分散使用。不敢以刺刀殺敵的不算最勇敢的部隊與戰士，我軍必須建立刺刀血戰的威風和隨手榴彈的飛出爆炸而猛進的勇氣，這就是我們所謂“猛衝”。對於已被衝動的潰亂敵人，應實行猛烈的追擊，要一直壓下去，這就是我們所謂“猛追”。這時要特別發揚冒險精神，如果不猛追下去，則敵人乘機集結發動反攻，則往往失掉勝利。此時各級應不等命令自動地猛追，落在後面的部隊應迅速地向前去集結或集結後迅速前進，切不可因勝而驕而懶散而怕疲勞而發洋財而休息，這樣才免得追到前面去了的部隊孤單無力[23]。林彪的“三猛”戰術在遼西大會戰和解放瀋陽的戰鬥中開花結果。

林彪創辦抗大式的幹部教導隊

1947年10月，林彪專門解釋什麼叫硬拼仗。這是硬打硬拼吃掉敵人的一種打法，但絕不是亂打。什麼是亂打？毫無把握就下決心，打起來不講戰術，亂衝，結果自己傷亡一大堆，給敵人的打擊並不大。什麼情況下打硬拼仗？有七分勝利把握就下決心打。當然若有十分勝利把握時更應該下決心打，並且應該打得堅決頑強，爭取迅速殲

東北夏季攻勢示意圖

哈爾濱頤圓街一號，毛澤東曾住在這裏，現在成了紀念館。林彪到哈爾濱時住在遼陽街一號。

滅敵人。但如果連六分七分把握都沒有的仗，那就也不應該打了。七分把握能夠勝利嗎？勝利把握有了七分，應該說基本上是有利了。如果再加上我們死打硬拼的勇敢和戰術指揮相結合，一定可以克服那三分冒險，而爭取達到十分勝利。林彪說：因爲東北今天的環境，有許多條件不能和關裏老解放區比，不像關裏那樣有廣大群眾掩護和配合，乾淨乾脆吃掉敵人的"神仙仗"是不容易達到的。如果在東北也非有十分把握的"神仙仗"不打，那就很少有仗可打，那就會給敵人更大的放肆。敵人可以利用我們這一弱點，占去我們更多的地方，逼我們縮到狹小地區裏。這樣一來，則我們兵源、糧源、穿衣、穿鞋、安置傷員等等問題，會加多困難，更增加了鬥爭的長期性[24]。

　　硬拼仗怎樣打法？硬拼仗打到什麼樣算勝利？打成擊潰戰怎樣辦？打成對峙或者兩下撤退怎樣辦？硬拼仗是不是東北我軍的長期全盤的軍事路線軍事方針呢？爲什麼要打硬拼仗？東北打這樣的硬拼仗有什麼好處？打硬拼仗在思想上還有哪些問題需要注意？怎樣才算正確的硬拼？

林彪認識到一個人講，講得再多聽者也有限。要將作戰經驗普及到每一個指戰員，一定要辦幹部教導隊，像抗大一樣，三個月一期。進入東北，林彪就想辦這樣的短期訓練班。現在的作戰樣式已不同於紅軍時期，也不同於抗戰時期，營以上甚至兵團幹部都存在一個重新學習的問題。

幹部教導隊由林彪直接領導，各縱領導輪流主持。第二期幹部教導隊由 6 縱司令員洪學智主持，林彪對他說：讓你來，這和當司令員同樣重要。你們確定的訓練內容要少而精，同時理論要結合到訓練中。要像我們組織戰役一樣，精心組織實施，一定要把第二期辦好。因爲這個第二期更重要，以後我軍要打更大的仗，打更惡的仗[25]。

第二期 360 名學員由營、團、師指揮員包括副師長、參謀長組成。東總通知：這種輪訓是提高部隊戰術、素養的重要步驟，各部不應因幹部缺乏猶豫，而應認真按照條件如數調來，最好是將準備提升的營團幹部調來訓練，三個月後能完全勝任新工作。林彪很重視這個第二期教導隊，開學典禮，由他親自給學員講話。

夏季、秋季、冬季攻勢

到 1947 年 5 月，東北國民黨軍 48 萬，幾乎都被大中城市拴住了腳。而林彪的部隊 46 萬，全是機動部隊，既有自己溫暖的家，又可以大踏步進退。與半年前被敵人攆得一路逃竄相比，真是天上地下。陝北形勢惡化，黨中央撤出延安。林彪和羅榮桓曾致電毛澤東，建議中央遷往東北。

1947 年 5 月 20 日，毛澤東致電林彪、高崗：東北在你們領導之下，改革了土地，發動了群衆，建設了一支強有力的軍隊。在全國各區中，就經濟論你們占第一位；就軍力論你們已占第二位（兩個月後，東北軍力就上升爲全國第一）。

從 5 月 13 日至 7 月 1 日，夏季攻勢歷時 50 天，殲其國民黨正規軍四個師零兩個團，連同雜牌部隊共 8 萬餘人。繼夏季攻勢後，9 月至 11 月，林彪指揮在北寧路和中長路瀋陽段以北發動秋季攻勢，又

林彪畫傳

陳　誠

歷時50天，殲敵6.9萬人，攻克城市15座。這時林彪的部隊達到73萬。

經過1945年、1946年兩個嚴冬，第三個嚴冬來了，住在瀋陽的東北保安司令長官陳誠認為解放軍連續打了夏季攻勢和秋季攻勢，無論如何該"冬眠"了吧？沒想到東北野戰軍接著打冬季攻勢。此時敵人只有招架之功，已經沒有還手之力。90天中，彰武、四平、吉林、營口等城市相繼解放，殲敵加上起義共消滅敵人15.6萬。

毛澤東高度評價東北的冬季攻勢，疊克名城，威震全國。

1948年元旦，東北民主聯軍改稱東北人民解放軍，東北民主聯軍總部改為東北軍區，林彪任司令員兼政治委員，羅榮桓任第一副政委。這時，東北97％的土地面積和86％以上的人口獲得解放，東北解放區連成一片，部隊已經發展到100多萬，其中野戰軍70多萬，牢牢掌握了東北戰場的主動權。

蔣介石一個月內三易主帥，最後以衛立煌代替陳誠出任東北行轅副主任兼東北"剿總"司令。雖然東北的國民黨軍還有幾十萬，但卻被分割在長春、瀋陽、錦州三個互不相連的地區，東北決戰的形勢已經到來。

1949年3月13日，毛澤東在七屆二中全會上說：東北局領導下的工作很有成績。吃了苦走了路，東北全部到手，很慶幸。"七大"以後，全黨全軍用腳走到東北，大約半年到七個月的時間，有偏差。我們開頭也不瞭解，山海關、錦州守了兩星期，消滅敵人在錦州與瀋陽間，也是這麼希望的。後來林彪說不行，無槍、無糧、無政權、無經費、無鞋，老百姓正統觀念。於是"讓開大路，佔領兩廂"[26]。這一回，林彪和毛澤東的意見一致了。他們都同意松花江開凍後，北滿主力南下打通南北滿，徹底改變東北戰局。

我軍佔領四平機場

四快一慢的"慢"是個創造

　　這一段時間，林彪主要談攻堅戰的問題。因爲打到這個時候，敵人也學乖了，縮在城裏不輕易出來。林彪最擅長的圍點打援，已經不靈了。所以除了攻堅戰，再無仗可打，而攻堅戰又一向是弱項。

　　林彪喜歡大會小會講教訓。1947年6月11日，夏季攻勢中第三次打四平，集中10個師，打了十天才佔領四平西半部。之後國民黨援兵趕到，只得撤退。林彪在幹部會上三次檢討：完全由我負責，主要是我情況掌握得不夠，太急於求成。如果不那麼快地下決心攻城，堅持圍城打援後再攻城，結果會好得多。另外，這次攻堅戰暴露了我們部隊攻城能力不強，主要是我研究的不夠。隨即林彪集中全力研究攻堅戰術，12月4日，林彪發出《關於目前敵集中兵力守城，我必須解決打較大據點與較大敵人的指示》[27]。強調四快一慢，重點是

戰士歡呼打下公主嶺車站

慢。

　　距三戰四平八個月後，四戰四平，２３小時攻克，萬餘敵軍沒有
逃走一個。

　　１９４８年３月，在東北野戰軍第二屆參謀會議上，林彪著重講了如
何使司令部成為能幹的指揮機關[28]。林彪說：我們所處的形勢已經轉
變了，從被動轉到主動，從防禦轉到進攻，從分散轉到打成一片。我
們的任務從前是怎樣把根據地搞起來站住腳，現在則是怎樣解放全東
北。這種客觀形勢和任務的變化，就應引起我們各方面的變化，以適
應這種形勢和任務的變化。在組織形式上，鬥爭形式上，工作作風

戰士開往靠山屯前線

上，都應隨形勢任務之變化而變化，不然不能完成任務。過去我佔領
的地區，有很多敵人可利用的東西，如橋樑、鐵路、礦山、工廠，統
統都要破壞。現在就破壞不得，那怕知道敵人暫時還能利用，但將來
都是我們的，破壞了還得我們自己來修理。過去各個根據地是被分割
的，要各地區獨立自主地向各方面去搞。現在打成一片了，所以就應
該強調統一，強調集中。

　　林彪還談到軍隊的轉變，由分散作戰轉到集中作戰，由不正規轉
到正規作戰，並且由運動戰轉到攻堅戰。大兵團、正規化、攻堅戰將

成爲今後的鬥爭形式。首先是思想上提高對正規化的認識，要使司令部成爲能幹的指揮機關。成爲實現軍隊正規化的中心機構。過去遊擊戰時代看到就打，不需要複雜的組織。而現在則不是那樣簡單了，而是更加複雜了，不是一個人能作的，而是要由很多人去作。所以全軍都要懂得，只有加強司令部工作，使它像一個工廠中領導生產的機關一樣，各人有其一定職權，才能進行工作，完成任務。

4月19日，在哈爾濱軍事會議上，林彪再次談到攻堅戰的戰術問

題[29]：這個會開了十幾天，與去年不同，去年是研究具體戰例，今年是專門研究鬥爭經驗。去年雙城會議，把集中兵力突破的問題解決了，所以去年夏季、秋季及冬季作戰，決定打那個地方，沒有那個地方沒有突破。和雙城會議前去年的春季攻勢，像德惠這樣的小城市都沒有突破的情況是顯然不同了。這次主要講縱深戰鬥，因為今後，縱深戰鬥將成為決定戰爭最後勝利的戰鬥。縱深戰鬥過去我們沒有，過去消滅敵人個把師的戰鬥，主要是前沿突破，到縱深戰鬥就沒有什麼了，所以縱深戰鬥經驗也就不多。我們上面這種經驗更少，倒是下面營、連、排幹部的經驗還比較多些。我主要提三點，用三句話說，不要打急了，隊形不要太密了，大膽插到敵人後面切斷敵人，分割敵人。

為什麼不能打急了呢？如果打急了，一次打不下來，還要重新打第二次，第三次，第四次，甚至打第五次。本來想很快解決，反而弄得更慢了，這種例子很多。如果隊形太密，傷亡太大，打不到底，打半截子仗，一個連打剩七八個人，就無法再打了。雖然戰術可能取得一些勝利，但整個戰役可能造成失敗。有時也可能取得戰役上的勝利，但損失必大。如果不插到敵人後面，切斷敵人退路，只從前面打，敵人的後面是安全的，前面也不容易打下來，就是花了很大力量打下來，敵人跑掉了，我們什麼也沒有撈到，就是白打一場，白流血，白犧牲，白費力。雖說打下來還可以向前發展，如果打不下來，就更不合算。

不要打急了，這個思想是最難接受的，不容易說得清。多季戰役中，從開始到最後，我們打了許多電報，都是要大家利用間隙學四快一慢，並且介紹了許多實際例子。戰術教育只提了這一個問題，其他戰術問題都沒有提。並在事實上彰武、鞍山、

東北野戰軍編印的軍事參考資料

四平戰鬥的總攻時間我們都把它拖延了，給予更多的準備時間，其餘戰鬥也都儘量給予充分時間。這樣，我以爲還很難說得清，所以今天還需要把這個思想再提出來，在我們部隊中貫徹下去。

按照一般的軍事原則，打仗要快。歷來的軍事傳統思想，也是所謂"兵貴神速"，從來沒有誰提出要"慢"。林彪說：過去遊擊戰，基本上是襲擊戰，都是很快地打，幾個鐘頭解決戰鬥。十年內戰打的仗都是幾個鐘頭，有時殲敵幾千、萬把人，也都是這樣打法，遊擊戰和運動戰，戰役上戰術上都是速決，打敵人措手不及，一下子把敵人吃掉這是我們歷來的傳統。現在我們提出要"慢"，真是很奇怪的，既不是過去的戰鬥經驗，也不是一般的軍事原則，在思想習慣上是不容易一下接受得了的。所以大家不要以爲這不成問題，一提出來，就可以實現，事實上是很不容易實現的。同時在戰鬥中又有許多具體情況逼著我們要快，如敵人增援和加強工事，敵人部署變化，在敵人火力下面熬不住，在上級的催逼下熬不住，想很快取得勝利；或者白天攻擊已到天快黑了，或者夜間攻擊已到天快亮了，以及敵人飛機快要來了等。這種種原因，都會促成我們急躁莽撞，不管三七二十一，帶著隊伍就是一沖，不沖就是"怕死"，這樣的例子很多。7 縱在王道屯戰鬥中，敵人只一個營，而我們就沖掉了個把團。經過整個冬季戰役及去年許多戰鬥證明，要勝利就不能急躁，如果準備不好，明明就是敗仗，事先就能知道要失敗，結果也一定打敗仗。平劇上的《三打祝家莊》，第一次第二次都打了敗仗，第三次才打了下來，也是同樣的道理。

對敵人經過一兩年建築的工事，鋼骨水泥，明的暗的，重重疊疊的火力配備與障礙設備，我們再勇敢再果斷，只有這一個因素是不能解決問題的。過去單是這一個因素就可以解決問題，以這個因素爲主就行了，而現在不行了，現在是另一個情況，另一種條件。……單憑勇敢迅速不行，憑火力兵力多行不行？也不行。當然這些因素都是不可缺少的，而且這些因素我們都已具備，所缺少的是時間。有了充分的準備時間，兵力、火力、勇氣就更能發揮作用，所以時間這個東西，也能夠變成戰勝敵人的一種新的力量。這種力量是不用費錢就可以買到的，我們必須要很好地加以利用。

東北野戰軍戰士練習爬牆

現在這樣大的縱深戰鬥，如果打急了，就是包打敗仗，一定打不贏，反之就能勝利。比如在我方兵力、火力、勇氣等條件不增加的情況下，甚至敵人的條件增加了一點，只要我們有充分準備，就一定能勝利，不論敵人有什麼樣的火力配備與障礙設備，我們也能夠打下來。我們在四平打大紅樓，以40餘人的傷亡，消滅敵人千餘。還有一個排消滅敵人一個營，一個班消滅敵人一個連的例子，這樣的戰鬥比打運動戰還合算；但是王道屯、沙後所、茶棚庵等戰鬥，我們和敵人的傷亡是一比一，甚至比敵人傷亡還多一點，這樣的例子也還有不少。

過去歷次的戰例和經驗都證明，凡是打好了的戰鬥，都是準備好了；凡是打壞了的，都是未準備好。沒有充分的準備時間，一點兩面、三三制都是空話。沒有時間，"一點"就找不到，因為"一點"不是現成的，而是要去找的，沒有時間，"一點"形不成，兵力沒有到，火力未組織好；沒有時間兩面也形不成，前面打響了，後面沒有趕到，敵人跑了截不住；沒有時間，任務未區分，地形未偵察，兵力未計算，三三制也實行不了。所以有充分的準備時間，是實行一點兩面、三三制的關鍵。如果打急了就什麼也談不上。

不要打急了——四快一慢——這個思想，不只是戰役指揮員應遵守的原則，而是各級指揮員共同的原則。縱深戰鬥中，敵人佈置了很多集團防禦工事、核心工事，其抵抗主要不在週邊和前沿，而在縱深。前沿兵力並不多，一般一個集團防禦的兵力是一個營。據說現在敵人核心工事也只有個把排，但工事配屬設備很多，力量卻很大，國民黨軍隊說：不怕八路打進來，就怕打進來打不出去！新1軍、新6軍的辦法就是讓我們打進去，然後用猛烈的炮火再把我們打出來。打進一個大城市，縱深是無數的戰鬥，所以我們提出"所有的連隊都要成為尖刀連，營、連、排指揮員都要懂得四快一慢的原則，在戰鬥前做充分的準備"。彰武戰鬥中，某部準備了五小時，30分鐘的攻擊，就把敵人乾脆消滅。去年雙城會議沒有提出四快一慢，只提出不打莽撞仗，意思是一樣的。現在縱深戰鬥主要是靠排、連、營、團去打，最直接的是連、營，連是戰鬥單位，營是高級的步兵戰術單位。遇到敵人工事是一沖呢？還是準備偵察，佈置一下再打？這就靠營、連指揮員掌握了。所以四快一慢的原則，營、連、排幹部都需要，無論是運動戰、攻堅、打週邊、打前沿都要掌握，尤其打前沿更需要。進攻大城市打前沿時，要準備六七天甚至十天才能開始；縱深戰鬥中，每個戰鬥也要準備四五個鐘頭，一天大概只能打兩仗。所以四快一慢也可以說是各種戰鬥的原則，只有在追擊時，不用這個原則，不要等命令，不要組織好，追就是。遭遇戰也不能等準備，拿上去就打……四快一慢的原則除特殊的場合外，一般都適用。過去作戰總是提醒大家集中兵力，今後則要提醒大家不要打急了，要充分準備。一個戰鬥至少要有四個鐘頭的準備。否則，雖有一萬人的兵力，但是因為沒有佈置好，只有幾個先頭連參加戰鬥，以少打多，是很難取勝的。

下級要掌握四快一慢的原則，你有千條計，我有老主意，不管上邊怎樣催，總要準備好了再打，沒準備好就不打。去年 6 縱 18 師副師長黃榮海按縱隊命令遲了七八個小時才打，結果打好了。他自己檢討說這是錯誤，我說這是對的。冬季作戰打閏家台，7 縱撤來撤去耽誤了時間，第二天才打，雖然未按總部命令規定的時間打，但也是對的。當然在準備時間內，不是讓你去打瞌睡，吃了飯再去偵察地形，像去年 17 師打城子街，這就要不得。現在我們指戰員的覺悟程度與戰鬥積極性都很高，用不著催，一催反而催亂了，因此下面反映最怕催命鬼。下命令要很慎重，總攻時間過去完全由上面規定，今後應當徵求下面的意見，特別問主攻部隊什麼時候可準備好？然後上面再來決定。

運動戰和攻堅戰有很大的不同，完全是兩套。城市攻堅的戰鬥也與野外攻堅戰不同。城市攻堅是幾十個乃至幾百個小戰鬥同時進行，兵力更多分散。而野外攻堅比較集中。野外運動戰要用三猛戰術，特點就是猛，隊形也比較密，而城市戰鬥則穩得多，隊形也分散。野外戰場敵我的調動變化都很快，需要很快的動作來應付，不能太慢；城市戰鬥雖然要穩，但也需要快，結束戰鬥越快對我越有利，因為在敵人火力下的時間越短，傷亡越小，也越容易抽出兵力打敵增援。

"快"不只是要戰鬥員腿快，而是要指揮員考慮周密，有預見，第二步的問題于第一步未走之前已準備好了，一場一場地像演戲一樣地演出來。如果過了第一步才想第二步，沒預見，因而也沒有預備，什麼都來不及，結果一定搞慢了。指揮員下決心要充分考慮，下了決心後不要輕易變動，指揮員決心一變動，下面就忙得不得了，耽誤時間好多。不要怕疲勞累死人，因為疲勞了而累死人總比慢了而受傷亡損失要小得多。冬季作戰向巨流河前進時累死了人，但不要怕，要忍一口氣，咬緊牙關趕路。這時吃一點虧是有很大代價的，怕吃苦，怕走路，反而犧牲更大。走得快，走得多，也是"快"的一方面，而且是不可少的一方面。但"快"主要是前面三點，不要以為"快"就是跑，常常部隊跑得滿頭大汗，而指揮員沒有準備好，使部隊到達後，還要等很長時間。

隊形不要太密了，隊伍不要用得太多了。這主要指城市戰鬥，野戰中隊形可以密些，三三制隊形還是適用的。巷戰在戰術上是列為特殊戰鬥的，它的部署動作是另外一套，無論那個國家都把巷戰作為另外一課。巷戰中小的戰鬥很多，每個戰鬥參加的人數也不能多，因為地形限制，容不下，街道左右相隔只有那麼寬，中間是直的，正面可以射擊很遠。兵力多了，容不下是一方面，另一方面也不需要那麼多兵力，因為敵人也擺不了幾個人，我們用不多的部隊就可以打過敵人。這種戰鬥不是靠人多猛沖，而是靠火力、技術、爆炸，把敵人的工事摧毀震坍。我們人多了，敵人隨便一顆炮彈就可以打到我們，雖然把敵人解決了，自己傷亡也太大，不合算。就是勝利了，失掉了戰鬥力，不能最後打到底；而且很狹窄的地區，人多了，大家擁擠，彼此推卸責任，不能利用地形，不能發揚火力。情況緊張時容易混亂，不好掌握，妨礙指揮。

城市戰鬥小到怎樣的限度呢？大概一條街只能容一個營。過去我們沒有這個經驗，現在已經從經驗中發現了這一點。我翻了一下書，蘇聯的步兵戰術也是這樣講的，所以大概可以這樣確定。前些日子發電報，也是要求每個營要打一條街，但這一個營不是全部進入戰鬥，一個戰鬥一般的是一個連，也許是兩個排、三個排或四個排，戰鬥單位就是這樣大。這一個連裏面還分為幾個小單位，我們根據大家的經驗，提出四組一隊，四組即火力組、突擊組、爆破組、支援組。……各部隊在實際戰鬥中可不受四個組的限制，根據不同的目標臨時確定，靈活運用，組數、人數的多少可以變動。戰鬥單位的兵力是一個連左右，兩個排到四個排，而到前面進行爆破時，只能用一個人或兩個人，其餘的人則將敵人的火力和槍眼封鎖起來，爆破之後衝擊時，也只一兩個班的人，所以並不是很多的人進行戰鬥。要描繪這種戰鬥情況，就是先用激烈的火力將敵人槍眼封鎖起來，一兩個爆破員上去爆炸。接著即進行連續爆炸，以爆炸掩護爆炸，爆炸員來回穿梭，這個回來那個上去，戰場上起很大的震動，煙霧沈沈。趁敵人不敢抬頭，突擊組一上去就投彈，接著刺刀和機槍跟上去，如組織得好，配合得好，就能無堅不摧。所以我說有信心，橫豎打勝仗。這種戰鬥，實質上是小部隊戰鬥，積小勝為大勝的爆炸戰。野戰靠炮火，打前沿非有炮火不可，但巷戰中起骨幹作用的是爆破，靠爆破來開闢道路，其他都是配合的。因此，我們的部隊應成為爆炸軍。1948年4月我就想到，將來我們打到關裏去，天津、北平、太原等都會叫我們打，也都是這樣的打法。因此，我們要鍛煉成一支攻城大軍、爆炸大軍，部隊統統學會爆炸，無論怎樣堅固的工事都能粉碎，讓敵人坐"飛機"。

我想，火力可能優於敵人好幾倍，而突擊力量不一定要比敵人多。……戰鬥作風上要儘量要求"獨膽"。過去我們的傳統從遊擊戰到運動戰，總是集中兵力，特別是人多，獨膽的作風還未培養出來，獨膽的搞法就不會搞，只有少數部隊如3師、17師等還可以用少數人偷著摸著去打，去使用爆炸，但用少數人抵抗敵人反衝擊的例子還未發現過。我們應當有意識地在部隊中造成這種獨膽的信心和作風，使每個戰鬥員，每個班、排、連、營，都敢於獨立地進攻，和抵抗住敵人的反衝擊，所有的指戰員都要鍛煉。

關於四快一慢，林彪還有一個報告和補充報告[30]。冬季攻勢開始後，因為有的部隊沒有掌握好四快一慢，林彪決定要反復強調。他說：到東北後，第一個戰鬥就有毛病。第一仗在錦州打78師，沒打好，就是因為打急了。所謂三三制戰術與一點兩面戰術，就是那時提出來的。所謂四快一慢，那時提出的是不打主觀主義的仗，其內容，沒準備好，沒看地形等就不要打。1946年底提出的不打莽撞仗，把它變成這麼一句話，意思都是一樣。去年夏季四平進攻戰後又把它提出成為四快一慢。與過去兩次提出的是一個意思，因為在實際戰鬥

中，存在著這個問題，經過幾句話的變更，最後達到用一句話提出來。四快一慢，其實是一個"慢"字。去年總結時我提出四快一慢，這個"慢"字又怕變成慢慢騰騰，懶懶散散的偏差。如果不築一條堤堵住這個偏差，就會把這句話亂用一氣。去年2縱城子街戰鬥，慢慢地吃了飯，再進攻，結果敵人進了工事，就發生了偏差。……

在"補充報告"中，林彪提出：四快一慢不要發展成為只記"慢"，忘記快的偏向。兩者都要實行。如冬季攻勢，如果不快去抓住敵人，敵人就跑了，就沒有仗打。但有的部隊偏偏慢了，如打溝幫子的敵人就是如此。最近對遼西石佛寺、興隆台等地的敵人，就是部隊太慢了，距離敵人30里地宿營，敵人發覺跑了或開拔了。慢不是無條件的慢，要看具體情況。

林彪說：千變萬化的情況，我想亦出不了以下幾點：中心主要是決定打不打。只去想困難，越想越糟。軍事就是帶冒險性的成分。完全沒有把握不打，能勝必勝者決心打，雖勝但得不償失不打。情況不明不打，雖第一步勝利，但對第二步戰鬥不利，妨礙整個作戰計劃不打。戰鬥問題當然很複雜，但基本在於決心的正確。早在1938年8月，林彪在《關於軍隊領導幹部的報告》[31]中曾說：重要的是"決心"，一切行軍、宿營、攻擊、退卻、防禦、追擊，都由這上面來的。決心定了，因為戰術是比較容易的，戰術是書上有的，最需要創造的是決心。指揮員主要的是下決心，參謀部是組織執行決心。下決心估計的條件非常複雜，國內國外的條件，敵我的條件，地形、居民的條件，甚至不能設想的問題，寬得很。只有對情況詳細考慮判別，才能產生正確的決心。決心表示很簡單，但產生非常複雜，執行非常複雜。決心不正確定會失去勝利和遭到損失，指揮員需要詳細考慮許許多多問題來定下決心。

注釋：

1 王迪康等《第四野戰軍南征紀實》，解放軍出版社1993年5月版，第12頁。

2 "三國四方"，美國、蘇聯、中國國民黨和共產黨。

3 《黃克誠自述》，人民出版社1994年10月版，196-198頁。

4 《林彪選集·在軍以上幹部會議上的講話》，125頁。

5 王年一編選《"文化大革命"研究資料》上，國防大學黨史黨建政工研究室1988年版，20頁。

6 《中國人民解放軍第四野戰軍戰史》，解放軍出版社1998年10月版，61頁。

7 《中國人民解放軍第四野戰軍戰史》，解放軍出版社1998年10月版，62頁。

8 董殿穩《挺進東北》遼寧人民出版社1998年1月版，153頁。

9 《黃克誠自述》，人民出版社1994年10月版，205頁。

10 1961年6月28日，羅榮桓接見第四野戰軍戰史編委會成員所作的指示。

11 王繼芳，四川巴中人，時年27歲。曾參加長征，抗大畢業後任教官。隨林彪到東北，任東北民主聯軍作戰科長。叛
    逃後被國民軍授少將軍銜。　重慶解放後，被抓獲送到武漢四野總部，公審後槍斃。

12 董殿穩《挺進東北》遼寧人民出版社1998年1月版，231-233頁。

13 1996年11月24日，採訪蘇靜筆記。

14 《林彪選集·1947年的任務》182頁。

15 《林彪選集·在東北部隊群眾工作會議上的講話》，187頁。

16 《林彪選集·在軍事幹部會議上的講話》，198頁。

17 譚雲鶴《我的回憶·遼瀋、平津戰役中的林彪》，香港文化中國出版社
    2006年4月版，13-14頁。

18 《林彪選集·戰術指示》，179頁。

19 《林彪選集》196頁。

20 《林彪選集·今年怎樣練兵》，116-136頁。

21 張子申《楊成武將軍訪談錄》，中國文聯出版公司1994年10月版，116頁。

22 《林彪選集·論戰術思想與戰鬥作風》，211-237頁。

23 《林彪選集·戰役指揮問題》241-253頁。

24 《林彪選集·硬拼仗問答》，254頁。

25 《洪學智回憶錄》，解放軍出版社2002年10月版，232-233頁。

26 1996年11月24日，採訪蘇靜筆記。

27 《林彪選集》260頁。

28 《林彪選集·要使司令部成為能幹的指揮機關》，310頁。

29 《林彪選集·關於攻堅戰的戰術問題》，327-372頁。

30 《林彪選集》289-302頁

31 《林彪選集》113頁。

第六章
遼瀋戰役

林彪想來想去，還是先打長春保險

冬季攻勢結束後，東北地區的國民黨總兵力有四個兵團，連同地方雜牌部隊約55萬人，分別縮在長春、瀋陽、錦州三個地區。東北野戰軍主力12個縱隊，1個炮縱，17個獨立師，連同地方武裝103萬。

1948年5月，林彪因秘書季中權結婚後離任，向張聞天提出要一個秘書。林彪除軍隊職務外，還擔任東北局第一書記。但他不懂地方，所以秘書一要當過縣委書記。二要未婚，三要寫東西快一點。符合林彪這三個條件的人不容易找，譚雲鶴當過兩任縣委書記，其他兩條也符合，所以張聞天選中了他。但譚雲鶴不想幹，張聞天說你先去，有合適的人就把你換下來。

這一段沒有戰事，林彪正在哈爾濱太陽島別墅休假。他穿著黃呢子制服，半臥在躺椅上，葉群站在一邊。看見譚雲鶴來了，林彪問了

林　彪

幾句家常，你祖籍湖北，我們還是老鄉。林彪笑著，叫葉群拿紙筆來，我說你記。他半閉著眼，停了一會，不快不慢地說起來，譚雲鶴記了差不多一千字。林彪看了，說還不錯，明天你來吧。譚雲鶴說明天來不了，還有工作沒有交代，四五天後行嗎？林彪說，我過兩天過江，不休息了，四五天後你不必到太陽島，直接到遼陽街一號我的住處就

東北解放戰爭時的林彪

行了。

　　譚雲鶴回憶：我報到後，林彪二話不說就交代，你是政務秘書，主要負責處理文件電報。林彪收發電報，有兩個帶鎖的牛皮紙公事包，裝著林彪口授的電文和來往電報，只有政務秘書和機要人員才有鑰匙打開。林彪起草電報，事先字斟句酌，考慮很細，所以出口成章，這是林彪作風上的一個特點。打起仗來，他可以在滿牆的地圖前，一坐就是一兩個鐘頭。他覺得考慮好了，就讓我去，更多的是他到我的辦公室來，他說我記，簡單的，當場我念一遍，重要的或比較長的，我整理後再送他審閱定稿，所以我這個秘書也是比較省事的[1]。

　　從春末到夏末，東北仍無戰事。東北野戰軍展開聲勢浩大的練兵運動，口號是練好兵，打長春。但是先打長春還是先打錦州，林彪還在考慮。

　　林彪和幹部教導隊的大隊長洪學智、政委劉其人討論了三個半天，先打哪裏好？先打長春怎麼樣？洪學智認為長春工事堅固，還要準備打援。四平沒打下來，就是吃了敵人增援的虧。打鞍山接受了打四平的教訓，人人學爆破。洪學智認為：要打長春起碼四個縱隊，要組織大爆破隊，關鍵是準備炸藥、雷管和導火索。林彪很感興趣，問

譚雲鶴年輕時

林彪秘書譚雲鶴（中）

了很多細節。林彪問打援放在什麼地方好？洪學智說：可以放在四平到公主嶺之間。敵人可能調更多的兵力，但最多不會超過十個師，因為瀋陽還要守備，不可能抽太多兵力。林彪問估計我軍要付出多少代價？洪學智說準備1萬到1．8萬吧，不會超過兩萬。林彪很注意地聽，又問我們打瀋陽怎麼樣？洪學智說：瀋陽城有好幾個軍，我們打瀋陽的條件不成熟。將來把長春、錦州打下來，部隊集中瀋陽週邊會好打一些。林彪問：你們認為這三個點（錦州、長春、瀋陽），最先打哪一個？洪學智說：錦州最弱，兵力少，工事不堅固，鋼筋水泥的房子少。拿下錦州，瀋陽就孤立了，不打，困也能把敵人困死。

　　林彪的地圖不是電影上固定的紅藍箭頭，而是活動的紅藍小旗，軍一級用長方形旗，師一級用小一點的三角形旗，都用大頭針粘在頂部，隨時可以隨著戰事變更。林彪一邊往地圖上插紅藍小旗，一邊問：大兵團集中在錦州一帶，吃飯都是問題，怎麼解決？洪學智說：各縱自己解決一部分，秋天了，前線部隊可以臨時買老鄉的苞米。

　　毛澤東的意見是先打南面的錦州，關上東北的大門。而林彪考慮，幾十萬大軍進軍錦州，糧草不好解決。如果去打錦州，萬一長春敵人撤到瀋陽，東北部隊同時攻城打援又吃不消。而又無小仗，只能處於無用之地。林彪左想右想，打錦州不保險，看來目前只能打長春。

　　1948年4月18日，東北局和東北軍區反復研究，認為南下北寧路及入關作戰很困難，還是長春好打。主張先以九個縱隊打長春，其中七個縱隊攻城，兩個縱隊在四平以南打援，新成立的三個縱隊和獨立師在錦州、瀋陽和瀋陽、四平之間牽制敵人。準備十天至半個月，再用十天至半個月解決戰鬥。

　　毛澤東同意了先打長春的意見。

　　但此時東北野戰軍攻打長春這樣堅固設防的大城市，條件還不成熟。1948年5月29日，林羅劉致電軍委：我們建議改變硬攻長春的決心，改為對長春以一部分兵力久困久圍。6月5日，林彪提出三個方案：（一）目前正式攻長春，成功的可能較小。（二）以少數兵力圍困長春，主力向南作戰，一是敵人不好打，二是糧食困難，三是長春敵人可能逃回瀋陽。（三）2至4個月圍城打援，然後攻城。除了費時間，沒有其他壞處，又有把握拿下長春。估計長春存糧三個月，三個月後即無法維持，就可將其殲滅在途中，奪取長春。

可是衛立煌寧可在城裏餓死，就是不出來，林彪的主力被拴在長春地區。東北局常委開會重新研究，決定再等一個月。到雨季結束僵局仍然沒有打破的話，即以最大主力南下作戰。

1948 年 7 月 20 日，對長春圍困一個多月後，東北局常委討論認為：全殲長春守敵既然沒有把握，就不宜勉強，應以最大主力南下作戰為好。

毛澤東立即回電同意，提出《遼瀋戰役的作戰方針》。

林彪舉出很多不南下的理由，毛澤東火了

1948 年 8 月，中央軍委決定東北人民解放軍成立野戰軍司令部，林彪任司令員，羅榮桓任政治委員。至此，東北野戰軍和東北軍區分開。

譚雲鶴回憶：南下前林彪就考慮，長春之敵尚有 10 餘萬人，瀋陽之敵有近 30 萬人，錦州、葫蘆島地區也有十幾萬人，特別是華北傅作義還有 5、60 萬人，如果攻擊錦州不順利，將斷我後路，並且會受到東北、華北之敵的夾擊。所以林彪給中央軍

東北野戰軍第 10 縱隊政委周赤萍，曾寫過《東北解放戰爭的林彪同志》

委的電報，要求下令華北軍區第三兵團司令員楊成武率部先攻大同，吸引傅作義部西援，然後再向錦州下手。中央軍委回電同意。林彪不放心，又連連強調：東北部隊不宜先向北寧線出動，而應由華北第三兵團先行動。

1948 年 8 月 11 日，林羅劉致電中央軍委：東北主力數月來均未作戰，指戰員均甚急迫要求作戰，部隊隨時皆可出動。

林　彪

但在現在地區，無戰機可求，南下則因大軍糧食的需要無法解決。向熱河運糧，道路甚遠，必須利用鐵路、公路。但今年雨水之大，為 30 年來所未有，鐵路、公路沖毀甚多，近日來雨勢更猛。原估計 8 月 15 日左右可修好鐵路、公路、橋梁，以現在雨勢來看，能否如期完成仍無把握。我們現在只待鄭家屯南北運糧道路修復，雨勢稍減（因全軍皆無雨具）即可隨時出動。決不以楊成武部行動之遲早為標準，但目前對出動時間，仍是無法肯定。

8 月 12 日，毛澤東以中央軍委的名義發來電報，狠狠批評了林彪他們：還沒有結束冬季作戰時就告訴你們，不要放跑了東北的敵人。如他們跑到華中，則對華中作戰不利。兩個月前就指示你們要準備大軍南下的糧食，是否執行了這個指示，你們一字不提，現據來電則似乎此項準備工作過去兩月全未進行，以致現在軍隊無糧不能前進。而你們所以不能決定出動日期的原因，最近數日你們一連幾次來電均放在敵情上面，並且因此又均放在楊成武是否能提早出動上面。前面都

沒有提到糧食，如楊成武部出動時間能提早，則我們出動的時間亦能
提早。當我們指出不應當將南面的敵情看得過分嚴重，尤其不應以楊
成武部之行動為你們行動的標準。並且同時即確定了楊成武部的行動
時間之後，你們卻說（相距不過三天）決不以楊成武部行動之遲早為
標準，而歸結到了糧食問題。對於你們自己，則敵情、糧食、雨具樣
樣必須顧慮周到，對於楊成武部則似乎一切皆不成問題。試問你們出
動遙遙無期，而令該部孤軍早出，傅作義東面顧慮甚少，使用大力援
綏，將楊成武趕走，又回到東面對付楊（得志）[2] 羅（瑞卿）[3] 及你們，
如像今年 4 月那樣，對於戰局有何利益。你們對於楊成武部採取這樣
輕率的態度，是很不對的。對於北寧線上敵情的判斷，根據最近你們
幾次電報看來，亦顯得甚為輕率。為使你們謹慎從事起見，特向你們
指出如上，你們如果不同意這些，則望你們提出反駁。

　　8 月 13 日，林羅劉致電中央軍委：我們 8 月 6 日電說，楊成武部
越早出動越有利，當時是根據三個情況，一個是根據唐山、錦州的敵
人兵力增加，會妨礙我在北寧線的作戰。一個是我東北主力 8 月底或
9 月初必能開始出動，能於 9 月 10 日前在北寧線打響。一個根據是軍
委來電說，楊成武 9 月 10 日才能在歸綏打響。因此，我們 8 月 8 日提

議楊成武部在已準備好了
的條件下宜儘早出動，以
便在我們打響之前打響，
以便達到分散敵人的目
的。但 8 月 10 日得知鐵
路、橋梁被水沖毀的情況
繼續擴大（鐵路局長呂正
操說，此次山洪之大，為
50 年來所未有），糧食不
能如期南運（過去南運到
新立屯、彰武一帶，一方
面受鐵路限制，同時也因

劉亞樓

容易過早暴露企圖），因此，我們遂于11日向軍委報告說，我們出動日期不能具體肯定，同時也就再沒有要求楊成武部先出動了。目前楊成武部尚未出動，且距預定出動日期還有七天，該部行動日期是否需要推遲，請軍委決定。如要協同其行動便於西進，我們則以11縱及騎師，採取積極鉗制敵人的動作。

林羅劉的電報還說：我們自冬季攻勢後到現在四個月來沒有大的作戰行動，原以為長春敵人兵力至多不過八萬，戰鬥力不強，但經過長春週邊戰鬥和經過更詳細的偵察研究後，敵之兵力與戰力皆超過原有材料的質量和數量，大家遂一致認為攻長春不利，但如馬上南下，則又鑒於11縱和楊（得志）羅（瑞卿）兵團在熱河糧食的困難，故不能立即南下。由北滿運糧到熱河路途遙遠需依靠鐵路，但鐵路要到8月25日才可能修到阜新，因此，預定部隊能在8月底開始南下。現則突因異乎往年大雨情況，故部隊原定的出動時間遂無十分把握做到。目前仍盡力爭取早日出動，只要雨勢不繼續上漲能繼續下降，則仍可能做到按時出動。

看來，毛澤東的火氣並沒有因這番合情合理的解釋而熄滅。8月14日，毛澤東代中央軍委轉發徐向前等關於晉中戰役後部隊情況及整訓計劃的報告。借機批評重大事項事前不請示，事後不報告，仍然將自己所指揮的野戰兵團或軍區機關部隊看成好像一個獨立王國，……我們現在向一切兵團及軍區的負責同志們提出警告，在戰爭的第三年內，我們將要求你們嚴格執行及時的和完備的報告制度，將這件事作為一種絕對不允許違反的指令。

這番指"桑"罵"槐"，沒有收到應有的回音。

8月15日，毛澤東不繞彎子了，直接以中央軍委的名義致電林彪和東北局，對林彪收到1月7日關於報告制度的規定六個月以來，經過幾次催促仍不向中央作報告提出批評，完全不瞭解你們在這件事上何以採取這樣的敷衍態度。今年5月、7月兩次催促你們，你們不聲明理由，近日再催，你們才聲明是常委各同志均極忙碌，事實上只顧自己所分的工作，並皆對各部門的工作難求得全部瞭解，對作全貌的報告遂感困難，缺乏向中央作綜合報告的材料來源等。毛澤東說：這些理由是不能成立的，這是由於心中存在著一種無紀律思想。

這頂"無紀律"的大帽子扣在頭上，再不能"裝聾作啞"了。

當天，林彪致電中共中央，就未作報告做了檢討，並送上了綜合報告。報告說：最近兩個月的中心工作，一是繼續整訓二線兵團，二是野戰軍加緊練兵，7、8月的練兵是我軍進入東北後成果最好的一次，對技術、戰術以及練兵的組織領導都奠定了初步基礎。三是整編，充實了連隊，大大減少了機關的勤雜人員。四是下次戰役的準備。如果沒有比較固定的火車、汽車運輸補給線，幾十萬大軍集中作戰是比較困難的。預計部隊南下，由於運輸線延長，鐵路又只能到阜新，汽車目前數量有限以及熱河、遼西山地村莊稀少，運輸會產生更大困難，糧食的集中以及加工都將成為極大的問題。因此，從去年就開始了大軍進入冀熱遼地區作戰的戰場準備工作。現在到阜新的鐵路已通，從阜新到北票、朝陽的公路正在修理，並準備改善通遼、阜新的汽車路，同時我們已由北滿經鐵路運送40萬人，8萬匹馬，將近半個月的糧草，囤積於阜新、彰武、新立屯之後，只要遼西水位退到可架橋的情況，部隊就能出動。這裏最主要的問題是我們各級幹部，尤其是後勤幹部，對於組織這樣大的兵團集中行動與保證供給，還很缺乏經驗。這就要求我們很好地摸索經驗，很好地學習新的東西，並希望中央軍委從各方面多給我們指示。報告還提到政治工作與練兵結合不夠，野戰軍4、5、6月逃亡8000餘人。產生這一嚴重現象，還因為部隊長期駐兵，大批家屬湧到部隊探親，老婆、未婚妻拉尾巴，部分戰士對打長春攻堅戰有恐懼心理；部隊傷亡大，連排幹部提拔太快，能力弱；最主要的還是領導滿足於發指示，對鞏固部隊沒有抓緊[4]。

毛澤東心裏明鏡似的，知道林彪在東北雖然總負責，卻只管作戰，不管糧食以及什麼綜合報告。林彪心裏也明鏡似的，明白毛澤東的"醉翁"之意。

8月17日，林羅劉就南下進入新區的籌糧問題，請示中央軍委：因軍隊急切需要糧食，但催收集中，手續麻煩，緩不濟急。希望中央軍委詳為指示，並將關內各部在新區解決吃糧問題的經驗，擇要電告。

兵馬未動，糧草先行嘛。看到林彪終於有了南下的實際行動，毛澤東的火氣才算徹底熄滅了。8月20日，他對收到綜合報告表示甚慰。

8月24日20點，林羅劉致電中央軍委：近兩日水勢似在開始下降，被沖毀的鐵路橋梁，一星期左右可能修好。我們擬待鐵路橋梁修好後，以三天時間運糧屯集在阜新一帶。我部隊大約於本月底或9月初出動，在9月6日前後，即可在北寧線各城打響。

8月29日，東北野戰軍領導機關發出《遼瀋戰役行動前的政治動員指示》。並提出"爭取全殲東北敵軍"的口號。

南下途中，保密和情報

1948年9月3日，林羅劉致電中央軍委：我軍擬以靠近北寧線的各部，突然包圍北寧線各城，然後待北面主力陸續到達，進行逐一殲滅敵人。

9月5日，毛澤東起草中央軍委電報：同意林羅劉的部署，先打義縣、高橋、興城、綏中四處敵人。之後錦西之兩個師，山海關、前

東北野戰軍主力由瀋陽以北向北寧線開進

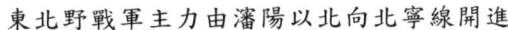

屯衛兩個師，錦州之五個師，錦榆線上之五個師（這五個師名義上屬傅作義指揮，實際上似屬范漢傑指揮），均互相孤立，均好殲滅。在殲滅這些敵人時，衛立煌有極大可能增援，可在運動中殲擊增援部隊。如此，你們在北寧線上展開大規模作戰。毛澤東要求他們不要輕易離開北寧線，這裏補給便利，又是中間突破的辦法，使兩翼的敵人（傅作義、衛立煌）互相孤立。要設想繼續打錦州、山海關、唐山諸點，控制整個北寧線（除平津段外）於我手，以利爾後向兩翼機動。毛澤東認為傅作義除已在唐山地區之五個師外，不可能有多的兵力向北寧線增援。你們主要對付的敵人，目前仍是衛立煌。因此，你們現以七個縱隊又六個獨立師位於新民及瀋長線是正確的。但在你們未攻錦州以前，長春、瀋陽敵人在你們強大兵力威脅下，是否敢於有所動作，還不敢斷定，恐怕要在你們打錦州時才不得不出動。

9月10日，林羅劉致電中央軍委：在北寧線全線方面（包括錦州、唐山、天津三處敵人）的敵位置無根本變化（小變無關，只要無大變），在此線上的任何一個目標，我軍皆能有把握地殲滅與奪取。此線只有錦州的敵人略多，但該敵主力不多，新的部隊較多。只要傅作義不再增援，唐山、天津皆可能成為奪取的目標，甚至有若干可能（當然這一可能是較少的）奪取北平。目前北寧線的作戰，最主要的關鍵在能以奔襲動作將錦州以南和以北的敵人堵住切斷，則我軍第一

林司令員傳令嘉獎

某線鐵路員工緊張勞作

英勇果敢保証軍運

不顧敵機空襲車頭道路隨毀隨修

充分發揮無產階級自我犧牲精神

【本報前綫訊】戈更前報導：「人民解放軍打到哪裡，鐵路鋪到哪裡。」——人民鐵路某漢綫全盤員工高度發揚過一精神，集中力量擔負錦長段的軍運任務。

該綫此次軍運高度體現了超組織力量的偉大。首先是鐵路總局和後方各局的全力支持與配合，許多姑段工作報告中說：「總局的材料保証和後方各局派人直接幫助是使任務順利完成的主要原因之一」，就國路言，有組織有計劃的運輸之前，整頓運輸安全正確迅速運動」佈置了一套完作。「展開運輸高度體現了超組織力量的偉大。其次是鐵路總局組織，並對員工進行了保守秘密的突擊軍運任務。員工們都有思想準備，到時緊力振奮，大家力量都能發揮到有力之處。車輛調度，秩序井然，司機不惧點，從容駛過車站，線路按時搶修，電話隨要隨通，在選選敵機炸彈隨時都有可能，所以在軍運開始後，員工情緒更昂，雖然人員過少，電話隨要隨通。

林彪傳令嘉獎鐵路軍運

步即能殲滅興城、綏中等五城之敵，第二步即能將兵力集中起來攻錦州和打增援。

9月11日，毛澤東為中央軍委起草致林羅劉電：同意關於軍事情況的估計和分析。

9月12日，遼瀋戰役開始，東北野戰軍在義縣至唐山段展開進攻。

9月13日，11縱及冀察熱遼軍區三個獨立師先後佔領昌黎、北戴河，包圍興城、沙後所、綏中。

9月15日，林羅劉致電第一兵團[5]：在敵人對我整個意圖尚未判明前，我長春圍城部署暫勿改變，以使敵不過早判斷我正式攻北寧線的意圖，待敵判明後再動。

楊杖子殲滅戰的報導

錦州戰役的分工是這樣的：4縱、11縱和熱河兩個獨立師對付錦西、葫蘆島之敵；1、2、3、7、8、9縱以及6縱17師攻打錦州；5、6、10、12縱對付瀋陽援錦之敵；9個獨立師對付長春之敵[6]。

南下打錦州保密是第一位。多保一天密，就多一天的主動。當時東北野戰軍的主力都在瀋陽、長春附近，戰線那麼長，一旦敵人中途阻截，就會前功盡棄。部隊電臺一律靜默，改由東總人力通知。各縱和各師駐地留有電臺，照常收發。林彪問中共東北局社會部副部長陳龍，是否掌握敵人的電臺。陳龍說有一部，可以騙敵人到遼西的主力是奉調入關，準備打赤峰和承德。敵人問林彪離開哈爾濱，去向何處？陳龍讓敵臺回電：有無林彪待查。

譚雲鶴回憶：東北主力南下北寧線非常機密，鐵路局準備車皮，

卻不知道開到哪裏。其保密程度之高，讓我都有點驚訝，當時中下級都不知道究竟打哪裏[7]。好幾個縱隊司令員和政委都說：連我們都不知道到什麼地方去。

可是幾十萬軍隊調到遼西走廊，驚天動地，如何保得住密？劉亞樓建議大規模佯動，抽幾個獨立師，白天向長春開進，晚上坐火車悄悄撤回原地，讓敵人誤以爲要打長春。1948年6月，蔣介石就警告東北"剿總"副總司令兼錦州指揮所主任范漢傑，林彪要打錦州。范漢傑不相信，說林彪一定打長春，他甚至在錦州戰前還把夫人接到錦州城。直到被圍得水泄不通，錦州才頻頻告急。

敵人的情報不靈，而我們得到的敵人電報甚至比敵軍自己傳達得還快。敵軍要一級一級往下傳。常常敵人的宿營報告一發，林彪的作戰命令就已經下了，那還不打勝仗？林彪曾經表揚蘇靜，說他的情報相當於一個主力縱隊，還說有了情報，手裏就增加了十萬兵。抗戰時蘇靜就做情報工作，那時國共合作，國民黨軍派了聯絡副官，由蘇靜接待。他們在裏屋發報，一人念一人發，蘇靜假裝在外屋睡覺，悄悄記下來。記了半個多月，就破譯了敵人密碼。

在林彪的前指，情報處有100多人，比林彪整個司令部的人都多。真正在電臺上工作的十幾個人，還有偵察隊，後勤等。蘇靜回憶：最精彩是二下江南到三下江南，殺了個回馬槍。要不是情報準確，哪敢如此用兵，冰天雪地，凍也凍死了。到冬季攻勢，情報也相當精彩。我們9個縱隊，敵人7個軍，同時在雪原運動。因爲我們的情報准，一舉吃掉了敵新5軍。那時也"怕"打勝仗，敵人一敗就換密碼，我們又要重新破譯，這就需要時間，所以打完一仗總要休整一段，像秋季攻勢和冬季攻勢之間，休整了40天。從冬季攻勢到遼瀋戰役，整整停了半年。蘇靜問什麼時候打仗？林彪說要問你們，你們什麼時候情報搞開了，我們就打[8]。

當時東北有個"三密餐"獎勵。只要破譯出敵人三次電報，就要由首長宴請。後來說破得太快了，"三密餐"不行，改成"十密餐"吧。

做了一桌菜，來了兩桌客人

1948 年 9 月 21 日，林羅劉離開哈爾濱，前往雙城指揮北寧線作戰。他們向中央軍委報告，等五城之敵殲滅後，轉爲正式打錦州時，再向錦州方向移動，目前須指揮各部隊之包圍與移動，故不能動。同時林羅劉致電各縱隊、各師首長：此次秋季攻勢，各種條件皆對我有利，錦州附近之敵，在我攻勢發動前已調走五個最強的師，使此線由不好打變爲好打，現在剩下的部隊戰鬥力皆不強，最大部分都是今年才成立的新師。各級指揮員應提高作戰的勇氣和決心，師、縱指揮員在戰鬥開始前要反復研究地圖，調查地形，要多用腦筋思考問題，要預先能看出情況的變化與預作對付各種情況發展的準備。

9 月 22 日，毛澤東代中央軍委起草電報：敵人甚爲麻痺，利於我軍殲滅，你們很有可能在 9、10 兩月全部殲滅北寧線上之敵軍 19 個師，佔領整個錦州、塘沽線。在此期間，長（春）、瀋（陽）敵軍可能向錦（州）唐（山）線增援，亦有可能繼續處於麻痺狀態，不敢有所動作。還說：軍委要求全軍在戰爭第三年內殲滅正規軍 150 旅左右，這主要依靠你們及陳(毅)[9]、粟(裕)[10]擔負。

東北野戰軍的主力部隊神不知鬼不覺圍住了錦州。

此舉打痛了蔣介石，他怎麼可能不動作？9 月 24 日，蔣介石在南京召開軍事會議，電召衛立煌到南京參加，研究增援錦州的問題。

9 月 25 日，林彪得知敵人正從瀋陽空運 49 師增援錦州，命令 8 縱用炮火監視錦州機場。9 月 26 日 8 縱報告：錦州兩個機場，東郊機場幾年未用，西郊的小嶺機場正在使用，請示封鎖哪一個。氣得劉亞樓大罵，長沒長腦子，不用的機場還用封鎖？林彪改派 9 縱控制機場，兩天後，9 縱炮營擊毀敵機五架，迫使敵人停止空中運兵。因這一事件，林彪下決心將前線指揮部遷到前線。

在打了義縣、高橋、錦西、興城後，林彪曾請示是先打山海關，還是先打錦州？毛澤東復電：如能同時打錦州、山海關兩處，則應同時打。如不能打兩處，應先集中兵力打錦州，因先打山海關沒打錦州會勞師費時，先打下錦州，你們就有了主動權。9 月 28 日，林彪向

在義縣犧牲的東北炮
兵司令員朱瑞

朱瑞將軍墓

中央軍委報告，決定先打錦州，再打錦西。

9月30日，林彪率前指從雙城出發，先到哈爾濱，由於在道裏江邊發現國民黨特務的潛伏電臺，火車朝東南開到拉林站，然後突然掉頭北返，過三棵樹江橋，經江北轉向濱洲，經昂昂溪南下。在火車上，林彪對羅榮桓、劉亞樓說：錦州敵人雖多，但缺乏堅強骨幹，城市房屋及工事皆不很堅固，周圍地形對我亦有利。但攻錦州攻到敵人要害處，瀋陽敵人必大舉增援，長春敵人（已有密電證明）亦乘機撤退，故此次錦州戰鬥可能演成東北大決戰，造成收復錦州、長春和大量殲滅瀋陽之敵的結果。這一思想，林羅劉向軍委報告了，同時表示將極力爭取這一勝利。

10月1日，林羅劉致電東北野戰軍師以上單位並東北局：打錦州的條件甚為有利，敵人孤立，又是新部隊，戰力不強，還有派系（雲南系、東北系和蔣系）的矛盾，便於各個擊破。城內工事不強，城外我炮兵佔據有利地勢，便於發揚火力。但是由於錦州是敵人的戰略要地，失去錦州，不但影響到敵人的補給，也斷了敵人的退路，所以敵人必拼命爭奪錦州，以利以後的戰略退卻。瀋陽敵人會大舉西援，一部策應長春敵人突圍。在上述情況下，錦州之戰有很大可能發展為敵我兩軍主力的大決戰。我必須以最大的決心拿下錦州，並於攻擊錦州過程中準備打瀋陽出援之敵和長春突圍之敵。利用敵人脫離城市，進至分散而無工事的鄉村，各部應大量地殲滅敵人，使這一攻錦打援，打突圍戰役成為解放全東北有決定意義的戰役。但這一戰役必然是極其緊張、激烈與連續的作戰。望各部抱著打大仗、打惡仗的決心，準確執行命令，不怕傷亡，不顧疲勞，不因傷亡泄氣，不因疲勞偷懶，要準備付出重大代價去爭取這一戰役的全部勝利。這一戰役是東北我軍進入戰爭第三年的第一大仗，這一仗必須打好，必須爭取殲滅十幾個師至２０個師，以便完成中央軍委在戰爭第三年內所要求我們消滅敵人３６個師的一半，以便造成給予蔣介石反動政權以震動性的打擊。

林彪關於錦州戰役的所思所想都體現在這份電報中，電報抄至團一級。

１０月１日，在東北野戰軍攻克義縣的同時，蔣介石發現錦州不妙，與傅作義商談增援東北的問題，決定放棄煙臺，抽出煙臺的第３９軍，經海運到葫蘆島登陸，組成東進兵團，由國民黨軍第１７兵團司令侯鏡如指揮。

１０月２日清晨，林彪到達鄭家屯以西。正準備吃早飯，正東方發現敵機，劉亞樓命令下車隱蔽。這是一架偵察機，人還沒下完，敵機已經繞了幾圈飛走了。林彪決定暫時不走，要機關人員到附近村子隱蔽，架好電臺與軍委和各縱聯絡。中央軍委發來葫蘆島增兵的敵情通報。

果然不出林彪所料，蔣介石增援了。

打錦州，林彪最怕腹背受敵，遭遇東北、華北敵人夾擊。

林彪猶豫了，還打不打錦州？

在準備打錦州時，林彪就準備打援，打長春突圍和瀋陽的敵人，準備隨時抽出攻錦部隊北上打援。現在葫蘆島敵人增兵四個師，加上原來的五個師，成了九個師。而我們阻援部隊也是九個師，還能不能把敵人阻住？敵西進兵團有５、６、１０三個縱隊牽制，林彪並不擔心。而葫蘆島與錦州相距不過幾十里地，又沒有險要的地形，易攻難守。萬一錦州又打成久攻不下的"四平"，攻錦部隊將遭到瀋陽、葫蘆島兩面的敵人夾擊。而且我們的後方運輸線太長，汽車只有南下單程的汽油，大量的重裝備會因為無油撤不下來，後果不堪設想。

林彪指揮伏擊、打援的戰例較多，而攻堅的戰例少，尤其四平、長春受挫，使林彪攻打錦州的決心動搖，這也符合他一貫的四快一慢的"慢"。這回不僅瀋陽的敵人出動了，又來了不速之"客"。

林彪命令前指暫停，看看有無新的情況。

再沒有什麼新的情況，前指列車繼續前進。

10月2日下午，蔣介石飛抵瀋陽，召開東北"剿總"軍事會議，要求打通錦州、錦西。瀋陽的11個師和3個騎兵師，組成西進兵團，由第9兵團司令官廖耀湘指揮，東西對進，以解錦州之圍。

10月2日22點，林彪口授給中央軍委的特急電報：得知新5軍及95師海運葫蘆島的消息後，本晚我們在研究情況和考慮行動問題。估計攻錦州時，守敵八個師雖戰力不強，但亦需相當時間才能完全解決戰鬥。在戰鬥未解決以前，敵必在錦西葫蘆島地區留下一兩個師守備，抽出54軍、95師等五六個師的兵力，採取集團行動向錦州推進。我阻援部隊不一定能堵住該敵，則該敵可能與守敵會合。在兩錦間敵陣地間隙不過五六十里，無隙可圖。錦州如能迅速攻下，則仍以攻錦爲好，省得部隊往返拖延時間，長春之敵數月來經我圍困，我已收容逃兵1.8萬人左右，外圍殲敵5000餘。估計長春守敵現約8萬人，士氣必低落。我軍經數月整補，數量質量均大大增強，故目前如攻長春，則較6月間準備攻長春時的把握大爲增加。但須多拖延半月到20天時間。以上兩個方案，我們正在考慮中，請中央軍委同時考慮並指示[11]。

可以看出，林彪最擔心的是塔山阻援，但對繼續攻打錦州，還是回師去打長春，還在猶豫。因爲畢竟箭在弦上，準備打錦州了。

譚雲鶴在延安時拍的照片，這時他即將奔赴東北

權衡再三，還是先打錦州

　　10 月 3 日清晨，前指列車停在彰武以北的馮家窩棚。林彪昨晚發的那封電報雖然簽上了林羅劉的名字，但以後有人說羅榮桓和劉亞樓不知道。譚雲鶴回憶：我給羅榮桓和劉亞樓看過了，他們沒有意見才發走。我剛到林彪那裏，林彪就規定，特急、重要的、特別是軍委電報，收到隨時送他，一般的，早飯後、午睡後、晚上睡覺前給他就可以了。林彪還規定他給下面部隊或軍委、主席的電報，由他口授，我記錄整理，他認為可以了，再送羅榮桓、劉亞樓，有的要送譚政審閱。退回來，如果沒有修改、補充意見，就直接送機要處發。如果有修改，要給他看看。電報一出林彪的手，他就不再過問，剩下就是參謀長劉亞樓的事。林彪對羅榮桓、劉亞樓的工作也放手，從不幹預他們職權範圍內的事情。他們對林彪軍事指揮上的電報，一般也不提不同意見。我按林彪規定，把這封"正在考慮中"中的特急電報送羅政委和劉參謀長。我怎麼敢不把電報送給羅榮桓和劉亞樓看就私自發走？因為是商量嘛，所以他們沒有提出不同意見，我也沒有再給林彪看，送機要處發走了[12]。

事後不久，羅榮桓和劉亞樓感到欠妥。10月3日剛吃完早飯他們來了，委婉提出不同意見。羅榮桓提議：打錦州的問題，經過這麼長時間醞釀，這是主席、軍委堅持的意見。葫蘆島增援了4個師，是有一些困難，但我們還有力量加強塔山的阻擊，估計我們在錦西方面再增加一個縱隊或再加一兩個獨立師就可以了，這也不妨礙我們打錦州。現在攻錦州的部隊都已展開，是不是打錦州的決心不要輕易變動好？劉亞樓表示同意羅政委的意見。林彪這時也後悔了，馬上說：這是因為原來準備了一桌菜，卻來了兩桌客人。要不我也不猶豫了。他馬上讓秘書譚雲鶴到機要處查，如果那封急電沒發就扣下。已經過去十多個鐘頭，特急電早隨到隨發了。林彪半閉著眼，一句話不說，羅榮桓提議重新發個電報，還是繼續打錦州，好在上次電報也沒有說死。林彪同意，請羅榮桓執筆。羅榮桓說你來吧，林彪還是請羅榮桓執筆，你在桌子邊，反正我們三個都在。羅榮桓說那好，大家湊。羅榮桓起草，你一句我一句，很快就起草完了。這第二封電報說了三條：第一，我們擬仍攻錦州。只要我軍經過充分準備，然後發起總攻，仍有殲滅錦州敵人的可能，至少能殲敵之一部或大部。目前如回頭攻長春，則太費時間，即令不攻長春，該敵亦必自動突圍，我能收復長春，並能殲敵一部。第二，我們擬採取如下的佈置：以4縱和11縱全部及熱河兩個獨立師對付錦西、葫蘆島方面敵兩個師，以1、2、3、8、9共六個縱隊攻錦州；以5、6、10、11共四個縱隊對付瀋陽增援之敵；以大、小、新、老九個獨立師，對付長春突圍之敵。第三，估計敵95師及新5軍海運甚快，我軍不一定能在該敵到達錦州前，即能攻錦州。但瀋陽之敵，在我軍未正式攻錦前，不會出援。長春之敵，在我軍未正式攻擊前，不敢突圍。因此，我軍無過忙之必要。我們一方面盡可能調動部隊，以便能儘早開始總攻，但同時這一戰鬥的勝利，則大大有賴於我各攻城部隊到達後，進行充分佈置與政治動員，然後以強襲的行動，力求迅速地解決戰鬥。最後羅榮桓念了一遍，大家沒有意見，羅榮桓請林彪簽發，林彪說你拿著筆，你

東北我軍包圍錦州

簽發一下不就行了嗎？反正是我們三個人的名義[13]。

　　林彪爲什麼發走那封考慮不打錦州的電報？又爲什麼不親自簽這封還是打錦州的電報？看來是有他的玄機。我們以“小人”之心，來猜猜林彪的心理活動。請注意，在羅榮桓簽字的這封還打錦州的電報中，對錦州、長春都不在話下，但對葫蘆島的“九個師”仍是毫無把握，塔山距敵人錦州前線不到３０里啊，而且無險可守。電報說我軍不一定能在該敵到達錦州前，即能攻錦州。其實，這還是第一封電報的意思，萬一打錦州受挫，反正我們所有的醜話都說在前面了，請中央軍委考慮。還有一個值得注意的情況，林彪沒有命令前指列車停止前進，看來林彪也還是認爲回師長春是下策。但從一開始林彪就認爲，塔山根本沒有堅守下來的把握，戰事勝算的可能性極小，而一敗塗地的可能性極大。這個一敗塗地的責任由誰負？一般講當然是司令員林彪。可是林彪有考慮不打錦州的電報，是你們（毛澤東和羅榮桓、劉亞樓）堅決要打，而且最後表示打錦州的電報是政委羅榮桓簽發的嘛，這樣，責任起碼分出去了一半多。

10月3日17點，毛澤東在看到林羅劉第一封"猶豫"的電報還沒有看到第二封"堅決打錦州"的電報時火冒三丈，連續兩次電報批評。第一封電報說：你們應抓住長春之敵尚未出動、瀋陽之敵不敢單獨援錦的目前緊要時機，集中主力迅速打下錦州，對此計劃不應再改。在義縣、興城、綏中之敵已被殲滅的情況下，葫蘆島、錦西地區雖然已增加新5軍及95師，並準備以四個師打通兩錦交通，你們可於攻錦州之同時，部署必要兵力於兩錦交通線上，首先殲滅由錦西增援錦州之四個師，然後打下錦州。在五個月以前，4、5月間，長春本來好打，你們不敢打。在兩個月以前，7月間長春同樣好打，你們又不敢打。現在攻錦部署業已完畢，錦西、灤縣之敵第8、9兩軍亦已調走，你們卻又因新5軍從山海關、95師從天津調至葫蘆島一項並不很大的敵情變化，又不敢打錦州，又想回去打長春，我們以爲這是很不妥當的。你們指揮所現在何處？你們指揮所本應在部隊運動之先（即8月初旬），即到錦州地區，早日部署攻錦。現在部隊到達爲時甚久，你們尚未到達。望你們迅速移至錦州前線，部署攻錦，以期

東北野戰軍前線指揮所門前的路

東北野戰軍
前線指揮所
大門

林彪在錦州前
線指揮所的臥
室

迅速攻克錦州。遷延過久，你們有處於被動地位之危險。2 小時後火氣未消的毛澤東又發一封電報，這回是絕對命令的口氣了：本日 17 點電發出後，我們再考慮你們的攻擊方向問題，我們堅持認為你們完全不應該動搖既定方針，丟了錦州不打，去打長春。只要打下錦州，你們就有了戰役上的主動權，而打下長春並不能幫助你們取得主動，反而將增加你們下一步的困難。望你們深刻計算到這一點，並望見復[14]。

毛澤東真是詩人出身，來了那麼多的敵人，整整五個師！他居然說 "一項並不很大的敵情變化"。林彪看後什麼也沒有說。

10 月 3 日，林羅劉向各縱、一、二兵團下達錦州戰役總攻擊令[15]。

10 月 4 日凌晨 6 點，毛澤東看到林羅劉的第二封電報，火氣全消，復電你們決心打錦州，甚好，甚慰。這樣做，才算把重點放在錦州、錦西方面

林彪在東北野戰軍司令部主持作戰會議

了，糾正了平分兵力的錯誤。在此以前我們和你們之間的一切不同意見，現在都沒有了。希望你們大膽放手和堅決實施，爭取首先攻克錦州，然後再攻錦西。……蔣介石已到瀋陽，不過是替喪失信心的部下打氣。他講些做些什麼你們完全不要理他，堅決按照你們3日9點電的部署去做[16]。

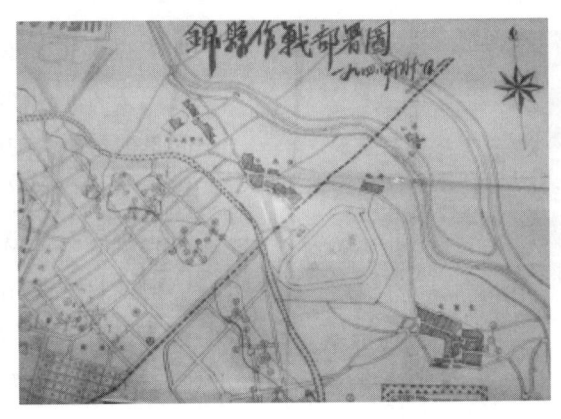

錦州作戰圖

　　10月4日9點，林彪叫秘書譚雲鶴簡單回電：昨日兩電均收到，我們主張仍攻錦州的意見已於昨日上午9點電報軍委，故不重復。我們今晨已經到達阜新，擬於今晚出發，繼續前進到錦州附近指揮。我擔任攻錦的後續部隊，正向錦州前進中，約五日後到齊[17]。

　　林彪率前線指揮所到達阜新，因南面鐵路沒通，換汽車繼續南下。跟隨3縱打下義縣的蘇靜奉命在義縣以北的公路上等候。本來林彪命令3縱乘火車秘密南下，是接替兄弟部隊包圍義縣，並沒有說

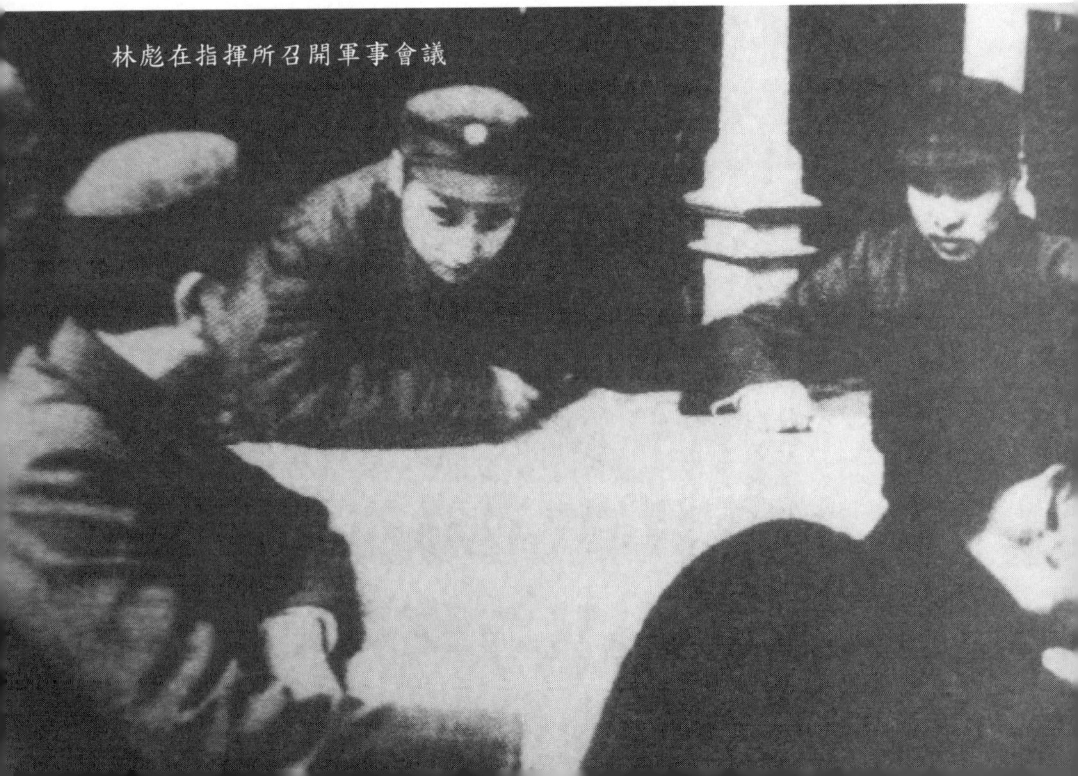

林彪在指揮所召開軍事會議

林彪站在地圖前

打。3 縱到達義縣不久，接到林彪電報：義縣敵人要棄城南逃錦州，準備伏擊。等了幾天沒有動靜。就這樣等下去也沒個頭，於是 3 縱司令員韓先楚建議改伏擊為攻堅。理由是義縣是北寧線我軍作戰的門戶，守敵雖有萬餘，但戰鬥力不強，城也不大，過多兵力也展不開，3 縱加上配屬的 2 縱 5 師和炮縱就夠了，其他兩個縱隊可以到錦州以東以北地區打援。收到 3 縱電報後，林彪當天就回電同意。10 月 1 日，3 縱只用四個小時就打下義縣，全殲守敵。

蘇靜向林彪介紹了義縣敵人的特點和 3 縱挖交通溝的經驗，這是韓先楚從 2 縱 5 師學來的。部隊在總攻前用 95% 的兵力挖交通溝，一直挖到敵人前沿，減少了傷亡，增加了攻擊的突然性，所以打義縣打得比較順利。林彪不住點頭，他沒有因韓先楚改變他原定的野外打援而耿耿於懷，而是連連讚揚創造了攻殲的新記錄，應將此經驗立即通報全軍。

10 月 7 日，林羅劉關於要運用攻義縣挖交通溝的八條經驗電至攻錦部隊[18]。

林彪（右）羅榮桓（中）劉亞樓（左）在錦州前線指揮作戰

左起：羅榮桓、林彪、劉亞樓在前線

林彪（中）和羅榮桓（右）在前線

沒想到錦州31個小時被攻克

1948年10月5日，林彪到達錦州西北十多公里的牤牛屯。

牤牛屯緊靠錦州公路，只有幾十戶人家。小河穿村而過，水面很窄，一步可以跨過。但有了這條小河，就有了迴旋的餘地，東可上公路，西可進山。林彪的觀察指揮所設在錦州城北的帽兒山上。作戰科長尹健請劉亞樓去看地形，被正在散步的羅榮桓看見，他要去，林彪也要去。

山太陡，路也難走，汽車先到山下2縱司令部駐地老虎屯，林彪和2縱司令員劉震、3縱司令員韓先楚會合，一塊騎馬上山。錦州北部盡收眼底，林彪一邊聽彙報，一邊用望遠鏡仔細觀察。突然三架敵機從北面飛來，低空掃射，一顆炸彈落在山腰爆炸，掀起一片煙塵。大家都勸林彪離開，林彪卻堅持把地形看完。

10月8日，林彪和劉亞樓再次到帽兒山南邊的115高地看地形。林彪決定將攻錦州的突破口選在城北，集中優勢兵力，以求迅速打開。他單獨對韓先楚說了幾句，進一步明確攻擊目標和突破口，組織

我軍佈成天羅地網
活捉匪首范漢傑
國民黨暫廿師營以上軍官抵哈

【新華社錦州前綫十七日電】匪首范漢傑已被活捉。此次錦州之戰，我軍於十四日上午十一點發起總攻後，各路大軍迅速攻入城內，僅數小時，即將敵防禦部署完全打爛，守敵陷入極度混亂狀態。當下午戰鬪尚在進行時，范漢傑見勢不好，即化裝出城，落荒而逃，但我軍已在城外佈控天羅地網，至十六日，當其潛逃至錦州東南二十五里之谷窩棚時，即爲我軍俘獲。按范漢傑係廣東人，僞化蔣陸軍副總司令，於去年秋我華攻勢中，東北將連吃敗仗之時，蔣鎮美嶼通訊社極力吹噓之所謂『機械化兵團』整五十四軍及整八軍兩個旅，增援東北以後，即任蔣匪冀熱遼邊區總司令，東北『剿總』副總司令，徙錦州前進指揮所主任等職。

【本報訊】錦州外圍義縣被殲的國民黨九十三軍暫廿軍官全部放下武器後，已於前日抵達哈爾濱。該行共五十餘人，包括師長王世高、副師長韓潤珍、新聞室主任趙文候、一團團長趙振華、二團團長王燦荊、三團團長陳敬熙等。與其同來者並有家屬十五人，內四名孕婦，一即將臨盆者，現已送往醫院居住。按該軍與駐長春之六十軍均係雲南部隊，一九四五年十月，蔣匪一手製造昆明事件後，即將他們調往內戰前綫充當砲灰。

東北日報關於活捉范漢傑的報道

步炮協同等問題。

　　10月9日上午，錦州週邊戰開始。林彪、羅榮桓到錦州西北的2縱指揮所駐地觀音洞，這裏距市中心僅3公里。林彪登上制高點將不陸山，仔細察看了地形，同2縱司令員劉震一起在山上吃午飯，再次明確了攻打錦州的部署。

　　林彪問：你看白天總攻還是夜間總攻？

　　劉震說：白天總攻，我們的炮火已佔優勢，能更好地摧毀敵城防工事。

　　林彪又問：突破城防後，一夜能否解決戰鬥？

　　劉震說：擔任攻擊的五個縱隊，只要有兩三個縱隊突破城防，一天解決就比較有把握。

　　林彪還仔細詢問 2 縱對各師的具體戰鬥部署，擔心 4 師、6 師對錦州週邊的

范漢傑

據點不能及時肅清，將影響總攻。能否讓兩個師同時突破，為 5 師這個攻堅老虎創造條件？劉震說：按計劃可於 13 日黃昏將敵週邊據點肅清。林彪表示滿意，讓劉震與韓先楚面談並肩突破的協同問題。

　　10 月 14 日上午 10 點，林彪下令錦州總攻開始。

　　錦州城北是主攻方向，7 縱司令員鄧華指揮兩個縱隊在城南助攻。雖然不是主要方向，但一向不甘示弱的鄧華指揮部隊把助攻當成主攻，15 分鐘登上錦州城頭，不到兩小時就突破了敵核心陣地，打爛了敵人的指揮中心。

　　南北兩路先後攻入市區，當天午夜在錦州城內會師，31 小時攻克錦州。

　　錦州打得如此之快，出乎林彪的預料。他原來估計至少要打三五天，而且考慮如果東西兩路援敵逼近，就是打下錦州也準備放棄[19]。

　　范漢傑化裝成農民，腰上紮根草繩，狼狽逃出錦州，被活捉。

　　在牤牛屯，林彪和羅榮桓接見了范漢傑。林彪問他對錦州之戰有什麼看法？范漢傑說：出乎意料，你們的炮兵太厲害，我們走到哪，你們的大炮就打到哪，你們的近迫作業很熟練，我們看不見，打不著，沒法反擊，你們的部隊也很勇猛，擋不住。范漢傑還說，打錦州這一步棋，非雄才大略是下不了這個決心的。錦州好比是一根扁擔，一頭挑東北，一頭挑華北，現在扁擔斷了。

林彪最擔心的是塔山

錦州戰事並不讓林彪擔心，塔山才分分秒秒牽著林彪的心。

塔山的背後就是錦州，是阻止敵人北上增援錦州的第一道、也是最後一道屏障。林彪把防守塔山的重任交給有 4 萬多兵力的 4 縱。11縱在興城附近阻擊，它剛從冀熱遼軍區兩個獨立師及地方部隊升級，人員也比 4 縱少一萬多。林彪對第二兵團司令員程子華、4 縱司令員吳克華說：塔山是一場完全的正規仗，絕對反對遊擊習氣，必須死打硬拼。不應以本身傷亡和繳獲來計算勝利，而應以完成整個戰役任務來看勝利。最後林彪板著臉對吳克華下了死命令：拿不下錦州，軍委要我腦袋。守不住塔山，我要你腦袋！

軍中無戲言。話是這麼說，林彪心裏還是打鼓。在東北野戰軍所有的縱隊中，4 縱是最能防守的部隊。但是我們的軍隊從一成立就是遊擊作風，在江西第四次、第五次反 "圍剿" 我們和敵人硬碰硬，幾乎全軍覆沒，最後不得不長征。因為敵太強我太弱，只能 "打不贏就走"，所以從紅軍以來的歷史都沒有打過真正意義上的堅守防禦戰，不多的防禦戰都是運動防禦。現在又多來了 "一桌客人"，4 縱能不能守住塔山，林彪心中並沒有多少底。他決定把原定參加打錦州的主力 1 縱放在 4 縱後面的高橋，作為戰役總預備隊，既可支援攻擊錦州，又可支援塔山，主要是注意塔山。

有了 1 縱這個總預備隊，雙保險了，林彪還是放心不下。

也確實，海拔僅 4 2 米的塔山實在是無險可守。如果塔山頂不住，錦州將變成第二個四平，但後果比四平更嚴重。"多米諾骨牌" 一旦從塔山倒下來，整個東北野戰軍就有可能全軍覆沒。從而改變東北甚至整個解放戰爭的戰局。這還不是最嚴重的後果，"多米諾骨牌" 將會繼續倒下去。蔣介石佔據半壁江山，美國和蘇聯插手，中國極有可能南北分裂。所以塔山不僅僅是一個塔山，錦州不僅僅是一個錦州，東北也不僅僅是一個東北，而是維繫著全中國啊。

這也難怪小小的塔山戰後一舉聞名世界。

塔山阻擊戰作為世界經典戰例收入美國西點軍校的教科書。

錦州開戰前，林彪的心就拴在了塔山。

塔山烈士合墓

小小的塔山位於錦州和錦西之間的公路邊上,東臨渤海,西靠虹螺山,面對正面進攻,陣地完全暴露在敵人的陸炮和海炮中。林彪的指示[20]具體明確:絕對不能運動防禦,而必須在塔山、高橋及其以西以北死守不退,作英勇頑強的攻勢防禦。在陣地前大量消耗敵人有生力量(近距離開火),準備抵抗敵人數十次的猛烈進攻。待敵人消耗疲勞時,進退兩難之時,再集中11縱全部及4縱一兩個師的兵力組織反突擊,將敵人大量殲滅在我陣地之外。目前需以極正規緊張的精神構築陣地,準備白天打毀夜間立即修復。

10月8日,林羅劉電第二兵團:錦州大戰擬於11日開始,明日開始打週邊戰。錦西之敵可能有八個師左右的兵力將拼死命增援,盼你們下決死戰的決心不讓敵前進,準備進行十晝夜以上的攻勢性的陣地防禦戰,利用敵人攻擊精神不強的弱點,我軍構築堅強有掩蓋的陣地,加強死守和反突擊的訓練,以保證這一大戰的完成。⋯⋯9縱是新部隊,今年表現得能攻能守,4縱更應做到。11縱的底子亦不比9縱差,也應做到。主要是自上而下到每個指戰員都下決心,就能創造

光輝戰，使敵膽寒，使我全軍勝利得到保證[21]。

　　林彪有一句名言：當需要犧牲的時候，就要勇於犧牲，……完蛋就完蛋，槍聲一響，老子下定決心，今天就死在戰場上！林彪部隊從軍長到士兵，誰都知道這一句話，這也是他們的決心。從10月10日凌晨開始，除了林彪主動詢問和4縱的主動報告，僅塔山正面防守的12師，每天向林彪報告四次。12師師長江燮元當著全師指揮員的面，標出了自己在陣地上的指揮位置，表示決不後退一步。

　　如果說林彪善於用兵，不如說林彪善於用將。誰適合攻城，誰適合追擊，誰適合防守，他心中都有一本清清楚楚的賬。爲什麼把塔山防守的重任交給4縱？其中一個很重要的原因是4縱有一個非常"狠"的副司令員胡奇才。4縱的老兵都知道，誰要叫胡奇才"狠"上了，不死也要被扒層皮。林彪從來沒有拍過點將上前線的電報，塔山剛打響不久，林彪給4縱急電，點名叫胡奇才立即到12師的一線去。塔山惡戰六天六夜，胡奇才坐鎮五天，他不用吭氣，你就往死裏打吧。

　　10月13日是塔山阻擊戰最激烈的一天。28團傷亡超過800人，

歐陽文，莫文驊，江燮元像當年戰場上一樣肩並肩

胡奇才

墓碑上的中將
胡奇才墓

中將胡奇才墓

很多連隊傷亡過百，甚至拼光了。塔山最危急的時候，一向以士兵生命為重的林彪抓起電話沖著程子華大吼：我不要傷亡數字，我只要塔山！塔山！就是把部隊打光了，也不許後退一步！

國民黨軍直接進攻的兵力是五個師。從蔣介石到兵團司令官侯鏡如都深知塔山的重要，要想救錦州，必先奪下塔山。可眼看錦州不保，而援錦的九個師卻還在塔山這邊望"錦"興歎。蔣介石乘"重慶號"巡洋艦來到塔山附近的海面，跳過衛立煌，直接督戰，限明天黃昏前攻下塔山，否則軍法從事。蔣介石真急紅眼了，從他執掌政權以來，還從來沒有這麼急過，這是生死存亡的關頭啊。蔣介石派他的親信上戰場，並拿出平時捨不得使用的"趙子龍師"。此師打遍天下，號稱沒有丟過一挺機關槍。按常理，國民黨軍一天之內就能攻破沒什麼天險的臨時野戰工事。可就是奇怪，蔣系的軍官敢死隊波浪式的進攻，吃奶的勁都使上了，就是打不開通往錦州的大門。

10月13日深夜，劉亞樓在電話裏告訴塔山：錦州週邊據點已經全部掃清，10月14日上午總攻。塔山陣地立即爆發震耳欲聾的歡呼聲。

10月14日，錦州開戰第五天，戰事進入關鍵的關鍵。羅榮桓也提著一顆心，是他向中央軍委簽的軍令狀。羅榮桓建議派蘇靜帶一部電臺到塔山督戰，不參與指揮，只如實報告前線情況[22]。他怕前線部隊硬撐著，有危急情況不及時報告。林彪同意後，羅榮桓把蘇靜叫來，說攻取錦州看來沒問題，關鍵是塔山。那裏是一場惡仗。萬一堵不住，攻錦部隊就要腹背受敵。你到塔山去，告訴4縱，死打硬拼，堅決死守陣地。不要怕犧牲，要不惜代價，任何情況下都不能動搖。你要向指揮員多次反復地

吳克華

墓碑上的中
將莫文驊像

墓碑上的中
將歐陽文像

墓碑上的中將吳克華像

中將莫文驊墓

中將歐陽文墓

中將吳克華墓

墓碑上的少將李福澤像

李福澤將軍墓

墓碑上的少將　　　　少將江民風　　　墓碑上的少將焦玉山像
江燮元像

江燮元將軍墓　　　　江民風將軍墓　　　　焦玉山將軍墓

解釋總部的意圖。一定要頂住敵人，頂住了就是勝利！

　　錦州打響，長春守敵惶惶不可終日。１０月１５日，蔣介石再飛瀋陽，第三次空投手令，嚴令被圍困大半年的國民黨東北"剿總"副總司令鄭洞國率新７軍和６０軍立即突圍。１０月１６日，蔣介石又一次從北平飛到葫蘆島。得知錦州陷落，范漢傑下落不明，他氣得要槍斃攻不下塔山的國民黨軍５４軍軍長闕漢騫，大罵你不是黃埔生，你是蝗蟲！

　　蔣介石命令錦州必須奪回來，他要求繼續攻打塔山。

　　塔山的好消息沒有傳來，卻傳來長春的"壞"消息。

　　林彪問在錦州被俘的國民黨軍第６兵團司令盧濬泉：我曾派人坐馬車給你送信，你沒有收到嗎？盧濬泉說沒收到。林彪說：你可以給

60軍發個通電。盧浚泉的93軍與駐長春的60軍都是滇軍，國民黨軍第1兵團副司令曾澤生在朋友盧俊泉勸說下，10月17日率部起義。東北野戰軍獨立6、8師進入長春市區接替60軍的陣地。10月18日，周恩來給鄭洞國一封信，鄭洞國沒收到。10月19日晨，守長春的國民黨軍新7軍軍長李鴻也投誠了，鄭洞國被迫放下武器。至此，長春解放。10月24日，南京《中央日報》報導：《鄭洞國壯烈成仁，三百官兵，全體殉職》。林彪看到電報，笑說長春就沒有打仗，哪來浴血抵抗[23]？

錦州、長春雖然都已經易手，但蔣介石死不認輸，塔山還是一根救命"稻草"。要奪下塔山，進而重新奪回錦州、長春。

10月20日上午，蘇靜從塔山下來向林彪、羅榮桓彙報：這次4縱擔負塔山阻援，決心以一萬人的傷亡來完成阻擊任務。在群眾支援下，以路軌、枕木和居民送的大門搶修工事，日夜堅守在陣地。戰士們

東北野戰軍某部佔領老城東門，

錦州解放

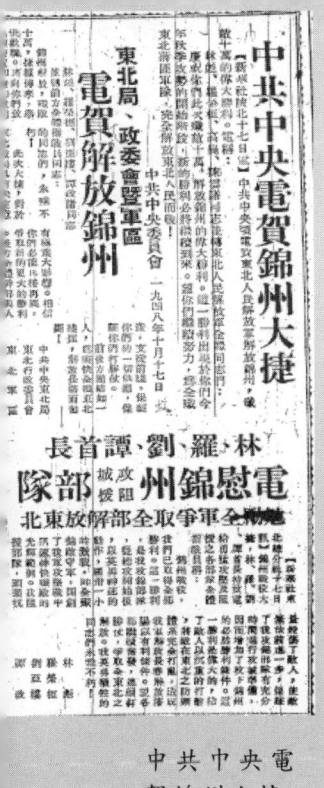

60年代初立碑
時是林彪的題
詞，九一三後
題詞被水泥抹
去，目前碑上
是1984年陳雲
的題詞

曾澤生

鄭洞國

在陣地上與敵人拼刺刀，打得很勇猛，很頑強，阻住了敵人無數次集團衝鋒。縱隊炮兵也發揮了很大的作用，打亂了敵人衝鋒的隊形。

到塔山戰鬥結束，作為總預備隊的 1 縱也沒有派上用場。

毛澤東發來嘉獎電：4 縱在，塔山在。

林彪高興地說：是啊，沒想到 4 縱打得這樣好，打的是政治仗啊。打錦州的部隊也都打得很好，打得很堅決，迅猛地向縱深發展，分割敵人，把敵人的指揮系統打爛，勝利是出乎意料的啊！

戰後 4 縱 12 師 34 團被命名為塔山英雄團，36 團被命名為白臺山守備英雄團。整個 12 師 2026 人立功。在東北野戰軍中，4 縱被授予榮譽稱號和榮立戰功的集體和個人首屈一指。1949 年 3 月 25 日，毛澤東到達北平。西郊機場舉行閱兵式，由 41 軍（4 縱）組成閱兵隊伍。毛澤東向塔山英雄團的旗幟行注目禮。

1963 年 10 月，在塔山英雄團前沿指揮所的位置，豎起一座烈士紀念塔。正面是時任國防部長的林彪題詞：塔山阻擊戰革命烈士紀念塔[24]。

塔山阻擊戰前

集會慶祝錦州大捷

哈市十二萬群眾

哈市十二萬群眾
集會慶祝錦州大捷

【本報訊】哈市十二萬緊急集會慶祝錦州大捷。十七日下午，各機關、學校、工會、

後方人民繼續參軍，加緊軍工軍需生產，好好照顧傷員，拿出一切力量支援前線！

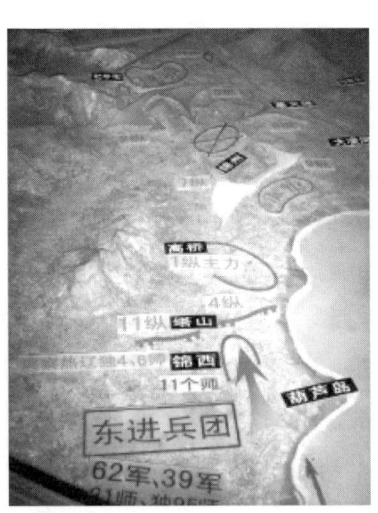

塔山阻擊戰部署圖

哈爾濱12萬人集會
慶祝錦州大捷

珍藏在遼瀋戰
役紀念館的授
予塔山英雄團
的獎旗

中國戰爭形勢發生巨大變化

鄭洞國率部投降
我勝利收復長春

東北野戰軍司令部
公佈長春戰役戰果

圍城逃亡及六十軍起義與新七軍投降，敵軍共喪失九萬五千餘人。

鄭洞國投降，長春解放

東北野戰軍司令部公佈長春戰役戰果

這是鮮血澆鑄的勝利紀念碑。

不知道還有哪個戰場，會讓那麼多的外省將軍生前死後都魂牽夢繞。吳克華、莫文驊[25]、歐陽文[26]、胡奇才、江燮元、李福澤[27]、焦玉山[28]、江民風[29]等八位將軍生前立下遺囑，將自己的墓放在塔山烈士陵園。

廖耀湘集團一錯再錯

錦州解放後，蔣介石親自到瀋陽指揮廖耀湘兵團沿北寧路西進，試圖重奪錦州。如果不行改道營口，從海上逃回關內。廖耀湘兵團是蔣介石的嫡系，其中新 1 軍、新 6 軍是蔣軍五大主力中的兩大主力。

1948 年 10 月 8 日，西進兵團的五個軍由新民和遼中分三路向彰武、新立屯方向攻擊。本來廖耀湘對出遼西就沒有信心，這時塔山已經打響了，他觀望了兩天，自作聰明決定攻擊林彪的運輸補給線彰

東北野戰軍司令部公報
錦州戰役殲敵十二萬

錦州戰役殲敵 12 萬

武。

　　毛澤東電報：只要不怕切斷補給線，讓敵人進佔彰武並非不利。目前數日你們可以不受瀋陽援敵威脅，待錦州打得激烈時，它回頭援錦，已經失去時間。10月12日15點，毛澤東電報：瀋陽敵人進佔彰武置於無用之地，表示衛立煌想以巧辦法引我回援，藉以解錦州之圍。他不敢直援錦州，避免遠出被殲的危險。錦州守敵都是雜牌，即使被殲彼亦不甚痛心。如你們能於數日內攻下錦州，瀋陽敵人勢必由彰武退回新民固守。只要你們能於一星期內外攻克錦州，則該敵無論如何是不能迫近錦州的。

　　果然錦州告急，廖耀湘集團卻是遠水不解近火。氣得蔣介石直罵，再不出遼西，等著上軍事法庭！廖耀湘兵團這才挪到新立屯。錦州丟了，衛立煌想將廖耀湘兵團撤回瀋陽，而蔣介石卻還想收復錦州。胳膊擰不過大腿，於是廖耀湘兵團由彰武、新立屯南下北寧路。

　　新1軍打了幾天，沒攻下黑山。廖耀湘放棄重占錦州的計劃，上哪裏去呢？三個人又是三種意見，蔣介石讓他們向營口退卻。到營口

林彪、罗荣桓、刘亚楼关于廖耀湘五个军全部被包围击溃致中央军委等电

（1948年10月27日）

委、东北局：

（一）廖兵团五个军已全部被包围和被击溃，已俘敌数万，俘虏中已查出副军一名，师长一名，目前正在猛烈扩张战果中。

（二）由锦西北上之敌，本日向我塔山阵地进犯，我正顽抗中。

林、罗、刘

感十七时

林羅劉關於包圍
廖耀湘五個軍給
中央軍委的電報

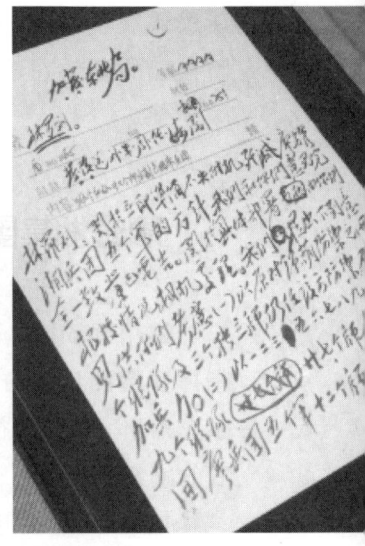

毛澤東關於殲滅
廖耀湘集團的電
報手稿

兩天半的路程，30萬大軍走海路，沒有那麼多運輸工具，而且風險大。蔣介石堅持從陸路撤退，而衛立煌堅決不主張撤，認為應該迅速縮回瀋陽，否則有野外被殲的危險。廖耀湘則認為退回瀋陽，等於慢性自殺。三個人誰也沒說服誰，所以錦州、長春相繼失守，廖耀湘兵團仍滯留在新立屯一帶。

毛澤東和林彪也出現了分歧。

10月12、14日，毛澤東兩次電報，讓林彪打錦西

東北野戰軍第10縱隊司令員梁興初

和葫蘆島，再回師包圍瀋陽，他主要擔心敵人從營口逃跑。一直到10月19日，中央軍委電報仍是強調不要讓敵人從營口逃跑。後來果然從營口跑了一萬多敵人，受到毛澤東的批評。但這一點點逃敵比起遼西大會戰的勝利和解放瀋陽，簡直是大海中的一兩滴水，算不了什麼。

林彪為什麼不同意打錦西和葫蘆島呢？他考慮如果野外之敵縮回瀋陽，那再打瀋陽就可能成第二個長春，不僅傷亡大，而且時間會拖長。林彪曾問部下：現在東邊是從瀋陽出動的廖耀湘兵團十幾萬人，已經到了黑山，被5縱、10縱頂住了。西邊是從葫蘆島登陸的侯鏡如兵團八九個師，被4縱、11縱擋在塔山。我們現在是打西邊好，還是打東邊好？部下說：從地圖看，葫蘆島至錦州一線地處遼西走廊，山海之間通道比較狹窄，不適合大兵團作戰，而錦州以東地域開闊，便於大部隊展開，要我選，就打西進兵團。林彪笑了笑：給你三天休整，回去等命令。10月16日攻佔錦州第二天的東北野戰軍司令部的《陣中日記》，就記載著林彪準備回殲廖耀湘。

10月19日，中央軍委連續兩次電報：如果在長春（起義）事件

之後蔣介石、衛立煌仍不變更錦（州）葫（蘆島）、瀋陽兩路向你們尋戰的方針，那就是很有利的。在此種情形下，你們採取誘敵深入，打大殲滅戰的方針，甚為正確。

10月20日，中央軍委連發三電，都是準備全殲廖耀湘兵團，攻取瀋陽。第三封電報中央軍委命令以9個縱隊27個師分割包圍廖耀湘兵團5個軍12個師。

10月21日，林羅劉給中央電報：如攻錦西，地區狹窄，我兵力用不上，而敵可利用工事抵抗，戰鬥不能很快解決，而新立屯、彰武之敵可能乘機重占錦州。使我既打不下錦西，又未能殲滅向錦州前進的敵人。我們建議，如果敵繼續向錦州前進，則等敵再前進一步後，向敵進攻。但有若干徵候敵向瀋陽或向營口撤退時，則我軍立即迅速包圍彰武、新立屯兩處的敵人，各個擊破。

林彪決定把網撒得更大一些，毛澤東完全同意。

林彪打仗，總是走一步看幾步。攻佔錦州前，林彪的戰術是東拖南阻，現在敵人一旦東退西進，10縱退到黑山、大虎山一帶，5縱則插到新立屯以南，截斷廖耀湘的退路，6縱準備包圍彰武的敵人。

林彪命令1縱、3縱、8縱及17師為第一梯隊，分三路向東，沿北寧線向大虎山、黑山前進。2縱、7縱、9縱及炮縱為第二梯隊，10月22日跟進。如果敵人轉向營口，所有部隊立即轉向營口和牛莊之間殲敵。

遼西包圍敵五個軍　　　　　　遼沈戰役第二階段要圖

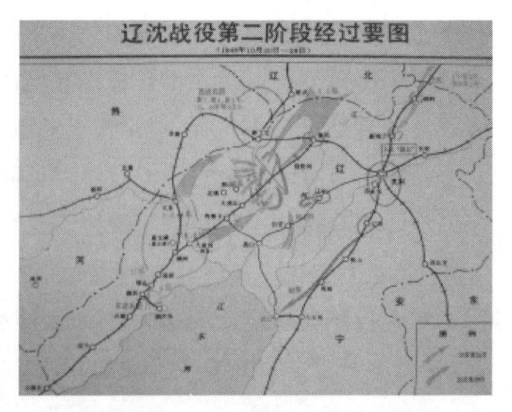

錦州解放後，部隊向遼西疾進，圍殲廖耀湘兵團

黑山被血染成"紅"山

攻打錦州期間，爲防止敵人南竄營口，１０縱在瀋陽附近新立屯一帶運動防禦。１０月２０日１０縱司令員梁興初接到林彪電報：進至黑山、大虎山之線，頑強死守，不准敵人前進一步。遼西走廊北端的黑山、大虎山地區，地處山和沼澤間，寬３０里，無堅固工事，只有幾十個"窩棚"。而黑山是進出營口、瀋陽的惟一通道，廖耀湘無論進退，都要佔領黑山。１０縱晝夜兼程，由北鎮返回黑山、大虎山地區，迅速構築工事。

１０月２１日中午，林羅劉急電１０縱：錦州十萬敵軍被殲，長春十萬敵軍起義投降，瀋陽陷於孤立，廖耀湘兵團企圖向錦州突圍，與錦西北上之敵會合，妄想奪路逃回關內，望你們堅守到主力到達，聚殲前進之敵。

上將黃永勝

黃永勝在戰場上

　　不出林彪所料，10月24日，廖耀湘兵團在飛機、坦克、重炮的
配合下來了。

　　自遼瀋戰役開始，10縱、5縱、6縱就在彰武、新立屯地區拖
著廖耀湘兵團。而現在錦州戰役結束，打完錦州的1、2、3、7、
8、9縱、炮縱以及6縱17師，已經兵分三路東進，只要關上黑山和
大虎山這兩扇"鐵門"，廖耀湘兵團就跑不掉。可是，敵人是5個軍
共12個師，全美械裝備，有大量的飛機、坦克、大炮，而阻擊部隊
只有10縱一個縱隊，加上臨時配屬的1縱3師和內蒙古騎兵團。除
了剛剛成立的炮兵團有很少的炮彈，主要的武器是步槍手榴彈。要在
寬25公里的正面阻擊，所有的兵力必須全部展開，一點後備力量也
沒有。而此時，敵人先頭部隊已經到了離黑山60公里的芳山。我們
的戰士趕到黑山、大虎山後，還要趕修工事。如此短的時間，工事能
修成多少？工事又能堅固到什麼樣的程度？

　　10縱只有4萬人，時值嚴冬，部隊還沒有棉衣。而敵人則是10
萬美式裝備、奪路逃生的亡命之徒，戰鬥的激烈可以想見。101高地
20多次易手，山頭被炮彈削掉足足兩米，陣地血流成河。決定10縱
在黑山阻擊時，有人耽心10縱這一下可能打爛了。林彪說10縱頂得
住，我們一個縱隊吃不了他，我們可以咬住他不放。本來林彪想讓梁

興初到新成立的 10 縱當副司令員，梁興初不幹，說要當就當司令員，否則寧肯在 1 縱 1 師當師長。於是林彪任命梁興初爲 10 縱司令員。

梁興初回憶：我們的戰士也相信林總說打三天，敵人准活不了四天。戰鬥最激烈的 10 月 25 日，林羅劉第二次電報，表彰 10 縱英勇頑強，並要求再堅持一天。果然 10 月 26 日一早，東北野戰軍的主力部隊如期趕到，將敵人團團圍住，展開了巨大規模的圍殲戰。戰鬥結束，林羅劉電報表揚 10 縱阻擊敵人成功，對全殲廖耀湘兵團起了重大的作用。

劉亞樓急了，要槍斃黃永勝

1948 年 10 月 20 日，林羅劉譚發出全殲東北敵人的政治動員令，不讓敵人逃出東北，爭取連續的偉大勝利。目前我們決以東面打援之部隊與攻錦各部首先抓住從瀋陽出來的廖耀湘兵團，從野戰中殲滅之。……爭取大勝，爭取全殲東北蔣匪軍，解放瀋陽，解放全東北。

林彪說：第一階段（錦州戰役）我軍已經取得重大勝利，目前各部應忍受疲勞，奮發精神，堅決殲滅廖耀湘的五個軍，並繼續殲滅瀋陽周圍之敵，解放全東北。我 10 縱、5 縱、6 縱及第 3 師的行動，切不可稍有疏忽與猶豫，切不可讓新立屯、彰武之敵逃走。否則會放過偉大勝利的機會。故該三縱須時時準備大膽冒險堅決行動，我錦州東北各縱皆能迅速策應作戰。

10 月 21 日林羅劉致電各縱：

黃永勝(1937 年攝)

黃永勝在觀察敵情

我軍決定全力乘敵撤退中與敵決一死戰，以連續作戰方法力求全殲敵人。此戰成功，則不僅能引起全國軍事形勢之大變，且必能引起全國政治形勢的大變，促成蔣介石迅速崩潰。我全體指揮員須振奮百倍勇氣與吃苦精神，參加此一光榮的大決戰，不怕傷亡，不怕疲勞，不怕遭受小的挫折，雖每個連隊遭受最大傷亡（每個連隊打得只剩下幾個人也不要怕），對全國革命說來仍然是最值得的。

遼西大會戰前夜，林彪在戰術上只提了12個字：攔住先頭，拖住後尾，夾擊中間。攔住頭，他點了梁興初。拖尾，他派出黃永勝。10月22日，林羅劉向中央軍委報告，已令6縱今晚出動，明日包圍彰武之敵一個師，以拖住敵人的尾，吸引敵人回頭兵援，分散敵人。

10月23日，林羅劉譚關於乘敵撤退與敵決戰給各縱的電報，再一次要求決一死戰，以連續作戰方法，求得殲滅全部敵人。

10月24日19點，林彪電令6縱：廖耀湘兵團由大虎山東南向臺安撤退，你縱必須以強行軍的速度，堅決阻截。

1947 年秋季攻勢，還是 8 縱司令員的黃永勝在楊杖子打了個大勝仗，接著打敵援兵。由於偵察差錯，以爲圍住的是敵兩個團，卻是兩個師。幾個縱隊的"飯"，一個縱隊怎麼吃得下？仗打得異常殘酷，從地方部隊升爲主力才一個月的 8 縱，扒路炸橋是好手，只得"打不贏就走"。撤退命令剛下，8 縱政委邱會作發現敵人要退，黃永勝當即命令轉入進攻。電臺撤了，幾個參謀分頭通知，連預備隊 24 師也加入了戰鬥。雖然打了幾天，部隊非常疲勞，但一聽追敵人，戰士們的勁頭馬上來了。最後全殲敵人 1.2 萬餘。8 縱由此翻了一番，發展到 4 萬人，兵強馬壯。林彪說：這個 8 縱，還真有點主力的樣子。

後來林彪調黃永勝到 6 縱當司令員。6 縱的前身是葉挺獨立團，這是我們黨掌握的第一支武裝，也是林彪的"老家"。強渡烏江、飛奪瀘定橋、突破天險臘子口，抗戰中參加平型關戰鬥，轉戰蘇北，戰功赫赫。進東北時番號是 7 旅，林彪作爲主力留在身邊，打了秀水河子一仗。

林彪把黃永勝派到 6 縱，可見厚愛之深。

林彪命令原在廖耀湘側後的 6 縱（缺 17 師）、5 縱從彰武方向插向新民以西，堵住敵人東逃瀋陽的路。能否在野外抓住廖耀湘兵團，關鍵在 6 縱。是日黃昏，林彪致電 6 縱：敵主力仍在黑山、大虎山以東以北地區，你縱務必於 26 日拂曉前趕到大虎山以東，切斷敵退路。本次會戰，關鍵在於是否能切斷新立屯、彰武敵人的退路。關於這一點，林彪一再電告黃永勝。

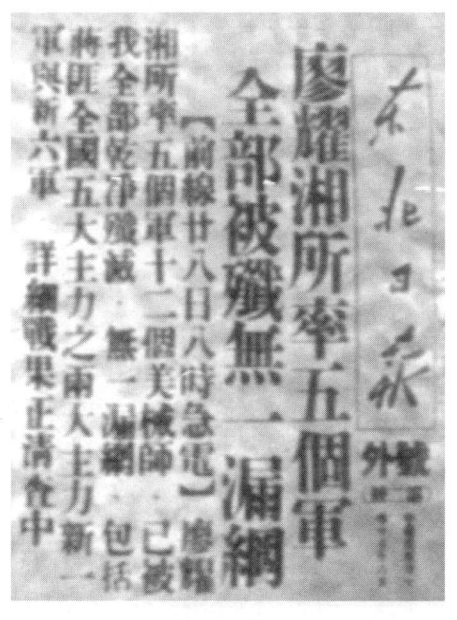

東北日報關於遼西大捷的號外

遼西戰役烈士紀念塔前的石碑

這塊碑上刻著遼西烈士紀念塔是黑山縣級保護文物，但實際上烈士塔已經被荒草包圍

遠遠望去，遼西戰役烈士紀念塔挺立在玉米地和荒草中

　　1948 年 10 月 25 日 9 點，林羅劉報告中央軍委：6 縱本日可插向黑山、大虎山以東地區，斷敵後路。

　　可林彪的電令下達一天一夜了，6 縱沒有消息。

　　兩天了，6 縱還是沒有任何消息。

　　譚雲鶴回憶：6 縱進到何處，是否截住了廖耀湘兵團，總部一概不知。

　　6 縱消失，一向不露聲色的林彪也沈不住氣了，一會兒到司令部，一會兒到秘書辦公室，不停地問，有消息沒有？有沒有 6 縱電報？譚雲鶴已經告訴機要處，接到 6 縱堵住廖耀湘的消息先打電話，再送電報。

遼西戰役烈士紀念塔

　　機要處那邊始終沒有動靜，林彪拉下臉，這個黃永勝，簡直是亂彈琴嘛！怎麼一點消息也沒有呢？林彪終於徹底火了：黃永勝，放跑了廖耀湘，一定要嚴加處理！劉亞樓更急，要叫敵人跑了，非槍斃黃永勝不可。譚雲鶴還是第一次看劉亞樓發這麼大的火[30]。林彪估計廖耀湘已經跑掉了，10 月 25 日晚上早

遼西戰役犧牲的副營長李永祥墓

遼西戰役烈士紀念塔前的另一塊石碑

這塊碑上刻著密密麻麻的遼西戰役的烈士名字

早上了床。快午夜，機要處突然送來破譯的衛立煌發給廖耀湘的電報，規定當晚各軍各師的宿營地。

譚雲鶴回憶：林彪根本沒睡著，聽見腳步聲，說譚秘書嗎？我高興地大聲說：廖耀湘還沒有跑。誰知林彪無動於衷，躺在行軍床上一聲不吭。我非常著急，但又不好說別的，就說是不是剛才我念得太快了，我再慢一點念一遍好嗎？我又念一遍電報，林彪仍不吭聲。我只好回到自己房間，剛走到房門口，劉亞樓來電話，叫我再去給林彪念一遍電報。劉亞樓的建議林彪幾乎都會採納，但在這種關鍵時刻，大主意還要林彪自己拿。我第二次走進林彪房間，林彪問是譚秘書嗎？又有什麼事？我不能說是劉亞樓讓我來的，但有劉亞樓撐腰，我的膽子也大起來，說剛才那份電報，可能是我沒說清楚。我重新對照了地圖，廖耀湘確實還沒有跑。我怕誤了大事，所以我想再給你念一遍。我看林彪沒有反對，放慢速度又念了一遍。電報第三遍念完，林彪還是不說話。我真急壞了，大膽地說，看來廖耀湘還沒有跑，是否趕快發幾份電報。林彪終於說你記一下。他一連口授了幾份電報，有的電報同時發給幾個縱隊[31]。

10月26日凌晨，林彪下令圍殲廖耀湘兵團的第三天，終於收到6縱黃永勝的電報：16師已先期佔領新民以西的厲家窩棚車站，正構築工事，敵人已到，戰鬥十分激烈。接著又收到5縱的電報：已抵達

林彪、罗荣桓等关于
全歼廖耀湘兵团致毛泽东等电

（1948 年 10 月 28 日）

主席、高岗、陈云同志：

廖耀湘所属十二个师已全部歼灭，已查出六个师长，到处汽车、大炮、军火堆遗弃。我由长春南下部队绕过抓住沈阳敌人，主力正设法迅速架桥，向营口北前进。

林、罗、刘、谭[1]

偹八时

林彪等關於全殲廖耀湘兵團給毛澤東的電報

毛泽东祝贺歼敌十二个师
致林彪、罗荣桓、刘亚楼、谭政等电

（1948 年 10 月 28 日）

林、罗、刘、谭，并高、陈[1]：

本日八时电悉。庆祝你们歼敌十二个师的伟大胜利。

毛泽

廿八日

毛澤東祝賀殲敵 12 個師

半拉門、無梁殿一帶，堵住了廖耀湘東逃的先頭部隊。直到這時，林彪才大松一口氣，連聲稱讚 6 縱幹得對，幹得好！部隊都有這種積極主動的作風，仗就好打了。林彪親自復電 6 縱和 16 師：盼你們頑強固守，勇敢反擊，保持陣地，殲滅敵人。我各縱可陸續加入戰鬥[32]。

吃早飯時林彪對劉亞樓說：要是部隊都像 6 縱這樣，那解放全國，只要東北野戰軍就可以了。那個上午，林彪與劉亞樓有說有笑，討論起何時進入瀋陽的問題。

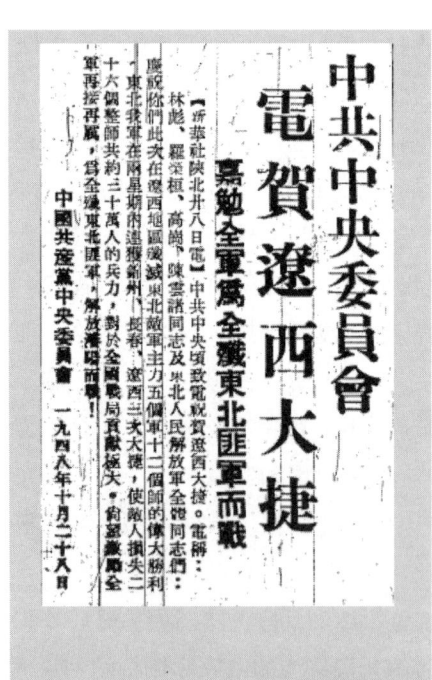

中共中央電賀遼西大捷

黃永勝抓到了“大魚”

10 月 23 、24 日各縱陸續到達北鎮，溝幫子、盤山、彰武地區，接近了黑山和新立

遼西戰役詳細戰果　　　　　　　　　遼西大捷

屯。黑山阻擊戰打響時，因總的情況不明，林彪沒有馬上命令各縱合圍，部隊走走停停，也沒有明確的攻擊目標。

　10月15日，錦州攻克後，長春敵人有向瀋陽突圍的跡象，林彪命令6縱返回法庫以東。6縱正向長春方向急進，長春因60軍起義而解放，6縱原地待命。黃永勝和政委賴傳珠、副司令員楊國夫、參謀長黃一平、政治部主任鄧飛討論，大家一致認爲，錦州、長春都解放了，下一步肯定是打廖耀湘。

　果然不出所料。10月23日早晨，黃永勝帶6縱奉命進攻彰武，原以爲廖耀湘的主力和後方在這裏。18師沖進城，只有幾百個民團。當晚總部命令6縱南下到泡子地區，黃永勝拉起隊伍就走，第二天早上到了泡子，又撲了空。黃永勝判斷敵人主力應在新立屯以南，請示總部繼續前進，卻接到總部命令，在泡子附近隱蔽待命。要等到敵人正式向黑山進軍時，再聽命令前進。

　10月24日18點，6縱接到總部命令向大虎山一帶前進。剛要動身，又接到總部命令，前電作廢。6縱正在半拉門構築工事，接到林彪電令，要他們立即向大虎山急進，堵住廖耀湘回瀋陽的路。半天內幾道命令，黃永勝深感責任重大。6縱少一個主力17師，只有兩個師，要阻擊敵五個軍十幾萬人的瘋狂突圍，肯定是一場前所未有的惡仗，關鍵是要快。黃永勝命令連夜出發，兩個師由北向南並列，以戰鬥姿態向大虎山地區急行軍。口述完命令，黃永勝先上了路。有人說給林總回個電報，黃永勝瞪圓了眼睛：廖耀湘跑了，林總要我腦袋，不要你腦袋？

林彪說過：我們追擊要猛要快，當然不講戰術，見了敵人不管三七二十一就打，邊打邊偵察。如果這時要準備呀，報告呀，敵人就會跑掉。

林彪還說過：大兵團作戰不比遊擊隊，要準備吃苦。很多人擠在一塊，房子缺乏，糧草不夠，必須準備忍受困難。一方面想辦法減少困難，一方面必須忍耐。有時在戰鬥中，敵人打垮了，我們的部隊已經很疲勞，但如果不能忍耐一下，不能跟蹤追擊，那麼敵人就跑掉了。這種關頭，忍一下苦是重要的。……要知道敵人雖然先走了幾個鐘頭，但是可以追上的，因為有很多偶然的機會，如敵人要吃飯、住下、休息等，這樣使我們可以追上。敵人越多，越好追，追擊的時候不要失望。累是累不死很多人的，要捨得追。

黃永勝下令只帶武器彈藥，行李、糧袋全部丟掉，輕裝跑步急進。沒有時間埋鍋做飯，也沒有時間架設電臺，6縱所有的指戰員都成了飛毛腿。連續30個小時不停地跑，好多戰士累得吐血。

遼西會戰最激烈的戰鬥在東線，廖耀湘兵團黑壓壓地向北寧路兩側壓來。黃永勝翻身下馬，找了間民房，打開地圖一看，腳下的姚家窩棚正是林彪規定的阻擊地點。他喜出望外，還沒顧上抽支煙，兩顆炮彈差點兒把房頂掀飛，黃永勝急忙搬到老辛家窩棚，這才架起電臺[33]。

林彪接到黃永勝的電報連笑了好幾聲，告誡他不要與敵糾纏，按原定目標繼續南進。黃永勝回電：敵情嚴重，不能繼續前進，需查明情況再告。天亮16師抓到一個換成便衣的少將參議，得知10月25日，廖耀湘攻黑山攻不動，想經大虎山以東向營口撤退，進至魏家窩棚，正撞上獨2師。廖耀湘很慌，以為碰上林彪的大部隊，遂改變方向，向瀋陽逃跑。沒想到迎頭又撞上剛剛趕到的6縱16師。6縱副司令員兼16師師長李作鵬率16師前指與前衛營前進，經一天兩夜急行軍，跑了250里。10月26日凌晨抵達北寧線，過鐵路時在厲家窩棚與敵人接上了火，這不是天上掉"餡餅"嗎？

廖耀湘的主力新1、新3、新6、71軍等五個軍集結在黑山東北胡家窩棚一帶，準備沿公路東進，前衛部隊新3軍已經到了。6縱能不能堵住，關係到能否全殲廖耀湘兵團。來不及請示總部，黃永勝和賴傳珠、李作鵬商量，當即決定，不再按總部命令組織突擊，而是改為阻截，打到最後一個人也不能放跑廖耀湘。10月26日黃永勝致電林彪：現在6縱已經堵住廖耀湘主力，正在與敵決戰，請令5縱迅速南來協助阻擊。

圍殲廖耀湘兵團最慘烈的戰鬥是厲家窩棚。厲家窩棚是敵東退瀋陽的必經之地，6縱像釘子一樣釘在廖耀湘兵團的咽喉處，死守了四天四夜，頂住了廖耀湘兵團五個主力軍的反復衝鋒，用鮮血和生命換來了全殲廖耀湘兵團十萬人的勝利。如果沒有6縱的頑強戰鬥，讓廖耀湘逃回瀋陽，解放全東北，少說也要推遲半年，全國的解放也會推遲一兩年，6縱在遼瀋戰役中的功勳是不可磨滅的。

6縱在此次戰鬥中犧牲2000餘人。解放後，黑山縣人民政府在厲家窩棚建立了一座遼西戰役紀念塔，以紀念在戰鬥中英勇犧牲的烈士們。

打掉了廖耀湘的"腦袋"

另一場血戰在胡家窩棚，3縱三個師在黑山展開。

化了裝的廖耀湘被3縱活捉仍很傲慢，但見到3縱司令員韓先楚老老實實地低下了頭，說你的縱隊像旋風一樣，兩條腿賽過了我的十輪大卡，你們第一棒就打碎了我的"腦袋"。

3縱原來的任務是向正安堡的敵71軍進攻。為了節省時間，韓先楚命令三個師齊頭並進，在炮火掩護下，一下子就撕開了敵人的防禦。突破防線後，前進幾十公里，再沒有遇到敵人。7師一夜行軍，10月25日6點最先追至黑山以北尖山子，與8師會合，還是不見敵人的大部隊，他們決定向胡家窩棚一帶搜索前進。從地圖上看，胡家窩棚是制高點，韓先楚要求各部隊大膽穿插。

10月26日晨，7師21團3營在運動時，遇上友鄰部隊，8連2排主動讓開向東。沒想到這一讓，插到廖耀湘的兵團指揮部胡家窩棚。開始蔣軍還以為是自己人。3營一交火，發現敵人火力猛，防守也很有章法，以猛制猛，打下來才知道是廖耀湘的電臺指揮車。新3軍、新6軍軍部也同時被打掉。

連林彪也覺得意外，怎麼廖耀湘的電臺突然消失了？

廖耀湘不得不用明碼呼叫，部隊到二道崗子集中。

林彪用蠟燭照著在地圖上找到三個二道崗子，判斷是在新立屯附近的二道崗子，立即發電給2縱和6縱17師：黑山以東之敵正向東南退卻，立即出發向胡家窩棚（黑山東北）東南地區猛追敵人。

廖耀湘兵團10萬人被圍了個水洩不通。1、2、3、10縱從正面進攻，各縱下令：今夜不許吃飯睡覺，哪裏有敵人就往哪裏打。

10月27日，林彪基本沒下命令，各自為戰吧。

在東北野戰軍各縱隊的猛烈打擊下，10萬敵人潰不成軍，白布、手巾當成白旗，成批地放下武器。16師48團兩個排戰士端槍排出一個"解放門"，凡是放下武器從這個門裏進去，就算解放，不以俘虜對待。不長時間就有2000多敵人從門進去，粗粗一查，包括五個軍九個師的番號。

被蔣介石授予"虎師"的新22師，恰巧在大虎山被殲。

這是一個前所未有的壯闊場面。在黑山、大虎山以東，臺山以北，繞陽河以西，無梁殿以南，不到120平方公里的土地內，50多萬東北野戰軍將敵5個軍12個師十萬多人全殲，俘虜81000多名。其中有新6軍軍長李濤、71軍軍長向鳳武、49軍軍長鄭庭笈、新1軍副軍長文小山等在內的24名將官。

10月28日，三天的"亂仗"結束，東總政治部電令緝拿廖耀湘。廖

指揮國民黨軍五大主力之一的廖耀湘

東北三年敵我形勢變化圖解

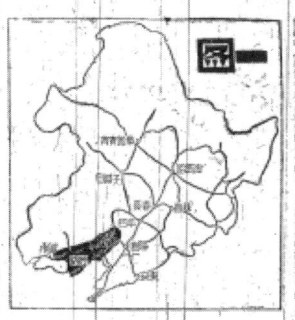

圖一

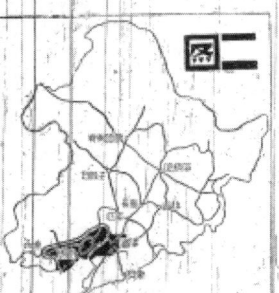

圖二

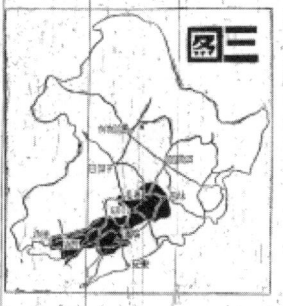

圖三

圖四

圖五

圖九

圖六

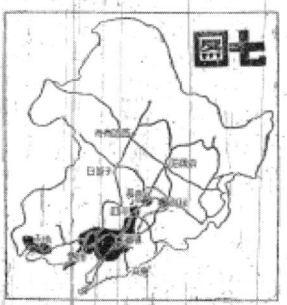

圖七

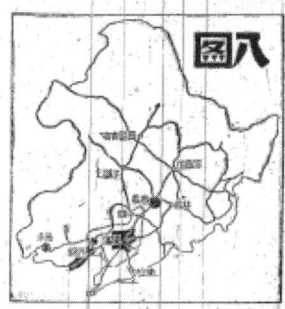

圖八

東北三年敵我變化形勢圖

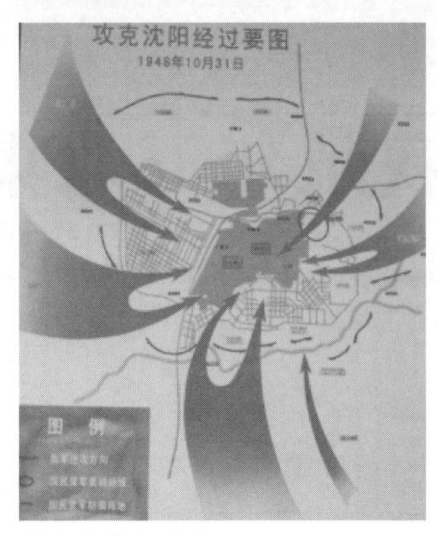

解放瀋陽作戰圖　　　　　　位於瀋陽的東北剿總司令部

耀湘湖南口音，矮胖，眼睛近視。駐在中安堡的 3 縱後勤部戰士發現街上走來兩個披麻袋的人，將其扣留。解放戰士指認其中之一就是廖耀湘。

　　蔣介石長歎：東北全軍似陷入墨盡之命運，寸中焦慮，誠不知所止矣！

林彪號召積極的機斷專行

　　在東北野戰軍（四野），林彪的威信非常高，不是樹起來的，也不是吹出來的，是勝仗連著勝仗打出來的。跟著林彪打仗，第一條就要能跑，跑路越多越快，流血越少，勝仗越大。東北野戰軍有支流行歌曲《林總命令往下傳》：林總指到哪裏打到哪裏，執行林總命令就是勝利。這歌一直唱到平津，唱到海南島。

　　林彪打仗的特點是常常繞過縱隊，越級指揮到師，甚至指揮到團。在作戰上林彪計算得很精，他認為時間是一種力，有時提早一小時，抵得上一個團、一個師。每一次軍事行動前，敵人在哪裏，人數、戰鬥力、企圖以及戰區的地形地物、風土人情等，都詳細下達到師一級，給予部隊極大的便利。二下江南，6 縱奔襲德惠東南的城子

遼沈戰役第三階段要圖

我軍直逼瀋陽

收復鐵嶺新民 續殲蔣匪一師

我四面八方直搗瀋陽

克撫、本、鞍、遼、海等城

另部大軍猛追逃敵逼近營口

直逼瀋陽

四面八方直搗瀋陽

解放瀋陽

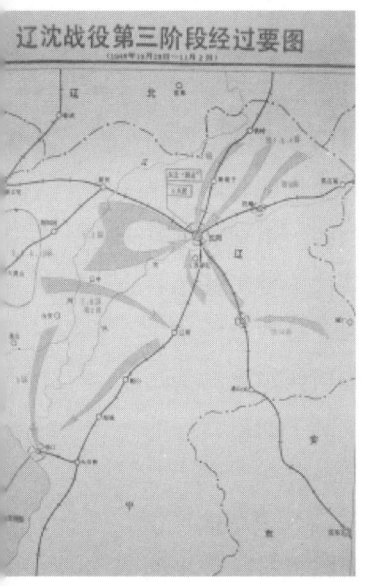

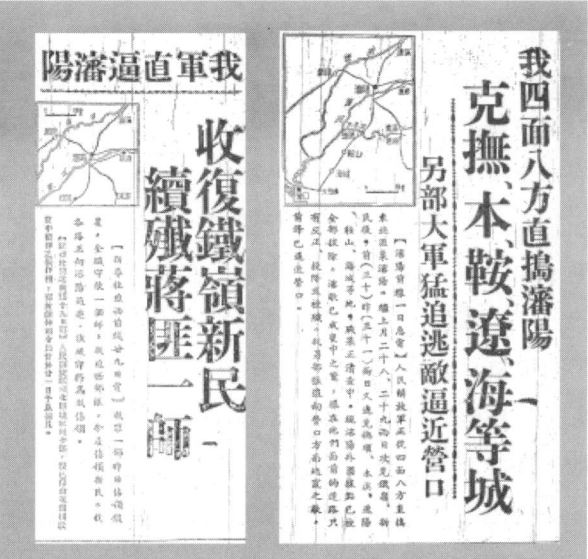

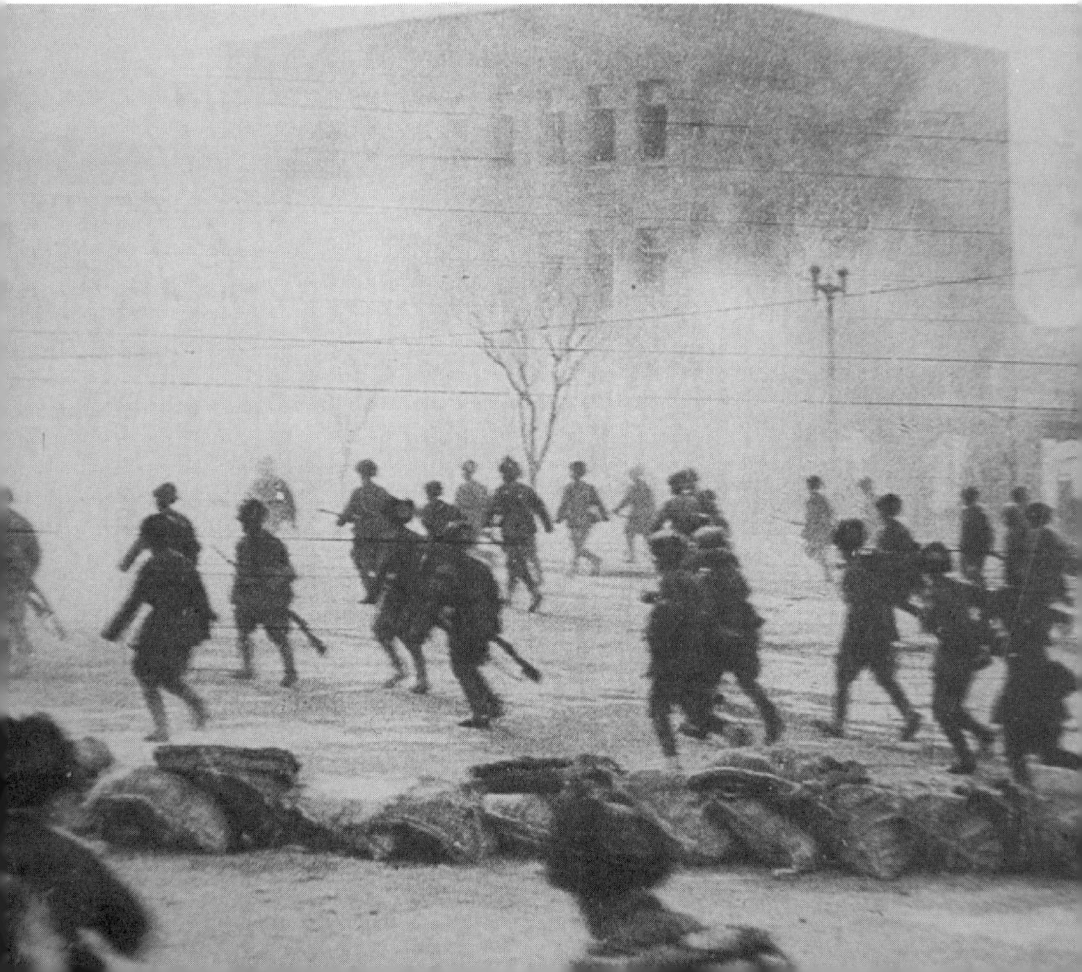

街。守敵一個團要逃，林彪立即命令離城子街最近的 2 師趕到背後阻擊，全殲了敵人。林彪越級指揮，卻並不包攬一切，而要求部下在情況變化時，可以不執行他的命令。林彪說：根據新的變化機動處理是正確的，如執行命令，反而錯了。要服從上級總的意圖，這種意圖就是增加勝利，減少失敗，這是最高的原則。只要打勝仗，林彪甚至容忍部下指揮他，不但不批評，反而表揚再表揚。在東北解放戰爭中，常有違抗林彪命令而打大勝仗的戰例，這就是被林彪稱作積極的機斷專行。林彪獎罰分明，打不好仗，主力降為地方獨立師，而打得好的地方部隊立刻升為主力。

林彪說：我們需要怎樣的作風呢？戰鬥積極性很高、很勇敢、很頑強、動作迅速、能吃苦、嚴格執行命令、積極的機斷專行、自動的協同動作，必須使我們的部隊具備這樣一種政治素質與軍事素質。戰鬥的積極性表現在總想打仗，有命令打，只對全局有益無害無命令也打。這種作風，在江西時很普遍，部隊要稍休息幾天，下面就叫喊起來要打仗。蘇聯的戰鬥條令中，就指出部隊要好戰，經常渴望與敵交

瀋陽戰役戰果　　　　　　　　　慶祝瀋陽解放

瀋陽戰役殲敵15萬　　　　中共中央電賀東北解放

冬季攻勢勝利空前　　　　東北全境解放

戰的精神，應成為每個戰鬥員及指揮員行動的基礎。這種好打仗的作風，不會因為得到小的勝利而滿足，如1師、2師在路上碰到了敵人，都有小的繳獲，如果為這些小勝利所滿足而停下來，那就功虧一簣；如16師搞了幾百人並不滿足，感到不過癮，這很好。這種好打仗的作風，不會因為受了些挫折而洩氣。軍事上是許可打敗仗的，首先應當在思想上不怕打敗仗。現在有本錢打敗仗，故即使受了挫折亦勿灰心，這點，指揮員亦應在思想上有所準備。敗仗有兩種，一種因消極性而失掉勝利，一種因積極性而受挫折。雖戰術指導上有毛病，可糾正，但是部隊的品質是好的。光榮的部隊是刺刀上見過紅的部隊，這一手是最勇敢的。只有刺刀殺出威風來的部隊，才是厲害的隊伍。……部隊政治質量的標誌是拼刺刀，部隊勇敢的標準是刺刀見紅，其實只有越是勇敢的隊伍，傷亡才越小。

1947年秋季攻勢，林彪命令鄧華的7縱挺進新民、黑山、新立屯一線，破壞北寧路和阻止敵新6軍北返。如果新6軍北返，7縱將腹背受敵。將在外君命有所不受，鄧華擅自決定先打法庫和彰武。鄧華說林總我知道，只要打勝仗就行，再忠實執行命令，打不了勝仗也不

東北戰場上的五虎將之一鍾偉

遼瀋戰役紀念館院裏的東北解放戰爭
烈士紀念牆

遼瀋戰役紀念館前
面的紀念碑

毛澤東與衛立煌交談

行。21師一個小時全殲法庫敵人，林彪發來嘉獎令。鄧華發現新6軍沒有北返的跡象，又打彰武和新立屯。這兩處敵人以爲不會連續挨打，沒想到鄧華冒著大雪，指揮部隊一夜拿下。10天長驅700里，橫掃大半個遼西，連奪四城，殲敵8000人，林彪再次電令嘉獎。這時新6軍還是沒有動靜，鄧華主動"牽羊"，又打下阜新、新城。這六座城全在命令之外，但林彪第三次來電嘉獎。傲慢的廖耀湘被俘後，見到鄧華，馬上一個標準的立正。在東北戰場，廖耀湘最佩服的對手除了韓先楚，就是鄧華。

12縱司令員鍾偉也是典型的打違抗命令仗的將領。1947年3月的德惠戰鬥鍾偉抗命不從，而戰後因正確抗命而被林彪重用。在東北野戰軍12個主力縱隊的36個師中，鍾偉指揮的5師是頭等主力師，戰鬥力最強，以林彪倡導的"三猛"著稱。可三下江南，"一下"和"二下"，鍾偉的5師都是配角，"三下"還是，林彪要5師東進配合1縱作戰。這對不打仗就心癢的鍾偉來說，難受到了極點。路過靠山屯他發現大批蔣軍向西運動，一下子就蹦起來了。大家都認爲情況不明，而且我們一個師孤軍深入，貽誤東進的戰機，後果嚴重。鍾偉

遼沈戰役殲敵40萬　　　　　　東北野戰軍各部熱烈舉行慶功大會

堅決要打，就打了。打得正順手，林彪催促東進。一小時後，林彪又單獨電令 5 師。但鍾偉還是"賴"著不走。林彪生氣了，第三次電令：望立即向四馬架附近前進，堵住敵人退路。林彪三小時三次越級電令，潛臺詞吃不了兜著走。別人都說走吧，最後鍾偉拍了桌子，誰再說走，老子槍斃了他！他不僅自己打，還"調動"林彪：我這抓到"大魚"啦，快讓他們來配合我！三次電令不執行，林彪不但沒生氣，反而迅速改變計劃，讓 1 、 2 、 6 縱向靠山屯附近集結，同時給鍾偉電報：援敵能殲就殲，不能殲則放其進靠山屯，以促其分散。你師不必東進，速查明敵情電告總部。當夜，鍾偉指揮 5 師向靠山屯守敵總攻，殲敵 1300 多名。第二天， 1 、 2 、 6 縱趕到，將敵 88 、 87 師消滅。三下江南圓滿結束，東總給 5 師嘉獎電，表揚他們主動作戰的精神。林彪在大會上講：要敢於打違抗命令的勝仗，像鍾偉在靠山屯那樣，三次違抗命令。

得到林彪的"慫恿"，鍾偉的膽子越來越大。遼西大會戰，軍委命令 12 縱到營口。這時的鍾偉已經從師長直接升任 12 縱隊司令員，半路上接到林彪電報，要他們以一個師圍殲鐵嶺之敵，堵住廖耀湘回瀋陽的退路。兩個命令兩個方向，鍾偉自有主意。他哪個也不執行，擅自決定進攻瀋陽。鍾偉的理由是：廖耀湘的主力已經被殲，派一個師到海城也沒有發現大批敵人，上級給的兩項任務都沒有"任務"了。巨流河上只有一座鐵橋，又無船，河邊放一個師即可堵住殘敵逃回瀋陽。我們不如直接打進瀋陽，既可拖住瀋陽敵人往營口逃，也可以機動到巨流河堵截。敵人處於十分恐慌中，我們完全可以以少勝多。

鍾偉擅自命令向瀋陽進軍，有一個師長按兵不動，鍾偉只得帶著半個縱隊出發。而瀋陽還有守敵 10 萬。鍾偉打瀋陽週邊一時受挫。正好 2 縱 5 師 13 團去營口路過，這是鍾偉的老部隊。鍾偉說：營口已經拿下，留在這裏，一切我擔著！半路"打劫"來一個團。鍾偉的"野"戰軍很快突進瀋陽，殲敵 1 萬多。

林彪得知鍾偉打進瀋陽，立即急電 1 、 2 縱速向瀋陽進發，會同 12 縱奪取瀋陽。林彪命令由劉震指揮兩個縱隊， 1 縱司令員李天佑詢問任務。劉震說：用不著統一指揮了，你們趕快進城抓俘虜吧。

東北最後一個大城市瀋陽解放，東北人民慶祝全東北的解放

我軍星夜挺進所向披靡
瀋陽戰役殲敵十萬
敵第八兵團司令周福成等全部被俘

1948年11月2日，瀋陽解放，坐飛機逃出瀋陽的杜聿明和衛立煌都不相信。

至此，東北全境解放。東北野戰軍司令部遷至瀋陽。想兩年多前，東北局被迫從瀋陽撤出，而現在"獨霸東北"的夢想終於實現。

整個遼瀋戰役歷時52天，全殲國民黨官兵47.2萬人，成為中外戰爭史上的奇跡。1948年9月，中央認為，在五年內（從1947年7月算起）從根本上推翻國民黨反動派的統治有充分可能。

瀋陽戰役殲敵十萬

東北野戰軍司令部
公佈秋季攻勢戰果
解放東北全境全殲蔣匪四十七萬二千
敵正規軍損失

加緊學習練好本領
東北我軍全部整訓
總結秋季戰役經驗更加提高
戰術技術及政策紀律水平

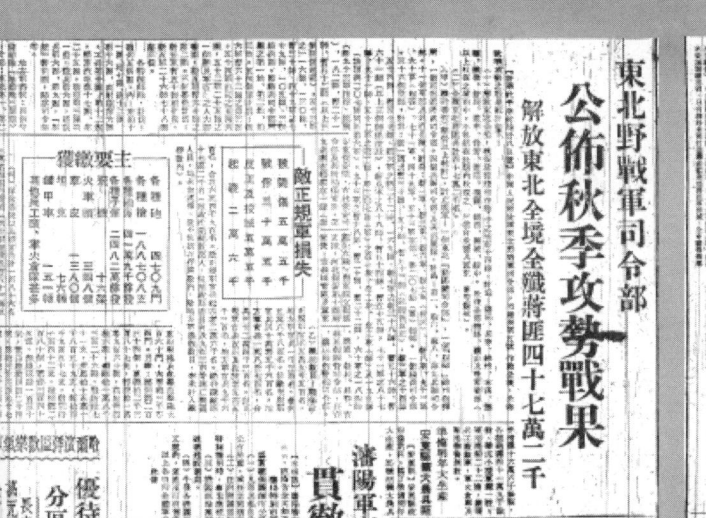

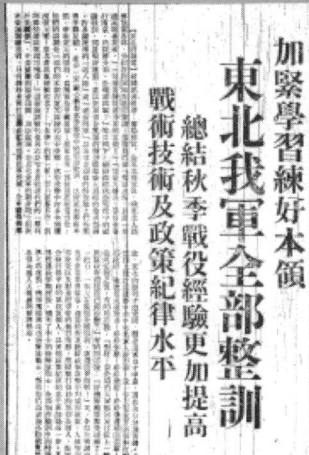

遼沈戰役戰果　　　東北我軍全部整訓

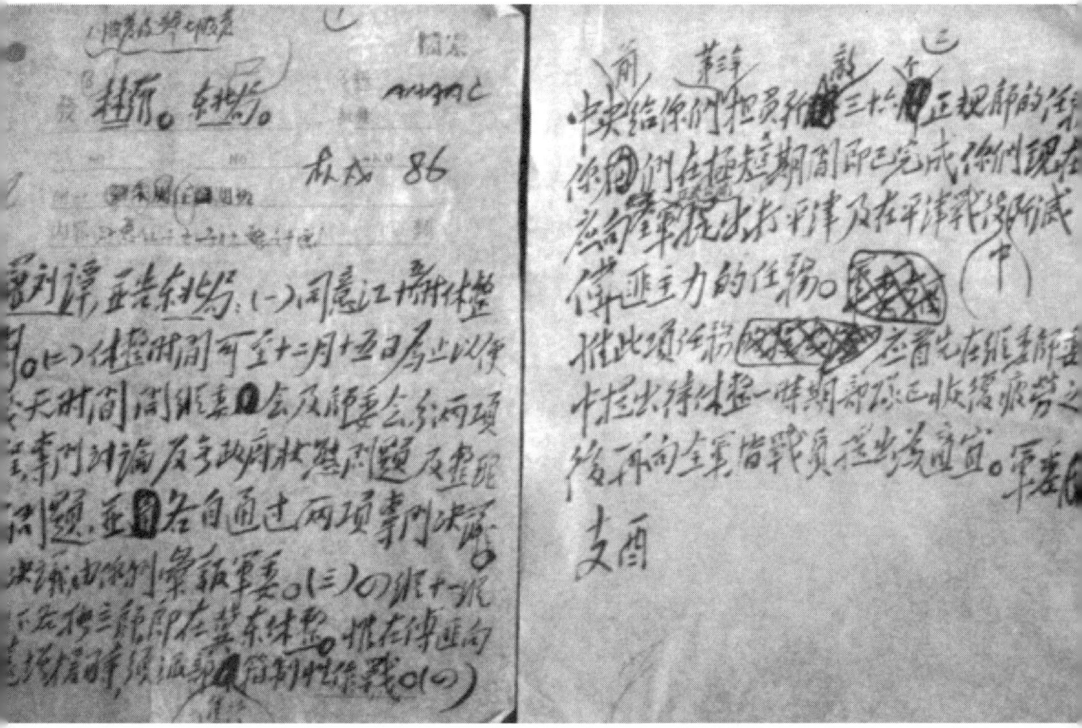

遼沈戰役結束後，毛澤東給林羅劉譚的電報，同意休整計劃

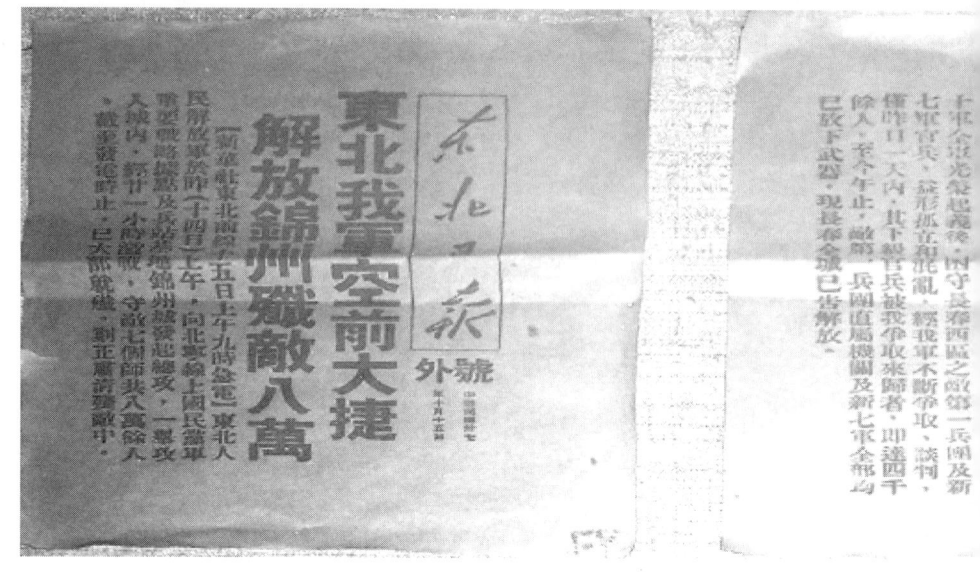

東北日報號外

而林彪指揮的東北野戰軍，使全國勝利提前了三年多。東北野戰軍的百萬雄師成為解放軍中最強大的戰略機動力量，東北地區雄厚的工農業基礎成為全國解放戰爭的強大後方。毛澤東在新華社的祝捷社論中加了一句：只要人民解放軍再有幾個東北那樣的大勝仗，這批狐群狗黨就沒有活命了。

11月3日，東北野戰軍總部通知休整一個月。為恢復體力，各部到達駐地後的前一個星期左右，不必正式出操上課，開會亦求內容扼要，應多進行文化娛樂工作。我們可敬可愛的戰士太累了。

注釋：

1 譚雲鶴《我的回憶·遼瀋、平津戰役中的林彪》，香港文化中國出版社 2006年4月版，6、16頁。

2 楊得志，時任華北軍區第二兵團司令員。

3 羅瑞卿，時任華北軍區政治部主任兼第二兵團政治委員。

4 詳見《羅榮桓軍事文選》，解放軍出版社1997年版。

5 奉中央軍委1948年8月24日命令，東北人民解放軍第一、二前方指揮所改稱 東北人民解放軍第一、第二兵團司令部。

6 黃瑤主編《羅榮桓年譜》，人民出版社2002年11月版，559-565頁。

7 譚雲鶴《我的回憶·遼瀋、平津戰役中的林彪》，香港文化中國出版社2006年4月版，33頁。

8 1996年11月24日，採訪蘇靜筆記。

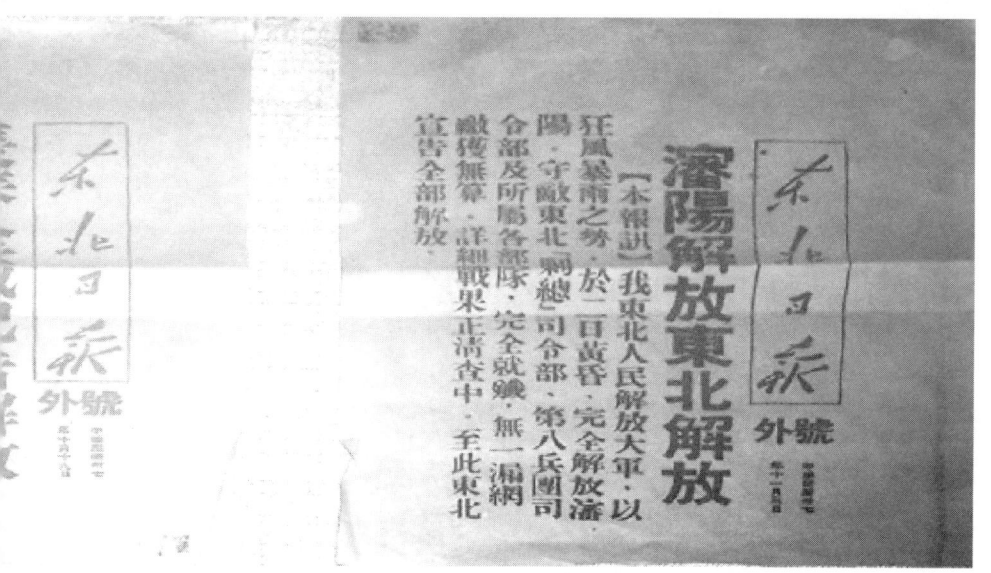

9　陳毅，時任華東野戰軍司令員兼政治委員。

10　粟裕，時任華東野戰軍副司令員。

11　《遼瀋戰役》解放軍出版社1993年2月版，146頁。

12　譚雲鶴《我的回憶·遼瀋、平津戰役中的林彪》，香港文化中國出版社2006年4月版，6頁、43頁。

13　譚雲鶴《我的回憶·遼瀋、平津戰役中的林彪》，香港文化中國出版社2006年4月版，45-46頁。

14　《遼瀋戰役》解放軍出版社1993年2月版，149-150頁。

15　《遼瀋戰役》解放軍出版社1993年2月版，151頁。

16　《遼瀋戰役》解放軍出版社1993年2月版，152-153頁。

17　《遼瀋戰役》解放軍出版社1993年2月版，154頁。

18　《遼瀋戰役》解放軍出版社1993年2月版，162-163頁。

19　譚雲鶴《我的回憶·遼瀋、平津戰役中的林彪》，香港文化中國出版社2006年4月版，56頁。

20　《遼瀋戰役》解放軍出版社1993年2月版，155-156頁。

21　《遼瀋戰役》解放軍出版社1993年2月版，166頁。

22　譚雲鶴《我的回憶·遼瀋、平津戰役中的林彪》，香港文化中國出版社2006年4月版，55頁。

23　譚雲鶴《我的回憶·遼瀋、平津戰役中的林彪》，香港文化中國出版社2006年4月版，57頁。

24　九一三事件後，林彪題詞被水泥抹掉，現在碑上是陳雲題詞。

25　莫文驊，廣西南寧市人，時任東北野戰軍第4縱隊政治委員。

26　歐陽文，湖南平江縣人，時任東北野戰軍第4縱隊副政委兼政治部主任。

27　李福澤，山東昌邑縣人，時任東北野戰軍第4縱隊參謀長。

28　焦玉山，安徽阜陽人，時任東北野戰軍第4縱隊12師34團團長。

29　江民風，山東黃縣人，時任東北野戰軍第4縱隊12師34團政治委員。

30　譚雲鶴《我的回憶·遼瀋、平津戰役中的林彪》，香港文化中國出版社2006年4月版，60-62頁。

31　譚雲鶴《我的回憶·遼瀋、平津戰役中的林彪》，香港文化中國出版社2006年4月版，63-66頁。

32　譚雲鶴《我的回憶·遼瀋、平津戰役中的林彪》，香港文化中國出版社2006年4月版，63-66頁。

33　董殿穩《決戰遼瀋》，遼寧人民出版社1998年1月版，290-292頁。

第七章
打到海南岛

沒有休整，提前進軍平津

　　中央軍委計劃1949年上半年發動平津戰役。1948年10月31日，中央軍委電示東北野戰軍，休整一個月左右，12月上旬或中旬開赴平津地區。

　　10月上旬，蔣介石命令傅作義援助錦州。傅作義讓侯鏡如率蔣系一部出兵葫蘆島，另調集三個軍偷襲中共中央所在地西柏坡。這一手很厲害，西柏坡周圍沒有我軍的部隊。中央軍委在急調華北部隊的同時，10月29日，連發兩封電報[1]給林彪，商調錦州附近的11縱。

　　傅作義準備偷襲石家莊，把沉浸在勝利喜悅中的林彪嚇了一跳。黨中央必須保衛，不能出任何問題。雖然遼沈戰役還沒有結束，但林羅劉認為只是調11縱入關，恐怕兵力不夠，反正錦西、葫蘆島已經沒有敵人，4縱、11縱也都休整幾天了，可以一起拉上去。羅榮桓、劉亞樓說，4縱、11縱都走了，是不是乾脆把錦西的三個獨立

4縱，11縱的領導幹部在進關前

東北野戰軍第二兵團參謀長黃志勇

黃志勇近影，攝於二〇〇六年十月

第七章 打到海南島

師和一個騎兵師也調上去，仍歸第二兵團司令員程子華、參謀長黃志勇率領，也便於統一指揮。林彪說行，就這樣定了[2]。

　　傅作義偷襲石家莊未果，蔣介石讓他南撤華東，傅作義怕被蔣系吞併，提出暫守平津，實在不行就西退綏遠，同時還在秘密與共產黨談和。

　　毛澤東關於華北的作戰方針是先取歸綏，1948年12月15日以前攻克太原，第三個戰役才輪到平津。很快發現不行，如果圍住傅作義的老家歸綏，傅作義可能西撤去救，這對下一步作戰極為不利。一定要把傅作義留在平津！所以中央軍委立即決定歸綏撤圍，同時提前攻打太原。林彪認為：歸綏撤圍並不是安撫傅作義的關鍵，而繼續打太原，卻可能嚇跑傅作義這只驚弓之"鳥"。11月15日13點，林羅劉建議暫停攻打太原，太原是"死城"，隨時可以

355

拿下。同時建議華北主力迅速包圍保定或張家口，圍而不攻，拖住傅作義集團[3]。

這封電報引起毛澤東的重視，決定停止打太原。

11月16日，軍委徵求東北野戰軍能否在11月25日左右入關，包圍天津、塘沽、唐山，在包圍狀態下休整，阻敵南撤[4]。11月17日，程子華、黃志勇向林羅劉建議：東北傷亡小的縱隊提早入關[5]。林羅劉譚回電：部隊需要休整補充，提早入關很困難。確實，東北野戰軍連續作戰50多天，非常疲勞，各級指揮員都訴苦，要求延長休整。除了補充新兵、換裝等，東北兵普遍不願意離開家鄉，動員教育都需要時間，請軍委慎重決策入關[6]。

11月17日，周恩來起草中央軍委致林羅劉電[7]，在闡述提前入關的必要性後，請他們考慮提前於本月25日進關，或按原計劃休整到12月半兩個方案[8]。林彪說等換了裝後馬上進關。毛澤東說你們現在進關，雖然還沒有換裝，但你們呆在東北，同樣沒有多裝可換。而關裏比東北還暖和一些，與其在東北等多裝，還不如把部隊開到關裏來等。要你們現在進關，並不是要你們馬上打大仗，而是乘傅作義部隊分散在山海關、張家口一字長蛇陣的態勢，乘其不備，先把敵軍逐個分割包圍起來，等部隊休整完畢再視情況逐個加以殲滅。否則傅作義部隊發現東北大軍入關，怕遭圍殲，勢必西撤綏遠或索性把部隊集中在天津、塘沽地區，視情況由海上逃跑，這對於整個戰局的發展十分不利。

11月18日，不再商量了，毛澤東命令林羅劉：立即令各縱以一二天時間完成出發準備，於21日或22日全軍或至少八個縱隊取捷徑以最快速度行進，不走山海關，走熱河，出冀東，突然包圍唐山、塘沽、天津三處敵人[9]。

這時東北野戰軍政治工作會議正在瀋陽召開，會議內容是佈置整訓。接到軍委電報，馬上改成緊急動員，提前一個月入關，羅榮桓作動員報告。會後林彪、羅榮桓到1縱對營以上幹部作了動員。羅榮桓主持起草了動員提綱：東北敵軍近50萬在短期內全軍覆沒，引起全國、全世界大震動。蔣介石在廖耀湘兵團被殲滅後，在北平吐血，回

林彪大軍入關受到沿途群眾的熱烈歡迎

南京後又吐血，國民黨內部已成極度恐慌與混亂。我軍決定乘敵動搖崩潰之良機，迅速大舉入關，抓住敵人圍殲，配合全國各地友軍迅速打垮蔣介石，斬草除根，使敵人不能死灰復燃。……

11月20日，林羅劉致電軍委：目前因行動在即，暫不補充俘虜與新兵，暫不調整武器，有兩個傷亡最大的師，暫留下不出發。在瀋陽開會的各縱、師參謀長、政治部主任，今晨已開始離瀋（陽），遠者需明日才能回到部隊，如22日出發，則實在太倉促，全軍皆無法進行起碼的政治動員，因此出發時間可否改在23日[10]。中央軍委同意，並令新華社多發表東北野戰軍在瀋陽等地慶祝的消息，以麻痹傅作義[11]。

自1948年11月23日起，東北野戰軍1、2、3、5、6、7、8、9、10、12縱，加上特種兵（炮兵、坦克兵）和鐵道縱隊共80萬，民工15萬。近百萬大軍兵分三路，經冷口、喜峰口、山海關，長驅800公里，夜行曉宿，突然出現在平津地區。

11月26日，毛澤東為中央軍委起草致林羅劉的平津戰役作戰計劃大要[12]：你們主力的第一個作戰應不是唐山而是平津線的廊坊等地，準備

東北華北我軍
勝利會師

冀東迎接大軍
入關

林彪把這件呢子大衣送給葉鎮，
葉鎮怕太顯眼，將它染成藍色。

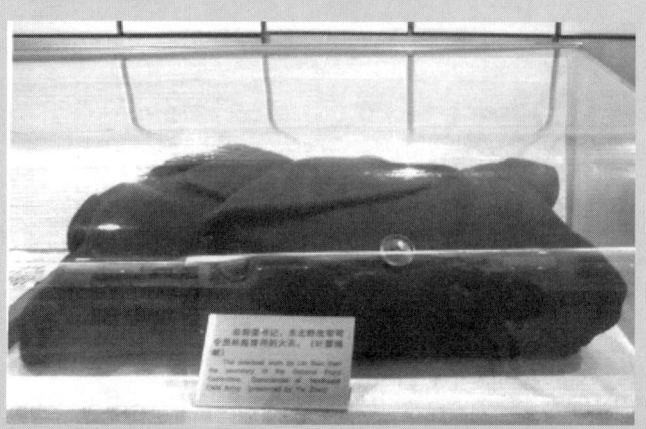

這件大衣是能
見到的林彪惟
一的遺物，現
存平津戰役紀
念館

林彪進關後住在薊縣孟家樓村

殲滅北平方面可能增援之敵。切斷平津聯繫的同時，包圍唐山，使其跑不掉。第二個作戰任務還不是打唐山，而是殲滅天津、唐山間的敵三個師，假如這些敵人沒有逃跑的話。然後才是解放唐山，奪取天津，殲滅北平周圍之敵，奪取北平。待你們到冀東後，依據當前情況決定，交我們作最後批准。

11月27日，中央軍委決定：平津戰役由林彪、羅榮桓、劉亞樓、譚政指揮。

11月30日，林彪乘火車從瀋陽出發，到錦州後改乘三號吉普車，經義縣、朝陽、建平、平泉、寬城、從喜峰口入關。剛過朝陽，林彪車的輪胎壞了，司機換輪胎，林彪好奇地下車看，讚歎這真是一個好辦法，他不知道所有的車都有備用胎，可見他從來不注意生活細節。

12月5日林彪車隊到達遵化。

12月6日，林彪致電毛澤東：每日每夜均有敵機偵察轟炸，已無秘密可言。昨已令我最後三個縱隊經山海關入關。

12月7日，林彪一行到達薊縣以南10里的孟家樓，這裏距北平、天津、唐山各180里[13]。每到一處，林彪要求的第一件事先掛地圖，標出敵我位置，再找把椅子，他進屋子首先看地圖，再等電臺架好收發電報。

12月底，林彪從薊縣孟家樓前進到通縣以東的宋莊。這裏離北平已經很近了，門前的公路上每天都能看到從北平城內逃出的人流。在通縣宋莊，林彪住在大地主家，地主已經逃走了。院子很大，分大院小院，兩院相通，又各有院門。三間上房給林彪，林彪住在西頭一間，照例在炕上放一張行軍床。林彪不喜歡睡熱炕，而是把行軍床支到炕上睡覺。東頭是作戰室，兩面牆上掛著地圖。第一天晚上，警衛在林彪房前的哨兵被槍殺。秘書譚雲鶴與林彪住在一個院子，聽到槍聲，他馬上摸黑到林彪臥室。譚雲鶴上前一摸，行軍床上沒人，頓時大驚，又往炕上摸，還沒有。這時聽見林彪小聲說，是譚秘書嗎？林彪身經百戰，聽見槍聲立即下床隱蔽到炕角。這是死角，窗外射擊不到，不會有多大危險。譚雲鶴說，101，你千萬不要動，暫時在這裏堅持一下，也不要出聲，等我出去看一下再說。十幾個警衛戰士，打開院門沖出去，看見崗哨被打死了，搜了一二百米，沒找到任何人。林彪從不出門，但大門外有兩道崗，敵人會知道是大官。這以後小院後門又加了一道崗[14]。

林彪說：看來敵人千方百計地阻止我們入關，我們還必須加快步伐。

1949年初，林彪大軍從薊縣前進到通縣宋莊，林彪住在這座院子裏，然後從這裏進到北平。當地老鄉都知道這是林彪紀念館。

這是1949年初，聶榮臻住的通縣宋莊的小院，被作為平津前線司令部舊址

平津戰役的第一仗該打哪裏

1948年11月29日，東北野戰軍、華北軍區部隊向張家口週邊的國民黨守軍進攻，至12月1日切斷了傅作義西逃之路。接著東北野戰軍又封閉了傅作義的南逃道路，傅作義這隻"鳥"終於被關進了籠子。12月8日12點，4縱迅速插到康莊、懷來、八達嶺一線並包圍康莊敵人。

12月10日，康莊敵人被消滅後，接應敵35軍的敵104軍和16軍一部乘汽車逃跑，企圖經沿河城、雁翅逃回北平，4縱沒顧上打掃戰場，立即抄近道投入追擊，堵住敵人，總共殲滅1.09萬敵人。此戰切斷了平張線，爲全殲被包圍在新保安的傅作義嫡系35軍創造了條件，受到中央軍委的表揚。

11縱進佔南口、昌平，消滅石景山北面山上

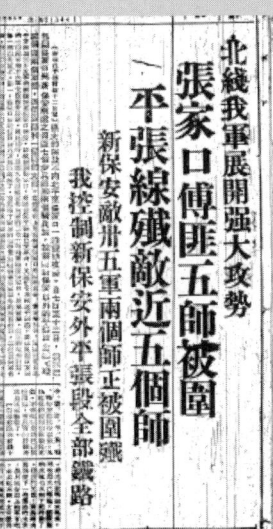

平張線殲敵
近五個師

解放唐山

平津前線司
令部駐地

1949年1月10日，中央軍委決定成立中共平津戰役總前委，左起：聶榮臻、林彪、羅榮桓

361

的青年軍6000餘人，保護了石景山鋼鐵廠和電廠，中央軍委通令全軍嘉獎。

12月11日，中央軍委就平津戰役作戰方針致電林羅劉[15]：我們真正的目的不是首先包圍北平，而是首先包圍天津、塘沽、芒台、唐山諸點。惟一或主要的是怕敵人從海上逃跑，因此目前兩星期內一般應採取圍而不打或隔而不圍的辦法。此種計劃出敵意外，在你們最後完成部署以前，敵人是很難覺察出來的。現在敵人估計你們要打北平，爭取在10月25日以前完成部署。應鼓勵部隊在此兩星期內不惜疲勞，不怕減員，不怕受凍受饑，在完成部署以後，再行休整，然後從容攻擊。攻擊次序大約是：第一塘蘆區，第二新保安，第三唐山區，第四天津、張家口兩區，最後是北平。

中央軍委決定[16]：攻擊（北）平、（天）津、張（家口）、唐（山）諸敵的戰役已經開始，這是一個巨大的戰役。不但兩區野戰軍應歸林羅劉譚統一指揮，冀中7縱及地方兵團，亦應統一指揮。望華北軍區即令7縱及冀中軍區與林羅劉接通電臺聯繫，接受任務。

12月13日，中央軍委認為，平津的事變將像瀋陽那樣迅速發

劉亞樓（右）在前線指揮所下達解放天津的作戰命令

切斷津塘津沽交通聯繫

拔盡天津外圍據點

我軍克臧水沽靜海北倉楊柳青等地

【黃縣平津前線】十一日

二十日佔領天津東南郊完全切斷

拔盡天津週邊
據點

平津戰役第一
階段要圖

人民解放軍攻
入國民黨軍天
津司令部

展。

12月14日，東北野戰軍3、4、5、6、10、11縱及華北7縱先後佔領南口、海澱、豐台、黃村、通縣、廊坊等地，完成對北平的包圍。東北野戰軍9縱佔領漢沽，向北塘、塘沽前進。

12月17日，東北野戰軍3縱攻佔南苑機場，11縱攻佔石景山。

平津戰役第二階段是攻擊階段。按毛澤東的設想是先打兩頭後取中間，即北打新保安，南打塘沽，最後奪取北平。12月21日，華北楊（得志）羅（瑞卿）耿（飆）兵團3個縱隊6萬人向新保安發起攻擊，次日全殲傅作義嫡系35軍，解放新保安，隨後解放張家口。

毛澤東認為：西線的新保安，東線的塘沽，是天津戰役棋盤上的兩個關鍵。塘沽位於渤海灣，距天津約45公里，是華北地區的重要港口，也是平津國民黨軍出海的惟一通道。毛澤東告訴林彪：只要塘沽（最重要）、新保安兩點攻克，就全局皆活了。新保安拿下後，南面卻沒有動靜。12月18日，中央軍委要求林羅劉迅速切斷天津和塘沽的聯繫。林彪21日表示[17]：先打塘沽，後攻天津，以7縱和2、9縱共10個師的兵力奪取塘沽，命令7縱司令員鄧華提出塘沽戰役的整個作戰意見，攻擊時間定在27日以後。

鄧華很快拿出意見，認為打塘沽困難。塘沽地形複雜，河溝很多，只有一條小路，難以展開兵力全殲敵人。而且要求快，倉促過急，傷亡會很大。此次是我們入關後的第一個大仗，建議慎重。鄧華是個從不叫困難的人，他說困難，那就是真有困難。那一夜林彪坐在地圖前沈默，他同意推遲打塘沽，但他認爲軍委不一定同意。毛澤東爲什麼讓先打塘沽？當然是控制海口，不讓敵人逃跑。就是同意後打塘沽，塘沽地形也變不了，也還是難以把敵人全部消滅。

12月25日，林彪向中央軍委轉報7縱關於塘沽地形及準備攻擊的情況[18]。林彪說：塘沽對我們十分重要，對敵人萬分重要。塘沽防區左有海河，右有新河、薊河，背後是大海，河道間佈滿鹽田，冬季不凍。三道防線，幾次派部隊試探進攻，都沒打開。12月26日，林彪建議推遲攻擊兩沽，派劉亞樓到塘沽地區，會同前線指揮員，再次對塘沽周圍的地形進行偵察[19]。

劉亞樓估計：攻佔塘沽有把握，全殲則很不容易，最大可能是殲一部，大部逃竄，結果不合算。根據平津地區敵軍動向和塘沽不利攻擊的地形條件，10月29日23點，林彪果斷決策：放棄攻擊塘沽、大沽計劃，集中五個縱隊的兵力奪取天津[20]。24點，毛澤東復電同意[21]。林彪考慮到打天津，北平、塘沽的敵人可能同時動作，提議華北的兩個兵團暫不西進解放綏遠，全部東調參加平津會戰。毛澤東對林彪這一部署極爲讚賞，重心是將打兩沽改爲打平津突圍之敵，將防敵從海上逃跑轉爲防敵從陸上南逃。

天津溝多水多，地形複雜，不像錦州那樣好打，林彪考慮讓劉亞樓親自到前線去指揮。劉亞樓說，如果你認爲需要，我願去。林彪笑了，那就這麼定了。幾天後，劉亞樓報告，一些敵人守在外國人院裏，門口插著外國旗，不打不行，打了可能出問題。劉亞樓提出三條，第一，敵設防並據以頑抗的街道、房屋，不管它是不是過去的租界，不管這房子是中國人的，還是外國人的，不管插哪國旗，都一律加以進攻。第二，不能因怕炮彈偶然落到外國人房屋，不敢向頑敵打炮。第三，敵人不加設防和未據抵抗的，掛有外國旗的房屋，則不必進入，但有必要時應派人在適當位置實行監督。林彪同意，向軍委發報，第二天毛澤東認爲劉亞樓提出的三條是正確的[22]。

劉亞樓派閻仲川向林彪彙報，天津的主攻方向，置於市區中部。林彪批准。

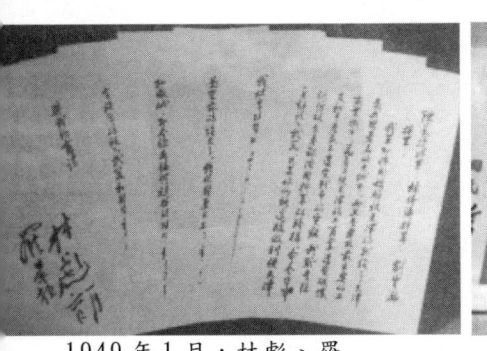

1949 年 1 月，林彪、羅榮桓給天津警備司令陳長捷的勸降信

蔣介石給陳長捷的信

天津戰役僅用了29個小時

1949 年 1 月 2 日，東北野戰軍完成對天津的包圍，開始掃除天津週邊。

天津東臨大海，市區南北長 25 里，東西寬 10 里，高大建築物在南部，一般平房在中部。整個市區被永定河等河流切割，市郊開闊，南部多為水網區。國民黨天津城防司令兼警備司令陳長捷把主力放在中部和北部。四周是碉堡群，還有深 3 米、寬 10 米、長達 50 公里的護城河，護城河外是密集的佈雷區，雷區外是好幾道鹿砦、鐵絲網、木椿。市區內更是堡壘層層，組成堅固的防禦體系，易守難攻。

攻打天津前，1 月 6 日，林彪和羅榮桓聯名給陳長捷一封信，勸他仿效長春鄭洞國將軍的榜樣，命令守敵自動放下武器，使天津免遭戰爭破壞，將功贖罪。總攻前陳長捷回信，不僅不投降，還要拼死惡鬥[23]。他以為憑藉所謂 "大天津堡壘化" 以及 13 萬兵力，可以固守天津。

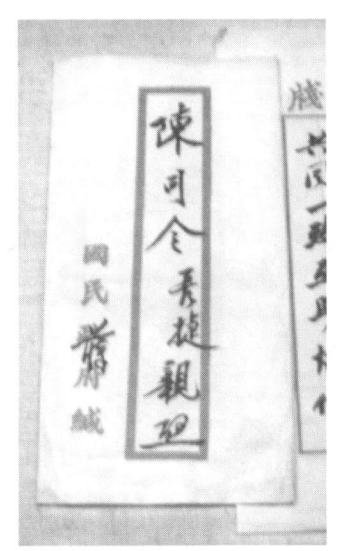

蔣介石給陳長捷的信

林彪把陳長捷電報往桌上一摔，什麼也沒說。

此時林彪已經不再擔心部隊的攻堅能力，東北野戰軍的重武器不比天

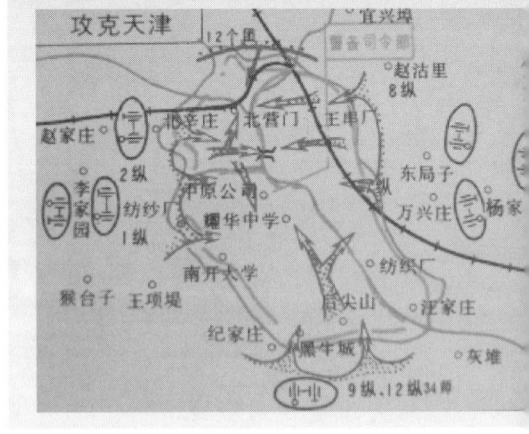

总 前 委

（1949 年 1 月 10 日）

书 记　林 彪

委 员　林 彪　罗荣桓

聂荣臻

平津前線總前委

攻克天津圖

平津前綫我軍

解放天津全殲守敵

活捉匪首天津警備司令陳長捷

天津解放

金鋼橋全景

金鋼橋是海河上走汽車的橋

金鋼橋向南，隔
一個獅子林橋，
就是金湯橋了

天津戰役勝利會師的金湯橋

金湯橋現在是步行橋

津守敵差，甚至更好。林彪雖然沒有親臨天津前線，但他專門派人瞭解天津護城河結冰等情況，研究如何突破城防。

1 月 8 日，天津市"參議會"派出和談代表。劉亞樓來了個順手牽羊，向城北打炮，陳長捷果然上當，誤以為解放軍將從城北進攻。把守城主力從城中心防區匆忙調往城北。

1 月 10 日，淮海戰役勝利結束，殲敵 5 5 . 5 萬。中央軍委決定以林彪、羅榮桓、聶榮臻為平津戰役總前委，統一指揮平津戰役[2 4]。

1 月 11 日，華北軍區司令員聶榮臻從平山縣到達通縣宋莊，林彪見到他，露出少有的熱情，招呼倒茶水，還有說有笑[2 5]。

1 月 12 日，毛澤東針對傅作義仍不願意接受和平改編的情況，指示林羅劉：你們應準備於 1 4 日攻擊天津。以東西對進，攔腰截斷，先南後北，先分割後圍殲，先吃肉後啃骨頭。

林彪手下的幾個王牌師，1 師、5 師、7 師、10 師、17 師各有特點。1 師擅長防禦進攻野戰，攻防兼備；5 師猛打猛衝猛追；7 師善於夜戰及爆破；10 師防禦戰鬥中有頑強的戰鬥力；17 師是攻堅老虎，四組一隊的戰術原則就是根據 1 7 師的經驗總結出來的。林彪曾三調 6 縱 17 師攻城，一是打四平，二是打錦州，三是打天津。

獎給天津戰役鋼刀連

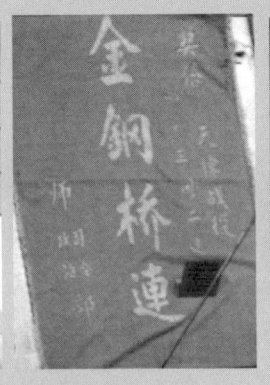

因平津戰役紀念館而有了這條平津道

無堅不摧的獎旗

獎給最先到達金鋼橋的連隊

軍政雙勝的獎旗

　　1月14日10點整，天津總攻開始。剎那間，數百門大炮一齊怒吼，上千發炮彈呼嘯著飛向敵陣。40多輛坦克在前面開路，東北野戰軍五個縱隊22個師，從東、西、南三個方向打開11個突破口，殺向城裏。

　　1縱（李天佑）和6縱（黃永勝）擔任主攻，同時對進。

　　這麼多突破口，誰不想爭第一啊。2縱7師的突擊隊不等炮火延伸，就開始衝鋒，在7師右邊的1縱突擊隊一看急了。遼瀋戰役1縱的"運氣"不好，老當預備隊，圍困長春、塔山阻擊、遼西圍殲、攻克瀋陽統統都是預備隊，老是眼巴巴地看著別人"吃肉"，這次打天津早憋得嗷嗷叫了。好不容易撈到主攻，心想這回立功沒跑了吧？沒想到還沒吹衝鋒號，又讓人家搶了先，所以1縱突擊隊不等命令也衝

位於天津的平津戰役紀念館

平津戰役紀念館裏的陶鑄

鋒了。氣得炮兵觀察哨直罵步兵不要命了，不得不提前命令炮火延伸。

黃永勝的 6 縱首先打到規定會師的金湯橋。戰鬥結束，6 縱司令員黃永勝沿突破口一路向縱深走，看到滿地烈士的遺體，邊走邊痛哭不止。直到晚年講起打天津，黃永勝仍眼含熱淚，甚至彌留之際仍為打天津犧牲的將士泣不成聲。

陳長捷被俘後，說他有三個沒想到，沒想到東北解放軍進關這樣快；沒想到會打張家口；沒想到天津工事

平津戰役紀念館裏的邱會作

如此堅固，卻在一夜間被大部突破；沒想到攻城第二天自己就當了俘虜。傅作義也沒想到，他還在與陳長捷通電話，說可以商談和平。話沒說完，陳長捷已經當了俘虜。

天津解放後，劉亞樓同羅榮桓商量，接葉群來照顧林彪。他們事先沒說，怕林彪心裏願意，口頭上也不同意，畢竟平津戰役還沒有結束嘛。如果林彪說不同意，反而不好辦了。葉群沒帶豆豆和老虎，一個人突然來到宋莊，林彪十分高興，搬到隔壁大院的上房。作戰室還在原地，無仗可打，林彪只是偶爾過來轉一圈[26]。

署名林彪的信並不是林彪寫的

1 月 15 日，林、羅、聶參加與傅作義的正式和談。

東北局第一書記高崗到西柏坡開會，路過北平，在通縣宋莊住了三天。代表林彪與傅作義談判的蘇靜回來，林彪讓秘書譚雲鶴問高崗，是否有興趣聽蘇靜彙報，高崗表示願意。蘇靜彙報完，林彪談了意見，羅榮桓也說了，林彪問高崗有什麼意見。高崗先說沒有什麼意見，又冒冒失失地說，蘇靜同志看到鄧寶珊以後，是否代表林總、羅榮桓同志和我向傅作義將軍問個好？羅榮桓用懷疑的眼光看著林彪，

皺起眉頭，一副不以爲然的樣子。林彪沉默一會兒，用比較客氣的口吻說：高崗同志，現在傅作義還沒有放下武器，還是敵人，向他問好，恐怕不大合適吧？高崗也覺得話說錯了，紅著臉連連說那就算了，那就算了[27]。

1月16日4點，林彪就攻克天津後準備攻擊北平致各部隊首長並報中央軍委電[28]：我各部應加強攻城的準備與訓練，準備全力攻北平。18點中央軍委關於北平守軍出城整編和我方準備攻城致林羅聶

平津前線戰役指揮部合影，左起：黃克誠、譚政、
聶榮臻、蕭華、羅榮桓、劉亞樓、高崗、林彪

東北野戰軍司令部參謀處長蘇靜（左二）接待傅作義的談判代表李炳泉（左）

電：積極準備攻城，必須做出精密計劃，力求避免破壞故宮、大學及其他著名而有重大價值的文化古跡。……即使佔領北平延長許多時間，也要耐心地這樣做。

蘇　靜

到 1 月 19 日，走投無路的傅作義召集嫡系的三個師長個別談話，唉聲歎氣。他對鄧寶珊說：林彪 44 歲，聶榮臻 48 歲，我已經 54 歲了，作戰經驗比他們多，被他們打敗，太丟人了。但此時 25 萬北平守敵陷入了戰不能戰，撤不能撤的絕境，傅作義已經別無選擇。

如果沒有用戰鬥形式解決的"天津方式"，也不可能有和平解決的"北平方式"。

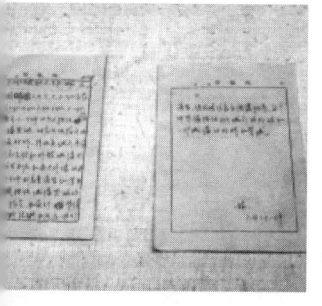

林彪關於攻打北平的指示

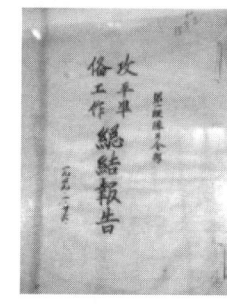

一縱關於攻打北平準備工作的報告

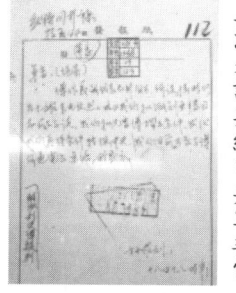

林羅劉關於傅作義代表到三河來談判給中央軍委電

傅作義和解放軍從1948年12月就開始接觸，但直到天津解放前，傅作義仍然沒有下定決心。天津被打下來，傅作義所有的希望已經不在，1月20日，他與人民解放軍平津前線司令部達成《關於和平解決北平問題的協議》，商定1月22日北平部隊開出城外。1月21日，林羅劉命令圍攻北平的部隊停止射擊，但如果敵人向我攻擊或射擊時，則應還擊[29]。

　　1月31日，北平和平解放。平津戰役結束，共殲敵和改編52萬餘人，基本上解放了華北全境。毛澤東爲新華社寫《和平結束北平戰事經過》的新聞稿，同時全文公佈林彪、羅榮桓給傅作義的公函。

我軍攻抵北平近郊　　　四面八方包圍北平　　　中共中央發佈慶祝平津
　　　　　　　　　　　　　　　　　　　　　解放口號

我軍勝利促進北平和平

林彪出席慶功宴

1949 年 1 月底，傅作義的軍隊正在向東北野戰軍交接西直門城樓

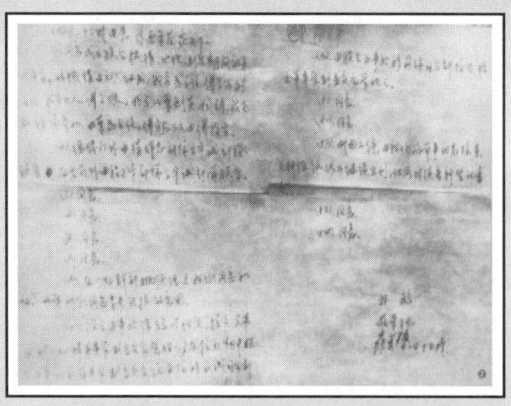

林羅劉給中央軍委關於改編
傳作義部隊的電報

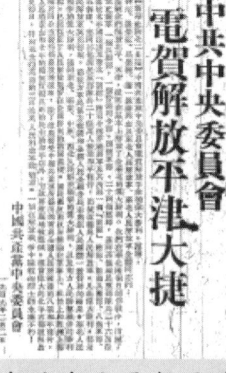

中共中央電賀平津
大捷

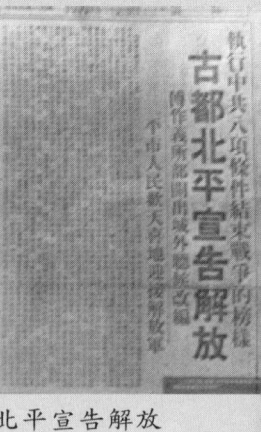

北平宣告解放

　　這封署名平津前線司令員林彪、政治委員羅
榮桓的公函，1 月 16 日由傳作義的談判代表鄧寶
珊轉交。此公函歷數傳作義的戰犯罪行，敦促他
儘快接受和平解決北平的方案。因爲公函沒有封
口，鄧寶珊看後，覺得措詞太激烈。傳作義正在
猶豫，這無疑是火上澆油。鄧寶珊不敢給，他讓
傳冬[30] 給。傳冬看後也不敢當面給，悄悄放在傳
作義的桌子上。所以傳作義在簽字前沒有看到。

　　這封署名林彪、羅榮桓的公函與林彪、羅榮
桓無關，他們身邊沒有如此出色的筆桿子。蘇靜
回憶：這封公函是從西柏坡發過來的，不是平津

熱烈歡迎我軍入城

工人學生最早趕到城門迎接
沿途成千成萬市民夾道歡呼

北平人民歡迎
我軍進城

古都北平宣告解放

從此基本結束了華北的戰爭

古都北平宣
告解放

1949 年的前門

左起：聶榮臻、林彪、羅榮桓在前門箭樓檢閱入城部隊

前線司令部的人寫的[31]。這封公函是毛澤東寫的[32]。林彪得知不交的理由後，說這封公函的措詞是嚴厲了些，先不交也行。而中央軍委幾次催促趕快交出這封公函。

五天後，傅作義簽了北平和平解放的協定後才看到這封公函。他非常生氣，認為這是在報張家口的一箭之仇。抗戰勝利不久傅作義奪下張家口，春風得意，曾給毛澤東發過一個電報，說讓毛為他執鞭（當馬夫）。傅多說：如果在簽字前看到這封公函，也許就簽不成了。本來傅作義就擔心將來解放軍對他不禮貌，想離開北平，此時他的情緒更加激動。2月3日，他給當天進城的林彪、羅榮桓寫了一封長信，表示兩年半勘亂戰爭的嚴重災難，我願擔當錯誤責任，願意接受任何懲處，並提出要飛到綏遠去。

毛澤東讓林彪與傅作義、鄧寶珊談一次，說現在不要讓他到綏遠去，將來他去綏遠或其他地方都是可以的。

2月8日，林彪、聶榮臻會見傅作義，談得還好。

參加北平入城式的裝甲車部隊

我軍源源不斷進入北平

林彪（左）和羅榮桓

1949年2月，林彪進入北平後，住在北京飯店，圖為七十年代蓋的北京飯店新樓

北京飯店老樓，林彪剛進北平時住在二樓頂西邊

林彪與父親在北平團聚

平津前線司令部搬進北平城，把北京飯店全包了。林彪住在北京飯店二層西頭，這是聶榮臻提議的。大門口有警衛，樓梯口還有崗，安全是沒的說。北京飯店又有服務，房了又集中，但就是不像家的樣子，也不如獨門獨戶的四合院安靜。

秘書譚雲鶴決定給林彪找一處房子。北平市軍管會介紹了故宮西面南長街國民黨政府代總統李宗仁公館。朱漆大門朝西，院子不大，南面十多間，坐北朝南，還有一座二層樓。葉群想去住，林彪說，現在的情況特殊，那房子我們不能去住，蔣介石宣佈下野，李宗仁是國民黨代總統，國共兩黨還準備和平談判。你現在把人家房子給占了，不大合適，影響也不好[33]。

北京飯店全景

北平和平解放後，老住在北京飯店也不是個事，林彪讓蘇靜順便找房子。蘇靜給他選了好幾處，林彪都不滿意，後來他

北吉祥胡同8號（原4號）是三進四合院，
50年代林明卿住在最後一進的小院裏

位於交道口南的
北吉祥胡同

林明卿房前有一棵古樹，
編號B18540

林明卿50年代住的房子，
現在似乎無人居住

還是搬到李宗仁住過的房子。這個時候，李宗仁的房子已經是戰利品了。以後林彪從武漢回到北京，也還是選了好幾處房子，在南草廠住了一段後，才選中毛家灣。倒不是林彪嫌房子不好，而是嫌房子太好了。他是個對吃穿都不講究的人，待人接物比較簡單，不喜歡花花草草。四壁白牆，除了地圖，什麼字畫也不掛。有一次蘇靜問他為什麼，林彪說東西擺多了，腦子要炸。所以林彪的房子裏只有床和桌子，沒有多餘的東西[34]。

1949年2月上旬，羅榮桓乘吉普車到西柏坡。葉群請他順便把林彪父親林明卿接來，說林彪父親在西柏坡住了一段時間，他已經多年沒見到兒子，很想念。

抗戰勝利後，林彪離開延安只帶了葉群和女兒林豆豆，林明卿等家人仍留在延安。1947年國民黨進攻延安，中央組織部安排疏散，對林明卿特別照顧，專門給他一輛騾子拉的可坐可睡的轎式木車。以後林明卿一家老少跟著中央機關到了西柏坡。羅榮桓回北平時，把林彪父親林明卿帶來，由中央組織部安排住地。

林欣然[35]回憶：林明卿在北京住過四個地方。第一個地方是九道灣胡同，這是中組部招待所，胡同很窄，但裏面的四合院很大；第二個是南灣子；第三個在大柵欄街裏的胡同；第四個是交道口北吉祥胡同。

北吉祥胡同是個三進的四合院，被譽爲革命母親的陶承住在第一道院，林明卿住在最後一道院。幾十年後，胡同裏的老人還記得陶

林彪弟弟林向榮1949年犧牲在太原戰役中，被移葬在石家莊華北軍區烈士陵園。這是他的墓碑。林向榮，66軍590團副團長，湖北省黃岡縣林家大灣人。1938年入伍，同年入黨，歷任連長、參謀、團參謀長等職，1949年4月解放太原犧牲，享年33歲

陳慕琳和孫子在林向榮墓前

林彪弟弟林向榮被安葬在石家莊華北軍區烈士陵園

承，卻沒有人知道林明卿是誰，更不知道林明卿是林彪的父親，可見林彪一家的低調。

林彪的小弟弟林向榮時任66軍590團副團長，也隨部隊進了北平，見到了父親、大姐，也見到了二哥林彪。這是他和他們的最後一面，之後林向榮隨部隊去了太原前線。打雙塔寺時林向榮的警衛員中彈負傷，林向榮邊救護他，邊指揮戰鬥，不幸被子彈擊穿肚子犧牲，時年33歲。林向榮上前線時來過信，說將來到北京相聚。林明卿老是得不到小兒子的消息，就問。大家怕他傷心，都瞞著他，說林向榮打完太原到南方打仗去了。林明卿有好幾年很沈默，一個人暗暗落淚，說你們不告訴我，我也知道，你們不要再瞞我了。大家只好告訴他林向榮打太原犧牲了。但是一直不知道林向榮的墓地在什麼地方。和林向榮一齊投奔延安的林欣然多方尋找，40年後終於在石家莊華北軍區烈士陵園找到了。

林向榮犧牲的消息不慎被林彪大姐林寶珠知道，她想家中親人都來過北京，只有兒子陳得之一直沒有見到，就一再追問，才知道陳得之也犧牲了。林彪在延安時曾流著淚對父親林明卿說：我對不起姐姐，我沒有保護好她的兒子，我該怎麼對她講啊？林彪對陳得之妹妹陳慕琳說：你哥哥是好樣的，你要向他學習，並問她有什麼要求。陳慕琳說她想學文化，林彪當即寫信給延安橋兒溝中學的何校長，讓陳慕琳進了該校的補習班。以後到西柏坡，林育英夫人塗俊明向中央組織部部長安子文講了這個情況，安子文當即口授文件，確認林彪姐姐林寶珠享受烈士家屬待遇。

林明卿墓近影，雖然是夫婦合墓，但林陳氏的遺骨已經找不到了

林明卿墓的背面

60 年代，林寶珠（左）和張浩夫人
塗明（八母娘娘）在福田公墓林
明卿墓前

2006 年 4 月，林明卿墓已經修
復，但粉身碎骨的痕跡仍在

林彪一家爲革命犧牲的除了林向榮、陳得之外，還有林子榮、林
春芳、林正華、林育華等。

林明卿進了北京，大兒子林慶佛一直留在家裏。1959 年 5 月，
因受了很大的冤屈，林慶佛心情不好，得腦溢血去世，時年 57 歲。
林明卿看大兒子一連好幾年沒來看自己，時常問，大家就以慶佛工作
忙搪塞。1962 年 1 月初，林彪一家來北吉祥胡同看望父親。林明卿
說快過年了，慶佛工作這麼忙？你們寫個信，讓他春節一定來北京聚
一聚。林立果那年還不到 17 歲，說大伯不是早去世了嗎？林明卿驚
呆了，林彪和葉群才不得不說。林明卿頓時痛哭起來，一天沒有吃
飯，從此臥床不起，1962 年 1 月 14 日病逝。

林明卿的喪事由中央組織部辦理，安葬在北京西郊的福田公墓。
林彪以林育容的名字爲父親立了塊石碑。墓碑上刻著湖北黃岡林明清
先生、林陳氏夫人之墓。林明卿的名字寫錯了一個字，林彪沒有提。

九一三事件後，林明卿的墓碑被砸成四半，林彪和葉群的名字也
被"刪掉"。80 年代，破碎的墓碑被墓園工作人員粘好，又豎了起
來。因爲林明卿五個孩子中有兩個去世，所以只刻了林彪（這回沒刻
林育容）、葉群、林育菊、林育菊妻子黃遠志、林寶珠夫婦以及兒孫
輩的名字。

當年母親林陳氏不幸去世，林彪得知後吃不下，睡不著，整天粒
米不進，夜裏也常常坐起來望著南方落淚。那時葉群安慰林彪，對他

體貼照顧，使他從悲痛中解脫出來。這回父親去世，辦完喪事，林彪把所有的親戚都接到毛家灣，吃了一頓飯。吃飯時林彪姐姐林寶珠說：這個家確實得感謝共產黨，要不是共產黨，我們還不知在哪裏過日子。林彪接過話題說：我們這個家呀，也得感謝葉群，好多事不是她張羅，還真沒辦法。林寶珠說：那是，弟媳確實是個能幹的人，真不簡單。葉群說：哪裏喲，只要育容（林彪）沒意見，我就心滿意足了。

林彪率四野揮師南下

1949 年 3 月 5 日至 12 日，中共七屆二中全會在西柏坡召開，林彪出席。

3 月 11 日，東北野戰軍正式改稱第四野戰軍，總兵力 88 萬。司令員林彪，政委羅榮桓，參謀長劉亞樓，政治部主任譚政。四野下轄四個兵團，13 個軍，一個特種兵司令部。以後兵團的番號撤銷了，軍的番號一直延用至今。

本來平津戰役後，中央軍委許願東北野戰軍休整兩至三個月，然後再向長江流域進軍，時間大約在 5 月或 6 月。而現在又食言了。 2

林彪被任命為第四野
戰軍司令員

毛澤東和林彪在香山

国共兩党在北平舉行和平談判，周恩來（站
立者）主持，林彪（右四）負責軍事問題

月15日，林、羅、譚、陶致電中央軍委：準備南下時間短促，等不
及簡單佈置動員，是否允許我們在市委統一計劃之內直接吸收一萬
人。2月17日，軍委回電同意。林彪等估
計用其他名義都不如以南下工作團更能吸
引知識青年參軍。

3月17日，中央軍委致電林羅劉：四
野所擔負的攻擊武漢及湘鄂贛三省的任務
業已確定。主力應于4月1日以前完成出
發準備，爭取5月31日全軍到達南陽、信
陽、固始之線及其以南地區。

林彪關心如何改進渡江技術，保證部
隊安全渡江。3月18日，他給軍委電報，

大將譚政

講渡江的技術問題：去年 7 月我在松花江邊休養時略為注意研究，我曾用三塊長方形的小木板釘成一個三角形，人在三角木板中可在江中自由浮走，而不致傾斜沈沒，然當時系徒手。但估計如以全副武裝亦必然照樣浮，裝甲至多再將木板略加寬長一點即可。在戰鬥中以此法渡江特別是拂曉前以此法渡江，必能同時渡過數千人以至數萬人，因木板易找，則人人皆可帶三塊木板，以繩子綁起或以釘子釘起，即能在水中自由浮行。在不能使用船隻（目標大易擊沈）或無船隻的條件下，在敵前渡江，估計使用此法比較有效。此法目前尚屬理想，盼令華野、中野各用一部分部隊先行試驗，……如有效則可轉告我們，以便四野採用。

　　3 月 24 日，南京政府和平商談代表團組成，首席代表張治中。他們要求中共早日確定和談的時間和地點。這一回顛倒過來了，共產黨不著急了，三大戰役結束，半壁河山已經到手，還著什麼急呢？

1949 年 2 月，林彪等人在前門車站迎接民主人士，右起：董必武，聶榮臻，林彪，彭真，羅榮桓，葉劍英，薄一波（背影）

毛澤東在西郊機場
檢閱塔山英雄團

1949年四野南下
前，在朝陽門內清
王府召開大會，林
彪在會上講話

人民解放軍勝利渡
過長江

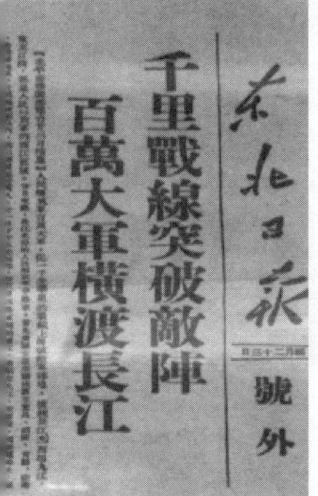

3月26日，中共通過廣播公佈中共和談代表團的名單，周恩來任首席代表，代表是林伯渠[36]、林彪、葉劍英[37]、李維漢[38]，後來增加了聶榮臻。

為什麼要林彪參加國共和談呢？正像讓林彪去重慶與蔣介石談判一樣，那時他是平型關大捷的指揮者，這一次是三大戰役中兩大戰役的指揮者。他不說話，也會給對方一個威懾，而他正好又在北平休整。

3月25日，毛澤東和黨中央進北平。林彪、羅榮桓陪毛澤東乘敞蓬吉普車在西郊機場閱兵。

3月27日至4月5日，四野在朝陽門內前清王府召開高級幹部會議，到會者300多人。林彪傳達七屆二中全會精神，並作了一篇很長的《論團結》的報告。林彪說：今天我要特別強調兩點，一是毛主席在報告的結尾提到的反對驕傲，提倡謙虛；一是毛主席在結論中著重講到的加強黨的領導，健全黨委制，提倡集體領導，反對個人包辦。如果我們這次會議，能把這兩個問題搞通了，那就可以說，我們這次會議得到一個很大的收穫，如同過去的雙城會議在軍事上解決突破問題，哈爾濱會議解決縱深戰鬥問題，東北局七七會議解決發動群眾問題一樣。所以團結問題，是這次會議的中心之一，我們應當抓緊。

3月31日，毛澤東接見並宴請四野師以上幹部，說十個指頭的任務已經完成了五個，還有五個。我們二、三、四野三路大軍浩浩蕩蕩要下江南了，聲勢大得很，氣魄大得很。同志們，下江南去，我們一定要贏得全國的勝利！

4月1日，中共和談代表團前往六國飯店看望並宴請剛剛到達的南京國民黨政府代表團首席代表

張治中、國民參政會秘書長邵力子等，宴會後分頭接觸。4月2日仍分頭接觸，林彪與國民黨談判代表、國民黨最高戰略顧問委員會委員劉為章（劉斐）談判，就實現國內和平所涉及的各項重大問題交換意見。

4月11日，四野主力約70餘萬人自平津地區分三路南下。

羅榮桓病重，劉亞樓要籌建空軍，都沒有跟著林彪南下。軍委命令：華北軍區蕭克調四野擔任第一參謀長。

4月20日，南京國民黨政府拒絕修正案，並反對解放軍渡江。

4月21日，毛澤東、朱德發出向全國進軍的命令。

1949年10月28日，林彪（右一）和劉伯承（右二）商量向西南進軍的問題

40年代末50年代初，林彪在武漢住過的房子

劉伯承

1949 年 11 月，湖南衡陽市各界人民歡送四野南下，林彪走在最前面

衡寶戰役，橫跨開國大典

　　1949 年 5 月，中央軍委決定，第四野戰軍領率機關和中原軍區領率機關合併，改稱中國人民解放軍第四野戰軍兼華中軍區。四野司令員林彪兼任華中軍區司令員、中共中央華中局第一書記等職。

　　四野南下之初，打得還比較順利，一路打到武漢。但要消滅國民黨華中軍政長官公署主任、外號"小諸葛"的白崇禧可不容易。白崇禧膽小，當地的兵又跑慣了田埂、水網窪地，身輕如燕。林彪三次想抓住他，都讓他溜掉了。5 月 9 日，毛澤東為中央軍委起草致林彪、蕭克電[39]：你們主力已越過隴海線，快要到湖北境內了。根據長江北岸地區的糧食狀況，大軍久駐困難必多。又據白崇禧的意圖，不是準備在衡州以北和我軍作戰，而是準備逐步撤至衡州以南。因此，你們全軍似有提早渡江時間的必要。不必全軍到達北岸然後同時渡江，可以採取先後陸續渡江的方法。

7 月 1 日，四野在漢口慶祝黨的生日，林彪講話。

7 月 16 日，中央軍委提出向中南進軍，採取大迂回大包圍的作戰方針[40]。

7 月 18 日，毛澤東爲中央軍委起草致林彪、鄧子恢[41]、蕭克電，指示 1 2 兵團佔領瀏陽、醴陵，正面佔領嶽州、湘陰，不要太接近長沙，以便和國民黨元老、長沙國民黨綏署主任程潛談判和平解放湖南的問題。

7 月 23 日，林彪等就部隊疾病報告軍委：38 軍七天內發病 3400 名，其中瘧疾占 50%，39 軍行軍中一天即中暑 500 餘人，又在五天內僅瘧疾病員即發生 645 人。15 兵團（主要是 43 軍）現有病員萬餘名。4 兵團此次行動熱病 7000 餘人。病員激增主要原因是盛暑行軍，又加雨季時曬時濕，再加裝備較重，常急行軍、強行軍，北籍戰士水土不服、部隊甚疲勞，其次糧食供給不上，有的部隊一日只吃一餐稀飯，

武漢市人民歡迎凱旋歸來的林彪大軍

被毛澤東譽為"丁大膽"的丁盛　　　　　"小諸葛"白崇禧

戰士體力驟減，病後醫藥不足，造成嚴重的減員現象。不要說戰士，東北籍的馬也水土不服。以後從東北調來一大批豆餅，摻在馬草中，這才逐漸把馬的胃口調整過來。

　　人生地不熟，加上大量的傷病減員，嚴重影響了四野部隊的戰鬥力。宜沙戰役打得不理想，僅殲敵１．５萬人。湘贛戰役打得也不理想，先奔襲撲空，後讓敵人跳出了包圍圈，僅殲敵４６００餘人。四野主力南下的前兩個戰役都未達到預期目的。毛澤東評價白崇禧是中國境內最狡猾的軍閥，他的集團在國民黨軍中最有戰鬥力。根據新情況，林彪請示中央軍委，決定從８月１日起部隊轉入休整。除了總結，進行適應性戰術訓練外，還廣泛開展以治病防病增強體質爲中心內容的"兵強馬壯"運動。

　　８月４日，四野兵臨長沙城下，程潛和國民黨第一兵團司令陳明仁率部７萬餘人起義。

　　８月１９日，林彪根據所獲國民黨國防部"湘中決戰"計劃，令１３兵團３８軍及１３兵團直屬隊向農（遠）安轉移，誘國民黨川湘鄂邊區綏靖公署主任宋希濂部進常德；４７軍做好作戰準備，並派一團向巴東方向前進，視敵情機動至宜昌、宜都以東地區；３９軍在沙市一帶待命。

　　９月９日，中央軍委指示四野１０個軍分三路向兩廣（廣東、廣西）

開進，在廣西境內會殲白崇禧的主力。長沙和平解放後，白崇禧將部隊放在衡陽、寶慶一線，企圖阻止解放軍向華南和西南進軍。毛澤東說：白崇禧本錢小，不到萬不得已決不會同我們決戰。和他作戰，不要採取近距離包圍，而應該遠距離迂迴，佔領他的後方，迫使他不得不和我決戰。

"小諸葛"白崇禧不想和解放軍在他的地盤上打仗，把他的主力都集中在衡寶公路上，擺出決戰的架式。一向不硬拼的白崇禧爲什麼突然要決戰？衡寶地區是水網地帶，不利於機械化部隊運動。而白崇禧佔領了重要的制高點和交通要道，如果我軍冒然進攻，很可能被他裝進"口袋"裏。林彪命令各部隊暫緩前進，原地待命。擔負中路先

四野參加政協一屆會議的代表，沒有林彪，林彪正在指揮衡寶戰役

頭部隊的丁盛率領１３５師在永豐進得太快，與４５軍軍部失掉了聯繫，所以沒有接到命令。

　　１３５師跨過衡寶公路，不知不覺中進到白崇禧部的側後，引發了一場衡寶大戰。白崇禧一看"魚"上了鉤，調來五個師，１３５師陷入重圍。丁盛沒有下令後撤，他知道，後邊肯定也有重兵。也沒有就地防禦，孫悟空既然鑽進牛魔王的肚子，就要鬧個天翻地覆。丁盛果斷下令向前沖，沖爛"口袋"。

　　１３５師此舉拖住了白崇禧的四個整師。

　　此時，白崇禧已經開始向四野的東西兩路展開反擊。出師不利，偏偏又在背部挨了丁盛狠狠的一刀。膽小的白崇禧遇上了被毛澤東戲稱的"丁大膽"，一時搞不清楚林彪是個什麼"部署"。在腹背受敵的情況下，白崇禧決定全線撤退。雖然正逢陰雨，林彪還是立即下令１２兵團的４個軍１２個師全線追擊，晝夜兼程。因為１３５師成功遲滯了敵人，最終大部隊趕上來，將白崇禧的王牌７軍圍

第一屆政協會議的會場

開國大典天安門城樓上，朱德宣佈向全國進軍的命令

住，全殲 2 萬餘人。

在開國大典的禮炮聲中，全國惟一的大仗就是林彪指揮的衡寶戰役。當選爲中國人民政治協商第一屆全國委員會常務委員的林彪沒有到北京出席會議，但他指揮的四野以輝煌的戰果向新生的共和國獻了

一份厚禮。

　　1949年10月5日，林彪命令13兵團及38、39軍向寶慶、祁陽間前進，並先機佔領武岡，準備參加衡寶決戰。10月7日，面對白崇禧全線撤退，四野各部全面進行堵擊和追擊。衡寶戰役從9月13

日至 10 月 16 日結束，歷時 33 天，殲敵正規軍 3 個軍部、5 個整師，以及 5 個師各一部，共 4.7 萬餘人。

這是四野進軍中南以來最大的戰役，也是最大的勝利。

衡寶戰役後，林彪率前指從漢口移駐衡陽五桂嶺。他足不出戶，日夜在四壁作戰地圖的斗室裏，目不轉睛地看地圖。在接到毛澤東批准廣西戰役部署的電報後，林彪命令西路軍 13 兵團率 39、40 軍打響廣西戰役的第一槍。38 軍在軍長梁興初、政委梁必業率領下，擔任西路迂回堵截白崇禧集團西逃雲貴的重任。

黔桂邊境是五嶺山脈的中心地帶，山高路險、霧大雨多，人煙稀少，地貧糧缺。加上這裏多民族聚居，語言不通，對慣於大兵團作戰的四野來說十分不利。但這時白崇禧已經是強弩之末。廣西戰役歷時 39 天。白崇禧集團近 20 萬的隊伍，除 2 萬人逃入越南的法國佔領區外，其餘悉數被殲。廣西全境解放，實現了中央軍委在廣西境內殲滅白崇禧集團的作戰計劃。

在二野的配合下，林彪指揮四野先後打了宜沙、湘贛、湘西、贛南、衡寶、廣東、鄂西、廣西等戰役（鬥），共殲敵 42 萬人。同時以一部配合二野進行湘鄂西、西南、滇西戰役，殲敵 8.5 萬人。

林彪在解放戰爭時期最愛與粟裕通電報，瞭解他的作戰經驗

在金門失利後，組織攻打海南島

1949年11月1日，林彪率四野前梯隊指揮機關由漢口進駐衡陽。

12月10日，林彪電告[42]毛澤東：第40、43軍正現地休整，後準備奪取海南島。12月18日，林彪率四野前指返回漢口，臨行前電令[43]15兵團鄧華等，由他們指揮40、43軍解放海南島。這時兩廣戰役還沒有結束。

在林彪眼中，鄧華有勇有謀，後來入朝作戰，林彪也推薦了鄧華。抗美援朝前，毛澤東對15兵團司令員鄧華說：海南島一仗，打得不錯嘛！有些事情，真好像事先招算好了的一樣，要是晚打兩個月，很可能海南島會變成第二個臺灣。

鄧華決定舊曆年（春節）前攻擊海南島。

正在蘇聯訪問的毛澤東致電林彪，提醒他要吸取三野第10兵團葉飛部攻金門9000人全軍覆沒的教訓，並令林彪派人去三野瞭解渡海作戰的經驗教訓。林彪派四野司令部作戰處處長尹健去三野取經，40、43

李作鵬

鄧　華

軍也派部分師團幹部去三野閩浙前線參觀見學，並令43軍軍長李作鵬研究渡海準備情況。

鄧華發現渡海作戰的困難比估計的大得多。12月27日，他和第15兵團政委賴傳珠、副司令員兼參謀長洪學智致電林彪及軍委：要求推遲登陸時間。並要求派部分空軍參戰，登陸時間與三野登島作戰同時進行。12月31日，毛澤東致電[44]林彪：同意鄧、賴、洪充分準備的原則，即努力爭取在舊曆年前進攻海南島。同時指出不要指望空軍參戰和三野配合。

因爲季風轉向，帆船不能使用，鄧華建議改裝機帆船渡海，時間推遲至春夏兩季。1950年1月10日，毛澤東回電[45]中共中央和林彪：既然在舊曆年前準備工作來不及，則不要勉強。請令鄧、賴、洪不依靠北風而依靠改裝機器的船這個方向去準備，由華南分局與廣東軍區用大力於幾個月內裝置幾百個大海船的機器（此事是否可能，請詢問華南分局電告），爭取于春夏兩季內解決海南島問題。

幾百條機帆船需要幾百台發動機，大陸不能生產，到香港買，沒有那麼多的錢。就是有錢，香港當局能允許大量的發動機運往大陸嗎？就是有了發動機，短時間改裝機帆船也非易事，舵手、船工、領航也不是半年內能辦到的。林彪詢問了準備情況，決定改變計劃，不要匆忙發動進攻，指示第12兵團副司令員兼40軍軍長韓先楚、43軍

解放海南島的首長合影。左二起：馮白駒、鄧華、韓先楚、李作鵬

軍長李作鵬組織偷渡演習，可以發動群眾和幹部戰士討論，群策群力。如果偷渡能夠成功，就先行組織一批部隊分批渡海，和當地的遊擊武裝聯合起來。

　　1950年2月10日，林彪向毛澤東建議[46]：打海南島，一個軍登陸，船隻很難解決，也無法對付空軍。建議小批偷渡，然後再大部隊渡海。毛澤東同意，說其他部隊陸續分批尋機渡海。此種辦法如有效，即可能提早解放海南島。林彪命令李作鵬從４３軍先派一個團偷渡。

　　３月，組織了四次偷渡，都取得成功。韓先楚認爲可以進攻了，鄧華不同意，倆人大吵一頓。兩種意見報上去，林彪接受了韓先楚的意見。

　　４月１６日，中國人民解放軍歷史上最大規模的渡海作戰開始。在既無制空權又無制海權的情況下，大批的木帆船載著身經百戰的戰士，在槍林彈雨中，把勝利的旗幟插到了天涯海角的海南島。

　　兩年多的時間，林彪指揮第四野戰軍從東北打到了海南島，先後殲敵１８０餘萬。本身也由最初進入東北的１５萬人發展到１５０餘萬，成爲一支多兵種的所向披靡的野戰軍。

注釋：

1　《平津戰役》解放軍出版社1991年10月版，41-42頁。

2　譚雲鶴《我的回憶‧遼瀋、平津戰役中的林彪》，香港文化中國出版社2006年4月版，76頁。

3　《平津戰役》解放軍出版社1991年10月版，60-61頁。

4　《平津戰役》解放軍出版社1991年10月版，62-63頁。

5　《平津戰役》解放軍出版社1991年10月版，64頁。

6　《平津戰役》解放軍出版社1991年10月版，65頁。

7　譚雲鶴《我的回憶‧遼瀋、平津戰役中的林彪》，香港文化中國出版社2006年4月版， 75頁。

8　《平津戰役》解放軍出版社1991年10月版，67-69頁。

9　譚雲鶴《我的回憶‧遼瀋、平津戰役中的林彪》，香港文化中國出版社2006年4月版，71頁。

10　《平津戰役》解放軍出版社1991年10月版，74頁。

11　《平津戰役》解放軍出版社1991年10月版，75頁。

12　《平津戰役》解放軍出版社1991年10月版，85-86頁。

13　《平津戰役》解放軍出版社1991年10月版，110頁。

14　譚雲鶴《我的回憶‧遼瀋、平津戰役中的林彪》，香港文化中國出版社2006年4月版，90頁。

15　《毛澤東選集》合訂本，人民出版社1994年版，1367-1371頁。

16　《平津戰役》解放軍出版社1991年10月版，146頁。

17 《平津戰役》解放軍出版社1991年10月版，197頁。

18 《平津戰役》解放軍出版社1991年10月版，215頁。

19 《平津戰役》解放軍出版社1991年10月版，217頁。

20 《平津戰役》解放軍出版社1991年10月版，229頁。

21 《平津戰役》解放軍出版社1991年10月版，230頁。

22 譚雲鶴《我的回憶·遼瀋、平津戰役中的林彪》，香港文化中國出版社2006年4月版，92頁。

23 譚雲鶴《我的回憶·遼瀋、平津戰役中的林彪》，香港文化中國出版社2006年4月版，94頁。

24 《平津戰役》解放軍出版社1991年10月版，239頁。

25 譚雲鶴《我的回憶·遼瀋、平津戰役中的林彪》，香港文化中國出版社2006年4月版，96頁。

26 譚雲鶴《我的回憶·遼瀋、平津戰役中的林彪》，香港文化中國出版社2006年4月版，103頁。

27 譚雲鶴《我的回憶·遼瀋、平津戰役中的林彪》，香港文化中國出版社2006年4月版，98頁。

28 《平津戰役》解放軍出版社1991年10月版，247頁。

29 《平津戰役》解放軍出版社1991年10月版，259頁。

30 傅冬，傅作義女兒，中共地下黨員。

31 1996年11月24日，採訪蘇靜筆記。

32 黃瑤主編《羅榮桓年譜》，人民出版社2002年11月版，693頁。

33 譚雲鶴《我的回憶·遼瀋、平津戰役中的林彪》，香港文化中國出版社2006年4月版，107-108頁。

34 1996年11月24日，採訪蘇靜筆記。

35 林欣然，林彪侄子，原郵電科學院政治部副主任。

36 林伯渠，時任中央政治局委員，中華人民共和國成立後，擔任中央人民政府秘書長。

37 葉劍英，時任中國人民革命軍事委員會副總參謀長，北平市軍管會主任兼市長。

38 李維漢，時任中央統戰部部長。

39 《中國人民解放軍第四野戰軍戰史》解放軍出版社1998年10月版，480頁。

40 《中國人民解放軍第四野戰軍戰史》解放軍出版社1998年10月版，766頁。

41 鄧子恢，時任第四野戰軍第二政治委員。

42 《中國人民解放軍第四野戰軍戰史》解放軍出版社1998年10月版，771頁。

43 《中國人民解放軍第四野戰軍戰史》解放軍出版社1998年10月版，590頁。

44 《中國人民解放軍第四野戰軍戰史》解放軍出版社1998年10月版，591-592頁。

45 《中國人民解放軍第四野戰軍戰史》解放軍出版社1998年10月版，592-593頁。

46 《作戰紀要》第一期，中南軍區、第四野戰軍司令部編，現存廣州軍區檔案館。

第八章

隐 退 十 年

林彪沒有參加元帥授銜典禮

　　1953年12月7日，全軍軍事系統高幹會議在北京召開，確定建設現代化革命軍隊的總方針和總任務，討論了軍隊的組織編制，加強部隊訓練，加強黨委的集體領導和首長分工負責制，以及實行義務兵役制、薪金制、軍銜制等有關我軍建設的重大問題。

　　1954年12月12日，中央軍委擴大會議決定實行三大制度：義務兵役制、軍銜制和軍官薪金制。

1955年授銜，林彪沒有來北京參加授銜儀式

1955年9月16日，國務院總理周恩來致函全國人大常委會，建議授予對於創建和領導人民武裝力量、領導戰役軍團作戰、立有卓越功勳的高級將領朱德、彭德懷、林彪、劉伯承、賀龍、陳毅、羅榮桓、徐向前、聶榮臻、葉劍英十人以中華人民共和國元帥軍銜。9月27日，中南海懷仁堂舉行中華人民共和國元帥授銜及勳章典禮。中央軍委主席毛澤東把元帥軍銜命令狀依次授予十大元帥。

林彪在十大元帥中排行第三，他的前面是朱德、彭德懷。在八路軍時代，朱、彭已經奠定了數一數二的地位。而除了羅榮桓，所有元帥的資歷都在林彪之上。雖然同是黃埔出身，徐向前是黃埔一期的學生，而陳毅、聶榮臻、葉劍英是林彪的老師或領導。南昌起義賀龍、劉伯承已經是總指揮和參謀長，林彪只是小小的連長。中國人一向強調排名，林彪憑什麼在十大元帥中位居第三？當然結論也很簡單，只能憑無人能比的戰功。是啊，還有第二個指揮百萬大軍從東北打到海南島的元帥嗎？據說在討論元帥授銜時，對林彪沒有爭議，一致通過。

元帥授銜現場空著三個座位，一個是坐到主席臺上的羅榮桓，還有兩個空座位是請病假的林彪和劉伯承。劉伯承只剩下一隻視力極差的眼睛，林彪呢？此時正在青島療養。

在林彪的思想中，最大的享受是睡一個好覺。由於用腦過度，紅軍時期林彪就失眠。解放戰爭一個大仗接著一個大仗。戰場形勢瞬息萬變，作為百萬大軍的統帥，林彪的精神高度緊張，大戰前他常常整夜睡不著覺，戰事最激烈時，他一天的睡眠時間平均不超過兩小時，體力和腦力的消耗幾乎到了極限。以後有人問起來，林彪說打仗幾天不睡覺，也不覺得累。為了睡個好覺，他什麼辦法都用上了。紅軍時期林彪就不相信西醫，說西醫騙人。有一次戰鬥結束後，林彪在土圍子裏發現散落的紙包，用鼻子嗅了嗅，是高麗參，就揀了幾包。連長吳富善聽林彪說高麗參是好東西，也揀了幾包，然後買幾隻雞一起燉。因為高麗參放多了，有的戰士直流鼻血。林彪說不懂醫怎麼能行呢？從此他開始看中醫書，開藥方，給戰士開也給自己開。在東北有一次林彪吃了書上的藥後人事不省。都準備開追悼會了，醫生好不容易把林彪搶救過來。劉亞樓哭了，當場就把藥方子的書拿走，對警衛員說，以後101再叫你們抓藥，一律經林彪秘書王本請保健醫生戴濟民看過，同意了再辦[1]。遼瀋戰役和平津戰役期間，林彪的失眠症沒有時間治療，也就乾脆不治了。長期睡眠不足，使林彪本來就很差的身體更是每況愈下。

林豆豆回憶：解放後父親頸、胸、背部常常大汗淋漓，他不願意要醫生護士，我從小就經常休學在家護理他，同時又忙著做自己的功課，16歲就得了嚴重的神經衰弱。我給他擦汗時，發現他身上有五處槍傷，身體內部還留著好幾塊彈片。尤其是胸部正中的貫通槍傷，醫生說由於貫通的瘢痕組織壓迫了胸部的脊椎灰質側角內的交感神經組織，造成林彪植物神經紊亂及代謝失調。後又用阿托品不當造成後遺症，致使神經方面的症狀越來越多[2]。

1950年初，戰爭進入尾聲。在漢口的林彪有了時間，他抓緊鍛煉，在院子裏騎自行車。警衛員要扶，他不讓，也追不上。為了安全，四個警衛員分別站在院子四角，一見林彪的車要歪，就上去扶一把。這種鍛煉的效果不可能立竿見影，也就算了。林彪還去武昌東湖打過幾次野鴨子，他一口不吃，都給了大伙房。

兩廣戰役勝利後，林彪很高興，中央軍委交給四野的戰鬥任務除了海南島外已經全部完成，很少有遊玩心情的林彪帶機關幹部來到武漢的公園。沒想到一個桃子吃壞了，林彪拉肚子不止，從此對水果"過敏"。大概是繃得緊緊的神經一旦鬆弛下來，本來一個簡單的拉肚子，卻把林彪身上所有的病症都來了個"緊急集合"，怎麼也治不好。這時海南島戰役還在進行，林彪的病情加重，整天直挺挺地躺在床上，瘦得皮包骨頭，連翻身的力氣都沒有，更不要說走路了。

中央軍委批准他離開前線，回北京治療。

1950年3月13日，林彪被抬上火車。四節車廂的專列，有臥室，有辦公室，一路上辦公室只是擺設。到北京後，林彪由林彪司機初成瑞背著參加了國務院政務會議，匯報中南剿匪的情況，之後一病不起。

1950年6月，吳法憲調任空軍副政委兼政治部主任。四野兼中南軍區副政委譚政對他說，林總在北京休養，這幾年他心力交瘁，勉強支撐過來。你到北京先去找他，他會當面向你交代任務[3]。7月7日吳法憲到北京，當晚劉亞樓帶他到林彪家。林彪說他這次病得比較嚴重，不能見人，今天是因爲你剛到北京，所以見見劉亞樓和你。劉亞樓希望把你調到北京來，軍委、毛主席批准，就這樣定下來吧。現在我不在位了，今後空軍的事情你們直接請示毛主席、朱總司令、彭德懷副司令、周總理，請示聶榮臻、羅榮桓，請示總參、總政、總後[4]。

　　林彪搬到頤和園翠雲軒，他還不能走路，公園的路面不好，車開不進去，只能用擔架抬。林彪睡覺從不掛蚊帳，嫌憋得慌。可是頤和園那個地方水多草多，蚊子也多，又實在太潮，只得把林彪搬到離香山不遠的遺光寺。之後林彪到青島療養，三天後因海浪太吵睡不著，又移到濟南。

志願軍三易司令員

　　大陸基本解放後，中央軍委將渡海作戰的主要目標轉向臺灣。1950 年 5 月，三野進行臺灣戰役的準備。6 月上旬，在中共七屆三中全會上，毛澤東提出當前的軍事任務是攻打臺灣，三野副司令員粟裕匯報了作戰方案。臺灣戰役不僅三野，還有兄弟野戰軍的四個軍參

1959 年 9 月 13 日至 10 月 3 日，全國第一屆運動會召開，這是大會主席臺

20世紀60年代，林彪接見八
一體工大隊的運動員

20世紀60年代初，林
彪視察炮兵部隊

林彪視察直升機部隊

加，已經成爲全軍的重大戰略行動。而粟裕在戰爭年代6次負傷，顱
內還殘留著彈片。加上各種病症造成的劇烈頭痛，他怕身體頂不下
來，要誤大事，建議派劉伯承或林彪主持臺灣戰役。林彪也表示願意
出任解放臺灣的司令員。毛澤東呢，也不是沒有考慮讓林彪掛帥，但
林彪那個病弱身體，連解放海南島都沒有堅持下來，怎麼能指揮臺灣
戰役呢？

20世紀60年代初，林彪視察連隊

林彪（左一）和賀龍（左二）觀看軍事表演

　　毛澤東重申：臺灣戰役的指揮仍由粟裕擔任。

　　1950年6月25日，朝鮮戰爭爆發。6月27日，美國第七艦隊入侵臺灣海峽。

　　戰場形勢陡變，臺灣戰役看來暫時是不可能了。

　　7月4日，39軍奉命開赴東北。林彪爲39軍親筆題寫：永遠勝利，永遠光榮！

　　1950年10月1日，金日成請求中國政府出兵。毛澤東決定讓粟裕掛帥，出兵朝鮮。正在青島療養的粟裕怕誤大事，8月1日，他撐起病體給毛澤東寫了一封信，報告自己的病情和心情。8月8日，毛澤東親筆回信，讓他安心養病。

從10月2日到5日，毛澤東主持中央政治局擴大會議，討論朝鮮半島局勢和中國出兵的問題。剛開始很多人投了反對票。林彪說：主席啊，蘇聯爲什麼不出兵？蘇聯老大哥建國幾十年了，我們才建國幾個月，陳毅說得對，我們要休養生息。美國已經給我們信息，如果中國不出兵朝鮮，立即與中國建交。這可能是一個陰謀，但也不失一個機會[5]。時任軍委作戰部一局副局長兼總參作戰室主任的雷英夫回憶：林彪說，爲拯救一個幾百萬人的朝鮮，而打爛一個五億人口的中國有點劃不來。我軍打國民黨軍隊有把握，但能否打得過美軍很難說。它有龐大的陸海空軍，有原子彈，還有雄厚的工業基礎。把它逼急了，它打兩顆原子彈，或者用飛機對我大規模狂轟濫炸，也夠我們受的。最好不出兵，如果一定要出，那就出而不戰，屯兵於朝鮮北部，看一看形勢的發展，能不打就不打。

話是這麼說，林彪還是做好了入朝的準備，換了住處，還換了一些不宜出國的內勤。林辦工作人員接到明確通知，準備到朝鮮去。他們都換了新軍裝，但沒有什麼標誌，毛巾、水壺也都沒有字。

毛澤東決定抗美援朝由彭德懷掛帥。

林彪在空軍某機場與飛行員談話

林彪（右三）在劉亞樓（右一）陪同下，視察空軍高級航空學校

周恩來在會上說：如果林彪同志身體好，不會叫彭德懷去的。

10月6日，周恩來主持軍委擴大會議，軍方對入朝作戰提出很多困難。

10月7日，毛澤東約蘇聯駐中國大使羅申談話，準備讓周恩來到蘇聯與斯大林商談，請求蘇聯給予中國抗美援朝的軍事援助及提供空軍掩護等問題。

林　彪

10月8日，中共中央決定，將東北邊防軍改為中國人民志願軍，出兵朝鮮。同一天，林彪和周恩來前往蘇聯，蘇聯派來一架專機。初成瑞回憶：那天早上，我把林彪和夫人葉群送到中南海。汽車在毛主席院子的南門停下，林彪和葉群下了車，走進毛主席的院子，然後與周恩來去機場，飛往蘇聯，之後周恩來回國，林彪留在蘇聯治病。

70年代初基辛格訪問中國後，林彪對女兒林豆豆說：大好形勢被耽誤了20年，現在才清醒過來，代價太大了[6]。新中國成立後，美國駐中國大使司徒雷登沒有馬上走。林彪很注意這點，認為美國很現實，不排除美國承認新中國的可能性。九一三事件前一天，他還要求秘書把尼克松訪華的文件講給他聽。

林彪認為：朝鮮戰爭是斯大林挑撥東西方關係的一次陰謀，縱容北朝鮮襲擊南朝鮮，引發聯合國出兵北朝鮮。毛澤東問林彪美國會不會過鴨綠江？林彪認為不會，美國如果想介入中國，早在解放戰爭後

林　彪

期就該有所動作。而我們的當務之急是恢復國力，入朝作戰不是上策。林彪甚至對毛澤東說過這樣的話：如果美國侵犯中國，我帶兵抗擊美國。美國侵華，在國際輿論上中國占上風。而現在我們入朝，面對的是聯合國軍，從世界輿論和中國本身的國力都是不明智的。而且朝鮮的地形不利於北朝鮮和中國，而有利於南朝鮮和有大批軍艦的美國。

　　中國入朝參戰，改變了美國對中國的曖昧態度。本來美國總統杜魯門都已經向世界聲明拋棄蔣介石了，美國第七艦隊也從臺灣海峽撤走。但朝鮮戰爭爆發使臺灣重新成爲美國的"航空母艦"。

　　因爲入朝作戰，新中國攻打臺灣的計劃胎死腹中。

林彪回國，仍在關注朝鮮戰場

　　1950 年 10 月 24 日，中央批准粟裕和夫人楚青去蘇聯治病。同行的還有林彪的兩個孩子，6 歲的林豆豆和 5 歲的老虎。他們是坐專列去的，由林辦工作人員劉桂蓮帶著，林彪秘書夏桐把他們送到滿洲裏。

　　1951 年 1 月 1 日上午，毛澤東寫信給林彪：你病如何，望好養護。

　　4 月 22 日，爲了打破"聯合國軍"從我側翼登陸的企圖，彭德懷率領志願軍發起第五次戰役。從 5 月中旬開始，朝鮮戰場的局勢惡化。林辦工作人員于保之回憶：粟裕夫婦 9 月回國。粟裕的嚴重頭痛基本治癒，毛澤東提議他出任副總參謀長。10 月，林彪也乘火車回國。于保之回憶：我們到滿洲裏去接他們，那裏已經結冰了，很冷。

50年代初，林彪在蘇聯本來準備回國，醫生建議服礦泉水治療，林彪來到蘇聯的療養勝地吉斯洛沃斯科

途中林彪在滿洲里停了幾天，又在瀋陽三經路一號休息了幾天。譚雲鶴回憶：我在瀋陽的一場舞會上見到林彪，感覺他瘦了。我問，這次你到蘇聯休養一段，效果還好吧？林彪說，效果倒是有一點，但也不太明顯。我又問，你過去從不跳舞，什麼時候跳起舞來了？林彪笑了，說到蘇聯以後，一幫蘇聯女同志非要拉我跳舞，我說不會，她們就死拉著非教我不可。盛情難卻嘛，不過我還是跳不好，也不怎麼喜歡跳。確實林彪跳得不太好，沒跳幾場，林彪和葉群就向高崗告辭走了[7]。

林彪的病沒怎麼好轉，但基於對抗美援朝的總體考慮，毛澤東還是把林彪作為備用的戰略統帥，所以林彪在瀋陽召開了一個座談會。參加座談的有正在瀋陽軍區總醫院住院的42軍124師政委湯從列，38軍112師師長楊大易，39軍117師

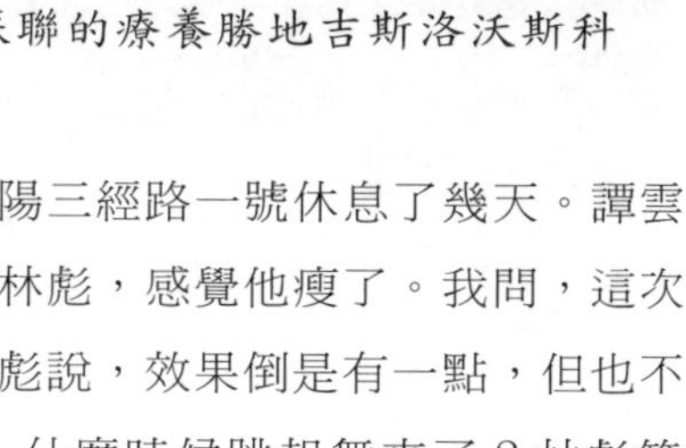

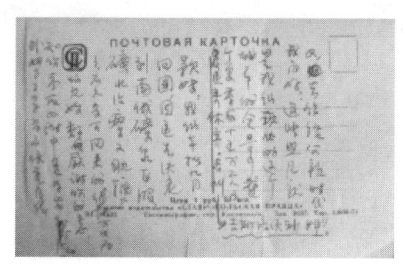

這是葉群從蘇聯寄給妹妹的信

1951年11月21日林彪代表軍委在宣傳教育工作會議上講話

師長汪洋，38軍114師政治部主任武拭鴻，以及40軍、50軍的兩位師領導，一共六七人，都是第一批出國作戰的四野13兵團的師級幹部。1949年四野離開北京前召開南下會議，大家見過林彪，也不知道他現在身體怎麼樣了？所有的人都提前來到會場。湯從列回憶：林彪秘書接待，說今天是林總請大家來開個座談會，請你們稍候。９點林彪來了，我們都站起來鼓掌，齊聲說林總好！林彪沒有穿黃軍裝，而是穿著淺灰色中山裝。樣子還是老樣子，濃眉長臉，但此時看上去清瘦枯黃。雖然他剛從蘇聯療養回來，但顯得不十分健康。秘書遞給每人一張鉛印的名單，印著在座每一個人的姓名和職務，也給了林彪一張。

林彪首先說：我從蘇聯養病回來，路過瀋陽，休息幾天。乘此機會，找些從前線回來的同志座談一下，瞭解一點前線的情況。林彪示意大家坐下，接著說：請你們來，主要是座談兩個問題，一是最先出國的你們幾個軍是怎樣和美國軍隊打的？從３８軍開始到４２軍，一個一個的談，可以談細一點，上午談不完，下午繼續談。二是美軍現在是世界上裝備最現代化最瘋狂的敵人，你們和這樣一個敵人作戰快兩年了，是如何打敗這個敵人的？你們都有些什麼經驗教訓和體會？當然不限於此，你們有什麼都可以說。

按編制序列，先由３８軍１１２師師長楊大易說。他重點匯報二次戰役與４２軍並肩從德川、寧遠配合，從美第８集團軍側後殲滅北進之敵，以及四次戰役漢江南北岸艱苦防禦戰。以後幾個師幹部的匯報，也都是各自參加一至五次戰役及正面攻防的情況，講我軍如何英勇壯烈，但對現代化敵人給我軍造成的嚴重困難講得不多，或根本沒有提到。湯從列最後一個發言，他想林彪是中央軍委重要的領導人，我們作爲參戰的基層指揮員，有責任反映我們的困難。湯從列談到過去國內戰爭我們靠繳獲敵人，這次抗美援朝雖有繳獲，但重武器很難得到。４２軍在二、三、四次戰役中，都繳獲了不少坦克、榴彈炮，很快被敵機炸毀。結論是在現代化的朝鮮戰爭中，國家沒有強大的軍事工業，軍隊十分困難。

林彪不插話，聽得很認真，有時還往小本子上記幾筆。座談會開了四個小時，大家想說的話都說完了，林彪說：第一，美軍是當今世界上最現代化的軍隊，軍事科學、技術裝備很強，第二次世界大戰沒有受到很大損失，而且還發了洋財。我軍必須要認真來考慮對待這個敵人。你們各軍經過幾次戰役，鍛煉了部隊，取得勝利是極爲不易的，要好好總結這段經驗。第二，朝鮮這場戰爭是和我軍過去的任何

1959年10月1日，毛澤東等黨和國家領導人與軍隊高
級將領在天安門城樓上合影。林彪是第一排左起第六人

戰爭完全不同的戰爭，要打敗這個敵人，有很多的工作要做，但是最
爲重要的是要加速工業建設，特別是加強國防工業的現代化建設。沒
有現代化的國防工業，要建立強大的現代化軍隊是不可能的。1960

年林彪在軍委擴大會議上提出"兩彈為主,導彈第一"的方針,同時
制定組織編制和裝備發展的八年規劃,明確提出要在建立完整的現代
國防工業的基礎上,大力發展空軍、海軍和特種兵,適當減少步兵的
數量,大搞民兵,培養儲備幹部和技術力量。

　　林彪說：我很想到前線部隊去看看，先入朝參戰的各軍，現在的位置在哪裏？如何去？大家在會議廳前的軍用地圖上指出各部隊的駐防位置，都說軍委首長去前線視察，這會給部隊極大鼓舞，但是在我軍還沒有制空權的情況下，不宜親自到一線部隊。座談會一直開到中午 1 點，林彪熱情地說：給你們準備了午飯，你們都在我這裏吃午飯[8]。東北解放戰爭時期，因爲戰事緊張，林彪有一條規定，下邊的同志到總部來辦事，一律不留飯。不過這次座談會他是東道主，而且也說明，林彪的人情味比過去多了一些。

　　回到北京，林彪仍住在南草廠。

　　這時的軍委日常工作由周恩來主持，但他還同時擔任總理、外交部長，忙得團團轉。毛澤東決定由林彪接手軍委日常工作。林彪幹了

1960 年 11 月 7 日，毛澤東、周恩來、朱德、林彪（右一）出席蘇聯大使館舉辦的慶祝十月革命節招待會

50 年代初，林彪剛到北京時住在南草廠街

三個月，身體又不行了。周恩來只能繼續主管軍委，一直到彭德懷1952 年 7 月回國，周恩來才徹底把軍隊的工作交出去。

解放後，林彪一直想遠離政權中心，這一方面是因爲他的病，另一方面也因爲他的小學老師曾讓他讀《黃石公三略》。林彪印象最深的是大將保身的秘訣：人臣深晚中略，則能全功保身。夫高鳥死良弓藏，敵國滅謀臣亡。

有人說高崗曾串連過林彪奪劉少奇的權，這不對。譚雲鶴回憶：批判高饒集團的會我參加了，只有朱德、陳雲揭發高崗串連他們的材料，沒有林彪揭發高崗串連他的材料[9]。吳法憲回憶：1965 年劉亞樓逝世後，我們整理他的文件，發現林彪1954 年 2 月初從杭州給劉亞樓的一封信。七屆四中全會正在批判高（崗）饒（漱石）。開會前，高崗曾要林彪出任國務院總理。林彪在信中說，劉亞樓同志：我對高崗的意見，請你轉達。我不同意他的意見，並請他考慮。毛主席對我非常重視，非常信任，他的意見不妥。我不會考慮。林彪的意見，劉

亞樓立即向高崗轉達。這件事劉亞樓生前對吳法憲說過,吳法憲把這封信退給林彪[10]。

雖然林彪在養病,但中央人民政府委員會第13次會議通過決議,還是增補林彪爲中央軍委副主席。1954年10月31日,周恩來主持國務院常務會議,再次研究分工問題,由於林彪還在養病,沒有安排具體工作。

從1954年起,林彪連續在一屆、二屆、三屆全國人民代表大會上當選爲國務院副總理、國防委員會副主席。

1955年4月4日,黨的七屆五中全會補選林彪、鄧小平爲中央政治局委員。這個時候,林彪已經在彭德懷前面了。

林彪出任中蘇友好協會會長

林彪任中共中央副主席時的標準照

杭州製作的絲織林彪像

毛澤東提議林彪擔任中共中央副主席

8341部隊警衛毛澤東的1中隊中隊長陳長江回憶：1951年我隨毛主席到杭州，林彪也在那裏。一天晚上，林彪和葉群來見主席，天氣並不冷，林彪穿著厚厚的棉大衣，脖子上纏著圍巾，頭上戴著帽子，臉上沒有一點血色，下車走幾步還要人攙扶著。以後我還見過林彪幾十次，都被人扶著，先到值班室脫大衣，去套褲，解圍巾，摘帽子，整理好再進去見毛主席。走時又一一穿戴好。有時毛主席要林彪陪他會見外賓，還要等林彪身體稍好的時候。

林辦工作人員王淑媛崇敬林彪，但林彪奇特的生活習慣和病弱的身體常使她困惑，這樣的身體怎麼可以當接班人呢？其實毛澤東十分清楚林彪的身體狀況，那為什麼還硬要把林彪推到接班人的位置上呢？葉群曾對林豆豆說：幸虧你爸爸身體不好。什麼時候身體好了，什麼時候垮臺，我們都得倒楣[11]。

1956年9月15日至27日，黨的"八大"在北京召開。大會主席團推選13人組成主席團常務委員會，林彪排在彭德懷之後，名列第12位。9月28日，黨的八大一次會議上，林彪當選中央政治局委員，名列第六，又到了彭德懷前面。

這一段時間，林彪頻頻亮相，先陪毛澤東接見共青團代表，隨後出席第四次全國民兵工作會議、全國司法工作會議、教育工作會議。
7 月林彪出席軍委擴大會議，參加研究建軍原則、建軍方針和戰略方針問題。8 月他又參加毛澤東與赫魯曉夫會談的公報簽字儀式。

　　1958 年 5 月 25 日，黨的八屆五中全會在中南海懷仁堂舉行，毛澤東突然提議補選長期養病的林彪爲中共中央副主席、政治局常委。十大元帥中第一個成爲中共中央副主席的是朱德，林彪是第二個。毛澤東啓用多年來一直在養病的林彪，卻沒有分配他具體工作，給他的主要任務是準備應付第三次世界大戰。爲什麼林彪沒有具體工作，卻一路上升？這值得重視。在 1959 年廬山會議撤掉彭德懷職務前好幾年，林彪的實際位置已經高於彭德懷，但在 1958 年的一次中央軍委會議上，林彪要求 "軍隊以彭德懷同志爲中心，服從彭德懷同志的領導"。

賀子珍到廬山上看望林彪

　　八屆五中全會結束兩天後，中央軍委擴大會議由彭德懷主持召開。彭德懷在開幕式上批判了師承蘇軍的教條主義作法。時任高等軍事學院院長的劉伯承、葉劍英先後被點名。批判教條主義的調門越來越高，病中的劉伯承被擔架抬到北京，在大會上流著眼淚作了檢討。

　　林彪在批判教條主義的這場運動中沒有說什麼話。

　　這一段時間是林彪身體最好的時期。5 月，他甚至到十三陵水庫參加了義務勞動。一個在很長時間裏連走路也走不了的弱不禁風的重病人，居然能參加勞動。雖然是象徵性的，但也十分了不起了。

　　1958 年 8 月 20 日，林彪到毛澤東處開會，談軍事問題，準備對金門進行警告性炮擊。他只是 "旁聽"，沒有提什麼建設性的意見。從現在看到的回憶文章，整個炮擊金門完全是毛澤東一手導演。

　　這時的林彪仍然是 "候鳥"，冬天去南方，夏天去北方。

　　1958 年夏天，林彪一家在廬山住了兩個多月，過了中秋節才走。廬山管理局招待所副所長彭毓炎回憶：江西省委指示，首長身體不好，要時刻注意他的健康。

1959 年，林豆豆送給舅舅，舅媽的照片，第一次公開發表

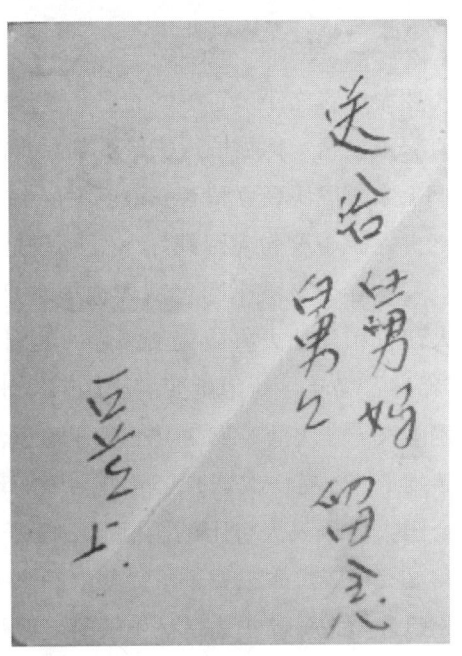

這是林豆豆在照片背後寫的字

林彪在廬山上的生活很有規律，早上 7 點起床，吃一點豆漿牛奶。白天看書。下午 3 點，廬山療養院的醫生來出診。林彪躺在地毯上照紫外線，等於曬了太陽。晚飯後他在院子裏散步，喜歡一動不動地站在樹陰下。林彪基本不出院子，平時辦個什麼事都是葉群出面，葉群對工作人員很客氣。臨走林彪表示住了這麼長的時間，很感謝，請結算一下費用。工作人員說上級吩咐不用結賬，林彪輕輕搖頭，用手指著葉群，由她辦。彭毓炎請示後，按每人每天兩角收取了費用。

1960 年夏天，因工作又累垮了的林彪再上廬山療養，還是住在 180 別墅。這是兩層樓，服務員彭毓雲回憶：林豆豆和林立果住樓下，林彪夫婦住樓上。有一天晚上吃過晚飯，林彪坐在窗前的沙發上聽收音機，毛澤東前妻賀子珍由護士盧泮雲陪著來了。上廬山前，林彪一家曾到南昌三緯路看過賀子珍。葉群趕快從二樓下來歡迎，她大聲對林彪說：你看誰來了？林彪笑著對賀子珍說：什麼時候來廬山的？賀子珍一口江西話：剛到，聽說你在這裏，我就來看看你。小林，你身體還好嗎？林彪說：我還是那樣，每天看不了什麼文字，只是精神比上山前強一點兒。葉群說：林總身體不好，擔子又重，每天

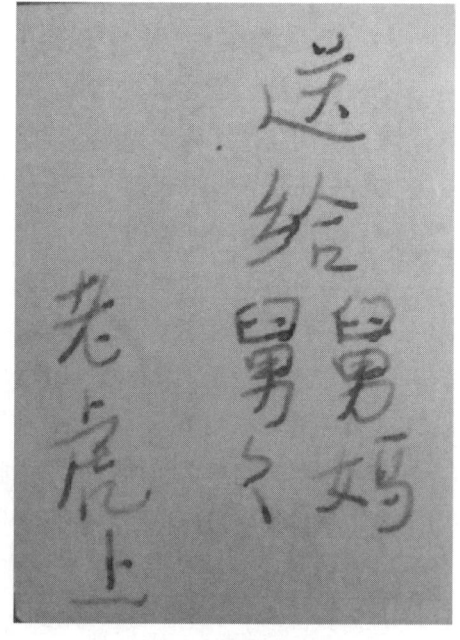

不要命地看文件，看主席的書。子珍同志，你知道在井岡山，林總一直緊跟主席。林彪怕賀子珍受刺激，微微皺起眉頭，岔開話：叫孩子們上來。很快豆豆和老虎跟著葉群上來了，他們恭敬地說賀娘娘好。老虎還說了一句盧阿姨好，豆豆只是微微一笑。

林彪從來不串門，別人也很少來看他，在盧山上只有毛澤東夫人江青和朱德夫人康克清來過。為什麼賀子珍突然來訪？賀子珍被"冷藏"多年，難道她要"出山"？水靜回憶：毛澤東曾為賀子珍哭過兩次，一次是1937年，賀子珍堅決要到蘇聯學習，毛澤東不願意讓她走。還有一次是1954年，賀子珍在收音機裏聽毛澤東在第一屆全國人民代表大會上的講話，一下子昏倒，導致精神分裂。毛澤東得知又哭了。本來賀子珍從蘇聯回來，毛澤東想讓她到自己身邊，說這是歷史造成的，還是按中國的老傳統解決。可是後來組織上把賀子珍安排到上海，但毛澤東一直通過女兒嬌嬌帶信，與賀子珍保持聯繫。1957年5月，毛澤東的詩《蝶戀花．答李淑一》中第一句"我失驕楊君失柳"，"楊"指毛澤東的夫人楊開慧烈士，"柳"指李淑

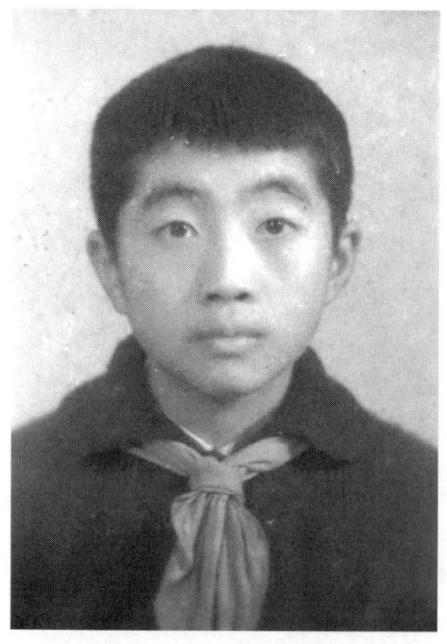

1959年，林立果送給舅舅，舅媽的照片，第一次公開發表

這是林立果在照片背後寫的字，是目前見到的他的惟一筆跡

一的愛人柳直荀烈士。毛澤東第二句詩"吳剛捧出桂花酒"，"桂花"是誰，卻很少有人知道。賀子珍生於桂花飄香時，小名桂花，毛澤東給賀子珍的信都是稱桂妹。爲什麼毛澤東偷偷在廬山上見賀子珍，就是希望與她一拍即合。從以後看，或許是毛澤東想讓賀子珍擔當江青在"文革"中的政治角色？江青太"嫩"，更何況毛澤東深知江青的弱點。而賀子珍是井岡山老人，能鎮得住那些老紅軍。但與賀子珍交談後，毛澤東惋惜地說她腦子不行了，答非所問[12]，以後毛澤東只好讓太"嫩"的江青衝鋒陷陣。

1961年廬山會議，林彪又上了山，住在341別墅。他穿著灰色中山裝，戴灰色便帽。管理員張忠金回憶：住了幾天，葉群提了兩次，如果還有空別墅，希望換一換。房子離公路太近，車響，溪水也響。第二天，給林彪一家換到362別墅。這裏安靜，但房間少，加上工作人員，很擠。幾天後，又把林彪安排到兩層樓的361別墅。林豆豆和林立果一人一問，住在兩頭。這裏有乒乓球台，林彪起床後，先和張忠金打一個多小時的乒乓球，再看書什麼的。

林彪在毛澤東面前，爲彭德懷開脫

1959年7月2日，中央政治局擴大會議在廬山召開。林彪沒有上山。7月16日，毛澤東在收到彭德懷的批評信後，請北京市市長彭真、總參謀長黃克誠、中央組織部部長安子文上山。並特別說：如果林彪同志身體還可以，也請他來。這樣林彪才受命上山"幫忙"。林豆豆回憶：林彪贊成彭德懷的意見，反對毛澤東的大躍進言論。他認爲1958年的大躍進是"憑幻想胡來"，彭德懷的意見書是正確的，就是"急了點兒"[13]。

8月1日林彪在大會上發言：拋掉個人過分自信，拋掉個人英雄主義，只有毛主席能當大英雄，你我離得遠得很，不要打這個主意。我有暮氣，但沒有這個野心，這種雄心、信心沒有。主席講元帥中有暮氣，這樣大局面，理論知識、精力只有毛主席有。（我們）都是丘八，就是那麼個材料，那麼大作用。在林彪的整篇講話中，沒有揭發彭德懷什麼，更沒有將彭德懷一棍子打死，反而在替他解圍，說國防部長還要你來當。後來在中南海召開的軍委擴大會議上，主持會議的林彪仍然沒有批判彭德懷，只是號召大家批判彭德懷的「軍事俱樂部」的錯誤。

50年代林彪因病休養，門庭冷落，正「紅」的國防部長彭德懷一年要登門拜訪好幾次，問寒問暖。表面冷漠的林彪，內心感情卻非常熱烈，別人對他的好，雖然不一定有機會投桃報李，但他不會忘記。當毛澤東翻出長征中會理會議的舊賬，林彪立即澄清，說我當時寫信給中央，要毛、朱、周離開軍事指揮崗位，由彭德懷指揮作戰，事前並沒有同彭德懷商量過，與彭德懷無關。這種時候，不順水推舟，不落井下石，有幾人能做到？難怪彭德懷感激不盡了。

1959年8月17日，毛澤東主持為時一天的中共中央工作會議，決定撤銷彭德懷的職務，提議林彪任國防部長。林彪秘書關光烈回憶：林彪不想幹，要給毛主席寫信推掉。是不是因為林彪的職務已經

1959年彭德懷元帥率中國軍事代表團訪問蒙古等八國，回來後就上了廬山。這是他在蒙古訪問時和蒙古人民軍戰士在一起

1959年4月18日，全國人大二次會議在懷仁堂舉行。左起：彭真、林彪、宋慶齡、劉少奇、毛澤東、朱德、周恩來、李濟深、郭沫若、黃炎培、陳叔通

關光烈夫婦在北京合影

高於國防部長，他才不想幹呢？不是，國防部長倒沒什麼，主持軍委日常工作卻是個具體差事，林彪最不願意管這些"婆婆媽媽"的事情。葉群攔住了林彪，說你說了也沒用，還是幹吧，我幫助你[14]。

9月17日，第二屆全國人民代表大會常務委員會第九次會議，國家主席發佈命令：任命林彪兼國防部長。

9月26日，中央軍委發出《關於軍委組成人員的通知》。中央政治局決定：軍事委員會主席為毛澤東，副主席為林彪、賀龍、聶榮臻。林彪作為中共中央軍委副主席，主持軍委日常工作。林彪推薦公安部長羅瑞卿接替黃克誠，擔任中央軍委秘書長兼總參謀長。

林彪為什麼推薦羅瑞卿？總參謀長是個具體職務，既要身體好，又要能幹，還要能服眾，所以資歷還是要講的。以前徐向前、聶榮臻、彭德懷擔任過總參謀長，現在元帥們有的身體不好，有的在地方擔任重職，不可能再當總參謀長，只有從大將中選。十個大將中，譚政是總政治部主任，粟裕當過被拿掉了，黃克誠當過，被劃進彭（德懷）黃（克誠）"反黨"集團。陳賡、許光達是賀龍的部下，張雲逸身體不好，徐海東是四方面軍的，早就靠邊，王樹聲文化不高，只剩下海軍司令員蕭勁光和公安部長羅瑞卿兩個人選。如果蕭勁光當總參謀長，還要選海軍司令員，所以林彪向毛澤東建議由羅瑞卿擔任總參謀長。黃永勝曾聽葉群說過，毛澤東深知羅瑞卿"霸道"，說羅瑞卿渾身是刺，你不怕刺嗎？毛澤東是不願意羅瑞卿重返軍隊，還是要警告林彪一下，林彪也沒有多想，說不怕。周恩來說，林副主席身體不

陳賡大將（1903-1961）遺像

1961 年 3 月 26 日解放軍報關於陳賡逝世的報道

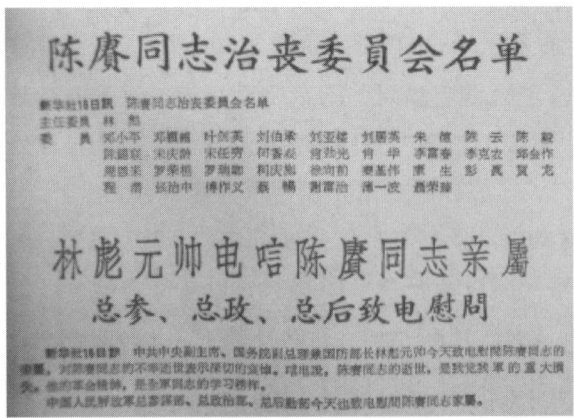

林彪電唁陳賡家屬

林彪向陳賡遺像敬獻花圈

在陳賡追悼會上，羅瑞卿致悼詞，左起：陳毅，鄧小平，周恩來，林彪，董必武，彭真，薄一波

好，軍隊具體工作要有人幹[15]，毛澤東點頭。於是，中央軍委任命羅瑞卿為軍委秘書長、總參謀長。

　　1959年10月1日，中華人民共和國建國十周年大慶，舉行了建國以來第一次大規模的閱兵。10點整，身著元帥服的林彪以國防部長的身份首次亮相。

他在閱兵總指揮、北京軍區司令員楊勇的陪同下，檢閱了天安門廣場和東長安街列隊的人民解放軍陸海空三軍，並宣讀《中華人民共和國國防部命令》。之後林彪出現在天安門城樓上，陪同毛澤東接見參加十年大慶的軍隊代表。

　　從此林彪被推上

羅瑞卿大將在陳賡追悼會上致悼詞，右起：董必武，林彪，周恩來

政治舞臺，結束長長的"冬眠"。

林彪在他主持的第一次軍委常委會議上，宣佈新軍委實行集體領導，一切問題經過討論研究後，報毛主席審定。並宣佈了軍委常委的分工，林彪、賀龍、聶榮臻負責軍委日常工作，劉伯承主管軍事院校，葉劍英負責軍事訓練和科研，徐向前負責民兵工作，陳毅分管外交，羅榮桓主管軍隊政治工作。林彪說，我的身體不好，具體處理日常工作有困難，我委託給羅瑞卿和譚政他們。總而言之，具體事情由他們管，需要的話我過問一下。重大問題要集體討論，最後都要請示毛主席，由毛主席定。希望各位元帥、各位常委給予支持。

一九五九年國慶節，林彪主持國慶閱兵

中華人民共和國十年大慶

1959年國慶節天安門檢閱臺上，右起：赫魯曉夫、毛澤東、胡志明、蘇斯諾夫、周恩來、金日成、林彪、鄧小平

1959年國慶十周年大慶，國防部長林彪檢閱軍隊

林彪提出毛澤東思想是頂峰

林彪主持軍委日常工作後，立即採取與彭德懷不同的辦法，旗幟鮮明地大搞"突出政治"，即突出毛澤東思想。林彪號召全軍高舉毛澤東思想偉大紅旗，把毛澤東思想真正學到手。

1959年9月軍委擴大會議上，林彪說：我們學習馬克思

1959年國慶十周年大慶，
國防部長林彪檢閱軍隊

列寧主義怎樣學呢？我向同志們提議，主要是學習毛澤東同志的著作。這是學習馬克思列寧主義的捷徑。馬克思、列寧的著作那麼多，裏面有許多人名地名你都搞不清。最好先讀毛澤東同志的著作。……毛澤東同志全面地、創造性地發展了馬克思列寧主義，綜合了前人的

林彪（中）在國慶十周年招待會上

1959 年國慶節，林彪在天安門城樓上

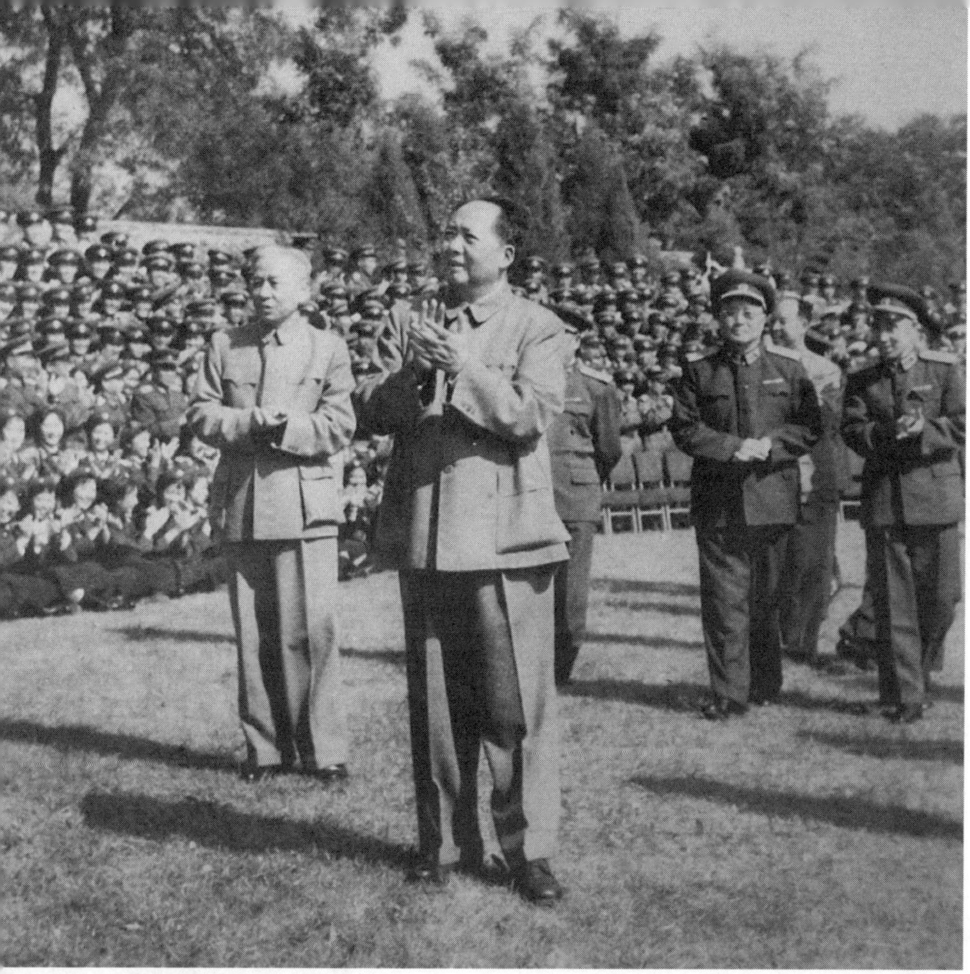

林彪（右一）陪同毛澤東接見參加十年大慶的軍隊代表

解放軍報

JIEFANGJUN BAO

毛主席

电賀德意

首都举行

祝兄弟

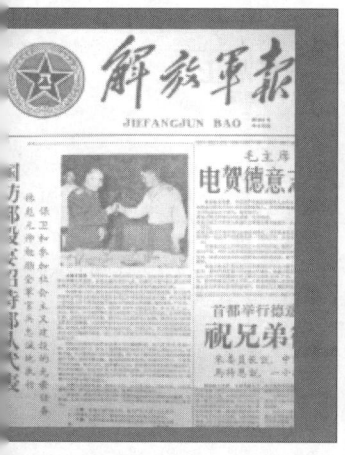

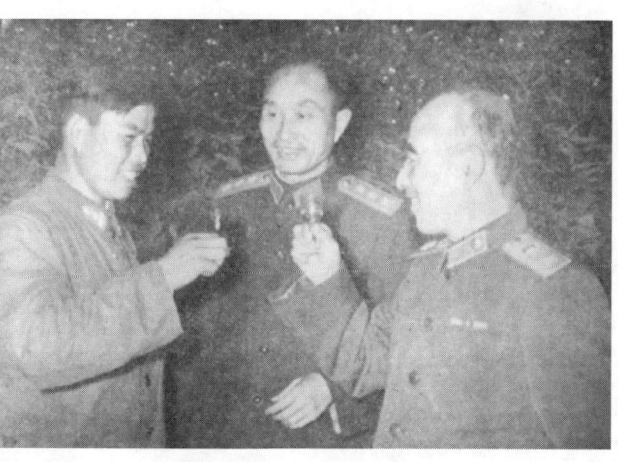

國慶十周年，林彪元帥向海軍戰士敬酒

1959 年，在建國十周年招待部隊觀禮代表的宴會上，林彪向五好戰士敬酒

成果，加上新的內容。要好好學習毛澤東同志的著作。我們學習毛澤東同志的著作容易學，學了馬上可以用，好好學習，是一本萬利的事情。

　　1960年1月7日至17日，中共中央在上海召開政治局擴大會議，確定1960年的國民經濟計劃。林彪做了國防問題的報告，提出"三八作風"[16]的新名詞。1月22日至2月27日，中央軍委在廣州召開擴大會議，林彪再一次強調"三八作風"。林彪說：關於作風問題，在上海曾向毛主席請示過，在廣州又談了一次。毛主席很同意在部隊中提倡他在1939年提出的三句話和八個字，這是我們部隊的好作風。以後就叫三八作風，這樣就有了一個總的概念。這是中國的習慣，什麼事都要搞個數目字，怕人家忘掉了這一樣或那一樣，你看孫中山的三民主義，就怕人家掉了"一民"，五權憲法，就怕人家搞一個三權憲法。孔明的兵書裏邊，也把數目字串起來，這是有道理的，事情都是多方面的，掉了哪一面，都是不行的，就不配套了。

1959年，林彪主持軍委日常工作。左起：彭真、羅榮桓、劉伯承、林彪、葉劍英、賀龍

1959 年軍委擴大會議期間，林彪（右）、葉劍英（中）、聶榮臻交談

1959 年，林彪在軍委擴大會議上講話

1959 年 9 月，林彪陪同應邀來訪的金日成一起走出剛剛落成的北京火車站

　　4 月 5 日，林彪、賀龍、劉伯承、羅榮桓、聶榮臻、譚政等聽取了第二機械工業部部長宋任窮赴蘇聯要求按照中蘇兩國政府 1957 年 10 月 15 日簽訂的協定，繼續履行合同，援助中國建設原子能工業的談判情況匯報。

5月11日，林彪、羅榮桓在高等軍事學院政委李志民陪同下，視察了高等軍事學院。

9月12日，林彪提議召開軍委擴大會議，研究軍隊的政治思想工作。針對譚政的《理論還是要系統地學》，林彪提出"政治工作領域四個關係問題"。

9月14日至10月20日，由林彪主持的軍委擴大會議在北京召開，通過《關於加強軍隊政治思想工作的決議》。林彪提出：現在的馬列主義就是我們毛主席的思想，他今天在世界上站在最高峰，站在時代的思想頂峰。我們學習馬克思列寧主義怎樣學呢？我向同志們提議，主要是學習毛澤東同志的著作。這是學習馬克思主義的捷徑。這是林彪第二次講，第一次是在他剛當國防部長時，在全軍高幹會議

1960年夏，林彪（右二）和賀龍（右一）接見
高等軍事學院最後一期少將學員班

林彪接見部隊代表　　　　　　1959 年 10 月 18 日，林彪（左二）在劉
　　　　　　　　　　　　　　亞樓陪同下，視察空軍高級航空學校

上，當著毛澤東的面，就講過"捷徑"。

　　1962 年 1 月 11 日至 2 月 7 日，七千人大會[17] 在北京召開，這是中共執政以來規模空前的大會。毛澤東對劉少奇的報告不滿，要重新起草報告，而這時會場氣氛明顯傾向劉少奇。吳法憲回憶：軍隊作爲一個整體參加，但軍隊代表與地方幹部就大躍進以來的問題有明顯區別。軍隊講究下級服從上級，沒有指示，軍隊代表不會主動發言。而且包括林彪和幾個老帥以及羅瑞卿、蕭華、譚政、劉亞樓等人都打了招呼，要求大家不要亂發言。大躍進、大煉鋼鐵都沒有軍方的事，所以也不存在"出氣"的問題。劉亞樓說，他和陶鑄、羅瑞卿等人鼓動林彪講話。林彪起初很猶豫，不願意講話。最後包括軍委一些領導也來勸，現在別人講不適當，只有林總具備這個條件。理由是歷史上林彪一向擁護毛澤東，現在又主持軍委工作，黨內軍內威信高，否則就很難緩和形勢。林彪說那好，你們要我講，我就講。經過幾天準備，林彪自己拉了一個提綱[18]。

　　1 月 29 日，七千人大會召開第二次全體會議。毛澤東親自主持，宣佈現在開會了，今天請林彪同志講話。譚雲鶴回憶：他坐在第一排，看得很清楚，毛澤東側著臉，以極欣賞的表情一直看著林彪講話[19]。林彪圍繞黨和軍事問題講了兩小時，他認爲我

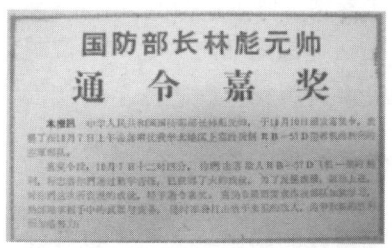

1959 年 10 月，林彪的通令嘉獎

林　彪

們黨提出的"三面紅旗"[20]是正確的。這幾年我們工作中產生的一些缺點不是總路線本身的問題,而是執行中的毛病。事實證明,這些困難,在某些方面,在某種程度上,恰恰是由於我們沒有照著毛主席的指示、毛主席的警告、毛主席的思想去做。如果聽毛主席的話,體會毛主席的精神,那麼,彎路就會少走得多,今天的困難就會少得多。……我個人幾十年來體會到,毛主席最突出的優點是實際。他總是比人家實際一些,總是八九不離十的。他總是在實際的周圍,圍繞著實際,不脫離實際……我深深感覺到,我們的工作搞得好一些的時候,是毛主席的思想順利貫徹的時候,毛主席的思想不受幹擾的時候。如果毛主席的意見受到不尊重,或者受到很大幹擾的時候,事情就要出毛病。我們黨的歷史,就是這樣一個歷史。因此,在困難的時候,我們黨更需要團結,更需要跟著毛主席走。譚雲鶴對林彪講話印象最深的有兩點,一個是人民公社、大躍進、大煉鋼鐵,是億萬人民參加轟轟烈烈的群眾運動,大家都沒有經驗,出點問題是難免的,不過是交點學費,我們要正確對待。一個是主席思想是經過幾十年革命實踐檢驗過了的,證明是正確的,可以說,是八九不離十的,我們絕不要去干擾主席的思想[21]。

林彪剛講完,毛澤東帶頭鼓掌,說林彪同志作了一個很好的發言,他經過調查研究、慎重考慮和分析,作了這樣一篇重要的講話,大家可以好好考慮、研究。軍隊幹部也紛紛

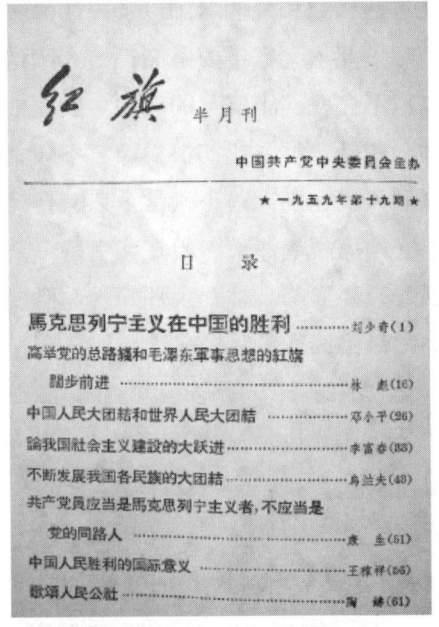

《紅旗》雜誌1959年第19期刊登林彪的文章

高舉黨的总路綫和
毛泽东軍事思想的紅旗闊步前进

1958年，軍委擴大會議主席臺，左
起聶榮臻，林彪，葉劍英，彭德懷，
賀龍，羅榮桓

林彪的文章

讚揚林彪講得好。林彪說，我這樣講是出於無奈，不這樣講，毛主席
的威信受到影響，這個局勢就不好維持了[22]。

林彪講話沒有點任何人的名，都是正面闡述。毛澤東對羅瑞卿說
林彪的發言好，你能說得出來嗎？並要羅瑞卿儘快把林彪的講話整理
出來，交給他作文字潤色，早一點作爲正式文件發下去。毛澤東意味
深長地說：若不是讀過很多書，是做不出這樣一篇好文章的[23]。3月
20日，毛澤東在林彪講話整理稿上批示：此件通看了一遍，是一篇很
好的、很有分量的文章，看了很高興。當時中央辦公廳準備下發毛、
劉、周、林、鄧在七千人大會的講話，有意見說林彪主要講的是軍事問
題，裏面有些機密內容，似不宜下發。毛澤東批示：此件沒有什麼特
殊秘密，可以和別的同志的講話一同下發[24]。

"文化大革命"中，林彪進一步說：毛澤東思想是馬列主義的頂
峰，是最高水準的馬列主義；毛主席的話句句是真理，一句超過我們
一萬句；毛主席這樣的天才全世界幾百年，中國幾千年才出現一個，
毛主席是當代最偉大的天才等。

林彪爲什麼如此吹捧毛澤東？

首先這是毛澤東的意思，從"七大"劉少奇帶頭宣傳毛澤東思想
以來，全國全黨對毛澤東的歌頌都是越演越烈。但建國以後，尤其毛
澤東退居二線後，他自己認爲他的威信直線下降，他需要大量的個人
崇拜和個人迷信，直到"文化大革命"達到頂峰。如果毛澤東反對，
誰敢？那些溢美之詞早就掃進歷史的垃圾箱了。所以大搞個人崇拜的

根子不在林彪身上。包括周恩來在內的領導人，誰的調子不高，誰敢逆毛澤東的潮流而動？其次毛澤東需要林彪衝鋒陷陣時對林彪很好。林彪雖然早就把毛澤東看得很透，但他一直認爲，自己忠心耿耿，沒有一點野心，完全可以保住晚節。沒想到吹捧毛澤東是天才也成了"罪"。

對毛澤東的崇拜並不是林彪一時的心血來潮，早在 1949 年 7 月 1 日，林彪就提出讀毛主席的書[25]。林彪說：至於讀書的方法，毛主席告訴我們，第一要擠，沒有時間就擠時間來讀書，不要藉口工作忙，就不讀；第二是鑽，從一個問題深入進去，務求明白透徹。一個問題弄清楚了，再鑽第二個問題。大家還要記住，讀書的目的是爲了工作。1960 年 10 月，林彪到國防科委的酒泉基地[26]視察，提到帶著問題學習毛澤東同志的著作。1961 年 1 月，林彪在《關於加強政治思想工作的指示》中，系統地提出了"帶著問題學，活學活用，學用結合，急用先學，立竿見影"。

羅榮桓在中央軍委常委會指出：帶著問題學這句話還要考慮，有毛病。林彪問：那你說應該怎麼學？羅榮桓說：應當學習毛主席著作的精神實質，帶著問題學這句話改掉爲好。林彪停了一會兒說：不好就去掉嘛。

但實際上，林彪還是堅持"帶著問題學"的觀點。

這也是林彪自己一貫的讀書方法。

《毛主席語錄》發行 50 億冊

林彪認爲：要把毛主席的許多警句背下來。恩格斯說不要死背，但是我主張就是要背點東西。肚子裏就是要背得那麼幾條。我們不要背得那麼多，要挑選最好的，背上那麼幾句，就差不多了，道理太多了也不需要，但是一點沒有也不行。

毛澤東的著作那麼多，那麼厚，無處下手啊。

林彪指示《解放軍報》：爲了使戰士們在各個時期、各種情況下都能及時得到毛主席思想的指導，《解放軍報》應當經常選登毛主席

林彪視察裝甲兵某部

1960年4月3日，林彪
接見波蘭軍事代表團

1960年8月，
林彪（左一）與
伊拉克軍事代
表團親切會談

林彪元帥接見外國軍事代表團

越南軍事代表團
武元甲大將向林
彪元帥贈旗

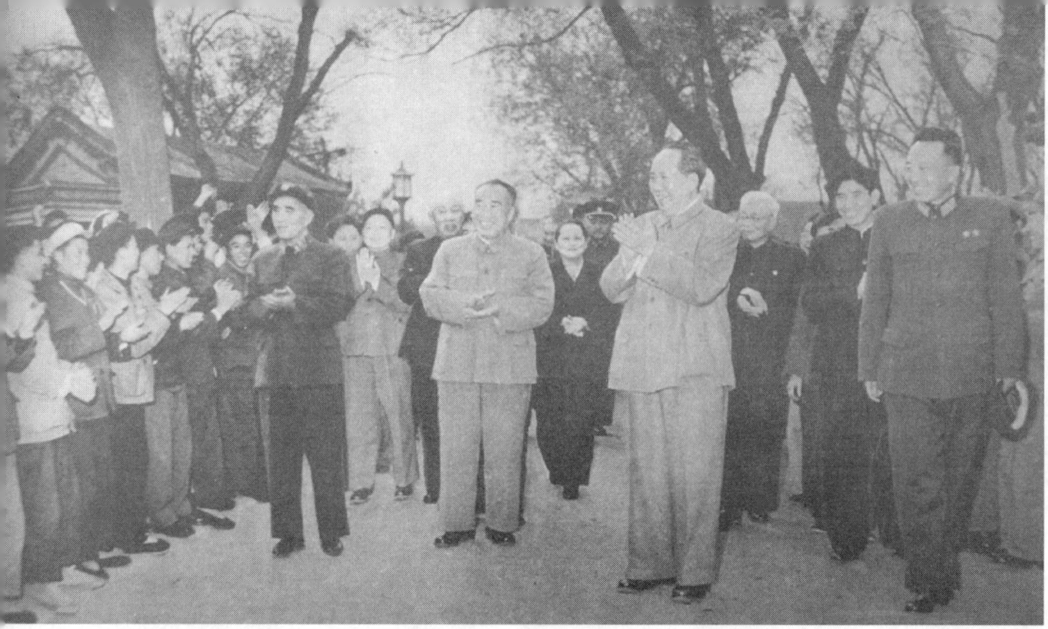

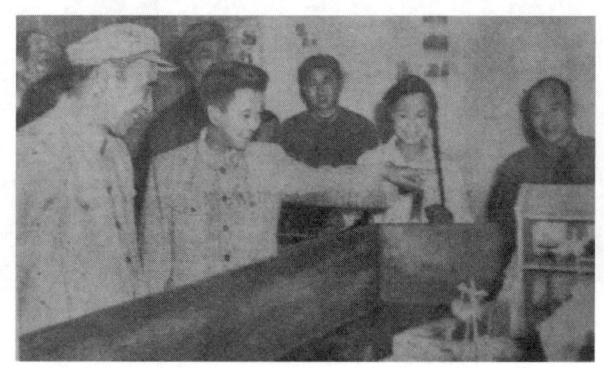

毛澤東，朱德，林彪，董必武，宋慶齡等黨和國家領導人接見出席群英會的代表

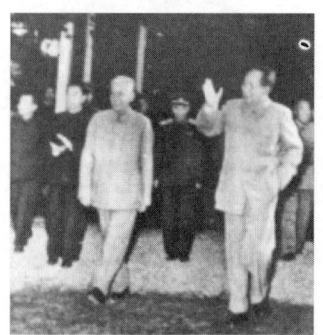

毛澤東、朱德、林彪、劉少奇、周恩來等出席軍委擴大會議

1960 年 5 月底 6 月初，林彪元帥視察濟南軍區某部連隊

戰友報
ZHANYOU BAO
第501期

首长具体抓基础訓練

二支队采取措施、總結办法指导連队訓练
0275部队首長分工到連队种"試驗田"
0214部一支队支队長亲自进行示教作业

林彪元帅论怎样练兵

第一、关于技术教育問題

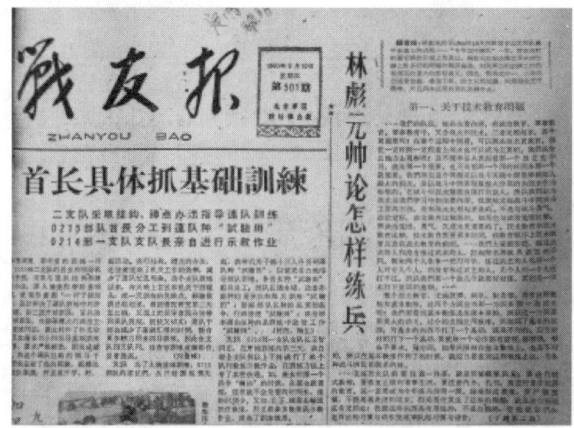

1960 年 2 月 10 日，林彪元帥論怎樣練兵

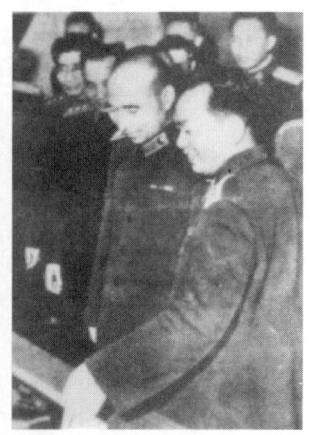

林彪（右二）參觀

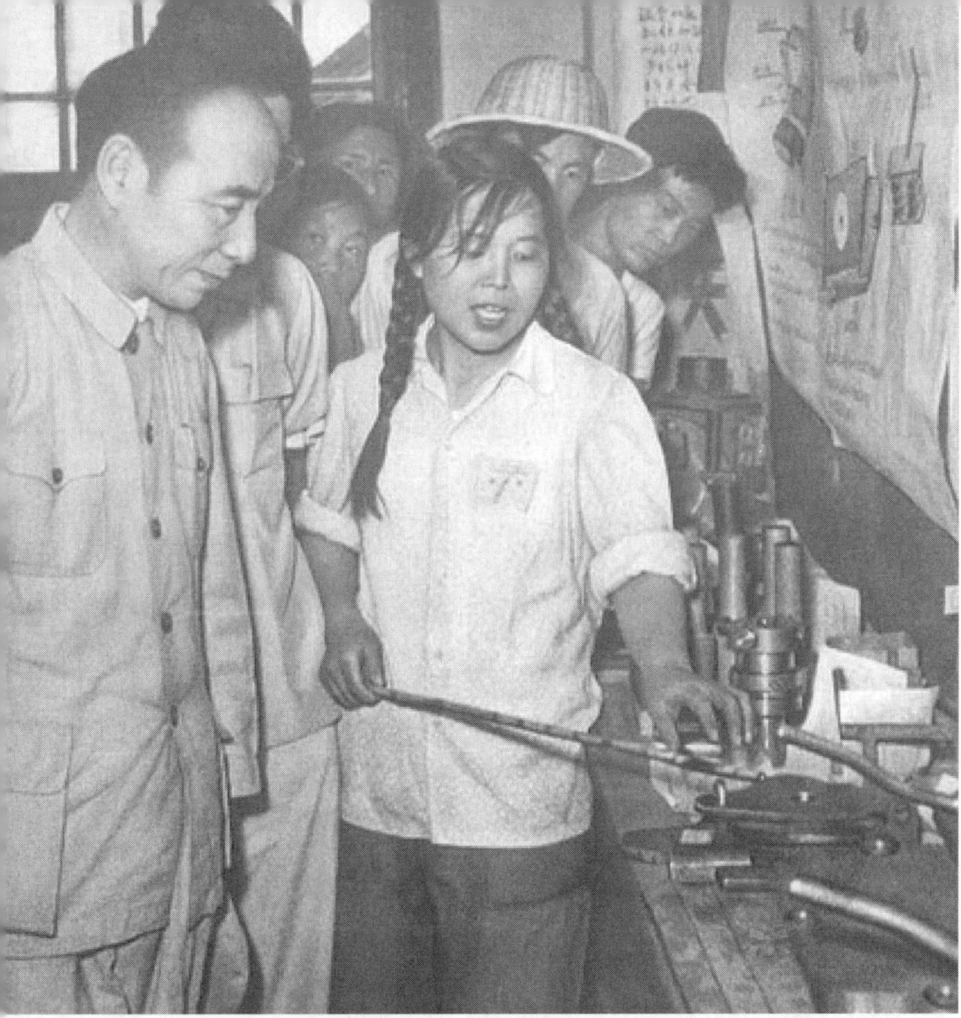

林彪參觀青年技術革新展覽會。

林彪到坦克部隊檢查工作

林彪就連隊工作和軍隊建設作重要指示

林彪、刘伯承元帅
参观工程兵技术革新展览馆

林彪元帅说：这是苦干的办法，勤俭的办法，要很好推广这些先进经验和先进工具。

本報訊　4月4日，国防部副部長林彪元帅在工程兵長陳士榘上將、谷景生政委等陪同下，参观了工程兵技术革新展览館，并对工程兵技术革新等問題，作了重要指示。

不久前，刘伯承元帅也参观了这个展览館，对工程兵技术革新的成就給予了勉励，并作了指示。

这个展覽館里陈列著各种各样，形式多样，都適合就地取材和发現成就的，林元帅对各种

这些构思，勤俭的办法，即須要推广这些先进經驗和先进工具。林元帅還看到各种型号的新式武器迎风招展，色又說："要團結技术专家，把創造者本人化技术，一起研究，"土"专家和"洋"专家結合，很多問題就好解决了。"

林彪的参观队伍，为这展覽館写了"奋发努力，大搞革新"的題詞。

1960年4月4日，林彪参观工程兵技术革新展览館

解放軍報　JIEFANGJUN BAO

毛主席接见全国民兵代表会议代表

1960年4月，毛澤東，林彪等黨和國家領導人接見全國民兵代表會議代表

解放軍報　JIEFANGJUN BAO　28

大办民兵师的英雄代表高举总路綫和毛澤东思想紅旗
誓师加速經济建設国防建設

大会通过向党中央和毛主席致敬电　向人民解放軍致敬电　致全国民兵倡議书

林彪元帅号召大家带領亿万民兵为建設社会主义祖国和实現共产主义理想勇猛向前

1960年4月28日，林彪在全國民兵代表大會上講話

1960年4月，毛澤東，林彪等黨和國家領導人接見全國民兵會議代表

1960年4月，林彪在全國民兵代表會議上講話

442

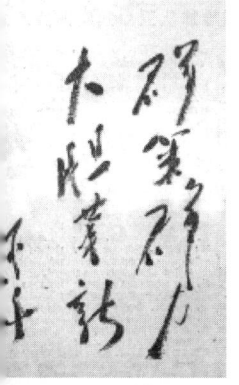

林彪元帅强調加强政治思想工作

一九六〇年四月四日，解放軍報刊登林彪給工程兵技術革新展覽館的題詞，群策群力，大膽革新

1960 年 5 月底 6 月初，林彪元帥視察濟南軍區某部連隊

1960 年 6 月 9 日，林彪看望連隊官兵

1960 年 8 月 30 日，林彪（前排左四）接見參加全軍院校會議的代表

林彪元帅电賀捷人民軍建軍节

1960 年 10 月 4 日，林彪電賀捷克斯洛伐克人民軍建軍節

1960 年 9 月至 10 月，中央軍委擴大會議在北京召開，毛澤東、劉少奇、周恩來出席會議。林彪是第一排左起第九人

1960 年 10 月 9 日，林彪對政治工作指示

1960 年 10 月 10 日，解放軍報頭版頭條

林彪元帥號召全軍開展兩憶三查運動

1960 年國慶節，林彪接見部隊觀禮代表

林彪與解放軍指戰員合影

有關語錄[27]。從 1961 年 5 月開始，《解放軍報》在突出位置刊登毛主席語錄，以後固定在一版右上角的"報眼"位置上。每天一條，部隊反響熱烈。

1964 年 5 月，總政治部將《毛主席語錄》單行本在軍內發行。

林彪指示要像發武器一樣把《毛主席語錄》發給每一個幹部戰士。

一時間，《毛主席語錄》成了搶手貨。周恩來、朱德、彭真都派人來要，中央辦公廳主任楊尚昆連續三次派人來要，毛澤東身邊的工作人員也來要。不斷加印，印到 1200 萬冊，還是供不應求。軍報印刷廠只得提供紙型，中宣部、國家體委、安徽省等獲得代印權。"文化大革命"對毛澤東的崇拜達到了"頂峰"，毛主席語錄代印點多達 300 處。僅公安部一次就印了 50 萬冊。據不完全統計，《毛主席語錄》被翻譯成 50 多種文字，500 多種版本，印數 50 多億冊。

1966 年 12 月 17 日，全國各大報紙刊登林彪署名的《〈毛主席語錄〉再版前言》。其實林彪並沒有《再版前言》的著作權，也不是流

毛主席語錄是世界
上印刷最多的書

毛澤東像

傳的張春橋所寫。1965年總政治部根據部隊的意見及軍委擴大會議決議，組織寫作班子寫成《再版前言》，經總政領導和總參謀長羅瑞卿修改定稿，軍委領導決定將原來總政治部的署名改爲林彪。於是，《再版前言》就成了林彪的"傑作"。

《毛主席語錄》的發行，極大地推動了毛澤東思想的傳播和普及。

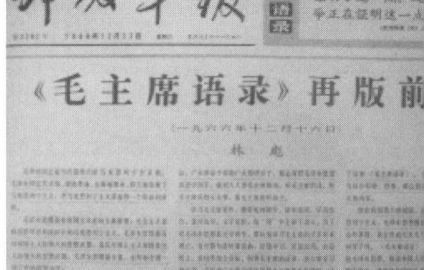

1966年12月17日，署名林彪的毛主席語錄再版前言發表

毛主席語錄在全世界發行

毛澤東說，"四個第一"是林彪的創造

林彪本人，就是"急用先學"的典型。

東北解放戰爭時期，林彪有個手提公文箱，一出發就帶著。裏面幾本小冊子，全是毛主席著作單行本，《矛盾論》、《實踐論》、《中國革命戰爭的戰略問題》等，林彪寫了大量的眉批旁批，重要的地方畫圈畫杠，有的地方畫過兩三道。

1960年10月，全軍高級幹部會議期間，林彪每天早晨起來就反復讀毛澤東的《關於糾正黨內的錯誤思想》、《反對自由主義》等，從內容、文章架構方面仔細推敲。在軍委擴大會議開幕的前一天，林彪在軍委常委會議上講話，提出部隊政治工作的方針四個第一[28]、三八作風，並寫進《關於加強軍隊政治思想工作的決議》中，經毛澤東修改下發。這個《決議》成爲建軍史上的重要文獻，構成了我軍政治

毛主席語錄再版前言

工作的框架。

　　林彪認爲：在武器與人的關係中，人的因素第一；在政治工作與其他工作的關係中，政治工作第一；在政治工作中的思想工作與其他政治工作的關係中，思想政治工作第一；在思想政治工作中，活的思想與書本思想的關係中，活的思想第一。總之"四個第一"都是圍繞著"人"。

　　1962年10月16日，毛澤東批示：現在全國學解放軍、學大慶，學校也要學解放軍。解放軍好是政治思想好。1963年11月16日，毛澤東給林彪等人的信中，充分肯定了林彪的工作，說：四個第一好，這是個創造。解放軍的思想政治工作和軍事工作，經林彪同志提出四個第一、三八作風之後，比較過去有了一個很大的發展，更具體化又更理想化了。1964年2月，毛澤東再一次讚揚林彪。說四個第一好。我們以前也未想到什麼四個第一，這是個創造。誰說我們中國人沒有發明創造？四個第一是個創造，是個發現。還說：我們以前是靠解放軍的，以後仍然要靠解放軍。

　　其實，這些思想也不是林彪的專利，而是他從群衆中總結出來的。在林彪主持軍委日常工作期間，大力宣揚了雷鋒、王傑、歐陽海等普通戰士爲代表的先進典型，特別是雷鋒，紅遍全國。直到今天，雷鋒仍是青少年學習的榜樣。

　　傳達九一三事件時，有一句"林彪在歷史上曾做了一些有益的工作"。

誰能批倒林彪的"政治經"

　　林彪號召：高舉毛澤東思想偉大紅旗，把我軍建成毛澤東思想大學校！

　　高舉毛澤東思想紅旗，把毛澤東思想真正學到手！

　　大海航行靠舵手，幹革命靠毛澤東思想！

　　讀毛主席的書，聽毛主席的話，照毛主席指示辦事，做毛主席的好戰士。

武裝起来的人是最大的战斗力

我空军击落美帝重型攻击机一架
林彪副总理兼国防部长颁令嘉奖

我空军部队四月十二日下午在广东省雷州半岛地区上空，击落侵入我国领空进行军事挑衅的美帝国主义A—3B重型攻击机一架。

林彪副总理兼国防部长当天颁发嘉奖令，表扬空军部队打得好。嘉奖令指出，美帝国主义派重型攻击机深入到我大陆上空进行军事挑衅活动，是对我国领空主权的公然侵犯，也是美帝国主义在加紧扩大侵略越南战争的同时，妄图把战争强加在中国人民头上的一个严重步骤。你们一仗打得好，给了侵略成性的美帝国主义的战争挑衅以迎头痛击。

嘉奖令希望空军部队广大指战员，继续毛泽东思想伟大红旗，突出政治，严阵以待，决消灭敢于来犯的一切敌机，在保卫祖国领粉碎美帝国主义的战争挑衅的斗争中，争取的胜利。

林彪元帥嘉獎令

我再次击落美制蒋匪U—2飞机
林彪元帅通令嘉奖击落美制蒋机的空军部队

据新华社消息，美制蒋匪帮U—2型高空侦察机一架，于1日下午窜扰我华东地区空，被我空军部队击落。

国防部长林彪元帅颁发嘉奖令，表扬击落U—2飞机的空军部队。嘉奖令说，这一是你们坚决执行命令，兢兢业业，常备不懈，钻研战术技术，苦练过硬本领所取得的成希望你们戒骄戒躁，好好总结经验，加强战备，随时准备打击来犯敌机，争取新的胜利。

這些家喻戶曉的"林副主席語錄"，誰敢批呢？

批判林彪在我軍政治工作中的作法，幾乎沒有一個能深批下去！

林彪在中央工作會議上說：對毛主席的指示，要堅決執行，理解的要執行，不理解的也要執行！爲什麼要這麼說？1943年毛澤東正式成爲中國共產黨的主席時，就明確規定：中央政治局會議上，主席有最後決定權！

1978年4月的全軍政治工作會議，幾乎沒有點出林彪在哪一個具體問題上反對和破壞我軍的政治工作。甚至被毛澤東肯定的林彪主持制定的《決議》，其主要精神仍被重新印發全軍。7月，中共中央批准頒發《中央軍委關於加強軍隊政治工作的決議》和《中國人民解放軍政治工作條例》明確規定：堅持政治掛帥，思想領先，進一步明確政治工作在新的歷史條件下仍是我軍的生命線[29]。林彪倡導的"三八作風"，雖然剝掉了"三八作風"這個詞，但其內容是毛澤東的，所以仍是衡量我軍政治工作的標準之一！

林彪元帥嘉獎令

直到九一三事件前，仍沒有證據證明林彪有動用軍隊謀害毛澤東的任何陰謀。林彪號召全軍忠於毛澤東，忠於毛澤東思想，有這樣自己搞自己陰謀的嗎？如果他要謀害毛澤東，他的那些家喻戶曉的"共誅之共討之"，不僅把整個軍隊都推到了他的對立面，而且給自己挖好了墳墓。難道這像那個在指揮作戰時深思熟慮，走一步看三步的傑出軍事家？

在1980年審判"兩案"時，沒有隻言片語提到林彪在我軍政治工作中的問題。至今很多人仍認為，林彪學習毛主席著作的一整套做法，也許不是最好、最科學，但卻最有效、最切合實際。當然有錯誤，但決沒有"罪行"！而且那些不足與過錯，也不能由林彪一個人承擔。

為什麼林彪對政治如此情有獨鍾？這不能不說到戰爭年代，那些解放戰士，在國民黨軍隊還膽小如鼠，一旦被解放，為什麼馬上掉轉槍口，成了勇敢的戰士？那些翻身農民，一穿上軍裝，為什麼勇於犧牲？林彪在1944年10月就說：我們首先要把政治教育搞好。如果沒有好的政治教育，軍訓搞好是很困難的。我們的戰鬥力，決不是簡單的軍事技術和戰術，很重要的是我們內部的團結和對敵人的仇恨。所以，部隊應該以政治教育為主[30]。

林彪在關注政治的同時，也關注軍事

1959 年 10 月，林彪在軍委常委會議上提出新的戰略方針 "北頂南放"。就是說，北邊堅決頂住，而南邊把敵人放進來打。將全國的海岸線劃分為死守地區和固守地區（兩者大約以長江為界）。死守地區不打運動仗，只打 "不動仗"。在其他地區，有進有退。林彪指出：除保衛華北、東北，固守地區除長江流域的大城市外，其他城市杭州、福州、廣州都可以放棄，讓敵人去占，不怕打爛壇壇罐罐，給敵人一點甜頭。與此同時，林彪還提出 "島重於岸" 的思想，說海島不能放棄，守島要重於守陸地。越是小的地方，越是好守。蔣介石守一個中國沒有守住，但是金門、馬祖、臺灣守住了，問題就在於它小，有水。要把我們的島子都變成金門、馬祖，死守起來就可以消耗敵人。1960 年 5、6 月，林彪在視察濟南軍區時說：濟南軍區沒有什麼運動戰，就是陣地戰，就是死守，只有 "頂"，沒有 "放"。首先不讓敵人上島，上島不讓敵人上岸，上岸不讓敵人前進，這個思想要非常明確。沿海建設很重要，海上一寸土，比陸地上一座山的作用大得多。

林彪多次重申 "北頂南放"，這主要是針對當時美國可能從南北兩個方向對中國實施大規模的入侵而言。即北面越過三八線經朝鮮侵入東北；或沿八國聯軍進攻中國的老路，突入渤海直插京津一帶；或在山東龍口、青島登陸，迂迴京津；或向徐州、連雲港方向突擊，切斷隴海、京瀘鐵路，進而向西威脅京廣鐵路，造成分割中國南北的態勢。南面入侵主要是兩個方向，一是以臺灣為跳板，進攻中國東南沿海各省；一是從越南和南海侵入我國兩廣地區。如此看來，北面入侵顯然威脅大一些。

1960 年 1 月 22 日至 27 日，中央軍委在廣州召開擴大會議，會上林彪作報告，通過了《1960 年的國防建設工作綱要》。

11 月，中央軍委要召開條令條例會議，研究制定人民解放軍的內務、紀律、戰鬥等條令。林彪到廣州的第二天，就讓學習秘書李德搜集發達國家軍隊的各種條例條令。說這些東西過去黃埔軍校、保定軍

1963年3月，中共中央頒發《中國人民解放軍政治工作條例》

官學校、雲南講武堂都有一些，現在大都散失。廣州也許能找到一
些，不然就花錢到香港舊書店買。秘書最後總算找到幾本，林彪驚喜
地拿著放大鏡一本一本看。葉群擔心林彪看壞了眼睛，幾次說讓秘書
讀一讀吧。但林彪認為，只有親自摸一摸有關材料，才有發言權。

　　1961年6月，毛澤東在北京一次會議上表揚：最近林彪同志下連
隊做調查研究，瞭解了很多情況，發現了我們部隊建設中一些重要的
問題，提出了幾個部隊建設很好的措施。那一段，林彪接連跑了一些
部隊，和基層幹部戰士交談。後來他身體不好，他就委託葉群代他下
部隊。林彪這個人，不幹是不幹，要幹就一定要幹得最好。

　　但這之後，公開場面已經很難見到林彪的身影了。像1962年的
兩大戰事，粉碎蔣軍竄犯東南沿海地區和對印自衛反擊戰，都沒有見
到林彪的言行。林彪因過度勞累重新"冬眠"，很長一段時間他極少
在媒體露面。

1960年糧食供應困難，林彪到部隊，觀看連隊代糧的小球藻

一九六〇年五一國際勞動節，林彪與外賓握手

一九六一年二月九日，解放軍報刊登林彪關於訓練工作的指示

1961 年國慶節，天安門城樓上，林彪位於左一

1961 年國慶節祝酒會，劉少奇致祝酒詞，林彪位於左四

林彪提出解放軍學空軍

　　1949 年 11 月 11 日，中國人民解放軍空軍成立。從 1950 年起，每年空軍都要組建三至四個航空兵師。截止到 1951 年 5 月，空軍連續組建了 17 個航空兵師、34 個航空兵團。短短三年，人民空軍從無到有，至抗美援朝結束已經建立了 28 個航空兵師，70 個航空兵團，擁有各型飛機 3000 餘架[31]，作戰飛機的數量僅次於美國、蘇聯，位居

1961年11月1日，毛澤東接見出席全軍政治工作會議的代表，
右五是林彪

1961年4月，林彪來
到某部炊事班

1961年12月23日，
林彪視察海防前線
某部二連炮兵陣地

1959 年底，林彪到北京軍區視察，楊勇（北京軍區司令員）給林彪介紹戰士的射擊訓練

世界第三位。

　　創建空軍有一個很特殊的情況。為了解放臺灣，才有成立空軍的臨時動議，所以 1 9 5 0 年全軍總預算中沒有包括空軍建設的費用。而後來解放臺灣的任務改成抗美援朝，空軍要出動作戰，花錢多不說，還急。總後勤部沒有辦法，向中央財政委員會求援。因為當時根本編不出總預算，中央財政委員會不可能往外掏錢。代總參謀長聶榮臻寫報告，經劉少奇批准，空軍除經常費用外，從戰費裏開支。據此，1 9 5 0 年總後勤部批給空軍 7 7 2 2 億[32]，此外，還有近 3 萬億的裝備由中央直接支付。除去大軍區代供的經費，空軍花的錢占 1 9 5 0 年國家

60 年代初，林彪陪毛澤東和劉少奇接見部隊代表

預算的 5.39%，占整個國防費的 13%。這個天文數
字，還不包括可以買 3700 架殲擊機的全國各界捐
款。空軍突然成爲"大富翁"，除得到全國、全軍的
大力支援，也是與空軍司令員劉亞樓的魄力分不開
的。

1960 年林彪
視察連隊

　　爲解決飛行指揮幹部，空軍黨委擬採取緊急措
施，從陸軍選調營團幹部到航校培訓。劉亞樓在參加
七屆三中全會時把報告直接送到毛澤東手裏，毛澤東
口頭指示有關軍區負責人如數選調。很快 90 多位體
檢合格的營團幹部，經航校培訓，成爲空軍第一批飛行指揮員。

　　1950 年 1 月，劉亞樓建議，空軍聘請了 19 名蘇聯顧問。年底，
空軍直屬機關又聘請了 15 名蘇聯顧問。那時空軍的報告，毛澤東都
是隨到隨批，連一分鐘都不壓。1952 年 2 月 4 日，爲解決急需的空
軍裝備，毛澤東親自與海軍領導商量，把準備購買軍艦的外匯轉買飛
機。

　　空軍初創，劉亞樓對林彪說，林總，我想提一個關於創建空軍的

1961年11月13日，林彪與緬甸聯邦國防軍總參謀長奈溫將軍親切交談

林彪會見緬甸奈溫將軍

1961年12月23日，林彪視察海防前線部隊

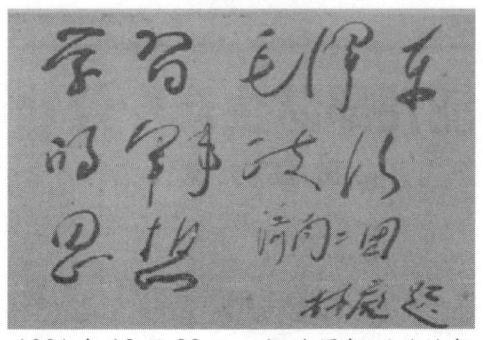

1961年12月23日，解放軍報刊登林彪視察海防前線給濟南二團的題詞：學習毛澤東的軍事政治思想

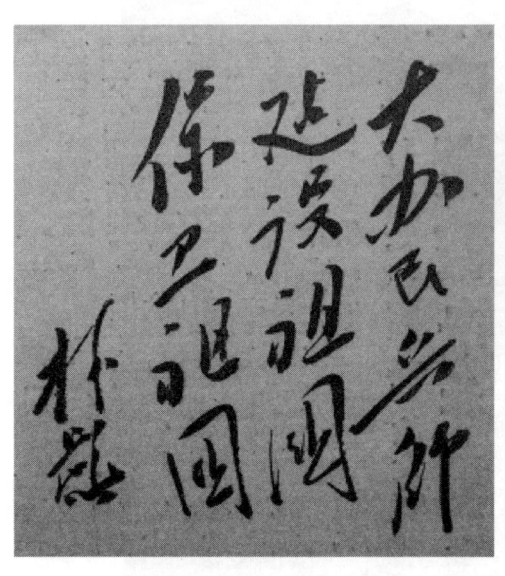

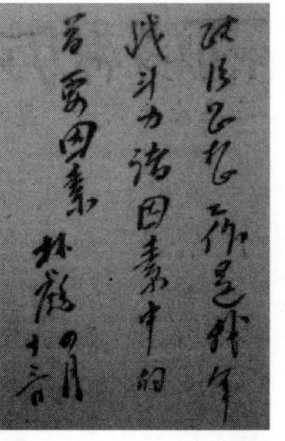

一九六〇年六月十七日，解放軍報刊登林彪給政治學院的題詞：政治思想工作是我軍戰鬥力諸因素中的首要因素

1960年4月19日，解放軍報刊登林彪為全國民兵代表會議的題詞：大辦民兵師，建設祖國，保衛祖國

基本指導思想。是不是可以這樣提，在中國人民解放軍的基礎上建設空軍。林彪不明白，空軍是解放軍的一部分，怎麼叫做在解放軍的基礎上建設空軍？劉亞樓腦子非常快，馬上說，那麼改成在陸軍的基礎上建設空軍，好不好？林彪仔細想了一下，說在陸軍的基礎上建設空軍，很好，就是要在陸軍的基礎上創建空軍，這樣提很好。1951年2月，空軍黨委第一次擴大會議，定下在陸軍的基礎上建設空軍的方針。很快得到批准，成為空軍的指導方針和原則[33]。

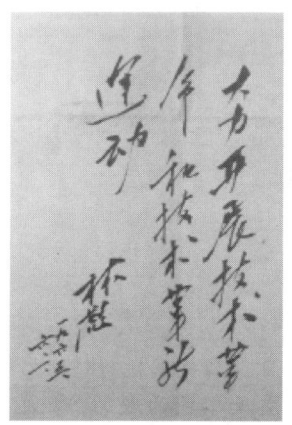

林彪題詞：大力開展技術革命

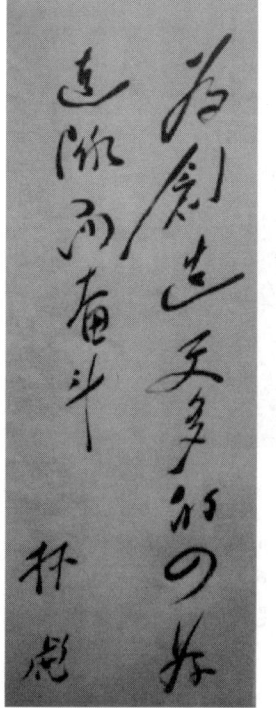

林彪視察某部三連的題詞：為創造更多的四好連隊而奮鬥

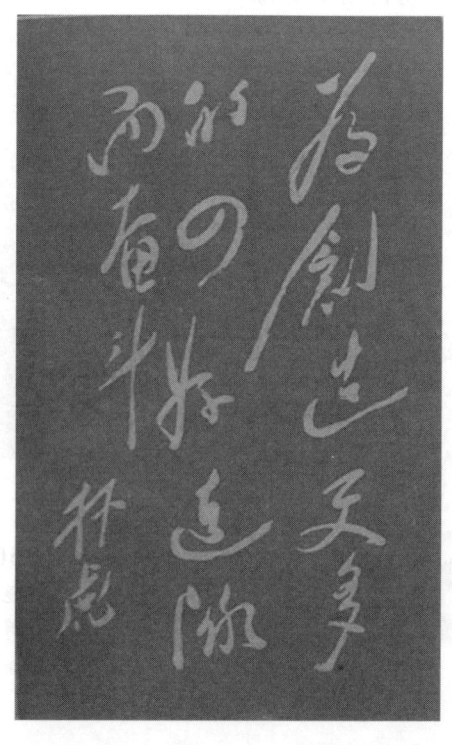

一九六○年十二月十四日，解放軍報刊登林彪給全軍步兵武器射擊比賽的題詞：一定要把射擊訓練搞好

458

林彪在吳法憲陪同下觀看空軍技術革新展覽，右一是葉群

1959 年 9 月，林彪在三座門召開軍委常委會議，討論擴大組建空降兵的問題。林彪首先說，現在的中國人民解放軍，陸軍是強大的，沒有問題，海軍、空軍和各個兵種，也都在發展之中。相比之下，就是空降兵不夠，現在只有一個旅。現代戰爭需要大規模地在敵人後方進行跳傘作戰。也就是說我們不但要有空降部隊，還要有空降武器，包括空降坦克、空降汽車、空降炮兵等。這樣才能適應現代戰爭的需要。因此，我們需要擴大空降部隊的建制。不過由於目前我們運輸機的數量有限，就先擴大一個軍，成立一個空降軍，歸空軍建制。這個空降軍，要從陸軍中調一個最強的軍來改建。陳毅表示同意，說他在南京組建空降兵旅時，就很重視，調了華東野戰軍的很多戰鬥英雄、模範。名額不夠，按政治可靠、身體健康、戰鬥勇敢、表現好等條件從戰士中補選。林彪說，陳老總這樣重視空降兵，比我的想法又進了一步，就是應當從陸軍部隊調戰鬥英雄、模範來。林彪再一次強調要選戰鬥經驗最多、打得最好的軍來改建空降軍。賀龍、徐

向前、聶榮臻、葉劍英、羅榮桓、羅瑞卿也發言贊成選擇陸軍１５軍。陸軍１５軍是抗美援朝戰爭中堅守上甘嶺的部隊，毛澤東很快在軍委報告上批示完全同意 [34] 。

１９５９年，中國空軍成立十周年，劉亞樓認爲：光依靠蘇聯的條例條令和教材不行，應該總結出自己的經驗。１月１６日，空軍黨委決定編寫條令教材和修改規章制度 [35] 。時任空軍黨委辦公室主任的王飛回憶：６月在杭州召開空軍黨委全委，定下來搞戰鬥條令，成立一個小組，劉亞樓當組長，組員有空軍副司令員常乾坤、曹里懷。

１９６０年夏天，劉亞樓被任命爲國防部副部長兼空軍司令員，他和編寫人員脫離工作，開始編一本空軍戰鬥條令。還沒有編完，劉亞樓突然打電話給王飛，要他立即到杭州來。那天有雷雨，王飛到西郊機場，有點緊張。專機師的負責人告訴他，飛機的飛行高度計劃在４０００公尺以上，而雷雨在２０００公尺以下，只要飛機穿過雷雨雲就沒事了。王飛當天下午到杭州，馬上參加討論。劉亞樓說要搞個秘書處，分兵種、機種，每一章搞一個小組，組長都是軍師一級的幹部。需要編寫的條令本子多了，編寫小組領導班子增加了兩位副司令員譚家述、劉震，還搞了個秘書班子，參謀長姚克佑是秘書長，副秘書長有王飛等好幾個人。

爲擺脫干擾，報軍委批准，劉亞樓坐鎮杭州，空軍日常工作由吳法憲等人負責。到１９６５年８月，完成空軍條例、條令３０６本，條例條令編寫告一段落。中央軍委條例、教材驗收

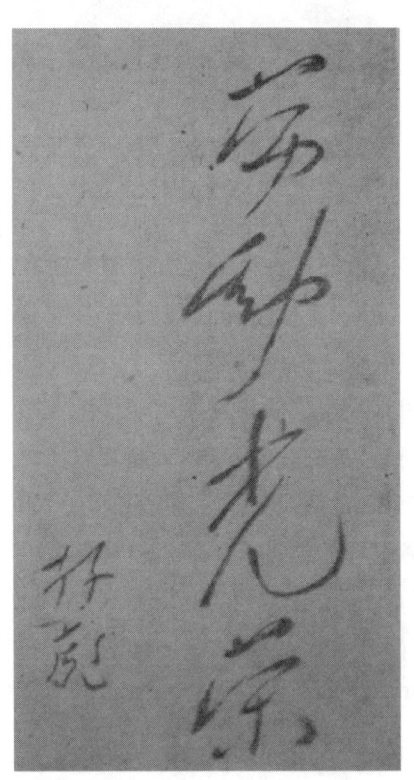

一九六一年三月八日，解放軍報刊登林彪給某坦克團家屬農場的題詞：勞動光榮

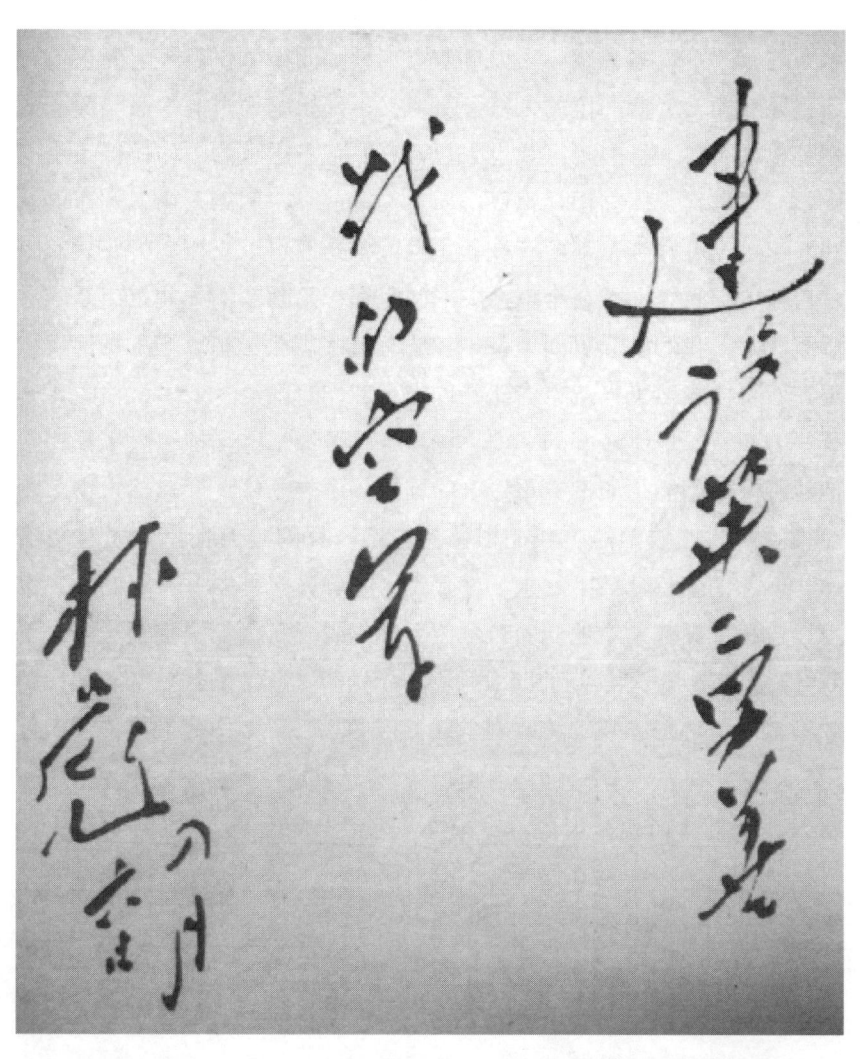

林彪為空軍的題詞

會議審查，認爲質量很好，體現了黨的領導和以我爲主的精神，很好地結合了我們自己的經驗，內容充實，規定具體，便於掌握和執行[36]。初稿成了以後，劉亞樓讓部隊試行。以後劉亞樓去世，沒有再修訂。

　　1962年，毛澤東提出全國學解放軍，林彪提出解放軍學全國人民。1963年元旦，劉亞樓和吳法憲到劉少奇、朱德、鄧小平、賀龍、聶榮臻、彭眞等領導家拜年。最後拜到林彪家，到林彪那裏沒有閒話可談，要談就談工作。劉亞樓匯報空軍情況，談到北京市委在空軍大院召開了現場會議，大力宣傳空軍大院的衛生搞得好。北京市委還組織參觀，一撥一撥的人很多，但又不好拒絕。賀龍、聶榮臻、葉劍英也來視察。林彪說，我也去看過呀。我看空軍的工作搞得不錯，應該立為標兵。樹立標兵也是一種工作方法，四個第一、三八作風、四好連隊、五好戰士都要有標兵。各行各業都可以立標兵，使大家學有榜樣，趕有先進，在全軍造成一個比學趕幫的熱潮。北京市委的這個辦法好，我們解放軍要學習。我早有這個想法，想以空軍為標兵。現在看時機成熟了。空軍自建立以來，工作有朝氣，要求嚴格認真，有些方面做得是比較好的。樹立標兵，就是像站隊一樣，大家都要向他看齊。你們能不能把空軍建設的經驗搞個幾十條，介紹給大家？劉亞樓說，這比較困難，我們根據毛主席、林副主席指示做了一些工作，但恐怕一時總結不起來。林彪說，不要顧慮那麼多。不好的，也可以自我批評嘛。看他們面有難色，林彪說，我已經決定了，等一下我與羅瑞卿、楊成武（副總參謀長）、蕭華（總政主任）、梁必業（總政副主任）、劉志堅（總政副主任）他們說一下，由他們去佈置，你

出入非常嚴格的空軍大院

空軍機關大樓

們只要準備經驗就是了。

午飯剛過，楊成武和梁必業就來到空軍大院。林彪動作就是這麼快，他已經向軍委提議樹立空軍為標兵，並且在全軍樹立各種先進集體和先進個人，要總參和總政具體負責，先與空軍談談，拿出一個文件來。楊成武說，他們是代表總參、總政來表示祝賀和學習的。學習空軍是一件大事，他們要報告羅總長。

由羅瑞卿主持，劉亞樓掛帥，空軍成立司令部、政治部、黨辦、報社等幾個單位組成的領導班子，系統研究空軍的經驗。經空軍常委反復討論修改，報羅瑞卿批准，又報到林彪那裏。林彪說羅總長批了，我就不看了。

1963年4月，經林彪、賀龍、聶榮臻和羅瑞卿商定，在三座門召開100多人參加的軍委擴大會議。會議由羅瑞卿主持，賀龍、聶榮臻出席，劉亞樓介紹了空軍的經驗。王飛回憶：剛開始是總政搞了個材料，劉亞樓沒有按這個講，自己拉了個提綱，講了兩天[37]。羅瑞卿總結：林副主席指示，要在全軍開展比學趕幫的運動，要立標兵。說空軍工作搞得不錯，比較起來，空軍可以成為標兵。同志們聽了他們的

1961 年國慶招待會，中間穿元帥服的是林彪

經驗，看看是不是有的地方值得學習。比空軍做得好的，也可以講出來，也可以列為標兵。總而言之，要借這個機會，推動全軍的比學趕幫運動。

賀龍、聶榮臻贊成林彪的決定，同意羅瑞卿的講話。

之後在人民大會堂召開萬人大會，駐京部隊、院校營以上幹部，以及中央和北京市黨政機關處以上幹部參加，劉亞樓在會上介紹了空軍的經驗。"文革"前只有兩個人在人民大會堂演講，石油部部長余秋里講大慶油田[38]，另一個就是劉亞樓[39]。

1966 年 6 月 6 日，空軍黨委第十一次全會在吳法憲主持下倉促開幕。這時劉亞樓去世已一年有餘，由政委改任的空軍司令員吳法憲成了萬炮齊轟的"靶子"，有人說空軍這個標兵是假的。吳法憲認為，立空軍為標兵，不是劉亞樓說了算，甚至也不是林彪說了算，毛澤東同意後才樹立起來的[40]。

注釋：

1　譚雲鶴《我的回憶‧遼瀋、平津戰役中的林彪》，香港文化中國出版社 2006 年 4 月版，16 頁。

2　1996 年 10 月 11 日，採訪林豆豆筆記。

3　《吳法憲回憶錄》上，香港北星出版社 2006 年 9 月版，459 頁。

4　《吳法憲回憶錄》上，香港北星出版社 2006 年 9 月版，461-462 頁。

5　2005 年 1 月 5 日，採訪邱路光筆記。

6　1996 年 10 月 11 日，採訪林豆豆筆記。

7　譚雲鶴《我的回憶‧遼瀋、平津戰役中的林彪》，香港文化中國出版社 2006 年 4 月版，115-116 頁。

8　蘇克之、湯從列《八千里路雲和月》，解放軍出版社 2001 年 1 月版，491-498 頁。

9　2007 年 1 月 13 日，採訪譚雲鶴筆記。

10　《吳法憲回憶錄》上，香港北星出版社 2006 年 9 月版，518 頁。

11　1996 年 10 月 11 日，採訪林豆豆筆記。

12　參見水靜《特殊的交往——省委第一書記夫人的回憶》，中央文獻出版社 2005 年 3 月版，227-235 頁。

13　1996 年 10 月 11 日，採訪林豆豆筆記。

14　2000 年 9 月 9 日，採訪關光烈筆記。

15　2006 年 10 月 24 日，採訪黃春光筆記。

16　三八作風：堅定正確的政治方向，艱苦樸素的工作作風，靈活機動的戰略戰術；團結、緊張、嚴肅、活潑。

17　"七千人大會"，即中共中央擴大的工作會議。

18　《吳法憲回憶錄》下，香港北星出版社 2006 年 9 月版，546 頁。

19　2007 年 1 月 13 日，採訪譚雲鶴筆記。

20　三面紅旗，即總路線、大躍進、人民公社。

21　譚雲鶴《我的回憶‧遼瀋、平津戰役中的林彪》，香港文化中國出版社 2006 年 4 月版，117-118 頁。

22　《吳法憲回憶錄》下，香港北星出版社 2006 年 9 月版，550 頁。

23　逄先知、金沖及《毛澤東傳 1949-1976》下冊，中央文獻出版社 2003 年 12 月版，1197 頁。

24　《建國以來毛澤東文稿》第 10 冊，中央文獻出版社 1996 年 8 月版，62 頁。

25　見林彪在中共中央華中局紀念中國共產黨誕生 28 周年大會上的講話。

26　酒泉基地，發射了中國第一顆導彈、第一顆人造衛星、第一艘載人飛船。

27　盧弘《軍報內部消息》，時代國際出版有限公司 2006 年 1 月版，15-21 頁。

28　四個第一：人的因素第一，政治工作第一，思想工作第一，活的思想第一。

29　《中國人民解放軍大事記 1927-1982》，軍事科學出版社 1983 年 11 月版，402 頁。

30　《林彪選集》131 頁。

31　參見《當代中國空軍》，中國社會科學出版社 1989 年 10 月版，88 頁。

32　舊幣 1 萬元等於人民幣 1 元。

33　《吳法憲回憶錄》上，香港北星出版社 2006 年 9 月版，477-497 頁。

34　《吳法憲回憶錄》上，香港北星出版社 2006 年 9 月版，503 頁。

35　《當代中國空軍》，中國社會科學出版社 1989 年 10 月版，661 頁。

36　《吳法憲回憶錄》下，香港北星出版社 2006 年 9 月出版，512 頁。

37　2006 年 9 月，採訪王飛筆記。

38　大慶油田，工業系統學習的榜樣。

39　《吳法憲回憶錄》上，香港北星出版社 2006 年 9 月版，507-511 頁。

40　《吳法憲回憶錄》下，香港北星出版社 2006 年 9 月版，581-584 頁。

第九章

病魔纏身

林彪重新進入"冬眠"狀態

林彪一生有三個"冬眠"期，抗戰受傷後，50年代和60年代。

1962年，林彪參加了北戴河會議，毛澤東在這次會議上提出階級鬥爭年年講，月月講，天天講。林彪在會議中間請假，去東北大連療養了一個多月。這時林彪確實有病，有人在天津親眼看見林彪躺在地毯上睡覺，他已經病得連床也上不去了。很長一段時間，林彪閉門不出，什麼活動也不參加。12月5日，林彪給毛澤東寫信，提到看到兩個文件很高興，一是中央關於農村社會主義教育運動問題，一是赫魯曉夫給毛澤東的信。12月14日，毛澤東復信對林彪的健康極關心：身體有起色，甚為高興。開春以後，宜到戶外散步。

在秘書眼中，林彪個子不高，瘦弱，走路目不斜視，性格平和、含蓄、有耐性，和普通人沒有什麼兩樣。但只要仔細看，就會發現林彪臉上沒有一點血色，蒼白得嚇人。70年代張寧[1]第一次見林彪，感覺他臉色蒼白發青，像一副衣架子。這是因為林彪不喜歡曬太陽，平時除了在屋子裏散步，就坐著。

譚雲鶴回憶：解放戰爭時期林彪住在哈爾濱、瀋陽、北平時，就是大白天，他也喜歡拉上窗簾，打開電燈。他覺得這樣顯得安靜一些，好集中精力思考問題。但那時多住在農村，不要說窗簾，

60年代林彪在養病中

林 彪

林彪
畫傳

罗荣桓元帅在北京逝世

新华社博长说 中国共产党
中央政治局委員

放了包陀海南岛在内沿
觉第七次全國代表大会
中国共产党第八刀
為中央委員，共选八届
委員。1941年9月任古
代表大会常务委員会委員，全國人
民代表，抱部任中央政
即民政的领导職步委員和原主向员長期
患病，抢的无效。于1963年12月
16日下午二时三十七分在北京逝
世，享年六十一岁。

罗荣桓元帅是中国共产党的优秀党員，偉大的无产阶級
命家，是毛泽東同志軍事里想，罗荣桓

1963 年 12 月 16 日，
羅榮桓病逝

1963 年 12 月 22 日，北京勞動人民文化
宮，一萬多人為羅榮桓開追悼會，鄧小平
致悼詞，劉少奇、朱德、林彪等陪祭。有
人說林彪沒有出席羅榮桓的追悼大會，有
照片為證

罗荣桓同志
治丧委員会名单

主 任：刘少奇				
委　員：毛澤東	周恩來	朱德	陈云	林彪 邓小平
董必武	彭眞	陈毅	李富春	刘伯承 贺龙 李先念
柯庆施	李井泉	谭震林	烏兰夫	陆定一 陈伯达 康生
薄一波	王陈祥	李雪峰	罗瑞卿	刘瀾涛 杨尚昆 胡乔木
郭沫若	黄炎培	李維汉	陈叔通	赛福鼎 程潜
班禅額尔德尼·却吉坚贊		何香凝	林枫	邓子恢 蕭荣臻
謝覚哉	张鼎丞	徐向前	叶剑英	宋任穷 陶鑄 张治中
傅作义	蔡廷鍇	萧劲光	粟裕	张云逸 許光达 徐海东
王树声	譚 政	刘亚楼	谢富治	胡成武 許世友 陈錫联
韋国清	张爱萍	张宗砀	彭昭輝	王新亭 李天佑 韓先楚
杨勇	蕭华	黃永勝	杨得志	苏振华 賴傳珠 傅 鐘
甘泗淇	邱会作	李聚奎		

羅榮桓治喪委員會名單

毛主席等党和国家領导人
向羅榮桓同志的遺体告别
中共中央軍委号召全軍向罗荣桓同志学习

新华社十七日訊 中国共产党中央委員会
等党和国家的領导人，中国人民解放軍各總部
的負责人，陆續到北京 医院，同罗荣桓 同志
告别。

罗荣桓同志的治丧处举行告别的党和国家領导
中央人民政治协商会議全国委員会，中央革命軍事
代表大会常务委員会负责人，中央政府院负责
部門的負责人，先后来到北京医院，向罗
出殡前向小平同志致哀，並向守灵的遗体告别的
亲属表示亲切的慰問。

朱德委員长，彭眞同志，陈毅同志
尤沈、陈再友、王爭严、谭政、黄华，叶子
勇、楊勇高、杨得志、蔡申、杨振武、到京高等都
陈、陈叔通、黄依文、王尽培、王平、坐政、李志文、许
賴、陈奇清、韩荣炳、余时明、罗时明等人

当天到北京的中共中央軍委各員到
会員員員全国会員負责人員会委員員員，各成員
中央軍北京市人民委員会負责人，北京各部
負责人，首北京军各部，自由民食民人，以及
京某某某员，某某区、各某某种共和，各某某某人

党和國家領導人向羅
榮桓遺體告別

晚上連電燈也沒有，他不拉窗簾也指揮了兩大戰役 [2] 。解放初林彪病
在床上，吃喝拉撒也不下地，越來越怕光。為了躲光線，兩間大房子
全部拉上三層絲絨布的厚窗簾，像進了山洞。白天進去都要打手電，
手電筒還要穿上"衣服"。

　　1953 年春天，林彪從蘇聯治病回國幾年了，不僅舊病沒好，反而

470

挽罗荣桓同志 　林彪

六亿人意气风发，日月重光，万里长征，方期任重道远。

数十年风雨同舟，肝胆相照，一朝永诀，痛失挚友知心。

林彪為羅榮桓(1902-1963)寫的挽聯，發表在《解放軍報》上

1965 年 4 月 14 日公祭柯慶施，右起第一人林彪

又添了很多新病：腰痛、頭痛、失眠、怕冷、怕熱、怕吵。病得最厲害時，住在城裏嫌吵鬧，一天到晚靜不下來。晚上林彪也不睡覺，不斷地"活動"。服務人員也不能睡，每天照顧他最少要20個小時，幾撥服務人員都給累垮了。

　　林彪怕的東西很多，最怕的是風，怕到神經過敏的地步。他的內衣內褲都是緊口，怕風鑽進去。誰走快一點，他就說有風。秘書講文件，要保持幾米遠的距離，免

1965 年 4 月 9 日，中央政治局委員、國務院副總理、中共中央華東局第一書記、上海市委第一書記、上海市市長柯慶施逝世

賴傳珠（1910-1965）曾任東北野戰軍第六縱隊政委，四野43軍政委，第15兵團政委。逝世前擔任瀋陽軍區第二政委，1955年被授予上將軍銜

林彪與瀋陽軍區領導人交談。左起：葉群、林彪、陳錫聯、賴傳珠，攝於1965年

一九六五年十二月二十四日，林彪電唁賴傳珠家屬

賴传珠同志治丧委员会名单

新华社二十四日讯 赖传珠同志治丧委员会名单

主任委员：林 彪

委 员：（按姓名笔划排列）

王树声 邓小平 邓子恢 叶剑英 刘少奇 刘伯承 刘志坚 朱 德 许光
许世友 孙志远 李先念 李天佑 李聚奎 李作鹏 宋任穷 张鼎丞 张云
张爱萍 张宗逊 吴 德 吴法宪 吴保山 周恩来 陈 云 陈 毅 陈锡
陈伯钧 陈奇涵 杨成武 杨 勇 杨得志 杨至成 邱会作 欧阳钦 贺龙
赵尔陆 聂荣臻 徐向前 徐海东 徐立清 萧 华 萧劲光 陶 铸 梁必
彭 真 粟 裕 黄永胜 黄火青 傅秋涛 曾思玉 谭震林

林彪同志电慰赖传珠同志家属

本报二十四日讯 中共中央副主席、国务院副总理兼国防部长林彪，今天致电赖传珠同志家属，对赖传珠同志不幸逝世表示沉痛的衰悼。唁电全文如下：

赖湘同志：

惊闻赖传珠同志在沈阳病逝，不胜悲痛，谨致沉痛的衰悼。

赖传珠同志的逝世，是我党我军的重大损失。他的战斗一生和高贵的革命品质，是全军同志的学习榜样。

望忍痛节哀，保重身体，努力工作，化悲痛为力量，培养和抚育儿女，为继承赖传珠同志未竟事业而奋斗。

林 彪

一九六五年十二月二十四日

472

左起：王淑媛、葉群、林彪、杜寶仲，1967年10月6日攝于毛家灣

得翻文件翻出風。爲了檢查室內是否有風，他要求把紙條吊在空中，紙條不動他才放心。打蚊子不能用蒼蠅拍，林彪認爲蒼蠅拍有風，只能用長竹竿捆上毛巾把蚊子"逼"到牆角。上小學的女兒林豆豆來看他，林彪很高興，拉著女兒的手直喊豆豆、豆豆。可是，林豆豆要給父親跳個藏族舞蹈，還要隔著窗戶。

1969年夏天，毛家灣裝上空調，涼風只能在頂棚慢慢流動。

林彪怕涼，不敢吃水果，甚至不敢與客人握手。他也怕熱，夏天多到北戴河或大連，在北京則住在有空調的人民大會堂浙江廳。林彪還怕水，視水爲敵，他從不洗手洗臉，也不洗澡。因爲很少喝水，所以他的小便極少。王淑媛回憶：林彪八年洗過一隻腳，十年洗過一次澡。每天只用乾毛巾擦一把臉，吃東西時，把手在沙發上擦擦就算洗了手。到後來越來越嚴重，從怕水到不敢看水，到北戴河要住在不能看見海的地方，甚至連山水畫上的水都不敢看。

關於這些，1953年林彪的病歷就有記載。

林彪到底有什麼怪病

　　林彪有自己的主意,不會被別人左右。但很聽司機初成瑞的話,就像小孩,初成瑞讓他幹什麼,就幹什麼。初成瑞參軍第三年給林彪當司機,從關外打進關內,打到漢口。1950年春,林彪回到北京。因病很少外出,初成瑞就由司機改成內勤,又為重病的林彪服務了兩年多。別人說洗澡林彪都不幹,只有初成瑞說林彪才同意,但反復交代,可別感冒了。說洗澡,也就是用濕毛巾象徵性地擦一把。

　　林彪的房間沒有燈,只有一個蒙了好幾層布的臺燈,用來看體溫表。在東北雙城指揮一下江南時,從蘇北過來的部隊凍傷了3500多人,使部隊失去了戰鬥力。林彪叫人特製一個兩尺多長的溫度計,根據天氣情況決定打不打仗。有一段時間林彪老是低燒,所以他非常關注自己的體溫,老是不降,林彪就很不安。醫生解釋不是毛病,也沒用。可是誰有本事把林彪的體溫降下來?除非神仙。初成瑞終於想出一個辦法,用兩個體溫表,其中一個定死36度,到時偷樑換柱,反正屋裏黑洞洞的。果然成功,不過林彪還是疑心了,老問怎麼"降"得這麼快?第二天趕快改成36度8。這一招果然靈,林彪精神好多了,坐了起來。初成瑞一愣。林彪很敏感,馬上問怎麼回事?初成瑞

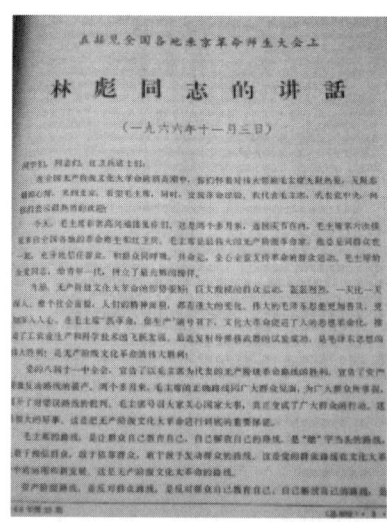

1966年11月3日林彪講話

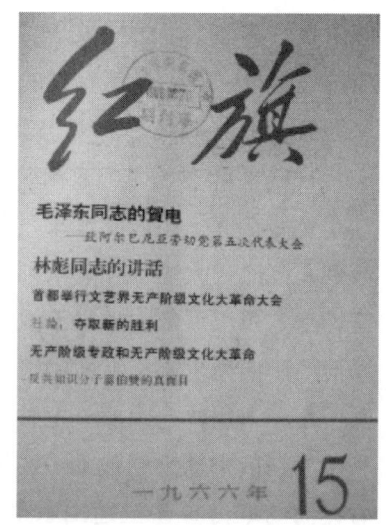

1966年第15期紅旗

474

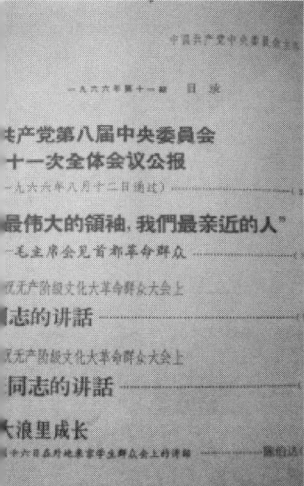

1966 年 11 期《红旗》雜誌目錄

紅旗雜誌1967年第 1 期

1967 年第 9 期《紅旗》雜誌目錄

說你的鬍子半尺多長了,是不是刮一刮。林彪嫌涼,最後答應剪一剪。

當然也不是所有的"騙"都能成功。有一回林彪腰痛,痛得在床上打滾,以後知道是腎結石。葉群急得不行,可化驗沒問題,林彪不信,葉群也不信。葉群和醫生交談,發現醫生上衣口袋有一張單子,抓過來一看,正是林彪的化驗單。上面寫著有問題,林彪知道很生氣。

林彪的生活非常規律,早 6 點起床,12 點吃午飯,下午 6 點吃晚飯,晚 9 點睡覺。吃得更簡單,只吃麥片粥,玉米粥、剝皮的饅頭片,用開水泡了吃。左邊一個暖瓶,右邊一個暖瓶,菜葉也要開水燙了才能吃。菜葉不加油鹽,什麼味也沒有。後來菜葉也不吃了,弄點菜泥。林彪從个吃大魚大肉,戰爭年代有一段他指名要吃臘肉。因爲他睡眠不好,從什麼書上看到臘肉有助睡眠,到平津戰役時已很少要吃臘肉了。在法庫他吃了幾口酸菜炒肉,連連說好吃,但又說不能再吃了,因爲吃肉會拉稀。林彪認爲吃螃蟹,他的肝"出汗",吃魷魚,他的膀胱出汗,吃青豆腳板發涼。一隻雞煮一個星期,他只喝幾口湯。偶爾吃點蒸肉餅和魚頭湯,完成任務似地喝兩口。林立果從王府井烤鴨店買了一隻烤鴨,他只吃了幾口鴨胸脯肉,嫌膩。韓先楚空運來一盆新鮮海蚌,他一口未吃。1969 年他住在蘇州,想吃兔肉。葉群叫警衛員坐吉普車到幾百里外的山區打來野兔,他只吃了幾口。1970 年秋後,許世友送來近百隻凍兔肉,也全成了別人的口福。林彪惟一的零食是裝在小布袋裏的炒黃豆,一邊散步一邊抓著吃。1966 年入冬後被葉群制止,說會拉肚子。林彪不沾煙酒,"文革"前常打開茅臺蓋聞

味，時間久了，也失去興趣。他最喜歡的是劃根火柴，聞那股"硝煙" 味[3]。

在東北，林彪的生活由秘書王本負責。廚師是冀東人，技術不高，但林彪從來不說什麼。林彪說我們自己吃得壞些，穿得壞些沒有關係。我們的生命只是滄海一粟。無數人的生命，他們後代的生命，才是寶貴的。……林彪不講吃，也不講穿，他對被褥的要求是溫度。開始睡覺蓋被罩，半夜換毛巾被，早晨換毛毯，換時要先卷成卷，從他脖子下一點點地往下撤。至於穿衣服，上級發什麼穿什麼，從不計較合不合身，美不美觀。他不穿毛衣、棉衣，而是套單衣。戰爭年代他總是穿灰布軍衣，解放後他穿普通的黑色或灰色的呢子衣服，甚至袖口還打著補丁。王淑媛在九一三事件後"揭發"林彪艱苦樸素，外面穿得好，裏面都是林立果穿剩下的，給他補補再穿。

王淑媛1923年出生在江蘇鎮江農村，念過私塾。鎮江解放前，丈夫被國民黨軍抓了壯丁，逃跑時被殺，她與兒子相依為命。解放

牆裏曾是林彪的家

1970年7月，上廬山前，葉群、黃永勝與林辦工作人員在北京合影，這時葉群的情緒非常好。

前左起：李春生、張雲生、李文普、黃永勝、葉群、郭連凱、于運深；後左起：畢新清（內勤戰士）、孫忠堂（衛生員）、黃永勝司機、費四金（黃永勝警衛參謀）、黃永勝警衛員、李根清。

後，王淑媛在鎮江軍分區政委家當保姆。1952年調到北京，在解放軍測繪學院幼稚園當保育員。先後被評爲三八紅旗手、全國先進生產工作者，曾參加1959年在人民大會堂召開的群英會。1963年秋選調到毛家灣。經過幾天試用，葉群徵求了她的意見，把她留下，直到九一三事件。她的具體工作是照顧林家的日常生活，開飯、洗衣服、打掃房間等。剛開始她不明白爲什麼醫生、內勤、秘書等都在葉群的指使下欺騙林彪，後來發現大家都是爲了林彪好，也就見怪不怪了。

林豆豆和"乾媽"王淑媛

林彪"顛車"的來歷

初成瑞回憶：林彪從不去醫院，不管是部隊醫院還是地方醫院，都不去。除了專家會診，他身邊有一個醫療小組。北京醫院的周院長，一個護士，還有就是我。林彪長期失眠，導致神經衰弱，經常吃安眠藥，有時一夜連吃三次。最後發展到頭痛。痛起來頭直晃，臉色白得嚇人，兩手捏著額頭，苦不堪言的樣子。常一邊走路，一邊用毛巾揉腦袋，他還不讓別人揉。屋裏裝著一輛固定的老式摩托車，排氣筒伸到屋外。只要林彪的頭痛病一犯，他就爬上摩托車。初成瑞按照葉群的吩咐，匆匆騎上摩托發動。林彪不住地催快些再快些，油門加到最大，烈馬一樣猛烈顛簸。林彪的手漸漸離開額頭，十幾分鐘後，他的臉頰有了血色，眼睛睜開一條縫，目光露出少有的感激。

生命在於運動，初成瑞試著抖動林彪的手和胳膊，他感覺舒服。林彪又要求抖動他的肩，初成瑞不敢。看來林彪喜歡劇烈的運動，他一坐車，精神就來了，床上睡不好，在車上卻睡得特別香。在葉群的支持下，初成瑞改裝了一輛中型卡車，後面掛上帆布棚子，兩邊各開一個小窗戶，屁股上裝兩扇門。林彪開始堅決不坐，後來勉強答應試試。車從廂紅旗跑到香山，又開回來。路是石子路，搖煤球似的，林彪感覺不錯。以後每天"顛"一趟，成了習慣，不顛就難受。有一次在廣州林彪半夜睡不著，命令走野地。初成瑞把汽車駛出廣州城，蹦蹦跳跳，林彪感覺非常舒服，小聲下令停車，我要睡一會兒。林彪在杭州住的時間比較長，身體逐漸好轉，還想"顛車"。杭州哪裏有北方的石子路？地方政府設計了一個幾噸重的顛床。結果林彪只震了一次，還不到三分鐘，就再也不坐了。在北京林彪轉車的路線是出毛家灣，經中南海西側的府右街，拐向天安門前的長安街，再往東環路向北繞行，一次大約四五十分鐘，行車二三十公里。汽車兩側和後玻璃全擋上深咖啡綢布，也不開窗，他也很少往車外看，閉眼打盹。北京的春天還冷，車裏沒有暖氣，為了提高車裏的溫度，初成瑞叫四五個警衛員，先轉幾圈。林彪一上車就問：今天車裏暖和，怎麼回事？……是啊，人多熱氣大啊。

轉車成了林彪的習慣，九一三前一天他還在北戴河轉了車。

1962年，中央軍委常委會在廣州召開，前排左起陳毅、劉伯承、林彪、賀龍、羅榮桓；後排左起、羅瑞卿、聶榮臻、徐向前、陶鑄、葉劍英

林彪的司機初成瑞

60年代初，毛澤東
和林彪夫婦在廣州

60年代中期，林豆豆和"四
清"時農村的房東大娘

葉群和林辦工作人員合影，攝於1965年
前排蹲者左起：于運深、林豆豆、李春生；
後排站者左起：郭連凱、連厚迎（廣州軍區、林辦臨時工作人員）、葉群
（頭被挖掉）、關光烈（林辦秘書）、陽地（林辦秘書、支部書記）。

李文普說，林彪從未吸過毒

　　葉群總是宣傳林彪身體健康。她對工作人員說：林彪的五臟和思維沒有任何問題。關光烈不知對誰說林彪怕出汗，反饋到軍委辦公廳負責人那裏，最後以洩密爲由把關光烈調走了[4]。

　　林彪的"工作"是每天半小時聽秘書"講"文件。"文化大革命"中，除奉毛澤東之命上天安門講話，或偶爾會見外賓，林彪剩下的時間除了睡覺和吃飯，就是獨自一人坐在暗室裏。一坐好幾個小時，一動不動，也不說話。雖然頂著"接班人"的貴冠，他卻很少開會應酬。有人說林彪是"政治病"，恐怕也不僅僅是政治病吧？

　　林彪不願意陪毛澤東接見紅衛兵，可不陪又不行。林彪警衛秘書李文普回憶：林彪陪毛主席到金水橋下接見紅衛兵，累得幾乎走不回來[5]。人到了走路都困難的境地，還能算健康嗎？也難怪"文革"時期要在"萬壽無疆"後祝林彪身體健康，實在是這位副統帥不健康

林彪正在題詞

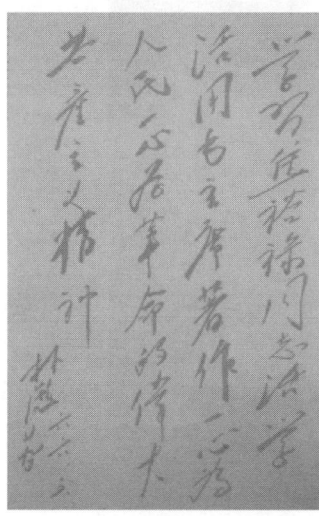

林彪題詞：學
習焦裕祿

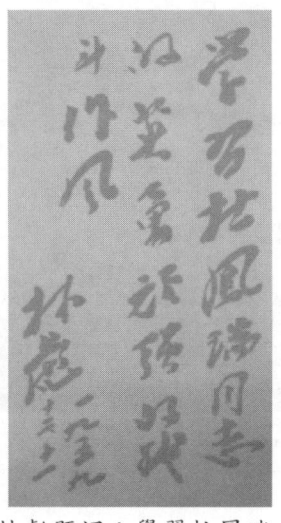

林彪題詞：學習杜鳳瑞

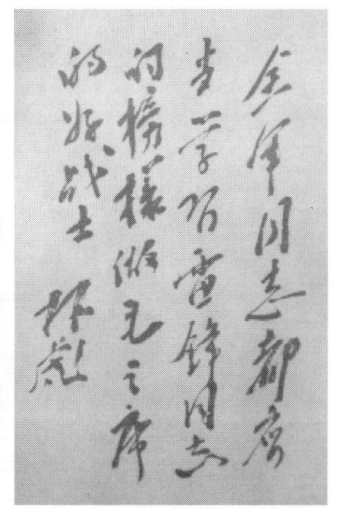

1963年3月5日，中國青
年雜誌刊登毛澤東、林
彪等人對雷鋒的題詞

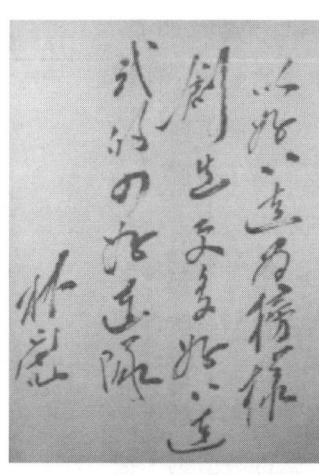

林彪題詞：以
好八連為榜樣

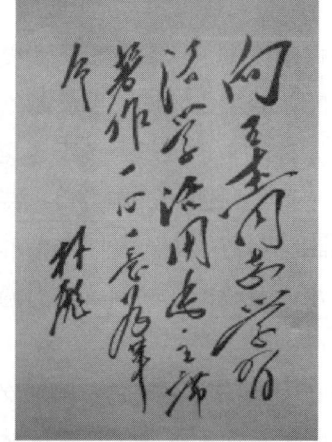

林彪題詞：向王傑同
志學習

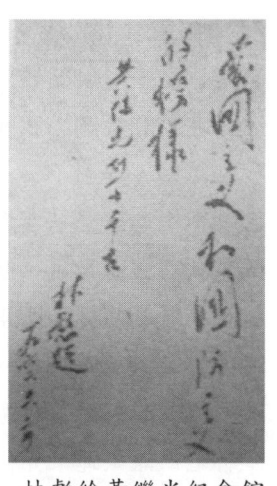

林彪給黃繼光紀念館
題詞：愛國主義和國
際主義的榜樣。黃繼
光烈士千古。

活學活用毛主席著作　一心一意为革命

林彪副主席号召全军向王杰同志学习

总政治部十一月六日发出通知，要求全军热烈响应林彪副主席的号召："向王杰同志学习，活学活用毛主席著作，一心一意为革命。"通知通过这一活动，在部队中掀起一个活学活用毛主席著作的新高潮，形成更加浓厚的学好人好事，做好人好事的政治风气，以进一步突出政治，落实四好，加强战备，随时准备粉碎美帝国主义的侵略。通知全文如下：

第九章　病魔纏身

1965年月11月6日，
林彪號召向王傑學習

483

毛澤東和林彪接見紅衛兵

啊。

　　每年的勞動節和國慶節對林辦工作人員來說，都是難關，按葉群的話說，最大的政治就是保證林副主席能"神采奕奕"地走上天安門。張雲生回憶：1970 年 5 月 20 日，天安門廣場召開百萬人大會，林彪宣讀毛澤東關於支持印度支那人民反對美國侵略者的聲明。他拉著湖北腔的長調：我要開始講話！我講講關於越南……半個越南……三個越南……過了一會兒林彪才正常起來，不過還是念錯了幾個字，巴勒斯坦念成巴基斯坦。葉群歸罪於工作人員，特別是李文普給林彪的安眠藥服過量了。據說林彪每次上天安門，葉群都讓衛生員給林彪打一種針，使林彪比正常人還精神。回到家藥力過去，林彪又像大病一場[6]。

　　李文普認為：林彪在天安門上說胡話，確是安眠藥過量。那天晚上林彪很難入睡，先後服了三次安眠藥，一起床林彪就打破慣例，把秘書叫來，叫秘書講點話題，防止與外賓談起來一問三不知。秘書才講幾句，林彪就呼呼睡著了。至於傳說林彪吸毒，李文普認為是謠言！他從 1954 年，先後三次在林彪身邊工作，一直到九一三事件，從不知道林彪吸毒。林彪的保健醫生蔣葆生 1956 年後開始接觸林彪，他也不知道林彪吸毒[7]。所謂林彪吸毒是怎麼回事呢？1969 年初，林彪兩天左右大便一次，葉群怕林彪念不了"九大"報告。醫生說可以用一點低於常量的鴉片粉，減慢腸蠕動。葉群瞞著林彪，從中南海小藥房取回一點鴉片，裝進膠囊。果然延長了林彪的大便時間，"九大"後，鴉片粉就慢慢停了[8]。

1966 年，林彪與紅衛兵握手

毛澤東、林彪和西哈努克親王在天安門城樓上

1970 年 5 月 20 日聲討大會現場

林彪正在念五二〇聲明

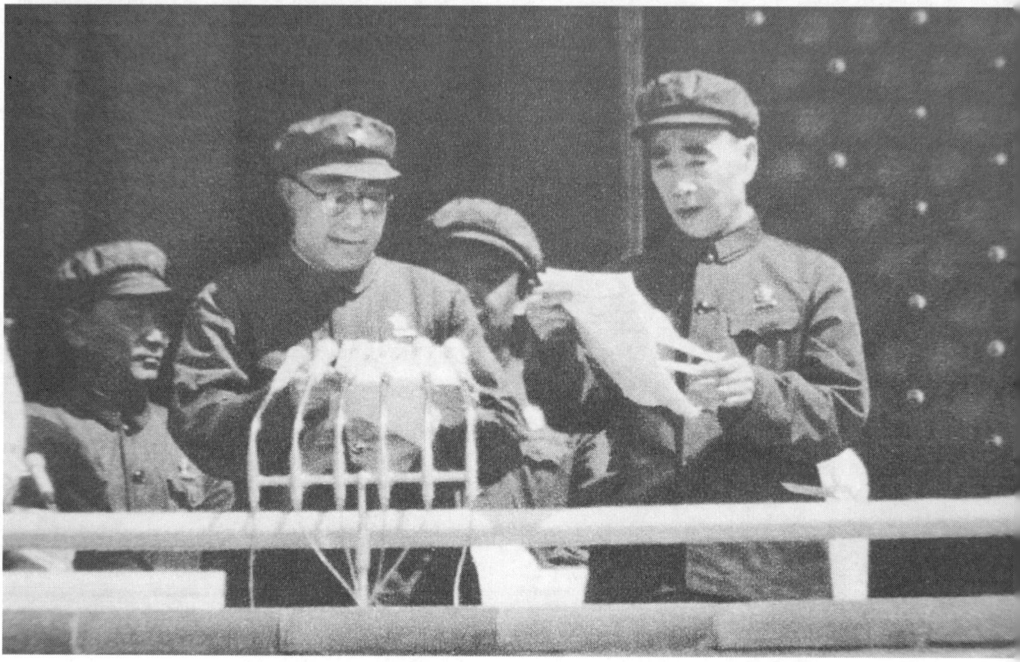

林彪在宣讀五二〇聲明。不知道是因為吃多安眠藥，
還是別的什麼，林彪在幾十萬人面前開始說胡話

人民大會堂

1971年5月，毛澤東、林彪和柬埔寨西哈努克
親王在紀念毛澤東發表聲明一周年大會上

毛澤東和柬埔寨西哈努克親王邊走邊交談，林彪在後面

毛澤東，林彪和紅衛兵在一起

林彪陪著毛澤東接見紅衛兵

紅衛兵爭著和毛澤東握手

奇怪，毛澤東沒有和林彪乘一輛車檢閱紅衛兵

保健醫生說，林彪有精神病

　　1969年春夏之交，毛家灣的氣氛有些異常，林彪不但很少聽文件，而且經常一人在客廳裏悶悶不樂。葉群懷疑林彪得了癌症，幾經勸說，林彪終於同意讓醫生來。不過林彪並不"配合"，不陳述，也不讓查體，只聽葉群說，就是有癌症也檢查不出來。爲了檢查林彪的腸胃，醫生建議鋇透。在李文普的勸說下，機器搬到林彪臥室，由李文普喂鋇粉，最後搞清楚胃沒有毛病，腸子有一點紊亂，但並沒有器質性病變。

　　沒有器質性病變就沒有病嗎？何況人除了"物質"，還有"精神"呢？一個長時間坐在黑屋子裏的人能算精神正常嗎？直到80年代，我國才第一次大規模地普查精神病，五六十年代，誰能想到精神也會得"病"？張雲生回憶：1998年我去北京，林彪的保健醫生蔣葆生兩次來看我，談起林彪有精神病，而且病程長。從1938年負傷後就開始了，病情不穩定，時輕時重，當時給林彪吃的藥都是穩定神經的藥。1952年專家就提出來了，因為涉及高級幹部，沒有下結論，但有詳細的病程和會診紀錄。林彪自己也說過，他"身體不好"，"神經不好"，在東北林彪就懷疑自己得了精神病。延安時期就擔任中央領導保健的醫生也說林彪有精神病，被葉群趕到西南一個醫學院去了。50年代蘇聯專家曾給林彪下過憂鬱症的診斷，葉群也把蘇聯專家趕走了。

葉群非常怕醫生給林彪戴上精神病的帽子。

抑鬱症的診斷標準，以心境低落為主要特徵：對日常活動喪失興趣或無愉快感；精力明顯減退，無原因的持續疲勞感；精神運動遲滯或活動明顯減少；自我評價過低，自責，有內疚感，可達妄想的程度；聯想困難，自覺思考能力顯著下降；反復出現死亡念頭，甚至有自殺行為；失眠或早醒；食欲不振，體重明顯減輕；性欲明顯減退。如果符合其中的四項症狀，且持續兩星期以上，即可診斷。

從這個標準看，林彪確實有嚴重的抑鬱症。他曾和工作人員商量，怎麼幫助他服毒自盡。他自己也想捅電門，幾次自殺未遂。到最後甚至忘記大小便，忘記吃飯。有一次葉群正在看電影，林彪內勤跑來，說首長嘴裏有口痰，讓問問主任，是吐出來還是不吐出來？葉群不耐煩地一揮手，告訴他吐出來。

飲食和睡眠太差是林彪健康的致命弱點。長期失眠會消耗大量的腦細胞，影響神經細胞的功能。林彪的飲食又跟不上，301醫院的專家診斷，林彪的卡路里嚴重缺乏，只有正常人的一半。食物中纖維素少，加上活動量又太小，刺激不了腸蠕動，造成嚴重便秘。更奇怪的是，林彪以便秘為榮，認為排出去的都是好東西。大便略軟一些，就認為拉稀，四處找藥吃。本來正常人是一天一次大便，而他兩三天一次大便還說拉肚子，非要一個星期解一次大便，像羊糞蛋砸得便盆咚咚響。在北戴河，林彪故意憋著不拉，李文普讓林豆豆去勸，不聽，又叫林立果去，說要排大便，就像高爐上面填料，下面要出渣。林彪說要你來訓我，滾出去！人體的代謝會產生一定的毒素，體內有三大

左起：閻長貴（江青秘書）、王宇清（毛澤東警衛員）、許春華（江青護士）、張素蘭（江青服務員）、王保春（陳伯達秘書）、吳旭君（毛澤東護士長）、葉群、江青、林彪、李志綏（毛澤東保健醫生）、徐業夫（毛澤東機要秘書）、孫占龍（江青警衛員）。後面6人已不在了。1967年5月1日攝

排除毒素的通道：大便、小便和出汗。而林彪的三大排毒系統都很少使用，不大便，不敢出汗，又極少喝水，致使小便也極少。這樣毒素長期蓄積體內，神經怎麼能不嚴重中毒？

　　1968年特別是1969年以後，林彪的健康有一定的恢復。1970年4月，他長期40餘公斤的體重增加了5公斤，醫生說這是精神憂鬱好轉的兆頭。

　　但人在"江湖"中，怎麼能不受"江湖"的影響？

　　林豆豆回憶：葉群好多事情都瞞著林彪，怕他闖禍。林彪偶然聽到"文化大革命"的事，總是憤慨不已，顫抖著，怒吼著，要衝出去見毛澤東，找江青他們拼命。不知多少次葉群急著撲上去，攔住他，用雙手捂住他的嘴，……最後不得不給他服用大量的安眠藥。就這樣，林彪的病不斷發作，葉群不敢給他講什麼事，並動員林辦所有工作人員長期對林彪說謊[9]。

　　現在看，這似乎是葉群保護林彪所能做的惟一事情了。

1967 年，穿著軍裝
的林彪和葉群

林豆豆，攝於 1965 年，這是目前
見到的惟一的她佩戴軍銜的照片

因為曬太陽，林彪的身體慢慢恢復

　　林彪的飲食不正常，又不讓隨便打針，經葉群同意，在他的常服
藥裏加上營養藥。平時吃藥林彪都是一口吞下，而這次他把藥放在舌頭
底下，等內勤一走，他拿出來看。晚上又拿出來，用放大鏡看，果然不
一樣。林彪下令把內勤抓起來。葉群出面，把內勤調走才算完事[10]。

葉群和越南南方青年在一起

1965 年，葉群與林辦秘書合影，左起：于運深、郭連凱、呂桂民、葉群、關光烈。攝于毛家灣後面的大房子外

林彪同志的讲話 ⋯⋯⋯

在胜利的大道上奋勇前进

—— 热烈庆祝中华人民共和国成立十九周年

《人民日报》、《红旗》杂志、《解放军报》社论 ⋯⋯⋯⋯⋯⋯⋯

1968 年國慶林彪講話

　　林彪這樣的生活習慣肯定不行，怎麼讓他恢復健康呢？醫生說要曬太陽。初成瑞先慢慢把臺燈的"衣服"撕開，露出一道光線，再慢慢把布拿掉。最後把門打開一點點，動員林彪出門。林彪堅決不同意。一再動員，他才勉強答應到棚子裏坐一會兒。以後在空房間開了個天窗，安上國外進口的紫外線玻璃，林彪坐在屋子裏舒舒服服曬太陽。

　　慢慢的，林彪每天可以在客廳裏散步了。身體好時，也在走廊散步。怕太陽直射，只有在無風的黃昏，他才到院子裏站一會兒。嘴裏自言自語，有時獨自發笑。他的腦子無時無刻不在轉動，以至散步時常撞到樹上。林彪把腦子裏想的寫在紙上，又把寫好的紙揉掉，再寫。他有時也會簡單地向秘書提示，秘書按類寫成小條。精神好時也練毛筆字，聽舊京劇唱片什麼的。

　　生命在於運動，林彪的身體機能慢慢恢復。

　　葉群一時興起，拉林彪"活動活動"。打乒乓球，林彪胳膊才晃了兩下，打了個噴嚏，葉群嚇得趕快把林彪扶進屋裏，一看體溫比平常高半度，馬上訓保健醫生：首長好幾天不舒服了，發燒，你們當醫生的沒發現，還要你們幹什麼？你們的階級感情到哪裏去了？

　　林彪生病後，除彭老總來的次數比較多，周恩來一般每個月都要來一兩次，還有羅榮桓、黃克誠等。黃克誠建議林彪到外地住一住，這事葉群作不了主，必須林彪同意。初成瑞叫老虎動員爸爸。老虎還小，纏著林彪要到外地去，讓林彪擋回來了。黃克誠說他來試試，林彪終於答應外出，但提出不能搞專列，只坐老百姓的客車。這肯定不可能，他這麼大的幹部，只能一級警衛。爲了不讓林彪生疑，鐵道部把林彪的專列跟客車停在一起，等林彪上了專列，再讓客車先走。走了一段，林彪掀開窗簾一看，發現不對，堅決要停車，可上了車就由不得他了。

南京……杭州……林彪在震動的火車上睡得很香。

林彪病後，中央給一些補助，1956年3、4月間在上海，林彪叫秘書寫報告，我現在身體可以了，除人減少外，額外補助統統不要，秘書寫後上送。

林彪最大的樂趣是讀書

林彪的身體慢慢好起來，有了大量的時間，他都用來讀書。

1960年10月，在全軍高級幹部會議上，林彪談起讀書，說我們要站在書上來讀，不要趴在書下來讀。要批判地讀，要吸取地讀。書應該爲我服務，而不是我爲書服務。讓書牽著鼻子走，我不幹！有些書就是換湯不換藥，沒有什麼新東西，只是舊思想、舊材料、舊詞句、重新編排了一下，換了個地方，就像搭積木一樣從這塊換到那塊，就是那麼幾塊板子。

林彪一向勤於思考，涉獵非常廣泛。林彪的屋子裏堆滿了書，他自己則真正做到手不釋卷。簡直到了廢寢忘食的程度。坐累了，就趴在板凳上看，常常讀書到深夜。林彪讀的多半是古今中外的政治、軍事著作，消化別人的經驗，以此解決實際問題。葉群也愛讀書，並注意積累資料卡片，爲林彪的講話服務。

林彪外出總要帶一部分書，他讀書的特點是刪繁就簡。看托爾斯泰的《安娜·卡列尼娜》，林彪說安娜是個真人，做真人很不容易。看《老子》，林彪說裏面充滿了辯證法，但不能把人們團結起來，部隊不宜提倡。

李文普回憶：林彪愛看書，我隨他到上海、大連、廣州，他經常上街逛書市，看到喜歡的書就買，由我算賬。有時一本書買三四本，劃出重要的內容，讓內勤剪下來貼到大本上，或製成卡片。買幾本《共產黨宣言》，看一次剪貼一次，最後剪得只剩幾句話。林彪說：就記住"大機器大工業"就行了，得其精粹[11]。

林彪的學習秘書李德回憶：林彪對中國歷史書籍更有興趣，集中在哲學上。上中學時他看過希臘赫拉克利特的自然哲學，以後又看過黑格爾的《小邏輯》等，再就是毛澤東的書常看。中央文件提到有關問題，他就買參考書看。毛澤東講《資治通鑑》，林彪回來就要翻一翻。國民黨時期出的馮友蘭的《中國哲學史》只有上冊，我找了好久，終於在上海的舊書店找到下冊，8元錢。那時8元錢一本書非常貴，很厚的書才幾毛錢。林彪說不準公家報銷，想買書，再貴也得買。

李德曾在《林彪讀書見聞》中記錄了1960年林彪讀書的大致情況。

1月，新任國防部長的林彪在廣州珠江賓館主持召開全軍高級幹部會議。爲回答"戰爭與和平"的問題，他讓秘書李德從廣州軍區政治部借了一套38卷《列寧全集》。李德看1至

北京圖書館，林彪60年代經常讓秘書來借書

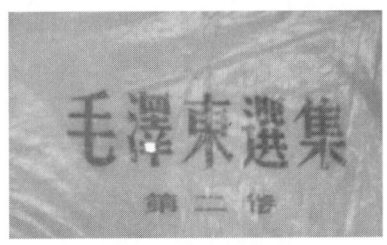

時任中共中央副主席的林彪送給林育南長孫林榮久的見面禮毛選四卷

《武經七書》是林彪最喜愛的兵書之一

林彪一家，攝於50年代

19卷，他自己讀20至38卷，重要部分用紅筆劃出，再找人把戰爭方面的論述做成卡片，要求兩天之內完成。李德說：後19卷分量大，是不是我多承擔一些？　林彪說：1914年到1918年正是一戰時期，列寧有關戰爭與和平的論述最多，還是我自己來看。林彪一邊分類，一邊用紅筆加注，爲他在大會上的長篇講話搜集材料。兩天過去，林彪的辦公桌上放著200多張卡片。這種資料卡片和普通的紙一樣，巴掌大小，有分類、資料來源與時間，以及內容摘要，最後還有填寫人和填寫時間。寫滿字跡的卡片在林辦有幾萬張，大部分是工作人員的筆跡，也有林彪和葉群的筆跡。

　　全軍高幹會議結束，林彪又叫李德從古代的兵書中查找帶兵養兵用兵之道，能借就借，不能借就買。這時已臨近春節，林彪想利用假期多讀些書。時任總參訓練總監部部長的蕭克回憶：林彪喜歡讀兵

林彪葉群夫婦，攝于 60 年代初

書，《曾胡治兵語錄》和《第一次世界大戰史》他都讀過。李德從廣東省圖書館古籍書刊部查到一部清末刻本《武經七書直解》，這是從先秦到唐初的七部兵書合集。有《孫子》、《吳子》、《司馬法》、《尉繚子》、《黃石公三略》、《六韜》、《唐李對問》等，一共十冊。還從未借出過，李德立刻請廣州軍區政治部辦理借書手續。林彪看到這部書，高興得像見到寶物，馬上喊葉群，沒等她問就說，我告訴你，今天借到一部好書，我們兩個一起來看。

2 月，林彪除了吃飯睡覺，一直埋頭讀這部兵書，葉群也跟著讀。兩個秘書和一個副官，還有兩個只有初中文化的內勤都忙著抄語錄。一句或一段抄一張。然後分別按 "三八作風" 分成七個專題。這段時間，林彪精神非常好，一有空就和葉群談這部兵書，說這是中國古代兵家的重要遺產，還說要是翻譯成白話文就好了，可以讓幹部都讀一讀。有一天葉劍英來訪，林彪向他推薦，並建議組織專家翻譯。事過 20 多年，軍事科學院編譯的《武經七書》終於出版。

林彪有個習慣，凡是他讀過的書都要單獨保存，甚至葉群都不能隨意翻動。《武經七書》是人家圖書館的，借期一個月。40 天過去，圖書館催。葉群知道林彪十分珍愛這部古籍，讓以國防部辦公廳秘書的名義與圖書館商定，延期三幾個月，同時再想辦法買一部。但尋遍北京所有的舊書店，都沒有。幾乎絕望，李德偶然在隆福寺發現一家門面很小的舊書店，營業員先說沒有，又說要有興趣可以到後面的書庫去翻。李德足足在舊書中翻了兩個小時，終於發現一部《武經七書直解》，與廣東省圖書館的是同一個版本，花 10 元錢買下。葉群也喜出望外，向林彪報告：101 ，我們買到一部《武經七書》。這回好了，可以還給圖書館了。從此林彪交代秘書：有空多去舊書店，發現好書就買下來，就算是你們替我逛書店。

3 月，林彪讓秘書給毛家灣打電話，送文件時順便送《資治通鑒》和《綱鑒易知錄》來。林彪讀《資治通鑒》，葉群讀《綱鑒易知錄》。林彪讀書很快，他有自己獨特的方法。為了提高讀書的效率，林彪多次說：每讀一本書都要有目的，有重點，有針對性（還是他帶著問題學的意思），有些精讀，有些粗讀，有些索性不讀。一目十行，一目一頁，有時則十目一行，切忌平均使用力量，這樣可以節省精力。

4月，林彪回到北京，要古代名家論述政治方面的書，如賈誼的《過秦論》、諸葛亮的前後《出師表》等。李德買回一部線裝的《昭明文選》。林彪連連說好，我想找的就是這一類的書。一連十多天，林彪只讀這一部書。林彪的書桌上平時只擺一部書，讀完再換。他引用古人的話：心中書不可少，案頭書不可多，這樣才能專心做學問。

林彪擅長從閱讀中，從反復推敲語錄中，提煉自己的觀點。圍繞政治工作是我軍生命線的命題，他反復研讀毛澤東有關政治工作方面的論述，提煉出"政治工作是提高我軍戰鬥力諸因素中的首要因素"這句話，以題詞形式公開發表。林彪讓秘書搜集當時連隊的政治教材。說我很多年沒有接觸部隊了，現在連隊指導員是怎麼做工作的？還講不講政治課？講什麼內容？教材有沒有？教材是哪裏發的？你到附近的連隊轉一轉，直接和指導員見面，同時把連隊的政治教材要一些來，不管是總政編寫的，或是軍區，還是軍一級政治部編寫的都要，不怕多，越多越好，我要自己讀一讀，看一看。秘書在北京附近走訪了不同軍兵種的幾個連隊，搜集了十幾種連隊的政治教材，林彪全都讀了。

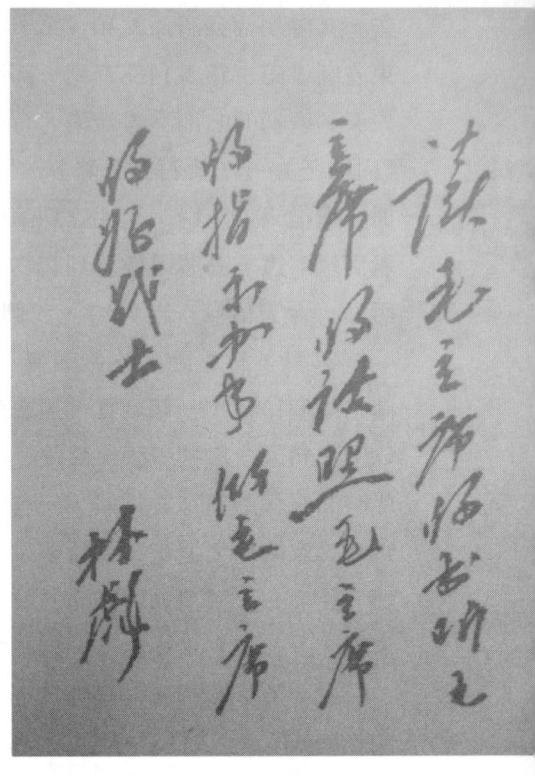

林彪題詞：讀毛主席的書

1965年11月27日，毛澤東批示同意林彪提出的五項原則

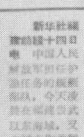

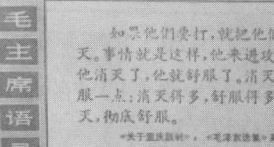

解放軍報
JIEFANGJUN BAO　　第2925号

林彪副总理兼国防部长号召全军：
更加加紧学习毛主席著作
更加加强部队的政治工作

在嘉奖令中表扬击沉击伤美制蒋舰的海军舰艇部队，勉励他们更加谦虚谨慎，把工作做得好上加好，为取得新的更大的成就而奋斗。

1965年11月15日，林彪號召學習毛主席著作

7月，林彪到廬山避暑，他帶的書中，有線裝的《三國志》，有他不知讀過多少遍的《曹操注孫子》，封面都破了，書中不少他親自寫的眉批和腰批。還有一本克勞塞維茨的《戰爭論》。林彪讀過西方許多名著，但他比較喜歡的西方名著有"四論"，即赫胥黎的《天演論》、達爾文的《進化論》、克勞塞維茨的《戰爭論》和馬克思的《資本論》。有一次林彪自言自語：四論四論，都是學問。

8、9月間，林彪閱讀馬克思的《費爾巴哈論綱》、《政治經濟學批判——序言》、恩格斯的《費爾巴哈與德國古典哲學的終結》、列寧的《哲學筆記》、斯大林的《辯證唯物主義與歷史唯物主義》和毛澤東的五篇哲學著作。這時林彪正在醞釀9月召開的全軍高級幹部會上的講話。他讓秘書"幫助"圍繞物質第一性，意識第二性，在一定條件下意識對物質有巨大的反作用這樣三個命題，從馬恩列斯毛的著作中找根據。林彪說：不要怕重復，即便字句完全相同，只要在不同的段落、不同的著作上出現，都要摘抄，這樣就自然顯示出它的重要性。

林彪小時在私塾讀過《三字經》、《千字文》、《朱子治家格言》

直到《四書五經》，有很好的古文基礎。他也特別喜歡讀古文，先後
買過三套《諸子集成》。《古文觀止》中的一些篇章，如諸葛亮的《前
出師表》、李密的《陳情表》他都經常引用。林彪曾指示秘書從四書
《論語》、《孟子》、《大學》、《中庸》中摘抄有關"組織觀念"的
語句，以加強紀律性，這樣的思路一般人想不到。

葉群也有很多難言之隱

葉群結婚後的第二年，生了林豆豆，第三年生了林立果。因爲有
兩個孩子，一向心氣很高的葉群只好先當家屬。但她並不甘心圍著鍋

文化大革命中，到處都是這樣的大標語

這是葉群（頭像被挖掉）與工作人員合影，攝於1970年7月1日毛家灣。蹲者左起：小姚（穆宗文愛人、葉群內勤）、林辦外勤、老莊（林辦鍋爐工）、劉賀強（林辦鍋爐工）、王蘭多（楊振剛愛人、葉群內勤）、林豆豆、王淑媛、李春生、童顯華；站者第一排左一陳占照、劉吉純、于運深、賈安英（林辦廚師）、郭連凱、葉群（頭像被挖掉）、張雲生、王師傅（林辦廚師）；站者第二排左起：小孫（衛生員）、畢新清、穆宗文（葉群司機）、楊振剛（林彪司機）。

臺轉，在哈爾濱，她一邊參加一些後方工作，一邊跟看孩子的白俄保姆學俄語。學了三年，不僅能流利口譯，也能熟練筆譯。解放戰爭末期，葉群掛名林彪的秘書。因爲她會俄語，到武漢後就在中南軍區當翻譯科長。她常有一些黨建和黨員修養的譯文在報刊上發表，現在國家圖書館仍收藏有葉群翻譯的書。1954年葉群轉業，先後擔任省、市教育局副局長、教育部普通教育司副司長等職。1960年林彪主持軍委工作，葉群被任命爲林彪辦公室主任，級別正師上校。

　　葉群曾說，1949年進了北京，我要去看看我上學時住的地方，去找找我的親戚、鄰居。林彪非要跟我一起去不可。他說他也要看看北京老百姓的家庭生活是個什麼樣子，是怎樣生活的，我帶他去了。他裝成一個普通老百姓跟著我，親戚問是什麼人，我說是我的一個同事。那天他看得倒挺高興，我可一直不放心。那時候剛進城，地方上還有很多潛伏的特務。我生怕出事，也沒敢多轉，就很快回家了。

　　葉群想找她父親，沒找到，說往南方去了，後來是柯慶施在南京幫她找到了。葉群打電報問她父親怎麼樣，柯慶施回電說挺好，就是窮得厲害。後來柯慶施把葉群父親送到武漢，住了幾天。葉群說：我父親和我談，說你們幹了一輩子，不是到處走，就是到處打，老這樣子，什麼時候是個頭？我看不如趁這個時候，趕快買點房子買點地，安頓下來，以後好好的平平安安地過日子吧。我笑出了眼淚，說你找我談就是談這個呀，不行啦，你那是老腦筋，我們是共產黨，你那不是叫我犯錯誤嗎？後來到三反五反，我對父親說，怎麼樣？那時要聽了你的，完了吧？

　　林彪搬進毛家灣，並沒有大動土木。1969年林彪成了接班人，才開始擴建。林彪曾說：你們不要弄那麼好，我住過蔣介石的房子，也住過斯大林的房子，我們的房子比起他們的房子好多啦。

　　毛家灣位於北京西城區黃城根附近，是兩條小巷前後毛家灣中間的一個大院落，院中有院，院院相通。清朝、民國都是高官住宅，解放後中央聯絡部幾位副部長住過，高崗也在這裏住過。在林彪搬進來之前是東北駐京辦事處。林彪住中間的院子，西側院是秘書辦公室，西側後是廚房、倉庫和臨時宿舍。"文革"前東側是平安裏醫院，後

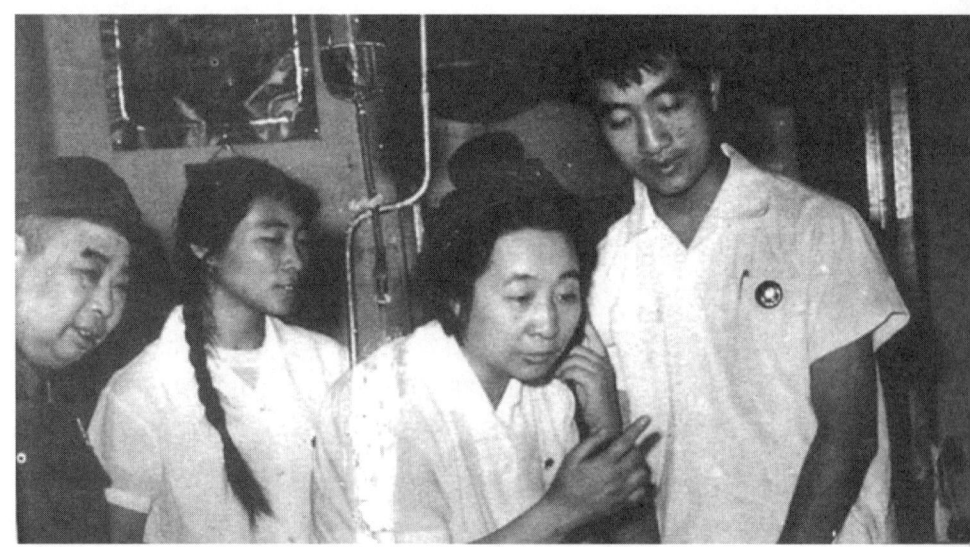

左起：吳法憲、林豆豆、葉群、林立果

508

來由警衛部隊住，東南原是平安裏醫院的門診部，改成林辦工作人員的家屬宿舍。秘書辦公室搬到東側的三層樓裏，平房改爲文物儲藏室。東西兩側的２０多戶居民全部遷走。西側多了個院子，挖了一個專供葉群用的溫水游泳池。九一三事件後，請政治局以上的領導來住毛家灣，誰也不來，就給了毛澤東五卷編輯委員會。再以後這塊地方給了中央文獻研究室，院裏的平房幾乎都拆了，游泳池也填了，蓋起

林豆豆　　　　　　　　　　　　林豆豆

林豆豆　　　　　　林豆豆

大樓處原來是毛家灣的游泳池

了大樓。

　　"文革"中葉群平步青雲，進了軍委辦事組[12]，參加中央文革碰頭會。1969年籌備"九大"，葉群想進政治局，林彪勸她：你就當辦公室主任，把秘書管好就行了。你要當政治局委員，把江青往哪擺？你還是不當爲好。

　　葉群當然想當。但是葉群當不當並不是林彪說了算。在毛澤東安排下，葉群在九屆一中全會進了政治局，和江青一樣，成爲黨和國家領導人之一。黃永勝說：我1948年在哈爾濱第一次見到葉群。全國解放後，見面機會多起來，特別是林彪、葉群多次去廣州療養，一星期至少要見一兩次。給我的印象是林彪對葉群言聽計從，葉群是林彪政治上的代言人。與江青比較起來，葉群讓人覺得和藹可親。確實，葉群表面上對高級幹部，包括家屬和工作人員都笑臉相迎，有時還把工作人員的家屬子女拉到毛家灣看電影。但實際上，林辦工作人員都知道，葉群的火氣並不小。

工作多是一方面，另一方面葉群的家庭生活並不美滿。林豆豆說：主任（葉群）也很不幸，她在結婚前，不知道首長（林彪）結過婚，也不知道他受過傷，身體不好。全國解放後首長的病越來越重，那時主任還很年輕，組織上交給她的任務就是照顧好首長的身體。

葉群除了關心林彪，更十分關心自己的兩個孩子。葉群和女兒林豆豆的關係本來很好，林豆豆上初中時，尤其在北京大學上學期間，嚴慰冰（中宣部部長陸定一的夫人）給林豆豆寫匿名信，說葉群是後媽，還說了很多很難聽的話。林豆豆很苦惱，學習和生活都受到嚴重影響。她問過舅舅葉鎮，葉鎮明確對她說：別的事情我不知道，這個事錯不了，你是你媽媽親生的，她對你就像對自己的眼珠子一樣。以

林豆豆

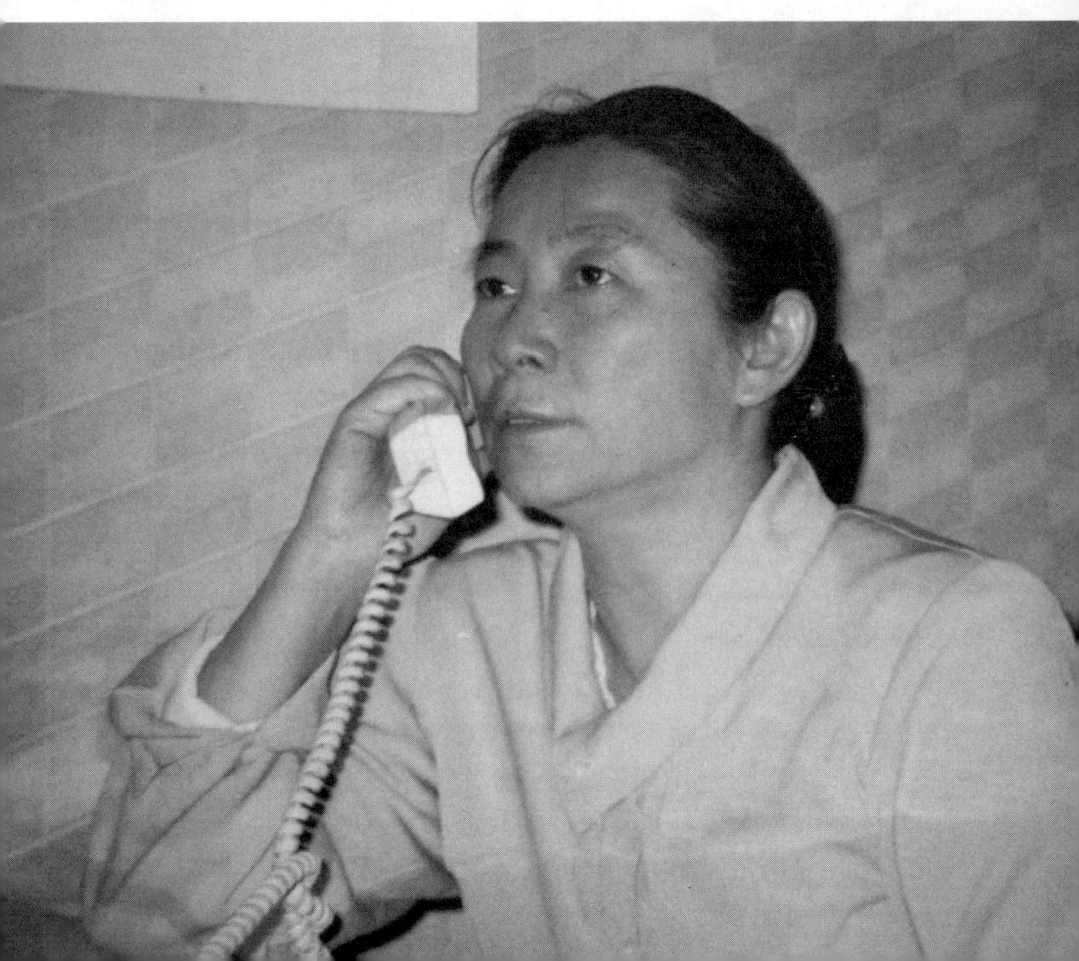

後又找到當年延安的接生婆，證實林豆豆確實是葉群所生。但是這種無形的傷害畢竟種下了。

在林豆豆的婚姻問題上，母女也別著勁。葉群對王淑媛說：江青提親，希望林豆豆嫁給毛某某。說他們的年齡都不小了，如果我們不給他們找對象，別人是不會主動來求婚的。林彪一口拒絕，說我們只能是工作關係，不能結親家，那樣不好，豆豆要找個普通人家。到後來，葉群的地位越來越高。林豆豆認爲她想通過選女婿來控制女兒，而林豆豆則要反控制，這就使母女的關係更加緊張。

林豆豆與葉群的這種母女關係，爲九一三事件埋下了一個伏筆。

注釋：

1　張寧，林立果的女朋友。

2　譚雲鶴《我的回憶·遼瀋、平津戰役中的林彪》，香港文化中國出版社 2006 年 4 月版，18 頁。

3　張雲生《毛家灣紀實》，春秋出版社 1988 年 7 月版，15 頁

4　張雲生《打開歷史迷宮的一把鑰匙》，載丁凱文主編《重審林彪罪案》，明鏡出版社 2004 年版，540 頁。

5　李文普《林彪衛士長李文普不得不說》，《中華兒女》1999 年第 2 期。

6　張雲生《打開歷史迷宮的一把鑰匙》，載丁凱文主編《重審林彪罪案》，明鏡出版社 2004 年版，547 頁。

7　李文普《林彪衛士長李文普不得不說》，《中華兒女》1999 年第 2 期。

8　張雲生《打開歷史迷宮的一把鑰匙》，載丁凱文主編《重審林彪罪案》，明鏡出版社 2004 年版，537 頁。

9　1996 年 10 月 11 日，採訪林豆豆筆記。

10　張雲生《打開歷史迷宮的一把鑰匙》，載丁凱文主編《重審林彪罪案》，明鏡出版社 2004 年版，544 頁。

11　李文普《林彪衛士長李文普不得不說》，《中華兒女》1999 年第 2 期。

12　1967 年經毛澤東批准，成立軍委辦事組，相當於中央軍委。

第九章　病魔纏身

第十章

上海會議

"倒羅"是毛"文革"部署的第一步

1965年毛澤東很少在北京,他說北京"空氣"不好,長時間地滯留外地,他給各中央局、各省市委、各大軍區領導人下"毛毛雨",說一些讓他們怎麼也搞不懂卻又很害怕的話:中央出修正主義,你們怎麼辦?

這時候,毛澤東關於"文化大革命"的設想從戰略階段進入戰役階段。

和所有的人一樣,劉少奇怎麼也沒有想到毛澤東要把他打倒。

在打倒劉少奇之前,毛澤東首先要打倒掌握軍權的羅瑞卿。

羅瑞卿的問題對軍隊來說,是非常重要的問題。九一三事件後,官方甚至包括吳法憲的說法都是林彪提出來的。實際上打倒羅瑞卿是毛澤東先提出來的。

1962年6月10日,黨中央發出《關於準備粉碎蔣匪幫進犯東南沿海的指示》。秋天,林彪指揮部隊入閩作戰累病了,他向毛澤東建議:由賀龍主持軍委日常工作,並多次提出不當國防部長。1963年

1966年,毛澤東接見紅衛兵,右起劉少奇,
林彪,毛澤東、周恩來,陳伯達

1966年，毛澤東正在天安門城樓上的休息
廳看林彪（中）的講話稿，左一是周恩來

5、6月，林彪兩次讓秘書和葉群打電話給總參謀長羅瑞卿，說身體不好，不能過問軍委的事，讓第一線的同志放手工作。日常工作要各總部擋，較大的事辦公會議討論，再大的事軍委常委討論，更大的事直接報告主席、中央。

1963年9月，毛澤東在中央政治局常委會上說，由於林彪長期生病，身體不好，我決定由賀龍主持軍委日常工作。毛

1966年，林彪、賀龍、陳毅和紅衛兵在一起

澤東多次告訴羅瑞卿，要多向賀龍請示[1]。此後，報紙上經常是賀龍、羅瑞卿一起活動的報導。

賀龍主持軍委日常工作後，和劉少奇、鄧小平關係密切，羅瑞卿又按照"毛澤東的指示"和賀龍搞到一起，毛澤東卻感到了威脅。從1962年以來，毛澤東對劉少奇、鄧小平日益不滿，到1965年就決心拿掉劉少奇。在拿掉劉少奇之前，首先要拿掉羅瑞卿。羅瑞卿把持了十年公安部，現在又掌握軍隊大權，共和國的"槍桿子"都掌握在羅瑞卿的手裏，而他的屁股偏偏又坐到了劉少奇、鄧小平、彭真一邊，這讓毛澤東非常不安。

林辦秘書說：毛澤東下決心打倒羅瑞卿不是一天兩天了。

毛澤東說：羅瑞卿的思想同我們有距離，林彪同志帶了幾十年的兵，難道還不懂什麼是軍事？什麼是政治？軍事訓練幾個月的兵就可以打仗。過去打的都是政治仗。要恢復林彪同志突出政治的原稿。羅瑞卿把林彪同志實際當作敵人看待。他當總長以來，從未單獨向我請示報告過工作。羅瑞卿不尊重各位元帥，他又犯彭德懷的錯誤，在高（崗）、饒（漱石）問題上他實際是陷進去了。羅瑞卿個人獨斷，是野心家，凡是搞陰謀的人，他總是拉幾個人在一起[2]。

身穿大將服的羅瑞卿

1959年國慶節羅瑞卿在天安門城樓上

羅瑞卿陪毛澤東視察海軍部隊

　　1 9 6 5 年暑假，"倒羅"的"風"已經在小範圍掀起。

　　總後勤部部長邱會作回憶：大約 5 、6 月間，中央軍委常委會在京西賓館召開。會前，葉劍英、聶榮臻兩位元帥在休息室聊天。我怕打擾他們，想退出，他們招手讓我坐下。葉帥說：他真是利令智昏了，人長、腳長、手也長！聶帥說：壞就壞在手長上！雖然他們沒點名，但我聽明白了，羅瑞卿一向被稱作羅長子嘛。葉帥對我說：我們談話，你是懂得的，將來你會知道更多的情況。我們還要給一些同志打招呼。在葉群去杭州向毛澤東匯報前，毛澤東多次去過蘇州，並召集葉劍英、謝富治、蕭華、楊成武等人談話，安排葉劍英、聶榮臻向軍隊高級幹部打招呼。告訴哪些人，不告訴哪些人，比如不給賀龍打招呼，都是毛澤東決定的。賀龍是主持軍委日常工作的軍委副主席，這麼大的事瞞著他，葉劍英等人不敢私自決定[3]。邱會作證實，葉劍英、聶榮臻給他打招呼，主席說了，林彪放手，不願意做具體工作，身體確實不好，別打擾，無可厚非。但羅瑞卿與賀龍的關係加深，起了變化[4]。

林彪畫傳

1964 年大比武時羅瑞卿給
毛澤東看新式步槍

　　有一件事情可以證明
"倒羅"與林彪無關。在
"倒羅"的積極分子中，如
果說林彪有可能動員葉劍
英、蕭華、楊成武這些軍
界人士，但謝富治卻不是
林彪能左右得了的。從目
前披露的材料看，林彪從
來沒有表示過要打倒羅瑞
卿，也從來沒有召集任何
人談過羅瑞卿的情況。

羅瑞卿赴德國治腿，1978 年
8 月 3 日不幸逝世

京西賓館，很多重要的軍隊會議在這裏召開

拿下羅瑞卿的一個小小信號

　　1964 年劉亞樓率中國代表團訪問古巴 20 天，回國後開始腹瀉。他覺得非常疲勞，林彪、葉群幾次催他去住院。劉亞樓拖了很久，才到北京醫院、協和醫院檢查，10 月底確診肝癌。王飛回憶：極少探視病人的林彪親自到上海主持劉亞樓的治療工作。林豆豆回憶：爸爸到處請醫生為劉亞樓診斷，並委託媽媽代他探望，他自己也三次去看望。有一次，劉亞樓叔叔病情惡化，陷入昏迷。剛從外地趕來的爸爸直接來到醫院，在病床旁坐了 50 多分鐘，長久歎息。醫生勸爸爸先

林彪為劉亞樓主祭，羅瑞卿致悼詞，
林彪兩邊是劉少奇、朱德和周恩來等

劉亞樓(1911-1965)遺像

劉亞樓和夫人翟雲英

劉亞樓和林豆豆在東北合影

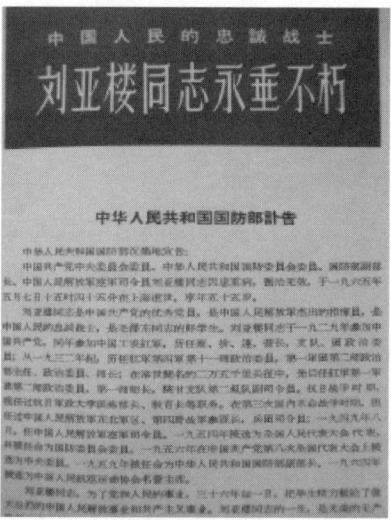

關於劉亞樓的訃告

522

林豆豆：劉亞樓叔叔
永遠活在我們心裏

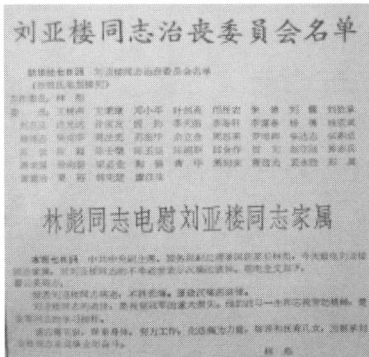

1965年5月7日，林彪
電唁劉亞樓家屬

首都各界公祭劉亞樓，林彪主祭

中共中央副主席、國務院副總理兼國防部長林彪向劉亞樓遺像獻花圈

回去吃午飯。爸爸回去，沒有吃午飯，也沒有午睡。兩個小時後，聽說劉亞樓叔叔醒過來，爸爸又立刻去了一次，告訴他我們剛從主席那裏來，主席和中央領導同志非常關心你，希望你好好休養，把病養好[5]。林彪對保健醫生說：劉亞樓對空軍功勞巨大，要盡量挽救。劉亞樓的訃告寫上了林彪這些話[6]。

羅瑞卿也來看過劉亞樓兩次。

5月7日15點45分，55歲的劉亞樓去世。

林彪、賀龍、聶榮臻、葉劍英等二三百人到機場迎靈。劉亞樓的骨灰安放在中山公園中山堂，這是黨和國家領導人的特殊待遇，因為只有政治局委員、書記處書記，軍委副主席、國務院副總理、全國人大副委員長、全國政協副主席以上級別的領導人逝世才使用中山堂。靈堂正面牆上是劉亞樓的遺像，骨灰盒覆蓋黨旗，四名全副武裝的士兵護衛，十萬人前來志哀。追悼會除毛澤東外都來了，由林彪主祭，並親自向劉亞樓的遺像獻花圈。劉少奇、周恩來、朱德、鄧小平等陪祭。最後靈車由劉少奇和林彪護送，前往八寶山。靈車行進途中，路旁的軍人都立正敬禮，這是很少見到的莊重場面[7]。

在公眾場合消失好幾年的林彪出任劉亞樓治喪委員會主任，這一方面表明，劉亞樓確實是林彪的寵將，另一方面是不是也說明不給羅瑞卿更高的位置。羅瑞卿的名字按姓氏筆劃夾在治喪委員中，他負責在追悼會上念悼詞，“位置”也算可以了吧？可是負責劉亞樓治喪的總政幹部部福利處的幹事卻發現報紙的治喪名單中沒有羅瑞卿的名字，他報告了處長徐厚田。名單是他們福利處報上去的，怎麼丟掉了？徐厚田當成大事向總政副主任袁子欽報告。袁子欽是劉亞樓治喪委員會副主任，他說，你不要管了，回去吧[8]。

不知道羅瑞卿注意沒注意這個小小的細節。

還有幾篇看似偶然卻並不一定偶然的署名文章。劉亞樓去世後，《解放軍報》刊登了楊成武、吳法憲等人的悼念文章，卻沒有羅瑞卿的悼念文章。5月11日，《人民日報》頭版刊登了署名羅瑞卿的長篇文章《紀念戰勝法西斯，把反對美帝國主義鬥爭進行到底》。

揭發羅瑞卿的雷英夫也進了監獄

"文革" 初期奇怪的事情還很多，揭發羅瑞卿的雷英夫不久也被關押。

雷英夫，河南孟津人，1921年生。別看官職不高，只是個1961年晉升的少將，但卻是個通天人物。司馬璐回憶：在延安我的抗大同學中，有一個叫雷英夫，年齡和我差不多，自稱會看相算命，握住女同志的手看手相。起初我笑他占點便宜，有人卻說他真是准極了。後來抗大不再見到雷英夫了。再後來聽說中共很多領導人都接見過他，認爲他是一個奇才。1940年我在重慶又見過這位仁兄，他吹得更大了。他說許多中共領導人包括毛澤東都是相信星象的。我說唯物主義者怎麼會相信星象呢？他說星象也是物呀，他曾對毛澤東說星象是一門科學，不是迷信。毛把他派到葉劍英身邊當參謀，葉也相信星象[9]。

戰爭年代雷英夫不僅當過葉劍英的軍事秘書，而且當過周恩來的軍事秘書。解放後他在作戰部任職，但只掛個

1967年8月1日，重新發表林彪的《人民戰爭勝利萬歲》

林彪簽名

1965年9月3日，《解放軍報》刊登林彪文章：《人民戰爭勝利萬歲》，這是由雷英夫等人捉刀而成

名，仍在毛澤東、周恩來、葉劍英之間轉悠，算他們的大秘書。據他自己說朝鮮戰爭期間他曾準確判斷美軍的登陸地點。

雷英夫這位在大人物圈裏周旋的小人物，努力和所有的大人物搞好關係，他與羅瑞卿、副總長王尚榮的關係也都很近。據雷英夫交代：毛主席知道他與羅瑞卿關係不錯，暗示羅瑞卿有問題，要他揭發。所以他才寫了揭發羅瑞卿的材料。

雷英夫給林彪寫信：林副主席，最近期間，我多次想向你報告一件事，但因事關重大，未找到適當的機會不便輕率。我覺得羅總長驕橫懶散，心懷不測，值得警惕。我這個感覺，是經過六年的觀察得出的。六年來可分爲三個時期。1962年5月去上海修改"關於戰略方針的建議"以前，我對羅總長極爲信任和尊敬，認爲他是堅決執行主席和你的指示的人，是主席和你最信得過因而也是最好的接班人。1962年5月到今年7月，從一些重要的事情上，我對他產生了懷疑。感到他的一些做法不對頭，甚至他對你的指示也不是心悅誠服的，特別是你提出要突出政治，他是不贊成的，實際上是帶頭抵制的，只是採用了兩面手法，搞了一些僞裝。但這個時期，我對他的本質還看不透，雖有上述懷疑，總是從好的方面去想……直到今年7、8月，在參加寫作《人民戰爭勝利萬歲》和修改羅總長9月3日的講演稿時，我才大吃一驚，才發現他是心懷不測的……

1965年是抗戰勝利20周年，中央軍委準備用林彪的名義發表《人民戰爭勝利萬歲》。爲

總參作戰部副部長雷英夫有五個神秘的小本子

毛澤東、林彪在天安門城樓上

了寫好這篇文章，組織了兩個寫作班子，一個是康生主持的釣魚臺班子，一個軍委組織的包括筆桿子雷英夫參加的三座門班子。雷英夫揭發，本來說好將兩個稿子綜合起來，但最後林彪的《人民戰爭勝利萬歲》單獨用了康生的稿子。羅瑞卿不讓三座門的稿子往康生的稿子裏加，而把三座門的稿子用在羅瑞卿自己 9 月 3 日在首都慶祝抗戰勝利20 周年大會上做的《人民戰勝了法西斯，人民一定也能夠戰勝美帝國主義》的報告中。

徐厚田回憶：1980 年審理"兩案"，意外發現雷英夫交出五個記錄他在高層活動的筆記本[10]。後來說雷英夫有問題，主要是他揭發羅瑞卿。雷英夫坐在總政落實政策辦公室大哭，說我的問題只有葉帥能說清楚，而葉帥當時已經病得不能說話了。總政落實政策辦公室經過調查，認爲雷英夫是理解毛主席的意圖才揭發羅瑞卿的，他的揭發並不是什麼要害問題，也沒有誣陷。而且雷英夫本人沒有什麼問題，中央領導之間有鬥爭，雷英夫只是個犧牲品[11]。

毛澤東和林彪在群眾中

毛澤東和林彪接見軍隊代表

毛澤東、林彪、周恩來接見軍隊代表

毛澤東、林彪
接見首都工人
階級代表和指
戰員

1968年1月26日，毛澤東和林
彪、周恩來接見軍隊代表

毛澤東和林彪在群眾中

1967年11月13日，毛澤東、林彪、周恩來同代表合影

529

羅瑞卿為什麼說彈打不飛，棒打不走

1965 年 2 月，羅瑞卿奉命向林彪打招呼，關於劉少奇在中央會議上的檢討。林彪說：我垮了，一個不牽連，你們都走開，還可以揭發批判我，只要對黨的事業有利。羅瑞卿立即表態，跟林總在一起，彈打不飛，棒打不走，我羅瑞卿燒成灰都忠於林總[12]。羅瑞卿為什麼說"棒打不走"？正因為你前面走了，所以才說"棒打不走"。

1964 年 8 月，毛澤東怕幹部變成修正主義，讓賀龍、羅瑞卿到北戴河來匯報高幹減薪的問題。賀龍建議：是不是連軍銜一齊取消算了？毛澤東立即回答取消，搞掉那塊牌牌，我早就想搞掉它！回北京後，羅瑞卿用電話告訴林辦秘書，兩天後林彪回話同意。 1965 年 5 月 22 日，三屆人大九次會議決定取消軍銜。林豆豆剛到空軍報社兩個月，還沒有評軍銜就已經取消了。

後來批羅瑞卿瞞著林彪擅自組織大比武，也是冤枉了羅瑞卿。其實毛澤東看的大比武並不是現成的模式，而是臨時動議。負責軍訓工作的葉劍英向全軍推廣南京軍區的郭興福教學法，北京軍區在學先進

毛澤東、林彪在天安門城樓上

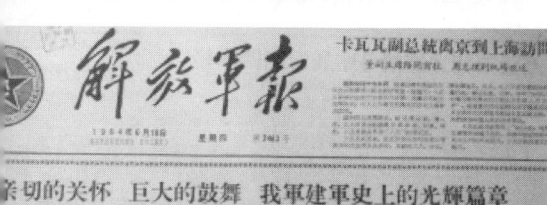

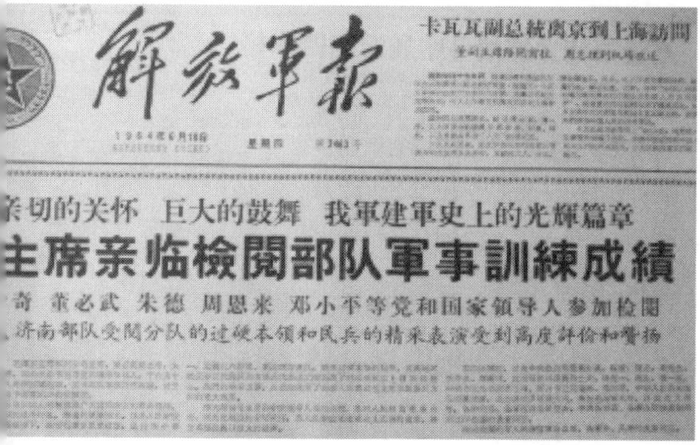

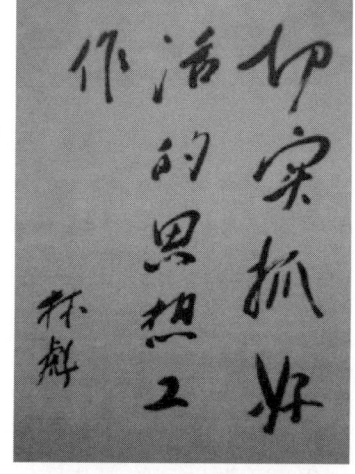

解放軍報

卡瓦瓦副总統离京到上海訪問

亲切的关怀　巨大的鼓舞　我軍建軍史上的光輝篇章

主席亲临檢閱部队軍事訓練成績

奇　董必武　朱德　周恩来　邓小平等党和国家領导人参加检閲

济南部队受閲分队的过硬本領和民兵的精采表演受到高度評价和贊扬

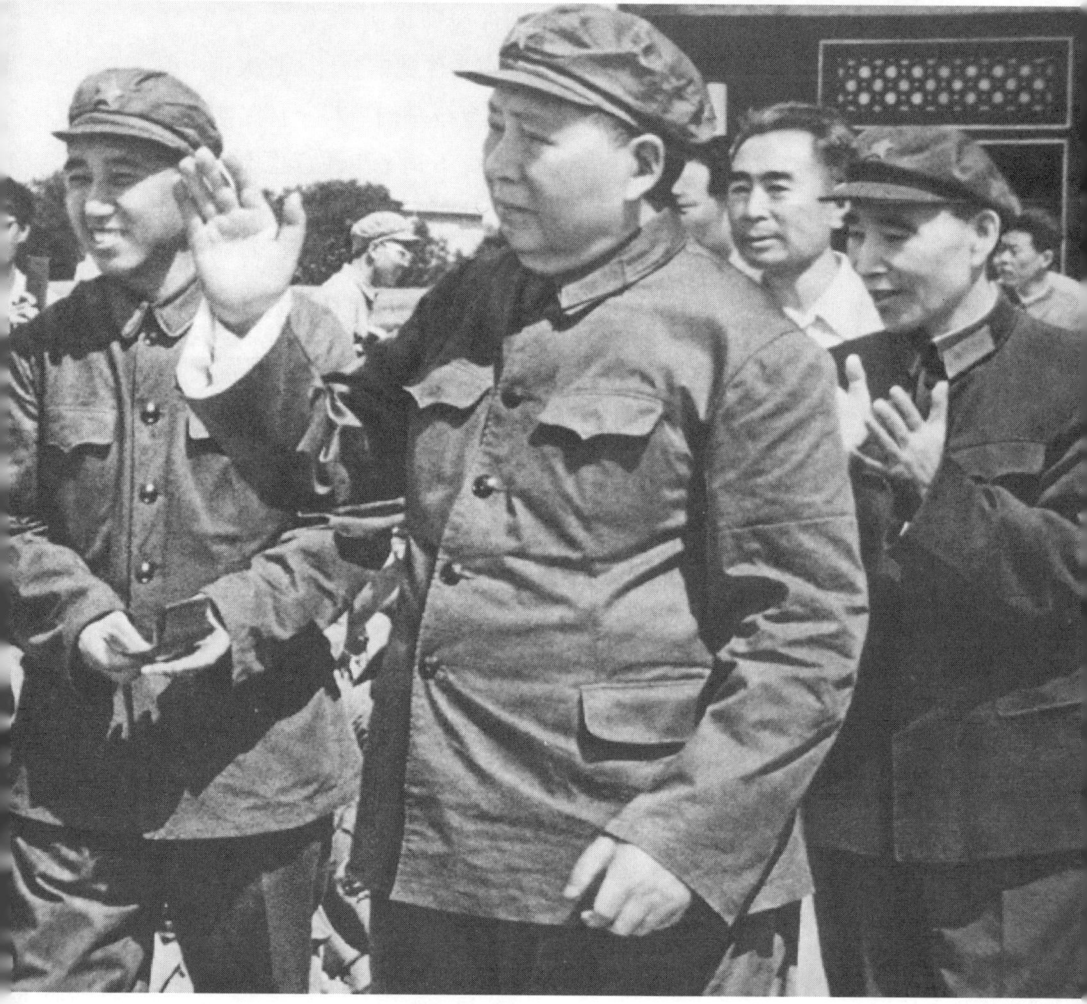

1964年6月17日，毛澤東在北京軍區觀看大比武，林彪因在外地療養沒有露面

林彪題詞：切實抓好活的思想工作

毛澤東、林彪、周恩來到群眾中

的基礎上，大力開展群眾性的練兵活動，更上了一層樓。賀龍、周恩來看了，都認爲很好。毛澤東聽了賀龍的匯報，說這樣的好事，爲什麼不請我也看看呢？因爲毛澤東要到北京軍區看，黨和國家領導人也都要來。賀龍告訴北京軍區司令員楊勇準備，楊勇認爲這是一個大行動，要報告羅瑞卿。此時羅瑞卿正在濟南軍區，說他也發現了一些軍事訓練的尖子。經賀龍同意，羅瑞卿趕回北京主持北京軍區和濟南軍區的匯報表演。而林彪正在青島療養，當然來不及也用不著回北京。可是你羅瑞卿再忙，林彪畢竟是你的頂頭上司。打個電話向林彪匯報兩句，也是不難做到的吧？爲什麼“忘”到腦後了呢？

羅瑞卿不到林彪這裏來匯報還有兩件典型事例。

1965 年軍委擴大會議上羅瑞卿代表軍委作總結發言，在人選、程式和方法上引起一些意見，反映給林彪。會後一個多月，林彪才看到羅瑞卿發言的內容，感到他確實對老帥尊重不夠，沒注意謙虛謹慎，尤其在方法、技術上簡單、草率、欠妥。林彪對羅瑞卿大發脾氣，批評他要多通氣，多尊重和請示其他老帥。另一件事情是部分高級幹部對全軍五級幹部定級名單意見很大，向林彪反映，而林彪對此一無所

毛澤東和林彪來到群眾中

毛澤東、林彪、周恩來等接見來自全軍的代表

知。葉群查問秘書，才知道關係幹部切身利益的"定級名單"事先沒
送林彪辦公室。羅瑞卿直捶腦袋，痛悔沒有想到，並極爲感動地說：
軍委會上的總結發言是秘書一個下午倉促搞起來的，事先來不及請老
帥審閱。"定級名單"也是秘書忘了送林辦，幸虧林總提醒我，不然
以後我會犯大錯誤[13]。

　　把責任都推到秘書身上恐怕說不過去吧？

　　有人說林彪反對大比武，這不是事實。全軍大比武半年後林彪聽
取軍訓工作匯報時講話，說這幾年軍事訓練工作有成績。已有的成績
要鞏固住，不能減弱，不能退下來。對普及工作要造成聲勢，這個意
見很好。但是毛澤東對大比武有自己的看法，他通過林彪的嘴說了出
來。

　　1964年11月30日，在全軍組織工作會議上，林彪提出各級黨委
一定要把政治思想工作放在首要地位，一定要突出政治。根據林彪意
見，葉群和總政副主任劉志堅帶著總政工作組到基層連隊，整理了四
份調查報告，認爲部隊軍事冒尖，政治不濃，脫離了毛主席的建軍路
線。12月28日，林彪在廣州緊急召見總政負責人，說今年的比武把

1965年5月14日，中國第二次核試驗成功，林彪（右11）和周恩來（右12）、鄧小平（左13）等接見參加第一、二次核試驗的有功人員

政治工作衝垮了，"四個第一"不落實。而且說這是全軍性的問題，強調一定要突出政治。這次談話內容整理出來，以中央軍委《關於當前部隊工作的指示》下發全軍。12月29日，林彪接見總政副主任劉志堅和《解放軍報》總編輯唐平鑄，說1964年在軍事訓練上有的搞得過於突出，時間也占得多了一些，衝擊了政治；有的過分強調抓軍事技術，忽視政治思想工作；有的甚至弄虛作假，搞錦標主義和形式主義，需要加以糾正。明年應當著重抓政治思想工作，首要的是大抓學習毛主席著作。1965年1月15日，毛澤東在《軍委貫徹林彪關於突出政治指示的通知》上批示完全同意，照此辦理執行。2月22日，毛澤東接見海軍幹部會議和《解放軍報》編輯記者會議的代表，再次表示對林彪的支持。11月18日，林彪提出"突出政治"的五項原則，中心是活學活用毛主席著作，特別是要在"用"字上狠下功夫，要把毛主席的書當作全軍各項工作的最高指示。毛澤東不僅批准，還要求將此作為全軍各項工作的總方針和總任務。這些實際上都是針對羅瑞卿的，因為毛澤東認為羅瑞卿與突出政治對著幹。

在毛澤東看來，羅瑞卿肯定是有自己的問題，他最大的問題是什

麼？

　　林彪的大撒手，使羅瑞卿的權力大到無邊。羅瑞卿擁有很多重要的軍內外職務，中央書記處書記、國務院副總理、軍委秘書長、總參謀長等，集黨政軍大權於一身。以前和以後的總參謀長從來沒有過這麼多、這麼高的位置。甚至可以說，他和林彪平起平坐。林彪是國務院副總理，羅瑞卿也是國務院副總理，只不過林彪是國防部長，羅瑞卿是國防部副部長，可羅瑞卿還是中央書記處書記呢。更何況林彪幾次講過，他要辭去國防部長的職務。

　　劉少奇認爲，毛主席提出培養接班人，每個人都要準備接班人。國防部長的接班人是羅瑞卿。戰備空前緊張，國防部長和軍委第一副主席的位置坐著一個“病人”，總不是一件好事。邱會作回憶：毛主席讓賀龍主持軍委日常工作，上邊有人對羅瑞卿打招呼，讓他當國防部長。羅瑞卿自己也認爲林彪要下臺，下屆國防部長可能要換人，所以1963年、1964年羅瑞卿的“工作方針”是冷林熱賀，疏遠林彪，親近賀龍[14]。羅瑞卿翅膀硬了，也有些變了，不怎麼登林彪的門，有些大的事情也不向林彪請示報告了[15]。甚至在突出政治的問題上，羅瑞卿與林彪公開唱對臺戲。不止羅瑞卿，賀（龍）鬍子也領錯了情，沒想到1964年12月三屆人大公佈，國防部長、第一副總理仍然是林彪[16]。

　　林彪對羅瑞卿的疏遠倒沒有什麼，本來就是他放手讓羅瑞卿幹工

1970年，毛澤東、林彪接見各地代表

作的嘛。至於羅瑞卿對林彪的“頂峰”、“最高最活”提出不同看法，林彪認爲只不過是文字上的事情，沒有認爲是什麼大是大非。林彪說，羅長子摳得還挺細的嘛，對嘛。葉群說，那你過去講話說過“頂峰”、“最高最活”呢？林彪很生氣地搖頭，說有沒有講過，我忘

了，我不過是照本宣讀，也可能錯，甚至錯得更大。文字上的問題，怎麼準確你斟酌，多聽羅長子的意見，他接觸實際多[17]。

可是羅瑞卿對一些元帥和老同志不太尊重，葉劍英、聶榮臻、劉伯承等一些老同志卻很有意見，認為羅瑞卿不把他們放在眼裏。那時毛澤東深居簡出，老帥都不可能隨時見到他，而羅瑞卿可以，並由他把"聖旨"傳達給各位老帥。聶榮臻和賀龍因分管的科研和軍工有交叉，在人員、經費等方面產生了很大的矛盾，甚至在會上當面大吵過[18]。而羅瑞卿站在賀龍一邊，聶榮臻當然對羅瑞卿有看法。吳法憲曾聽葉劍英說過，羅瑞卿對他不夠尊重。葉劍

1964 年 9 月，林彪當選為全國人民代表大會代表

537

英分管軍事訓練及科研，所需要的經費羅瑞卿就不那麼支持，因而產生了一些意見和矛盾[19]。1964年6月毛澤東到北京軍區觀看大比武，葉劍英在南京軍區抓的大比武，卻被羅瑞卿"奪"去了。元帥只來了賀龍和陳毅。不僅林彪沒有參加，葉劍英、聶榮臻等老帥也躲了。

狀告到了毛澤東那裏。除了老帥，軍內外也不斷有人到林彪這裏告狀。

楊成武回憶：1965年5月3日下午，我和羅瑞卿兩家去看劉亞樓。劉亞樓已經神志不清，醫生打了一針，才恢復了意識。大家都心情沉重地在那裏默默地坐了許久。晚上羅瑞卿約我在錦江飯店花園裏散步，說昨晚他去看了林總。林總發了一通脾氣，說一是封鎖他，總參封鎖他，辦公廳、總參作戰部、政治部的文件不送給他。二是第一顆原子彈爆炸的電影解說詞中只提在周總理和羅總長的領導下，沒有提毛主席、劉少奇主席，沒有提黨中央、中央軍委和其他老帥。三是在慶祝原子彈爆炸成功的宴會上，將自己安排在第一桌，把老帥安排

毛澤東、林彪與外賓合影

在第二、第三桌。林彪說今後要加強通氣，規定了五條，如果林彪在北京，要多少日匯報一次工作，如果在外地，要多少月匯報一次，到他那裏匯報用不著聯繫，也用不著打電話，隨時可以去。林彪還一句句念黨章和毛主席的話，羅瑞卿感到他這一次態度並非一般[20]。

林彪是個自尊心極強的人，他不願意自己分管的工作搞不好。羅瑞卿不和他通氣，他不瞭解羅瑞卿的工作狀況。面對這一大堆意見，別人會以爲羅瑞卿依仗著林彪而不把別人放在眼裏，所以林彪批評羅瑞卿，你要到我這裏來匯報，一旦老帥來找，我好幫你說話。否則老帥來了，我只能聽他們說，我說不出話來[21]。不能否認羅瑞卿"代理"林彪的權力後，有了驕傲情緒，對老帥不夠尊重。林彪批評他，甚至狠狠地批評，都理所應當。但批評和打倒是兩個完全不同的概念，批評並不意味著打倒，林彪一直想保羅瑞卿，直到最後還想保他。羅瑞

1967年11月13日，毛澤東、林彪、周恩來接見北京部隊、海軍學習
毛主席著作積極分子代表大會的代表

毛澤東，林彪接見解放軍代表

毛澤東，林彪，周恩來

1967年12月31日，林彪陪同
毛澤東接見北京軍區毛澤東思
想學習班的代表

毛澤東，林彪，周恩來

1966年國慶節，毛澤東和林彪
接見撲滅烈火，保住大氣井的
32111鑽井隊

毛澤東，林彪，周恩來

卿被打倒後，林豆豆曾問過父親：為什麼打倒羅瑞卿？林彪反問：為什麼打倒羅瑞卿[22]？從歷史上看，羅瑞卿是林彪的老部下，林彪任紅4軍軍長，羅瑞卿是紅4軍保衛局長。到延安林彪是紅軍大學校長，羅瑞卿是教育長，相處融洽。平津戰役結束，羅瑞卿曾提出到四野，因毛澤東讓他出任公安部長才作罷。在林彪眼中，羅瑞卿有工作能力，身體又好，他如果不能當總長，大將中還有誰能當總長呢？所以林彪多次批評羅瑞卿，希望羅瑞卿改正缺點，繼續工作。

邱會作回憶：1965年8月，葉劍英去看望林彪，林彪有些不好意思。平時不管誰來看望林彪，林彪很少先說話，這次他主動說，他這個總長盡在外面惹事，羅長子這人，他對你們不尊敬，我要不斷地刮他鼻子。葉帥笑了，說林總，今天主席叫我來，羅瑞卿的事你以後不要管了，羅的事以後由中央解決[23]。

![林彪、周恩來、陳伯達在天安門城樓上接見大寨黨支部書記陳永貴]

林彪、周恩來、陳伯達在天安門城樓上接見大寨黨支部書記陳永貴

毛澤東、林彪與外賓合影

羅瑞卿與葉群的深夜談話

　　林豆豆回憶：1965 年的一個夏夜，葉群叫我和老虎陪她見羅總長。我說應該讓總長和爸爸直接談。葉群說：總長知道你爸爸睡了，說今晚一定要來，不知總長有什麼急事。我不想參與，就睡了。凌晨 2 點葉群叫我起來，說總長和她談了好一會了，他們想吃點東西。因為羅瑞卿來得急，這麼晚了，沒做準備，葉群叫我去端茶點。我說爸爸不是規定不准我參與這種事嘛！總長和你已經談了很長時間，我不去了。你叫老王（淑媛）去吧。葉群說總長想見見你們兩個小孩，說好久沒見了（總長見我時也說了這些話）。你去見見總長，端一下茶點就回來。我去時，睡眼惺忪的老虎也在。總長關注地看著我，並拉我坐在他身邊。過去我住院或者病了，總長和郝阿姨常來看我，葉群不關心的事，他們都深切地關心到了。總長知道我和葉群的一些（不好的）關係，他非常關心地對我說，豆豆身體怎麼還這麼瘦弱？戰爭年代，你媽媽懷著你，幾次打胎，都沒有打下來，你算命大了！在延安洞子裏七個月就生下來，全靠糊糊，什麼奶也沒吃一口，身體本來就弱一些。那時候生活真艱苦，我兒子猛猛比你小一歲，沒衣服穿，就穿你穿過的小衣服。葉群說那時豆豆動不動就高燒昏迷，她急了，身體也虛，打電話找醫生時昏倒在地。幾次都是你羅伯伯碰巧來看，才救起來。我說羅伯伯叫我經常吃生蘿蔔後，我生病就少了。總長笑著說：嘿，豆豆記性這麼好！我說爸爸經常給我講這些事，我一直沒忘，現在還喜歡吃生蘿蔔呢。

那天夜裏，葉群對總長說了許多尊重和讚譽的話。葉群說：1962年以後，林總身體很不好。這幾年軍隊工作如果沒有總長，不會有這樣好的局面。林總對你發了脾氣，我相信你是不會見怪的，他只對像你這樣的人才發脾氣。你也知道他在家裏總說你的好話。羅瑞卿也連連檢討，說以為“定級名單”送給林總看了，後來才知道是秘書誤了大事，我狠狠批評了他們，我也疏忽了。葉群說這不怪你啊，對秘書也不要批得太厲害。你確實太忙了，除了軍隊工作，還有那麼多的中央會議和外事活動要參加。你心臟有點毛病，也要注意休息，注意身

1967 年 12 月 18 日，
毛澤東、林彪接見阿
爾巴尼亞貴賓

1968 年 6 月 21 日，毛澤
東、林彪和坦桑尼亞共
和國總統合影

毛澤東、林彪和越南勞動黨領　　　毛澤東、林彪會見外賓
導人黎筍合影

毛澤東、林彪同外賓合影

體。羅瑞卿說小毛病，很輕微，不要緊的。只要林總身體好，我工作
就好做多了，還是你把林總的身體照顧好要緊啊[24]！

　　羅瑞卿對林彪的身體非常關心，總希望林彪的病能治好。每次見
到林豆豆總是問林彪的身體怎麼樣，並意味深長地說，要是你爸爸身
體好，那就好啦！葉群說林總身體不好，動不動就對我大發脾氣。爲
了他的身體，我犧牲了自己，沒有爲黨幹一番事業。他不像你會當丈
夫，跟他在一起，我也是很爲難呀……我要是在地方繼續做教育工
作，爲黨早幹出一番成果來了。"文革"中葉群又說，要是我繼續做
教育工作，肯定打成"黑線"人物了，1957年就差點兒打成大右派，
以後還不知道要打成什麼呢。羅瑞卿說不要這樣想，好好照顧林總的
身體，這也是爲黨工作嘛！葉群說我們常不在北京，兩個孩子都靠你
們照顧了，以後還得托你們照顧和管教。葉群對兩個孩子說，你們以

後要好好聽伯伯的話……總長馬上插話,可不要叫伯伯,還是叫叔叔吧。我這個做叔叔的老是很忙,也沒照顧好。林豆豆看他們談得很好,提出告辭,羅瑞卿說,我這個叔叔沒當好,早就想看看你們,又讓你們也睡不成覺了。我確實很忙,好久沒見到你們了,你們來了,就陪我再坐一會吧。林豆豆稍坐了一會,再次向總長告別,拉著老虎走了。她最後聽見葉群對總長說,你不分晝夜的,一心想怎麼把軍隊工作搞得更好,敢管敢負責,當然難能可貴。但是你忙得東跑西跑,也別使人覺得你好像是橫衝直撞、盛氣凌人的。有些事別看得那麼太簡單了,各個方面都要想到。林總是瞭解你的,但有些領導同志有意見,也許以為你是按林彪同志的意見辦的,他們也不好說。特別是對最上面的事情,好心辦了好事,你還不知道犯了什麼忌諱。政治上你也請細心謹慎些,同各方面的領導同志、老帥們的聯繫更廣些,多請示多尊重他們,這樣,是否更好些……還是要多通氣,要不然有些事情反映到林總這裏,他都不好替你說話。今天總長專門來看我,是對我的信任。我勸你不要來,我是怕林總認為我插手辦什麼壞事了。我聽到一些反映,作為總長的下級,我感到有責任向總長反映,這都是我個人的意見,不見得對,供總長參考[25]……

林彪陪同毛澤東在天安門城樓上

林彪陪毛澤東會見外賓　　　　1968年8月15日，毛澤東、林彪同
尼泊爾王國貴賓合影

林彪陪同毛澤東接見外賓

1968年10月2日，林彪會見阿爾巴尼亞黨政代表團團長巴盧庫

中共中央副主席林彪和
外賓在五一遊園會上

毛澤東在天安門城樓上

毛澤東

　　第二天，葉群拉著兩個孩子專門對林彪說：昨天晚上總長找我談話，談得很好，我可是非常尊重和團結總長的，完全是出於好意。林彪說：叫你不要插手，你又插手！葉群說：接電話的秘書和兩個孩子都知道是總長一定要找我談話的，叫我不要叫醒你，怕影響你休息。林彪說：誰知道你說了些什麼？！葉群說：兩個孩子可以作證。林辦工作人員都知道，葉群拉上兒女，是為了使林彪相信她是尊重總長的。在1965年9月之前的好幾年，葉群在工作人員中總是說她怎樣尊重總長，生怕林彪認為她在挑撥。因為林彪嚴格規定葉群不准在他和別人面前說總長和任何人的什麼不好。林彪多次嚴厲告誡葉群：不准干擾總長的工作。還專門給葉群寫了"要搞德智體，不要搞名位權"的大條幅，掛在她的床頭。並規定不准摘下來，以至掛了好幾年，一直掛到"文化大革命"開始以後[26]。

第十章　上海會議

毛澤東讓葉群到杭州來匯報

　　1965 年杭州的毛澤東已經不是 1959 年廬山上的毛澤東了，那時他面對面地與彭德懷幹仗，連個轉圜的餘地都沒有。這回揪羅瑞卿，他可不能沖在第一線了，一定要有一個衝鋒陷陣的“羊”。

　　1965 年 11 月，葉劍英突然來蘇州，向林彪傳達毛澤東的指示，說不要再保羅瑞卿了，再保對你沒好處。葉劍英沒想到牆後有耳，葉

林彪請毛澤東看講話稿

周恩來，毛澤東，林彪　　　　　　毛澤東和林彪，中間是外國友人

毛澤東和林彪　　　　　　　　　　　　天安門一角

群和林豆豆在屏風後面全聽到了。毛澤東認爲羅瑞卿是劉少奇的人，明確要求林彪表態，林彪藉口身體不好拒絕了。毛澤東說：如果林彪身體不好，可由葉群代爲匯報[27]。

　　此時，葉群在江蘇太倉縣農村，毛澤東、江青讓她和林豆豆去搞"四清"[28]。張雲生回憶：11月30日，毛澤東主動將葉群從太倉召到杭州，想就羅瑞卿與林彪的關係問個究竟[29]。當時和葉群一起"四清"的王飛回憶：我聽葉群說，是接到毛主席秘書的電話，她才去杭州向毛主席匯報羅瑞卿的問題的[30]。

　　毛澤東向林彪發出打倒羅瑞卿的信號後，林彪再"裝聾作啞"已

551

經不行了。因為林彪與羅瑞卿兩家的關係太近，如果林彪還不表態他也會成為"羅瑞卿"，1959年盧山上黃克誠等人不就是因為支持彭德懷而被打成反黨集團的嗎？林彪不得不同意葉群去匯報。但"倒羅"並不是林彪的本意，他也不想背"倒羅"的黑鍋，所以在葉群去匯報的當天，林彪特意寫了附合毛澤東意願的信。

主席：有重要的情況需要向你報告，好幾個重要的負責同志早就提議我向你報告。我因為怕有礙主席的健康，而未報告。現聯繫才知道楊尚昆的情況，覺得有必要向你報告。為了主席有時間先看材料起見，現先派葉群送呈材料，並向主席作初步的口頭匯報。如主席找我面談，我可隨時到來[31]。

林彪特別說明，是在好幾個重要的負責同志向他報告後他才寫的信。"好幾個重要的負責同志"是誰？在葉群向毛澤東告羅瑞卿之前，早有葉劍英、楊成武等人匯報過了。張耀祠說：除楊成武與主席面談外，葉劍英也與主席單獨談了話[32]。再一個情況是，如果葉群事

林彪，周恩來，江青

毛澤東和林彪在天安門城樓上

毛澤東在天安門城樓上
和宋慶齡（右一）握手

文化大革命中的政治局會議

553

先不知道毛澤東的態度，怎麼敢在毛澤東面前說羅瑞卿的壞話？羅瑞卿也是毛澤東的親信啊。

葉群生怕牽連林彪，匆忙準備了"批羅"的11份材料[33]，包括李作鵬等人提供的材料，楊成武轉來的蘭州軍區的材料，總參作戰部副部長雷英夫等人揭發羅瑞卿的材料等。以後這批材料作爲12月上海會議的文件秘密印發。

中央警衛局副局長張耀祠回憶：1965年11月下旬，住在杭州空軍療養院的楊成武給我打了個電話，約我去一下。還沒說幾句，葉群來了，說是林彪叫她帶一封信，請你交給主席吧。但葉群出去轉了一圈，回來又說，林彪要她把信當面交給毛主席[34]。

林彪這個障礙解決了，毛澤東下決心召開上海會議[35]。

現在看，打倒羅瑞卿不是打倒羅瑞卿一個人，而是毛澤東打倒劉少奇整個戰略部署中的第一步。毛澤東安排江青到上海，組織張春橋、姚文元密謀《評新編歷史劇〈海瑞罷官〉》的文章，並經毛澤東親自修改，1965年11月10日突然由上海《文匯報》抛了出來。它以重新評價"三面紅旗"和充分肯定對彭德懷的批判，作爲"文化大革

林彪手拿毛主席語錄　　　　　　林彪揮舞毛主席語錄

1966 年毛澤東揮手

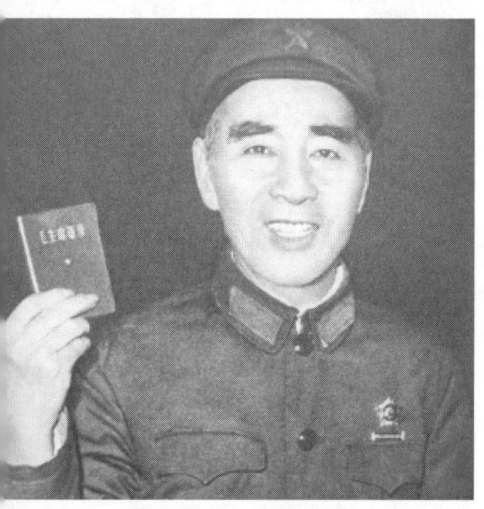

林彪揮舞毛主席語錄

林彪揮舞毛主席語錄

命"清算劉少奇"修正主義"的突破口。

同時，毛澤東也在爲"文化大革命"採取組織措施。11月10日中共中央通知：中央辦公廳主任楊尙昆到廣東任職，汪東興接任。11月15日，中央軍委辦公廳主任蕭向榮被停職審查，由半年前包攬軍委副秘書長、第一副總參謀長的楊成武兼軍委辦公廳代主任。兩隻"死老虎"彭德懷和黃克誠也以安排工作爲由被騙離北京。

上海會議上，鄧小平傳達毛澤東12月2日在蘭州軍區黨委報告的批示：那些不相信突出政治，對於突出政治表示陽奉陰違，而自己另外散佈一套折中主義（即機會主義）的人們，大家應當有所警惕。林彪、葉群從上海會議發的文件中才知道毛澤東的這個批示[36]。葉群說看樣子，不單純是爲了整羅長子，還不知道有什麼來頭呢？林彪氣

林彪在麥克風前

林彪在麥克風前

得全身顫抖，管他什麼來頭不來頭，只看對國家和人民是不是有利。搞折中主義，就是搞團結，不搞極左，也不搞極右，有什麼錯？解放以來根本就沒有什麼右傾機會主義，有的是一次次的極左，現在哪裏有什麼折中主義[37]？

"死期"臨近，還在忙著視察邊防線的羅瑞卿依然蒙在鼓裏。

葉群到底對毛澤東說了些什麼

張耀祠回憶：葉群到後的第二天早上 5 點多，毛主席要見她，談了差 5 分鐘 5 個小時。談話現場只有他們倆，我三次進去催，都聽見葉群在說[38]。毛澤東和葉群談完話，叫她把材料留下，還交代要絕對保密，特別注意安全，不能讓羅瑞卿知道你來過杭州。毛澤東讓汪東興立即送葉群回蘇州，他自己也立即離開杭州。

葉群回來對林彪說：主席在杭州見我，談了幾個小時，叫我吃了午飯，又接著找我談，我主要講"四清"，一直談了一天。我幾次要走，主席不讓我走。問來問去，就問到羅長子。主席說，聽說羅長子有事不找林彪。我說你長期在外休養，具體工作叫總長多請示其他老帥，羅長子和你也就通氣少了些。主席具體問了羅瑞卿在軍委擴大會議上的總結發言和五級幹部定級名單，主席說也不是軍委主席嘛，也不是軍委副主席嘛，黨內也不是政治局委員，怎麼由他做總結發言？聽說有的老帥組織了一個班子，準備了一兩個月的總結發言稿，怎麼不讓這幾位老帥發言呢？聽說羅長子的總結發言事先沒有經過軍委其他領導看過？大將也不只他一個嘛，現在許多老帥和大將怎麼沒工作幹？怎麼都養起病來了？黨政軍的工作難道就靠羅長子一個人幹？主席還問，報到中央的軍隊五級幹部定級名單上怎麼連國防部長的簽批都沒有[39]？

林豆豆回憶：林彪對葉群等人說，中央已經批下來了，這不能怪羅長子，是由於我有病休養，過問不夠，是我叫他對軍隊工作多管，大膽管的[40]。羅瑞卿和老帥的關係搞得這麼僵，這是林彪沒有想到的，為保羅瑞卿，林彪把主要責任攬到自己身上。

葉群對林彪說，我就沒想到主席對軍隊這些事那麼清楚，那麼仔細，也不清楚主席問這些是什麼意思。我聽了很緊張，我就照實說了具體情況，說你不怪總長，是你讓總長大膽管的。主席聽了不滿意，說我是有話不敢講。主席說他早就討厭羅這個長子，開國大典那天，上下天安門的路線，非要他說了算數不可，我走一步，他跟一步，路都是他定。實際上他是要"炫耀自己"、"出風頭"，從那天起我就討厭他了。葉群極為震驚地搖頭，主席對開國大典那天這麼一件小事，十多年了，怎麼還記得這麼清楚（以後葉群要求林彪在天安門城樓上一定要走在毛澤東的後面）？主席講羅長子限制了他的自由，他當公安部長，我真受罪，後來幸虧他沒有繼續當公安部長了。主席還說羅長子這麼狂，發展下去，很危險，說他早就看出羅瑞卿這個人"將來有野心"。葉群說，這當然不是指羅長子想當國防部長的問

林彪在麥克風前

題，他已經身兼黨政軍好幾大重任。你長期休養，把工作交給他了，他參加政治局會議，是你叫他代表你去參加的，也是主席、中央同意的。不存在"篡國防部長的權"，有"野心想當國防部長"的問題。我聽主席講的意思是指羅長子要篡黨的接班人劉少奇的位置，這你怎麼好去保他呀？可這次會議上又說羅長子篡國防部長的權，弄不清楚是怎麼回事？林彪對葉群大發脾氣，我早就交代你，不准說羅長子的壞話，你在杭州背著我搞什麼鬼？葉群說我可沒有背著你搞什麼呀，主席見我，我只想著給主席匯報"四清"。主席問了羅長子和你的事，我才反映了一些一般情況，說我們沒有發覺總長有什麼大問題，我只是讓主席知道羅長子和你沒有太密的關係，沒有搞什麼陰謀。羅長子是你的部下，不說一下也有個責任問題，葉群還說主席當時也沒有說要對羅長子怎麼樣。你也知道，主席多年說話不算數，決心多變，剛剛說的話馬上就推翻，來一個一百八十度的大轉彎。我當時聽了很緊張，不知道到底真的要整誰，感到又要"釣魚"了。我可沒想到主席要整倒總長呀，我說總長的壞話，對我有什麼好處[41]？

林彪在麥克風前

林彪在麥克風前

羅瑞卿要見林彪被秘書擋住

　　林彪深知毛澤東最怕結黨營"私"，他時刻記著毛澤東的話：凡是要搞陰謀的人，他總是拉幾個人在一起。好在林彪生性獨往獨來，幾乎沒有交際，是黨內有名的孤僻怪人。但由於工作關係，林彪見羅瑞卿最多。有一次羅瑞卿正和林彪談話，看見林豆豆來了，招呼她進去。林豆豆站在門口，聽見羅瑞卿對林彪說，上次我打電話來見你，因爲臨時有外事活動，我說來又沒來。葉群說林總身體不好，一天沒吃飯，一直等著[42]，等了一天，結果又沒來。林彪說上次聽說你要來，我就等著你，我身體不好，見了好久沒來，心裏就急了，見到你，就高興了。……羅瑞卿剛要檢討，林彪馬上說不說這些，你工作實在太忙了，我還不瞭解你，平時我們難得見面，今天在一起，我們心裏都很高興……[43]

　　葉群多次對李文普說：不管誰來見首長，要注意首長的身體情況。如果身體情況較好，談話時間可以長些，否則談短點。但如果是重要談話，就讓他們談下去，不要干擾。有一次羅瑞卿和林彪談得很

長，羅瑞卿幾次要走，幾次又坐下繼續談。羅瑞卿走後，林彪臉色很
不正常，脈搏很快，又快虛脫了。林豆豆急問，需要不需要吃點藥？
林彪吃力地說，沒什麼，先不要吃藥吧。談的時間長了，有點累，躺
一會兒就好。過一會兒，林彪又說，你送總長上車了沒有？天這麼黑
了，總長來了這麼長時間，一定會餓了，你們怎麼也沒有請總長吃點
東西再走。我也忘了，我這個人老是不會注意這些事。葉群看林彪癱
軟在沙發上，急了，趕快給他服藥。林彪感到好一些，葉群說明知自
己有病，還談這麼長時間，把身體弄壞了，為難的又是我們。總長明
知你有病，也不體諒一下。林彪打斷葉群的話，說我和羅長子談工
作，你管那麼多幹什麼？葉群爭了幾句，出去對林豆豆抱怨，總長也
是，知道你爸爸身體不好，還談那麼長時間，把你爸爸累成那樣子。
葉群怨林豆豆和李文普沒有勸林彪休息一下再談。林豆豆說，爸爸和

564

林彪在麥克風前

總長談話很多，我幾次問過李文普，他說他們要繼續談，就不要幹擾了。葉群表示同意，他們要繼續談話，也不好勸他們休息。事後葉群問林彪，你們怎麼談那麼長時間？林彪說羅長子談得很好，都是些急待解決的實際問題，我和他具體商量怎麼解決好。談的時間長了，送羅長子走後，我才感到全身非常疲乏[44]。

不過事情就是這樣矛盾，有時林彪身體好些，要見羅瑞卿，而羅瑞卿工作太多，無法脫身。有時羅瑞卿要來，又趕上林彪"大汗淋漓"，無法談話。這種情況1962年經常發生，因此造成一些不愉快[45]，也在客觀上造成羅瑞卿和林彪的疏遠。後來羅瑞卿幾次打電話要到蘇州匯報工作，林彪拒絕，說你工作忙，讓楊成武來就行了[46]。

有一次羅瑞卿來，楊成武正和葉群談話。楊成武不想讓羅瑞卿知道他在這裏，躲到林豆豆的房間，問總長會不會到你們這個房間？林豆豆當著王淑媛的面如實地說，總長和郝阿姨每次來都要來看看我。楊成武更加緊張，不時朝門外看。等總長走後，楊成武才出來見林彪，談葉群的定級問題。林彪說不要這樣做，請按組織原則辦事。楊成武走後，葉群向林彪說了楊成武躲著沒見總長，林彪奇怪地問，你在中間搞什麼名堂了？葉群趕快解釋，我一再勸他和總長一塊見你，楊成武說他來，總長不知道，是他自己避而不見的。你要不信，豆豆、老王和郭（連凱）秘書都可以作證。林豆豆說有這回事，林彪說總長不知道他來，他就不能同總長一起來見見我了？楊成武這個人哪，總長那麼信任他，總長來了，堂堂的副總長卻躲在小孩屋裏，怎麼這樣不大方？為什麼不和總長一起見見我？以後得叫他不要這樣，這樣不好，有什麼出息[47]？

　　星期天羅瑞卿和夫人郝治平一起來了，葉群照例派人叫來林豆豆。林豆豆聽見郝治平說，瑞卿有時打電話，要來見林總，可是他又忙別的事情去了。林總身體不好，讓林總一直那麼等著，這真說不過去，我有責任呀！葉群說總長工作實在太忙了，不怪你，有時總長來

林彪在麥克風前

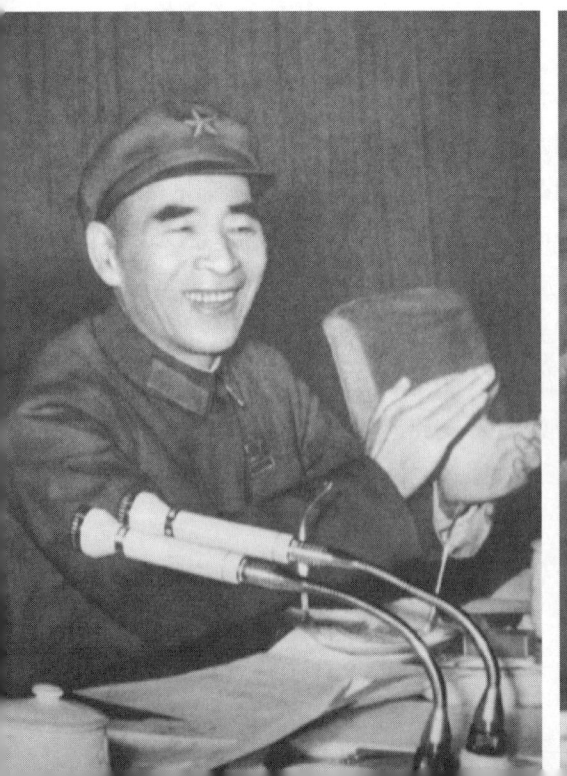

剛當接班人時，林彪經常在大會上講話，但是講稿都是別人寫的，他只不過是提線木偶罷了

了，林總正在出大汗，不能見，弄得我也很為難。郝治平說我這個羅辦主任可比不上你呀，我這個腦子頂不了你的十分之一，瑞卿和我頭腦都很簡單……葉群馬上說今天休息，總長也很疲勞，不談工作。我們經常不在北京，兩家人難得聚在一起，今天請你們來玩玩[48]。……

　　林家和羅家的關係確實非同一般。邱會作的大兒子邱路光回憶：1970 年春，葉群讓我媽媽把她的一雙沙子色的高跟鞋拿去改成半跟，我也在場。葉群說這是羅長子出國用他的零花錢買的。葉群還特別囑咐，羅瑞卿說別告訴郝治平，說他只給郝治平買了一條紗巾[49]。

葉群陪羅瑞卿和郝治平在院子裏賞花，後來回辦公室，葉群對秘書說：以後你們要多請示總長和郝主任，多和羅辦秘書通通氣，不要在工作中發生誤會。但是誤會還是發生了。

林豆豆回憶：葉群"四清"前交代，不管誰來見首長，必須先電話告訴她再定。羅瑞卿事先沒有通知，突然從上海到蘇州要見林彪，秘書郭連凱和李文普來不及報告葉群，說首長正在出汗，不能見。羅瑞卿很生氣，便要衝進去。但秘書擋著，最後還是沒見成。而林彪並不知道總長急著要見他。以後林彪為此事向葉群大發脾氣。總長在蘇州這樣被阻，過去從未有過。我是上海會議後才知道的，氣得質問李文普，為什麼不讓總長見我爸爸？我對葉群說，要是爸爸和總長見面了，總長也不至於挨整。葉群說你小孩子懂什麼，整總長又不是因為你爸爸和他沒有相見這件小事，是主席要整總長，難道你爸爸保得了總長……楊成武他們都知道主席要整羅長子了，你爸爸還蒙在鼓裏。突然通知開會，我還以為要整你爸爸了。1968 年，我和王淑媛一起問過李文普，你們的材料說首長不見總長，總長想趁首長病重時氣死首長，到底是怎麼回事？李文普說他們沒有寫材料。我說，就是你和郭連凱搞的鬼！如果你們不攔，總長和首長肯定相見了。總長是你們攔住他才發火的。首長有病，總長來看望，過去也有這樣的事。首長看他忙，勸他不要來，總長非要來不可，首長也就高興地見他了，還感謝總長的關心。王淑媛說，你們"立大功"，倒把首長賣了出去！讓首長做惡人，你們這些秘書太沒良心了！幹這樣缺德的事！你們就欺負首長有病，腦子不好使，管不了這些事。王淑媛這個不識幾個字的勞動婦女，"文革"中這樣的痛斥太多了，她差一點因此被關進北京衛戌區[50]。

林豆豆認為：總之，總長沒有反我爸爸，我爸爸也沒有要整總長。

某上將當面對葉群說：羅長子在背後罵你，葉群不相信。朱德、羅榮桓、羅瑞卿、劉亞樓等和林彪、葉群之間，都受到過這樣的挑撥。就全黨、全軍範圍來說，其根源無疑都是一個，這是黨內軍內的嚴酷事實[51]。

上海會議後批羅瑞卿反林彪，羅瑞卿和郝治平一直不承認。

林彪在天安門城樓上講話

到底劉亞樓有沒有說過"四條"

在所有揭發羅瑞卿的材料中，重磅炸彈是劉亞樓臨死前說的"四條"。

1966年5月16日，中共中央批轉《中央工作小組關於羅瑞卿錯誤問題的報告》，附有葉劍英、謝富治、蕭華、楊成武等人的揭發材料。楊成武在中央工作小組專門會議上有一個長篇的書面發言，其中

提到"四條"，楊成武說：1965年2月14、15日，羅瑞卿要劉亞樓同志向葉群同志講了四條意見，希望勸林彪同志接受。（1）一個人早晚要出政治舞臺，不以個人的意志為轉移，不出也要出，林總將來也要出政治舞臺的；（2）要好好保護林總身體，這一點就靠你們了；（3）今後林總再不要多管軍隊的事情了，由他們去管好了，軍隊什麼都有了，主要是落實問題，不要再去管了；（4）一切交給羅去管，對他多尊重，要放手讓他去管。劉亞樓同志並對葉群同志講，羅總長說只要你辦好了這件事，羅總長決不會虧待你。

1965年2月，羅瑞卿和劉亞樓躺在床上，密談到天黑。羅瑞卿要劉亞樓轉告葉群"四條"，這些內容當時有劉亞樓夫人翟雲英親筆簽名的證詞。1980年，翟雲英推翻，她對"兩案"取證組說：（1）葉群說她同劉亞樓談話時，林豆豆也一同去了，我沒見林豆豆；（2）我根本沒聽過什麼"四條"；（3）吳法憲讓秘書衛球來談劉亞樓在上海治病的情況。過一兩天後，吳法憲拿一份記錄讓我簽字，當時我

空軍副參謀長王飛，攝於1998年

思想很亂，沒加考慮，自己也沒有講別的，就簽了字。

那麼，劉亞樓到底有沒有說過"四條"？

鄧小平當時就說，死無對證。真的死無對證嗎？

九一三事件後，打倒羅瑞卿的罪名安到林彪頭上，說葉群在劉亞樓生前爲什麼不說？非等劉亞樓死後才揭發，所以認爲"四條"是子虛烏有。其實，這正從一個側面說明林彪保護羅瑞卿。葉群在上海會議發言時說，劉亞樓不敢向林彪轉達，壓了好幾年才對她說，而林彪一直沒有把劉亞樓這"四條"匯報給毛澤東。到 1965 年 8 月"好幾個重要的負責同志"四處打招呼，林彪仍沒有端出這"四條"。直到上海會議前一個星期，打倒羅瑞卿已成定局，葉群才向毛澤東說出了劉亞樓的"四條"。

王飛回憶：劉司令員病重期間，我和姚克佑一直守在他身邊。劉亞樓和羅瑞卿的關係很好，他們議論過誰當總長。現在看，說"出"政治舞臺，不是下，而是上，讓林彪登上政治舞臺。林彪上去了，國防部長的位置就空出來了。廣州軍區副司令員兼廣空司令員吳富善等人在海南島的鹿回頭招待所也議論過，林彪上去了，空出位置，國防

部長由羅瑞卿當,總參謀長由劉亞樓當,空軍司令員誰誰誰當。這樣一安排,就棒了[52]。1964年底,劉亞樓在杭州召集空軍參謀長梁璞和姚克佑、王飛討論空軍條例條令。上海空四軍政委江騰蛟派一個上尉送來一封信。幾個人中就王飛資歷淺,他又是"秀才",劉亞樓就讓他拆開念。信上只有一句沒頭沒腦的話:許(世友)司令、杜(平)政委、王(必成)副司令都同意司令員當總參謀長。劉亞樓馬上說:亂彈琴!燒掉,燒掉[53]!

退一萬步講,就是劉亞樓講過"四條",又說明什麼呢?誰免得了議論幾句"座位"呢?汪東興身處"伴君如伴虎"的位置,仍說過程世清可以當大軍區政委了[54]。雖然是諷刺,但也應該算私下議論"座位"吧?

劉亞樓知道林彪的組織觀念非常強,一直沒敢說"四條"。後來劉亞樓病重,他終於對葉群談了,說1963年以來,我幾次想和你談羅瑞卿交代的"四條"意見。葉群說,每個人都上了政治舞臺,林總榮譽很高了,無意再進。這是中央決定的問題,也不是我們應該談的問題。劉亞樓說你怎麼這樣遲鈍。你如果辦到了,林彪進入政治舞臺,不管軍隊,讓羅總長幹,總長不會虧待你的。葉群說這是對我最大的侮辱。回來的路上小孩都說,劉叔叔講的不對,你答得對。爸爸又沒有野心。林彪得知"四條"很不高興,說這也不是我定得了的。林彪認為葉群答的對,今後不准再講這個事情,這是違背原則的[55]。

林彪對劉亞樓說,總參謀長輪不到你當,還有大將呢。林彪流露出野心家的意思,提醒劉亞樓,羅瑞卿這個許願不一定是真心。劉亞樓很生氣,覺得上了當[56]。據劉亞樓秘書何某某說,劉亞樓臨死和羅瑞卿大吵了一架。吳法憲回憶:劉亞樓逝世後,翟雲英給我看了一封羅瑞卿給劉亞樓的信。羅瑞卿希望劉亞樓好好休息,不要太好勝,在空軍的事情上,可以放手一點的,就不要多管了。翟雲英說,劉亞樓看了很不滿意,說不相信我,請軍委派人來檢查好了。1965年 5月初,翟雲英告訴我,劉亞樓病危,我立即報告羅瑞卿、楊成武,並同他們一起飛到上海。這時劉亞樓開始便血,神志也模糊,說不出更多的話,只反復說兩句話,毛主席重要,101(林彪)重要[57]。

毛澤東讓總理通知葉群講一講

12月8日至15日，中央政治局常委擴大會議在上海召開，毛澤東主持[58]。會議對羅瑞卿進行背對背的揭發，規定不許記錄，發的文件由首長本人保管，不許秘書插手。也沒有講如何傳達，到最後也沒有傳達。主持中央和軍委日常工作的劉少奇、賀龍蒙在鼓裏，鄧小平、彭真等中央負責人也感到突然。周恩來說中央常委事先都不知道，主席叫我通知在上海開緊急會議，我也不知道什麼內容。

華北局第一書記李雪峰回憶：12月7日通知我到上海參加中央會議。我從河北"四清"的地方趕回北京，12月8日坐飛機到上海，會前對會議內容一無所知。上海會議第二天，毛主席沒有參加，會議主要內容是批判羅瑞卿[59]。

葉群帶林豆豆到上海錦江飯店去看周恩來，談了七八個小時，林豆豆一直在場。他們連午飯也沒吃，葉群說她本來不願在會議上發言，總理通知她講一講，她就講了一講。周恩來說是主席親自點的

時念堂和周恩來握手

名，叫他一定通知葉群講一講。林豆豆還聽周恩來對葉群說，主席召集這個緊急會議後，怕羅長子在雲南搞"政變"，就叫對雲南加強控制。還問羅長子會不會逃到國外，周恩來說不會[60]。

上海會議召開時羅瑞卿正在雲南視察邊防，鄧小平安排接羅瑞卿從雲南到上海。專機處於高度戒備狀態，怕羅瑞卿逃走，也怕他動武。34師副師長時念堂回憶：吳法憲交代任務，中間不許落地，不准拐彎，並囑咐機組人員帶上手槍。正交代著，吳法憲接了一個電話，聽得出來，對方的官比吳法憲大，大概是說機組怎麼樣，吳法憲說機組沒問題。時念堂想，羅大將看來是出了問題，要不讓我們帶槍幹什麼？幾點起飛，幾點落地，上邊都有嚴格規定。如果按正常情況飛，空中時間太多。又不能拐彎，為了準時落地，時念堂只好降低飛行高度，放慢飛行速度，以此耗掉多餘的空中時間[61]。

羅瑞卿女兒點點回憶：12月11日，上海會議開始幾天後，羅瑞卿才被從雲南叫到上海，由周恩來和鄧小平與他談話。羅瑞卿要求見毛澤東、林彪，被周恩來勸阻。

李雪峰回憶：我參加上海會議的那個組由總理主持，有賀龍、葉群等人。葉群在會上發言，介紹了她與主席談話的過程，說了羅瑞卿要劉亞樓轉告林彪的"四條"[62]。葉群說因為她剛從"四清"點上趕回來，沒有很好地準備，只講她瞭解的情況。過去她對羅瑞卿是畢恭畢敬的，沒想到羅瑞卿同林彪同志的關係搞得那麼緊張。以後發現一些問題，不敢輕易上報，一怕看不准，二怕材料不夠過硬，三怕給中央軍委出難題，四怕轉移工作重點。……羅瑞卿掌握了軍隊大權，又掌握了公安大權，一旦出事，損失太大。羅瑞卿的個人野心已經發展到野心家的地步，除非林彪把國防部長的位置讓給他，他當了國防部長又會要求更高的地位，這是無底洞。1964年羅瑞卿逼林彪退位。林彪從包頭回來，劉亞樓說，羅總長曾聽主席說，希望林彪多活20年，因為林彪有馬列主義。林彪約羅瑞卿來，羅瑞卿只呆了十幾分鐘就走了，並說明天出發看地形。林彪問主席有何指示時，羅瑞卿才說，主席說希望林總多活20年，因有點馬列主義。國慶日後羅瑞卿見林彪，大聲說病號不能幹擾，應讓賢，出門後又大喊不要擋路。林彪氣得昏迷過去。家人從後廊路過，聽到羅瑞卿講的這些話。林彪對

葉群說，我是讓賢的，但國防部長是主席、中央封的，我讓賢也得讓給真正的賢者，羅瑞卿憑此就不能讓給他。

關於"讓賢"，林豆豆是另一種說法。羅瑞卿快人快語，就新老接替工作向林彪匯報，講過有些老幹部應該主動"讓賢"，"病號就要像個病號的樣子"，"不要擋道"，但這並不是針對林彪，而是針對一種現象。羅瑞卿說部隊工作什麼都好辦，就是有些資格很老的老幹部最難辦，給他安排工作，他說有病不幹，讓他退休，他又不退，長期住在招待所發牢騷說怪話。林彪說對這樣的事，不能性急，要想到這個工作比打仗還難得多。羅瑞卿說做這樣一個老幹部的工作，比指揮一個戰鬥確實難得多。林彪說有些老幹部的工作，你不便做的，我找他們談。後來林彪找了一些老幹部談話，這些老幹部表示感謝林

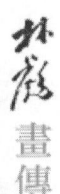
彪對他們的教育、提醒和關心,表示今後一定注意和改正[63]。

　　林豆豆回憶:葉群在上海會議上的發言內容,林彪和我並不知道。上海會議後,我聽林彪對葉群大發雷霆,誰叫你發言的?葉群說她不是中央委員,哪有資格參加會議,在會上發言?是主席指名叫她參加會議。她本來只帶耳朵不帶嘴,又是主席親自點名,專門通知並催了她好幾次,叫她發言。她一直拖著,根本沒打算發言。我聽見葉群對林彪說,到會的同志都表了態,好多人批羅長子批得厲害,就是你沒有出席會議,我們沒有表態。主席又強調一定通知我發言,逼得我實在沒辦法了,後來我就講了講。因為事先毫無準備,連個稿子也沒有,就邊想邊講你和羅瑞卿的關係。我要是不講,也使總理等領導同志為難了。我在外面受逼,在家裏又盡受氣,弄得我不知怎麼辦才好[64]。

　　上海會議結束後,大多數與會者仍不知就裏,甚至人心惶惶。

1966年,林彪的笑容

林彪事先不知道上海會議的內容

　　林豆豆回憶：突然召開的上海會議和總長被整，林彪事先毫無所知。他從來沒有對毛主席和其他中央領導說過總長任何不好，毛主席等人也從來沒有對林彪說過總長有任何問題。我曾聽葉群對總理說，她在搞"四清"，林彪同志在蘇州養病，他們不知道出了什麼大事，很緊張，上海會議開始後才知道是關於羅長子的事[65]。

　　空軍宣傳部處長官偉勳回憶：批判羅瑞卿好多天了，葉群還對林彪搞封鎖。一位秘書"不慎"念了部隊"批羅"的反映，林彪問怎麼回事，葉群立即把這位秘書趕走了。關於羅瑞卿的悲劇，還有一些情節，更令人難以置信[66]。

　　那麼林彪對打倒羅瑞卿到底是什麼態度？現在看到的都是葉群的言論，林彪沒有出席上海會議的小組會，也沒有任何形式的發言。自上海會議後，毛澤東沒有徵求過林彪的意見。葉群關於兩頭受氣，簡直沒法活了的話更多了，甚至多次拉著兒女的手哭，說你們不要怨恨我，以為羅總長是我整的，那次上當了。你們不要老是氣我，在首長面前說我的壞話。現在同江青、康生他們鬥，我是在刀尖上走鋼絲，隨時準備掉腦袋的[67]。

　　上海會議結束兩三天后，葉群把林豆豆叫到上海瑞金路招待所，說總長出事了，我本來還不想告訴你，怕你精神受不了。因為你爸爸不願意呆在上海，我也不願沾這個事，馬上就

1966 年 8 月 18 日，林彪在天安門城樓上，笑容如此燦爛

要回農村搞"四清",走以前不告訴你一下也不行,不然你在外面會說錯話。林豆豆回憶:我一聽,感到太可怕了!因爲前不久我到總長家,郝阿姨還非常關心地送給葉群一雙便於"四清"穿的鞋。葉群說你爸爸知道總長"出事"後,成天低著頭發呆,飯也不吃,老是憂傷哀歎,直流眼淚,幾次要衝出去找主席。第二天,我聽葉群對黃永勝和蕭華也說了同樣的話。葉群專門交代李文普注意防止林彪去找毛主席。葉群要我勸林彪,我不去,她就把我拽到林彪面前。林彪頭也不抬,正淒然淚下。葉群叫我勸,我沒動,葉群就在背後使勁揢我,我還是沒動。我只叫了一聲爸爸,我實在不忍見他如此傷心[68]。

林彪淚眼紅紅,看了女兒一眼,便猛地站起來,要衝出去找毛澤東。

葉群緊張了,把林豆豆推到一邊,把林彪按在沙發上。

林彪全身顫抖,悲憤得直跺腳,流著淚大聲說:羅長子到底有什麼錯嘛?主席到底爲什麼要整羅長子?到底爲什麼?到底爲什麼啊?……這樣做,到底有什麼好處?爲什麼要背著我?爲什麼又硬要把我的名字拉在一起整羅長子嘛?……葉群見他聲音很大,急得直哭,趕忙把門關上,勸林彪說:求求你,求求你聲音小一點,冷靜點!你這樣傷心,脈搏又這樣快了,你身體受不了呀。我知道你心裏難受,我心裏也難受呀!林彪氣得發抖,說羅長子篡我的權,這真是笑話!根本不存在這個問題嘛,是我有病讓賢,叫他對軍隊工作大膽管,多管的嘛,我不找主席說清楚,不是太冤枉羅長子了?我也冤枉

林彪的笑容

林彪的笑容

呀，這麼大的事他不找我，我得找他去！林彪說完猛地站起來，又要
去找毛澤東。葉群還是把他按倒在沙發上，勸他說：主席突然召開中
央緊急會議，聽說是爲了防止羅長子“搞政變”。到底是怎麼回事，
主席掌握了羅長子什麼事實，我們長期在外面休養，和羅長子一年見
不了幾次面，可能是我們不知道，你怎麼能去保？到時候就該說你在
背後慫恿羅長子“搞政變”、“篡接班人劉少奇的位”了。你去保他，
還以爲是你心裏有鬼，怕牽連。想捂住什麼事，保你的兵權呢，這你
怎麼能去保呀！何況現在中央已經開會作出決議了，越保越糟。讓主
席去查嘛，查不出什麼事，看主席怎麼辦嘛，不然主席老是對你和羅
長子的關係不放心。林彪搖頭長歎，淚流不止，說主席事先找我談一
分鐘的話也好嘛[69]。

　　據林豆豆所知，林彪至死，毛澤東也沒有找他談過關於羅總長的
一句話。

　　王飛回憶：我聽葉群講，到最後，林彪還是想保羅瑞卿。葉群出
點子，林彪採納，讓羅瑞卿自己寫報告辭去軍事職務，還可以保留國
務院副總理的職務。羅瑞卿寫了辭去軍職的報告，所以上海會議對羅

瑞卿的組織處理，只撤掉羅瑞卿的軍事職務，保住了兩項地方職務。這也是林彪當時所能做的最大努力了[70]。

1966年5月16日，中共中央批轉《關於羅瑞卿同志錯誤的報告》，決定停止羅瑞卿的中央書記處書記、國務院副總理的職務，以後再提請中央全會決定。

葉群不願意寫揭發羅瑞卿的材料

林豆豆回憶：上海會議後，葉群把我拉到秘書辦公室，要以我的名義寫一個關於1964年林彪和總長談話的材料，說是大會要。以後我才知道，實際上就是事後要我為葉群在上海會議上的發言寫書面材料，我當著秘書趙根生、李文普的面說：搞政治也沒有這樣搞法的，我不能寫這個材料。我跑到林彪那裏，葉群沒等我說話，搶著對林彪

林彪的笑容

說，大會催著要她的發言稿，她不願意寫，豆豆作為小孩，寫一個關於你和羅長子談話的小材料，表示劃清界限，應付一下算了。豆豆不肯寫，盡給她為難。林彪立即嚴厲地說，誰叫你搞這個名堂的？你頂住嘛，不要讓人家牽著鼻子走嘛。寫什麼材料，有什麼界限可劃的？一概不准寫！不要幹這種缺德的事。葉群說好好，聽你

林彪的笑容

的不寫。她把我拉出來，還是叫我寫，我哭著不肯寫，葉群哄我，別哭了，眼睛都紅腫了，別人要問你，你就說患眼病了，可別說為總長哭。你不是很想見總理和朱老總嘛，我帶你去。會議期間，你爸爸不便和總理、朱老總來往。現在他想去見他們，身體又不好，總理和朱老總都說要來看你爸爸，你和我代表你爸爸先去看他們吧[71]。

　　葉群帶林豆豆去見朱德，說林彪為總長的事，情緒很不好，連會議也沒有參加。本來他早就想來看望您的，因為是在會議期間，也不方便。葉群說我勸了他，他才沒來。他現在很傷心，連門也沒出。朱德馬上說我去看看，叫林彪同志想開些，他在平型關負傷後，中央都準備開追悼會了。後來經過搶救，他真是起死回生了。他現在身體不

好，叫他不要來看我，我去看他。

林豆豆回憶：林彪不讓朱老總來，但朱老總還是來了，林彪早早就等在門口。葉群對我說，主席批了羅長子，中央都開過會了，作了決議。你爸爸不與人來往，這麼大的事，他還蒙在鼓裏。他那麼看重感情，怎麼能聽他的？他的態度暴露出去，會闖大禍的。葉群仍然叫我寫關於總長的材料，說不會作爲會議文件印發，只是留個資料放在她的箱子裏，誰也不讓看。我說爸爸和總長那次談話，談得很好嘛。總長的話有什麼問題，我也沒聽到

林彪的笑容

多少，我怎麼能寫這個材料？葉群把筆塞到我手裏，叫我非寫不可。我按事實寫了幾行字，葉群一看，撕得粉碎，這怎麼行？她叫趙根生和我一起寫，還是寫不出。葉群火了，由她口述，趙根生整理，她修改後，逼我抄寫。我迫於無奈，尤其是以爲總長真的出了什麼“大問題”，便胡亂抄了一下，葉群也沒看，就收起來了。1966年1月，我聽葉群在電話裏對楊成武說：這是小孩寫的，沒有底稿，看看就行了，不要上交了。林彪同志不准小孩參與這種事呀。他爲羅長子的事，情緒很不好，身體狀況很壞，一直沒出屋子……楊成武要葉群顧全大局，想到主席的安全，不能動搖了。其他材料都有了，就差你們這一份。葉群對我說，嫌咱們的材料字跡太草，退回來重抄。我堅持不肯抄，葉群說她也不想交這個材料，可是上面已經批了字了，她不會讓印成文件的。我抄時，思想鬥爭更加激烈，服了大量的安眠藥，想到材料中有些話明明葉群也說過，甚至是她先說的，思想很亂，不知道怎麼搞的，把總長的名字寫成葉群的名字，把葉群的名字寫成總

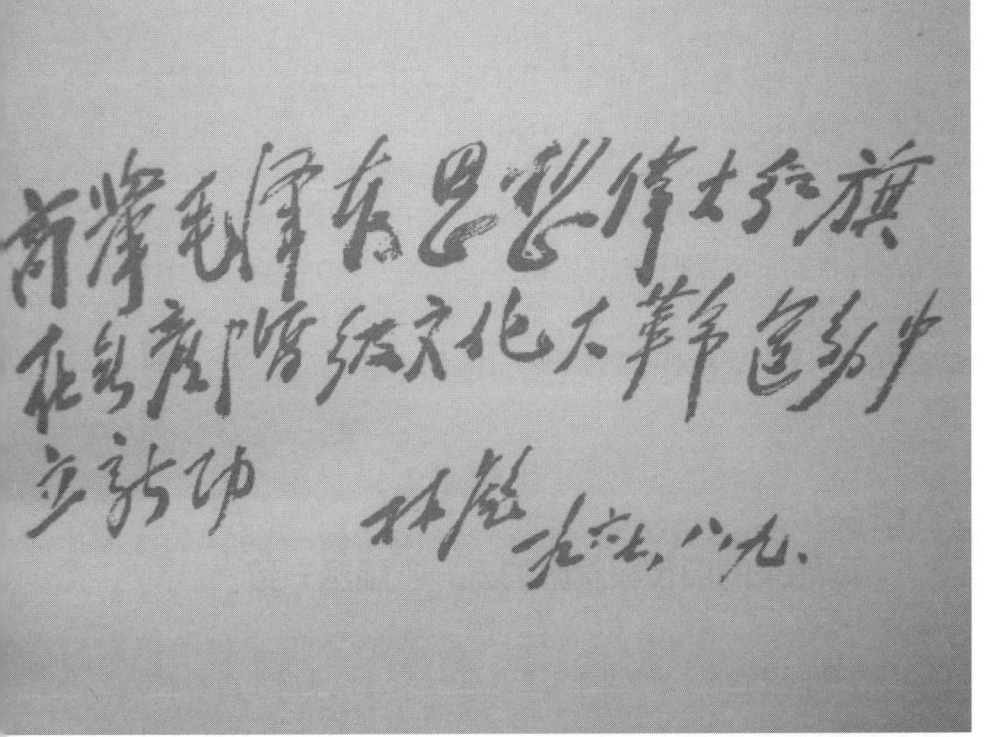

林彪題詞：高舉毛澤東思想偉大紅
旗，在無產階級文化大革命中立新功

長的名字。葉群當眾對我大發脾氣，說我故意抄錯，甚至說我對她搞
政治迫害。葉群把我單獨拉到她的房間，打開箱子，說難道只有你聽
你爸爸的，護著總長？你看，你抄的兩份材料都在這裏，你放心了
吧？葉群說她不會交出去印文件的。她只讓看一看就都要回來了，不
然她怎麼會看也不看就把材料交出去了？我因為反對抄這份材料，挨
了不少整，這是不少林辦工作人員都知道的，上海精神病醫院粟宗華
院長、嚴和駿大夫和潘淑莊護士也知道[72]。

代總參謀長楊成武還專門來看林彪，勸說林彪的口氣是從未有過
的：你可不要從個人感情出發，不然這樣下去要犯大錯誤。聽說上海
會議開始後，你就一直沒有出屋子，主席很關切。羅瑞卿的問題是
"反黨反毛主席的問題"，"是有野心的問題"，"大是大非的問題"，
這次是主席親自下的決心，這是為了防止他"搞軍事政變"。葉群神
情緊張，說楊成武是通著主席的，這麼急專門來看你，勸你的口氣又
這麼大，不會是他本人的。不是一般的話，看來是專門來傳達主席意

思的。1969年及以後，葉群曾拉著林豆豆的手對林彪說，主席整掉羅長子原來是爲了解除你的兵權，爲搞掉彭（真）陸（定一）楊（尚昆）、劉（少奇）鄧（小平）陶（鑄）做準備的，就是爲"文化大革命"做準備的，你能保得住嗎？主席就是要以你的名義整羅長子，就像開始要以彭真的名義批什麼"三家村"，以劉少奇的名義批彭（真）羅（瑞卿）陸（定一）楊（尚昆）那樣，你要是身體好，管事的話，像戰爭年代，像東北時期那樣對主席，憑你那個思想和性子，早完蛋了[73]！

周恩來的口徑與林彪的五一八講話一致

上海會議結束後，1966年3月4日至4月8日，毛澤東決定軍委常委在京西賓館繼續揭批羅瑞卿。林彪、葉群都沒有參加。與會者包括軍委常委、各總部、公安部、國防工辦、國防科委、軍事科學院和大部分軍區、軍兵種負責人，會場氣氛非常激烈，除了揭發羅瑞卿反黨、反對毛澤東的問題外，就是表示自己和羅瑞卿劃清了界限。

這回面對面，讓

林彪的笑容

林彪的笑容

羅瑞卿參加了，羅瑞卿堅決不認賬。3月18日，有口難辯的羅瑞卿以死抗爭，跳樓跌斷了腳骨[74]。葉劍英寫了一首詩，把南宋詞人辛棄疾的詩"將軍百戰身名裂"改爲"將軍一跳身名裂"。

羅瑞卿住進了北京醫院，批羅的會議重新背對背進行。3月22日，根據中央指示，會議增加了53人，包括黨中央、國務院有關部委和各中央局的領導，以及第一階段缺席的軍隊負責人。

1966年4月30日，中央工作小組做出《關於羅瑞卿同志錯誤的報告》。第一、敵視和反對毛澤東思想，誹謗和攻擊毛澤東同志。第二、推行資產階級軍事路線，反對毛主席軍事路線，擅自決定三軍大比武，反對突出政治。第三、目無組織紀律，個人專斷，搞獨立王國，破壞黨的民主集中制。第四、品質惡劣，投機取巧，堅持剝削階級立場，資產階級個人主義登峰造極。第五、公開向黨伸手，逼迫林彪同志"讓賢"讓權，進行篡軍反黨的陰謀活動。5月16日，中共中央批轉。《報告》有六個附件：葉劍英《徹底粉碎羅瑞卿同志篡軍反黨的陰謀，高舉毛澤東思想的偉大紅旗奮勇前進》；謝富治發言《高舉毛澤東思想偉大紅旗，肅清羅瑞卿同志在公安工作中散佈的資產階級毒素》；蕭華發言《堅決保衛毛澤東思想，徹底粉碎羅瑞卿同志的資產階級軍事路線和篡軍反黨的陰謀》；楊成武、王尙榮、雷英夫聯名發言《堅決捍衛偉大的毛澤東思想，徹底粉碎羅瑞卿同志篡軍反黨的陰謀》；《羅瑞卿同志3月12日的檢討》；1966年4月24日，葉劍英、蕭華、楊成武、劉志堅聯名給毛澤東、中共中央的信《彭真同志在批判羅瑞卿會議過程中的惡劣表現》。但卻沒有葉群在上海會議上的長篇發言。如果說葉群的發言是重磅炮彈的話，爲什麼不把葉群的發言列到其中呢？

1966年5月18日，林彪在中央政治局擴大會議講話：這次揭發、解決彭羅陸楊問題，是防止反革命政變、防止顛覆的大事。毛主席最近幾個月，特別注意防止反革命政變，採取了很多措施。羅瑞卿問題發生後，談過這個問題。這次彭真問題發生後，毛主席又找人談這個問題，調兵遣將，防止反革命政變，防止他們佔領我們的要害部位，電臺、廣播電臺、軍隊和公安系統都做了部署。毛主席爲這件事，多少天沒有睡好覺，這是很深刻很嚴重的問題。林彪還說，我們

林彪的笑容

過去幾十年來，解放以前，想的做的就是奪取政權。革命勝利以後，我們已經奪取了政權，許多同志就不大注意政權本身的問題，只是搞建設，搞教育，對付蔣介石，對付美國，沒有想到奪取了政權還可能喪失政權，無產階級專政還可以變成資產階級專政。在這個消極方面，我們，至少是我，沒有去多想這個問題，更多想到的是打仗、發生戰爭的問題。……我們取得政權已經１６年了，我們無產階級的政權會不會被顛覆，被篡奪？不注意，就會喪失。蘇聯被赫魯曉夫顛覆了。南斯拉夫早就變了。匈牙利出了個納吉。搞了十多天大災難，也

林彪的笑容發生變化

是顛覆。這樣的事情多得很。現在毛主席注意這個問題，把我們一向不注意的問題提出來了，多次找負責同志談防止反革命政變問題[75]。

遵照毛澤東保衛首都的指示，周恩來和葉劍英聯名向毛澤東報告，組成首都工作組，葉劍英擔任組長，楊成武、謝富治爲副組長，直接對中央政治局常委負責，任務是保衛首都安全。5月21日，在林彪五一八講話三天后，周恩來在中央政治局會議上講了三個問題，第一個就是防止反革命政變。

林彪的五一八講話和周恩來防政變的講話，都是毛澤東的意思。可是毛澤東要加強首都警衛，卻只讓軍中無職的周恩來與楊成武、北京軍區研究調動部隊，防止反革命政變的具體措施[76]。

李雪峰回憶：搞掉羅瑞卿，不等於說毛主席就十分信任林彪。主席考察幹部是反復的、長期的……本來把羅瑞卿搞下去，林彪就突出了，但主席對林彪也不完全放心，自己一直牢牢掌握著軍隊。不然爲什麼定了一條"文化大革命"期間不准調動軍隊，調一個排也要軍委主席簽字，就是必須由毛主席簽字。可見毛主席還是不完全放心，不讓林彪有權調動軍隊[77]。

5月23日，中央政治局擴大會議決定撤銷彭羅陸楊的職務。

5月24日，中央政治局擴大會議決定成立中央專案審查委員會，審查彭羅陸楊反黨集團的問題。羅瑞卿專案組的組長由周恩來擔任[78]。

林豆豆回憶：我聽楊成武對葉群說，專案工作沒有進展，羅瑞卿除了承認自己驕傲，有個人主義外，其他一概不承認，堅決否認他"反毛主席"，"反林總"。只承認有私心，堅決否認"有野心"……葉群說你怎麼知道的？楊成武說我聽具體搞專案的人說的。葉群說以後這些事請你不要給我講，我不參與專案的事。關於羅長子，你很清楚，是主席親自下的決心。楊成武走後，葉群對我說，楊成武直接通著主席，他給我說這些，我怎麼辦？又沒有一個人同我商量[79]。

注釋：

1 1996年10月11日，採訪林豆豆筆記。

2 參見宋永毅主編《中國文化大革命文庫》，香港中文大學中國研究服務中心2002年版。

3 2000年11月16日，採訪邱會作筆記。

4 2000年11月16日，採訪邱會作筆記。

5 林豆豆《劉亞樓叔叔永遠活在我們心裏》，《解放軍報》1965年5月12日第二版。

6 2006年9月11日，採訪王飛筆記。

7 《吳法憲回憶錄》上，香港北星出版社2006年9月版，512-517頁

8 2005年10月27日，採訪徐厚田筆記。

9 司馬璐《中共歷史的見證》，明鏡出版社2004年版，565-566頁。

10 五個筆記本的影印件，存在"兩案"辦公室的案卷中。

11 2005年10月27日，採訪徐厚田筆記。徐厚田說，是他給雷英夫辦的平反，雷英夫還專門送了兩筒茶葉表示感謝。

12 2006年10月24日，採訪黃春光筆記。

13 1996年10月11日，採訪林豆豆筆記。

14 2006年10月24日，採訪黃春光筆記。又參見1966年3月京西賓館批判羅瑞卿大會記錄：關於梁必業的發言。

15 2006年1月5日，採訪邱路光筆記。

16 2000年11月16日，採訪邱會作筆記。

17 1996年10月11日，採訪林豆豆筆記。

18 2006年3月12日，採訪葉鎮筆記。

19 參見《吳法憲回憶錄》下，香港北星出版社2006年9月，540頁。

20 陳虹《楊成武談揭批羅瑞卿實情》，載炎黃春秋2005年10期。

21 2006年10月24日，採訪黃春光筆記。

22 2006年10月24日，採訪黃春光筆記。

23 2000年11月16日，採訪邱會作筆記。

24 1996年10月11日，採訪林豆豆筆記。

25 1996年10月11日，採訪林豆豆筆記。

26 1996年10月11日，採訪林豆豆筆記。

27 1996年10月11日，採訪林豆豆筆記

28 "四清"，清政治、清經濟、清組織、清思想。

29 張雲生、張叢堃《"文革"期間，我給林彪當秘書》，香港中華兒女出版社2003年7月版，64頁。

30 2006年8月10日，採訪王飛筆記。

31 點點《紅色家族檔案》，南海出版公司1999年1月版，182-185頁。

32 2003年2月18日，採訪張耀祠筆記。

33 2006年9月10日，採訪林彪女婿張清林筆記。

34 2003年2月18日，採訪張耀祠筆記。

35 2006年10月24日，採訪黃春光筆記。

36 《回首"文革"》下，中共黨史出版社2000年1月版，604頁。

37 1996年10月11日，採訪林豆豆筆記。

38 2003年2月18日，採訪張耀祠筆記。

39 1996年10月11日，採訪林豆豆筆記。

40 1996年10月11日，採訪林豆豆筆記。

41 1996年10月11日，採訪林豆豆筆記。

42 林彪飯後大汗淋漓，心跳加快等，表現出植物神經高度紊亂，不能動，也不能會客。

43 1996 年 10 月 11 日，採訪林豆豆筆記。

44 1996 年 10 月 11 日，採訪林豆豆筆記。

45 1996 年 10 月 11 日是，採訪林豆豆筆記。

46 《吳法憲回憶錄》下，香港北星出版社 2006 年 9 月版，556 頁。

47 1996 年 10 月 11 日，採訪林豆豆筆記。

48 1996 年 10 月 11 日，採訪林豆豆筆記。

49 2006 年 9 月 10 日，電話採訪邱路光筆記。

50 1996 年 10 月 11 日，採訪林豆豆筆記。

51 1996 年 10 月 11 日，採訪林豆豆筆記。

52 2006 年 8 月 10 日，採訪王飛筆記。

53 2006 年 10 月 8 日，採訪王飛筆記。

54 余汝信《這一段歷史的"程世清說"》，載丁凱文主編《重審林彪罪案》，明鏡出版社 2004 年版，606 頁。

55 葉群在上海會議小組會上的發言。

56 2006 年 10 月 24 日，採訪黃春光筆記。

57 《吳法憲回憶錄》上，香港北星出版社 2006 年 9 月版，518 頁。

58 《周恩來年譜》中，中央文獻出版社 1997 年 5 月版，768 頁。

59 《回首"文革"》下，中共黨史出版社 2000 年 1 月版，603 頁。

60 1996 年 10 月 11 日，採訪林豆豆筆記。

61 2006 年 10 月 8 日，採訪時念堂筆記。

62 《回首"文革"》下，中共黨史出版社 2000 年 1 月版，603 頁。

63 1996 年 10 月 11 日，採訪林豆豆筆記。

64 1996 年 10 月 11 日，採訪林豆豆筆記。

65 1996 年 10 月 11 日，採訪林豆豆筆記。

66 官偉勳《我所知道的葉群》，中國文學出版社 1993 年 5 月版，224 頁。

67 1996 年 10 月 11 日，採訪林豆豆筆記。

68 1996 年 10 月 11 日，採訪林豆豆筆記。

69 1996 年 10 月 11 日，採訪林豆豆筆記。

70 2006 年 8 月 10 日，採訪王飛筆記。

71 1996 年 10 月 11 日，採訪林豆豆筆記。

72 1996 年 10 月 11 日，採訪林豆豆筆記。

73 1996 年 10 月 11 日，採訪林豆豆筆記。

74 經過多年關押後，復出的羅瑞卿到西德治腿，術後逝世。

75 王年一選編《"文化大革命"研究資料》上，國防大學黨史黨建政工研究室 1988 年 10 月版，17-18 頁。

76 《周恩來年譜 1949-1976》下，中央文獻出版社 1997 年 5 月版，31-32 頁。

77 《回首"文革"》下，中共黨史出版社 2000 年 1 月版，605 頁。

78 楊成武《我知道的中央專案組"二辦"》，《縱橫》2000 年第 1 期。

79 1996 年 10 月 11 日，採訪林豆豆筆記。

第十一章

接班人

打倒賀龍、劉少奇，與林彪無關

　　彭羅陸楊被打倒後，手握兵權的賀龍成了下一個目標。

　　1964年11月7日，在蘇聯政府舉辦的慶祝十月革命47周年的招待會上，蘇聯國防部長、元帥馬林諾夫斯基對中國黨政代表團副團長賀龍說，我們現在已經把赫魯曉夫搞掉了，你們也應該仿效我們的榜樣，把毛澤東搞下臺，這樣我們就能和好。賀龍立即嚴加駁斥，並立刻向中國黨政代表團團長周恩來匯報。周恩來向蘇方提出抗議。雖然賀龍立即匯報了，但毛澤東懷疑，為什麼蘇聯國防部長馬林諾夫斯基要對賀龍說這樣的話？1965年10月10日，毛澤東在與各大區第一書記談話時提到"兵變"[1]。

　　張雲生回憶：1966年9月6日，林彪受毛澤東委託，就賀龍問題在軍委會議上正式"打招呼"。林彪說，軍內開展"文化大革命"以來，軍委各總部、各軍兵種以及某些大軍區都有人伸手，想在那裏製造混亂，企圖亂中奪權。……他們的總後台是賀龍，因此主席說要在軍內高級幹部中打招呼，對賀龍的野心要有所警惕。賀龍缺席，到會

林彪（左）和陶鑄

1966 年，陶鑄（左）和林彪交談，右一是聶榮臻
的幾位老帥紛紛表態，擁護毛澤東的決策[2]。

1966 年 9 月 10 日，賀龍到人民大會堂浙江廳與林彪談話。因為
是毛澤東的意思，葉群不好拒絕，但極度擔心林彪的安全。她佈置眾
多的警衛，由她躲在幕後當"指揮官"，隨時準備沖出去保護林彪，
直到賀龍離開[3]。為什麼葉群如此緊張？在一次接見造反派領袖的談
話中，毛澤東說，這個賀龍，到哪裏都帶著槍嘛。吳法憲回憶：關於
賀龍的問題是毛澤東親自決定的。據我所知，1 9 6 7 年 1 月，毛澤東
決定隔離賀龍，他和周恩來在中南海專門研究，要周恩來親自去落
實。周恩來問賀龍，聽說你身上帶了手槍？賀龍說有一支，周恩來要
他立即交出來，然後警衛部隊把賀龍夫婦送到北京西郊的山區[4]，失
去自由。

林豆豆回憶：林彪、葉群看到賀龍病危的報告，要求盡一切努力
大力搶救，並急報毛澤東。1969 年 8 月 9 日，賀龍在北京 301 醫院逝
世。林彪不禁仰天長歎：一個元帥去世了，難道連個追悼會也不開
了？我們這些人也快了[5]！

陶鑄在東北解放戰爭時期是林彪的老部下。1 9 4 8 年底進關途
中，林彪讓秘書譚雲鶴給東北局發報，調遼寧省委書記陶鑄來東北野
戰軍政治部當副主任，東北局當即同意。此前，譚雲鶴感覺政治部主
任譚政很少到林彪這裏來匯報，好像林彪對譚政有看法[6]。而林彪與

陶鑄的關係就不一樣了，解放後林彪多次到廣州開會或休養，作爲東道主的陶鑄都是熱情接待。

1967年元旦前，林彪特意告訴快要倒了的陶鑄，要被動被動再被動[7]。1月4日，第四號人物陶鑄被打倒，江青宣稱他是中國最大的保皇派。陶鑄給林彪寫了一封信，說來北京後辜負了毛主席和林副主席的信任，工作沒做好，本想過年後去各地搞點調查研究，但萬萬沒想到頃刻之間變成"罪人"。林彪看信後默默不語，葉群怕被釣魚臺發覺招來大禍，叫內勤偷偷把信燒掉了[8]。

林彪同情賀龍、同情陶鑄，那麼他是怎樣對待劉少奇呢？從現在公開的材料看，林彪沒有說過劉少奇的壞話。秘書從他的隻言片語中，能覺察到他對劉少奇處境的同情和對"文革"某些現象的不滿。

表面看，是林彪佔據了劉少奇的位置。但打倒劉少奇是毛澤東的意思，與林彪無關。1967年秋，周恩來告訴吳法憲，八屆十一中全會期間，毛澤東曾問他，看來劉少奇不行了，我對他觀察了21年，完全失望了。對鄧小平也觀察了7年，也失望了。現在要把劉少奇拿下來，怎麼辦？周恩來說，那就只有林彪了，由林彪代替劉少奇最合適[9]。

林彪（右）和陶鑄在宴會上交談

豐澤園

1966年8月5日毛澤東
《炮打司令部》大字報

毛澤東像是與劉少奇說
話，又像不是

1959年十年大慶時的
《解放軍報》

第十一章 接班人

從毛澤東《炮打司令部》的大字報中就可以看出，毛澤東早在1962年就已經把矛頭指向了劉少奇。拿毛澤東的話說，他和劉少奇從五、六十年代起就開始了"兩條路線鬥爭"。1967年4月12日，陳伯達在軍委擴大會議上說：毛主席寫《炮打司令部》的大字報，就下決心把劉少奇公開給全黨。過去我聽主席講過多次，劉少奇是不準備搞社會主義的。在1965年1月搞"二十三條"[10]時，毛主席發了很大的脾氣[11]。"二十三條"第一條"四清"的目標是整黨內走資本主義道路的當權派，當場劉少奇就反對，黨內很多人也不贊成。就是這時毛澤東決定把劉少奇從政治上搞掉。1966年12月底，負責劉少奇專案的江青揚言，劉少奇問題的性質早就定了，是反黨反社會主義，對他的處理只是時間問題。

如此說來，打倒劉少奇與林彪有什麼關係呢？

雷英夫的五個筆記本中記載：1966年8月11日至14日，林彪、葉群與雷英夫的談話梗概，即"有關少奇同志的材料"。特別法庭判決書確認：1966年8月11、12日，林彪指使葉群兩次找雷英夫，口授誣陷劉少奇的材料，由雷英夫寫成文字。8月14日，林彪告訴雷英夫，用寫信的形式，由他批轉毛澤東，並說這樣更政治化些。雷英夫寫了劉少奇的"六大問題"，主要是王光美的"桃園經驗"。當天，被稱作對劉少奇的"第一封誣告信"[12]由林彪批給江青酌轉毛澤東。毛澤東在雷英夫的材料上畫了圈。

雷英夫說：毛主席批准了，總理和葉（劍英）副主席也知道。

司馬璐回憶："文化大革命"前夕，雷英夫給毛澤東一份秘密報告，列出許多理由，判斷劉少奇要奪毛澤東的權。據說雷英夫這份秘密報告還保存在中共秘密檔案中。

劉少奇

1966年夏天.左起,毛澤東,林彪,劉少奇,宋慶齡,各人的表情都不相同

他到底發揮了多大作用則不得而知，不過"四人幫"倒臺後，雷英夫到處向人訴苦，當年他的那份報告是被別人逼出來的[13]。

看過雷英夫五個筆記本的徐厚田說：雷英夫是個很聰明的人，他的五個筆記本上，每件事都是三兩個字，別人看不懂，要由他自己解釋。也就是說，雷英夫想怎麼解釋都行[14]。這中間有一個問題，雷英夫說林彪指使葉群口授給他揭發劉少奇的材料，林彪閉門不出，從不接觸實際，他怎麼可能有揭發劉少奇的材料？林彪死了，就只能聽雷英夫一家之言了。總政落實政策辦公室認爲：雷英夫揭發劉少奇不是什麼大問題，而且沒有捏造。如果有捏造，那就有問題了。１９８１年春，雷英夫因有毛澤東的"圈"被無罪釋放，安排在後勤學院訓練部任副教育長。

在揭發劉少奇材料上署名的雷英夫都無罪一身輕了，把雷英夫的揭發材料轉報上去，甚至就是指使雷英夫寫揭發劉少奇材料的林彪爲什麼還背著黑鍋呢？

林彪歷史上沒有與劉少奇共過事，與劉少奇無冤無仇。

王光美回憶：解放初林彪從蘇聯治病回國，到中南海萬字廊看望劉少奇，還送給我們一本精美的蘇聯畫冊。我對林彪說，原以爲你是

個很威武的軍人，沒想到你像個文弱書生。林彪當上國防部長後，到我們家來過。當時我們感覺，他對少奇同志特別謙虛，畢恭畢敬。每次林彪送來報告都像老式呈文，毛筆字寫得很大，完全是國防部長向國家主席呈報的那種樣子，我們都不習慣。八屆十一中全會劉少奇檢討完，林彪說好，並站起來與他握手[15]。林豆豆回憶：劉少奇被打倒後，林彪還

林彪的笑容

左起：葉群、江青、林彪

去看望過劉少奇[16]。

在"文化大革命"中，林彪、葉群拒絕參加所謂"六十一個叛徒集團案"和劉少奇專案。劉少奇專案組的組長是周恩來，實際上一直由江青把持。林彪在中央專案組關於審查劉少奇的報告中批了這樣一句話：完全同意，向出色地指導專案工作並取得巨大成就的江青同志致敬。林彪這樣寫用意極深，表明劉少奇專案是江青搞的，與他毫無關係。

"九大"會議上，毛澤東大聲宣佈劉少奇快死了。一直不知道劉少奇被關在何處的林彪和葉群震驚不已[17]。林豆豆回憶：林彪曾私下對她說：劉（少奇）、鄧（小平）是好同志，拿掉劉少奇沒有道理[18]。張雲生回憶：從林彪的隻言片語中，我也能察覺到他對劉少奇處境的同情和對"文化大革命"某些現象的不滿。林彪曾隨口說過一句讓我當時頗為驚奇的話：劉少奇是黨中央的副主席，蒯大富反劉少奇，實際是反黨[19]。

林彪是如何對待彭德懷的呢？"文化大革命"剛開始，彭德懷就被關押，林彪仍像他1959年在廬山會議上一樣，沒有落井下石。1970年9月17日，彭德懷專案組上報《關於反黨頭目、裏通外國分子彭德懷罪行審查綜合報告》，建議撤銷彭德懷黨內外一切職務，永遠開除出黨，判處無期徒刑。彭德懷專案組組長、時任總參謀長的黃永勝在這個報告上沒有表示任何意見，只批了個"已閱"，上報周恩來。周恩來也沒有表態，批"呈主席閱"，毛澤東批"政治局各同志閱"。林彪和中央政治局的每個人都在自己的名下畫了圈，還是沒有人表示意見。"球"又踢回周恩來那裏，"狡猾"的周恩來批了個"存檔"，彭德懷的"命運"就被存了檔。直到彭德懷去世，他的黨籍還一直被保留著，而且沒有任何處理意見。

強加在林彪頭上的《紀要》

1965年12月，毛澤東在杭州對陳伯達等人說，《海瑞罷官》的要害是"罷官"，即罷了彭德懷的官。毛澤東本來以為批判《海瑞罷官》的文章可以橫掃天下，沒想到北京市"針插不進，水潑不進"。不僅北京市的彭真、中宣部的陸定一等抵制，政治局常委中除毛澤東外，在一段時間內也都在抵制。

毛澤東決定另闢蹊徑。1966年1月21日（春節），他派江青到蘇州面見林彪，提出要在部隊召開一個文藝工作座談會。因為江青打著毛澤東的旗號，林彪叫葉群打電話給總政主任蕭華，要他組織座談會。

江青與林彪談話時翻了臉。江青氣衝衝地劈頭就問，你為什麼不看戲？林彪說我身體不好，正在養病。江青說你應該多關心一些文藝工作，林彪說我不懂。江青說主席最近關於文藝工作有兩個指示，你看過沒有？林彪答看過。江青又問你對建國後17年的文藝工作怎麼看？林彪說方向問題已經解決，主要是藝術水準的問題。江青搬出毛澤東的批示，林彪不吭氣了。江青說主席要我請你這尊神。林彪說我

林彪和江青握手

1966年，林彪和江青握手

江青第一任秘書閻長貴，1967年，在江青身邊才一年的他被江青以莫須有的罪名關進監獄

身體不好。江青看到林彪身旁有幾張京劇和電影插曲的唱片，叫起來，這時候你還聽這種東西？這都是些壞戲、壞電影！林彪說我只是用它調劑一下神經，聽上一段，身體就好些，談話不歡而散[20]。

1966年2月2日至20日，江青在上海召開部隊文藝工作座談會。與會者為了匯報，搞了個座談會紀要，江青拿到後馬上轉給毛澤東。此時毛澤東正為"文化大革命"的強大阻力而心急如焚，他如獲至寶，三次批改，加上諸如"黑線"之類的重磅"炸彈"[21]，並特意給標題加上"林彪同志委託"幾個字。

怎麼能說林彪委託呢？明明是毛澤東委託，林彪只是按毛澤東意思照

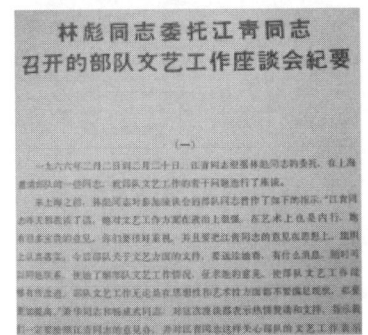

江青搞的紀要

人民日报

1967年5月29日 星期一

毛主席指出：全党必须"高举无产阶级文化革命的大旗，彻底揭露那批反党反社会主义的所谓"学术权威"的资产阶级反动立场，彻底批判学术界、教育界、新闻界、文艺界、出版界的资产阶级反动思想，夺取在这些文化领域中的领导权。而要做到这一点，必须同时批判混进党里、政府里、军队里和文化领域的各界里的资产阶级代表人物，清洗这些人，有些则要调动他们的职务。"

林彪同志给中央军委常委的信

常委诸同志：

送去江青同志召开的部队文艺工作座谈会纪要，请阅。这个纪要，经过参加座谈会的同志们反复研究，又经过主席三次亲自审阅修改，是一个很好的文件，用毛泽东思想回答了社会主义时期文化革命的许多重大问题，不仅有极大的现实意义，而且有深远的历史意义。

十六年来，文艺战线上存在着尖锐的阶级斗争，谁战胜谁的问题还没有解决。文艺这个阵地，无产阶级不去占领，资产阶级就必然去占领，斗争是不可避免的。这是在意识形态领域里极为广泛、深刻的社会主义革命，搞不好就会出修正主义。我们必须高举毛泽东思想伟大红旗，坚定不移地把这一场革命进行到底。

纪要中提出的问题和意见，完全符合部队文艺工作的实际情况，必须坚决贯彻执行，使部队文艺工作在突出政治、促进人的革命化方面起重要作用。

对纪要有何意见望告，以便报中央审批。

此致

敬礼！

林彪

一九六六年三月二十二日

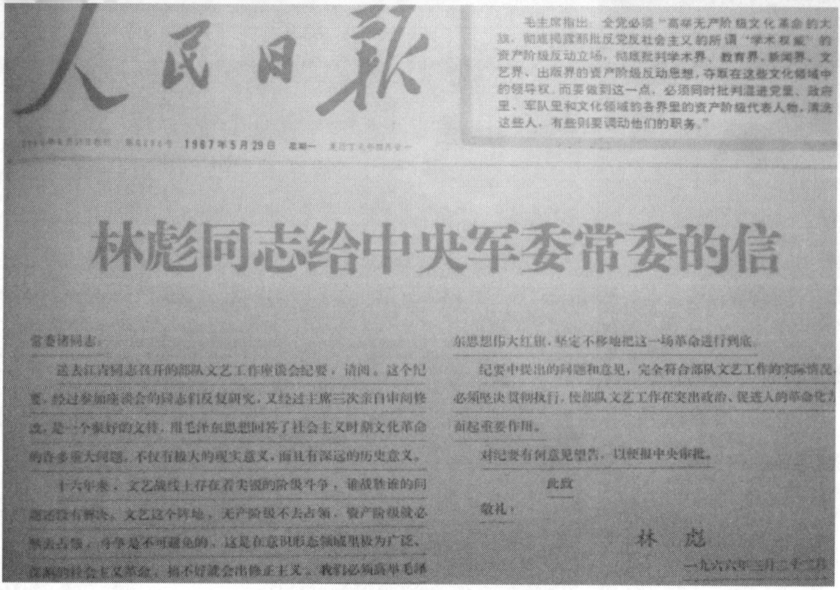

林彪關於紀要給中央軍委常委的信

辦。爲了表示自己在這個《紀要》中是局外人，林彪也動了一番腦筋。3 月19 日，林彪收到江青的信和他"委託"的《紀要》。按照毛澤東要中央軍委介入的批示，他要劉志堅和總政文化部部長陳亞丁代爲起草致賀龍等軍委常委的信：這個紀要，經過參加座談會的同志們反復研究，又經過主席三次親自審閱修改，是一個很好的文件，用毛澤東思想回答了社會主義時期文化革命的許多重大問題，不僅有極大的現實意義，而且有深遠的歷史意義。儘管毛澤東把"委託"這頂"帽子"強扣到林彪頭上，林彪仍在信中只說"江青同志召開……"，並強調《紀要》經過毛澤東三次修改。

1966年4月10日，經毛澤東批准，中共中央轉發《林彪同志委託江青同志召開的部隊文藝工作座談會紀要》[22]。

1966 年國慶日過後不久，中央軍委正式下文，任命江青爲全軍文化工作顧問。江青在軍中有了位置，再不用"低三下四"請林彪"這尊神"了。

林彪同志給中央軍委常委的信

林彪

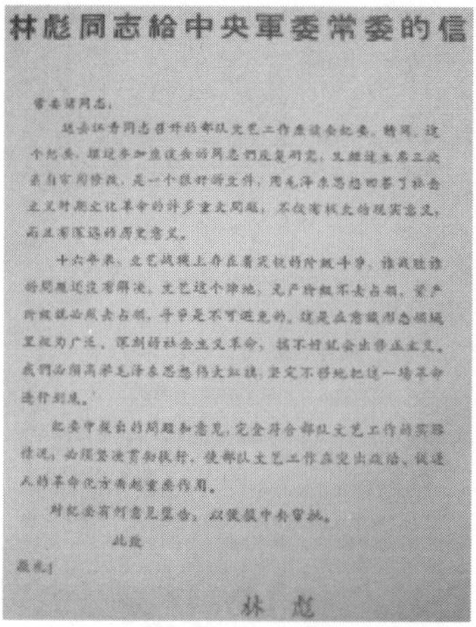

林彪關於紀要給中央軍委常委的信

林彪半截才出席八屆十一中全會

"文化大革命"的烈火剛燃起來，又被壓了下去[23]。

林彪在中央工作會議上說：幾個月來"文化大革命"中的情況是兩頭的勁很大，一頭是毛主席的領導，一頭是群眾。中間就有一點勁頭不足，甚至還有一點頂牛，局勢一度有些緊張。……這就是5月16日中央《通知》上說的，絕大多數黨委對於這場偉大鬥爭的領導還很不理解，很不認真，很不得力……一直到這次會議以前，我看還是這樣的情況。有一些是主觀上的抵抗性，但是大多數不是，大多數是認識問題，不夠理解的問題。毛澤東說：運動只有五個月，難怪同志們不那麼通，有抵觸，是可以理解的[24]。

1966年7月18日，毛澤東從武漢回到北京，提出召開中央全會，以中央的名義正式就"文化大革命"做出決定。毛澤東認為，5月政治局擴大會議以來，在發動"文化大革命"的過程中遇到兩個問題，一是運動的阻力很大，主要來自中央和各級領導幹部；二是運動的方針政策還不夠明確，需要具體化。

會前幾個月，林彪一直在大連休養，北京電令急如星火，頻頻催林彪到會。林彪口述，由林豆豆記錄，給北京寫信因病請假，不能參加會議[25]。

8月1日，中共八屆十一中全會匆忙開幕，由毛澤東主持。

8月2日，周恩來到毛澤東處開會後，在八屆十一中全會上發言，說十中全會以後到現在，一切重大決定都是毛主席親自制定的[26]。林彪也反復說過，文化大革命是毛澤東親自領導的[27]。劉少奇代表中央的政治報告來不及起草，之後也沒有正式的書面稿。劉少奇只是口頭報告了十中全會以來中央的工作，並重點談了工作組的問題。劉少奇說，北京的情況一星期向主席匯報一次。主席回來，發現派工作組的方式不好，責任主要在我。但很多人對撤工作組思想不通。

8月4日，出現異常情況，會議議程改變。毛澤東召開中央政治局常委擴大會議，對"第一線"提出更尖銳的批評，說現在共產黨也鎮壓學生運動……牛鬼蛇神，在座的就有。原來張春橋把劉少奇6月20日批轉北京大學的《文化革命簡報（第九號）》交給毛澤東。劉少奇批：中央認爲北大工作組處理亂鬥現象的辦法是正確的，及時的。各單位如果發生這種現象，都可參照北大的辦法辦理。毛澤東看後大怒，怪不得到處鎮壓群衆，現在才明白有一個資產階級司令部！根據毛澤東的意見，中共中央決定撤銷這個《第九號簡報》。

8月5日，本是全會閉幕的日子。不但沒有閉幕，還發生了幾件大事，使會議又延長了整整一個星期。出乎大多數與會者的意料，毛澤東突然提出改組中央領導機構，並寫了《炮打司令部》的大字報。但他沒有急於拿出來，因爲毛澤東知道，他的大字報只要一公佈，馬上會天下大亂，所以他需要"援兵"。在他的大字報誕生前一天，8月4日，毛澤東讓秘書給林彪打電話叫林彪回北京。晚上林彪讓秘書回電話，表示擁護毛主席的意見，但是他身體不好，不能出席會議。1959年林彪半途上廬山，1962年七千人大會，林彪都爲毛澤東說了話。1966年5月政治局會議上，他按照毛澤東的意思發表了關於政變的五一八講話。不僅爲與會的大多數人所接受，而且得到好評。會後不久林彪的五一八講話就在黨內傳達，並在社會上廣泛流傳[28]。但7月8日，毛澤東給江青的信中談到對我朋友（林彪）的講話感覺不安。他是專講政變問題的，像他這樣講法過去還沒有過。毛澤東說這是他第一次在重大問題上違心地同意別人。這封家書毛澤東給正在武漢的周恩來、王任重看過，還委託周恩來到大連向林彪傳達（沒有給林彪看

毛澤東、周恩來、林彪在八屆十一中全會上

右起：葉群、林豆豆、陳少敏、李訥文革初的合影

原件）。信的原件燒了，到底原信的內容是什麼，黨史界還有爭論，有人認爲這封信是僞造的，有人認爲這封信在九一三事件後增加了某些內容。如果按現在公佈的內容看，這可能是林彪不想再當"槍"的原因之一。

1966 年 8 月 5 日，毛澤東讓他的機要秘書徐業夫把他的大字報內容告訴林彪，還是堅決要林彪來。官偉勳回憶：毛主席讓林彪當接班人，林彪說他有病，不能出席會議[29]。周恩來親自勸，江青也給葉群打電話，叫葉群和兒子林立果一起回北京。

8 月 6 日上午，毛澤東辦了兩件事，一是休會，大家學習，什麼時候林彪來了什麼時候開會；二是讓機要秘書徐業夫再給林彪打電話，一定要林彪來！葉鎮回憶：國防工辦常務副主任趙爾陸參加八屆十一中全會，突然回來上班了，我有些奇怪。趙爾陸說會議停了。以後葉群不來參加會議，毛澤東也採取同樣的辦法，你不來，我就休會，讓大家和我一起耐心等待[30]。

1967 年 5 月，毛澤東在與外賓談話時說：（發動"文化大革命"）

1966年毛澤東，林彪坐在紅衛兵中間

當時有很多人思想仍然不通，我只好將我對"文化大革命"的看法帶到八屆十一中全會上去討論，通過爭論我才得到半數多一點的同意。確實，從 8 月 4 日到 8 月 6 日，八屆十一中全會的小組會上沒有對毛澤東 8 月 4 日講話的熱烈擁護，也沒有有分量的自我批評、批評和評論[31]。

此時此刻，毛澤東還離不開掌握軍隊大權的林彪。

在這種休會的情況下，林彪不得不回到北京。

林彪不讓林立果回北京，叫葉群回去就行了。這時大連已經發生武鬥，外面很亂。林彪臨走對林立果說，你在這裏好好復習功課，過一段大學開學，好好上課。林彪對女兒林豆豆說，你也先不要回北京，好好呆著，我過幾天就回來。實際上林彪一去就泥牛入海了。而林立果也沒有留在大連，很快江青以毛澤東的名義"勒令"林立果回北京。林立果不肯，江青又通過中央領導敦促林立果。林立果因為違反了林彪的意願，不得不躲到釣魚臺一段。後來林立果參軍，原因之一是因為江青和女兒李訥死纏著他不放，讓他在江青一夥起草和任意修改林彪講話時當"擺設"，並任意指使他對林彪講話的錄音進行"技術處理"。在這種情況下，葉群被逼得沒有辦法，背著林彪，把林立果悄悄送到空軍[32]。

吳新潮回憶：我父親吳法憲接到總理命令，派專機立即到大連接林彪回北京出席八屆十一中全會。周總理、汪東興和我父親一起到機場迎接。專機沒有開到停機坪，而是停在跑道盡頭，周總理和汪東興上機艙與林彪談話，我父親沒被允許上專機。周總理從專機上下來，陪著林彪先坐車走了[33]。

吳法憲本來想和林彪打個招呼，見林彪臉色陰沈，話到嘴邊又咽了回去。

8 月 6 日晚上，林彪一到北京，立即被接到人民大會堂。這時八屆十一中全會已經開始一個星期了。汪東興安排林彪住進有空調的浙江廳，毛澤東親自登門看望。林彪還是說身體有病，不願意當接班人。毛澤東罵林彪想當明世宗[34]，你不想介入運動是假的！當也要當，不當也要當[35]！不知道是毛澤東糊塗了，還是轉述者搞錯了。這本來是兩句非常矛盾的話，"想當明世宗"是逃避，而"不想介入運

毛澤東，林彪和紅衛兵

動是假的"，那就是想介入。到底是"逃避"還是"介入"？林彪把有毛澤東批示的報告撕毀扔進痰盂，以示他的堅決，葉群則小心地把碎片從痰盂裏撈出來粘好[36]。

8月7日，毛澤東在全會上親自念了他的第一張大字報，並印發全會。

毛澤東不再是給江青信中對林彪五一八講話的態度，而是完全肯定了林彪的五一八講話，決定作爲八屆十一中全會文件印發。9月22日中央在轉發時說：這是一個極爲重要的馬克思列寧主義的文件。中央認爲這是指導無產階級文化大革命的一個重要文件。

按照毛澤東的意圖，周恩來出面向全會提議，全會一致通過，"把毛澤東思想偉大紅旗舉得最高、活學活用毛主席著作最好"的林彪挪到第二位，劉少奇"摔"到第八位，在毛澤東批的重新排名的這份文件上，雖然沒有明文罷免黨中央副主席，但劉少奇、周恩來、朱德、陳雲四位副主席的"烏紗帽"卻被悄悄拿掉了。

毛澤東，林彪和紅衛兵

毛澤東和林彪在紅衛兵中

8月8日晚上，林彪在接見中央文革小組成員時，表示堅決支持毛澤東發動的"文化大革命"。他特意指出"這次文化大革命的最高司令是我們毛主席"。8月12日，八屆十一中全會閉幕。林彪講話，希望選舉結果不對外公佈，不見報[37]，這個意思寫進中共中央通知[38]。但8月18日毛澤東第一次接見紅衛兵就洩了"密"，林彪站在毛澤東身邊，發表經過毛澤東審閱的重要講話，這已經"不打自招"，說明黨中央在人事上有重要變動。會後新華社公佈了重排的座次，林彪成為中國第二號人物就這樣滿世界皆知了。

9月25日，中央軍委副主席，軍委秘書長葉劍英在接見解放軍藝術學院等13個院校、團體的師生代表時說，最近時期，我們黨內還有很值得慶賀的大喜事，就是毛主席選定了他自己的第一個接班人。主席選了幾十年了，究竟誰來接班？選來選去，驗來驗去，經過近40年鬥爭，證明了林彪同志具有豐富的革命鬥爭經驗，是偉大的政治家和戰略家，還有高度的領導藝術，是毛主席最好的接班人。主席選定林彪同志這樣一個最親密的戰友為接班人，肯定地說，不但我們的文化革命運動會取得徹底勝利，而且對整個中國，整個世界的革命取得勝

毛澤東、林彪走到紅衛兵中間

1966年，毛澤東，林彪在天安門城樓上和紅衛兵合影

1966年，毛澤東和林彪（戴帽子背向者）在天安
門城樓上，慶祝中華人民共和國成立17周年

1966年，毛澤東和林彪在天安門城樓上，左一是周恩來

利也完全是樂觀的。林彪同志的身體比我們中的任何人都好。我們確信，林彪同志跟著毛主席領導個二、三十年是毫無問題的。有了主席，有了林彪同志這樣英明偉大的領袖，有了他們兩個人，剛剛好。馬克思、恩格斯也是兩個人，毛主席、林彪同志也是兩個人，我們的革命就無往而不勝，就可以信心百倍地完成我們偉大的革命事業[39]。

葉劍英還說：決定讓林彪同志作為我們的副統帥，這是中國人民和世界人民最可慶倖的大事。還應該指出的是毛主席從1928年起，經過38年觀察，林彪同志從1927年參加南昌起義，1928年上井岡山，以後一直在毛主席身邊，向毛主席學習軍事指揮，理論等方面是最好的。在黨的領導幹部中，特別是在軍隊領導幹部中，最全面地掌握毛澤東思想，而且年紀最輕，身體也最健康，今年才59歲，是領導中最年輕的。而且身體經醫生多年檢查，從頭腦到內臟沒有什麼毛病。林彪同志只有局部神經受傷，不會影響思考和健康。因此，他是最優秀、最健康、最年輕，是最有能力領導我們的。我們不僅要宣傳毛澤東思想，而且要向全國、全世界宣傳毛主席和林彪同志的健康，這有

林彪在國慶17周年慶祝大會上講話

毛澤東和林彪戴著紅袖章在天安門城樓上

極大的政治意義[40]。

　　毛澤東不這樣看。1966年9月，他讓林彪看《三國志》中的《郭嘉傳》和《宋書》中的《范曄傳》[41]。郭嘉是曹操的功臣，38歲時去世。范曄因謀反被宋文帝殺掉。看來，毛澤東雖然選中了林彪這個接班人，卻極不放心。

軍委八條的及時出臺

　　"文化大革命"開始後，林彪與絕大多數老幹部一樣，不參加不行，參加又很不理解。面對混亂的局勢，林彪決定以軍委名義向全軍發一個"開槍"的指示，大意是部隊如受少數群眾衝擊，因情況不明，只能耐心宣傳教育，決不能開槍，如確認是反軍罪行，開槍前必須報軍委批准方可實施。林彪聽秘書講了一遍，又戴上老花鏡，細細看過，才叫秘書送給葉帥。

1966年9月5日，經毛澤東批准，中共中央、國務院、中央軍委、中央文革小組發佈《關於不准搶奪人民解放軍武器、裝備和各種軍用物資的命令》。遇到拒捕和抵抗時，人民解放軍有權實行自衛反擊。在海防、邊防、沿海島嶼和國防、機要重地值勤的戰士遇有人奪槍時，有權進行自衛反擊[42]。

1966年10月，陶鑄的女兒、上海第二軍醫大學的學生陶斯亮在天安門城樓上向毛澤東、林彪告狀，說軍隊院校鎮壓學生，並拿出造反派負責人錢信莎的血衣……林彪震怒，他順著毛澤東的意思，提出軍隊這樣搞不行，要採取措施[43]。林彪緊急約見葉劍英、楊成武等人，提出取消束縛群眾的框框，和地方一樣，完全按《十六條》[44]辦事。10月5日，中央軍委《關於軍隊院校無產階級文化大革命緊急指示》，經毛澤東批准下發。可是一放開，問題又來了，年底軍隊院校的學生沖進國防部大院。林彪有些驚訝，啊，學生沖國防部了[45]？

1966年12月3日，中央軍委轉發毛澤東、林彪同意南京軍區黨委緊急指示中的三條意見。大意是轉業、復員軍人不准成立紅衛兵組織，不准衝擊軍事機關或到軍隊串連。

但是，到了1967年1月中旬，包括北京軍區、廣州軍區、瀋陽軍區在內的各大軍區和省軍區基本上都受到了衝擊。福建軍區不斷告急，

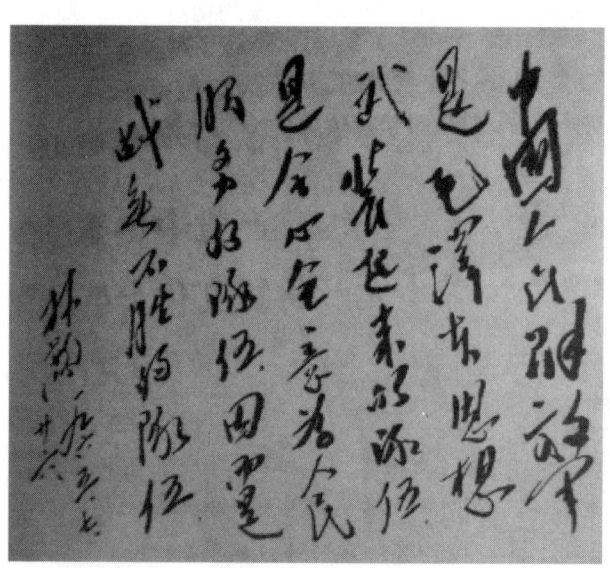

韓先楚說，如果再這樣搞下去，我要上山打遊擊去了[46]。南京軍區許世友也揚言，如果造反派敢來，他就開槍！許世友當面

林彪題詞：中國人民解放軍

616

對林彪說，他手下還有一個連，他回去要開槍。林彪說，你告訴紅衛兵，誰讓軍區司令員下跪，就是讓他林彪下跪[47]……

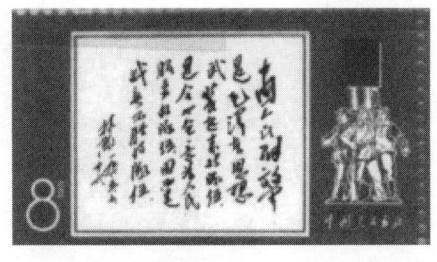

林彪題詞特種郵票，郵電部1967年7月26日發行

吳法憲躲進戰備山洞，邱會作的運氣就沒有那麼好了。1月25日，他被總後造反派揪鬥，打斷一根肋骨。邱會作夫人胡敏到處找人告急，都沒有回音，無奈之下電話打給了黃永勝。黃永勝給葉群打電話，再不救邱會作，邱會作就死了。葉群向林彪匯報。林彪和陳伯達聯合寫了立即放出邱會作的手令，由葉群帶林辦工作人員和警衛戰士去總後大院，這才救出邱會作[48]。林彪不僅救了邱會作，還兩次保護吳法憲，也保護過李作鵬[49]等。在1967年最亂的幾個月中，林彪通過中央軍委讓黃永勝等很多軍隊高級幹部借開會的名義滯留北京。

張雲生回憶："文化大革命"初，國防工辦常務副主任趙爾陸被造反派批鬥，服過量的安眠藥致死。趙爾陸是四野最後一任參謀長，林彪聽到這個消息後，身體顫抖了一下。之後內部文電中有閻紅彥自殺的消息，林彪聽後，身體也顫抖了一下，但他什麼也沒有說[50]。這一段，林彪的情緒非常壞。不愛聽文件，也不愛"轉車"，平時就悶坐在沙發上……。

1967年1月14日，中共中央發出《不得把鬥爭鋒芒指向軍隊》的通知。

1月21日，南京軍區黨委向林彪報告，首都三司駐安徽聯絡站等單位向安徽省軍區提出，1月22日到23日在合肥召開15萬至20萬人大會，要軍區派部隊警衛會場，否則就是不支持"文化大革命"，限安徽省軍區於1月21日14點以前答復。林彪還未批給毛澤東，毛澤東已經批示：應派軍隊支持左派廣大群眾。請酌處。還說以後凡有真正革命派要求軍隊支持、援助，都應這樣做。所謂不介入，是假的，早已介入了。此事似應重新發佈命令，以前命令作廢[51]。林彪批示：完全同意主席的方針，全軍必須堅決支持廣大左派，請向前、劍英將主席批示轉發全軍照辦[52]。中共中央、國務院、中央軍委、中央文革小組發出《關於人民解放軍堅決支持革命左派群眾的決定》。加上毛澤東的軍隊要支持工農業生產，對學生實行軍訓，對亂的單位實行軍管的批示，以後被稱作"三支兩軍"。

林彪不笑了

不管是造反派，還是保皇派，都稱自己是左派，對方是右派，要求軍隊支持。可是究竟誰是左派？又沒有一個統一標準。從各部隊報的《軍委收電》和中央文革的文件看，軍隊支持的群眾組織大多是"老保"[53]。於是，造反派沖著軍隊來了。張雲生回憶：1967年1月下旬，衝擊軍隊的壞消息一個接一個傳來。新疆石河子發生流血事件，部隊官兵被打死打傷，林彪聞訊如坐針氈。一天下午，他讓秘書打電話請葉、聶、徐幾位老帥和楊成武來商量對策。大家一致認為穩定部隊是當務之急，再發一道軍委命令[54]。林彪當即口授9條，保證軍隊的絕對穩定，不准隨便揪鬥軍隊領導人，不准衝擊軍事機關，不准洩露軍事秘密，不准影響戰備和正常工作，不准到基層部隊"串連"，不准搞打砸搶……。第二天葉帥來電話，說昨晚釣魚臺的聯席會議爭論得非常激烈，一條一條地吵，最後還不錯，通過了7條。還有兩條，軍內運動必須由黨委領導，不准成立跨單位、跨系統的戰鬥組織，暫時還很難通過。不過我們都認為，通過這7條就很不容易了，應當爭取儘快發下去，剩下兩條，可以等以後再爭取機會。林彪很滿意，對秘書說如果稿子退回來，要及時向他報告，一刻也不能壓。中午釣魚臺發來鉛印清樣。1 月 2 8 日下午，林彪午休起來，二話沒說就去了中南海，回來說主席已經同意這 7 條，又親筆加了一條加強對幹部子女的教育。草稿退中央文革，讓他們稍加整理，再由我轉主席正式簽發。林彪再次強調千萬不能壓[55]。

徐向前回憶：1 月 2 8 日下午 5 點，林彪和我一起去中南海將中央軍委命令送毛主席審批。毛主席當即批示：所定八條，很好，照發。林彪拿到批示後說，主席，你批了這個文件，真是萬歲萬歲萬萬歲啊[56]！

同一天，中央軍委還發出重申軍區"文化大革命"分期分批進行的指示。

不久青海告急，部隊終於開槍自衛，死傷幾百人。毛澤東不滿意了，很快風向倒轉，下令開槍的青海省軍區司令員趙永夫被抓起來，還差點被槍斃。林彪說看來只靠"八條"是不夠了，再向全軍發佈一個新命令，規定幾條，不然有些人又會犯趙永夫那樣的錯誤。林彪一邊想一邊說，湊夠十條。中心是正確對待群眾，部隊遇到群眾組織衝擊時，要做到罵不還口，打不還手，絕對不許開槍。不准隨便抓人，要耐心做好送上門的思想政治工作，要防止……野心家篡奪軍隊領導權等。因為"十條"是按毛澤東的意思搞的，中央文革對"十條"非常滿意，很快通過，毛澤東批示修改後即可發出[57]。

為保蕭華，林彪怒斥江青

林彪提出，加強保護和解放老幹部，無情鎮壓打砸搶的首惡分子，而被江青、康生批為走資派的防空洞，帶槍的劉鄧路線頭子，搞復舊，鎮壓造反派。江青等人因此掀起衝擊軍隊、揪"軍內一小撮"的惡浪。

"文化大革命"開始不久，江青就打電話給葉群，建議林彪打倒蕭華。葉群回答，林彪同志認為，拿掉蕭華必須經毛主席批准。林彪同志不好向主席提這樣的建議，是否請江青同志面見主席時提一提？在後來的保蕭華大會上，葉群代表林彪講話，說蕭華得到林彪的一貫

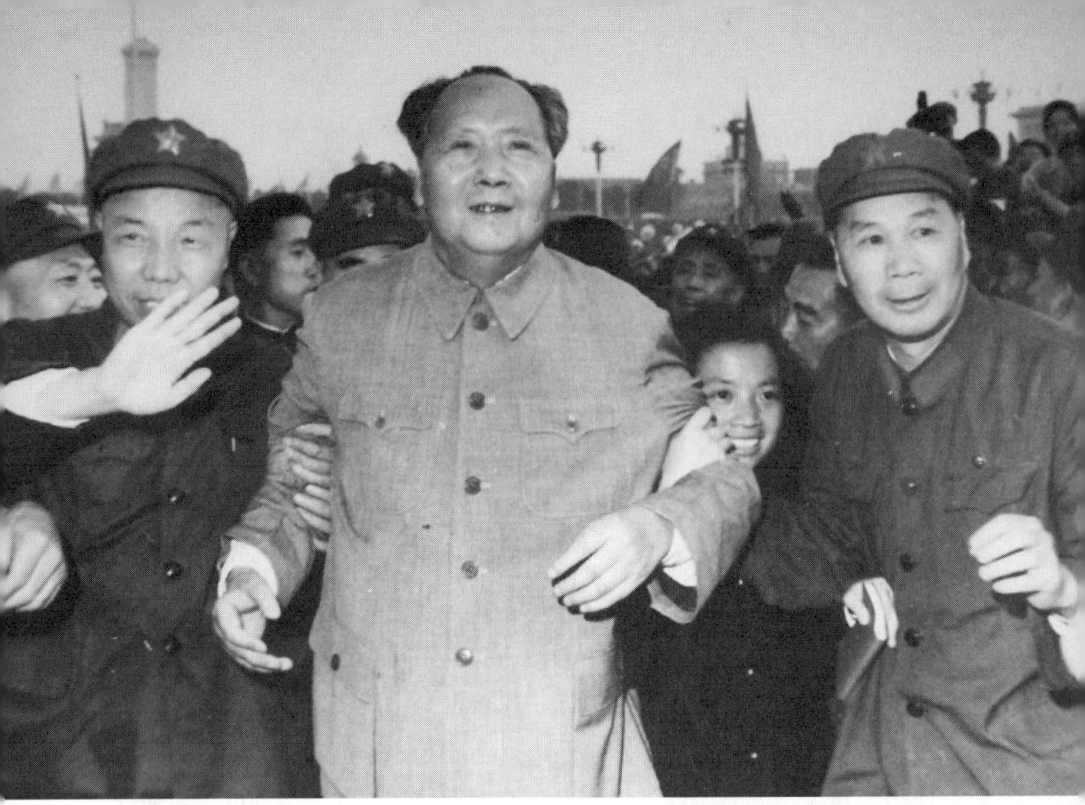

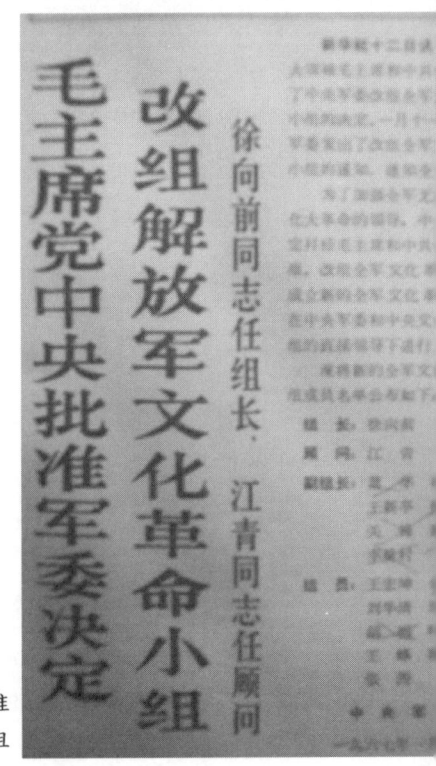

1966 年，在天安門城樓上，蕭華（左）和楊成武（右）攙著毛澤東

信任，是總政歷屆主任中最好的主任[58]。

1967 年 1 月 19 日晚，中央軍委在京西賓館召開擴大會議，主要討論軍隊搞不搞“四大”[59]。中央文革小組準備 20 日晚上召開十萬人大會批鬥蕭華，葉劍英、徐向前等幾位老帥拍了桌子，葉、聶憤而退場。會後葉劍英報告周恩來，周恩來說：沒有我的命令，蕭華不能去。

1 月 20 日上午，葉帥向林彪匯報，林彪大怒，要秘書打電話叫江青來一趟。下

徐向前同志任组长，江青同志任顾问
改組解放军文化革命小組
毛主席党中央批准军委决定

1967 年 2 月，毛澤東批准改組解放軍文化革命小組

毛澤東思想灌輸到工農中去能轉化為巨大物質力量

毛主席天才地把馬克思列寧主義提高到嶄新的階段

林彪同志就工業交通戰線活學活用毛主席著作寫的一封信中指出

林 彪

一九六六年三月十一日

1966年3月11
日，林彪關於
工交戰線的一
封信

1966 年 12 月 27 日《解放軍報》

午 3 點，江青來了。林彪不等她解釋，就連珠炮般地責問：你們說解放軍已經走到了修正主義的邊緣，已經被我們帶到資產階級軌道上去了，有什麼根據？說中央軍委辦公地點三座門是閻王殿，你們一見三座門就有氣，你們太放肆！這完全是對軍隊和軍委領導的污蔑！解放軍是毛主席親自締造和領導的，是毛主席指揮的，軍隊到了修正主義的邊緣，這如何解釋？你們這樣仇視軍隊，仇視軍委領導，我幹不了，不幹了！我辭職總可以吧？我要報告毛主席，你們不同我商量，大罵蕭華，鼓動抄家，搶檔案，這是為什麼？你們不通過軍委，就直接插手軍隊的工作，想搞掉總政，這符合毛主席的指示嗎？我要找毛主席，請求毛主席免去我的一切職務！林彪連說帶罵，根本不讓江青插嘴。好不容易等林彪停下來換氣，江青趕快說：林副主席，你請息怒，我說幾句行嗎？軍隊到了修正主義的邊緣這句話，不是我說的。我昨天晚上沒有參加會議，我是副組長，我沒有權力制止他們發言。林彪說：中央文革是你說了算嘛！實際上是你把持著嘛！他們出席軍委會議你不知道？他要講什麼你也不知道？不經過你的同意他敢隨便講？江青說：昨天晚上，他講了什麼我確實不知道，這句話不是我要他講的，他對總政、對蕭華有批評是可能的，中央軍委對"文化大革命"的清規戒律多一點也是真的。林彪更火了，猛一下把身邊的茶几掀翻，什麼叫清規戒律？八條命令是毛

第十一章 接班人

621

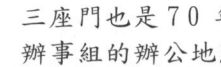

林彪和葉群

中央軍委辦公地點三座
門，林彪沒有來過

三座門也是70年代軍委
辦事組的辦公地點

葉群在中央會議上

"文革"初期,葉群和紅衛兵在一起

葉　群

葉群在文化大革命中

主席親自批發的，你們一定要把軍隊搞亂才罷手嗎？搞亂了軍隊，究竟對誰有利？毛主席批准的八條，你們也要推翻嗎？林彪連聲高叫備車，我們兩個人馬上去見毛主席，把事情說清楚，是我的問題我辭職，我不幹了！

誰敢大罵江青？除了毛澤東，就只有林彪了。

在"文化大革命"中，林彪自始至終都在注意保持軍隊的穩定，甚至不惜與以江青爲首的中央文革小組發生激烈的衝突[60]。林彪氣得臉色青紫，身上一陣陣發抖，大叫葉群，我同江青鬧翻了，快把江青給我趕走！因爲毛澤東有保蕭華的話，江青怕把事情弄大，她低三下四地說：林彪同志，我有缺點錯誤，你可以批評，何必生氣呢？林彪說：我馬上去見毛主席，提出辭職，我不幹了。不讓辭職，我還要提辭職。事後葉群說：在這種情況下，林彪即使見到了毛主席，也不會冷靜下來，可能會鬧出大亂子。

李文普把車調到門口，葉群急得喊李文普千萬不能讓林彪上車，

毛澤東和林彪

毛澤東和林彪

由李文普和郭連凱分別堵住兩道門，不讓林彪沖出去。葉群生怕林彪的罵聲被8341部隊聽到，跪在林彪面前，死死抱住林彪的腿，你和江青同志是老朋友，你們應當相互諒解，鬧出去對你們兩人都不利。葉群又勸江青不要見怪，林總脾氣不大好，現在正在火頭上，等他冷靜下來，再好好商量，把問題講清楚，現在不要急於解決問題，更不能到毛主席那裏去，影響主席的休息，分散他老人家的精力。江青也趕快下臺階，向林彪道歉：你是中央副主席，軍委副主席，我有錯誤，你可以批評我，甚至罵我，我都可以接受，何必一定要到主席那裏去呢？那句話的確不是我說的，罵蕭華，抓蕭華，抄家都是不對的，絕對不是我支持的。你可以檢查，這件事情我已經報告了毛主席，是我錯了，我檢討。葉群又勸林彪：江青同志已經接受了批評，向你表態了，就不要再追究了吧？林彪這才像洩了氣的皮球，癱軟到沙發上，葉群拉著江青的手也坐了下來。葉群又向江青說了許多好話，然後把江青送回釣魚臺[61]。

林豆豆回憶："文化大革命"開始，這樣的事情不知發生過多少次，林辦工作人員也參加過勸阻。林彪的病體因他的猛烈憤怒轉為虛脫，甚至昏死過去，葉群不得不加倍給他服安眠藥，讓他安靜下來。每次林彪發怒後，都一病幾個月，處於更嚴重的憂鬱狀態[62]。

1月20日晚，林彪讓葉劍英、徐向前主持軍委會議，傳達毛澤東對蕭華問題的處理意見。通知蕭華本人參加，並請中央文革的陳伯達、江青、康生等參加會議，但中央文革小組只來了一個關峰。得知毛澤東不同意揪鬥蕭華的態度後，軍隊幹部紛紛向中央文革開炮。關鋒代表中央文革解釋：某某某昨晚開會前喝了一點酒，糊裏糊塗亂說

毛澤東和林彪

毛澤東和林彪

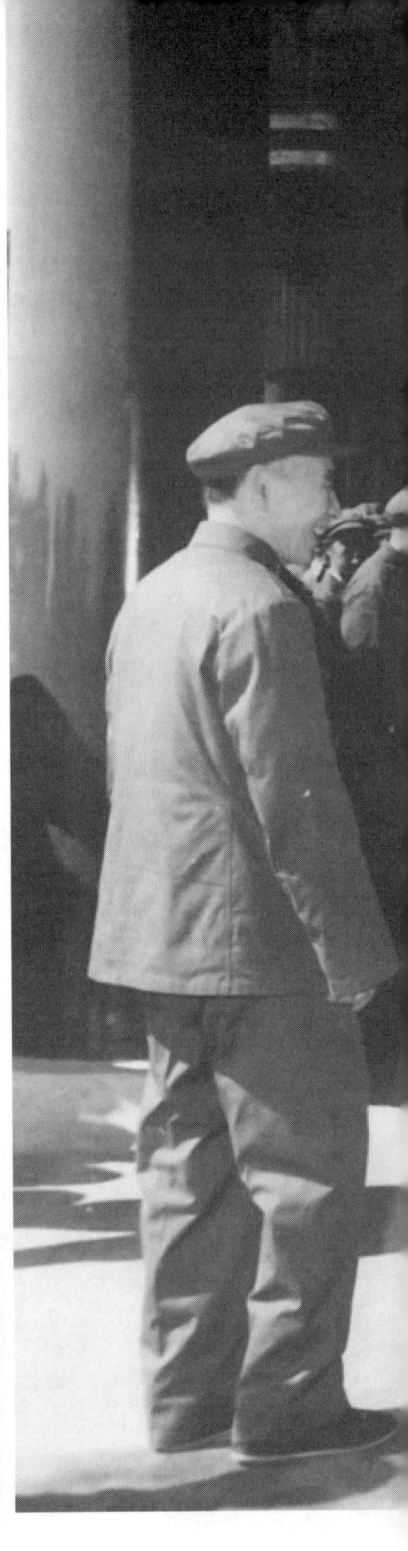

的，造成了不良後果。對此江青同志已經請示毛主席，及時作了糾正。江青同志在中央文革的會議上已經批評了，他作了檢討，承認事前沒有和江青商量。時任廣州軍區司令員的黃永勝痛斥中央文革：不聽毛主席的指示，要奪軍隊的權，希望中央文革做出認真、深刻的檢討。關鋒責問：你這樣說，是指責江青同志嗎？你是反對江青同志嗎？黃永勝說：我只是說，江青同志、中央文革應該多聽毛主席的話，照毛主席的指示辦事。江青得知大怒，追到徐向前身上，徐向前讓黃永勝寫檢討，由他轉交中央文革。黃永勝請示林彪，林彪說：絕對不能寫這個檢討，要堅決頂住。我去直接報告毛主席[63]。

徐向前是 1967 年 1 月 11 日出任全軍文革小組組長的，江青爲顧問，蕭華、楊成武爲副組長[64]。徐向前曾幾次請求免去這個職務，毛澤東不同意。江青幾次建議林彪撤換徐帥。林彪說：徐帥德高望重，由他出任全軍文革組長是你們提出來的，如果連徐帥都不合適，那麼在軍隊我也找不出合適的人

毛澤東中南海故居

1970年國慶節，毛澤東和林彪走向天安門，
右二是張玉鳳，右一是吳旭君

選，就請你們再提一個吧。林彪對吳法憲說：誰當全軍文革的小組長，過不了多久就會被打倒。如果一定要撤換徐帥，全軍文革那就讓他名存實亡吧。徐帥下來後，由楊成武代理，很快楊成武隨毛澤東南巡，全軍文革小組就銷聲匿跡了[65]。

接著就發生了"二月逆流"。

1967 年 2 月，譚震林分別給毛澤東和林彪寫了內容大致相同的信，點了江青名，認為全國大亂的根源就在他們身上。譚震林的話說得非常狠：我從小參加革命，沒想到革命革成這個樣子。我直想哭，後悔自己有四個"不該"：不該參加革命，不該參加共產黨，不該當

毛澤東和張玉鳳肩並肩

1970 年國慶節，毛澤東在天安門城樓上和部隊代表握手，右一是毛澤東護士長吳旭君，右二張玉鳳，這是張玉鳳第一次上天安門

中央政治局委員，不該活到６０歲……林彪看信大受震動，沈默半天，最後還是把"球"踢給毛澤東：我沒想到譚震林竟墜落到這種地步。毛澤東將信退回毛家灣，林彪撕碎，扔進紙簍。葉群撿起來貼在紙上，存進文件櫃[66]。

老同志大鬧懷仁堂後的一天深夜，毛澤東召集緊急會議，林彪身體不好請假，葉群代表。毛澤東在會上發了一通火：陳伯達、江青不行，讓你陳毅當中央文革的組長。"文化大革命"失敗了，我就帶著葉群打遊擊去！以後葉群告訴吳法憲，２月１８日晚，毛主席叫葉群到他那裏，怒氣衝衝地說，葉群，我準備帶你和林彪到南方去。葉群莫名其妙，毛主席說陳毅、譚震林、李富春、徐向前、聶榮臻、葉劍英、李先念他們幾個都反對"文化大革命"，不聽我的話，不跟我走了。他們討厭群眾運動。他們對"文化大革命"不是不理解，而是從

1970年張玉鳳(左一)和毛澤東在天安門城樓上

左起：林彪，毛澤東，西哈努克，張玉鳳在天安門城樓上

根本上反對。我的決心是不會改變的，一定要把"文化大革命"搞到底。他們不跟我走，還有林彪和你，我就帶你們兩個到南方去。解放軍不跟我，我和你們到南方另外組織一支解放軍，重上井岡山，重新開始。葉群當即哭著表示，林彪死也要跟著毛主席。毛澤東安慰她，不要難過，你回去告訴林彪，說陳毅、譚震林他們反對"文化大革命"，他們說"文化大革命"是打倒老幹部，現在全國有百分之八十的老幹部都被打倒了，還說要把"文化大革命"進行到底，這不是要把所有的老幹部統統整光嗎？他們散佈了一系列反動謬論。他們認爲"文化大革命"一點好處也沒有，反而把全國搞亂了，現在已經到了不可收拾的地步。葉群表示，林彪永遠忠於毛主席，主席請放心，要保重身體。她一定會把這些轉告林彪。毛澤東問，林彪現在身體怎麼

樣，葉群說他現在身體不太好，所以不能參加會議。毛澤東說林彪一些情況不知道也不行。這樣，今後中央常委和中央文革碰頭會，由你來參加。你回去以後，再把會議情況向林彪報告[67]。

七二O事件後，毛澤東從武漢"逃"到上海，他給張春橋、汪東興、余立金他們出了一個題目："文化大革命"能不能繼續搞下去？會不會成功？他對張春橋說，假如"文化大革命"失敗了，我們都去賣酒[68]。

此時毛澤東雖沒有認輸，但似乎也沒有重上井岡山打遊擊的豪情了。

毛澤東讓葉群派"特務"到西山

林彪是如何對待"二月逆流"的老帥呢？

1967年3月9日，陳伯達傳達毛澤東的最新指示：自上而下，各級都有這種反革命復辟現象。江青一夥借機掀起批判"二月逆流"的惡浪。徐向前、聶榮臻、陳毅、葉劍英、蕭華、邱會作等在周恩來等

王秉璋

人的保護下住進西山軍隊招待所〔毛澤東認爲西山是個黑窩子,他通過空政文工團演員劉素媛,要吳法憲、葉群派一個高級幹部"打入西山",了解"老右"們有什麼"活動",互相之間有什麼聯繫。林豆豆回憶:我之所以關注此事,是因爲在林彪身體很不好的情況下,我感到有責任注意葉群是否又跟著幹壞事了。葉群要求吳法憲找一個比較正直、善良可靠、對老帥和老幹部有感情的人去應付一下。吳法憲和葉群反復商量了多次,叫正在被批鬥的國防科委副主任王秉璋去。王秉璋紅軍時期和抗戰初期,曾在林彪手下任作戰科長,深得林彪信任。他有嚴重肝病,曾在上班時暈倒,屢經勸阻也不休息。葉群對我說,叫王秉璋去吧,叫他借這個機會休息一下。可是王秉璋無論如何也不願意到老帥住的地方休養,說實在不敢當。後來葉群和吳法憲把話挑明了,王秉璋更不願意當"特務"。葉群說這是毛主席的意思,王秉璋才不得不從命。葉群帶我到王秉璋家親自交代:聽說你還要堅持"接觸群眾",你病這麼重,你不要那麼傻了,張霖之[69]、趙爾

林彪(左),林立果(中)在王秉璋將軍陪同下來到國防科委

1969年1月25日，毛澤東、林彪接見全軍四萬多名革命戰士

陸……許多省市領導同志就是因爲聽了"接觸群衆"的話，有些被害死了，有些被鬥得終生殘廢，有的不知下落……首長盡爲這些事傷心掉淚，愛莫能救，弄得身體壞極了。這次你就借這個機會躲一躲，好好休養吧……葉群還特別囑咐，你給主席寫信，儘量簡單些，可不能瞎編，千萬要注意保護老傢夥，不要疏忽大意。王秉璋連連點頭，說你的意思我都清楚了，我是跟著老帥們打出來的，比起他們來，我算什麼？我這個身體活不了多久，寧願我死，也要保護老帥，請林總放心。我聽葉群說，王秉璋爲了應付差事，每隔幾天就寫一封信。本來應該直接送給毛澤東本人。但葉群不放心，要親自把關，說王秉璋太老實，怕誤筆害人。這樣我才能看到這些用毛筆寫的"情報"，字很大，每張紙只寫幾句，內容無非是老帥們"沈默"、"不說話"、"互

不來往"等，沒有任何誣陷性的詞句[70]。吳法憲至少看過王秉璋的兩封信，內容是大概什麼時間、地點，與徐向前、葉劍英、聶榮臻談話。說老帥受了批判以後，接受了教訓，對"文化大革命"的態度有所轉變，一致認爲這個運動搞得好。毛澤東將信批給林彪，不久他採取措施，保護這些老帥[71]。

張雲生回憶：1967年4月，軍事科學院揭發葉劍英的"三反"罪行。林彪聽了幾句，擺手說不用講了。幾天後，毛主席在揭發葉劍英是叛徒的材料上批：這是國民黨機關編造的，我可以證明，登這個啓事時，劍英同志已經離開該地數月，正和我在一起。葉劍英接連幾天參加批判大會，提出是否等身體好一些再說？林彪立即表態，他可以休息一下，還自言自語：全面看來，葉帥還是功大於過。我問，首長後邊這句話，可以傳給葉帥嗎？林彪搖搖頭，不要[72]。

1967年4月底，學生和軍事科學院造反派數千人、70多輛汽車，圍住西山葉劍英住地，日夜輪流喊口號，要葉劍英當面回答問題。林彪很快向毛澤東反映，卻一直沒有動靜，到5月3日，毛澤東才讓黃永勝代表他去西山。黃永勝做了兩個多小時的工作，圍困的學生才撤走。林彪建議：應停止老帥家裏的支部對他們的批判，這種辦法不宜多搞，會搞壞老帥的身體。毛澤東同意，認爲搞了一段時間，應當適可而止了。林彪委託黃永勝和吳法憲代表毛澤東和他去"解放"除譚震林外的老帥和老同志。黃永勝和吳法憲先到西山葉帥家，再到聶帥、徐帥和李富春家，向老帥辦公室的工作人員傳達最高指示，最後到陳毅家。陳毅高興地說，支部的同志說我的檢討很好，一段時間沒有批判我了。現在有了尙方寶劍，更不怕批鬥了。他堅持把黃永勝和吳法憲送到大門口，看他們上了車才肯回去。到1968年10月的八屆十二中全會，"二月逆流"重新遭到猛烈的圍攻，主持會議的毛澤東沒有公開批評，但也沒有出面說一句公道話[73]。直到1969年1月3日，毛澤東在一個報告上批示：所有與"二月逆流"有關的老同志及其家屬，都不要批判，要把關係搞好[74]。

中央军委转发毛泽东、林彪同意南京
军区党委紧急请示中的三条意见

（一九六六年十二月三日）

主席、林彪主席同意南京军区党委十二月一日来电中所提的三条意见，批示通报全国办，现将南京军区党委的原电转发你们，望遵照执行，并请转各省各中央局、各省市

南京军区党委三条意见

一）一切转业、复员军人不准成立红卫军或其他名义的单独组织，只应参加所在单位命组织。

）不准冲进解放军机关及所属部队、也不许到部队串连和散发传单。

）所有转业、复员军人，必须保持和发扬解放军的光荣传统，并协助解放军加强战无产阶级文化大革命。

南京军区党委
一九六六年十二月一日

中 央 军 委 命 令

（一九六七年一月二十八日）

所定八条、很好、照发。

毛泽东

一月二十八日

根据毛主席的指示、无产阶级文化大革命已进入全国阶级斗争的新阶段，军队必须改变过去不介入地方文化大革命的规定。为了适应两个阶段、两条路线斗争发展的新形势，特规定如下：

一、必须坚决支持真正的无产阶级革命派、争取和团结大多数，坚决反对右派，对那些证据确凿的反革命组织和反革命分子，坚决采取专政措施。

二、一切指战员、政治工作人员、勤务、医疗、科研和机要工作人员、必须坚守岗位，不得擅离职守，保证战备、保工作、促生产。

三、军队内部开展文化大革命的单位，应该实行大鸣、大放、大字报、大辩论、充分摆事实、讲道理的方法。严格区别两类矛盾。不允许用打伴他人的方法来处理人民内部矛盾，不允许无命令自由抓人，不允许任意抄家、封门，不允许任何殴打和变相体罚，例如、戴高帽、挂黑牌、剃光头、罚跪、等等，以此提倡文斗、坚决反对武斗。

毛澤東、林彪轉發的文件　　　　　中央軍委八條命令

五一三演出，軍人和軍人打了起來

　　"文化大革命"初期，如果沒有軍隊這個柱石，中國不知會亂成什麼樣子。林彪爲穩定軍隊做了大量的工作。

　　1967年1月上旬，爲了把軍區的主要領導人保護起來，林彪建議中央軍委在京西賓館召開軍委擴大會議，委託葉劍英主持，周恩來也常來參加。林彪雖然不出席會議，但他每天都要聽葉劍英匯報。林彪規定：不經過他、葉劍英和徐向前的批准，任何人不得返回單位。在周恩來支持下，會議首先制定《中共中央關於不得把鬥爭鋒芒指向軍隊的通知》，任何人任何組織都不得衝擊軍事機關[75]。接著是軍委八條命令，2月至4月，中央軍委連續發了十幾個文件，《關於軍以上領導機關文化大革命的幾項規定》及補充規定》、《關於軍隊奪權範圍的規定》、《關於外出人員串聯限期返回本單位的通知》、《關於重申切實執行軍委2月8日決定的通知》……，都體現了林彪穩定軍隊的指導思想。

　　五一三事件更是典型地反映了林彪穩定軍隊的思想。

　　"文化大革命"中，在京的軍隊文藝團體分成兩派，一派是支持總參、總政、總後、空軍、海軍等軍隊領導機關，保持部隊穩定的"老三軍"，他們反對衝擊部隊，反對打砸搶，反對把部隊搞亂。另一派是中央文革支持的軍隊造反派"新三軍"，他們衝擊軍隊機關，

批鬥老幹部，惟恐天下不亂。空軍保吳法憲的"老三軍"是少數派，只有空政文工團的劉素媛、邵錦輝等五個人。別看她們人少，卻能通天，"文革"前她們就經常到中南海陪毛澤東等中央領導人跳舞。她們問毛澤東，要不要保吳法憲。毛澤東說，吳法憲可以炮轟、火燒，但不要打倒。毛澤東給

毛澤東和林彪

葉群寫了一封信，要葉群支持她們。"劉司令"、"邵政委"提出要搞一場演出。當然演出只是藉口，主要是"老三軍"想"示威"，我們雖然人少，但我們還在，我們有"後臺"。可是人少怎麼演出呢？葉群出主意，你們人少，可以找海軍、北京軍區等單位嘛。

1967年5月13日，爲紀念毛澤東《在延安文藝座談會上的講話》發表25周年，北京軍區文工團、海軍政治部文工團、空軍政治部文工團和第二炮兵文工團在北京展覽館聯合演出。在"老三軍"演出前，"新三軍"就揚言要武力衝擊。他們認爲，反正他們人多，只要製造出事端，中央文革就會站出來支持他們。"新三軍"帶著傢伙，有備而來，正在演出的"老三軍"慘敗，各種樂器被毀壞，設施被砸爛，演員被打傷。海軍第一政委李作鵬帶著人馬趕去支援"老三軍"，吳法憲在空軍大院也集合了人馬，隨時準備出動。

因爲有最高指示，很少幹涉具體事務的林彪公開表示支持"老三軍"。之後林彪要葉群和軍委各總部和各軍兵種的負責人，到醫院慰問"老三軍"的傷員，並贈送《毛主席語錄》和毛主席像章。

5月23日，"老三軍"再次在天安門廣場舉行紀念演出，林彪不僅派葉群前來觀看，還派北京衛戍區嚴加保護。這一次，"新三軍"沒敢來搗亂。6月9日，"老三軍"以駐京陸海空三軍革命文藝戰士的名義，再次在人民大會堂聯合演出，林彪、周恩來、陳伯達、江青、康生等都來了。吳法憲回憶：這一下子，軍內的造反派垮了，

"老三軍"一下子翻過身來。中央文革依靠北京"五大領袖"一手遮天的時代成爲了過去，我們的日子也好過多了 76 。

七二〇事件的點點滴滴

1967 年 7 月 13 日下午，毛澤東召集林彪、周恩來、蕭華、楊成武和中央文革小組全體成員開會，談"文化大革命"的總體設想，分析全國各地的運動形勢。毛澤東認爲軍隊支持了保守派，想抓幾個典型，殺"雞"給"猴"看，所以他提出到武漢看看，同時還要到武漢游泳。大多數與會者不贊成，林彪說：主席啊，你的身體是沒有問題的。到武漢去游水也是好的，但大家都關心你的安全問題。但毛澤東

1966 年，周恩來(左)和王力在天安門城樓上

說他不怕亂[77]。汪東興和武漢軍區司令員陳再道都勸,長江水流急,氣候又不好。毛澤東不聽,說天下的水要算武漢最好,我哪裏也不去,就到武漢去游水。

7月14日凌晨2點,周恩來飛到武漢打前站。凌晨3點,毛澤東專列出發,晚21點到達武漢。

7月17日,毛澤東聽取西南地區和武漢地區"文化大革命"的情況匯報,對軍隊支左時抓了一些造反派頭頭不滿意,批評陳再道不高明,不動腦子。毛澤東說他想起1966年夏天他游過長江,才動了游長江的念頭。好多同志勸他不要來,把形勢說得很嚴重,可是沿途"一個鬼也沒有扒車"。

7月18日晚8點,毛澤東在武漢東湖賓館梅嶺一號召集會議,指責武漢軍區支持保守派"百萬雄師",陳再道表示了不同意見。當晚中央文革小組成員王力送周恩來返回北京後,從機場直接到武漢水利電力學院造反派總部,私自發表講話。說毛主席堅決支持你們造反派,還說武漢軍區在三支兩軍中犯了方向路線錯誤,"百萬雄師"是

養蜂夾道一號,現在是文津街13號

毛澤東和林彪

保守組織等[78]。由此點燃了"百萬雄師"的怒火,幾萬人上街遊行。7月20日上午,"百萬雄師"幾百人集體沖東湖賓館,高喊抓住那個胖子!打死那個胖子!其實群眾喊的"胖子"是王力。他們只知道王力住在東湖賓館,並不知道"紅太陽"也住在裏面。陳再道爲了保證毛澤東的安全,親自帶著部隊勸阻,也挨了打。簡單說,這就是武漢的七二〇事件。

雖然沒有人沖梅嶺一號,但汪東興以爲群眾喊的"胖子"是毛澤東,連連向北京告急,毛主席在武漢的安全沒有保證,請中央採取措施。江青請求毛澤東離開武漢,毛澤東不同意。江青無奈,急著要見林彪。釣魚臺的陳伯達、張春橋、關鋒、戚本禹、姚文元都來了,周恩來也來了,

葉群來得最晚,她那時住在養蜂夾道。這是林彪第一次在人民大會堂浙江廳會見這麼多人。江青說她想到武漢去一趟,勸毛主席離開武漢。林彪說,你去怕有困難,你還是與總理商量一下,派個人去勸主席離開武漢。周恩來也說,林副主席的話是對的,你不能去。可以寫封信,派一個可靠的人送去[79]。江青哭哭啼啼對葉群說:反革命分子快沖到主席住處了,死活要林彪、葉群親自到武漢保證毛澤東的安全。周恩來提議由林彪出面給主席寫封信,勸他及時離開武漢。

葉群對林彪說,武漢形勢非常嚴重,主席的安全面臨很大的危險。陳再道是軍隊的人,江青他們也知道陳再道和你的關係,他要你題詞,你給武漢軍區《戰鬥報》題了報頭,突出了武漢軍區。陳再道只會打仗,腦子簡單幼稚,他在下面對你搞了不少宣傳,想以此推動工作,弄得武漢軍區在全國比較突出。他在武漢支持保守派,主席叫他經常陪在身邊,江青他們敏感了……你一定要妥善處理這件事,立

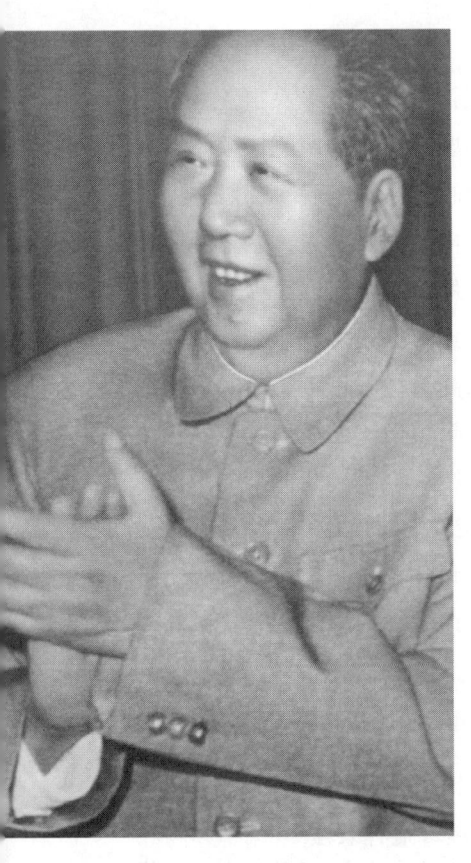

毛澤東和林彪

即給主席寫一封信，勸他離開武漢，不然，爲了主席一個人的安全，很快就會發生一場大規模的流血事件。現在江青說陳再道支持"反革命分子"，害主席，到時候該說你是陳再道的後臺了。林彪氣得發抖，說他們要整人，什麼謠言都放得出來，陳再道想害主席？胡說八道！謝富治、王力這些中央文革的傢夥到處煽動群衆，到處點火玩火，挑動群衆鬥群衆，這是他們自找的麻煩，主席的安全保證不了，賴到軍隊頭上來了！　這樣勸主席，主席爲什麼不離開武漢？他多次說人家不要怕接觸群衆，他自己爲什麼不出來接觸一下群衆？他出來見一下群衆，就不會出這場事了嘛。

葉群說，我和總理現在都不清楚主席到底爲什麼不離開武漢，在這麼緊急的情況下，還不讓群衆知道他住在那裏。只聽說他又要橫渡長江，汪東興、陳再道不讓他遊，說是保證不了安全。主席不聽，不肯走。又聽說……現在不知道這個事是真是假，也不好過問。總理和鄧大姐決定親自去武漢，江青要你和我也去，怎麼辦？林彪氣得發抖，一個領袖這樣不爭氣，鬧出這麼大的亂子，我就不去，也沒有本事處理這些烏七八糟的事。這是他自找的，我是個軍人，不能跟著他去丟那個醜。你也不要去。總理心臟不好，每天累成那樣，勸總理也不要去，現在國家這麼亂，有那麼多大問題需要總理來處理，主席在那裏出了風頭，胡來，弄得中央領導只顧忙他個人的事去了，弄得黨不黨、國不國了！誰的話也不聽，他更不會聽我的，我什麼事也管不了，我也沒辦法……葉群在一邊小聲勸，你小聲點啊，這些話要是被竊聽了，不得了呀。你腦子裏也千萬別裝這些東西，不然你這個性子，到時候憋不住冒出來，就該闖大禍了。林彪還是大聲地說，江青自己為什麼不去（林彪忘了他剛才還勸江青不要去）？葉群說，她還不是怕死！現在群眾恨死中央文革了，她要去了，群眾照樣揍她。我也不願去，如果主席真有……去了我怎麼說話？林彪說，保證主席的安全，避免流血事件要緊，你立即告訴陳再道、吳法憲、余立金，要部隊不惜一切代價絕對保證主席的安全，保證避免流血事件[80]……

周恩來讓林辦秘書給吳法憲打電話，空軍火速準備飛機，他準備去武漢，保護毛主席轉移。林彪和周恩來商量後，仔細查看了武漢地區的軍事地圖，然後親筆給毛澤東寫了一封短信：武漢形勢不好，主席的安全受到威脅，應儘早離開武漢為上策。這不是我個人的想法，而是中央各位同志的一致請求。信由陳伯達、戚本禹、關鋒等修改後簽名，江青也簽了名。林彪叫邱會作帶信飛往武漢。臨行前林彪、葉群與邱會作談話，要求他們保證主席、總理的專機絕對安全，同時一定要絕對保證好總理和鄧大姐的安全[81]。

7月20日下午，邱會作乘專機到武漢，把信交給楊成武。毛澤東

1970年9月，林彪到北京南苑機場觀看殲八飛行表演。
左起：邱會作、吳法憲、林彪、黃永勝、葉群。林彪身後是王秉璋。"文化大革命"中黃吳李邱與林彪照過很多照片，都被燒掉了。此照片由黃永勝的大兒子黃春光提供，是冒著很大的風險保存下來的。

1970年國慶節，林彪在天安門上與吳法憲（右）握手，中間站的是邱會作

1970年國慶節，林彪在天安門城樓上與總後勤部部長邱會作交談

毛主席语录

你们要关心国家大事，要把无产阶级文化大革命进行到底！

人民日报

1949年8月1日创刊　第6953号　1967年7月23日　星期日　丁未丁未年六月十六

中央派往武汉处理当地无产阶级文化大革命问题的代表

谢富治王力同志光荣回到北京

周恩来陈伯达康生江青等同志、三军指战员和数万革命群众到机场热烈欢迎

欢迎群众满怀革命激情不断高呼："无产阶级文化大革命万岁！""毛主席的无产阶级革命路线胜利万岁！""把无产阶级文化大革命进行到底！""战无不胜的毛泽东思想万岁！""毛主席万岁，万岁，万万岁！"

1967年7月23日《人民日报》第一版

毛主席语录

"搬起石头打自己的脚"，这是中国人形容某些蠢人的行为的一句俗话。各国反动派也就是这样的一批蠢人。他们对于革命人民所作的种种迫害，归根结蒂，只能促进人民的更广泛更剧烈的革命。

《在苏联最高苏维埃庆祝伟大的十月社会主义革命四十周年会议上的讲话》

人民日报

1949年8月1日创刊　第6955号　1967年7月25日　星期二　丁未丁未年六月十八

全国无产阶级革命派和人民解放军

欢呼谢富治王力同志回到毛主席身边
大力支持武汉地区的无产阶级革命派

1967年7月25日《人民日报》第一版

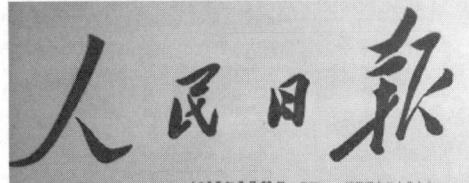

拆開看了，說馬上準備離開武漢[82]。周恩來下午坐專機飛到武漢[83]。當時梅嶺一號的周圍都被群眾堵塞了，空軍政委余立金、陳再道等指揮部隊。周恩來爲吸引群眾的注意力，讓鄧穎超給部隊講話，給群眾做工作。趁此機會，余立金等陪著毛澤東，從後門出去。車隊剛走，後門就被如潮的群眾堵塞，事後余立金說，真是好險呀，就是幾分鐘[84]。到了火車站，毛澤東上了專列，又說要坐空軍的飛機[85]。司機是專門挑選的優秀司機，繞小路，安全開到了被部隊嚴密封鎖的空軍機場。早在"文革"前中央就有毛澤東不能坐飛機的規定，這次是毛澤東最後一次坐飛機。

　　機場沒有問題，部隊嚴格按照周恩來的指示，沒有呼口號，安靜坐在地上，層層圍住機場。飛行員一個是王團長，一個是九一三事件中墜機溫都爾汗的潘景寅，他當時是副團長。潘景寅給毛澤東飛過好多次專機，至今中國航空博物館還收藏著潘景寅給毛澤東飛過的專機。飛機起飛後，毛澤東才提出飛上海[86]。

　　從事後看，七二〇事件完全是虛驚一場。

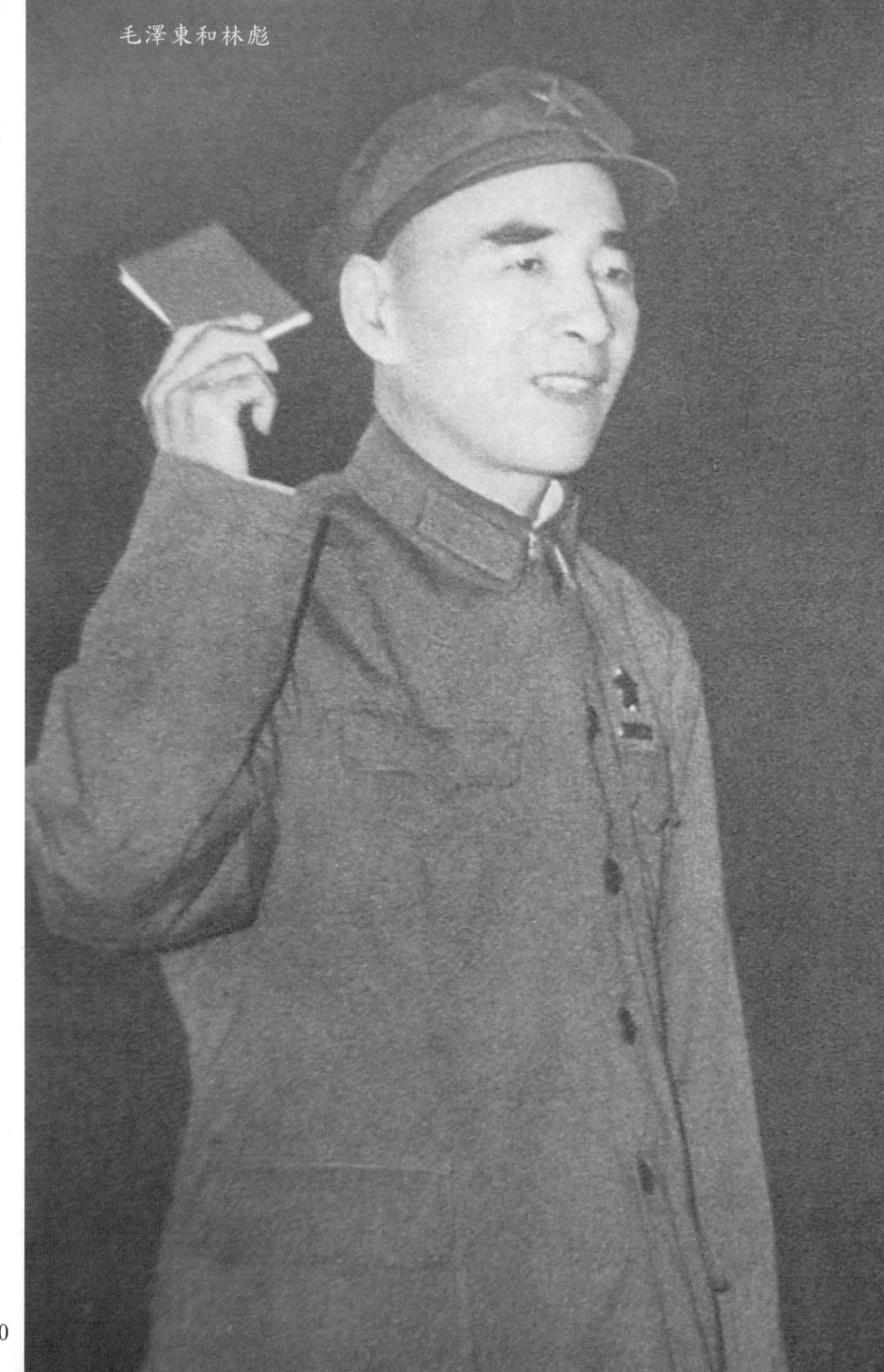

毛澤東和林彪

第十一章 接班人

651

7月25日，北京天安門廣場召開百萬人大會，歡迎謝富治、王力勝利返回北京。江青以毛澤東的名義讓林彪出面，並讓林彪講話。林豆豆回憶：林彪去了，卻沒有講話，他得知真相後氣得站都站不起來，扶著欄杆，臉色極不正常。林彪說盡是鬼怪事！弄得動用那麼多的軍隊。因江青他們都在天安門城樓上，蕭華等人不便靠近林彪，叫我拿一把椅子請林彪坐下，我扶林彪坐下。別人都站著，只有林彪一人坐著，蕭華乘江青不注意，跑到林彪身邊，問需不需要服藥。當時蕭華快倒了，林彪叫記者給他和蕭華照了一張相，後來這張照片被江青嚴查，蒯大富等人氣勢洶洶地責問葉群和我，爲什麼把蕭華拉到林彪身邊[87]？

毛澤東南巡發生的一系列風波，使林彪從幕後走到前臺。但過了八一建軍節，他又躲進黑屋子。像圍攻中南海，火燒英國代辦處，他都沒有什麼表示。張雲生回憶：每天講文件，林彪只是聽，從不評論。但給我的印象，毛主席認爲形勢大好，而林彪卻似有憂慮，軍隊怎麼辦？

本來七二○事件是武漢軍區和群眾反對"文化大革命"的一次大的鬥爭，當時卻被錯誤定性爲"黨內、軍內一小撮走資本主義道路當權派的極端狂妄的進攻"。於是，繼上海一月風暴造成各級政府和黨組織癱瘓後，軍隊成了造反派衝擊的對象，不斷發生搶奪部隊槍支的事件。1967年8月9日，浙江省軍區軍械一庫、二庫的大批槍彈被造反派搶奪。林彪問：搶槍的情況仍然很多嗎？張雲生說：從文件中看，發生搶槍情況比較嚴重的有五個省，看來還在蔓延。林彪口述給毛澤東的信，大意是武漢事件後，亟待處理的一些問題正在處理。對於武漢軍區司令員陳再道等人的處理，已按主席指示的方針辦。……當前的問題仍然是兩派對立，武鬥升級；特別是搶奪部隊槍支，急需設法制止……。毛澤東親筆批示：對於群眾搶槍的事，不必看得過於嚴重。有些地方實際上是部隊向他們所支持的一派發槍。因此，對此事的處理似可不急，待時機成熟後再去從容解決。因爲毛澤東說：左派要準備犧牲幾千人，換取右派幾十萬[88]。以後據有關部門統計，大約有500多萬支槍被"搶"，與當時全軍的兵力相當。林彪聽到各地武鬥的報告，無可奈何地說："文化大革命"變成武化大革命嘍[89]。

周宇弛青年時期　　　　　　　　周宇馳，1967年12月攝于毛家灣

"揪軍內一小撮"的來龍去脈

　　1967年7月22日，毛澤東考慮如何處理武漢問題，快還是慢？快是趁熱打鐵，但總要準備一下，進行動員，用一個星期。慢一點就是暫不動。這類事情已經搞了青海、內蒙、四川幾個軍區，同時還有江西、湖南、河南等軍區處於武漢的狀態，如果能在武漢內部解決，是最好的了。武漢的問題牽扯得相當大，影響到南京軍區、福州軍區[90]。林彪跟著說：武漢不單是武漢的問題，而是全國性的大問題。

　　同一天，《人民日報》頭版頭條加編者按，發表空軍司令部紅尖兵（林立果）的文章《從政治思想上徹底打倒黨內一小撮走資本主義道路的當權派》。

　　7月25日新華社關於北京百萬人集會的報導，其中有"堅決打倒黨內、軍內一小撮走資本主義道路當權派"的話，這是關鋒加上、康生審定的，康生說他請示了毛澤東。

　　7月27日，中共中央、國務院、中央軍委、中央文革小組發表《給武漢市革命群眾和廣大指戰員的一封信》。信中說：你們英勇地

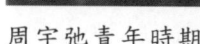

打敗了黨內、軍內一小撮走資本主義道路當權派的極端猖狂的進攻。

「揪軍內一小撮」早在1966年「文化大革命」的第一個綱領性文件《五一六通知》中就有了：批判混進黨裏、政府裏、軍隊裏和文化領域各界裏的資產階級代表人物，清洗這些人。1967年1月10日，關鋒、王力和《解放軍報》兩位領導聯名寫了《關於解放軍報宣傳方針問題的建議》，上送全軍文革小組並林副主席，其中第一條就說：要大力宣傳毛主席的革命路線，徹底批判資產階級反動路線，徹底揭穿軍內一小撮走資本主義道路的當權派。

8月1日，《人民日報》紀念中國人民解放軍建軍40周年社論《無產階級專政最堅強的支柱》，《紅旗》雜誌第12期社論《無產階級必須牢牢掌握槍桿子》，還是提到了「揪軍內一小撮」。而楊成武跟著毛澤東南巡，得知毛澤東的態度，所以在慶祝建軍40周年的國防部招待會上，他只講「黨內一小撮」，不講「軍內一小撮」。

毛澤東本來是同意「黨內、軍內一小撮」提法的，但在武漢七二〇事件後，毛澤東認為1967年7月和8月，兩個月不行了，天下大亂了[91]。王力回憶：8月12日，毛主席的指示才傳到北京，說「黨內、軍內一小撮」這種提法不策略，還是提「黨內一小撮」，還我長城。江青、康生都慌了手腳，急忙為自己開脫，改口說沒請示[92]。江青明明同意《軍報宣傳方針》中關於「揪軍內一小撮」的提法，並囑「速送林彪同志批示」，這時她也「義正詞嚴」地批起「揪軍內一小撮」。王力回憶：這一問題雖然不應由我負責，但我覺得自己沒有反對，也執行了，便作了自我批評，表示也有我一份錯誤。但是，江青、康生把責任全推到我的身上來了[93]。

林彪對「揪軍內一小撮」保持沉默。葉群則趕快為林立果開脫，把紅尖兵的文章推到周宇馳等身上，由周宇馳等人寫了檢討交給江青。

從1967年8月10日《人民日報》開始，「揪軍內一小撮」的提法才無影無蹤了。8月22日淩晨，周恩來接見廣東兩派赴京代表，說不要再提「軍內一小撮」了，這是七二〇事件後宣傳機關提錯了的，毛主席批評了這個事，提出奪軍權是錯誤的[94]。

「九大」期間，周恩來在人民大會堂佈置宣傳工作。康生、張春

毛家灣南牆被關閉的大門　　　　　　毛家灣南牆被關閉的小門

橋坐在吳法憲身邊，說"揪軍內一小撮"的口號是周恩來提出來的，《人民日報》社論也是周恩來審閱過的。所以周恩來要負責任。林彪當面對吳法憲說：胖子，你不要上當，他們的目的，是想慫恿你出來反對總理，你千萬要注意，這個話對誰都不能再說。"揪軍內一小撮"是中央文革他們提出來的，總理即使看過了，也可能是一時的疏忽，不能怪總理[95]。

林彪不知道為什麼打倒楊成武

　　樹欲靜而風不止，1968年3月，楊（成武）余（立金）傅（崇碧）事件又被製造出來了。

　　楊余傅事件是"文化大革命"打倒王（力）關（鋒）戚（本禹）後的又一個重要事件。有學者認為，這是毛澤東打倒王關戚後，為平衡以江青為首的文革派和以林彪為首的軍隊派而採取的措施。

　　1968年3月24日，林彪在人民大會堂軍隊幹部大會上講話，傳

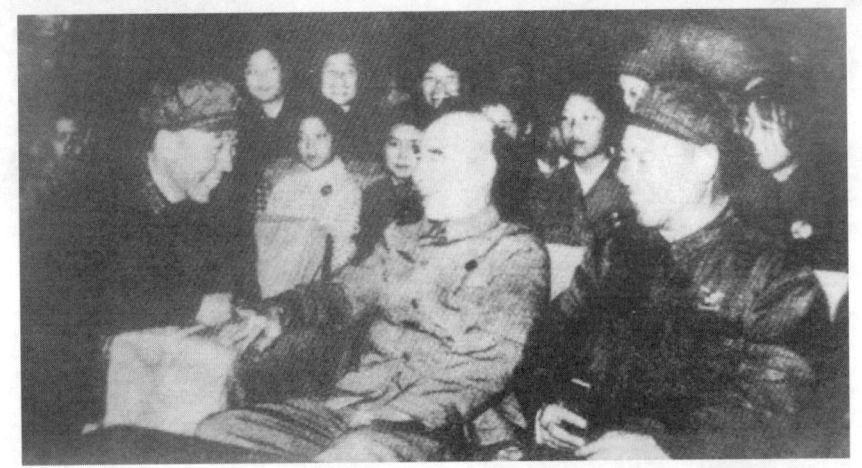

1970年，林彪（中）、王飛（右）、周宇馳（左）在毛家灣看電影

達中共中央 3 月 22 日的命令。林彪說：今天這個會是要向同志們宣佈中央最近的一個重要決定。中央在主席那裏，最近接連開會，開了四次會，主席親自主持的。會議決定撤銷代總參謀長楊成武的職務，把余立金逮捕起來，撤銷北京衛戍區司令員傅崇碧的職務[96]。在打倒楊余傅三四天后，黃春光曾經問過父親黃永勝，為什麼打倒楊成武？黃永勝說，是毛主席親自召開會議定的，開了幾次會，主席和江青要打倒楊成武。黃春光問，楊成武到底有什麼問題？黃永勝說，那誰說得清楚[97]！據黃春光所知，他父親還保過楊成武。

　　葉鎮回憶：楊余傅事件前，葉群叫我來毛家灣住了幾天。我在國防工辦常務副主任趙爾陸那裏當秘書，以後又管黨辦。葉群說國防工辦的“文化大革命”挺亂，你的工作要調動一下。我表示一直在國防口，沒幹過別的，別的也不會幹。葉群說我對你說實話，聶帥在天安

1966 年，毛澤東和林彪在天安門城樓上，左 3 是鄧小平

王飛在南苑機場

門城樓上說，七機部兩派鬥得很厲害，他不太滿意。我說我沒有參加，葉挺的兒子葉正光是七機部造反派的頭頭，老想拉我，我沒見他。葉群聽我說得有理，把我調動一事暫時放下了。1968 年 3 月初，林彪說話了，還是讓我離開國防工辦，我不得已同意。由楊成武安排我到北京軍區 66 軍，任團副政委。報到後我先開了半個月的會，剛回到楊村，林辦秘書郭連凱就打來電話，說你在哪，馬上回北京。我說我剛到部隊，明天再回北京。郭連凱說，不准再拖，趕快來毛家灣。原來這時發生了楊余傅事件，葉群不願意我與楊成武有瓜葛，於是把我又調到北京軍區空軍的高炮師。我想我才走十幾天，既然如此，何必當初。葉群說，中央沒有討論過（楊余傅）這件事，很突然，她也不知道要整楊成武[98]。

　　葉群都不知道，林彪能知道為什麼打倒楊余傅嗎？

　　拿掉楊成武，是江青按照毛澤東的意思辦的，與林彪毫無關係。這件事保密程度非常高，不要說林彪，就是汪東興、陳伯達對打倒楊余傅也毫不知情。甚至奉命去抓楊成武的李作鵬、邱會作也對此一無所知[99]。

　　要說林彪和楊成武的關係，那可不一般，好得像一家人。邱路光回憶：我父親邱會作到毛家灣，都要事先通報，大概要說什麼，由秘書轉報葉群，同意後才能見林彪。而楊成武卻沒有這套繁瑣程序，他想什麼時候到毛家灣，什麼時候就"闖"進去，根本不用敲門。但是，1967 年楊成武跟毛澤東南巡後，他就變了，腳踩兩隻船。毛澤東對楊成武談起他不滿意祝林彪身體健康和林彪提出的"四個偉大"[100]，還談起長征途中林彪要他下臺的往事。為了考驗楊成武，毛澤東故意交代一些無關緊要的事情，讓他只告訴周恩來一個人。周恩來早把楊成武的傳話報告了林彪，葉群幾次問毛主席有什麼指示，楊成武都不回答，葉群會怎麼想[101]？楊余傳事件後，聶榮臻問林彪：楊成武有什麼問題？林彪說楊成武不到我這裏來……聶榮臻在回憶錄中說，你打個電話他不就來了嗎？他不到你這裏來，你就打倒他？其實林彪的意思是楊成武不到我這裏來，我怎麼知道他有什麼問題？林豆豆從外地回到北京，問楊成武有什麼問題？為什麼打倒他？林彪回答：是啊，楊成武有什麼問題[102]？林辦工作人員都清楚，打倒楊余傳，林彪事先根本不知道，事後也不知道是怎麼回事。

　　毛澤東連著召開了四次會，討論楊余傳的問題，都是葉群出席，林彪根本沒露面。林彪在 3 月 24 日大會的講話中，給楊成武扣了很

1960 年 1 月，軍委擴大會議在廣州召開。左起：林彪、賀龍、周恩來、羅瑞卿、彭真、毛澤東、鄧小平

毛澤東，林彪，江青等人的合影

多流行的大帽子，其中一個明顯是張冠李戴，說楊成武是漏網的彭真分子，而楊成武恰恰不是彭真分子，而是反彭真反得很厲害[103]。看來林彪確實是個念稿子的機器人。3月22日關於打倒楊余傅的命令只說"極嚴重錯誤"、"嚴重錯誤"，卻沒有具體內容。林彪晚上就要講話了，到下午還不知道要講什麼。葉群請空軍黨委辦公室的王飛和周宇馳為林彪準備講話，列了五條，第一條是反對毛主席。傍晚葉群從人民大會堂傳來毛澤東的三個題目，一是反對宗派主義，二是反對兩面派，三是哲學上的"相對與絕對"。這時離林彪講話只剩兩個小時了，兩個"秀才"只好拼湊了幾張紙。如此臨陣磨槍，林彪的講話自相矛盾，越講越糊塗也就不奇怪了[104]。

　　"文化大革命"被關押者成千上萬，為什麼只有兩個犯人享受到"紅太陽"的溫暖？他們沒有開除黨籍，也沒有立專案，而且繼續高幹待遇。這兩個特殊犯人，一個是鄧小平，和家人住進將軍樓，還有炊事員做飯。另一個是楊成武，也是和家人團聚。從後來看，毛澤東是"冷凍"了鄧小平和楊成武。毛澤東為什麼打倒楊成武？是楊成武知道的"文革"內幕太多了?還是爲了下一步批華北山頭主義?

聶榮臻因病未到會,但他在回憶錄中說:葉劍英回來告訴我,李富春、李先念、陳毅、徐向前、葉劍英等同志都是政治局委員,但統統不准在主席臺上就坐,一律坐在台下。別的一些政治局委員和中央文革的成員卻坐在臺上。很顯然,意思是台下這些同志有問題,是屬於可以衝擊的對象。

實際情況並不是這樣。召集打倒楊余傅的大會倉促極了,快半夜了通知駐京部隊團以上幹部緊急集合。但風風火火把人民大會堂坐滿了,會議卻遲遲不開。周恩來和邱會作負責會務,周恩來很"鬼",讓邱會作佈置主席臺。座次怎麼擺也不合適,邱會作很爲難,你讓老帥上主席臺吧,只能坐兩邊,中間肯定要坐那些"文革"紅人。這樣老帥會不高興,可是怎麼也不能讓中央文革的那幫人坐在邊上。邱會作也沒有辦法了,周恩來對他說,你帶老帥坐在下邊。所以桌子擺上主席臺又撤下來[105]。

這個大會還有一個奇怪現象,似乎是讓江青亮相的大會。所有發言都吹捧江青,周恩來甚至高喊"江青萬歲"。林彪也捧江青,但很勉強。張雲生回憶:林彪故意壓低了調子。按照葉群事先劃的框子,應當把江青吹成"無產階級革命家",但林彪只說"我們黨女幹部中

左起:李作鵬,吳法憲,林彪,黃永勝,邱會作

葉群（中）與黃吳李邱在長城上合影

傑出的女幹部，女同志中傑出的女同志"[106]。最後毛澤東揮著手在《東方紅》的樂曲聲和口號聲中走出來，臺下歡呼起來，臺上包括林彪卻嚇得夠嗆。原來毛澤東讓車直接開到後臺，他躲在車裏偷聽大會。講話者都很害怕，誰都不知道自己講的分量夠還是不夠[107]。

軍委辦事組組長黃永勝當面頂撞江青

"文化大革命"開始，主持軍委日常工作的羅瑞卿、賀龍先後被打倒，經毛澤東同意，軍委成立葉帥、楊成武和蕭華組成的三人小組，負責處理軍委日常工作。1967年楊成武陪毛澤東南巡，蕭華靠邊，葉劍英因"二月逆流"也靠了邊。周恩來以中央文革碰頭會的名義向林彪提出，是不是先成立一個臨時看守小組，由中央文革碰頭會領導，暫時負責處理軍委日常工作。經毛澤東同意，8月17日，軍委辦事組由吳法憲、葉群、邱會作、張秀川四人組成，吳法憲負責[108]。

1970 年國慶節晚上，天安門城樓，左起：
張春橋，葉群，姚文元，李作鵬，邱會作

軍委辦事組每天下午 3 點集體辦公，不單獨行文，不發文件，不下命令。兩個多月，各軍區沒有反映什麼情況，實際沒幹什麼事，倒是老挨江青的訓，向中央文革寫了三個檢討。以後楊成武陪毛澤東南巡回來，也參加了軍委辦事組。沒多久，楊成武倒了，毛澤東問林彪誰當總長？林彪提議廣州軍區司令員黃永勝，他是參加秋收起義的。毛澤東同意，讓周恩來叫黃永勝立即來。黃永勝一夜沒睡，半夜坐接他的專機到北京。"文革"如此動盪，黃永勝不知道這麼緊急幹什麼，心中忐忑不安，來了以後才知道讓他當總參謀長，他連連說幹不了。黃春光正在宿舍打撲克，正打得高興，同學告訴他這個消息，黃春光第一個反映是不知哪一天父親就被打倒了。

　　3 月 25 日，楊余傅事件的第二天，周恩來、陳伯達、康生、江青向林彪報告：中央文革碰頭會議討論新的軍委辦事組名單，組長黃永勝，副組長吳法憲，組員葉群、李作鵬、邱會作。請考慮是否妥當。並請在您考慮後，向主席報告請示。毛澤東當天批示照辦。

　　中央文革碰頭會分成兩派，江青一夥是一派，周恩來和軍委辦事組是一派。軍委辦事組全面支持周總理工作，堅決頂住江青插手軍

海軍第一政委李作鵬接見海軍學習毛主席著作積極分子代表

黃永勝舉著語錄，與朝鮮民
主主義人民共和國軍事代表
團團長吳振宇在一起

李作鵬

吳法憲

隊。江青要在天橋劇場安裝軍用電話，黃永勝不同意，又不是軍隊系統，堅決不辦。1966年底"樣板戲"劇團想穿軍裝，江青說了好幾次，遭到軍委辦事組的抵制。不是軍人，怎麼能隨便發軍裝？有了軍委辦事組，江青的權利小了，說話也沒有過去管用了，她對黃永勝等人越來越不滿意。

1968年4、5月間，張雲生在講文件時，葉群隨口說，黃永勝批出的文件，釣魚臺都不願意看，還說這個總長的人選不大理想。黃永勝和毛家灣來往頻繁，看不出林彪對黃永勝有何不滿，這很大可能是

吳法憲（左一）與伊朗王國公主
法蒂瑪

李作鵬（右一）在天安門城樓上

邱會作（中）、紀登奎（右）
與馬里共和國貴賓在天安門
城樓上看焰火

反映江青的態度。8 月，葉群拿來江青批過的中央專案組的文件，讓張雲生給林彪講，說她要親自講，首長肯定不耐煩。原來江青身體不好，說一個月不看文件，所以黃永勝先畫了圈。而江青卻火了，我是專案組的主要負責人，黃永勝有什麼資格越過我批文件？這是奪了我的權！黃永勝有政治野心[109]！

1968 年 11 月，黃永勝以軍委辦事組的名義上報軍隊調動的報告。毛澤東在報告上批：像這樣的報告，只要寫上三個人的名字（毛、林、周）就可以了。寫上一連串的名字，既行動遲緩，又容易洩密。江青發現軍事方面的報告不給她了，徹底火了，退回她的軍裝，表示和軍委辦事組決裂。在中央文革碰頭會上江青破口大罵：黃永勝、吳法憲，你們目無中央，無組織，無紀律，搞獨立王國，封鎖消息[110]。在"文化大革命"中，有毛澤東撐腰的江青是"老虎"，誰摸"老虎"的屁股，誰就沒有好下場。1967 年"二月逆流"，葉劍英、聶榮臻等幾位老帥和江青對著幹，被批判得老老實實，從此夾著"尾巴"。九屆二中全會林彪還沒敢碰江青，碰了碰張春橋就"人仰馬翻"。江青惟一的失敗是 1976 年 10 月，那是沒有了毛澤東這個後

臺,她才成了"老鼠"。而在1967年,江青的勢力正在膨脹,黃永勝等人竟敢反對江青,公開和"老虎"對著幹,這比1976年粉碎"四人幫"更需要英雄氣概。當然,這也是因為黃永勝認為他們有毛澤東支持,有林彪"軟頂"的指示,所以才敢大膽地和江青對著幹。他們哪裏想到,毛澤東只是表面上支持他們,而暗地裏卻是江青的後臺。

葉群和黃永勝

江青提出不許黃永勝、吳法憲參加中央文革碰頭會,除了毛澤東,誰也不敢把江青的"令箭"當"雞毛"。周恩來、康生、姚文元找黃永勝、吳法憲談話,要他們暫時靠邊站,寫檢討。黃永勝向林彪匯報,林彪認為,要按毛主席的批示辦,我們無權變更,也不用檢討。就這樣"靠邊"半個多月,黃永勝作為代表團團長出訪阿爾巴尼亞的日子到了[111]。江青堅決不讓黃永勝出國,但外交部早已把出訪名單通知阿爾巴尼亞,臨時換人也來不及了。周恩來不得不向毛澤東報告,毛澤東明確表態,江青不對,黃永勝、吳法憲仍是中央文革碰頭會的成員,黃永勝應當出訪阿爾巴尼亞[112]。

"九大"中央委員會選舉前,葉群同黃吳李邱閒聊,林總講,現在江青太猖狂了,張春橋、姚文元過去都是榜上無名的小卒,現在的威望都這樣高,看來當選中央委員是沒有問題的,但是要使他們的選票

總參謀長黃永勝在九大全體大會上發言

中國共產黨九大中央委員會

九屆中央委員會名單　　　毛澤東、林彪等投票選舉中央委員會

少幾張，不讓他們得全票，以殺一殺他們的銳氣。選舉完，江青的選票不僅落後於葉群，也落後于黃吳李邱。這一下，康、江、張、姚的臉色變了，康生的臉色甚至比江青還難看。在江蘇廳休息時，江青大發雷霆，沖著黃吳李邱喊：你們的選票比我們多呀，你們軍委辦事組的人威信高，老娘得票比你們少得多，難道你們對"文化大革命"的貢獻比我還大嗎？康生和江青派人查票，周恩來報告了毛澤東，毛澤東沒有作聲。

1970 年 5 月 17 日，江青擅自召集姚文元、黃永勝、吳法憲、李作鵬、邱會作、謝富治等部分政治局委員開會，攻擊周恩來，吹噓自己是很成熟的領導幹部，可以掌握國家的全盤領導[113]。黃永勝當即站起來說：你這樣攻擊總理不妥，過去的事情我們不清楚，也不想聽，總理帶著我們辛辛苦苦工作，支撐起這個國家，我不想聽任何攻擊總理的話。說完黃永勝站起來走了，吳法憲、李作鵬、邱會作也跟著走了。像這樣對江青拂袖而去的事情有好幾次。林彪聽了匯報很生氣，說要報告毛主席。葉群說，四個人都去目標太大，還是黃永勝和吳法

江青和周恩來在天安門城樓上

毛澤東、林彪陪西哈努克親王在天安門城樓上看焰火

1970 年，周恩來、陳伯達、康生在天安門城樓上

1967 年 5 月 24 日，林彪，周恩來，江青

林彪和周恩來在天安門城樓上

憲去。毛澤東還沒有睡覺，讓他們現在就去。黃永勝當面對毛澤東說，江青私自開會是非組織活動，我認爲不妥。她要抓軍權，在會上攻擊總理、伯達兩位常委，這是嚴重的自由主義，我不同意，當即頂了她，並退出會議。毛澤東說，永勝同志，你做得對，有時就是要頂她一下。還特意囑咐，你們到我這裏來，千萬不要讓江青知道，如果她知道，沒有你們的好日子過，我也不會告訴她[114]。

葉群說這事要報告周總理，黃永勝說老邱還是你去。以前江青幾次談話涉及到周恩來，邱會作都通過氣，周恩來總是不語。這一次周恩來一邊聽一邊記，非常難過地說：幾十年我對她仁至義盡，能做的都爲她做了，可以說是無微不至，堅持照顧她幾十年，人不能不講良

毛澤東、林彪在九屆一中全會上

第九届中央委员会第一次全体

一九六九年四月二十八日

中央委員會主席：毛澤東
中央委員會副主席：林　彪
中央政治局常務委員會委員：
毛澤東　林　彪
（以下按姓氏筆划為序）
陳伯達　周恩來　康　生

中央政治局委員：
毛澤東　林　彪
（以下按姓氏筆划為序）
叶　群　　叶劍英　　劉伯承
江　青　　朱　德　　許世友
陳伯達　　陳錫聯　　李先念
李作鵬　　吳法憲　　張春橋

心呀！周恩來掉了眼淚，拉著邱會作的手，說我很感謝軍委辦事組的同志們，你及時通報，對我有很大的幫助。老同志就是老同志呀！老同志好哇[115]。

九屆二中全會揪出陳伯達，林彪讓葉群帶黃吳李邱去江青那裏。江青說，你們不聽老娘的話，吃虧了吧？黃永勝和李作鵬的眼睛鼓了起來，吳法憲趕快說，我這次犯了錯誤，對不起江青同志。江青追問，你們向主席告我什麼狀？這事除毛澤東外，沒有別人知道。毛澤東說不告訴江青，卻又向江青通風報信，真不明白毛澤東爲什麼要這樣做[116]！在和江青鬥爭的過程上，軍人出身的林彪和黃吳李邱都忽略了一個重要問題，毛澤東的好多話是通過江青的嘴說出來的，毛澤東是真正站在江青背後的人[117]。

江青抓住林彪的講話不放

"九大"後，沒有按慣例接著開九屆一中全會，而是隔了幾天，醞釀中央政治局常委的人選。毛澤東指定周恩來、康生、黃永勝到各代表團徵求意見。江青看到黃永勝負責這項工作，認爲毛澤東可能要讓黃永勝當常委。本來黃永勝到中央還不到一個月，江青就想把他拿掉，現在卻對黃永勝異常熱情，說我準備向毛主席提出，讓你當常委。其實是江青想讓黃永勝提名她當常委。黃永勝說，我做夢也沒有

周恩來，林彪，毛澤東，江青

左起：周恩來、毛澤東、林彪在交談

毛澤東在八屆十二中全會上講話

毛澤東、林彪接見來自全國一萬多名革命戰士

想到當這個常委，你千萬不要提，我哪方面都不夠資格，才能、威信都比較低，無論如何都不行。我現在連這個總長都當不好，還能當常委嗎？我這不是謙虛，實在是幹不了，希望你不要向毛主席提出這個意見。誰當常委，毛主席自然會考慮，會作出安排的，我們去過多幹擾毛主席不合適。

康生向毛澤東建議安排黃永勝當政治局常委，毛澤東說我沒意

見，你們去安排。在毛澤東主持討論常委人選的會上，毛澤東說，陳伯達不能當常委，他和我不合拍。至於黃永勝當不當常委，由大家討論。但黃永勝堅決不幹。會後他對林彪和周恩來說，黨內老同志多，選我當常委不得人心。林彪和周恩來都表示同意，隨後毛澤東也同意了。邱會作問黃永勝為什麼拒絕當常委？黃永勝說，為了不讓江青當常委，我也不當[118]。其實黃永勝當了常委，毛澤東也不會讓江青當常委的，因為毛澤東說江青不能當常委。

在八屆十二中全會上，林彪即興講話：人類自古以來有四次"文化大革命"，第一次是希臘羅馬的古典文化，影響世界 2000 年；但同我們這次比較起來，是小巫見大巫，沒什麼了不起。第二次是資產階級的義大利文化，到了十四、五世紀，以文藝復興進入繁榮時代；第三次是馬克思主義，這是人類思想的大革命，無產階級登上政治舞臺；中國的"文化大革命"是有史以來最大的一次革命，不僅涉及七億人口，而且流傳到幾十億人中，全世界都有影響。

江青認爲林彪這樣講有問題，把"文化大革命"與歷史上的三次"文化革命"比較是完全錯的，"文化大革命"的歷史意義遠遠超過那三次。江青與姚文元編了《周揚鼓吹資產階級文藝復興的一些言論》，放在政治局內部傳閱，要求討論後發給全黨公開批判。江青挨個找政治局委員談話，說我這個東西就是要批判林彪的講話。江青還在林彪的講話稿上批示：林副主席如果同意，請把她的批示轉給毛主席。江青逼林彪表態，甚至讓林彪向毛澤東提議，推薦她當軍委副主席。林彪肺都氣炸了，大罵江青算什麼東西！有一次甚至四處找槍要槍斃江青[119]。

"九大"以後，軍委辦事組和江青的鬥爭更加激烈。江青一夥更加得寸進尺，在政治局會上提出公開批判林彪在八屆十二中全會上的講話。這讓黃吳李邱大吃一驚，林彪是隨便可以批的嗎？而且林彪的講話過去半年，有意見當時爲什麼不提？再說林彪已經對"文化大革命"作了高度評價。吳法憲認爲，江青這樣做，恐怕還是有人指使。江青和姚文元逐段批俄國作家車爾尼雪夫斯基評歐洲復興時期，實際上是影射林彪在八屆十二中全會上的講話。江青說，林彪那個講話，沒有經過中央文革碰頭會討論，沒有經毛主席批准，也沒有經過充分準備，只是個人寫了幾條，脫口而出，必須要加以批判和澄清。江青想拉黃吳李邱一起批，林彪說江青在中央爲所欲爲，誰拿她也沒有辦法，讓她去批吧。不過要注意一下，看她搞什麼名堂。後來在政治局會議上，江青又提出這個問題，周恩來發了脾氣，說江青同志，你要懂一點民主集中制，只有你們三四個人同意，就硬要往下發，這樣做行嗎？你屢次幹擾大家，大家不同意，你非要通過，這是一種分裂黨的做法。而且即使要下發，也要經過毛主席同意[120]。

爲了避開江青的糾纏，堂堂的林副統帥嚇得東躲西藏。幾個月後，江青又逼周恩來組織討論。周恩來被逼無奈，1969年8月12日，他和江青當面交涉，請示毛澤東，由毛澤東出面才把江青的材料壓下來[121]。

注釋:

1 參見王年一《大動亂的年代》,河南人民出版社2005年9月版,13-14頁。

2 張雲生、張叢堃《"文革"期間,我給林彪當秘書》,香港中華兒女出版社2003年7月版,95-96頁。

3 張雲生《毛家灣紀實》,春秋出版社1988年7月版,35-39頁。

4 《吳法憲回憶錄》下,香港北星出版社2006年9月版,637頁。

5 1996年10月11日,採訪林豆豆筆記。

6 譚雲鶴《我的回憶·遼瀋、平津戰役中的林彪》,香港文化中國出版社2006年4月版,78頁。

7 權延赤《陶鑄在"文化大革命"中》,中共中央黨校出版社1991年11月版,214-216頁。

8 張雲生、張叢堃《"文革"期間,我給林彪當秘書》,香港中華兒女出版社2003年7月版,79頁。

9 《吳法憲回憶錄》下,香港北星出版社2006年9月版,597頁。

10 "二十三條",即中共中央制定的《農村社會主義教育運動中目前提出的一些問題》簡稱。

11 王年一編選《"文化大革命"研究資料》上,國防大學黨史黨建政工研究室1988年版,406頁。

12 圖門、孔弟《共和國最大冤案》法律出版社1993年8月版,20-25頁。

13 司馬璐《中共歷史的見證》,明鏡出版社2004年版,565-566頁。

14 2005年10月27日,採訪徐厚田筆記。

15 黃崢執筆《王光美訪談錄》中央文獻出版社2006年1月版,10、202、406頁。

16 1996年10月11日,採訪林豆豆筆記。

17 1996年10月11日,採訪林豆豆筆記。

18 1996年10月11日,採訪林豆豆筆記。

19 張雲生、張叢堃《"文革"期間,我給林彪當秘書》,香港中華兒女出版社2003年版,239頁。

20 張雲生、張叢堃《"文革"期間,我給林彪當秘書》,香港中華兒女出版社2003年版,58-59頁。

21 《建國以來毛澤東文稿》第12冊,中央文獻出版社1998年1月版,24頁。

22 1979年5月3日,中共中央批准總政治部的建議,撤銷《紀要》。

23 參見王年一《大動亂的年代》,河南人民出版社2005年9月版,41頁。

24 王年一編選《"文化大革命"研究資料》上,國防大學黨史黨建政工研究室1988年版,143頁。

25 1996年10月11日,採訪林豆豆筆記。

26 《周恩來年譜》下,中央文獻出版社1997年5月版,45頁。

27 王年一編選《"文化大革命"研究資料》上,國防大學黨史黨建政工研究室1988年版,143頁。

28 王年一《大動亂的年代》,河南人民出版社2005年9月版,14頁。

29 參見官偉勳《我所知道的葉群》,中國文學出版社1993年5月版,215頁。

30 2006年3月12日,採訪葉鎮筆記。

31 王年一《大動亂的年代》,河南人民出版社2005年9月版,44頁。

32 1996年10月11日,採訪林豆豆筆記。

33 2006年1月3日,採訪吳新潮筆記。

34 明世宗:明嘉靖皇帝,虔誠道教,不問政事。

35 1996年10月11日,採訪林豆豆筆記。

36 官偉勳《我所知道的葉群》,中國文學出版社1993年5月版,215頁。

37 圖門、孔弟《共和國最大冤案》,法律出版社1993年8月版,19頁。

38 王年一編選《"文化大革命"研究資料》上,國防大學黨史黨建政工研究室1988年版,85頁。

39 宋永毅主編《中國文化大革命文庫》,香港中文大學中國研究服務中心2002年出版。

40 宋永毅主編《中國文化大革命文庫》,香港中文大學中國研究服務中心2002年出版。

41 張雲生、張叢堃《"文革"期間,我給林彪當秘書》上,香港中華兒女出版社2003年版,445頁。

42 張雲生、張叢堃《"文革"期間,我給林彪當秘書》,香港中華兒女出版社2003年版,144-149頁

43 范碩《葉劍英在非常時期》,98頁。

44 《十六條》，中共中央關於文化大革命的決定，因一共16條得名。

45 張雲生《毛家灣紀實》，春秋出版社1988年7月版，56頁。

46 張雲生《毛家灣紀實》，春秋出版社1988年7月版，76頁。

47 官偉勳《我所知道的葉群》，中國文學出版社1993年5月版，212頁。

48 2006年10月24日，採訪黃春光筆記。

49 王年一《大動亂的年代》，河南人民出版社2005年9月版，319-320頁。

50 張雲生等著《"文革"期間，我給林彪當秘書》，香港中華兒女出版社2003年版，79頁。

51 《毛澤東建國以來文稿》，第12冊，197頁。

52 張聶爾《風雲九一三》，解放軍出版社1999年6月版，103頁。

53 張雲生《毛家灣紀實》，春秋出版社，1988年7月版，86頁。

54 據徐向前回憶，是他主動去林彪那裏商量《軍委八條》的。

55 張雲生《毛家灣紀實》，春秋出版社1988年7月版，76-77頁。

56 徐向前《歷史的回顧》，解放軍出版社1987年7月版，829頁。

57 參見張雲生《毛家灣紀實》，春秋出版社1988年7月版，107-108頁。

58 張雲生《毛家灣紀實》，春秋出版社1988年7月版，65-68頁。

59 "四大"，大鳴、大放、大辯論、大字報。

60 《吳法憲回憶錄》下，香港北星出版社2006年9月版，647-650頁。

61 張雲生、張叢堃《"文革"初期，我給林彪當秘書》，香港中華兒女出版社2003年5月版，131-133頁。

62 1996年10月11日，採訪林豆豆筆記。

63 2006年10月24日，採訪黃春光筆記。

64 《周恩來年譜1949-1976》下，111-112頁。

65 《吳法憲回憶錄》下，香港北星出版社2006年9月版，656頁。

66 張雲生、張叢堃《"文革"期間，我給林彪當秘書》，香港中華兒女出版社2003年版，163頁。

67 《吳法憲回憶錄》下，香港北星出版社2006年9月版，658頁。

68 張聶耳《九一三風雲》，解放軍出版社1999年版，135頁。

69 張霖之，時任煤炭部部長，"文革"中第一個被打死的高級幹部。

70 1996年10月11日，採訪林豆豆筆記。

71 《吳法憲回憶錄》下，香港北星出版社2006年9月版。

72 張雲生《毛家灣紀實》，春秋出版社1988年7月，105頁。

73 《吳法憲回憶錄》下，香港北星出版社2006年9月版，662-666頁。

74 王年一《大動亂的年代》，河南人民出版社2005年9月版，263頁。

75 《周恩來年譜》下，中央文獻出版社1997年5月版，113頁。

76 參見《吳法憲回憶錄》下，香港北星出版社2006年9月版，672-675頁

77 張子申《楊成武將軍訪談錄》，中國文聯出版社1994年10月版，170頁。

78 張子申《楊成武將軍訪談錄》，中國文聯出版社1994年10月版，174-180頁。

79 《吳法憲回憶錄》下，香港北星出版社2006年9月版，687頁。

80 1996年10月11日，採訪林豆豆筆記。

81 1996年10月11日，採訪林豆豆筆記。

82 張子申《楊成武將軍訪談錄》，中國文聯出版社1994年10月版，182頁。

83 《周恩來年譜1949-1976》下，中央文獻出版社1997年5月版，171頁。

84 1996年10月11日，採訪林豆豆筆記。

85 張子申《楊成武將軍訪談錄》，中國文聯出版社1994年10月版，183頁。

86 2000年1月7日，採訪潘景寅妻子孫祥凝筆記。

87 1996 年 10 月 11 日，採訪林豆豆筆記。

88 張雲生《毛家灣紀實》，春秋出版社 1988 年 7 月版，41 頁。

89 張雲生《毛家灣紀實》，春秋出版社 1988 年 7 月版，108 頁。

90 張子申《楊成武將軍訪談錄》，1994 年 10 月版，184 頁。

91 《1970 年 12 月 28 日，毛澤東會見美國友好人士斯諾談話紀要》。見王年一編《文化大革命研究資料》中，493 頁。

92 《黨史博覽》2006.6 期《揪軍內一小撮口號的來龍去脈》。

93 《黨史博覽》2006.6 期《揪軍內一小撮口號的來龍去脈》。

94 《周恩來年譜 1949-1976》下，中央文獻出版社 1997 年 5 月版，181 頁。

95 《吳法憲回憶錄》下，香港北星出版社 2006 年 9 月版，749-751 頁。

96 王年一編選《"文化大革命"研究資料》中，國防大學黨史黨建政工研究室 1988 年版，87 頁。

97 採訪黃春光筆記，2007 年 1 月 27 日。

98 2006 年 4 月 21 日，採訪葉鎮筆記。

99 王年一《大動亂的年代》，2005 年 9 月版，233 頁。

100 偉大的導師，偉大的領袖，偉大的統帥，偉大的舵手。

101 2006 年 1 月 5 日，採訪邱路光筆記。

102 1996 年 10 月 11 日，採訪林豆豆筆記。

103 2006 年 1 月 5 日，採訪邱路光筆記。

104 張雲生《毛家灣紀實》春秋出版社，1988 年 7 月版，151-153 頁。

105 1996 年 10 月 11 日，採訪林豆豆筆記。

106 張雲生《毛家灣紀實》春秋出版社，1988 年 7 月版，153 頁

107 2006 年 1 月 5 日，採訪邱路光筆記。

108 軍事科學院編《中國人民解放軍大事記 1927-1982》，軍事科學出版社 1983 年 11 月版，381 頁。

109 張雲生《毛家灣紀事》，春秋出版社 1988 年 7 月版，202-203 頁。

110 《吳法憲回憶錄》下，香港北星出版社 2006 年 9 月版，731 頁。

111 《周恩來年譜》下，中央文獻出版社 1997 年 5 月版，266 頁。

112 2006 年 10 月 24 日，採訪黃春光筆記。

113 《周恩來年譜》下，中央文獻出版社 1997 年 5 月版，367 頁。

114 2006 年 10 月 24 日，採訪黃春光筆記。

115 2006 年 1 月 5 日是，採訪邱路光筆記。

116 《吳法憲回憶錄》下，香港北星出版社 2006 年 9 月版，818 頁。

117 《吳法憲回憶錄》下，香港北星出版社 2006 年 9 月版，744 頁。

118 《吳法憲回憶錄》下，香港北星出版社 2006 年 9 月版，745-746 頁。

119 官偉勳《我所知道的葉群》，中國文學出版社 1993 年 5 月版，211-212 頁。

120 《吳法憲回憶錄》下，香港北星出版社 2006 年 9 月版，749-750 頁。

121 《周恩來年譜》下，中央文獻出版社 1997 年 5 月版，314 頁。

第十二章

九一三事件前

"九大"成了毛、林的分水嶺

有人說林彪在"文化大革命"中無所作爲。從"文革"一開始，林彪每次講話都強調是毛主席親自發動和領導的。而他自己的公開講話，都是陳伯達、張春橋、姚文元起草，毛澤東審閱批准的。表面看林彪百依百順，其實林彪對"文化大革命"有自己的想法。林豆豆回憶：林彪發表自己的意見，如軍隊不要介入"文化大革命"，關於文藝復興的講話，加強軍隊訓練的講話等，幾乎不是遭到全盤否定就是被批判[1]。

在"九大"政治報告的問題上，林彪旗幟鮮明。

1966 年，毛澤東就說過要開黨的"九大"，但卻一拖三年。"九大"會上的鬥爭如此激烈，直到今天，所有的謎底也不能說全部揭開。

1969 年 1、2 月，毛澤東提議"九大"政治報告由林彪來念，陳伯達、張春橋、姚文元捉刀。爲了提供"九大"政治報告的思想，林彪很認真地閱讀了《共產黨宣言》，把其中關於生產力發展的部分都劃上重重的紅道，並作了很多眉批。戰爭年代，林彪就深知生產對軍隊的重大影響，林彪在"七大"的講話就專講生產。在東北，他更是深切地感到"糧草"對軍隊的重要。60 年代初，國家經濟最困難時，

《紅旗》雜誌慶祝九大特大號　　林彪宣讀的九大政治報告

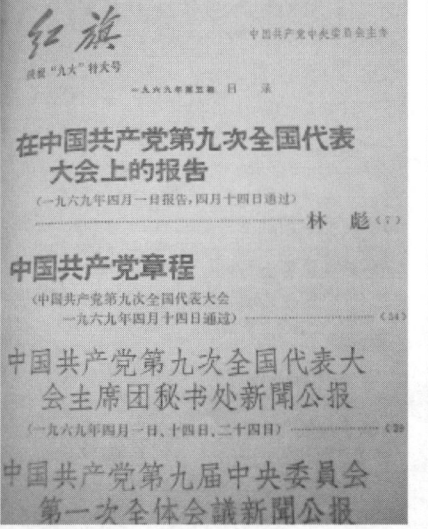

林彪在九大做政治報告

林彪認真閱讀了列寧關於新經濟政策的文章，他沒有批判"反冒進"，甚至對秘書說還是包產到戶好。林豆豆回憶：林彪積極支持六位常委的經濟政策，認爲迅速有效地恢復了被極左路線慘重破壞的國民經濟。1962年北戴河會議上，六位常委的經濟政策卻被毛澤東一人批爲"右傾"而否定。林彪極度失望，會開到一

《紅旗》雜誌1969年第11期

半就鬱鬱然離開了北戴河[2]。

　　林彪主張民富國強，至於"文化大革命"見好就收，下一步要加強經濟建設。林彪主張"九大"政治報告可以從人民、國家的角度去講。這個意見與毛澤東大相徑庭，卻和周恩來不謀而合。陳伯達也和林彪一致，他也一貫主張抓生產。所以陳伯達不願意和張、姚合作，而是根據林彪"促生產"的思想，起草了"九大"政治報告的提綱，標題是《爲把我國建設成強大的社會主義國家而奮鬥》[3]。在毛澤東主持的討論會上，陳伯達的這個提綱被江青等人攻擊爲"唯生產力論"，毛澤東認爲沒有突出"文化大革命"的作用，經濟方面講得太多，本末倒置。最後毛澤東藉口陳伯達拖拖拉拉，耽誤了"九大"的召開，決定由康生和張春橋、姚文元再寫一個。林彪、周恩來沒吭聲，康生不想夾在毛澤東和林彪中間，推給了張春橋、姚文元。張、姚很快拿出了"抓革命"的稿子，中央文革碰頭會討論時，陳伯達說還是要發展生產，提高勞動生產率。不能盡搞運動、運動，像伯恩斯坦所說的，運動是一切，而目的是沒有的。毛澤東狠批陳伯達，大罵他舊病復發，又在政治上搞投機，我這條船還沒有沈，就趕快大撈一把[4]。

　　林彪則支持陳伯達，反對張春橋的"九大"報告。因爲毛澤東已經明確表態，林彪不再說話，但他多次私下說，張、姚不知是哪里冒出來的小記者，他們寫什麼是什麼，我林彪一字不改[5]。在中央政治局會議上，江青、張春橋、姚文元公開議論林彪的"九大"報告念得不好，結結巴巴的[6]。林彪說，我從來不念別人的稿子，我只習慣自己寫要點，即席講話。因爲這個報告是毛主席主持並多次修改，我不得不念。但我沒有念別人稿子的習慣，所以我念得不夠

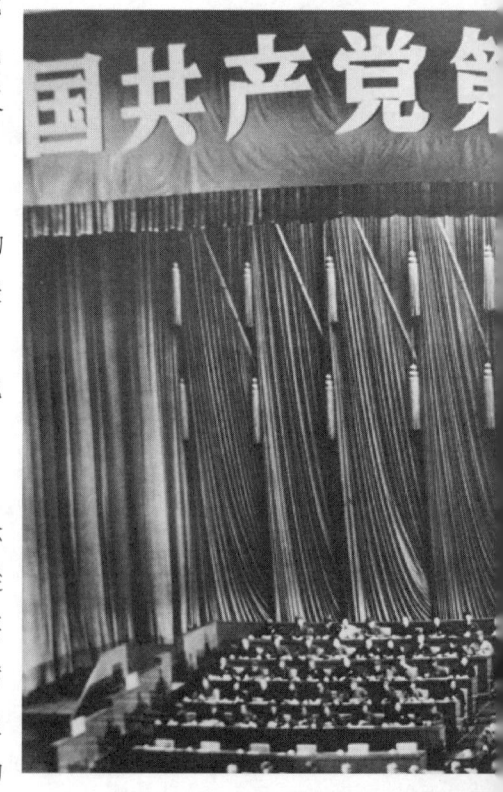

好。印發九大報告時，張春橋提出讓林彪簽字，說這樣效果會更好些，林彪一口回絕。以後張春橋偽造了一個林彪簽名。

"九大" 強調團結，表面上似乎也很團結。

毛澤東真想讓林彪當接班人嗎

談到召開 "九大" ，毛澤東說：接班人當然是林彪。

"九大" 開幕式推舉大會主席團主席，毛澤東提議林彪。林彪急了，站起來大喊，偉大領袖毛主席當主席。毛澤東再次說，林彪同志當主席，我當副主席，好不好？不等代表們反應過來，林彪搶過話筒，不好，毛主席當主席，大家同意請舉手，全場代表的手都舉起來。毛澤東立即提議林彪當副主席，周恩來為秘書長，大會一致通過。

雷英夫回憶： "文化大革命" 初，總參作戰部到處找我，說毛主席打電話叫我到人民大會堂。毛主席對我說：雷英夫啊，準備要林彪接班，但他在全國人民中的威望還不夠，你寫篇東西，提高提高他的威望。我遵照毛主席的話去找林彪，林彪不見我，葉群說些什麼東西，最後我沒寫成[7]。

1968年11月25日，《中央關於徵詢對召開 "九大" 意見的通報》下發。其中有這樣一段：許多同志建議， "九大" 要大力宣傳林副主席是毛主席的親密戰友，是毛主席的接班人，並寫入 "九大" 的報告和決議中，進一

林彪和毛澤東等人坐在主席臺上

九大主席臺上的毛澤東

毛澤東主持九大4
月14日的大會

毛澤東在九大會上講話

毛澤東和林彪

1969年九大毛澤東和林彪

康生在九大
會上發言

林彪主持4月24日會議

毛澤東和林彪

林彪微笑看著毛澤東

毛澤東和林彪

步提高林副主席的崇高威望。林彪認爲對他的評價太高，提出把這一段全部刪去，或者改寫得輕淡一些爲好。毛澤東當天批示：刪去不好，也不必改寫。

毛澤東爲什麼執意這樣做呢？

於是，"九大"黨章第一次寫上接班人的名字：林彪同志一貫高舉毛澤東思想偉大紅旗，最忠誠、最堅定地執行和捍衛毛澤東同志的無產階級革命路線，林彪同志是毛澤東同志的親密戰友和接班人。

"九大"後，毛、林關係出現了微妙的變化。這時劉少奇已經被打倒，江青的羽翼也已經豐滿，毛

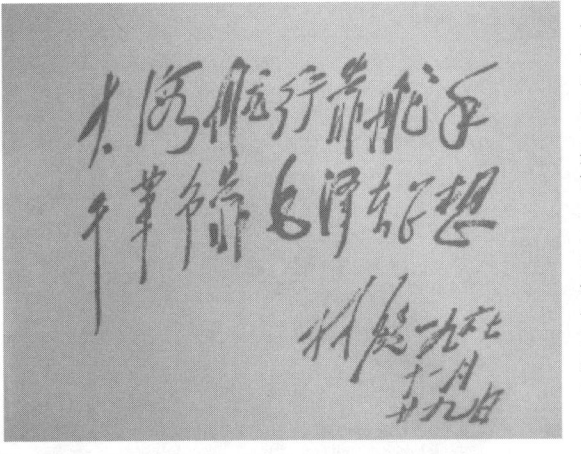

林彪給海軍學習毛主席著作積極分子代表大會題詞：大海航行靠舵手

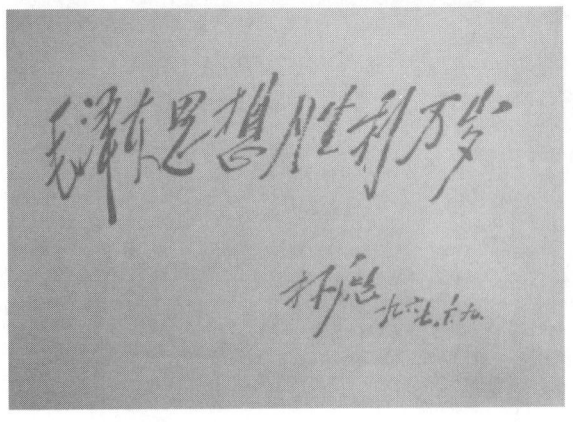

林彪題詞：毛澤東思想勝利萬歲

毛澤東、林彪在九大主席臺上

毛澤東和林彪

毛澤東和林彪

毛澤東和林彪

澤東再也不像"文革"初期那樣，迫切需要林彪幫一把了。在毛澤東眼中，經過"三支兩軍"，軍隊的權力越來越大。他連著做了幾件事，以此牽制林彪。毛澤東讓周恩來把人民大會堂掛的語錄牌統統摘下來，並當著林彪面說：這些王八蛋的東西沒有了。毛澤東提除了林彪外，周恩來作黨的副主席，只是被周恩來本人堅決反掉了。此時毛澤東又刻意扶植張春橋，以此造成與林彪爭鋒的態勢。毛澤東對付林彪的第二張牌是鄧小平，他始終不同意將鄧小平開除出黨。為了打破林彪紅一方面軍的一統天下，毛澤東安排紅四方面軍的許世友和陳錫聯進入政治局，還準備把張春橋安插到總政治部。林彪不同意張春橋擔任總政主任。在激烈的抗爭中，林彪咬牙頂了整整三年，最後林彪推薦李德生擔任軍委辦事組成員兼總政主任。九一三事件後，李德生被趕走，張春橋才擔任了總政主任。

　1970年4月，毛澤東曾帶張春橋到蘇州看望林彪。毛澤東說總理年紀大了，誰接總理的班？我年紀大了，你身體也不好，你以後準備把班交給誰？林彪

不吭聲。毛澤東又問：你看小張怎麼樣？林彪沒有明確表態，他借怎樣防止修正主義的話題，拐著彎表示，還是要靠黃吳李邱這些從小就跟著主席幹革命的紅小鬼，要防止小資產階級掌權[8]。

國慶20年大慶，直升機停在天安門背後

1968年3月28日，毛澤東、林彪、周恩來接見黃永勝、吳法憲等人。毛澤東說，今後軍委辦事組由林副主席直接管。軍委就是辦事組，軍委常委可以不開會了。軍委辦事組要訂個制度，至少一周到林彪同志那裏匯報一次工作，一次談一兩個鐘點。有事無事都要去，除非林彪同志身體不好[9]。但實際上，林彪一直在當甩手掌櫃。不管軍委辦事組怎樣"辦事"，林彪從不過問。據林辦工作人員回憶：1966年9月，因海軍內部的矛盾，林彪在人民大會堂接見過李作鵬夫婦，此後很少單獨接觸。黃永勝上臺，林彪見過他多次。"文革"十年中，林彪也很少單獨接見吳法憲和邱會作。

備戰問題，最早提出來的是毛澤東。面對中蘇邊境持續的緊張，中國的戰備也開始進入突擊性的臨戰狀態。"九大"召開前中央領導在毛澤東住地開會，林彪來了。不過珍寶島戰鬥他沒有插手，完全由

1969年4月，毛澤東接見珍寶島戰鬥英雄孫玉國

毛澤東和林彪

毛澤東和林彪

毛澤東和林彪

毛澤東和林彪

1967年12月3日，毛澤東、林彪
接見海軍戰鬥英雄麥賢得

毛澤東一手導演。

　　1969年國慶節後，林彪積極起來了。甚至多少年不再騎馬、身體極差的林彪還練起了騎馬。負責林彪警衛的劉吉純回憶：林彪要騎馬，林立果跑出來，也要騎馬。我趕快四處找馬，那時8341部隊還有騎兵中隊，很容易找來幾匹馬。葉群一聽林彪要騎馬，馬上給周恩來打電話。周恩來不同意林彪騎馬，但騎馬的隊伍已經走了。林彪坐車到頤和園，

林彪講話

毛澤東和林彪

1969年國慶日，為防止蘇聯偷襲，林彪曾建議放掉密雲水庫的水，周恩來沒有同意。

1969年國慶節，林彪在天安門城樓上講話

從後門進去，快出門叫群眾圍上，馬也沒騎成。趕快上車往玉泉山走。林彪在車裏，還說馬，馬……他還惦著騎馬呢。我們趕快把馬牽到玉泉山。我想林彪不能騎馬，挑了一匹挺老實的馬，由飼養員牽著，林彪騎上就跑。我們跟在後面，怕林彪摔下來，扶著他騎了一段。林彪覺得不自由，算了。第二天下午林彪又要騎馬，後來在毛家灣還騎過[10]。

　　1969年9月27日，充滿火藥味的全軍作戰會議結束，毛澤東在人民大會堂接見了全體與會人員，並合影留念。毛澤東說：不留同志們在北京過國慶了，大家早點回去抓緊做好戰備工作。毛澤東走後，全體人員到湖南廳繼續開會，林彪講話：全軍當前的中心任務就是加

毛澤東和林彪

毛澤東和林彪

國慶20周年慶祝大會

強戰備，準備打仗。

20 年大慶前夕，林彪精神抖擻地視察北京衛戍區和西郊機場，回到毛家灣，立即召見吳法憲、副總長溫玉成和閻仲川，說今天叫你們來，是要談一下戰備問題，你們認真分析研究一下。這個仗看來打不起來，但要做八成打起來的準備。明天是國慶節，如果敵人來個突然襲擊怎麼辦？蘇聯設在蒙古的空軍基地，距北京只有幾百公里，飛機用不上一小時就飛到了。如果打導彈，只要幾分鐘。我剛才坐車到西郊機場轉了一下，看見飛機還一排一排在那裏明擺著，這不行，也很危險。林彪批評吳法憲缺乏敵情觀念，要立即採取措施。改變這種等著挨打的狀況。第一，除作戰值班外，所有的飛機要在

毛澤東和林彪

毛澤東和林彪

毛澤東和林彪

毛澤東和林彪

林彪副主席的讲话

们，朋友们：

今天，是伟大的中华人民共和国成立二十周年。在全国人民欢庆这个光荣节日的时候，我代表伟大领袖毛主席，代表中国共产党中央委员会，代表中华人民共和国政府，向全国各族的工人阶级，贫下中农，红卫兵，革命干部，革命知识分子致敬！向英雄的中国人民解放军致敬！向一切热爱社会主义祖国的人们和港澳侨胞致敬！向来自世界各国的同志们、朋友们，表示热烈的欢迎，向你们致敬！

在中华人民共和国诞生前夕，伟大领袖毛主席向全世界庄严宣告：占人类总

1969 年國慶林彪講話

毛澤東和林彪

毛澤東和林彪

今夜轉移到外地機場；第二，跑道上設路障，以防止敵機降落；第三，機場值班人員要配發武器，準備打敵傘兵。……

接著林彪拿著一米多長的指揮棒，指著地毯上的軍用地圖，詢問北京地區的節日防護。秘書說蒙古通報今夜有暴風雪，林彪馬上警惕起來，暴風雪？會不會是大規模軍事行動的暗語？閻仲川說今夜確實有暴風雪的預報。林彪又提出新問題：一旦蘇聯突然襲擊，使用核武器的可能性有多大？你們研究研究。國慶日是個關口，一定要加強戰備，準備應付各種意外情況。關鍵是 10 月 1 日、2 日、3 日，10 月 1 日又是關鍵中的關鍵。

吳法憲根據林彪指示，當夜命令空軍進入一等戰備，連民航也不例外。幾千架飛機被塞進洞庫或野外疏散，三北[11] 地區的機場跑道都用車輛設置了路障。這一戰備行動是空軍建立以來規模最大的一次。

9 月 30 日深夜，林彪提出把密雲水庫的水放掉，以防止敵機轟炸。周恩來派人調查，密雲水庫連年乾旱，只有半盆水，即使大堤被炸，也淹不了北京市區。密雲水庫是北京的主要水源，不到萬不得已，不能輕易放水[12]。

20 年大慶是新中國建國以後所有國慶日中最緊張的一次，中國高層作了最壞的打算，軍委辦事組緊急指示：部隊進入一等戰備。總參作戰部副部長蔡洪江帶一部電臺和有關人員登上天安門城樓，確保及時接收敵情報告。空軍把一架直升機停在天安門和午門之間的空地上，以便毛澤東等人能迅速轉移。

其實並不是林彪的"第一個號令"

國慶節這一天總算平安過去，但形勢不但沒有緩解，反而更加緊張。尤其是蘇聯談判代表團到達北京的那一天，很可能就是蘇聯進攻北京的時刻。蘇聯一旦發動進攻，最大可能是從中蒙邊境直插北京。

1969 年 10 月 5 日，林彪在黃永勝、吳法憲等人陪同下，乘"子

毛澤東和林彪在天安門城樓上

毛澤東的帽子戴歪了

爵號"專機勘察張家口一帶的地形，並檢查部隊的戰備工作[13]。從英國進口的"子爵號"是當時中國最好的飛機，它的最大優點就是安全，一共有四個發動機，據說出廠後還沒有發生過技術事故。九一三事件是林彪第一次也是最後一次坐比"子爵號"更先進的三叉戟。如果還是坐"子爵號"，也許就不會機毀人亡？

從張家口回到北京，林彪受毛澤東的委託，主持召開中央政治局會議，專門分析中蘇關係的發展趨勢，研究防備蘇聯發動突然襲擊的具體措施。林彪說：歷史上帝俄就是中國的主要威脅，強佔了中國幾百萬平方公里的土地；現在蘇聯又在中蘇、中蒙邊境集結重兵，我們必須立足最嚴重的情況。林彪傳達毛澤東不久前的講話，說中央領導同志都集中在北京不好，一顆原子彈會死很多人，應該分散些，一些老同志可以疏散到外地。

10月14日，毛澤東、林彪接見在北京的解放軍指揮員。

接見完，毛澤東就前往武漢。

根據10月中旬中央政治局會議的決定，為了防範蘇聯利用談判之機進行軍事襲擊，中共中央緊急通知在北京的黨和國家領導人，要求10月20日以前全部作戰備疏散。朱德、董必武、葉劍英等人到廣東，陳雲、王震等人到江西，聶榮臻、陳毅等人到河北，徐向前等人到河南，被打倒的劉少奇、鄧小平、陶鑄、張聞天等也都疏散到河南、江西、安徽、廣東等地。

10月17日，林彪到蘇州。張雲生回憶：10月18日下午5點，正在室內散步的林彪叫我去，口授了四條。蘇聯談判代表團10月19日來北京，對此應提高警惕。為了防止蘇聯利用談判作煙幕對我進行突然襲擊，全軍各部隊應立即疏散；要保證通信聯絡的暢通；各種重要裝備、設施和目標要注意隱蔽和偽裝；要加強作戰值班；要抓緊武器彈藥的生產；二炮部隊要做好隨時發射武器的準備。林彪要我馬上通知黃永勝，我說過去首長和主任規定，凡往外傳的首長指示都要壓半

毛澤東和林彪

天，是否壓一壓？林彪說當然要壓一下，可以壓幾個小時。他想了想又說，你送給葉群看看。葉群說由她報告毛主席。

林彪關於"加強戰備，防止敵人突然襲擊的緊急指示"傳到總參，總參以"林副主席第一個號令"下達，全軍進入緊急戰備狀態。

毛澤東看到第一個號令，生氣地對汪東興說，燒掉！看來毛澤東對第一個號令的內容沒有異議。如果認為是林彪擅自發佈，一夜之間調動全軍進入臨戰狀態，即使是第二天知道，毛澤東也可以立即下令撤銷，把林彪抓起來。面對如此"嚴重"的事件，為什麼沒有這麼做？為什麼毛澤東只說"燒掉"那張電話記錄紙呢？其實細讀"第一個號令"，中心是為了防備蘇聯入侵，讓部隊戰備和疏散，完全是毛澤東的意思，與反革命政變八杆子打不著嘛。

看來毛澤東生氣的是那個"第一號"的題名。

按不成文的規定，"第一號"一直是毛澤東的"專利"。各省給毛澤東蓋的房子都是命名一號樓，警衛部隊是一大隊。林彪升任第六號人物，擔任警衛的中央警衛團是六中隊，"文化大革命"初林彪升到第二號，他的警衛部隊才成了二大隊，住的樓也變成二號樓。林彪非常清楚他是不能冠以這個第一的。林彪秘書譚雲鶴回憶：1962年夏，林彪帶全家到哈爾濱休假。本來安排他住花園邨一棟，這是給毛澤東住的房子，毛澤東沒有住過，近期也不會有其他領導來。房子反正空著，都收拾好了，林彪死活不住。他知道他是排名最後的副主席，最後只好安排林彪住花園邨三棟。因為窗外有鋸木頭聲，林彪提出換到客廳。工作人員說客廳沒有衛生間，乾脆搬到一棟，林彪還是不同意，寧肯住在客廳[14]。

1970年，毛澤東和林彪
在天安門城樓上

毛澤東已經開始對
"紅海洋"反感了

　　其實，冠以"第一個號令"的並不是林彪，而是副總參謀長閻仲川。閻仲川也冤枉，他一直在廣州軍區任職，到北京的時間太短。他哪里懂得北京的"規矩"。黃永勝接到林彪秘書的電話指示，由閻仲川按作戰命令編成一二三四號，分發給不同的部隊。冠上"第一號"後，本來應該報告黃永勝。如果報告了黃永勝，也許就能避開大禍？但事情就是這麼巧，黃永勝連著幾天工作已經很累，服了比平時更多的安眠藥睡熟了。閻仲川想，給疏散的命令編個號嘛，是作戰部的技術手段，不用請示了。於是通過作戰電臺把命令發了下去。毛澤東哪里知道這些"複雜"的過程，他認爲是林彪的陰謀。

　　留在北京主持中央日常工作的周恩來把黃永勝找去。２２點，黃永勝氣乎乎地質問閻仲川，"第一個號令"是怎麼回事？閻仲川解釋是作戰部的技術編號，以後還發了二三四號。邱會作說：你們那個電話稿，如果叫林副主席關於加強戰備的指示，或者用"參作字ＸＸ號"就好了。李德生也說：這個事情你們搞得可不好啊！但再說什麼也晚了。罪名不僅扣到了林彪頭上，閻仲川也因此被關押多年，直到臨死仍背著沉重的黑鍋。

　　不管怎麼說，毛澤東讓燒掉的"第一個號令"仍在執行。

　　１０月１９日，是新中國建國以來最緊張的一天。林彪讓秘書不間斷地與總參作戰部聯繫。林彪忘不了１９４１年６月，他正在蘇聯治病，趕上希特勒德國突然襲擊蘇聯，震耳欲聾的轟炸令他難忘。前幾

閻仲川夫婦。時任副總參謀長的閻
仲川因林彪一號命令被關押八年

戰爭年代的閻仲川

1969 年，時任總參副總
長的閻仲川在檢查洞庫

劫後的閻仲川和兒子

年蘇聯入侵捷克斯諾伐克，也是找了個藉口，合法地把飛機落到人家
首都機場，沒想到從飛機上下來的是全副武裝的士兵。林彪怕蘇聯飛
機運載的不是談判代表團，而是空降兵或核武器。平時林彪午睡從來
沒有超過１２點，但這天卻絲毫沒有睡意，不停地詢問蘇聯代表團幾
點從伊爾庫茨克起飛，幾點飛經蒙古首都烏蘭巴托，幾點進入中國的
邊境小城二連浩特。直到蘇聯談判代表團成員從首都機場的飛機走下
來，林彪才放心去睡覺[15]。

林彪和周恩來站在一條戰線上

林彪非常尊重周恩來，周恩來也非常尊重林彪，彼此關係很好。
周恩來處境困難時，林彪幾次出來講話支持。１９６７年夏天，周恩來
的日子最難過，社會上倒周，江青也不斷圍攻。毛澤東正在南方巡

毛澤東和林彪

毛澤東和林彪

毛澤東和林彪

視，林彪表態支持周恩來主持中央文革碰頭會。周恩來到毛家灣來匯報，林彪明確表態，我的身體不好，情況不熟，一切工作全靠你了。還希望你大膽主持，放手處理問題[16]。林彪特意給軍隊方面打了招呼，說我們黨內不能沒有總理，毛主席掌握大政方針，貫徹和組織實施全靠總理。我身體不好，總理的角色我是幹不了的[17]。葉群專門告訴楊成武和吳法憲，一定要積極支持周總理的工作。

林彪不願意讓葉群代表他出席會議，但只要是周恩來出面請，林彪都非常痛快地讓葉群去。林彪對葉群說：總理非常為難啊，總理是在替我挨整受氣，總理叫你去，你就去一次吧。要聽總理的話，要主動分擔總理的難處，不能讓江青他們氣總理。寧可我垮臺，也要保總理，穩住大局，現在就靠總理了[18]！

周恩來在"九大"全體大會上發言，說林彪同志成為偉大領袖毛主席的親密戰友，早在40年前就已經開始。林彪同志是南昌起義失敗後率領一部分起義部隊走上井岡山，接受毛主席領導的一位光榮代表。新黨章明確寫上林彪是毛主席的親密戰友和接班人，是從林彪40多年的革命奮鬥中自然引申出來的最正確的結論，是完全符合事實的[19]。林彪站起來打斷：我林彪沒什麼，一切都是毛主席。林彪說著，還當場哭了。

也許這可以為九一三事件後周恩來的大哭[20]作一部分的注腳？

林彪保護自己的絕招

林彪聽任個人集權的"宮廷衛隊"對他嚴密控制，寧可無法動彈。林豆豆回憶："文化大革命"開始後，林彪在自己的房間裏，甚至

文化大革命中的周恩來

林彪和周恩來　　　　　周恩來和陳伯達在天安門城樓上

毛澤東和林彪郵票

毛主席語錄郵票

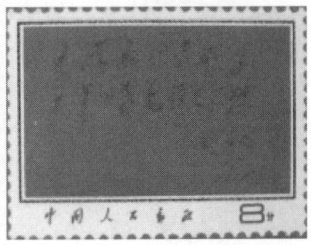

林彪題詞：大海航行靠舵
手，1967年12月26日毛
澤東生日時發行

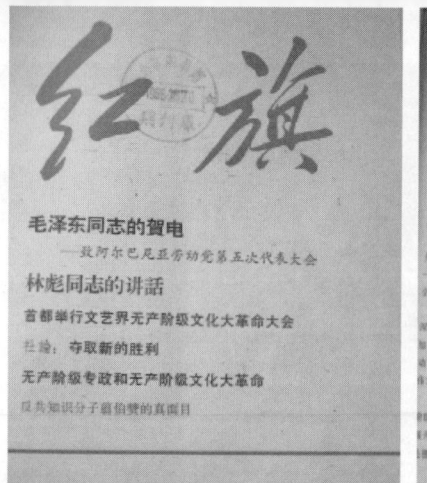

1966 年第 15 期紅旗　　　　　1966 年 11 月 3 日林彪講話

中　共　中　央　通　知

(一九六六年八月十四日)

　　中国共产党第八届中央委员会第十一次全体会议，补选了中央政治局委员、候补委员，选举了政治局的常务委员会，补选了书记处书记。现将上述选举结果通知你们。此名单传达到县团级，不向党外传达。

　　（一）补选中央政治局委员六人：

　　　　陶　铸　　陈伯达　　康　生　　徐向前　　聂荣臻
　　　　叶剑英

　　（二）补选中央政治局候补委员三人：

　　　　李雪峰　　宋任穷　　谢富治

　　（三）选举中央政治局常务委员会委员十一人：

　　　　毛泽东　　林　彪　　周恩来　　陶　铸　　陈伯达
　　　　邓小平　　康　生　　刘少奇　　朱　德　　李富春

林彪當選接班人，中共中央文件要求不向黨外傳達

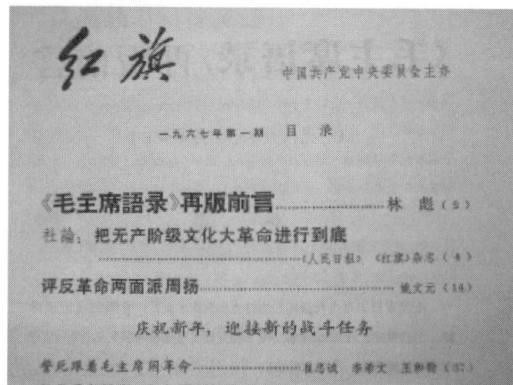

紅旗雜誌 1967 年第 1 期

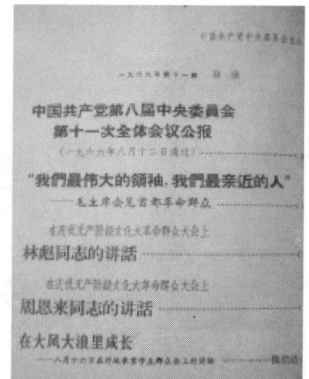

1966 年 11 期《紅旗》雜誌目錄

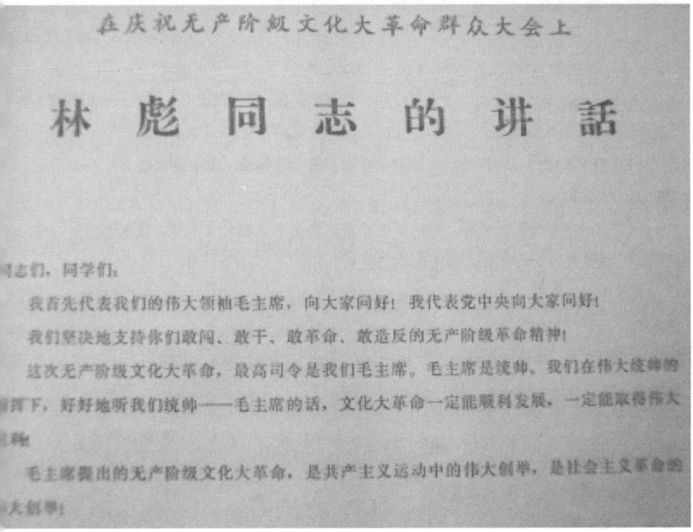

在庆祝无产阶级文化大革命群众大会上

林 彪 同 志 的 讲 話

同志们，同学们：

我首先代表我们的伟大领袖毛主席，向大家问好！我代表党中央向大家问好！

我们坚决地支持你们敢闯、敢干、敢革命、敢造反的无产阶级革命精神！

这次无产阶级文化大革命，最高司令是我们毛主席，毛主席是统帅，我们在伟大统帅的指挥下，好好地听我们统帅——毛主席的话，文化大革命一定能顺利发展，一定能取得伟大的胜利。

毛主席提出的无产阶级文化大革命，是共产主义运动中的伟大创举，是社会主义革命的伟大创举。

林彪講話

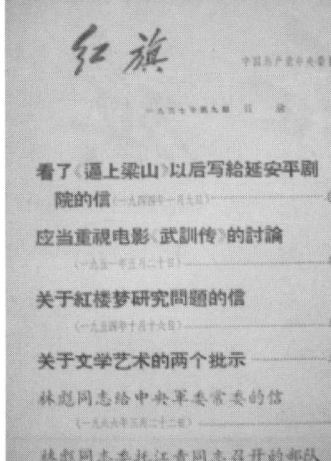

1967 年第 9 期《紅旗》雜誌目錄

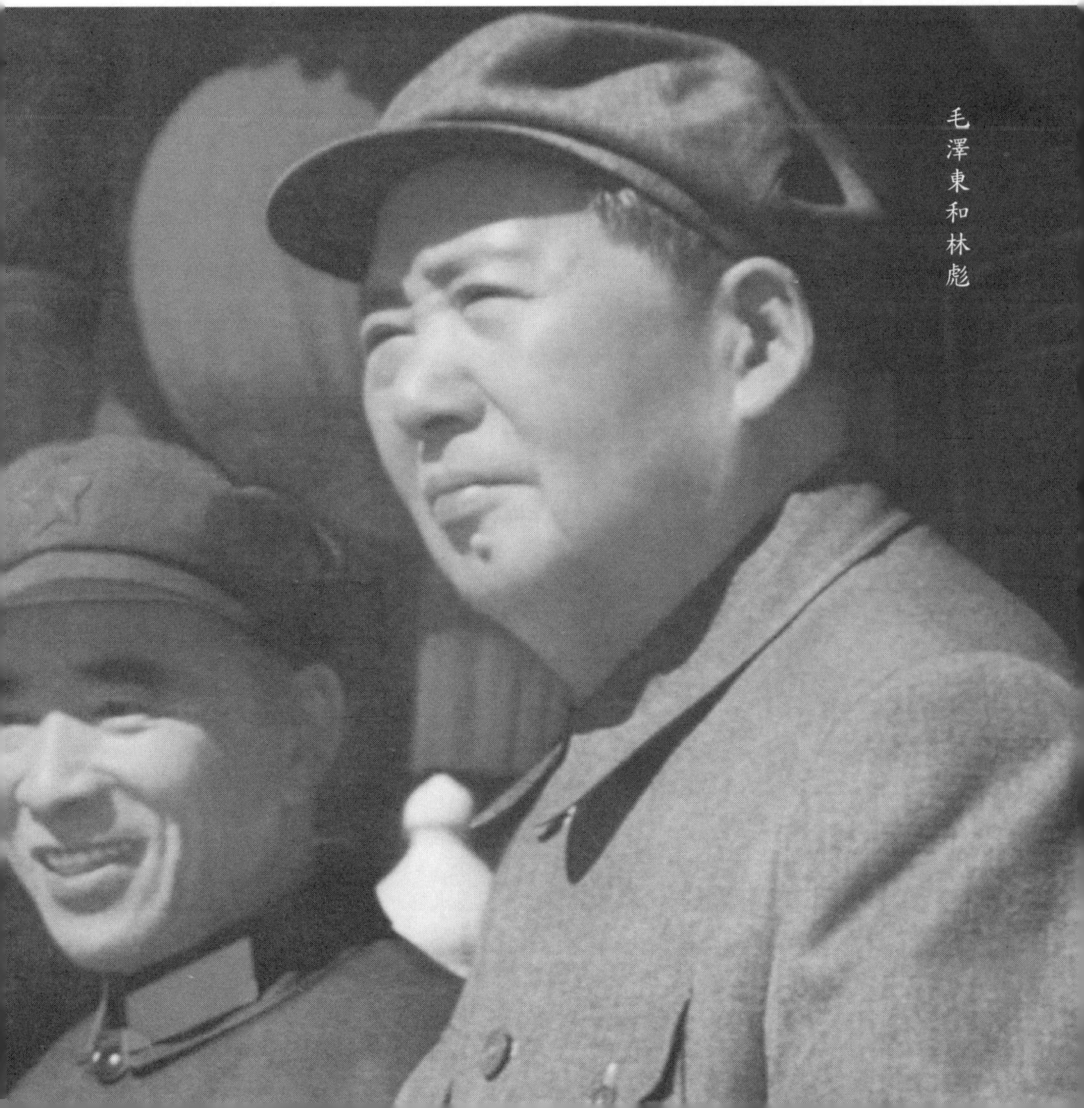

毛澤東和林彪

連出聲說話的自由也沒有。更不要說看書了，他看過、畫過、作過眉批的馬列著作不得不藏在他自己坐的沙發墊子下面。新調來的秘書第一次見到林彪那痛苦的狀況，簡直不敢想像，回到自己臥室哭了一夜。葉群對我和林立果說：你爸爸的病是精神系統的病，是惡劣的政治環境造成的，看來是沒法治了。要治其實也不難，只要讓他再像戰爭年代那樣工作，或者是辭職，完全脫離政治環境，他的身體就會很快好起來，可是這怎麼可能呢？既不可能讓他像戰爭年代那樣工作，同時主席也不會讓他辭職，因為主席需要一個掛名的"接班人"，像你爸爸這樣穿軍裝的病號[21] ……

確實，林彪的接班人是個空架子。與劉少奇不同，他沒有一點實權，決策權在毛，執行權在周。這一方面是林彪的身體和性格，使他除了打仗，別的事情都不願意管。另一方面也是他在蘇聯養病多年，深知政界的複雜多變，以及"狡兔死，走狗烹"的古訓，所以自覺自願地把權利拒之門外。

紀坡民回憶：父親紀登奎對我說：中央無論討論什麼問題，都聽不到這位副統帥的意見。毛主席的意見很多，各方面的問題都能聽到他的指示。可是這位副統帥，中央討論工業，討論農業，討論財貿，

宣傳畫：林彪和毛澤東在一起看文件

714

這是海軍美術工作者畫的一組油畫,毛澤
東和林彪接見海軍航空兵作戰有功人員

都沒有他的意見。討論政治問題,比如整黨,也沒有他的意見……。
中央的文件上,林彪的批示也總是"完全同意主席意見"幾個字。也
許林副統帥在考慮什麼重大的軍事戰略問題吧?可是父親到軍隊工作
後,發現還是這樣。中央和軍委無論討論戰備、訓練、科研、軍工,
還是討論軍隊的政治工作,都沒有這位副統帥的指示,聽不到他的任
何意見。1971 年夏天,周恩來帶著黃永勝、張春橋和我父親一起到
北戴河向林彪匯報工作。父親向林彪匯報:軍隊現在冗員太多,一個
司令七八個副司令,一個政委七八個副政委,軍師團營一直到基層,
也都是一個正職,好多個副職,林總,您是打過仗的人,軍隊現在這

海軍油畫，1950年1月，林彪視察"長沙"軍艦

個樣子，真的有了戰爭，還能打仗嗎？林彪說：就是啊，那怎麼辦呢？就這麼一句，沒有下文了[22]。

　　林彪小心地保護自己。他保護自己的辦法是什麼事都不表態，政治上"緊跟"：言不離主席，手不離語錄。突出主席，主席畫圈我畫圈等。林彪對葉群說：記住，我們在黨內的立場和態度必須採取"三不"政策：不建言，也就是不干涉毛主席的決心，以免自己負責任，落個和他爭領導之嫌；不批評，毛主席和主要領導人以及與他們有關聯的任何問題；不報壞消息，以免影射之嫌。與此相反，要響應他的號召，要多表揚他的決策和領導，要報一切好消息。這個"三要三不要"你可不能違反，違反了就會出大問題。

　　基於這個原則，林彪不管大事小事能推就推，能躲就躲，從不主動表態。用他自己的話就是"大事不麻煩，小事不幹擾"。氫彈試驗成功的深夜，周恩來將新聞公報送審稿請林彪批，說明主席已經同意，但公報稿寫好主席已睡。現在外電已有初步反應，早一點發表對我有利。葉群堅決反對，林彪一貫維護毛主席的最高權威，還是送主席最後審定，硬是把新聞公報推到第二天上午才公開發佈[23]。

海軍油畫，1957年3月
30日，林彪視察海軍技
術勤務部隊

海軍油畫，1961年2月，林
彪視察南海艦隊領導機關

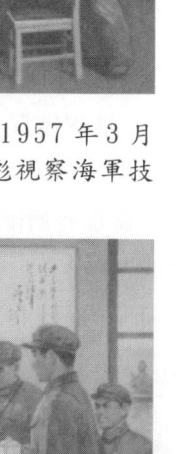

實際上，林彪的腦子非常清醒，他
在室內掛著"勉從虎穴暫棲身"等條幅。
林彪寫道：他先為你捏造一個"你的"意
見，然後他來駁你的意見。並無。這是
老毛的慣用手法，今後當注意他這一
著。在辭典"個人崇拜"的條目旁，林彪
寫道：他自我崇拜，自我迷信，功為
己，過為人。對毛澤東發動的反修鬥
爭，林彪認為"罵絕了，做絕了，絕則
錯"。對毛澤東本人，林彪的批語則是
"言行不一"²⁴。但表面上，他對毛澤東
極盡歌功頌德。精神好時林彪也練練毛
筆字，有一段時間他題詞成了"癮"，題
詞的內容幾乎全是歌頌毛澤東的。

海軍油畫，1958年12月
31日，林彪視察海軍院
校和岸炮部隊並題詞

已經"騎"上去了，怎麼辦

林彪筆記中有一句話：西漢故人以
權貴不全、南陽故人以悠閒自保。剛解
放林彪曾提出到貴州當省長，避開政治
漩渦。林彪在《曹操》一書關於曹操當宰

海軍油畫，1960年5月
30日，林彪視察海軍院
校和岸炮部隊並題詞

相後成"騎虎難下之勢"旁批：不要輕易騎上去。

　　李文普回憶：林彪幾次向身邊工作人員流露過不想當接班人[25]。

　　林豆豆回憶：八屆十一中全會期間及以後，林彪一再含淚向毛澤東磕頭求饒，免戴"接班人"這頂桂冠。毛澤東不准，叫林彪不要唱"對臺戲"。以後林彪又不斷提出辭職，多次被毛澤東批爲"裝病"。毛澤東專門派江青對林彪、葉群說：副統帥老是提辭職，主席很生氣，叫我轉告你們，以後再也不准提這個事了！主席說不當也得當，副統帥有病，葉群爲什麼不能參加會議？總不會也有病吧？汪東興等人也勸過葉群，說主席對副統帥辭職的事很惱火[26]。

　　按林彪的本意，他是不想出山的。可是身不由己，已經"騎"上

海軍油畫，1967 年 11 月 19 日，林彪為首次學習毛主席著作積極分子代表大會題詞

海軍油畫，1966 年 9 月 23 日，林彪視察海軍領導機關

海軍油畫，1970 年 2 月 12 日，林彪表彰海軍航空兵擊落入侵的無人駕駛高空偵察機

海軍油畫，1967 年 12 月 3 日，毛澤東和林彪接見海軍首次學習毛主
席著作積極分子代表

去了，怎麼辦？林彪會見越南的武元甲和范文同時說，面對強大的美
國，你們的辦法就是熬，熬就是勝利[27]。1966 年 8 月 13 日在中央工
作會議上，林彪的講話透露了他的心聲：我最近心情很沈重，我的工
作和我的能力是不相稱的，是不稱職的，我意料是要出錯誤的，但是
要力求減少錯誤，依靠主席，依靠常委同志、全體同志、文化革命小
組的同志，以主席為軸心，我們做磨盤，一切按主席指示辦事，不能
有另外做法，不能有兩個方針，兩個司令部，不能以想當然代替主席
的想法，不能唱對臺戲，要一元化，緊跟主席，中央給我的工作，我
自知水準、能力不夠，懇辭再三。但是，現在主席和中央既已決定
了，我只好服從主席和黨的決定，試一試，努力做好。我隨時準備交
班給更合適的同志。

　　林彪成為接班人後，頭腦依然十分清醒，深知伴君如伴虎。他晚
上出去"轉車"，看到北京街頭有頌揚他的標語，下令連夜撕掉。
1967 年 3 月 20 日，林彪在軍以上幹部會上講話，說最近我發現有什
麼林彪同志語錄，是學生搞的，一個是一個中學校搞的，另一個是一
個什麼紅衛兵組織搞的，我們就收到兩種。另外，我們總政過去也搞

1967 年 4 月 24 日，毛澤東和林彪觀看革命現代芭蕾舞劇《白毛女》

1968 年 7 月 1 日，中央文革慶祝建黨 47 周年，演出鋼琴伴奏《紅燈記》和交響音樂《沙家浜》

《林彪同志言論摘錄》

《林彪語錄》因林彪的干涉，沒有公開發行。保存在中國國家圖書館中的林彪語錄

保存在中國國家圖書館中的另一本《林彪語錄》，上面的金字被刮掉

了我的一個政治工作語錄。我看不要搞。你們看到的時候，請你們代爲沒收。總政，我是給他們講了，我這個意見是雷打不動的，你們不要搞。現在我們的任務就是要善於活學活用毛主席的思想。毛主席思想是全中國人民的思想財富，而且是全世界人民的思想財富。毛主席的話，一句等於我們一萬句。我們要以毛主席的思想來統帥全國，來指導我們的一切工作[28]。

1967年6月16日晚上，毛澤東和林彪在人民大會堂小禮堂觀看上海京劇院的革命樣板戲《智取威虎山》，這是以林彪指揮東北解放戰爭爲素材的一場戲。演出前，報幕員高喊祝毛主席萬壽無疆！祝林副主席永遠健康！關鋒坐在後一排，他注意到毛澤東轉過頭對林彪說：你聽，喊你呢！林彪沒有說話[29]。

但林彪回到家中，立即口述給周恩來和中央文革小組的信：總理、伯達、康生、江青同志及中央文革小組全體同志：近一個多月來，我看了三次演出，每次演出中，都有"祝毛主席萬壽無疆"和"祝林副主席永遠健康"這兩個口號並提

中國國家圖書館保存的另一本《林彪語錄》

《林彪語錄》
編者的話

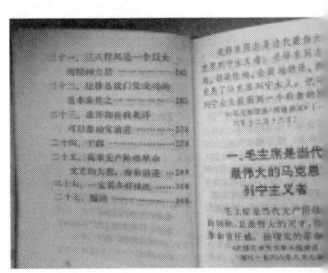

《林彪語錄》
第一頁

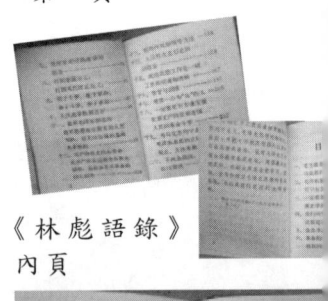

《林彪語錄》
內頁

《林彪語錄》
最後一頁

的情況。我認爲"祝毛主席萬壽無疆"這個口號是完全正確的，非常必要的。爲了在黨內黨外、國內國外突出毛主席的偉大作用，樹立毛主席絕對威信，不宜提"祝林副主席永遠健康"的口號。今後一切演出、一切會議、一切文件、一切報刊以及其他各種宣傳形式都應突出毛主席，不要把我和毛主席並提。盼總理和中央文革小組的同志們今後幫助注意掌握這一點[30]。林彪叫秘書張雲生把信拿到中央辦公廳的印刷廠印幾千份，請求周恩來幫助散發。周恩來認爲完全用不著這樣，林彪決定自己散發。他對李文普說：只要人民大會堂有集會，就分發這封信，叫他們必須照辦。

中央文革小組專門討論了林彪的這封信，有人說爲什麼不能宣傳？這是對林副主席的敬愛和尊重。關鋒說：我管宣傳，我的意見是，既然林副主席這樣講了，恭敬不如從命！此後，報刊上基本上沒有再這樣宣傳了[31]。

林彪從中南海開會回來，馬上召集工作人員開會，說今後我這裏要有這樣的紀律，我們在任何情況下，任何時候都要記住，我們談黨的工作和我們這裏的工作，都要提毛主席的領導。沒有毛主席，就沒有我林彪今天的一切。毛主席才是真正的大英雄、大統帥，其他的人都不行，都不夠格。我們眼睛裏就是要只有一個統帥，一個領袖，一個天才，這是歷史的選擇，時代的選擇。這個觀點，你們到外面可以廣泛地宣傳，廣泛地說。葉群交代得更細，林彪上天安門陪毛澤東檢閱，警衛要提醒他帶《毛主席語錄》，而且一定要走在毛主席的後面。林彪批文件，不

1967年武漢編的《林彪文選》。與《林彪語錄》一樣，《林彪文選》沒有公開發行

能寫"送"，只能寫"呈"。葉群還說：現在對首長的提法很多，這是好事。但提法不當，就可能幫倒忙。所以你們幫助把好關，今後凡是文件中出現對首長的新提法，你們就要提醒，特別是首長批送主席的文件，凡是遇到不適當的提法，必須將它們刪去。

高處不勝寒，過去毛澤東和劉少奇兩位主席經常在報紙上並列亮相。現在劉少奇說倒就倒了，林彪擔心吹捧自己可能釀成大禍。

林彪的憂慮不無道理。1967年南巡時毛澤東對當時流行的"祝林副主席永遠健康"表示強烈不滿。在上海虹橋賓館，毛澤東非常煩躁地說：什麼永遠健康，難道還有不死的人嗎？毛澤東要楊成武回去報告周恩來，不要宣傳個人，否則將來要吃大虧，要犯錯誤。

林彪關於不讓宣傳他的一封信

林彪给总理和中央文革小组的一封信

(一九六七年六月十六日)

近一个多月来，我看了三次演出，每次演出中，都有"祝毛主席万寿无疆"和"祝林副主席永远健康"这两个口号另提的情况。我认为"祝毛主席万寿无疆"这个口号是完全正确的，非常必要的。为了党内、党外、国内、国外突出毛主席的伟大作用，树立毛主席的绝对威信，不宜提"祝林副主席永远健康"的口号，只有来出我们拥护和突出毛主席，才符合于全国和全世界革命人民的需要和客观实际。今后一切演出，一切会议，一切文件，一切报刊以及其他各种宣传形式都突出毛主席，不要把我和毛主席并列，请总理和中央文革小组的同志今后帮助注意掌握这一点，并希望将我这封信转发到各部队，由他们传达到传达的条层组织和革命群众里去。

從廬山上下來，林彪沒有任何動靜

1970年4月，毛澤東特意到蘇州看林彪，問他是否能上廬山？林彪說：我要到更高的山上去，我要到"五臺山"上去[32]。

九屆二中全會實際上是"文化大革命"以來以林彪爲代表的大多數人對江青一夥的聲討，是對"文化大革命"的一次否定。1970年8月22日，九屆二中全會開幕前一天的中央政治局常委會上，五名常委除了毛澤東一人外，林彪、周恩來、康生、陳伯達都主張設國家主席。8月23日，在九屆二中全會開幕式上，林彪的長篇講話中沒有說一句設國家主席，是康生在發言中提出設國家主席的問題。

廬山會議前，中央憲法修改小組關於設不設國家主席爭論很大。張春橋故意說，有人口口聲聲說天才地、全面地、創造性地發展馬列主義，連赫魯曉夫都是天才地、創造性地發展了馬列主義呢，這簡直是一種諷刺。現在還不能肯定張春橋這話是毛澤東的版本，但起碼張春橋知道"九大"黨章上的"天才地、全面地、創造性地"這"三個副詞"被毛澤東圈掉了。而吳法憲哪里注意到這樣的"小事"。聽見

廬山仙人洞

1970年2月28日，葉群（頭像被挖掉）與工作人員攝於蘇州鄧尉山司徒廟。

前排左二楊振剛，左三蕭江（政治學院教授、來林辦幫助葉群讀書），左五葉群（頭像被挖掉），左六于運深，左七韓慶餘（8341部隊幹部），小姚（穆宗文愛人、葉群內勤），劉吉純（林辦警衛科長）。後排左二蔣葆生，左四宋德金，左五屈真。

1970年7月，毛澤東、林彪會見外賓。這是上盧山之前

張春橋口出狂言，吳法憲以爲抓到了張春橋的辮子，大吵起來，並報告了林彪，林彪認爲吳法憲是對的。林彪也不知道毛澤東對"三個副詞"恨之入骨，他猶豫再三，在九屆二中全會開幕式前，問毛澤東是不是可以談這個問題，毛澤東說你可以談，但不要點名。林彪遵照毛澤東的意見，在講話中沒有點張春橋的名。

林彪正在講話

林彪講話和華北組六號簡報得到幾乎所有中央委員的支持。

江青、張春橋等向毛澤東告狀，風向陡轉。

事情怎麼會變成這樣？明明是毛澤東同意才批的張春橋嘛。因爲毛澤東看到大多數中央委員對"文化大革命"的態度，感到了"文化大革命"有被否定的危險。他考慮三天，並找了一些人單獨談話，寫下《我的一點意見》。

九屆二中全會期間的林彪別墅

九屆二中全會中的一次會議

康生在九屆二
中全會上發言

王洪文

張春橋

春風得意的姚文元

江青和阿爾巴尼亞貴賓在天安門城樓上看焰火

會議原來的議程停止，轉而批判陳伯達。

1970年8月27日早上，林立果受林彪委託，交給吳法憲一本"九大"《黨章》，說毛澤東思想前面的"三個副詞"在"九大"通過的黨章上就已經不見了。吳法憲問爲何刪掉，康生搞不清楚，周恩來也被問住了，說這"三個副

九屆二中全會會址

詞"不是林彪提的，而是"八大"由鄧小平提出來的。周恩來要中央辦公廳查，結果發現是毛澤東在審閱"九大"黨章時自己圈掉的[33]。

原來張春橋早就心知肚明，是他故意挑起的風波嗎？

9月7日，林彪離開霧中廬山。下山時他和過去一樣，若無其事的樣子[34]。林彪先去北戴河住了幾天，然後轉回北京，稱病不出。

1970年11月16日，中共中央發出《關於傳達陳伯達反黨問題的指示》，全黨開始"批陳整風"運動。12月22日至1971年1月24日，按照毛澤東指示，召開以揭露陳伯達罪行爲主要內容的華北會

1967年，毛澤東接見軍級幹部會議代表。前排左起：江青、康生、陳伯達、周恩來、林彪、毛澤東、葉劍英、李富春、聶榮臻、徐向前、蕭華

李作鵬、吳法憲、邱會
作在廬山上合影

葉群(前右)和吳法憲(前
左)、林立果(後右)、李
作鵬(後中)、邱會作在
廬山仙人洞合影,攝於
九屆二中全會開會前

毛澤東,林彪與焦裕祿的
女兒焦守雲合影

林彪同志一贯高举毛泽东思想伟大红旗，最忠诚、最坚定地执行和捍卫毛泽东同志的无产阶级革命路线。林彪同志是毛泽东同志的亲密战友和接班人。

——摘自《中国共产党章程》

林彪成為接班人被寫進九大《黨章》

毛澤東和林彪

1970 年國慶節，毛澤東和林彪在天安門城樓上

1970 年國慶節，毛澤東和林彪在天安門城樓上

毛澤東和林彪的步調開始不一致了

1970 年國慶節，林彪與越南青年握手．在這張照片中，他成了主角

議，周恩來代表中央參加。會議改組了北京軍區，北京軍區第一政委
李雪峰、司令員鄭維山被"調離原職"。

　　盧山會議後，毛澤東批准成立中央組織宣傳組，由康生、江青等
人負責所有的中央機關和媒體。這一段毛澤東非常活躍，批了吳法
憲、葉群等人的檢討，還批了一系列的軍隊報告，《南京軍區黨委等
傳達九屆二中全會精神的情況報告摘要》、《北京衛戍區部隊進行千
里野營拉練的總結報告》、《38 軍檢舉陳伯達反黨罪行的報告》、《濟
南軍區學習貫徹毛主席"軍隊要謹慎"指示的情況報告》等。

　　毛澤東讓林彪接見美國記者斯諾，林彪就是不見。家人問他爲什
麼，林彪說，斯諾是熟人，在延安見過，他問這問那，又不好不回
答。一回答，好多問題不好表態[35]。毛澤東對林彪的態度很生氣，讓
周恩來接見斯諾後，他與斯諾長談，表示討嫌"四個偉大"，矛頭直
指林彪。

　　這個時候，毛澤東不再說全國學習解放軍了。

1970年，林彪、毛澤東、周恩來和外賓在天安門城樓上

毛澤東和美國朋友斯諾在天安門城樓上交談，林彪在右

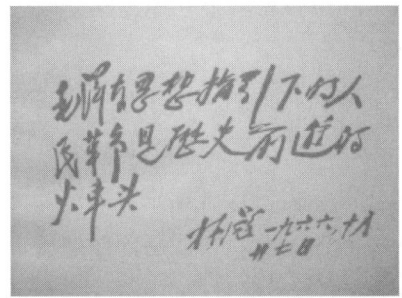

林彪題詞：毛澤東思想指引下的
人民革命是歷史前進的火車頭

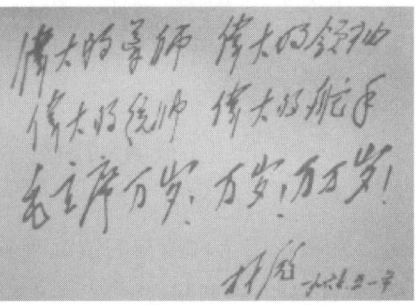

林彪題詞：四個偉大

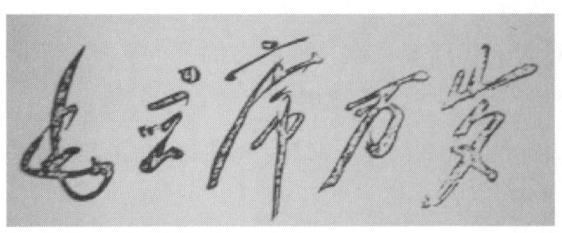

林彪為北京軍區空軍手書

的。它不僅適用于中國，
而且是對世界各被壓迫民
族和被壓迫人民革命鬥爭
的偉大貢獻。

林彪

林彪語錄

林彪和陳伯達在天安門城樓上　　　　　　陳伯達

周恩來和康生（左）　　　　陳伯達在九大全體大會上發言

　　1971年1月26日，中共中央發出《反黨分子陳伯達的罪行材料》。

　　2月20日，軍委辦事組向毛澤東報送學習討論毛澤東關於批陳整風"重點在批陳"的情況報告，毛澤東的批示措辭嚴厲，批給周恩來、康生，卻故意不批給林彪。

　　2月21日，中共中央發出《關於擴大傳達反黨分子陳伯達問題的通知》。

　　在華北會議的基礎上，中央準備召開批陳整風匯報會。毛澤東的意思是要林彪出席，講幾句話。3月30日，周恩來請示毛澤東後，帶著軍委辦事組成員到北戴河看林彪。林彪表示完全擁護毛澤東自盧山會議以來的一系列指示和部署，對黃永勝、李作鵬、邱會作的檢討"很高興"，並要求吳法憲、葉群"重寫一次書面檢討"。還說沒想到陳伯達問題那樣嚴重，為自己在盧山會議上的講話進行了辯解[36]。林彪不認為自己有什麼錯，明明是汪東興傳達毛澤東的意見，讓他當國家主席，他表態不當國家主席，這有什麼可檢討的呢？林彪有一句名言，避免犯錯誤就要多請示毛主席。他不明白，為什麼這樣還不行？

4月中旬，毛澤東在周恩來送的中央批陳整風匯報會的請示報告上批示同意。林彪讓秘書寫上：完全同意主席批示和會議安排。注明遵囑代寫。

4月19日，林彪從北戴河回到北京。周恩來致信，送去有關會議文件及毛主席批示，林彪仍然沒有出席批陳整風匯報會的意思。

這是1968年五一國際勞動節，毛澤東和林彪在天安門城樓上看焰火，那時，兩個人是多麼親密啊

1971年五一勞動節晚上的焰火

1968 年 5 月 1 日，毛澤東、林彪在天安門城樓上看焰火

1971 年 5 月 1 日毛澤東、林彪在天安門城樓上接見解放軍代表

1971 年 5 月 1 日，毛澤東與柬埔寨西哈努克親王交談

1971 年 5 月 1 日夜，毛澤東和林彪最後坐在一起歡慶節日

毛澤東接見羅馬尼亞共產黨總書記尼古拉·齊奧塞斯庫和夫人，這是
林彪（右）最後一次在公開場合露面

　　1971年5月1日的焰火晚會，林彪在周恩來一再催促下，勉強答
應上天安門城樓。可是毛澤東到了，一向比毛澤東先到的林彪卻沒
到。周恩來往林辦打電話，林辦秘書說，首長身體不好，上午的活動
已經參加了，晚上就不參加了。"文化大革命"中上天安門是政治亮
相，林彪不出來，國內外馬上就會"地震"。周恩來堅持要林彪來，
直到晚會開始，林彪才姍姍來遲。毛澤東沒與他打招呼，故意和柬埔
寨國家元首、民主統一陣線主席西哈努克有說有笑，把林彪晾在一
邊。林彪悶坐了幾分鐘，離席而去。而這時電影還沒有拍，周恩來急
了，幸虧攝影師杜修賢拍下毛澤東和林彪坐在一起的照片[37]。

　　1971年6月3日，人民大會堂湖南廳，林彪陪毛澤東會見羅馬尼
亞共產黨總書記齊奧塞斯庫。會見還沒完，林彪就悄悄躲到大廳外面
西北角的一個椅子上，直到結束，這是林彪最後一次公開露面。

注釋：

1 1996 年 10 月 11 日，採訪林豆豆筆記。

2 1996 年 10 月 11 日，採訪林豆豆筆記。

3 陳伯達根據林彪意見寫的九大報告稿只見到一個標題，而文章內容卻從來沒有公佈。

4 《吳法憲回憶錄》下，香港北星出版社 2006 年 9 月版，740 頁。

5 參見張雲生《毛家灣紀事》，春秋出版社 1988 年 7 月版，214 頁。

6 《汪東興回憶：毛澤東與林彪反革命集團的鬥爭》，當代中國出版社 1997 年 12 月版，17 頁。

7 2005 年 10 月 27 日，採訪徐厚田筆記。

8 官偉勳《我所知道的葉群》，中國文學出版社 1993 年 5 月版，213 頁。

9 《周恩來年譜》下，中央文獻出版社 1997 年 5 月版，227 頁。

10 1996 年 10 月 21 日，採訪劉吉純筆記。

11 三北，西北、華北、東北。

12 張雲生《毛家灣紀實》，春秋出版社 1988 年 7 月版，307-308 頁。

13 張雲生《毛家灣紀實》，春秋出版社 1988 年 7 月版，308-313 頁。

14 譚雲鶴《我的回憶·遼瀋、平津戰役中的林彪》，香港文化中國出版社 2006 年 4 月版，119-121 頁。

15 張雲生《毛家灣紀實》，春秋出版社 1988 年 7 月版，316-319 頁。

16 《吳法憲回憶錄》下，香港北星出版社 2006 年 9 月版，676 頁、681 頁。

17 《吳法憲回憶錄》下，香港北星出版社 2006 年 9 月版，749-751 頁。

18 1996 年 10 月 11 日，採訪林豆豆筆記。

19 《周恩來等九位同志在九大上的發言》，四川人民出版社革命委員會翻印。

20 周恩來侄女周秉建回憶：紀登奎對她說，周總理處理完九一三事件，曾當著他的面大哭，不說原因，只說你不懂，你不懂。

21 1996 年 10 月 11 日，採訪林豆豆筆記。

22 參見紀坡民《上臺下臺，任職辭職——聽父親紀登奎談往事》，載《南方週末》2003 年 11 月 6 日。

23 張雲生《毛家灣紀實》，春秋出版社 1988 年 7 月版，299 頁。

24 參見官偉勳《我所知道的葉群》，中國文學出版社 1993 年 5 月版，121 頁。

25 李文普《林彪衛士長李文普不得不說》，《中華兒女》1999 年第二期。

26 1996 年 10 月 11 日，採訪林豆豆筆記。

27 張雲生《毛家灣紀實》，春秋出版社 1988 年 7 月版，329 頁。

28 王年一編選《"文化大革命"研究資料》上，國防大學黨史黨建政工研究室 1988 年版，317 頁。

29 閻長貴《林彪不讓祝他"永遠健康"的內情》《黨史博覽》2004 年第 10 期

30 王年一《大動亂的年代》，河南人民出版社 373 頁。

31 閻長貴《林彪不讓祝他"永遠健康"的內情》《黨史博覽》2004 年第 10 期

32 2006 年 10 月 5 日，採訪王飛筆記。

33 《吳法憲回憶錄》下，香港北星出版社 2006 年 9 月版，804-805 頁。

34 2006 年 1 月 5 日，採訪吳新潮筆記。

35 官偉勳《我所知道的葉群》，中國文學出版社 1993 年 5 月版，210 頁。

36 參見《周恩來年譜》下，中央文獻出版社 1997 年 5 月版，447 頁。

37 熊華源、安建設編《林彪反革命集團覆滅紀實》，63-72 頁。

尾　聲

關於林彪之死

林彪有什麼理由到蘇聯去

　　林彪"蓋棺"已經36年了，依然是妖魔化的"論定"。實際上，林彪和九一三事件到底是怎麼一回事，還有待于大量的謎底被破解。有人說九一三這個謎底永遠解不開了，不可能！就是所有的證據都燒掉了，就是所有的證人都走了，歷史仍然會留下蛛絲馬跡，誰也不可能一手遮天。

　　1972年8月23日下午，專案組向關押中的彭德懷傳達林彪機毀人亡的中央57號文件。彭德懷不相信，這樣把林彪殺了我有意見，我不同意！彭德懷要打電話給周總理，叫周總理來親自參加這個審查，我相信他（林彪）是革命的。彭德懷對林彪一事極為憤慨，甚至說我不活了。專案組很難辦，叫彭德懷的侄女彭梅魁來勸。彭梅魁問：林彪的事你不信呀？　伯伯笑了笑說，林彪難道連半點馬克思主義的常識也沒有嗎？我不知道林彪的情況，又怎麼能信呢？

　　中將蘇靜說，林彪這個人，打仗還是很厲害的，一個是巧，一個是細，而且很有創意，包括哪裏有幾挺機槍，哪裏配備多少火力，哪裏埋伏一支預備隊，他都考慮得仔仔細細。這一點確實厲害，你想

邱會作夫人胡敏。1971年9月12日晚上，
葉群還與胡敏在電話聊了很長時間的家常。

邱會作與夫人胡敏

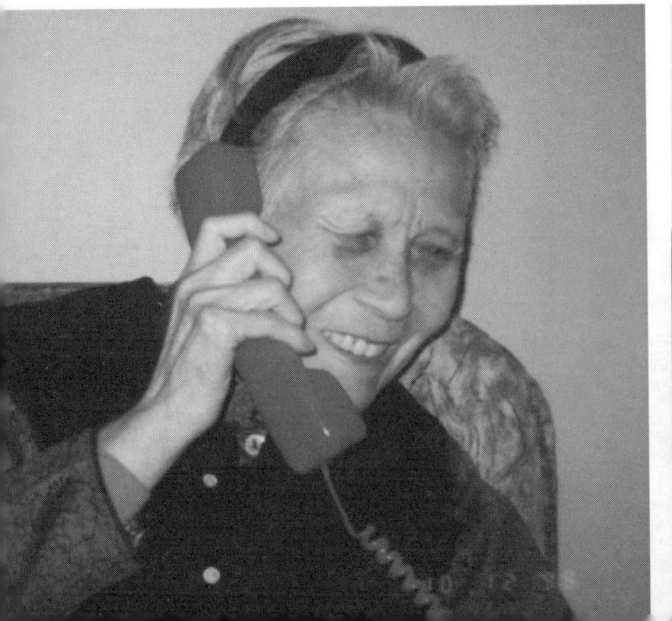

中南海懷仁堂

蘇靜在九屆二中全
會被分到華北組

1971年8月，毛澤東南巡離
開武漢，與武漢軍區司令員
曾思玉握手告別

想，那個年代人的文化水準，他能得心應手地擺放千軍萬馬，很不容易呀。林彪打仗前怕狼後怕虎，小心極了，方方面面都考慮得特別成熟，才一錘定音[1]。

可是爲什麼在九一三事件中，林彪卻亂了陣腳？

林彪病殃殃的，不依靠掌握軍中大權的黃吳李邱，成天坐在屋子裏，不會見客人，也不打電話，孤家寡人就能搞成政變嗎？

直到現在也沒有任何證據，能證明林彪知道"兩謀"[2]。

是林彪不見毛澤東嗎

1971年8月15日，毛澤東開始南巡。一路上，他說盡了林彪的壞話：他們心裏有鬼，雖然在北京開了工作會議，幾個大將作了檢討，但吞吞吐吐。林彪不開口，這些人是不會開口的……廬山這件事還沒有完，還沒有解決……陳伯達後面還有人，林彪當然要負責

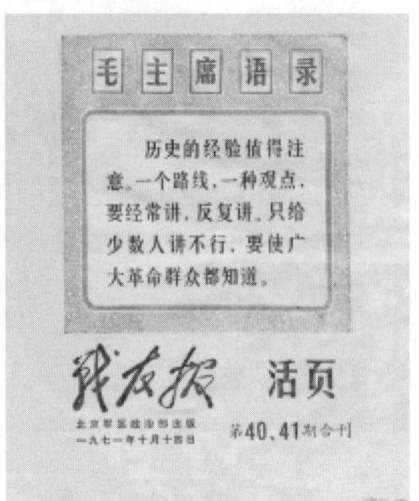

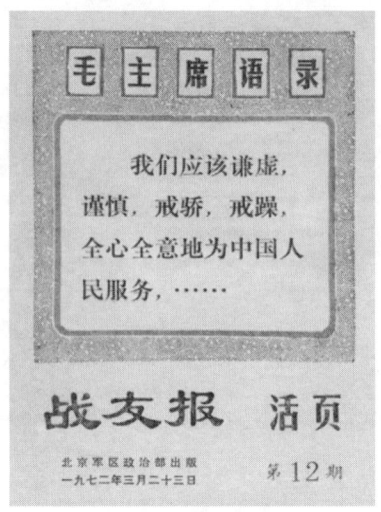

1971 年 10 月過去一段時間了，戰
友報活頁仍在用林彪題寫的報頭

1972 年的戰友報活頁

國家圖書館收藏的 1971 年第 5 期《紅旗》雜誌，林彪臉上打著叉

國家圖書館收藏的 1971 年第 1 期《紅旗》雜誌，林彪臉上打著叉

國家圖書館收藏的《紅旗》雜誌1971年第7、8期合刊，林彪臉上打著叉

任⋯⋯林彪犯的錯誤，全軍的高級幹部還不知道，他應當做檢討，我已經向政治局建議。

毛澤東沒見到林彪的檢討。

縱觀中共黨史，不管是不是違心，凡是被打倒者幾乎都寫過檢討，只有林彪是個例外，他不寫一句檢討。

毛澤東在南巡中反復說對林彪還是要保，還是教育的方針，回北京後我還要再找他談談。他們不找我，我去找他們。而實際情況呢？李文普回憶：林彪還是很想與毛澤東好好談談的。九屆二中全會後，林辦有傳聞，林彪心情不好，曾要求面見毛澤東，談一談，但毛澤東一直沒有答復[3]。林彪秘書也說：毛主席說林彪不見他，可是據我們所知，林彪找了他好多次，就是見不上。

羅瑞卿1965年受批判後想見毛澤東的那一幕，在林彪身上重演。

彭德懷彌留之際要見毛澤東，也沒有見上。

為了能見到毛澤東，林彪不得不"討好"江青。江青借機提出給林彪照相。一向討厭照相的林彪不得不答應。走得太急，他的臉都沒刮，到了釣魚臺，借江青秘書的刮胡刀刮了刮臉。可江青"麻煩"，頭天晚上照，第二天晚上又叫去。林彪煩了，葉群反復勸，這才照了那張看"寶書"的大照片，分別登在《人民畫報》和《解放軍畫報》

江青為林彪拍的這張照片登在《人民畫報》1971 年 7 、 8 期合刊上

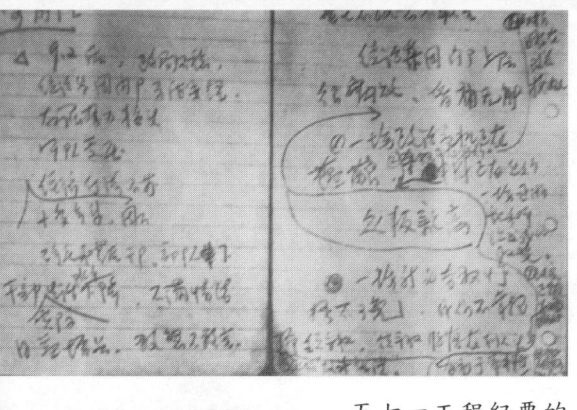

五七一工程紀要的
其中兩頁

大門裏是位於北戴
河的林彪別墅

7、8 期合刊上[4]。有意思的是，九一三事件當天，
這期《解放軍畫報》剛送到西郊機場候機室，東一本
西一本，到處都是"林彪"。

　　林彪讓江青擺拍了照片，但他還是沒能見上毛
澤東。

　　有人說，毛澤東不是說還要讓林彪留在政治局
嗎？如果林彪不走，毛澤東會放他一馬。說這話的
人忘了，毛澤東不是東郭先生[5]，他是個"痛打落水
狗"的人。林立果看得很清楚，如果林彪不走，他
將是劉少奇第二。

　　九一三事件發生，山海關機場的很多人都看到
了，是林彪自己爬上的飛機。但是林彪這個被寫進
黨章的接班人，為什麼要逃跑？他到底知不知道逃
往蘇聯？包括林豆豆在內，沒有任何人向林彪說明
真相。葉群和林立果可以把林彪騙上飛機，但過了
國境線，又遭遇"彈盡糧絕"，林彪如何反應？也許
蘇聯拿走的黑匣子會開口"說話"？就是林彪知道逃
往蘇聯，又怎麼樣？音樂家馬思聰因不堪忍受"文
革"的批鬥，坐小船逃往香港。他已經獲得平反，
林彪的"叛逃"和馬思聰有什麼區別？只不過一個是
坐船活了，一個是坐飛機死了。

　　關於葉群對林彪的影響，不可小看。林彪晚年

1980 年審判
兩案時江騰蛟
在法庭上

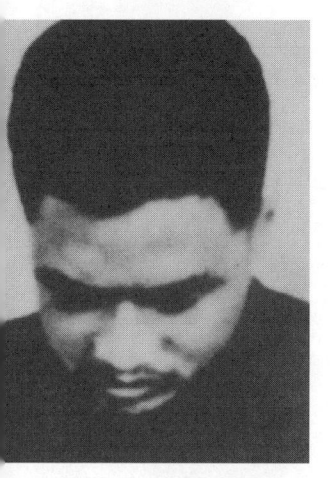

1980 年審判兩
案時的李偉信

尾
聲　關於林彪之死

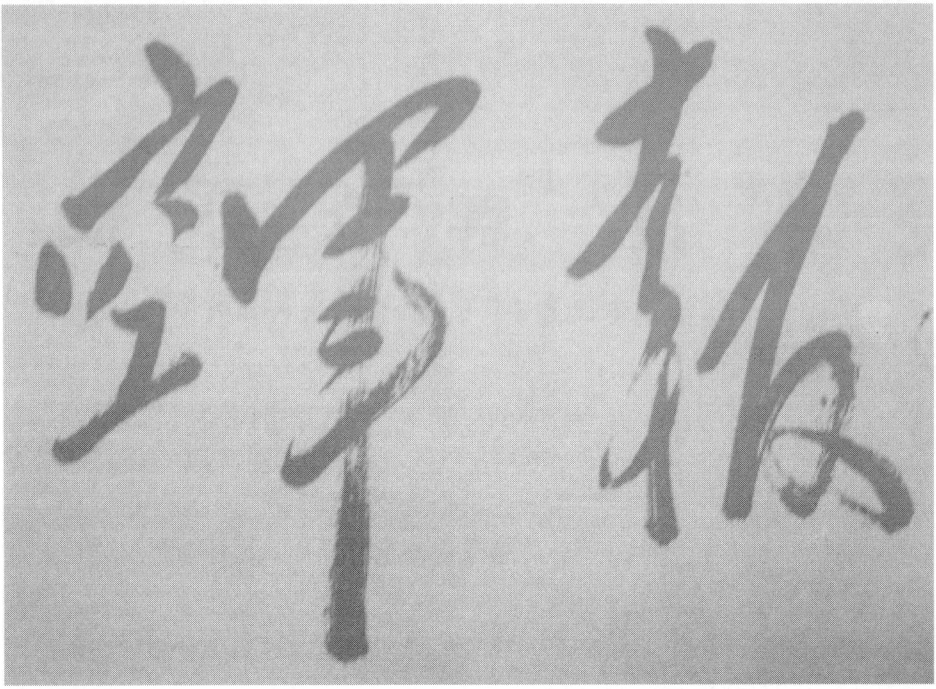

在《空軍報》當記者的林豆豆請毛澤東給空軍報的題詞

至今《空軍報》仍在用毛澤東題寫的報頭

毛家灣"全家福"。1967年10月6日，林彪、葉群和工作人員在毛家灣合影

蹲者左起：李根清、羅孝禮、張雲生（林辦秘書）、內勤戰士、李春生（林辦秘書）、林立果（林彪兒子）、林豆豆（林彪女兒）、童顯華（林辦管理員）。站者（兩排連著）左起：張益民（林辦秘書）、卜金華（林彪廚師）、郭連凱（林辦秘書、支部書記）、不知名、王淑媛（林辦工作人員）、穆宗文（葉群司機）、葉群、屈真（內勤戰士）、林彪、楊振剛（林彪現任司機）、杜寶仲（林彪前任司機）、小孟（內勤戰士）、于運深（林辦秘書）、呂桂民（林辦管理員）、李文普（林彪警衛秘書）

疾病纏身，又長期脫離實際。作為林彪夫人兼辦公室主任的葉群正處中年，"發明"了一套"緊跟"術。她不止一次交代，秘書講文件，千萬不能從右耳朵吹風，以免首長犯右的錯誤。林辦秘書都知道，林彪畫"圈"要葉群"把關"。劉少奇、周恩來、鄧小平等都在"二月提綱"上畫了圈，康生卻沒畫，葉群馬上看出"機關"，也沒讓林彪畫圈，說先等主席表態。果然毛澤東徹底否定了"二月提綱"。葉群說：如果不是她把關，林彪早就犯"錯誤"了。

在毛家灣，只有林豆豆敢在林彪面前說葉群的"壞話"。

林豆豆在北大讀書，先在物理系，後轉到中文系，因身體不好退學。1965年到《空軍報》當記者，以後當副總編。從1962年起，林豆豆在日記中記一些自己的看法。1966年被秘書交給葉群，葉群從中選出一些拍照，送到北京市公安局，然後把所有的日記和皮包都燒掉了[6]。

1968 年 9 月，林彪身體好一點，林豆豆邊哭邊給林彪講上海會議以來的情況。林立果不敢講，他鼓動林豆豆講，並幫助她說話。但林豆豆說得太嚴重了，林彪氣得渾身顫抖。林立果怕林彪又去揍葉群，邊哭邊拉著林豆豆一起跪到林彪面前，替葉群辯解。說媽媽也知道過去錯了，正在糾正，爸爸心裏有數就行了，可千萬不要對媽媽發脾氣，不然我們倆又要挨整了。林辦工作人員和空軍一些人都知道此事。林彪震怒之下，還是揍了葉群一頓。並向工作人員規定，從此不准葉群見他。過了一段時間，毛澤東要葉群傳達指示，秘書不敢阻攔，葉群才闖進去見了林彪[7]。

1967 年 12 月 3 日，葉群、吳法憲等攝于毛家灣

林彪要看拖飛機的大卡車。於是這輛特製的大卡車開進了毛家灣林彪客廳窗外的葡萄架下。林彪沒有出屋，就在客廳裏一飽眼福。接著大家說上車照張像吧。林彪沒有出來，葉群、吳法憲、林立果、林豆豆等都爬上大卡車。第一排右起：林豆豆、林立果、杜寶仲、卜金華；第二排右起：周宇馳、吳法憲、葉群、王淑媛、王南山（吳法憲秘書）、羅孝禮、李根清；第三排右起：不知名、屈真、不知名、楊振剛；第四排右起：張雲生、郭連凱、小孟、李春生、于運深

1969年3月，住在蘇州的林彪回北京參加九大前與8341部隊合影
坐者第二排左起：林豆豆（站）、林立果，8341部隊幹部、葉群、8341部隊幹
部、楊德中（8341部隊政委）、林彪。坐者右一蔣葆生（林彪保健醫生），蔣後
面是宋德金（林辦秘書）

　　　林立果被葉群送到空軍，當上了空軍作戰部副部長，林彪一年後
才從林豆豆嘴裏得知，頓時大怒，臭罵了葉群一頓。葉群馬上把所有
的火都撒到林豆豆身上，視她爲眼中釘。從此葉群嚴格限制林豆豆去
見林彪，以免再向林彪透露"情報"。林豆豆回憶：我很想多給父親
講些情況，開始還可以。後來越來越不行，葉群限制得越來越嚴，而
且林立果知道了也不高興。所以我有時去北戴河看父親，都不敢在那
裏多住。多住幾天，李文普他們就催我走，說再不走，林立果有意
見。還有就是你給父親講什麼，過一會兒他就忘了，忘得乾乾淨淨。
有一次我告訴他一件事，囑咐他千萬不要對葉群講。我剛走他就忘
了，把葉群叫來問是怎麼回事。葉群一聽就知道是我講的，對我又罵
又打，把我整了一頓。從那以後，我就更不敢給他講點什麼了[8]。

1966年，林豆豆在天安門城樓休息廳向準備吃藥的毛澤東敬禮

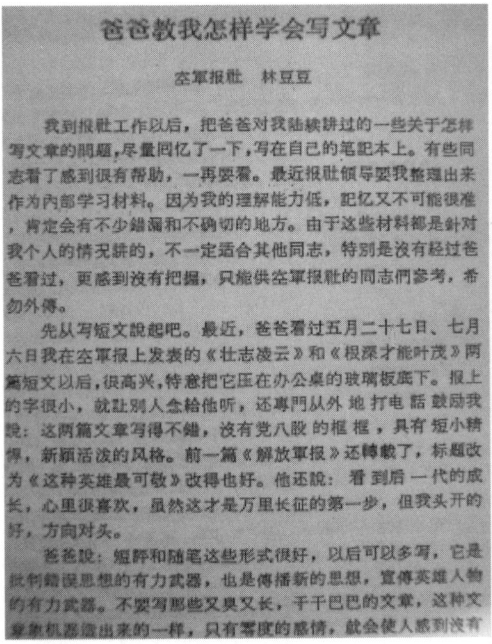

爸爸教我怎样学会写文章

空军报社 林豆豆

我到报社工作以后，把爸爸对我陆续讲过的一些关于怎样写文章的问题，尽量回忆了一下，写在自己的笔记本上。有些同志看了感到很有帮助，一再要看。最近报社领导要我整理出来作为内部学习材料。因为我的理解能力低，记忆又不可能很准，肯定会有不少错漏和不确切的地方。由于这些材料都是针对我个人的情况讲的，不一定适合其他同志，特别是没有经过爸爸看过，更感到没有把握，只能供空军报社的同志们参考，希勿外傳。

先从短文说起吧。最近，爸爸看过五月二十七日、七月六日我在空军报上发表的《壮志凌云》和《根深才能叶茂》两篇短文以后，很高兴，特意把它压在办公桌的玻璃板底下。报上的字很小，就让别人念给他听，还专门从外地打电话鼓励我说：这两篇文章写得不错，没有党八股的框框，具有短小精悍，新颖活泼的风格。前一篇《解放军报》还转载了，标题改为《这种英雄最可敬》改得也好。他还说：看到后一代的成长，心里很喜欢，虽然这才是万里长征的第一步，但我头开的好，方向对头。

爸爸说：短评和随笔这些形式很好，以后可以多写，它是批制错误思想的有力武器，也是传播新的思想，宣传英雄人物的有力武器。不要写那些又臭又长，干巴巴的文章，这种文章象机器滚出来的一样，只有零度的感情，就会使人感到没有

林立果正在開車

林豆豆：爸爸教我怎樣學會寫文章

西郊機場工字房，林立果在北京的五個據點之一
1971 年 9 月 12 日傍晚，林立果就是從這裏去的北戴河

空軍指揮學院　　　　　　　　　　　　西郊機場大門

　　林辦秘書說：主任（葉群）說林豆豆多嘴多舌，弄得首長常和葉群發脾氣。每當首長找主任發一次火，主任就找豆豆算一次賬，罵她，有時還動手打。林豆豆自殺，葉群嚴格封鎖消息。林彪幾次問豆豆上哪去了，怎麼出去這麼久？在葉群嚴密封鎖下，林彪至死也不知道女兒自殺過。在這種情況下，林豆豆怎麼可能向林彪報告？更何況九一三事件在剛開始還沒有發展到那麼嚴重的地步[9]　。

　　關於林家真真假假的事，李文普深有體會。在杭州，有一次毛家灣

753

林立果在北京的五個據點之
二，空軍指揮學院裏的將軍樓

這是將軍樓的後面，本來兩座
將軍樓，後面的一座將軍樓拆
掉了，據說這座也快拆了

這是原東交民巷空軍招待所，
林立果在北京的五個據點之三

空軍北京幸福村幹休所，林立
果在北京的五個據點之四

這是原空軍二高專重建的 5 號
樓，林立果在北京的五個據點
之五

左起：李春生、李文普、張雲生，
攝於 1969 年 8 月井岡山

打電話說了一些林家的事，葉群不讓告訴林彪。林彪知道北京打電話就問，李文普按照葉群的口徑回答，林彪發了大火，我槍斃了你！後來林彪知道是葉群搞鬼，向李文普道歉。李文普說：所以九一三事件前發生的諸多事情，我們都沒有很大的警惕，這也是其中的原因之一[10]。

九一三事件的真相到底是什麼

在整個九一三事件中，林彪似乎是個提線木偶。

在九一三事件後的幾年中，林彪專案組把所有林辦工作人員都關到亞洲療養院，先是個人寫揭發材料，後來是集體排查，毛家灣大大小小的事情都翻了個底朝天，卻沒有揭發出林彪的什麼罪狀。只有李文普在關押很長時間後才揭發出林彪說"伊爾庫茨克有多遠"。首先這是孤證，其次林彪作爲著名軍事家，怎麼會問這種小兒科的問題？林彪如果真的要逃往蘇聯，早就研究好路線，怎麼可能臨上飛機才問"有多遠"？更何況林彪兩次飛往蘇聯都曾在伊爾庫茨克落地加油，他在1969年又"監視"了蘇聯談判代表團經伊爾庫茨克飛往北京，他怎麼能不知道"伊爾庫茨克有多遠"？

九一三事件剛發生，負責警衛林彪的8341部隊負責人眼淚汪汪地對林豆豆等人說：……看來事情就是一個小孩林立果受了什麼壞人的影響鬧起來的，就是空軍幾個人，空軍黨辦幾個人的事……[11]

林彪司機楊振剛，1967年12月攝于毛家灣。他是256號三叉戟機毀人亡的九人之一。機上五名工作人員，三位機械師和飛行員潘景寅已經在80年代初平反，而楊振剛至今仍背著"黑鍋"，他的罪名是林彪上飛機時推了林彪一把

潘景寅非常愛學習，只要有時間就讀書，攝於 50 年代

潘景寅剛當兵的時候，攝於 40 年代末

潘景寅在鮮花叢中

潘景寅和戰友，攝于50年代

潘景寅和孫祥凝的結婚照

孫祥凝和第一個女兒潘鸞

潘景寅

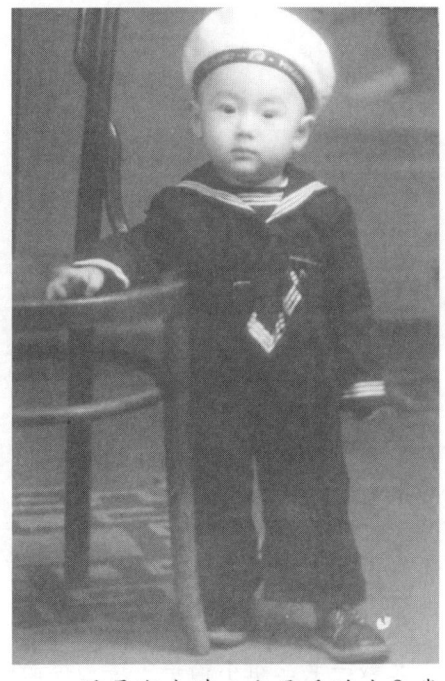

潘景寅走時，兒子潘鵬才2歲

潘景寅在飛機座艙裏

三叉戟一共三組小輪子，這是後面的兩組小輪子

孫祥凝生前最喜歡潘
這張照片

1971年9月13日凌晨，潘景寅就是從天下第一關山海關走的，一去不復返

潘景寅和孫祥凝的"新家"每天都能望到長城

位於居庸關東園村的潘景寅和孫祥凝合墓，墓裏有孫祥凝的骨灰和潘景寅的鋼筆以及256號飛機的一塊殘片

這是迫降在懷柔沙峪的直五，機號3685，現保存在位於北京小湯山的航空博物館

直升機迫降懷柔渤海所河灘地

專機師師長時念堂和渤海所支部書記邢天瑞在直升機迫降的沙灘

攝於2006年10月

曾任專機師100團政委安治樑，他說
潘景寅從西郊機場起飛時吃了安眠藥

周宇馳、于新
野的自殺地

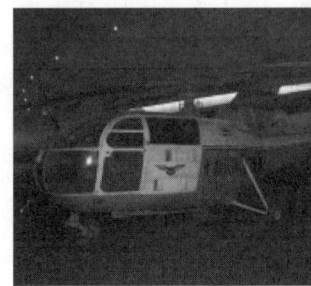

這是周宇馳學
習飛行的法國
雲雀，現保存
在中國航空博
物館裏

林彪原來的專機子爵號

位於航空博物館中的與256號三
叉戟同樣是IE型的三叉戟

葉群在天安門
城樓上

1956年毛澤東解放後第一次坐專機到廣州後合影。右起：黃永勝、陶鑄、江青、毛澤東、胡萍、機組人員、劉亞樓，後排右一是羅瑞卿。

256 三叉戟飛機駕駛艙裏的儀錶

可是林豆豆報告後，那麼長的時間，那麼多的警衛部隊，爲什麼就沒有攔住林彪的"大紅旗"？種種跡象，倒像是放了林彪一條"生路"？

　　有一個情況值得注意，林彪家分"爸爸黨"和"媽媽黨"，毛澤東知道林彪不管事，他不僅直接與葉群聯繫，還越過葉群，抓住林豆豆和林立果。毛澤東對林豆豆和林立果各有一個批示。林立果在大學裏學物理，喜歡搞點小發明。由空軍寫成材料上報，口氣很大，其中有"繼續革命"的詞句，毛澤東批示：不要提繼續革命，而是繼續革新。林豆豆在《空軍報》上發表一篇《三訪九廠》，毛澤東說好，問

空軍副參謀長胡萍夫婦，攝於 1955 年

胡萍和老伴

三叉戟登機梯

胡萍近影

三叉戟的右翅膀　　　　　　三叉戟高高翹起的尾部

張清林（左一）、林豆豆（左二）和張寧合影，攝於90年代的北京

張清林

林彪內勤陳占照，他和內勤
小張是最後見到林彪的林辦
工作人員。攝於1969年3月

國家圖書館收藏的1971年第9期《紅旗》雜誌，臉上打著叉的林彪此時已經離開人間

是誰寫的。知道是林彪的女兒，毛澤東又有個批示[12]。拿林彪的話說，毛澤東的話一句頂一萬句，他給林家的一兒一女都有批示，這似乎有些不正常吧。吳法憲在法庭上說，任命林立果爲空軍作戰部副部長是林彪和葉群的授意。吳法憲在他回憶錄中改口，說是葉群授意的，沒聽林彪談起過。其實，吳法憲仍然沒有說實話。林立果的高升是毛澤東親自交代吳法憲辦的。吳法憲當時那麼吹捧林立果，連葉群都反對[13]。總之，這非常不正常。

葉群有兩個隨身帶著的小箱子，一個文件箱，一個資料箱，鑰匙由她保管。箱內裝的是1959年以來，特別是"文革"開始後的文字資料，如毛澤東讓機要秘書徐業夫代表他寫給葉群的信件，汪東興、劉素媛對吳法憲和葉群傳達的最高指示，以及葉群記錄的黨內重要事情。葉群說汪東興給主席一家辦事，都留有文字根據，怕說不清楚。她也學著留文字記錄，規定對中央文革和中央辦公廳的書信、電話，統統記錄。葉群還學毛澤東搞了一個只有她親自能開的保密櫃，王淑媛、張雲生等工作人員都知道。葉群的兩個小箱子沒有帶上飛機，但箱裏的秘密至今未披露過。林豆豆回憶：1971年底，謝靜宜[14]在玉泉山多次對我秘密調查過，1972年10月，解放軍報社的李珉也間接問過我。我當時只能說不知道。這是解開黨內許多怪事的重要資料，但很可能已經被銷毀[15]。

念中国共产党诞生五十周年特辑

人民画报　1971　10

九一三事件之後，1971 年 10 月《人民畫報》的封面。

林辦秘書于運深，1970 年
8 月攝於北戴河五浴場。
毛澤東喜歡在這裏游泳

林彪秘書于運深近影

于運深和夫人王淑
琴，王也曾在葉群身
邊做過保健護士

1971 年國慶節，正值九一三事
件之後，天安門廣場的國慶活
動被取消，改為遊園。周恩來
陪西哈努克親王遊覽頤和園

256 號三叉戟殘片

256 號三叉戟殘片

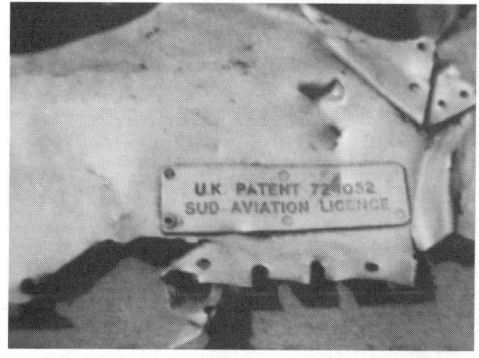

256 號三叉戟的機型號

墜毀的 256 號三叉戟尾部殘骸

1975 年 12 月 23 日，毛澤東會見達科斯塔總統

1971 年蒙古溫都爾汗墜機現場

256 號三叉戟墜毀引起草地大火，這是燒剩後的灰燼

林彪題詞：發
不同青心同熱

九一三事件發生的當天，周恩來給林豆豆打了一個電話，要求她把林彪別墅的東西看好。當時林豆豆躲在８３４１部隊大隊部，她用電話告訴葉群的衛生員小孫，請他看好樓裏的東西。林豆豆和張清林沒有再進林彪別墅，就連隨身帶的牙具、換洗的衣服也沒有去取。可是聽說當天夜裏，現場已經被單方面抄查，北京的毛家灣９月１３日半夜被部隊包圍，于運深聽見房上有重重的腳步聲[16]。

　　難道這一切都是預先策劃好的嗎？

　　一夜之間，林彪由中國第二號神變成中國最大的鬼。與以往的路線鬥爭不同，林彪的死並沒有給毛澤東帶來勝利者的喜悅，相反卻摧毀了毛澤東的大部分生命，從此一病不起。那個在１９６６年暢遊長江１５公里、被醫生預言可以活到１００歲甚至萬壽無疆的毛澤東不復存在了。

　　溫都爾汗的那一聲爆炸，也把中國的"文化大革命"炸了個粉碎。

注釋：

1　1994年4月2日，採訪蘇靜筆記。

2　"兩謀"，即謀殺毛澤東，到廣州另立中央。

3　李文普《林彪衛士長李文普不得不說》，《中華兒女》1999年第2期。

4　楊銀祿《九屆二中全會時的林彪》，《黨史博覽》2006年第1期。

5　東郭先生，中國寓言中的人物，他救了被獵人追捕的狼，狼卻要吃掉他。

6　1996年10月11日，採訪林豆豆筆記。

7　1996年10月11日，採訪林豆豆筆記。

8　1996年10月11日，採訪林豆豆筆記。

9　官偉勳《我所知道的葉群》，中國文學出版社1993年5月，158-186頁。

10　李文普《林彪衛士長李文普不得不說》，《中華兒女》1999年第2期。

11　1998年2月20日，採訪張清林筆記。

12　1998年2月20日，採訪張清林筆記。

13　1998年2月20日，採訪張清林筆記。

14　謝靜宜，曾在毛澤東身邊當過多年的機要員。1971年下半年任清華大學校黨委副書記、校革委會副主任、北京大學黨委常委、中共北京市委常委、市革委常委。1973年4月任共青團北京市委第一書記。市革委會副主任、中共北京市委書記，中共十屆中央委員。

15　1996年10月16日，採訪林豆豆筆記。

16　2005年10月23日，採訪于運深筆記。

尾聲　關於林彪之死

後　記

　　2007年是林彪元帥誕辰100周年，感謝何頻先生和明鏡出版社出版本書。

　　感謝王年一、葉鎮、閣長貴等老師審閱書稿並提出修改意見。感謝于運深、劉吉純、林豆豆、林吉、陳慕琳、王飛、胡萍、王蘭義、時念堂、安治樑、黃春光、邱路光、潘鶯、潘鷺、潘鵬以及眾多知情者接受採訪。

　　林彪是中共黨史不可能繞開的重要人物，他的大起大落在所有的中國共產黨人中極其罕見。井岡山時期，20歲出頭的林彪就擔任了紅軍中的高級職務。江西蘇區五次反"圍剿"，林彪功不可沒。長征中主要的大勝仗都是林彪指揮的，抗日戰爭初他指揮了平型關大捷，震驚國內外。解放戰爭他在極端困難的情況下，率先在全國解放了東

天下第一關山海關伸向大海的老龍頭，九一三事件中林彪專機就是從這裏起飛。

北，之後率領第四野戰軍入關，解放了華北，接著又率百萬大軍南下，一直打到海南島，使中華人民共和國的誕生提前了好幾年。解放後，林彪因病休養。但毛澤東力薦林彪，在１９５９年廬山會議前林彪的地位早就超過了彭德懷。５０年代後期到６０年代中期，林彪紅得發紫，一人之下，億萬人之上。卻讓人萬萬沒有想到的是，１９７１年９月１３日，林彪突然機毀人亡，由神變鬼，至今仍在十八層地獄中。關於九一三事件，本書涉及不多。有興趣的讀者，可以參看作者另一本由明鏡出版社出版的《林彪事件完整調查》。

戰爭年代沒有條件照相，解放後林彪身居高位，照相條件當然是大大的有了。卻偏偏林彪不喜歡照相，而不多的照片又在九一三事件後大多被收繳銷毀。漏網的林彪照片又大多被保存者燒掉，或挖掉頭像（本書編選了幾幅挖掉葉群頭像的集體照片）。

本書作者沿著林彪的足跡，走訪了北京、上海、天津、廣州、瀋陽、哈爾濱、石家莊、錦州、葫蘆島、四平等十幾座城市，搜集並拍攝了幾千張有關林彪的照片。這些珍貴的照片，大部分沒有發表過，有很多甚至是絕版。經明鏡出版社精心製作，集成這本披露林彪照片最多的一本書，也是有關林彪畫傳的第一本書。

如果您是林彪的崇拜者，如果您是林彪的研究者，如果您是林彪的收藏者，如果您想瞭解一個也食人間煙火的林彪，那麼這本印製精美的畫傳一定是您的首選和最愛。

感謝林彪家人授權本書獨家使用林彪及家人的照片。

感謝著名攝影家孟昭瑞、杜修賢、林辦秘書于運深等前輩提供珍貴照片。

本書照片除作者攝影外，由林彪家人、林彪辦公室秘書、眾多著名攝影家大力提供。本書照片的攝影者有：孟昭瑞、侯波、杜修賢、郝建國、陳正青、錢嗣傑、盧志學、季音、吳元柳、宋佩林、呂相友、張宗堯、魏光明等，在此表示衷心感謝。因年代久遠，有少數照片一時沒有聯繫上攝影者。敬請攝影者通過出版社與作者聯繫，以便由作者支付薄酬。

2006年9月

《真相》系列(40)

書　　名: 林彪畫傳

作　　者：舒　雲

發 行 人：何　頻

責任編輯：張　芸

封面設計：一　劃

校　　對：舒　雲

出　　版：明鏡出版社

網　　址：www.mirrorbooks.com

電子郵件：mirrorpublishing@yahoo.com

通訊地址：P. O. Box 366, Carle Place, NY11514-0366, U. S. A.

電　　話：(516)338-6976　傳真：(516)338-6982

國際統一書號：ISBN 978-1-932138-55-9

定　　價：HK$168

版　　次： 2007 年 5 月第一版
　　　　　 2007 年 7 月第二版
　　　　　 2007 年 12 月第三版
　　　　　 2008 年 5 月第四版

明鏡出版社　書目

（一）中國局勢系列

序號	書 名	作者 /編者	香港平郵 HKD	海外空郵 USD
1.	鹿死誰手	何頻 高新	80	18
2.	解放軍武器裝備	林長盛	110	22
3.	解放軍攻打台灣	何頻	120	22
4.	解除中國危機	陳子明 王軍濤	111	22
5.	中共"太子黨"（上下冊）	何頻 高新	168	30
6.	中國第一家族	高新 何頻	99	20
7.	江澤民面臨的挑戰	王紹光 何頻 吳國光 高新	105	21
8.	鄧小平之後的中國	何頻	110	22
9.	江澤民的幕僚	高新	96	20
10	致中南海密劄	何新	128	24
11	中國復興的動力	楊雪野	105	21
12.	中國導彈及其戰略	趙雲山	128	25
13.	北京地下「萬言書」（售完）	石柳子	95	20
14.	中國跨世紀大方略	陳子明 王軍濤	83	19
15.	新三國演義：中港臺政局	吳國光	75	17
16.	趙紫陽最後的機會	袁會章	98	21
17.	關鍵問題	唐逸鴻	96	21
18.	中國的陷阱	何清漣	107	21
19.	鄧小平的遺產 江澤民的困境	麥傑思(著) 袁希正(譯)	98	21
20.	中國下一步怎樣走	黎萍	87	19
21.	靜悄悄的革命 – – 中國當代市民社會	李凡	107	21
22.	憲政中國	諸葛慕群	65	16
23.	江澤民的權謀	石沙	99	21
24.	溶解權力—逐層遞選制	王力雄	93	20
25.	降伏「廣東幫」	高新	99	21
26.	中國老百姓的權利	諸葛慕群	98	21
27.	中國需要什麼權的政府	諸葛慕群	118	22
28.	中國二等公民—當代農民考察報告	白沙洲	108	21
29.	朱鎔基在1999	宗海仁	88	19
30.	中國之毀滅—中國生態崩潰緊急報告	鄭義	129	24
31.	角力十六大—中國未來控制權	吳稼祥	88	19
32.	中共「第四代」權力部署	伊銘	98	23
33.	中南海日記	吳稼祥	95	21
34.	曖昧的權力交接	宗海仁	95	21
35.	胡溫新政	伊 銘	110	22
36.	聯邦化：中華第三共和國之路	吳稼祥	88	19
37.	俞梅蓀與中國新民權運動 —中南海秘書為何成了民間代言人	張耀傑	98	21
38.	趙紫陽與中國改革	陳一諮等	98	21
39.	中國上訪村	廖亦武／高氏兄弟	108	21
40.	達賴喇嘛的處境—西藏問題的解決之道	Melvyn C. Goldstein 著 楊和晉 譯	90	20
41.	中國工人階級狀況	於建嶸	125	22
42.	中國貪官在海外	洪 雷	96	20
43.	中共十七大幕前戲	陳曉銘 楊韻 謝冠平	98	22
44.	我們向誰控訴？—一樁郵輪運公司維權記實	華梁興	88	19
45.	胡溫之劍——打撃掃黃誰是最後贏家？	歐陽詮 白曉雲	118	21
46.	中共十七大佈局	陳曉銘 楊 韻方延鴻 謝冠平	118	21
47.	中國軍事決策機制及台海衝突	約翰‧劉易斯 薛理泰 薛瑞泰 譯	120	23
48.	十七大之變	夏飛 楊韻 白曉雲	90	20
49.	太子黨和共青團—習近平PK李克強	夏飛 楊韻 白曉雲	125	24
50.	溫家寶變閣	楊韻 方延鴻	95	20
51.	公共情婦—中共官場「色無戒」	楊韻 方延鴻	100	21

（二）掌權者系列

序號	書 名	作者 /編者	香港平郵 HKD	海外空郵 USD
1.	中國新諸侯	何頻	98	20
2.	中國政府領導者	何頻	115	22
3.	解放軍現役將領名錄	何頻	89	19
4.	中共最高決策層	何頻	95	20
5.	江澤民的權力之路	高新	105	23
6.	跨世紀接班人胡錦濤	任知初	97	20
7.	中共最高決策層(修訂版)	中國局勢分析中心	98	21

8.	中南海七巨頭	伊銘	99	21
9.	誰領導中國	高新 何頻	125	24
10.	朱鎔基的內閣	寧鄉漢 文思詠	108	23
11.	鐵面宰相朱鎔基大傳	高新 何頻	106	23
12.	中國情報系統	艾夫提麥爾德(著) 李豔(譯)	77	18
13.	江澤民傳	杜林(著) 楊鳴鏑(譯)	105	23
14.	中國黨政軍中央領導層	高新	95	20
15.	第四代	宗海仁	125	24
16.	胡錦濤傳	文思詠 任知初	118	22
17.	領導中國的新人物	高新	158	42
18.	溫家寶傳	高新	88	20
19.	胡錦濤傳(修訂版)	文思詠 任知初	129	25
20.	胡錦濤團隊 (原名：團徽照耀中國——中共政壇的明星和黑馬)	艾仰樺 陳曉銘	98	21

(三)真相系列

序號	書　名	作者 /編者	香港平郵 HKD	海外空郵 USD
1.	真假毛澤東	趙無眠	100	20
2.	文革大字報精選	譚放 趙無眠	145	26
3.	紅衛兵與嬉皮士	任知初	83	18
4.	文革大年表	趙無眠	113	22
5.	中國大逆轉	華民	125	24
6.	天安門	卡瑪 高富貴	100	20
7.	胡耀邦下臺的背景	王若水	115	23
8.	真假周恩來	趙無眠	96	20
9.	從華國鋒下臺到胡耀邦下臺	胡績偉	99	20
10.	天葬：西藏的命運	王力雄	123	24
11.	天安門之爭	封從德	107	22
12.	許家屯回憶與隨想錄	許家屯	100	21
13.	789集中營	曉涵 米雅	101	21
14.	陰謀與虔誠：西藏騷亂的來龍去脈	徐明旭	109	22
15.	中國勞改營紀實(新鬼，舊鬼)	司馬晉 安能生(著) 梁至正 奚 蒙(譯)	93	20
16.	美國間諜在中國	餘茂春(著) 李豔波(譯)	105	22
17.	百年功罪	趙無眠	99	20
18.	毛澤東與康生：鬥爭哲學大師與整人專家	巴彥泰	75	17
19.	毛澤東執政春秋	單少傑	135	26
20.	中國「六四」真相	張良	180	45
21.	「遠華案」黑幕	盛雪	111	22
22.	張學良世紀傳奇	王書君	188	46
23.	中共壯大之謎—被掩蓋的中共抗日真相	謝幼田	98	21
24.	晚年周恩來	高文謙	129	25
25.	證詞	廖亦武	115	22
26.	民權保障同盟的暗箱黑幕	張耀傑	88	20
27.	浴火重生—「天安門黑手」備忘錄	陳子華等	125	24
28.	「六四」參加者回憶錄	《"六四"十五周年紀念文集》編輯委員會	90	20
29.	重審林彪罪案	丁凱文主編	180	43
30.	中共歷史的見證——司馬璐回憶錄	司馬璐	125	24
31.	餓鬼—毛時代大饑荒揭秘	賈斯柏・貝克 著 姜和平 譯	118	23
32.	中國牛仔—毛澤東的公案、行為及心理分析 (上下)	陳小雅	168	39
33.	人民心中的胡耀邦	蘇紹智 陳一諮 高文謙 主編	125	24
34.	林彪與文化大革命	吳潤生	96	20
35.	中國「廢片」——毛澤東的命案	陳小雅	95	20
36.	百年之冤——替袁世凱翻案	張永年	125	24
37.	林彪事件完整調查(上下冊)	舒雲	172	40
38.	歷史塵埃——袁世凱、汪精衛、林彪後人訪談錄	高伐林	116	23
39.	極端十年	柯雲路	110	22
40.	林彪畫傳	舒 雲	168	30
41.	內蒙文革風雷	高樹華 程鐵軍	125	24
42.	百年林彪	丁凱文	129	25
43.	中共創始人訪談錄	王來棣	98	21

(四)世界觀系列

序號	書　名	作者 /編者	香港平郵 HKD	海外空郵 USD
1.	中國如何面對西方	蕭旁	79	18
2.	日本如何面對中國	夏冰	95	20
3.	日本新陰謀	天元	107	22
4.	美國重新發現的中國	謝翔	80	18

5.	江澤民西遊記	時鹽 胡楠	95	20
6.	菲德爾・卡斯特羅：二十世紀最後的革命家	程映虹	109	22
7.	俄國新總統普京傳──從克格勃到葉利欽的接班人	何亮亮	80	18
8.	世界憲政潮流─中外憲法比較	曹思源	90	20

(五)浮華世界系列

序號	書 名	作者 /編者	香港平郵 HKD	海外空郵 USD
1.	推動美國二十五雙手	柳食野 季思聰	80	18
2.	糊塗學	李夢悟	92	20
3.	美國商務法律引導	張辛欣(譯)	88	20
4.	情義無價	劉丹紅	105	23
5.	中國怪狀	伊銘	85	20
6.	古玩談舊聞	陳重遠	129	24
7.	文物話春秋	陳重遠	125	24
8.	不朽的謊言	賈鴻彬	109	23
9.	摧毀亞洲：索羅斯風暴	季思聰 丁中柱	88	20
10.	美加簽證移民引導	奚蒙	96	21
11.	「鐵達尼號」的漂浮與沈沒	季思聰 季思亮	77	18
12.	中國當代民謠	陸非琅	76	18
13.	總統情色報告	理察德・泰格	77	18
14.	婦女解放的神話	安・休利特(著) 馬莉 張昌耀(譯)	99	20
15.	葛林斯潘傳	季思聰 季思亮	84	19
16.	法輪功創始人李洪志評傳	張微晴 喬公	95	20
17.	投資理財高招	林平	98	21
18.	偷渡美國	陳國霖 著 李艷波 譯	89	20
19.	網上股票之喜悅	趙麗德 湯詩墨	88	20
20.	西藏是我家─紮西次仁自傳	楊和晉(譯)	95	20
21.	911人性輝煌	施雨等	91	20
22.	離開商學院─MBA醜聞巨富有多遠	楊鳴鏑	95	21

(六)超級女人系列

序號	書 名	作者 /編者	香港平郵 HKD	海外空郵 USD
1.	白宮武則天希拉蕊	史敏 梁芬	69	16
2.	黛安娜走出童話	陳越	75	17
3.	黃金時段的無冕女王	季思聰	78	18
4.	尋找梅娘	張泉	113	22

(七) 金牌系列

序號	書 名	作者 /編者	香港平郵 HKD	海外空郵 USD
1.	NBA十大好漢	王遊宇	70	16
2.	世界網壇十大風流	王遊宇	78	17
3.	拳王，拳王─從阿裏到泰森	王遊宇	78	17

(八) 大家小說系列

序號	書 名	作者 /編者	香港平郵 HKD	海外空郵 USD
1.	白雪紅塵	閻真	108	21
2.	黃禍(修訂版)	保密	140	26
3.	務虛筆記	史鐵生	115	22
4.	上海小姐	張翎	96	20
5.	天誅	利蘭錦	79	17
6.	塵埃落定	阿來	105	21
7.	嫁得西風	李彥	97	20
8.	中南海最後的鬥爭	李劼	99	20
9.	西元二〇二〇：兩岸大統一	北方劍	98	20
10.	遺囑	沙土	88	20
11.	中國地圖	汪建輝	108	21
12.	紅色漩渦	餘良	108	22

(九) 文化情理系列

序號	書 名	作者 /編者	香港平郵 HKD	海外空郵 USD
1.	沈默的大多數	王小波	109	21
2.	公平報復	馬悲鳴 賀文	94	20
3.	廢話的力量	趙無眠	94	20

	書 名	作者	55	14
4.	一面之詞	胡平	55	14
5.	鋼絲上的中國	鄢烈山	96	20
6.	中國當代學者散文選	周國平	108	21
7.	黃翔禁毀詩選	黃翔	65	16
8.	中國人看中國人	高伐林	84	18
9.	王丹獄中家書	王丹	76	17
10.	王丹觀點	王丹	80	18
11.	中國西部孤旅	鄺藍	94	20
12.	網上筆戰	不平	75	17
13.	歷史潮流—社會民主主義	劉國凱	75	17
14.	高行健評說	伊沙	90	20
15.	科學・民主・理性	許良英	99	21
16.	王若望紀念文集	羊子 黃河清 鄭義等	84	18
17.	中國向何處去？—追思楊小凱	陳一諮	98	21
18.	和解的智慧	馮崇義 丘嶽首	88	20
19.	太陽的開關在我枕邊	漢人漢語		
20.	文革詩詞鈎沈	梅振才	98	20
21.	評馬克思主義毛澤東思想	趙世緒	48	11
22.	劉賓雁紀念文集	黃河清、一平、北明	138	26
23.	唐達成文壇風雨五十年	陳為人	138	26

（十）發現香港系列

序號	書 名	作者 /編者	香港平郵 HKD	海外空郵 USD
1.	董建華的特別顧問	李曉莊	78	17
2.	北京如何控制香港	何頻 高新	97	20
3.	危城	馮木清 魏開星 關毅	88	20

（十一）新聞背景系列

序號	書 名	作者 /編者	香港平郵 HKD	海外空郵 USD
1.	北京政治突圍	中國局勢分析中心	60	15
2.	放逐魏京生	中國局勢分析中心	60	15
3.	朱鎔基面臨的風險	中國局勢分析中心	60	15
4.	北京早春的交鋒	中國局勢分析中心	60	15
5.	朱鎔基化解危機之道	季思聰 季思亮	60	15
6.	測試江澤民	中國局勢分析中心	80	17
7.	審判陳希同	季偉	60	15
8.	中國能否守住最後的堤壩？	中國局勢分析中心	60	15
9.	重返西藏	時鑒 縱月森	60	15
10.	江澤民變法	白沙洲	89	19

（十二）新鮮人類系列

序號	書 名	作者 /編者	香港平郵 HKD	海外空郵 USD
1.	美國頂尖大學	高歌	98	21
2.	東邊日出西邊雨—美國讀書紀實	高歌	100	22

（十三）特別推薦

序號	書 名	作者 /編者	香港平郵 HKD	海外空郵 USD
1.	中共 "太子黨"（英譯本）	何頻 高新	90	19
2.	亞特蘭大百年奧運	王遊宇	85	17

（十四）多維系列

序號	書 名	作者 /編者	香港平郵 HKD	海外空郵 USD
1.	我在美國當老闆	多維媒體公司	98	21

網上信用卡訂購：www.mirrorbooks.com　　　E-mail: mirrorpublishing@yahoo.com

香港平郵價，付港幣支票，支票抬頭請寫：明鏡有限公司，寄：G.P.O.Box 5281Hong Kong

其他地區郵購計海外空郵價、海外平郵價，不另收郵費，

請付美元支票，支票　頭請寫Mirror Books,

寄：P.O.Box 366, Carle Place, NY 11514, USA .